붓다와 원효의 철학

붓다와 원효의 철학

2021년 12월 10일 초판 1쇄 인쇄
2021년 12월 29일 초판 1쇄 발행

지은이 고영섭
펴낸이 박기련
펴낸곳 학교법인 동국대학교 출판문화원

출판등록 제2020-000110호(2020. 7. 9)
주 소 04620 서울시 중구 퇴계로36길2 신관1층 105호
전 화 02) 2264-4714
팩 스 02) 2268-7851
Homepage http://dgpress.dongguk.edu
E-mail abook@jeongjincorp.com

편집디자인 나라연
인쇄처 신도인쇄

ISBN 979-11-91670-13-4 93220

값 38,000원

이 책의 무단 전재나 복제 행위는 저작권법 제98조에 따라 처벌받게 됩니다.

붓다와 원효의 철학

고영섭 지음

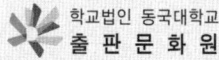
학교법인 동국대학교
출판문화원

책머리에

고타마 붓다(기원전 624~544)는 매력적인 존재의 대명사이다. 그는 상속이 가능한 권력과 재력을 버리고 카필라성을 떠났다. 고타마는 설산 속에서 자기와의 싸움에서 승리하여 '매력'을 얻었다. 그 결과 그는 '붓다'라는 이름을 전유하면서 인류사에서 '가장 매력적인 인간'으로 자리해 오고 있다.

고타마 붓다가 전유한 '붓다'라는 말은 '눈을 뜬 존재'를 가리킨다. 그는 '중도'의 진리를 깨달은 '각자'이자 '연기'의 진리를 발견한 '견자'이다. 붓다의 가르침은 중도 연기로 수렴되었고 사성제와 십이연기로 확산되었다. 그를 이은 한국의 원효(617~686)는 붓다의 중도와 연기를 일심과 일(본)각으로 펼쳐 내었다.

붓다는 "마음은 청정하지만 번뇌에 물들어 있다."라고 하였다. 그래서 물든 마음을 전환시켜 깨끗한 마음으로 돌아가는 길을 제시하였다. 원효는 일심이 지니고 있는 '해맑고 깨끗한 마음'과 '물들고 더러운 마음'의 지형을 원용하여 수행의 체계를 계층화시켰다. 그는 유식학의 아뢰야식으로서 일심, 기신학의 여래장/적멸로서 일심, 화엄학의 진심으로서 일심, 선법학의 본법으로서 일심으로 심화시켰다.

붓다가 펼친 중도 연기와 원효가 펼친 일심 일(본)각이 만나는 지점과 소통하는 지점에서 불교사상사는 크게 발전하였다. 중도의 이제와 연기의 공성, 일심의 이문과 본각의 이각은 심층마음과 표층의식을 해명하는 지점에서 깊게 만나고 있다. 붓다가 중도와 존재자들의 존재 법칙에 집중해 설했다면, 원효는 존재자들의 본래 마음과 수행 체계에 치중해 설하였다. 그리하여 붓다와 원효는 존재 법칙과 본래 마음 사이의 통로를 열어 주었다.

제1장의 「깨침 혹은 깨달음이란 무엇인가 – 고타마 싯다르타의 중도中道 연기緣起와 분황 원효의 일심一心 일각一覺」에서는, 고타마 싯다르타의 중도 연기와 분황 원효의 일심 일각이 어떻게 만나고 어떻게 소통하는가에 대해 깨침 과정을 중심으로 살피고 있다. 특히 붓다가 사성제와 십이연기를 통해 생로병사의 고통을 벗어나는 깨침 과정과 원효가 세 가지 미세한 '삼세상'(업상·전상·현상)과 '육추상'(지상·상속상·집취상·계명자상·기업상·업계고상)의 섬세한 관찰을 통해 표층의식의 번뇌를 벗어나는 깨침 과정을 대비하면서 접점을 찾고 있다.

제2장의 「분황 원효, 그 생애와 사상」에서는, 원효의 생애를 탄생과 이름, 출가와 수행, 유학과 깨침, 요석과 설총의 네 축으로, 원효의 사상을 저술과 토론, 강론과 입론, 절필과 교화, 입적과 영향의 네 축으로 정리하고 있다. 붓다의 일대기인 '팔상록'에 대응하여 원효의 일대기를 '팔상양록'으로 기술하고 있다.

제3장의 「분황 원효의 오도처와 화성 당항성」에서는, 당시 남양만 당항진 즉 당항포의 관할지가 당성이었고, 당성이 현재의 경기도 화성에 있으며, 당시 중부횡단 항로로 나아가는 출발 지점이 남양만의 당

은포라는 점을 고려하면, 원효와 의상이 잠을 잔 원효의 오도처는 당항성 인근의 어느 무덤으로 보는 것이 더 적절하다고 보았다. 김영이 쓴 「월광산원랑선사대보선광탑비」(月光山圓朗禪師大寶禪光塔碑)의 대통이 '직산樴山'에서 석 달 동안 선정에 들어 있었다면 그곳은 무덤 혹은 무덤이 있던 자리일 수가 없으며, 그곳이 원효의 수행처로 볼 수 있을지언정 원효의 오도처로 볼 수는 없을 것이라고 보았다.

제4장의 「분황 원효의 여래장 인식과 불성 이해-원효가 한국불교에 미친 영향을 중심으로」에서는, 원효는 『대승기신론』의 일심이문一心二門 구조를 유식사상의 아뢰야식과 여래장사상의 여래장如來藏의 관계를 해명하기 위한 탁월한 체계라고 파악하였다. 그리하여 그는 여래와 범부의 동일성을 강조하기보다는 이 둘 사이의 차이성을 강조하는 이론적 배경을 확보할 수 있었다고 보았다.

제5장의 「일심지원 혹은 일심이란 무엇인가-분황 원효 깨침사상의 구심과 원심」에서는, 원효는 일심지원과 일심을 상통하면서도 상이한 것으로 파악하고 아뢰야식과 여래장의 관계에서는 둘 사이의 차이성을 강조하면서도, 여래장과 일심의 관계에서는 둘 사이의 동일성을 강조하였다. 그런 뒤에 다시 일정한 단계에 오른 이에게는 일심과 여래장의 차이성을 분명히 하였다고 보았다. 그는 '수행을 하여 부처가 될 수 있다'고 말하면서도, 일정한 단계에 오른 이에게는 '부처와 중생의 경계는 다르다'고 함으로써 수행의 질적 전환을 촉구하였다고 보았다.

제6장의 「분황 원효의 일심사상-기신학의 일심一心과 삼매론의 일

미一味와 관련하여」에서는, 원효는 기신학에서 적멸로서 일심과 여래장으로서 일심을 이위異位로 구분하고, 삼매론에서 일심의 근원과 삼공의 바다를 통해 존재론적인 측면과 인식론적인 측면을 구분한 뒤 이것을 다시 통섭해 가고 있다. 그런 뒤에 그는 진여와 생멸 이외에 '본법으로서 일심'을 상위 개념으로 시설하여 '일심-진여-생멸'의 삼제설을 견지하고 있다. 그의 삼제설은 여래장의 상위 개념으로서 일심을 분명히 하기 위함이었으며, 이것은 원효의 일심사상이 기신학의 일심과 삼매론의 일미의 통섭 위에서 이루어졌음을 시사해 주고 있다고 보았다.

제7장의 「분황 원효의 화쟁 회통 탐구—『십문화쟁론』을 중심으로」에서는, 원효는 보편성과 타당성을 지닌 전체적 진리성인 '진리眞理'와 일반적 타당성을 지닌 '도리道理'와 '부분적 타당성'을 지닌 '일리一理'의 틀을 통해 동아시아 불교사상사에서 일어난 다양한 쟁론들을 화쟁하고 회통하고자 하였다. 이를 위해 그는 문門과 논論을 시설하고 위계를 세웠다. 원효의 『십문화쟁론』은 공유이집화쟁문과 불성유무화쟁문 등 두 문의 단간斷簡만 남은 저술이지만 이러한 진리와 도리와 일리를 근거로 세운 '문'과 '논'의 시설을 보여 주는 대표적인 저술이다. 원효는 어느 한 쪽(一邊)만이 옳다고 끝까지 고집하는 이에게는 부분적 타당성인 '일리'와 일반적 타당성인 '도리'는 있으나 보편성과 타당성을 지닌 전체적 진리성인 '진리'에는 미치지 못하고 있음을 일깨워 일심으로의 전회를 촉구하고 있다고 보았다.

제8장의 「분황 원효 『십문화쟁론』과 『판비량론』의 내용과 사상사적

의의」에서는, 원효는 '불설佛說' 혹은 '성교聖敎'라는 교증敎證을 넘어 '정리正理' 즉 '올바른 이치의 논증'이라는 이증理證의 논증식을 창안하였다. 그는 대승의 '불설' 여부는 해당 경전이 '부처의 교설(佛說)', 즉 성스러운 가르침(聖敎)에 속한다는 것을 논증함으로써 확인할 수 있는 것이 아니라, 그 가르침이 '올바른 이치(正理)'에 부합하는지 여부를 논증함으로써 확인할 수 있는 것으로 파악하였다. 이것은 종래의 경전관이었던 교증敎證을 넘어 새로운 경전관이라 할 이증理證의 활로를 열어 준 것이었다는 점에서 사상사적 의의가 매우 크다고 보았다.

제9장의 「한국 기신학 연구의 지형과 내용」에서는, 원효는 『대승기신론』 주석서에서 일심을 적멸과 여래장의 두 측면으로 설명하고 있다. 그런 뒤에 그는 궁극적으로 진여와 생멸 이외에 '본법으로서 일심'을 상위개념으로 시설하여 '일심-진여-생멸'의 삼제설을 견지하고 있다. 원효가 일심을 적멸로서 일심과 여래장으로서 일심으로 구분한 것은 『기신론』의 본의를 충실하게 이해하기 위해서 『능가경』의 교설을 원용하여 해석하였기 때문이다. 원효가 일심을 두 가지 측면으로 나누어 보는 지점에는 그의 인간 이해와 세계 인식이 투영되어 있다고 보았다.

제10장에서는 「분황 원효 『대승기신론소』의 내용과 특징-『대승기신론별기』와 『대승기신론이장의』와 관련하여」에서는, 원효는 『대승기신론』의 심식설에서 각覺과 불각不覺의 화합의 속성을 원용하여 삼세 아리야식의 각의覺義와 불각의不覺義의 이의성二義性에 의해 유식학의 아뢰야식이 지니고 있는 연기의 주체로서의 막연한 잠재심潛在心을 넘

어 기신학의 아리야식이 지니고 있는 미세한 삼세심三細心을 끊어야 깨달을 수 있음을 밝혀 내었다. 또 원효는 진나와 신인명설을 원용하면서도 그것을 자신의 안목 속에서 취사선택하여 철학적 논제를 해결하였다. 그 과정에서 일찍이 볼 수 없었던 독자적 해석이 제시되었다. 그리고 그러한 해석은 당시의 여러 인명학자들에게 타당하게 받아들여졌다. 그의 '구상설 적용'이나 '시각 사단의 사상 배대' 그리고 '인명학 도입' 등은 모두 그가 이 논서를 통해 '일심 철학'의 수립을 위한 것으로 이해할 수 있다. 그것은 곧 범부 중생의 성불과 왕생을 위한 기획으로도 이해할 수 있다고 보았다.

제11장의 「분황 원효『금강삼매경론』의 주요 내용과 특징」에서는, 『금강삼매경』과『금강삼매경론』은 반야중관(空性)과 유가유식(假有)의 일미적 통섭이라는 커다란 기획과 일미관행一味觀行과 십중법문十重法門의 구도 아래 일심과 본각, 시각과 본각이 둘이 아닌 일각이 되는 과정을 잘 보여 주고 있다.『금강삼매경』은 신라계와 가야계의 연합, 즉 신라 왕실의 정계와 그 방계로 편입된 가야계의 연합에 의해 성립된 경전으로 추정된다. 가야계 '왕비의 병'이 상징하는 정치적 문제 즉 가야계의 골품제 편입 문제 등 신라 왕실만으로는 해결할 수 없는 정치적 난제를 신라의 통치자는 불교계와 바다를 무대로 동아시아의 해상 무역을 주도했던 가야계와의 연합으로 해결하려 하였던 것으로 이해하였다. 신라 왕실은 이 문제를 해결하기 위해 검해(혜공)→대안→원효 등에게 의뢰한 것으로 짐작된다. 원효는 대승 선관을 담고 있는 이 경전이 중관의 이제설과 유식의 삼성설이 어떻게 접목되는지 잘 보여 주는 경전으로 파악하였다고 보았다.

제12장의 「분황 원효 연구 논저 목록」에서는 지난 100여 년 동안의 원효 저술의 편서 및 역서, 원효 관련 단행본, 논문, 박사논문, 석사논문 순으로 정리하였다.

이 책의 출간을 승낙해 준 모교 출판문화원의 박기련 대표와 김정은 차장, 그리고 이 책 전체를 꼼꼼하게 교정해 준 동국대 외래교수 오지연 박사와 「분황 원효 연구 논저 목록」을 최근까지 조사해 보충해 준 동국대 일반대학원 불교학과 박사과정 박경미 원생에게 감사를 드린다.

2021년 10월 20일

동국대학교 만해관 321호 함소방含笑房에서
시당始堂 거사 고영섭 근지謹識

차 례

책머리에 _4

1. 깨침 혹은 깨달음이란 무엇인가　　　　　　　　13
　　– 고타마 싯다르타의 중도中道 연기緣起와 분황 원효의 일심一心 일각一覺
2. 분황 원효, 그 생애와 사상　　　　　　　　　　85
3. 분황 원효의 오도처와 화성 당항성　　　　　　111
4. 분황 원효의 여래장 인식과 불성 이해　　　　　157
　　– 원효가 한국불교에 미친 영향을 중심으로
5. 일심지원 혹은 일심이란 무엇인가　　　　　　　199
　　– 분황 원효 깨침사상의 구심과 원심
6. 분황 원효의 일심사상　　　　　　　　　　　　235
　　– 기신학의 일심一心과 삼매론의 일미一味와 관련하여
7. 분황 원효의 화쟁 회통 탐구 –『십문화쟁론』을 중심으로　　273
8. 분황 원효『십문화쟁론』과『판비량론』의 내용과 사상사적 의의
　　　　　　　　　　　　　　　　　　　　　　331
9. 한국 기신학 연구의 지형과 내용　　　　　　　373
10. 분황 원효『대승기신론소』의 내용과 특징　　409
　　–『대승기신론별기』와『대승기신론이장의』와 관련하여
11. 분황 원효『금강삼매경론』의 주요 내용과 특징　　465
12. 분황 원효 연구 논저 목록　　　　　　　　　　531

찾아보기 _599

일러두기

1 '이 책은 붓다와 원효 관련 원고들을 모은 것이다.
2 제8식에 대해 구역 경론은 '아리(라)야식', 신역 경론은 '아뢰야식'으로 표기한 것을 그대로 따랐다.
3 「분황 원효의 오도처와 화성 당항성」은 다른 책에 수록한 것이지만 원효의 유학과 오도의 과정을 알 수 있도록 이 책에 다시 수록하였다.
4 유사한 논제와 유사한 주제를 다루다 보니 겹치는 내용과 중첩된 자료가 일부 존재한다.
5 「분황 원효 연구 논저 목록」은 종래에 집성한 목록에 이후 연구된 논저를 조사하여 증보한 것이다.

1

깨침 혹은 깨달음이란 무엇인가

– 고타마 싯다르타의 중도中道 연기緣起와 분황 원효의 일심一心 일각一覺

I. 왜 '깨침' 또는 '깨달음'이 중요한가? … 14
II. 어떻게 깨치고 무엇을 깨쳤을까? … 18
III. 싯다르타의 깨침 – 중도와 연기 … 30
   1. 사성제와 십이연기 … 31
   2. 사선정과 삼명 … 39
IV. 원효의 깨침 – 일심과 일각 … 50
   1. 일각一覺, 본각(顯成義)과 시각(修成義) … 52
   2. 불각不覺, 삼세와 육추 … 66
V. 붓다와 원효 깨침의 연속과 불연속 … 72
VI. 깨침 혹은 깨달음 담론의 공유 … 82

I. 왜 '깨침' 또는 '깨달음'이 중요한가?

우리에게 깨침[1] 혹은 깨달음[2]이 왜 중요할까? 우리말 두 음절의 '깨침'이 무명의 껍질을 즉각적으로 깨뜨리고 활짝 '눈을 뜨고 체득하는 것'이라면, 우리말 세 음절의 '깨달음'은 점차적으로 '눈을 뜨고 이해하는 것'으로 볼 수 있다. 여기서 머리와 가슴으로 알게 되는 '이해理解'와 온몸으로 살게 하는 '체득體得'은 엄밀하게 구별되는 것이다. 그렇다면 과연 '증험證驗적 깨침' 혹은 '이해理解적 깨달음'은 어떻게 살게 하고 어떻게 알게 하는 것일까? 초기불전에 의하면 고타마 싯다르타는 '감

---

1 필자는 우리말 '깨침'과 '깨달음'을 구분해 표현하고자 한다. 우리말 두 음절의 '깨침'이 궁극적 깨달음인 '증오證悟적 측면'이라면, 우리말 세 음절의 '깨달음'은 점차적 깨달음인 '해오解悟적 측면'이라 할 수 있을 것이다. 음절의 차이에서도 차이가 나듯이 '깨침'이 즉각적인 돈오頓悟적 깨침이라면, '깨달음'은 점차적인 점수漸修적 깨달음이라고 볼 수 있기 때문이다. 빠알리 문헌 속의 '깨침'을 표현하는 용어는 '보디bodhi', '삼보디sambodhi'가 있고, 벽지불과 아라한의 깨달음과 구별되는 붓다의 깨침을 일컫는 '아비삼보디abhi-sambodhi'와 '삼마삼보디sammā-sambodhi'도 사용되고 있다. 또 위없이 바르고 원만한 깨달음을 가리키는 '아눗따라삼마삼보디 anuttara-sammā-sambodhi'가 있으며, 나아가 '위뭇띠냐나vimuttiñāṇa' 등이 있다. 반면 한역漢譯에서는 '각覺' 계열의 일각一覺, 본각本覺, 시각始覺, 불각不覺 등과 '오悟' 계열의 돈오頓悟/증오證悟, 점오漸悟/해오解悟, 등이 있으며, 경우에 따라서는 '도道'로 의역되었다. 영어로는 'enlightenment'와 'awakening'으로 번역되고 있다.
2 Rhys Davids & William Stede, Pali-English Dictionary, PTS, 1986, p.491. 이 사전에서 '깨달음'은 '궁극적 체득/이해(supreme knowledge)', '깨침/깨달음(enlightenment)', '붓다에 의해 성취된 체득/이해(the knowledge possessed by Buddha)' 등으로 풀이하고 있다.

각적 쾌락에 대한 욕망이나 악하고 불건전한 상태와는 관계없는 즐거움에 대해 두려워하지 않고'[3] 숙명통과 천안통과 누진통의 삼명三明 신통을 얻었다.

또 대승불전인 『금강경』에 의하면 고타마 싯다르타(기원전 624~544)는 우리가 지니고 있는 인간의 눈인 육안, 천인의 눈인 천안, 이승二乘의 눈인 혜안, 보살의 눈인 법안을 너머 붓다의 눈인 불안을 얻은 존재가 되었다.[4] 그는 인간의 눈, 천인의 눈, 이승의 눈, 보살의 눈을 거쳐 붓다의 눈을 얻어 '모든 존재를 있는 그대로 볼 수 있었으며' '차원 높은 인간의 길'을 보여 주었다. 싯다르타는 우리 눈앞의 온갖 경계와 유혹을 떨쳐 내지 않고 붙들리지 않으면서 '새로운' 언어'로 인간의 길을 보여 주었다. 그러면 직립이라는 사건을 통해 언어를 발견한 존재인 우리는 어떻게 언어에 나가지도 않고 떠나지도 않으며 차원 높은 삶을 살 수 있을까? 싯다르타와 원효는 왜 깨치고자 했고, 어떻게 깨쳤으며, 무엇을 깨쳤을까? 그리고 그것을 어떻게 전하고자 했을까? 고타마 붓다는 깨침 이후 한 동안의 망설임(躊躇) 끝에 경험적 언어로 '중도'와 '연기'의 깨침을 전하였다. 원효(617~686) 또한 의상義湘(625~702)과 함께 경기도 화성의 한 무덤 속에서 극락같이 달콤한 잠을 잤던 땅막(龕)과 지옥같이 괴로운 잠을 잤던 무덤(墳)이 둘이 아니라(不二)는 인식의 전회 끝에 경험적 언어로 '일심'과 '일각'의 깨침을 전하였다.

대개 철학에서는 '무엇'이라는 '존재의 내용'보다는 '어떻게'라는 '존

---

3 전재성 역, 「쌋짜까에 대한 큰 경」(Mahāsaccakasutta, M1: 237), 『맛지마 니까야』(한국빠알리성전협회, 2009), pp.451~454; 대림 역, 『맛지마 니까야』(초기불전연구원, 2012), pp.179~181.
4 鳩摩羅什 역, 『金剛般若波羅密經』 제18분 「一體同觀分」.

재의 방법'을 더 집중적으로 묻고 있다. 우리가 인물과 인물, 사상과 사상, 철학과 철학 등의 차이를 발견하는 것은 세계관적 범주로 묻기 시작할 때 비로소 가능할 것이다. 질문의 범주가 달라지면 우리의 인식의 내용도 달라진다. '왜'의 범주로 물으면 원인을, '어떻게'의 범주로 물으면 방법을, '무엇을'의 범주로 물으면 대상을 알 수 있게 된다. '누가', '어디서', '언제'도 마찬가지이다. 이들 여섯 가지의 세계관적 범주로 묻고 정리하는 과정에서 가장 우선하는 것이 '왜'이다. 그런데 '언제', '어디서', '누가', '무엇을', '어떻게', '왜'의 형식에 근거한 물음이라고 해도 이들은 각기 다른 인식 내용을 얻게 되며 다른 형태의 세계관을 이루게 된다. 그리고 여기서 '왜'의 물음은 세계관의 의미가 된다. 고타마 싯다르타와 분황 원효도 바로 '왜'의 물음에서 출발하였다. 이들에게 '왜'의 물음, 즉 '왜 우리는 생사윤회에서 벗어나야 하는가?'라는 질문은 화두였다. 거의 일천 년이 격해 있음에도 불구하고 이들의 화두는 다르지 않았다.

  고타마 싯다르타는 끊임없이 거듭되는 생로병사의 윤회 과정을 벗어나고자 집을 나섰다. 그에게 집은 생사윤회의 집이었다. 싯다르타는 집을 나와 평생을 숲과 길에서 살았다. 그는 하나의 나무를 넘어서는 '숲'과 하나의 지점을 넘어서는 '길' 위에서 자유를 얻어 붓다가 되었다. 싯다르타는 진리에 '눈을 뜬' 수많은 붓다 중에서도 탐욕(貪)과 성냄(瞋)과 어리석음(癡)의 삼독심을 버리고 가장 완벽한 해탈解脫(vimutti/vimokkha) 열반涅槃(nibbāna)의 길을 열어젖힘으로써 붓다의 이름을 전유專有하게 되었다. 싯다르타가 열어젖힌 해탈 열반은 선정 수행과 고행 수행을 넘어서는 완전한 깨침의 길이었다. 『초전법륜경』에서 설하는 것처럼 그것은 중도 즉 팔정도와, 사성제 즉 십이연기의 가르침이었다. 원효는 땅막과 무덤의 불이不二를 통해 인간이 지니고 있는 본각과 시각을 아우르는 '일각'과 본각과 시각을 가로막는 불각 중 특히 지말불각인 삼세三細상과 육추六麤상을 지멸시키고 보편적 마음인 '일심'을 발견하여 '눈을 뜬' 붓다가 되었다. 붓다의 깨침과 원효의 깨침은 카필라와 신라, 즉 인도와 한국에서 일천여 년이 떨어져 있음에도 불구하고 모두 인간을 자유롭게 하였다는 점에서 만나고 있다. 하지만 인간을 자유롭게 하는 두 사람의 방법에 있어서는 연속점과 불연속점이 있다. 그 닿는 점 위에서 싯다르타의 독자성이 드러나고 있으며, 그 끊긴 점 위에서 원효의 독자성이 나타나고 있다.

고타마 싯다르타와 원효는 왜 깨달아 붓다가 되려고 했을까? 이들은 어떻게 깨달아 붓다가 되었을까? 이들은 무엇을 깨달아 붓다가 되었을까? 붓다와 원효의 깨침은 같은 것일까, 다른 것일까? 같다면 무엇이 같고 다르다면 무엇이 다른 것일까? 붓다의 가르침에 의하면 깨침 혹은 깨달음은 우리를 삼세의 구속으로부터 '자유롭게' 하고, 삼세의 소유로부터 '자비롭게' 한다. 오늘의 나의 성취가 무수한 사람들의 도움과 협동에 의해 이루어졌다는 연기법을 체득한다는 것은 이 순간부터 나의 머리와 가슴을 넘어 온몸으로 살겠다는 것의 다른 표현이기 때문이다. 이 글에서는 고타마 싯다르타의 깨침과 분황 원효의 깨침이 어떻게 같고 어떻게 다른가를 살펴보고자 한다. 이들이 닿는 지점에서 불교사상사의 통로通路를 볼 수 있을 것이며, 끊긴 지점에서 불교사상사의 관문關門을 볼 수 있을 것이다.

Ⅱ. 어떻게 깨치고 무엇을 깨쳤을까?

인도 네팔 접경 지역의 작은 왕국 카필라국의 왕자였던 싯다르타는 세상을 지배하는 세 가지 힘 중 두 가지 힘인 '권력權力'과 '재력財力'을 스스로 버리고 집을 떠났다. 그 뒤 그는 자기와의 싸움에서 승리하여 또 다른 한 가지 힘인 '매력魅力'을 확보하였다. 대개 전생의 업식에 따라 좋은 집안에 태어난 이는 '권력'과 '재력'을 상속받을 수 있다. 하지만 권력과 재력을 스스로 버린 싯다르타는 오직 자기의 실력으로 무에서 유를 창조하여 상속으로 가질 수 없는 '매력'을 확보하였다.

매력이란 '사람을 이끌어 내는 힘'이자 '사람의 마음을 움직이는 힘'이다. 그렇다면 싯다르타는 왜 권력과 재력을 버리고 매력을 얻으려고 집을 떠났을까? 그리고 그는 깨침이라는 매력을 얻은 뒤 무엇을 하려고 하였을까? 북방 기록에 의하면 싯다르타는 17살에 결혼하고 19살에 출가하여 6년의 고행 수행 끝에 다시 6년 수행을 한 뒤 30세에 정각을 얻고 49년 설법을 마치고 79세에 열반에 들었다고 전한다.

반면 남방 기록에 의하면 싯다르타는 이전에 결혼하고 29세에 출가한 뒤 6년 고행을 거쳐 3·7일 정진 끝에 35세에 정각을 얻고 45년 설법을 하였으며, 80세에 열반에 들었다고 전한다. 1956년에 네팔 카투만두에서 열린 세계불교도우의회(WFB)에서 불기佛紀를 통일하기 위한 회의가 열렸다. 이 회의에서는 인도와 스리랑카 등에서 통용되는 남방 불기를 배려하여 그 해를 2,500년으로 통일하였다. 그 결과 북방 불기는 그 해 이전의 문헌에서만 역할을 할 뿐 현실에서는 그 기능을 잃고

말았다.⁵

싯다르타 당시 인도의 사상계는 바라문계의 선정 수행과 사문계의 고행 수행으로 대별되어 있었다. 싯다르타는 봄·여름·가을의 거처였던 세 궁궐을 오가며 생사윤회하는 반복적 삶을 벗어나기 위해 집을 떠나 당시의 최고 수행자들을 찾아갔다. 먼저 그는 알라라 깔라마를 찾아가 그에게서 '감각적 쾌락에 대한 욕망의 세계(欲界)'와 '미세한 물질의 세계(色界)'를 거쳐 가장 높은 단계의 세계인 '비물질의 세계(無色界)' 가운데 무한 공간의 세계(空無邊處)와 무한 의식의 세계(識無邊處) 위의 '아무것도 없(게 느껴지)는 세계(無所有處)'⁶에 대해 배웠다. 당시의 상황을 『맛지마 니까야』의 「쌋짜까에 대한 큰 경」에서 자세히 기술하고 있다.⁷ 붓다는 오온이 있다고 설하는 자이나교도인 악기베싸나(쌋짜까의 속한 종족명) 쌋짜까에게 다음과 같이 전하고 있다.

"악기베싸나여, 나는 오래지 않아 그 가르침을 배웠습니다. 악기베싸나여, 나는 스승이 말하는 것과 똑같을 정도로 그 지혜의 이론을 말하고 그 장로의 이론에 대해 말했습니다. 나와 남이 모두 '나는 알고 또한 본다'고 인정했습니다. 악기베싸나여, 그때 나에게 이와 같은 생각

---

5 천태 지자天台智者(538~597)는 붓다가 깨침을 얻은 뒤 화엄시華嚴時(3·7일), 녹원(아함)시鹿苑(阿含)時(12년), 방등시方等時(8년), 반야시般若時(21년), 법화열반시法華涅槃時(12년+1일 1夜)를 통틀어 49년간 전법傳法을 했다는 5시설을 남기고 있다.
6 '무소유처無所有處'는 '아무것도 없는 세계'보다는 '아무것도 없게 느껴지는 의식 세계' 혹은 '아무것도 없게 느껴지는 의식 단계'라고 보아야 할 것이다.
7 악기베싸나 종족의 쌋짜까는 자이나교도 여인의 아들로서 그는 철학적인 논쟁에 밝았고 부모로부터 천 가지의 교의를 배웠다. 그리고 다른 이교도들로부터 많은 것을 배운 이였지만, 세존과의 논쟁에서 졌음에도 불구하고 자신을 성자聖者라고 생각한 인물이다. 전재성 역주 626), 641) 참고.

이 떠올랐습니다. '깔라마는 자신의 가르침에 대해 〈나는 스스로 알고 깨달아 성취했다〉라고 단지 확신만으로 주장한 것이 아니다. 실제로 깔라마는 이 가르침을 알고 본다.'

그래서 나는 알라라 깔라마가 있는 곳을 찾아갔습니다. 가까이 다가가서 알라라 깔라마에게 말했습니다. '존자 깔라마여, 그대는 어떻게 〈나는 스스로 알고 깨달아 성취했다〉라고 주장합니까?' 악기베싸나여, 이와 같이 말하자 알라라 깔라마는 '아무것도 없(게 느껴지)는 세계(無所有處, akiñcañña)'에 관해 알려 주었습니다. 악기베싸나여, 그러자 나에게 이와 같은 생각이 떠올랐습니다. '깔라마에게만 새김(念,[8] sati)이 있는 것이 아니라, 나에게도 새김이 있다. 깔라마에게만 집중(定,[9] samādhi)이 있는 것이 아니라, 나에게도 집중이 있다. 깔라마에게만 지혜(慧,[10] paññā)가 있는 것이 아니라, 나에게도 지혜가 있다. 자, 이제 깔라마가 스스로 알고 깨달아 성취한 그 가르침을 스스로 성취하기 위해 노력해 보면 어떨까?' 그 뒤에 악기베싸나여, 나는 머지않아 곧 그 가르침을 스스로 알고 깨달아 성취했습니다.'"[11]

---

8 '염念'(sati)은 '집중 대상에 닿아 있는 개념'이자 '신수심법身受心法의 4념처 각각에 닿아 있는 상태를 폭넓게 염의 사띠'라고 할 수 있다. 우리말 옮김은 '깨어 있음', '알아차림', '마음챙김', '수동적 주의집중' 등 다양한 용례를 보여 주고 있다. 전재성은 니까야 번역에서 '새김'으로 번역하고 있으나 필자는 '깨어 있음'을 더 선호한다.
9 '정定'(samādhi)은 '집중 대상으로 들어간 상태'이자 '4념처 속의 심리에 들어가는 과정'이라고 할 수 있다. 우리말 옮김은 '집중' 등으로 번역하고 있으나 필자는 '입정 상태'를 더 선호한다.
10 '혜慧'(paññā)는 '4념처의 심리를 꿰뚫어서 지혜가 드러나면 혜'라고 할 수 있다. 필자는 '드러난 혜'로 이해한다.
11 전재성 역,「쌋짜까에 대한 큰 경」(Mahāsaccakasutta, M1: 237), 『맛지마 니까야』(한국빠알리성전협회, 2009), pp.443~444; 대림 역, 『맛지마 니까야』(초기불전연구원,

싯다르타는 알라라 깔라마에게 "'나는 스스로 알고 깨달아 성취했다'라고 주장합니까?"라고 물었다. 그런 뒤에 그는 깔라마로부터 '아무것도 없(이 느껴지)는 세계'를 '알고'-'깨달아'-'성취'하는 방법을 배워 자신이 가지고 있는 '새김'-'집중'-'지혜'를 불러내어 머지않아 곧 그 가르침을 '알고'-'깨달아'-'성취'하였다.

이어 싯다르타는 웃다까 라마뿟따를 찾아가 "'나는 스스로 알고 깨달아 성취했다'라고 주장합니까?"라고 물었다. 그리고 나서 그는 라마뿟다로부터 '지각하는 것도 아니고 지각하지 않는 것도 아닌 세계(非想非非想處)'에 대해 배웠다.

"악기베싸나여, 나는 오래지 않아 그 가르침을 배웠습니다. 악기베싸나여, 나는 스승이 말하는 것과 똑같을 정도로 그 지혜의 이론을 말하고 그 장로의 이론에 대해 말했습니다. 나와 남이 모두 '나는 알고 또한 본다'라고 인정했습니다. 악기베싸나여, 그때 나에게 이와 같은 생각이 떠올랐습니다. '라마뿟따는 자신의 가르침에 대해 〈나는 스스로 알고 깨달아 성취했다〉라고 단지 확신만으로 주장한 것이 아니다. 실제로 라마뿟따는 이 가르침을 알고 본다.'
그래서 나는 웃다까 라마뿟따가 있는 곳을 찾아갔습니다. 가까이 다가가서 웃다까 라마뿟다에게 말했습니다. '존자 라마뿟따여, 그대는 어떻게 〈나는 스스로 알고 깨달아 성취했다〉라고 주장합니까?' 악기베싸나여, 이와 같이 말하자 웃다까 라마뿟따는 '지각하는 것도 아니고 지각하지 않는 것도 아닌 세계(非想非非想處, nevasaññana)'에 관해 알려 주

2012), pp.163~164.

었습니다. 악기베싸나여, 그러자 나에게 이와 같은 생각이 떠올랐습니다. '라마뿟따에게만 믿음(信, saddhā)이 있는 것이 아니라, 나에게도 믿음이 있다. 라마뿟따에게만 정진精進(viriya)이 있는 것이 아니라, 나에게도 정진이 있다. 라마뿟따에게만 새김(念, sati)이 있는 것이 아니라, 나에게도 새김이 있다. 라마뿟다에게만 집중(定, samādhi)이 있는 것이 아니라, 나에게도 집중이 있다. 라마뿟따에게만 지혜(慧, paññā)가 있는 것이 아니라, 나에게도 지혜가 있다. 자, 이제 라마뿟따가 스스로 알고 깨달아 성취한 그 가르침을 스스로 성취하기 위해 노력해 보면 어떨까?' 그 뒤에 악기베싸나여, 나는 머지않아 곧 그 가르침을 스스로 알고 깨달아 성취했습니다."[12]

싯다르타는 웃다까 라마뿟다에게서 '지각하는 것도 아니고 지각하지 않는 것도 아닌 세계'를 '알고'-'깨달아'-'성취'하는 방법을 배워 자신이 가지고 있는 '믿음'-'정진'-'새김'-'집중'-'지혜'를 불러내어 머지않아 곧 그 가르침을 '알고'-'깨달아'-'성취'하였다.

고타마 싯다르타는 이러한 고행 수행을 거치며 왜 깨침 혹은 깨달음을 얻으려고 했을까? 그는 어떻게 깨치고 무엇을 깨쳤을까? 당시의 상황을 『맛지마 니까야』의 「마하쌋짜까경」은 자세히 기술하고 있다. 먼저 싯다르타는 당시 사문계의 고행 수행을 통해 생사윤회를 넘어서려고 하였다. 그리하여 그는 미세한 물질의 세계(色界)의 네 개의 선정을 차례대로 경험하면서 넘어서고 있다.

---

12 전재성 역, 「쌋짜까에 대한 큰 경」(Mahāsaccakasutta, M1: 237), 『맛지마 니까야』(한국빠알리성전협회, 2009), pp.444~445; 대림 역, 『맛지마 니까야』(초기불전연구원, 2012), pp.164~165.

"나는 이러한 고행의 실천으로도 인간을 뛰어넘는 법, 고귀한 님들이 갖추어야 할 탁월한 앎과 봄을 성취하지 못했다. 깨달음에 이르는 다른 길이 있지 않을까? 악기베싸나여, 그러한 나에게 이와 같은 생각이 떠올랐습니다. '나의 아버지 싸꺄족의 왕이 농경제 행사를 하는 중에 나는 장미사과나무(閻浮樹)의 서늘한 그늘에 앉아 감각적 쾌락에 대한 욕망을 여의고 악하고 불건전한 상태를 떠나서, 사유를 갖추고 숙고를 갖추어, 멀리 여읨에서 생겨나는 희열과 행복으로 가득한 첫 번째 선정을 성취했는데, 이것이 깨달음에 이르는 길일까?' 악기베싸나여, 그러한 나에게 이 길은 깨달음에 이르는 길이라고 새김(念)에 따른 의식이 생겨났습니다.

악기베싸나여, 그러한 나에게 이와 같은 생각이 떠올랐습니다. '나는 감각적 쾌락에 대한 욕망이나 악하고 불건전한 상태와는 관계없는 즐거움에 대하여 두려워할 필요가 있을까?' 그래서 악기베싸나여, 나는 이와 같이 생각했습니다. '나는 감각적 쾌락에 대한 욕망이나 악하고 불건전한 상태와는 관계가 없는 즐거움에 두려워할 필요가 없다.'

악기베싸나여, 그러한 나에게 이와 같은 생각이 떠올랐습니다. '극도로 야윈 몸으로는 그러한 즐거움을 성취하기는 쉽지 않다. 단단한 음식이나 끓인 쌀죽을 먹으면 어떨까?' 그래서 나는 단단한 음식이나 끓인 쌀죽을 먹었습니다. 그때 악기베싸나여, 나는 다섯 수행승이 나를 기다리며 '우리의 수행자 고타마가 보다 높은 경지에 도달했다면 우리에게 알리러 올 것이다'라고 생각할 것이다. 그러나 내가 단단한 음식이나 끓인 쌀죽을 먹었다면 다섯 수행승은 이와 같이 '수행자 고타마는 사치스럽게 살며, 자신의 정진을 포기하고 윤택한 삶으로 돌아갔다고 생각하며 나를 싫어하며 떠날 것이다'라고 생각했습니다.

이제 나는 단단한 음식이나 끓인 쌀죽을 먹어 힘을 얻어서 감각적 쾌락에 대한 욕망을 여의고 악하고 불건전한 상태를 떠나서, 사유를 갖추고 숙고를 갖추어, 멀리 여읨에서 생겨나는 희열과 행복으로 가득한 첫 번째 선정을 성취했습니다. 그러나 악기베싸나여, 나의 안에서 생겨난 그러한 즐거운 느낌은 나의 마음을 사로잡지 않았습니다.

나는 사유와 숙고가 멈추어진 뒤, 내적인 평온과 마음의 통일을 이루고, 사유를 뛰어넘고 숙고를 뛰어넘어, 삼매에서 생겨나는 희열과 행복으로 가득한 두 번째 선정을 성취했습니다. 그러나 악기베싸나여, 나의 안에서 생겨난 그러한 즐거운 느낌은 나의 마음을 사로잡지 않았습니다.

나는 희열이 사라진 뒤, 새김을 확립하고 올바로 알아차리고 평정하게 지내고 신체적으로 행복을 느끼며, 고귀한 님들이 평정하고 새김 있는 행복한 삶이라 부르는 세 번째 선정을 성취했습니다. 그러나 악기베싸나여, 나의 안에서 생겨난 그러한 즐거운 느낌은 나의 마음을 사로잡지 않았습니다.

나는 즐거움과 괴로움이 버려지고 만족과 불만도 사라진 뒤, 괴로움을 뛰어넘고 즐거움을 뛰어넘어, 평정하고 새김 있고 청정한 네 번째 선정을 성취했습니다. 그러나 악기베싸나여, 나의 안에서 생겨난 그러한 즐거운 느낌은 나의 마음을 사로잡지 않았습니다.[13]

싯다르타는 "나는 이러한 고행의 실천으로도 인간을 뛰어넘는 법,

---

13 전재성 역, 「쌋짜까에 대한 큰 경」(Mahāsaccakasutta, M1: 237), 『맛지마 니까야』(한국빠알리성전협회, 2009), pp.451~452; 대림 역, 『맛지마 니까야』(초기불전연구원, 2012), pp.170~171.

고귀한 님들이 갖추어야 할 탁월한 앎과 봄을 성취하지 못했다. 깨달음에 이르는 다른 길이 있지 않을까?"라고 고백하고 있다. 그는 바라문의 선정 수행과 사문계의 고행 수행으로 '인간을 뛰어넘는 법, 고귀한 님들이 갖추어야 할 탁월한 앎과 봄'을 성취하지 못하고 잠시나마 다른 길이 있을까 회의하였다.

그러나 싯다르타는 장미사과나무의 서늘한 그늘에 앉아 멀리 여읨에서 생겨나는 희열과 행복으로 가득한 첫 번째 선정을 성취하고 이 길은 깨달음에 이르는 길이라고 새김에 따른 의식이 생겨났다. 그리하여 그는 '감각적 쾌락에 대한 욕망을 여의고', '악하고 불건전한 상태를 떠나서', '사유를 갖추고 숙고를 갖추어', '멀리 여읨에서 생겨나는 희열과 행복으로 가득한' 초선정을 성취하였다. 이어 그는 '사유와 숙고가 멈추어진 뒤', '내적인 평온과 마음의 통일을 이루고', '사유를 뛰어넘고 숙고를 뛰어넘어', '삼매에서 생겨나는 희열과 행복으로 가득한' 이선정을 성취하였다.

다시 싯다르타는 '희열이 사라진 뒤', '새김을 확립하고', '올바로 알아차리고', '평정하게 지내고', '신체적으로 행복을 느끼며', '고귀한 님들이 평정하고 새김 있는 행복한 삶이라 부르는' 삼선정을 성취하였다. 나아가 그는 '즐거움과 괴로움이 버려지고', '만족과 불만도 사라진 뒤', '괴로움을 뛰어넘고', '즐거움을 뛰어넘어', '평정하고 새김 있고 청정한' 사선정을 성취하였다.

하지만 싯다르타는 자신의 안에서 생겨난 그러한 즐거운 느낌도 그의 마음을 사로잡지 않았다고 고백하고 있다. 그리하여 그는 다시 전생의 기억에 대한 앎이라는 수행에 돌입하였다.

"이와 같이 마음이 통일되어 청정하고 순결하고 때 묻지 않고 오염되지 않고 유연하고 유능하고 확립되고 흔들림이 없게 되자, 나는 마음을 전생의 기억에 대한 앎으로 향하게 했습니다. 이와 같이 나는 전생의 여러 가지 삶의 형태에 관하여 '한 번 태어나고 두 번 태어나고 세 번 태어나고 네 번 태어나고 다섯 번 태어나고, 열 번 태어나고 천 번 태어나고 십만 번 태어나고, 수많은 세계가 파괴되고 수많은 세계가 생성되고 수많은 세계가 파괴되고 생성되는 시간을 지나면서, 당시에 나는 이러한 이름과 이러한 성을 지니고 이러한 용모를 지니고 이러한 음식을 먹고 이러한 괴로움과 즐거움을 맛보고 이러한 목숨을 지녔었고 나는 그 곳에서 죽은 뒤에 나는 다른 곳에 태어났는데, 거기서 나는 이러한 이름과 이러한 성을 지니고 이러한 용모를 지니고 이러한 음식을 먹고 이러한 괴로움과 즐거움을 맛보고 이러한 목숨을 지녔었다. 그 곳에서 죽은 뒤에 여기서 태어났다'라고 기억했습니다. 이와 같이 나는 나의 전생의 여러 가지 삶의 형태를 구체적으로 상세히 기억했습니다.

악기베싸나여, 이것이 내가 밤의 초야初夜에 도달한 첫 번째 앎입니다. 참으로 방일하지 않고 열심히 정진하고 스스로 노력하는 자에게 그것이 나타나듯, 무명이 사라지자 명지明智가 생겨났고 어둠이 사라지자 빛이 생겨났습니다. 그러나 악기베싸나여, 나의 안에서 생겨난 그러한 즐거운 느낌은 나의 마음을 사로잡지 않았습니다.

이와 같이 마음이 통일되어 청정하고 순결하고 때 묻지 않고 오염되지 않고 유연하고 유능하게 확립되고 흔들림이 없게 되자 나는 마음을 뭇 삶들의 삶과 죽음에 대한 앎으로 향하게 했습니다. 이와 같이 나는 인간을 뛰어넘는 청정한 하늘눈으로 뭇 삶들을 관찰하여, 죽거나 다시 태어나거나 천하거나 귀하거나 아름답거나 추하거나 행복하거나 불행하거나 업보에 따라서 등장하는 뭇 삶들에 관하여 '어떤 중생들은 신체적으로 악행을 저지르고 언어적으로 악행을 저지르고 정신적으로 악행을 저지르고 고귀한 님들을 비난하고 잘못된 견해를 지니고 잘못된 견해에 따라 행동했다. 그래서 그들은 몸이 파괴되고 죽은 뒤에 괴로운 곳, 나쁜 곳, 타락한 곳, 지옥에 태어난 것이다. 그러나 다른 중생들은 신체적으로 선행을 하고 언어적으로 선행을 하고 정신적으로 선행을 하고 고귀한 님들을 비난하지 않고 올바른 견해를 지니고 올바른 견해에 따라 행동했다. 그래서 그들은 육체가 파괴되고 죽은 뒤에 좋은 곳, 하늘나라에 태어난 것이다'라고 분명히 알았습니다. 이와 같이 나는 인간을 뛰어넘는 청정한 하늘눈으로 뭇 삶들을 관찰하여, 죽거나 다시 태어나거나 천하거나 귀하거나 아름답거나 추하거나 행복하거나 불행하거나 업보에 따라서 등장하는 뭇 삶들에 관하여 분명히 알았습니다.

악기베싸나여, 이것이 내가 밤의 중야中夜에 도달한 후 두 번째의 앎입니다. 참으로 방일하지 않고 열심히 정진하고 스스로 노력하는 자에게 그것이 나타나듯, 무명이 사라지자 명지가 생겨났고 어둠이 사라지자 빛이 생겨났습니다. 그러나 악기베싸나여, 나의 안에서 즐거운 느낌이 생겨나더라도 그것이 나의 마음을 사로잡지 않았습니다.

이와 같이 마음이 통일되어 청정하고 순결하고 때 묻지 않고 오염되지 않고 유연하고 유능하고 확립되고 흔들림이 없게 되자 나는 마음을 번뇌의 소멸에 대한 앎으로 향하게 했습니다. '이것이 괴로움이다'라고 나는 있는 그대로 알았습니다. '이것이 괴로움의 발생이다'라고 나는 있는 그대로 알았습니다. '이것이 괴로움의 소멸이다'라고 나는 있는 그대로 알았습니다. '이것이 괴로움의 소멸에 이르는 길이다'라고 나는 있는 그대로 알았습니다. '이것이 번뇌이다'라고 나는 있는 그대로 알았습니다. '이것이 번뇌의 발생이다'라고 나는 있는 그대로 알았습니다. '이것이 번뇌의 소멸이다'라고 나는 있는 그대로 알았습니다. '이것이 번뇌의 소멸에 이르는 길이다'라고 나는 있는 그대로 알았습니다.

내가 이와 같이 알고 이와 같이 보자, 감각적 쾌락의 욕망에 의한 번뇌(欲愛, kāmataṇhā)에서 마음이 해탈되었고, 존재에 의한 번뇌(有愛, bhataṇhā)에서 마음이 해탈되었고, 무명에 의한 번뇌(無明愛, avijjtaṇhā)에서 마음이 해탈되었습니다. 해탈되었을 때에 나에게 '해탈되었다'는 앎이 생겨났습니다. 나는 '태어남은 부서지고 청정한 삶은 이루어졌다. 해야 할 일은 다 마치고 더 이상 윤회하지 않는다'라고 분명히 알았습니다.

악기베싸나여, 이것이 내가 밤의 후야後夜에 도달한 세 번째 앎입니다. 참으로 방일하지 않고 열심히 정진하고 스스로 노력하는 자에게 그것이 나타나듯, 무명이 사라지자 명지가 생겨났고 어둠이 사라지자 빛이 생겨났습니다. 그러자 악기베싸나여, 나의 안에서 생겨난 그러한 즐거운 느낌은 그것이 나의 마음을 사로잡지 않았습니다.

그런데 악기베싸나여, 나는 수많은 대중에게 가르침을 설한 것을 기억합니다. 아마도 그 사람들은 누구나 나에 대해 이와 같이 '수행자 고타마는 나를 위해 특별히 가르침을 설한다'고 생각할 것입니다. 그러나 악기베싸나여, 그렇게 여겨서는 안 됩니다. 여래는 지혜를 전하기 위해서만 다른 사람에게 가르침을 설합니다.

악기베싸나여, 대화가 끝나면 나는 언제나 항상 닦는 이전과 같은 삼매의 인상에 안으로 마음을 정립하고 고요히 하고 하나로 하고 집중시

킵니다."[14]

싯다르타는 밤의 초야에 도달한 첫 번째 앎에서 전생의 여러 가지 삶의 형태를 구체적으로 상세히 기억했다. 그는 밤의 중야에 도달한 두 번째 앎에서는 인간을 뛰어넘는 청정한 하늘눈으로 뭇 삶들을 관찰하여, 죽거나 다시 태어나거나 천하거나 귀하거나 아름답거나 추하거나 행복하거나 불행하거나 업보에 따라서 등장하는 뭇 삶들에 관하여 분명히 알았다. 그리고 싯다르타는 밤의 후야에 도달한 세 번째 앎에서는 사성제를 있는 그대로 알고 나서 감각적 쾌락의 욕망에 의한 번뇌(欲愛, kāmataṇhā)·존재에 의한 번뇌(有愛, bhataṇhā)·무명에 의한 번뇌(無明愛, avijjtaṇhā)에서 마음이 해탈되었으며, 해탈되었을 때에 나에게 '해탈되었다'는 앎이 생겨났다.

그리하여 스스로 태어남은 부서지고, 청정한 삶은 이루어졌으며, 해야 할 일은 다 마치고, 더 이상 윤회하지 않는다고 분명히 알았다고 하였다. 그리고 나서 그는 참으로 방일하지 않고 열심히 정진하고 스스로 노력하는 자에게 그것이 나타나듯, 무명이 사라지자 명지가 생겨났고 어둠이 사라지자 빛이 생겨났다고 하였다. 하지만 나의 안에서 생겨난 즐거운 느낌은 나의 마음을 사로잡지 않았다고 고백하고 있다.

이어서 싯다르타는 대화가 끝나면 언제나 항상 닦는 이전과 같은 '삼매의 인상'으로서 사념처 즉 네 가지 새김(念)의 토대가 되는 '공空의 경지의 성취(空果等持, suññstaphalasamāpatti)'를 닦는다고 언표하였다[15]고

---

14 전재성 역, 「싼짜까에 대한 큰 경」(Mahāsaccakasutta, M1:237), pp.452~454; 대림 역, pp.183~186.
15 Pps.II. 285. 전재성, 역, 위의 책, p.439의 주석 645) 참조. 역자譯者는 싯다르타

알려져 있다.[16] 이처럼 싯다르타는 출가 이후 알라라 깔라마와 웃따까 라마뿟따를 통해 고행 수행을 거쳐 선정 수행을 닦으며 초선, 이선, 삼선, 사선을 거쳐 중도와 연기 즉 팔정도와 십이연기를 깨달았다. 『초전법륜경』은 붓다가 중도 즉 팔정도와 사성제 즉 십이연기에 대해 설하였음을 알려 주고 있다.

Ⅲ. 싯다르타의 깨침 - 중도와 연기

싯다르타는 당시 사상계의 두 흐름인 바라문계의 브라흐만 전변설과 사문계의 요소 적취설을 경험한 뒤 이 두 주장을 넘어서서 연기설을 제창하였다. 그는 당시 사문계의 최고 수행자였던 알라라 깔라마와 웃따까 라마뿟따로부터 무소유처 즉 '아무것도 없(게 느껴지)는 세계'와 비상비비상처 즉 '지각하는 것도 아니고 지각하지 않는 것도 아닌 세계'의 선정을 경험하였다.

하지만 싯다르타는 그것이 '인간을 뛰어넘는 법, 고귀한 님들이 갖추어야 할 탁월한 앎과 봄'을 성취하지 못하는 길임을 알고 그곳을 떠

는 몸의 수행을 관찰하는 것은 위빠싸나로, 마음의 수행을 멈추는 것은 사마타로 주석하고 있다. 이렇게 되면 신수심법身受心法의 사념처四念處를 적용하면 몸의 수행은 위빠싸나로, 마음의 수행은 사마타로 보는 것이 된다. 여기에서 수受는 신身의 염처에, 법法은 심心의 염처에 속하는지 혹은 속하지 않는지 분명하지 않다.
16 하지만 붓다의 당시 수행이 현재의 위빠사나 수행인지 아닌지에 대해서는 이견이 없지 않다.

나 보리수 아래에 앉아 마지막 수행에 돌입하였다. 3·7일의 선정에 든 싯다르타는 그곳에서 새벽별(啓明星)을 보고 중도를 깨닫고 연기를 발견하였다. 중도는 팔정도이자 사성제로, 사성제는 내(內)연기인 십이연기로 구체화된다.

1. 사성제와 십이연기

싯다르타가 붓다가 되어 바라나시 근처 이시빠타나의 녹야원에서 다섯 비구에게 '처음으로 진리의 바퀴를 굴린 경전'인 『초전법륜경』에는 붓다의 깨침 과정과 내용이 자세히 설해져 있다. 붓다는 여기서 최초의 가르침으로 중도 즉 팔정도를 설하고 있다.

> 이와 같이 나는 들었습니다. 어느 때 세존께서 바라나시 근처 이시빠타나의 사슴동산에 계셨습니다. 그때 세존께서는 다섯 비구에게 말씀하셨습니다.
> "비구들이여, 출가자가 의지해서 안 되는 두 가지 극단이 있다. 무엇이 두 가지인가? 하나는 저열하고 통속적이고 범속하고 성스럽지 못하고 이익을 주지 못하는, 감각적 욕망에 대한 탐닉에 몰두하는 것이며, 또 하나는 괴롭고 성스럽지 못하고 이익을 주지 못하는, 자기 학대에 몰두하는 것이다.
> 비구들이여, 여래는 이러한 두 가지 극단을 따르지 않고 중도(中道)를 완전하게 깨달았으니, 이 중도는 눈을 만들고, 지혜를 만들며, 고요함과 높은 지혜와 깨달음과 열반으로 인도한다.

비구들이여, 그러면 여래가 완전하게 깨달은 것으로서, 눈을 만들고, 지혜를 만들며, 고요함과 높은 지혜와 바른 깨달음과 열반으로 인도하는 중도란 어떤 것인가? 그것은 바로 팔정도八正道로 정견正見, 정사유正思惟, 정어正語, 정업正業, 정명正命, 정정진正精進, 정념正念, 정정正定이다.

비구들이여, 여래는 이 중도를 통하여 완전하게 깨달았으며, 눈을 만들고, 지혜를 만들며, 고요함과 높은 지혜와 바른 깨달음과 열반을 얻었다.

비구들이여, 그러면 무엇이 괴로움의 성스러운 진리(苦聖諦)인가? 태어남도 괴로움이요, 늙음도 괴로움이요, 죽음도 괴로움이다. 슬픔·비관·육체적 고통·정신적 고통도 괴로움이다. 좋아하지 않는 것과 만나는 것도 괴로움이요, 사랑하는 것과 헤어지는 것도 괴로움이다. 원하는 것을 얻지 못하는 것도 괴로움이다. 요약하면 다섯 가지 집착의 무더기가 괴로움이다.

비구들이여, 그러면 무엇이 괴로움의 일어남의 성스러운 진리(集聖諦)인가? 그것은 갈애이니, 다시 태어남을 가져오고, 즐거움과 탐욕이 함께하며, 여기저기서 즐기는 것이다. 즉 감각적 욕망에 대한 갈애(欲愛), 존재에 대한 갈애(有愛), 존재하지 않는 것에 대한 갈애(無有愛)가 그것이다.

비구들이여, 그러면 무엇이 괴로움의 소멸의 성스러운 진리(滅聖諦)인가? 그것은 바로 그러한 갈애가 남김없이 소멸함·버림·놓아 버림·벗어남·집착 없음이다.

비구들이여, 그러면 무엇이 괴로움의 소멸로 인도하는 길의 성스러운 진리(道聖諦)인가? 그것은 팔정도이니, 정견, 정사유, 정어, 정업, 정명, 정정진, 정념, 정정이다.

비구들이여, 나에게 '이것이 괴로움의 성스러운 진리(苦聖諦)이다'라는 전에 들어보지 못한 법들에 대한 눈이 생기고, 지혜가 생기고, 통찰지가 생기고, 명지가 생기고, 광명이 생겼다.

비구들이여, 나에게 '이 괴로움의 성스러운 진리는 바르게 잘 이해되어야 한다'라는 전에 들어보지 못한 법들에 대한 눈이 생기고, 지혜가 생기고, 통찰지가 생기고, 명지가 생기고, 광명이 생겼다.

비구들이여, 나에게 '이 괴로움의 성스러운 진리를 완전하고 바르게 이해했다'라는 전에 들어보지 못한 법들에 대한 눈이 생기고, 지혜가 생기고, 통찰지가 생기고, 명지가 생기고, 광명이 생겼다.

비구들이여, 나에게 '이것이 괴로움의 일어남의 성스러운 진리(集聖諦)이다'라는 전에 들어보지 못한 법들에 대한 눈이 생기고, 지혜가 생기고, 통찰지가 생기고, 명지가 생기고, 광명이 생겼다.

비구들이여, 나에게 '이 괴로움의 일어남의 성스러운 진리는 버려져야 한다'라는 전에 들어보지 못한 법들에 대한 눈이 생기고, 지혜가 생기고, 통찰지가 생기고, 명지가 생기고, 광명이 생겼다.

비구들이여, 나에게 '이 괴로움의 일어남의 성스러운 진리는 이미 버려졌다'라는 전에 들어보지 못한 법들에 대한 눈이 생기고, 지혜가 생기고, 통찰지가 생기고, 명지가 생기고, 광명이 생겼다.

비구들이여, 나에게 '이것이 괴로움의 소멸의 성스러운 진리(滅聖諦)이다'라는 전에 들어보지 못한 법들에 대한 눈이 생기고, 지혜가 생기고, 통찰지가 생기고, 명지가 생기고, 광명이 생겼다.

비구들이여, 나에게 '이 괴로움의 소멸의 성스러운 진리는 마땅히 실현되어야 한다'라는 전에 들어보지 못한 법들에 대한 눈이 생기고, 지혜가 생기고, 통찰지가 생기고, 명지가 생기고, 광명이 생겼다.

비구들이여, 나에게 '이 괴로움의 소멸의 성스러운 진리는 이미 실현되었다'라는 전에 들어보지 못한 법들에 대한 눈이 생기고, 지혜가 생기고, 통찰지가 생기고, 명지가 생기고, 광명이 생겼다.

비구들이여, 나에게 '이것이 괴로움의 소멸로 인도하는 길의 성스러운 진리(道聖諦)이다'라는 전에 들어보지 못한 법들에 대한 눈이 생기고, 지혜가 생기고, 통찰지가 생기고, 명지가 생기고, 광명이 생겼다.

비구들이여, 나에게 '이 괴로움의 소멸로 인도하는 길의 성스러운 진리를 마땅히 닦아야 한다'라는 전에 들어보지 못한 법들에 대한 눈이 생기고, 지혜가 생기고, 통찰지가 생기고, 명지가 생기고, 광명이 생겼다.

비구들이여, 나에게 '이 괴로움의 소멸로 인도하는 길의 성스런 진리를 이미 철저하게 닦았다'라는 전에 들어보지 못한 법들에 대한 눈이 생기고, 지혜가 생기고, 통찰지가 생기고, 명지가 생기고, 광명이 생겼다.

비구들이여, 내가 만약 이와 같이 세 가지 양상으로 열두 가지 형태를 갖추어서 네 가지 성스러운 진리(四聖諦)를 있는 그대로 알고, 보는 것이 완전하고 청정하지 않았다면, 나는 천인과 마라와 범천을 포함한 세상에서, 사문과 바라문과 왕과 사람을 포함한 세상에서, 사문과 바라문과 왕과 사람을 포함한 무리 가운데서, 스스로 비할 수 없고, 가장 뛰어나고 완벽한, 부처의 위없는 깨달음을 이해하고, 성취하고, 실현하였음을 선포하지 않았을 것이다.

비구들이여, 내가 이와 같이 세 가지 양상으로 열두 가지 형태를 갖추어서 네 가지 성스러운 진리를 있는 그대로 알고, 보는 것이 완전하고 청정하게 되었을 때, 나는 천인과 마라와 범천을 포함한 세상에서, 사문과 바라문과 왕과 사람을 포함한 무리 가운데서, 위없는 바른 깨달음을 얻었다고 선포하였다.

그리고 나에게 지견智見이 일어났다. '내 마음의 해탈은 확고부동하며, 이것이 나의 마지막 태어남이며, 더 이상의 다시 태어남은 없다'라는 것을 스스로 알게 되었다."

세존께서 이렇게 말씀을 하시자, 다섯 비구는 기쁨에 차서 매우 흡족해 하며 세존의 말씀을 받아들였습니다.

이와 같이 법이 설해지고 있을 때 꼰단냐 존자에게 '일어난 법은 그 무엇이든 사라진다'라는 티 없고 때 묻지 않은 법의 눈(法眼)이 생겼습니다.[17] …… (이하 생략) ……

『초전법륜경』에서 싯다르타 즉 붓다는 '저열하고 통속적이고 범속하고 성스럽지 못하고 이익을 주지 못하는, 감각적 욕망에 대한 탐닉에 몰두하는 것'과 '괴롭고 성스럽지 못하고 이익을 주지 못하는, 자기 학대에 몰두하는 것'이라는 두 극단을 따르지 않고 중도를 완전하게 깨달았다고 선언하고 있다. 여래가 완전하게 깨달은 중도는 '눈을 만들고', '지혜를 만들며', '고요함'과 '높은 지혜'와 '바른 깨달음'과 '열반으로 인도'하며, 이 중도가 바로 팔정도이고 사성제임을 분명히 선언하고 있다.

싯다르타는 중도를 통해 '완전하게 깨달았으며', '눈을 만들고', '지혜를 만들며', '고요함'과 '높은 지혜'와 '바른 깨달음'과 '열반을 얻었다'고 하였다. 즉 그는 "전에 들어보지 못한 법들에 대한 눈이 생기고, 지혜가 생기고, 통찰지가 생기고, 명지가 생기고, 광명이 생겼다."라고

---

17 『초전법륜경』(Dhammacakkapavattana sutta); 마하시 아가 마하 빤디따, 『초전법륜경』, 김한상 역(행복한 숲, 2011), pp.17~25.

분명히 밝히고 있다. 그리하여 싯다르타는 '전에 들어보지 못한 법들'에 대한 '법안'-'지혜'-'통찰지'-'명지'-'광명'이 생겨나 붓다로 탈바꿈하였음을 선언하고 있다.

한편 한역 『중아함경』 「전유경」에서 붓다는 "나는 (만동자의) 질문에 대해 한결같이(一向) 답변하지 않는다. 무엇 때문에 나는 한결같이 말하지 않는가? 이것은 뜻에 상응하지 않고, 법에 상응하지 않고, 범행의 근본이 아니고, 지혜로 나아가지 않으며, 깨침에도 나아가지 않고, 열반에로 나아가지도 않는다. 그러므로 나는 이러한 질문에 한결같이 답변하지 않는다."라고 설한다. 그런 뒤에 붓다는 "나는 말할 것은 말했고 말하지 않을 것은 말하지 않았다."라고 답변하면서 '말하지 않을 것'은 희론 즉 우리의 현실적 해결에 아무런 도움이 되지 않는 질문이므로 여기에 대해서는 답변하지 않지만 '말할 것'으로 사성제를 제시한다. 사성제는 '도의에 상응하고'(義相應), '정법에 상응하고'(法相應), '범행의 근본이고'(梵行本), '지혜로 나아가며'(趣智), '정각에 나아가고'(趣覺), '열반에 나아간다'(趣涅槃)고 말한다.¹⁸ 이처럼 사성제는 수행의 여섯 가지 기반이자 목표에 잘 부합하고 있다.

싯다르타는 사성제의 각 성제를 세 가지 양상¹⁹으로 살폈다. 먼저

---

18 『中阿含經』 권60, 「箭喩經」(『大正藏』 제1책, p.804중). "我不一向說此, 以何等故, 我不一向說此, 此非義相應, 非法相應, 非梵行本, 非趣智, 非趣覺, 非聚涅槃. 是故, 我不一向說此也, ……(중략)…… 我一向說此, 以何等故, 我一向說此, 此義相應, 法相應, 梵行本, 趣智, 趣覺, 趣涅槃. 是故, 我一向說此也"
19 이것은 四聖諦를 세 가지 양상(三轉)으로 실천하는 '三轉십이행相'이다. '三轉' 즉 '시전'視轉→'권전'勸轉→'증전'證轉의 세 가지 양상은 '이것이 고-집-멸-도 사성제임을 나타내 보이고'(視轉), '괴로움을 알고-괴로움의 원인을 끊고-괴로움을 소멸시키고-괴로움을 소멸시키는 길을 닦아야 한다고 권하고'(勸轉), '스스로 고-집-멸-도 사성제를 증득하는 것을 보여 주고 다른 사람들이 고-집-멸-도 사

그는 '이것이 괴로움의 성스러운 진리다'(苦聖諦), '이 괴로움의 성스러운 진리는 바르게 잘 이해되어야 한다', '이 괴로움의 성스러운 진리를 완전하고 바르게 이해했다'. 이어 그는 '이것이 괴로움의 일어남의 성스러운 진리다'(集聖諦) → '이 ~는 바르게 잘 버려져야 한다' → '이 ~는 이미 버려졌다'. '이것이 괴로움의 소멸의 성스러운 진리다'(滅聖諦) → '이 ~는 마땅히 실현되어야 한다' → '이 ~는 이미 완전히 실현되었다'. 그리고 '이것이 괴로움의 소멸로 인도하는 길의 성스러운 진리다'(道聖諦) → '이 ~는 마땅히 닦아야 한다' → '이 ~는 이미 철저하게 닦았다'고 섬세하게 관찰했다.

'열두 가지 형태'는 고성제에 대한 세 가지 양상 → 집성제의 세 가지 양상 → 멸성제에 대한 세 가지 양상 → 도성제에 대한 세 가지 양상을 아우른 열두 가지 형태를 가리킨다. 싯다르타는 각 성제를 세 가지 양상의 단계로 살펴 모두 열두 가지 형태를 조망했다.

이처럼 싯다르타는 각 성제에 대한 세 가지 양상을 살펴서 네 가지 성제를 '있는 그대로 알고' → '보는 것이 완전하고 청정하게 되었을 때' 천인과 마라와 범천을 포함한 세상에서, 사문과 바라문과 왕과 사람을 포함한 무리 가운데서, '위없는 바른 깨달음을 얻었다'고 선포하였다고

성제를 깨닫도록 밝혀 주는'(證轉) 실천 방법이다. 다시 말해서 이 三轉은 사성제 '고-집-멸-도는 성스러운 진리다'(示轉)→ '이 ~는 바르게 잘 이해되어야/버려져야 한다/ 이 ~는 이미 완전히 실현되어야 한다/마땅히 닦아야 한다'(勸轉)→ '이 ~는 완전하고 바르게 잘 이해했다/버려졌다/ 이 ~는 이미 완전히 실현되었다/철저하게 닦았다'(證轉), 이렇게 세 가지 양상으로 전환시켜 열두 가지 실천행으로 전개하고 있다. 그 결과 사성제의 이치를 깨우치고 배운 대로 실천하는 사람들은 모두 아라한의 경지를 체득하고 보살행을 실천하는 단계에 도달할 수 있었다. 초기불교의 이러한 삼전십이행상은 부파불교에서는 世親의 『俱舍論』에 의해 '四諦十六行相'으로 더욱 구체화되기도 했다.

하였다. "그리고 나에게 '지견智見'이 생겨났다."라고 밝히고 있다. 여기서 '지견' 즉 지혜로운 안목은 "내 마음의 해탈은 확고부동하며, 이것이 나의 마지막 태어남이며, 더 이상의 다시 태어남은 없다'라는 것을 스스로 알게 되었다."라는 것이다.[20]

한 인간의 일생을 밝혀 주는 십이연기는 유전연기인 '무명'으로부터 '노사'가 생기는 고통의 발생 과정과 환멸연기인 '노사'로부터 '무명'을 벗어남으로써 '명지'를 얻을 수 있는 고통의 소멸 과정을 일깨워 준다.

"이것이 있으므로 저것이 있고, 이것이 일어나므로 저것이 일어난다."[21]

"이것이 있으므로 저것이 있고, 이것이 일어나므로 저것이 일어난다. 무명을 인연하여 행이 있고 나아가 생을 인연하여 노사 및 순전하고 커다란 괴로움의 덩어리의 집기(純大苦聚集)와 순전하고 커다란 괴로움의 덩어리의 소멸(純大苦聚滅)이 있다."[22]

"연기법은 내가 만든 것도 아니며, 다른 사람이 만든 것도 아니다. 이 법은 여래가 세상에 출현하거나 출현하지 않거나 법계에 항상 머물러 있다. 여래는 이 법을 스스로 깨달아 등정각等正覺을 이루어 중생을 위

---

20 『雜阿含經』 권15, 382경. 『아함경』에 근거하여 뒷날 체계화된 교학에서 제행무상 諸行無常의 통찰로부터 고성제(즉 一切皆苦)를 알아야 할 것(當解)을 알아야 하고, 십이연기의 순관順觀을 통해 고집성제(즉 諸法無我)를 끊어야 할 것(當斷)을 알아야 하고, 십이연기의 역관逆觀을 통해 고집멸성제(諸法無我)를 깨쳐야 할 것(當證)을 알아야 하고, 팔정도의 통찰로부터 고집멸도성제(즉 涅槃寂靜)를 닦아야 할 것(當修)을 알아야 할 것이라 설명하고 있다.
21 『雜阿含經』 권12, 299경 「緣起法經」(『大正藏』 제2책, p.85중).
22 『雜阿含經』 권15, 369경 「十二因緣經」(『大正藏』 제2책, p.101중).

하여 분별 연설하리라."[23]

"만일 연기를 보면 곧 법을 보며 법을 보면 연기를 본다."[24]

붓다의 중도 즉 사성제를 설하는 『초전법륜경』과 「전유경」 그리고 연기와 십이연기를 설하는 「연기법경」과 「십이인연경」 등은 중도와 연기가 무엇인지를 잘 보여 주고 있다. 중도와 연기는 실천과 이론이자 상호존중행과 상호의존성의 다른 이름임을 알 수 있다.

2. 사선정과 삼명

싯다르타는 '감각적 쾌락에 대한 욕망을 여의고 불건전한 상태를 떠나서, 사유를 갖추고 숙고를 갖추어, 멀리 여읨에서 생겨나는 희열과 행복으로 가득한 첫 번째 선정을 성취하고, 사유와 숙고가 멈추어진 뒤, 내적인 평온과 마음의 통일을 이루고, 사유를 뛰어넘어, 삼매에서 생겨나는 희열과 행복으로 가득한 두 번째 선정을 성취하였다.

싯다르타는 다시 희열이 사라진 뒤, 새김을 확립하고 올바로 알아차리고 평정하게 지내고 신체적으로 행복을 느끼며, 고귀한 님들이 평정하고 새김 있는 행복한 삶이라 부르는 세 번째 선정을 성취하고, 즐거움과 괴로움이 버려지고 만족과 불만도 사라진 뒤, 괴로움을 뛰어넘고 즐거움을 뛰어넘어, 평정하고 새김 있고 청정한 네 번째의 선정을 성취했다.

---

23 『雜阿含經』 권12, 299경 「緣起法經」(『大正藏』 제2책, p.85중).
24 「象跡喩經」, 『中阿含經』 권7(『大正藏』 제1책), p.467상).

그런 뒤 싯다르타는 마음이 통일되어 청정하고 순결하고 때 묻지 않고 오염되지 않고 유연하고 유능하고 확립되고 흔들림이 없게 되자 마음을 전생의 기억에 대한 앎으로 향하게 했다. 그리하여 전생의 여러 가지 삶의 형태를 구체적으로 상세히 기억하여 밤의 초야에 도달한 첫 번째 앎에 도달했다.

이어 그는 인간을 뛰어넘는 청정한 하늘눈으로 뭇 삶들을 관찰하여, 죽거나 다시 태어나거나 천하거나 귀하거나 아름답거나 추하거나 행복하거나 불행하거나 업보에 따라서 등장하는 뭇 삶들에 관해 분명히 알아 밤의 중야에 도달한 두 번째 앎에 도달했다.

다시 싯다르타는 '태어남은 부서지고 청정한 삶은 이루어졌다. 해야 할 일은 다 마치고 더 이상 윤회하지 않는다'라고 분명히 알아 밤의 후야에 도달한 세 번째 앎을 통해 무명이 사라지고 명지가 생겨났고 어둠이 사라지고 빛이 생겨났다고 설하고 있다. 밤의 후야에 도달한 세 번째 앎 부분을 한역 경전은 이렇게 옮기고 있다.

"나는 태어남은 이미 다했고(我生已盡), 범행은 이미 확고히 섰고(梵行已立), 할 일은 이미 다해 마쳐(所作已作), 스스로 윤회의 몸을 받지 않음을 알게 되었다(自知不受後有)."

불경에서 반복되는 이 관용구는 싯다르타 자신이 어떻게 붓다로 탈바꿈하였는지를 또렷이 보여 주고 있다. 생사가 반복되는 윤회적 삶은 이미 다했고, 마땅히 지켜야 할 청정한 계행은 이미 확고히 섰고, 마땅히 해야 할 일들은 이미 다해 마쳐, 스스로 윤회의 몸을 받지 않음을 알게 되었다는 것이다. 더 이상의 몸을 받지 않게 되었다는 것은 '불사의 몸' 즉 다시는 죽지 않는 몸을 얻었다는 것이다.『상윳따 니까야』의 「젊은이 경」은 붓다가 처음 굴린 진리의 바퀴를 이렇게 기술한다.

이와 같이 나는 들었다. 한때 세존께서는 사왓티에서 제타숲의 아난타삔디까 원림(급고독원)에 머무셨다.

그 때 빠세나디 꼬살라 왕이 세존께 다가갔다. 가서는 세존과 함께 환담을 나누었다. 유쾌하고 기억할 만한 이야기로 서로 담소를 하고 한 곁에 앉았다. 한 곁에 앉은 빠세나디 꼬살라 왕은 세존께 이렇게 여쭈었다.

"고타마 존자께서도 '위없는 바른 깨달음을 깨달았노라'고 천명하십니까?"

"대왕이여, 바르게 말하는 자가 말하기를 '그는 위없는 바른 깨달음을 깨달았다'고 하는 것은 바로 나를 두고 하는 말이오. 대왕이여, 나는 위없는 바른 깨달음을 깨달았습니다."

"고타마 존자시여, 승가를 가졌고 무리를 가졌고 무리의 스승이며 지자요 명성을 가졌고 교단의 창시자요 많은 사람들에 의해 성자로 인정되는 사문 바라문들이 있습니다. 그들은 다름 아닌 뿌라나 깟사빠, 아지따 께사캄발리입니다. 그런데 내가 그들에게 '당신은 위없는 바른 깨달음을 깨달았노라고 천명하십니까?'라고 물으면 그들은 '위없는 바른 깨달음을 깨달았노라'고 천명하지 않습니다. 그런데 나이도 젊고 출가한 지도 얼마 안 된 신참에 불과한 고타마 존자께서 어찌 그렇게 (천명하십니까?)"

"대왕이여, 젊다고 깔보거나 젊다고 얕잡아 보아서는 안 되는 네 가지가 있습니다. 무엇이 넷입니까?

대왕이여, 끄샤뜨리야는 젊다고 깔보거나 젊다고 얕잡아 보아서는 안 됩니다. 대왕이여, 뱀은 젊다고 깔보거나 젊다고 얕잡아 보아서는 안 됩니다. 대왕이여, 불은 젊다고 깔보거나 얕잡아 보아서는 안 됩니다. 대왕이여, 비구는 젊다고 깔보거나 젊다고 얕잡아 보아서는 안 됩니다. 대왕이여, 이러한 넷은 젊다고 깔보거나 젊다고 얕잡아 보아서는 안 됩니다."

세존께서는 이렇게 말씀하셨다. 선서이신 스승께서는 이렇게 말씀하신 뒤 다시 (게송으로) 이와 같이 설하였다.

…… (게송 중략) ……

이렇게 말씀하시자 빠세나디 꼬살라 왕은 세존께 이렇게 말씀드렸다. "경이롭습니다, 세존이시여. 세존이시여, 마치 넘어진 자를 일으켜 세우시듯, 덮여 있는 것을 걷어내 보이시듯, (방향을) 잃어버린 자에게 길을 가리켜 주시듯, 눈 있는 자에게 형색을 보라고 어둠 속에서 등불을 비춰 주시듯, 세존께서는 여러 가지 방편으로 법을 설해 주셨습니다. 저는 이제 세존께 귀의하옵고 법과 비구 승가에 귀의합니다. 세존께서는 저를 재가신자로 받아 주소서. 오늘부터 목숨이 붙어 있는 그날까지 귀의하옵니다."[25]

붓다의 가장 중요한 재가신도 중의 한 사람이었던 빠세나디 꼬살라 왕은 붓다의 가르침 중 핵심인 '해탈'과 '열반' 즉 '위없는 바른 깨달음'에 대해 질문을 던지고 붓다의 대답을 들음으로써 붓다에 귀명하였다. 붓다는 끄샤뜨리야·뱀·불·비구는 젊다고 깔보거나 얕잡아 보

---

25 각묵 역, 「젊은이 경」(Dahara-sutta), 『상윳따 니까야』 1(초기불전연구원, 2009; 2016), pp.331~336.

아서는 안 된다고 역설한다. 붓다는 "마치 넘어진 자를 일으켜 세우시듯, 덮여 있는 것을 걷어내 보이시듯, (방향을) 잃어버린 자에게 길을 가리켜 주시듯, 눈 있는 자 형색을 보라고 어둠 속에서 등불을 비춰 주시듯" 여러 가지 방편으로 법을 설해 줌으로써 꼬살라 왕으로 하여금 목숨이 붙어 있는 그날까지 귀의하겠다는 발원을 불러일으켰다. 『상윳타 니까야』의 「인간 경」은 인간의 탐·진·치 삼독이 주는 폐해에 대해 설하고 있다.

> 이와 같이 나는 들었다. 한때 세존께서는 사왓티에서 제타숲의 아난타삔디까 원림(급고독원)에 머무셨다.
> 그때 빠세나디 꼬살라 왕이 세존께 다가갔다. 가서는 세존께 절을 올리고 한 곁에 앉았다. 한 곁에 앉은 빠세나디 꼬살라 왕은 세존께 이렇게 여쭈었다.
> "세존이시여, 인간에게 안으로 어떤 법들이 일어나면 해롭고 괴롭고 편히 머물지 못합니까?"
> "대왕이여, 인간에게 안으로 세 가지 법들이 일어나면 해롭고 괴롭고 머물지 못합니다. 어떤 것이 셋입니까?
> 대왕이여, 인간에게 안으로 탐욕이 일어나면 해롭고 괴롭고 편히 머물지 못합니다. 대왕이여, 인간에게 안으로 성냄이 일어나면 해롭고 괴롭고 편히 머물지 못합니다. 대왕이여, 인간에게 안으로 어리석음이 일어나면 해롭고 괴롭고 편히 머물지 못합니다.
> 대왕이여, 인간에게 안으로 이러한 세 가지 법들이 일어나면 해롭고 괴롭고 편히 머물지 못합니다." …… (게송 하략) …… [26]

---

[26] 각묵 역, 「인간 경」(Purisa-sutta), 『상윳타 니까야』 1(초기불전연구원, 2009; 2016),

수행자에게 삼독三毒 즉 탐욕과 성냄과 어리석음은 깨침으로 나아가는 데에 있어 가장 커다란 걸림돌이 된다. 세존은 삼독심 즉 '독이 되는 마음'인 탐욕과 성냄과 어리석음이 일어나면 해롭고 괴롭고 편하지 못하므로 탐·진·치 삼독심이 일어나지 않게 하기를 꼬살라 왕에게 권하였다. 삼독심을 멸하는 것은 열반을 얻는 길이기 때문이었다.

『상윳타 니까야』의 「늙음·죽음 경」은 생사의 고통에 대해 설한다.

이와 같이 나는 들었다. 한때 세존께서는 사왓티에서 제타숲의 아난타삔디까 원림(급고독원)에 머무셨다.
한 곁에 앉은 빠세나디 꼬살라 왕은 세존께 이렇게 여쭈었다.
"세존이시여, 태어난 자가 늙음과 죽음을 면할 수 있습니까?"
"대왕이여, 늙음과 죽음을 결코 면할 수 없습니다. 대왕이여, 부유하고 많은 재물과 재산과 풍부한 금은과 풍부한 재물과 재산과 풍부한 가산과 곡식을 가진 유복한 끄샤뜨리야들일지라도 태어난 자들은 결코 늙음과 죽음을 면할 수 없습니다.
대왕이여, 부유하고 많은 재물과 많은 재산과 풍부한 금은과 풍부한 재물과 재산과 풍부한 가산과 곡식을 가진 유복한 바라문들일지라도 태어난 자들은 결코 늙음과 죽음을 면할 수 없습니다.
대왕이여, 아라한은 번뇌가 다했고 삶을 완성했으며 할 바를 다했고 짐을 내려놓았으며 참된 이상을 실현했고 삶의 족쇄를 부수었으며 바른 구경의 지혜로 해탈한 비구들이라 하더라도 그들의 이 몸은 부서지기 마련인 법이고 (죽을 때) 내려놓기 마련인 법입니다."

pp.336~337.

왕의 멋진 마차도 풍진 속에 낡아 가고
그 몸마저 세월 따라 이제 늙어 가지만
참된 자들의 법이란 결코 늙지 않나니
참된 자들은 참된 자들과 (이렇게) 선언하노라."[27]

붓다는 아라한의 죽음은 세속적인 죽음이 아니라 완전한 열반에 드는 것이기 때문에 세속적인 어법인 '늙음·죽음'으로 표현하지 않고 '그의 몸은 부서지기 마련인 법이고 (죽을 때) 내려놓기 마련인 법'이라고 설하고 있다. 여기서 '참된 자들의 법'은 열반을 가리킨다. "열반은 쇠퇴하지 않고 늙지 않고 죽지 않는다고 말해지기 때문이다."라고 주석서들은 풀이하고 있다.

이 게송에 대해 『법구경』 주석서는 "붓다 등의 참된 이들의 아홉 가지 출세간법은 결코 사라지지 않는다. 붓다 등의 참된 사람들은 현자인 참된 사람들과 함께 이렇게 설한다."라고 풀이하고 있다. 여기서 아홉 가지 출세간법은 네 가지 도인 예류도, 일래도, 불환도, 아라한도와 네 가지 과인 예류과, 일래과, 불환과, 아라한과와 열반을 아울러 말한다. 아홉 가지 출세간법은 구차제정[28]과 멸진정과도 상응한다.

---

27 각묵 역, 「늙음·죽음 경」(Jarāmaraṇa-sutta), 『상윳타 니까야』 1(초기불전연구원, 2009; 2016), pp.336~337.
28 구차제정九次第定은 무간선無間禪 혹은 연선鍊禪이라고도 하며 차례로 이어서 닦는 아홉 가지 선정을 뜻한다. 초선初禪, 이선二禪, 삼선三禪, 사선四禪, 공처空處, 식무처識處, 무소유無所有, 비상비비상非想非非想, 멸수상滅受想을 가리킨다. 이것은 초선에서 일어나 차례로 제2선에 들어가고 나머지 마음으로 하여금 들지 못하게 하면서 차례차례로 멸진정滅盡定에 드는 것을 일컫는다.

붓다는 "누구든지 깨침을 얻을 수 있고, 깨침이라는 것은 나뭇잎 하나에 불과하다."[29]라고 하였다.

"비구들이여, 전도傳道를 떠나라! 많은 사람들의 이익과 행복을 위하여. 세상을 불쌍히 여기고 처음도 좋고 중간도 좋고 끝도 좋으며 조리와 표현을 갖추어 법을 설하라. 그리고 원만무결하고 청정한 범행을 행하라. 법을 들으면 깨달을 것이 아닌가. 비구들이여, 나도 법을 설하기 위해 우루벨라(鬱鞞羅)의 병장촌으로 가리라."[30]

"비구들아, 길을 떠나라. 여러 사람의 안락을 위하여 ……. 너희들이 전도의 길을 다닐 적에 길은 두 사람이 함께 다니지 말라."[31]

붓다는 깨침을 얻은 뒤에 여러 비구들에게 불도를 전하기 위해 인간 세상에 유행(遊行)하라고 역설하였다. 보다 많이 제도하고(多所過度) 보다 많이 요익하기(多所饒益) 위해 두 사람이 함께 가지 말고 따로 따로 가서 인간과 천인들을 안락하게(安樂人天) 하라고 하였다. 붓다의 전도 선언은 불교의 출발이자 자신이 얻은 깨침을 현실에 실현하겠다는 선언이라고 할 수 있다. 그러면 붓다가 얻은 깨침은 어느 단계에 이르렀던 것일까? 불교의 세계관을 보여 주는 다음의 도표를 통해 살펴보기로 하자.

---

29 『雜阿含經』 권16, 404경 「申恕林經」(『大正藏』 제2책, p.108중).
30 『雜阿含經』 권39, 16경 「繩索經」(『大正藏』 제2책, p.288중); 『相應部經典』 5:5 係蹄(2).
31 『四分律』 제32; 『五分律』 제16; 『雜阿含經』 권39, 1096경 「繩索經」(『大正藏』 제2책, p.288중).

〈도표 1〉 불교의 세계관[32]

현성조건	발생방식	한역漢譯 (명칭, 수명)		분류			
무형상 無形象	화생 化生	비상비비상처천非想非非想處天 (nevasaññanāsaññāyatana, 84,000겁)		무색계 無色界			
		무소유처천無所有處天 (akiñcaññāyatana, 60,000겁)					
		식무변처천識無邊處天 (viññaṇañcāyatana, 40,000겁)					
		공무변처천空無邊處天 (ākāsānañcāyatana, 20,000겁)					
형상 또는 물질의 소멸							
불환자 不還者의 청정淸淨 (四禪)	화생 化生	색구경천色究竟天 =유정천有頂天 (akaniṭṭha, 16,000겁)	정거천 淨居天 (suddhavana)	범천계 梵天界	색계 色界	천상계 天上界	선업보계 善業報界
		선견천善見天 (sudassin, 8,000겁)					
		선현천善現天 (sudassa, 4,000겁)					
		무열천無熱天 (atappa, 2,000겁)					
		무번천無煩天 (aviha, 1,000겁)					
사선 四禪	화생 化生	무상유정천無想有頂天(asaññasatta) =승자천勝者天 (abhibhu, 500겁)					
		광과천廣果天 (vehapphala, 500겁)					
		복생천福生天 (puññappasava, 대승불교에서)					
		무운천無雲天 (anabhaka, 대승불교에서)					
삼선 三禪	화생 化生	변정천遍淨天 (subhakiṇṇa, 64겁)					
		무량정천無量淨天 (appamāṇasubha, 32겁)					
		소정천小淨天 (parittasubha, 16겁)					
이선 二禪	화생 化生	극광천極光天 (ābhassara, 8겁)					
		무량광천無量光天 (appamāṇābha, 4겁)					
		소광천小光天 (parittābha, 2겁)					
초선 初禪	화생 化生	대범천大梵天 (mahābrahmā, 1겁)					
		범보천梵輔天 (brahmapurohita, 1/2겁)					
		범중천梵衆天 (brahmapārisajja, 1/3겁)					
다섯 가지 장애(五障)의 소멸							

---

32 전재성, 앞의 책, p.1642 참조.

1. 깨침 혹은 깨달음이란 무엇인가……47

현성조건	발생방식	한역漢譯 (명칭, 수명)	분류			
신信 보시布施 지계持戒	화생化生	타화자재천他化自在天 (paranimmitavasavattī, 16,000천상년天上年=9,216백만 년)	천 상 의 욕 계	욕 계 欲 界	천 상 계 天 上 界	선 업 보 계 善 業 報 界
		화락천化樂天 (nimmāṇarati, 8,000천상년天上年=2,304백만 년)				
		도솔천兜率天 (tusita, 4,000천상년=576백만 년)				
		야마천夜摩天 (yāma, 2,000천상년=144백만 년)				
		삼십삼천三十三天 (tāvatiṁsa, 1,000천상년=36백만 년)				
		사천왕四天王 (cātumāharājikā, 500천상년=9백만 년)				
오계五戒	태생胎生	인간人間, 비결정非決定 (manussa)			인 간	
진에	화생化生	아수라阿修羅, 비결정非決定 (asura)			수 라	악 업 세 계 惡 業 世 界
인색 집착	화생化生	아귀餓鬼, 비결정非決定 (peta)			아 귀	
우치 탐욕	태胎 난卵 습濕 화化	축생畜生, 비결정非決定 (tiracchāna)			축 생	
잔인 살해	화생化生	지옥地獄, 비결정非決定 (niraya)			지 옥	

● 천상 욕계欲界의 하루는 사천왕四天王부터 타화자재천他化自在天까지 각각 인간의 50년, 100년, 200년, 400년, 800년, 1,600년에 해당하고 인간 이하의 수명은 결정되어 있지 않다.

    초기경전에서는 4선 이후에 의생신意生身(manomayā-kāya)으로 인해 신족통이 가능하다는 기록이 거듭 시설되고 있다. 삼명三明 혹은 삼달三達은 자신과 중생의 과거 생을 아는 지혜인 숙명통宿命通, 멀고 가까움에 상관없이 중생들을 살펴보는 지혜인 천안통天眼通, 번뇌를 제거하는 능력인 누진통漏盡通이다. 이 중에서 누진통은 붓다만이 갖추고 있다.

신족통은 숙명통과 천안통과 누진통의 삼명三明 다음 단계에 있다.[33] 붓다는 색계의 초선, 2선, 3선, 4선과 무색계의 공무변처, 식무변처, 무소유처, 비상비비상처를 넘어 중도 연기를 깨쳤다. 그가 모든 선정 단계를 경유하면서 다시 돌이켜 색계 제2선에서 정각을 얻었듯이 색계는 신족통이 이루어지는 세계라고 할 수 있다.

붓다는 색계를 넘어 무색계를 경험한 뒤에 다시 색계 제2선에서 정각을 얻었다. 인간 또한 본디 색계 제2천의 존재였다. 제2천은 소광천(parittābha, 2劫), 무량광천(appamāṇābha, 4劫), 극광천((ābhassara, 8劫) 즉 광음천光音天으로 이루어져 있다. 이 중에서도 인간은 제2천의 최상인 광음천의 존재로부터 유래하였다. 이들은 모두 '스스로 빛을 내는 광명의 존재(sayamprabhā)'였다. 이들은 성쇠가 반복되는 우주가 팽창할 때 수명이 다하고 공덕이 다하여 대부분이 욕계인 인간계로 오게 되었다.[34]

이 때문에 이때까지도 이들은 현재의 인간과 다른 의생신의 존재였으며, '기쁨의 음식(pītibhakkhā)'만을 먹었다. 2선은 색계의 4선과 무색계의 4선을 넘어 다시 붓다의 선정 수행이 최종으로 멈춘 곳이다. 그러므로 이곳은 인간이 광명光明, 즉 색계 2선의 빛을 지닌 존재임을 시사해 주고 있다. 싯다르타는 바로 이 지점에서 정각을 얻은 것이라고 할 수 있다. 바로 이러한 점에서 붓다가 얻은 깨침 즉 중도 연기의 가르침

---

33 삼명육통三明六通은 어둠과 어리석음을 깨뜨린 붓다와 아라한이 가진 6가지 지혜 광명의 신통을 가리킨다. 삼명에다 신족통神足通, 즉 멀고 가까움에 상관없이 원하는 곳에 찰나간에 나타나는 능력, 천이통天耳通, 즉 거리나 소리의 크기에 상관없이 모든 소리를 듣는 능력, 타심통他心通, 즉 남의 마음을 거울처럼 들여다보고 아는 능력을 덧붙여 6신통이라고 한다.
34 Dīgha Nikāya III. pp.84ff.

은 '스스로 빛을 내는 광명의 존재'인 인간의 세계에서 이루어진 것이며, 원효의 깨침인 일각과 일심 또한 광명의 존재인 인간의 '희망의 근거(本覺)'라는 점에서 상응하고 있다.

IV. 원효의 깨침 - 일심과 일각

원효는 의상과 유학 도중 무덤 속에서 깨달았다. 전날 밤의 극락과 같았던 땅막(龕) 속의 잠이 다음 날 밤의 지옥과 같았던 무덤(墳) 속의 깸과 둘이 아님(不二)을 자각하면서 새롭게 태어났다.[35] 붓다의 깨침이 생사를 넘어서기 위한 선정 수행 속에서 이루어졌다면, 원효의 깨침은 생사가 교차하는 무덤 안의 선정 속에서 이루어졌다. 원효의 깨침 이론은 주로 『능가경』과 『대승기신론』에 의존하고 있으며, 『금강삼매경』을 풀이한 『금강삼매경론』에서 수행 체계가 집대성되고 있다.

마명의 『대승기신론』은 본각과 시각과 불각의 구도 아래 깨침 이론을 섬세하게 제시하고 있다. 원효는 『대승기신론』의 성격을 '부정하기만 하고 긍정하지 못하는 중관사상과 '긍정하기만 하고 부정하지 못하는' 유식사상의 지양 종합이자 각과 불각 두 뜻의 불상리성不相離性과 화합和合으로서의 아리야식의 존재를 구명하는 저술로 파악하였다.

그리하여 그는 『기신론』을 "『능가경』에 의하여 진제와 속제가 별체

---

35 贊寧, 『宋高僧傳』 권4, 義解편, 「新羅國義湘傳」 상하(中華書局, 1995).

라는 집착을 다스리기 위해" 지은 것으로 보았다.[36] 진제와 속제가 별체가 아니라는 그의 통찰은 그의 깨침 과정과 상통하고 있다. 즉 싯다르타의 깨침이 초기불교 이래 그 자체로서 중시되어 왔다면, 원효의 깨침은 중생 속에서 실현되는 실천적 일각一覺을 중시한 것이라 할 수 있다.

여기서 일각은 중생과 함께하는 여래장을 가리킨다. 즉 자성청정의 본각이 불각의 번뇌에 덮여 있어도 이는 연기적 관점의 시각이라고 할 수 있으며, 본각과 불각은 일각에 의해서 일념의 불이不二 관계 속에 있기 때문이다. 원효는 실천적 일각의 지평 속에서 땅막 속의 진여 일심과 무덤 속의 생멸 일심이 둘이 아님을 통찰하였다.

이것은 원효가 『유가사지론』에서 설하고 있는 아리야식은 "한결같이 생멸의 이숙식에 대해서만 논하고" 있지만, 『기신론』은 "불생불멸과 생멸이 화합하여 동일하지도 않고(非一) 차이 나지도 않음(非二)에 대하여 논하고" 있다고 보는 지점에서 확인된다. 나아가 그는 『기신론』의 구조에 의지하여 각과 불각 두 뜻의 불상리성不相離性 내지 화합和合의 관계를 지속적으로 모색하였다.

여기서 아리야식의 각의는 여래장의 불생불멸심이며, 아리야식의 불각의는 여래장의 불생멸심인 자성청정심이 무명의 훈습에 의해 흔들려(動) 일어난 생멸심이다. 그리고 이것이 곧 아리야식이 현실적 인간이 미오한 현실 생활 가운데서 깨달음의 세계로 나아가려는 수행에 의하여 완성된 인격을 이룰 수 있는 근거이다.

이처럼 원효는 마명의 일심과 이문 즉 심진여문 및 심생멸문과 생

---

[36] 元曉, 『大乘起信論別記』(『한불전』 제1책, p.746중하)

멸문 속의 아리야식이 지닌 본각과 불각과 시각의 이론을 더 정교하게 가다듬어 자신의 깨침 이론으로 입론하고 있다. 이렇게 정밀하게 번뇌를 없애 가려는 과정은 고타마 싯다르타가 깨쳐 가는 과정과 긴밀하게 상응하고 있다고 할 수 있다.

1. 일각一覺, 본각(顯成義)과 시각(修成義)

마명의 『대승기신론』은 인간의 무한한 가능성을 일심의 심진여문과 심생멸문, 심생멸문의 본각과 시각의 이론으로 촘촘하게 보여 주고 있다. 이 일심은 넓은 의미로 여래장이기도 하면서 좁은 의미로 아리야식이기도 하다. 그리고 이 아리야식은 일체법을 포섭하여 일체법을 일으키는 각의 뜻과 불각의 뜻을 지닌다.

여기서 아리야식이 지닌 각의를 구성하는 본각本覺과 시각始覺은 다시 일각一覺으로 수렴된다. 그런데 본각이 '드러내어 이루는 뜻(顯成義)'을 지닌다면, 시각은 '닦아서 이루는 뜻(修成義)'을 지닌다. 본각이 '진리대로 닦는 것(眞修)'이라면, 시각은 '처음으로 닦는 것(新修)'이다. 이런 점에서 본각의 증오적 측면과 시각의 해오적 측면은 서로 상응하고 있다.

이 아리야식에는 두 가지 뜻이 있어서 능히 일체법을 포섭하여 일체법을 일으키니 어떤 것이 그 두 가지인가? 첫째는 각의覺義요, 둘째는 불각의不覺義이다. 각覺의 뜻이라고 하는 것은 심체心體가 생각을 여읜 것을 일컬음이다. 생각을 여읜 상이 허공계와 같아 두루 하지 않는 바가 없어서 법계의 일상(法界一相)이니, 곧 이 여래의 평등한 법신이다. 이 법신을 의지하여 본각이라고 설한다. 무슨 까닭인가? 본각의 뜻이란 시각의 뜻에 대對하여 설하는 것인데 시각이란 곧 본각과 같기 때문이며, 시각의 뜻은 본각에 의하기 때문에 불각이 있으며 불각에 의하므로 시각이 있다고 말하는 것이다.[37]

마명은 각의覺義라고 하는 것은 심체心體가 망념을 여읜 것이어서 허공계처럼 두루 하므로 법계의 일상이며 여래의 평등한 법신이라고 하였다. 또 이 각의에는 본각과 시각이 있으며 본각은 법신法身에 의해서 불리는 것이라고 하였다.[38] 이에 대해 원효는 각覺의 뜻은 두 가지가 있으니 본각과 시각을 가리킨다고 전제하면서 이 법신을 의지하는 본각은 시각과 같기 때문에 시각의 뜻에 상대하여 설하는 것으로 해명한다.

각은 본각과 시각의 뜻으로 이뤄지며, 본각은 이 심성이 불각상不覺相을 여읜 것이며, 이 각조覺照의 성질을 본각이라 하는 것이다.[39] 불각은 근본불각과 지말불각으로 나뉜다. 근본불각은 아리야식 내의 근본무명을 가리키며, 지말불각은 무명에서 일어난 일체의 염법을 모두 불각이라 하는 것이다.[40]

---

37 馬鳴, 『大乘起信論』(『大正藏』 제32책, p.576중); 元曉, 『大乘起信論疏』(『한불전』 제1책, p.712중).
38 馬鳴, 『大乘起信論』(『大正藏』 제32책, p.576중).
39 元曉, 『大乘起信論別記』(『한불전』 제1책, pp.683상).
40 元曉, 『大乘起信論別記』(『한불전』 제1책, pp.683중).

원효는 시각은 심체가 무명의 연을 따라 움직여 망념을 일으킨다고 하였다. 하지만 시각은 본각의 훈습熏習의 힘에 의하여 점차 각의 작용을 지니며 끝내는 본각과 같아지므로 시각이라고 하였다. 이것은 '본각의 훈습의 힘'으로 이루어지는 시각과 본각의 관계를 잘 보여 주는 대목이다.

여기서 본각이 지니고 있는 '각조覺照' 즉 '각의 조명'이라는 성질은 본각 자체가 지닌 큰 지혜 광명의 뜻이라고 할 수 있다. 이것은 '존재 미혹의 과정과 현실'인 불각不覺과, '존재 희망의 구현'인 시각始覺과 달리 '존재 희망의 근거'[41]인 본각本覺 자체가 이미 큰 지혜 광명의 뜻이 내재해 있다는 것이다.

시각이라 하는 것은 곧 이 심체가 무명의 연을 따라 움직여서 망념을 일으키지만 본각의 훈습의 힘 때문에 차츰 각의 작용이 있어 구경에 이르러서는 다시 본각과 같아지니, 이것을 시각이라 하는 것이다.[42]

원효는 "본각은 이 심성이 불각의 상을 여읜 것이며 이 각조의 성질을 본각이라 하는 것이다. 시각이란 바로 이 심체가 무명의 연을 따라 움직여서 망념을 일으키지만, 본각의 훈습의 힘에 의하여 차츰 각의 작용이 있으며 구경에 가서는 다시 본각과 같아지는 것이니 이것을 시

---

41 박태원, 「원효의 각覺 사상」, 『철학논총』 제34집, 새한철학회, 2003, pp.61~84. 저자는 '각'과 '불각'을 '인간 존재의 두 얼굴'로 파악하고, 깨달음을 구성하는 세 축으로서 '본각本覺'을 '존재 희망의 근거'로, '시각始覺'을 '존재 희망의 구현'으로, '불각不覺'을 '존재 미혹의 과정과 현실'로 풀고 있다. 필자는 이들 세 개념의 의미를 적절하게 풀고 있다고 생각되어 부분적으로 이 개념들을 원용하고자 한다.
42 元曉, 『大乘起信論別記』(『한불전』 제1책, pp.683중).

각이라고 한다."⁴³라고 하였다.

그런데 "앞에서는 본각에 상대하여 불각이 일어나는 뜻을 나타내고, 뒤에서는 불각에 상대하여 시각의 뜻을 풀이하고" 있다. 이 대목에서 주목되는 것은 본각과 시각을 '상대相待한다'는 지점이다. '상대한다'는 것은 본각과 시각과 불각이 홀로 이루어지는 것이 아니라 서로를 '기다려서' 이뤄진다는 것이자 '의지하여' 성립된다는 것이다.

원효는 시각이 불각을 기다리고 불각이 본각을 기다리며 본각이 시각을 기다리는 것을 밝히고자 하였다. 그는 "이미 서로 기다리기에 곧 자성이 없는 것이다. 자성이 없다면 각이 있지 않을 것이요, 각이 있지 않은 것은 서로 상대하기 때문이다. 상대하여서 이루어진다면 각이 없지 않을 것이요, 각이 없지 않기 때문에 '각'이라고 말하는 것이지 자성이 있어서 '각'이라고 말하는 것은 아니다."라고 하였다.⁴⁴

이 때문에 시각은 불각을 기다리고 불각은 본각을 기다리므로 본각은 시각을 기다린다. 이들 각은 서로 기다리기 때문에 자성이 없지만, 서로 기다려서 이루어지므로 각이 없지 않기 때문에 '각'이라고 말한다. 이것은 각의 무자성성無自性性과 비실체성(空性)을 보여 주는 지점이다.

또 심원心源을 깨달았기에 구경각究竟覺이라 하고, 심원을 깨닫지 못하였기에 구경각이 아니다. 이 뜻이 어떠한가? 범부인凡夫人이라면 전념前念이 악을 일으킨 것을 각지覺知하기 때문에 능히 후념後念을 그쳐 일어나지 않게 하는데, 비록 다시 각이라 하여도 바로 불각不覺이기

---

43 元曉, 『大乘起信論別記』(『한불전』 제1책, pp.683상).
44 元曉, 『大乘起信論疏』(『한불전』 제1책, p.708상).

때문이다. 저 이승二乘의 관지觀智와 초발의보살初發意菩薩 등은 염念의 이상異相을 깨치니 염에 이상이 없어서 거칠게 분별하여 집착하는 상(麤分別執着相)을 버리기 때문에 상사각相似覺이라고 한다. 저 법신보살法身菩薩 등은 염의 주상住相을 깨치니 염에 주상이 없어서 분별하는 거친 생각의 상(分別離念相)을 여의기 때문에 수분각隨分覺이라 한다. 저 보살지가 다한 사람(菩薩地盡)은 방편을 완전히 성취하여 일념에 상응하므로 마음이 처음 일어나는 것을 깨치니 마음에 초상初相이 없어서 미세념微細念을 멀리 여의는 까닭에 심성을 보게 되어 마음이 곧 상주하니, 이를 구경각究竟覺이라 한다. 그러므로 경전에서 '만일 어떤 중생이 능히 무념無念을 관하면 곧 불지佛智에 향함이 되는 것'이라고 하였다. 또 마음이 일어난다는 것은 가히 알 수 있는 초상이 없거늘 초상을 안다고 말한 것은 곧 무념을 일컫는 것이다. 이런 까닭에 일체 중생을 각이라 하지 못함이니, 본래부터 염념念念이 상속하여 아직 염을 여읜 적이 없기 때문에 무시무명無始無明이라 한다. 만일 무념을 증득한 자라면 곧 심상心相의 생주이멸生住異滅을 아나니 무념과 같기 때문이다. 그리하여 실로 시각始覺의 차이가 없으니, 사상四相이 동시에 있으되 다 자립함이 없고 본래 평등하여 각과 같기 때문이다.[45]

'존재 희망의 구현'인 시각의 4단계에서 불각(범부인)-상사각(二乘觀智/初發意菩薩)-수분각(法身菩薩)-구경각(菩薩地盡)의 네 지위에 있는 이는 심상의 네 가지 상인 생상(업·전·현상 3상)-주상(아치·아견·아애·

---

45 馬鳴, 『大乘起信論』(『大正藏』 제32책, p.576중).

아만 4상)-이상(탐·진·치·만·의·견상 6상)-멸상(살생·투도·사음·망어·기어·악구·양설의 7상)에 상응하여 번뇌심을 제거하고 보리심을 일으키게 된다.

이 네 가지 상(四相)을 총괄하여 일념一念이라 하니, 이 일념과 사상에 의하여 사위의 단계적인 내려감을 밝혔다. 본래 무명불각無明不覺의 갖가지 몽념夢念을 일으켜 그 심원心源을 움직여 점차 멸상에 이르는 것이다. 곧 오래도록 삼계에 잠들어 육취六趣에 유전하다가, 이제 본각의 헤아릴 수 없는 생각의 훈습으로 인하여 생사를 싫어하고 열반을 즐겨 찾는 마음을 일으켜 점점 본원으로 향하여 비로소 멸상 내지 생상을 그쳐 활짝 크게 깨닫고, 자심自心이 본래 동요한 바가 없음을 깨달아 마쳐 이제는 고요한 바도 없이 본래 평등하여 일여一如의 자리에 머무는 것을 밝히고자 함이니, 『금광명경』에서 말한 꿈에 하수河水를 건너는 비유와도 같은 것이다.[46]

마명은 유전문에 속하면서 염을 따라 분별하는 생멸문에서 본각의 성질을 여의지 않는 마음인 수염본각隨染本覺에 대해 이렇게 서술하고 있다.

다시 본각이 염染을 따라 분별하여 두 가지 상을 내어서 저 본각과 더불어 서로 떠나질 않으니, 어떤 것이 두 가지인가? 첫째는 지정상智淨相이요, 둘째는 부사의업상不思議業相이다.

---

46 元曉, 『大乘起信論疏』(『한불전』 제1책, p.709중).

지정상이란 것은, 법력이 훈습을 의지해서 여실히 수행하여 방편을 만족하기 때문에 화합식상을 깨뜨리고 상속심상을 없애며 법신을 현현하여 지智가 순정해진 것을 가리킨다. 이 뜻이 어떠한가? 일체 심식의 상은 모두 무명이지만 무명의 상이 각성을 여의지 않으니, 파괴할 수 있는 것도 아니며 파괴할 수 없는 것도 아니다. 마치 큰 바다의 물이 바람으로 인하여 파도가 움직일 때 물의 모양과 바람의 모양이 서로 떨어지지 않지만 물은 움직이는 성질이 아니므로 만일 바람이 그쳐 없어지면 파도의 움직이는 모양은 곧 없어지지만 물의 습성은 없어지지 않는 것과 같다. 이와 같이 중생의 자성청정심이 무명의 바람으로 인하여 움직임에, 심과 무명이 모두 형상이 없어서 서로 떨어지지 않지만 심은 동성動性이 아니므로 만일 무명이 멸하면 상속은 곧 멸하나 지성智性은 없어지지 않는 것이다.

부사의업상이란 것은 지정상을 의지하여 능히 모든 뛰어난 경계(一切勝妙境界)를 짓는 것이니, 이를테면 무량한 공덕의 상이 늘 단절함이 없어서 중생의 근기에 따라서 자연히 상응하여 갖가지로 나타나서 이익을 얻게 하는 것이다.[47]

이어서 마명은 진여문에 자리하면서 본래부터 자성청정한 성정본각에 대해 각의 체와 상을 거울의 비유를 통해 네 가지 모습으로 해명하고 있다.

다시 각覺의 체와 상이란 것은 네 가지 대의가 있어서 허공과 같으며

---

47 馬鳴, 『大乘起信論』(『大正藏』 제32책, p.576하).

마치 맑은 거울과도 같다. 어떤 것이 그 네 가지인가? 첫째는 여실공경如實空鏡이니, 마음의 모든 경계상을 멀리 여의어 나타낼 만한 법이 없으니, 각조覺照의 뜻이 아니기 때문이다. 둘째는 인훈습경因熏習鏡이니 여실불공如實不空을 일컫는다. 일체 세간 경계가 다 그 가운데 나타나되 들지도 않고 나지도 않으며 일실되지도 않고 파괴되지도 않으며 항상 일심에 머무르니 일체법이 곧 진실성이기 때문이다. 또 모든 염법이 더럽힐 수 없는 것이니 지체智體가 움직이지 않아서 무루를 구족하여 중생을 훈습하기 때문이다. 셋째는 법출리경法出離鏡이니, 불공법이 번뇌애와 지애를 벗어나 화합상을 여의어서 순전하고 깨끗하고 밝은 것을 일컫는다. 넷째는 연훈습경緣熏習鏡이니, 법출리를 의지하기 때문에 중생이 마음을 두루 비추어 선근을 닦게 하려고 생각을 따라 나타나 보이는 것을 일컫는다.[48]

마명이 서술한 수염본각과 성정본각의 관계에 대해 원효는 둘 사이의 '친·소'의 유무로 해명하고 있다.

이어서 부사의업상을 해석하는 가운데 '지혜의 청정함에 의한다'는 것은 앞의 수염본각의 마음이 비로소 맑고 깨끗하여짐을 말하는 것이니 이는 시각의 지혜이며, 이 지혜의 힘에 의하여 응화신을 나타내기 때문에 '무량공덕의 상'이라고 말한 것이다.
만일 시각이 일으킨 맥락에서 논하면 연의 상속에 따라 이익을 얻게 하니, 그 근본인 수염본각은 본래 서로 관련되어 친소親疏가 있기 때

---

[48] 馬鳴, 『大乘起信論』(『大正藏』 제32책, p.576하).

문이고, 그 본각이 나타낸 맥락에서 논하면 근기의 성숙에 보편적으로 기여하여 연의 상속을 가리지 않으니, 그 본래의 성정본각은 일체에 평등하게 통하여 친소가 없기 때문이다.[49]

시각이 일으킨 맥락에 의하면 연의 상속에 따라 이익을 얻는 것처럼 서로 관련되어 친소가 있는 수염본각과 달리, 본각이 나타낸 맥락에 의하면 근기의 성숙에 보편적으로 기여하여 연의 상속을 가리지 않는 것처럼 일체에 평등하여 친소가 없는 성정본각은 서로 대비된다. 그런데 이들 본각은 각기 중생을 이익 되게 하는 공덕을 지닌다.

한편 『금강삼매경』은 본각의 공덕이 중생을 이익 되게 하는 것이라고 설한다. 본각의 공덕에 대한 경설은 원효의 주석에 의해 보다 구체적으로 밝혀지고 있다.

모든 유정은 시작이 없는 때로부터 무명의 긴 밤에 들어가 망상의 큰 꿈을 지으니, 보살이 관을 닦아 무생無生을 얻을 때에 중생이 본래 적정하여 다만 본각일 뿐임을 통달하여, 일여一如의 침상에 누워 이 본각의 이익으로써 중생을 이롭게 한다. 이 품은 이러한 도리를 나타내기 때문에 「본각리품本覺利品」이라고 한 것이다. (……) 무생의 행에 의하여 본각과 만날 수 있어야 일체를 널리 교화하여 이롭게 할 수 있다. (……) 처음에 무주無住 보살이라 한 것은, 이 사람이 비록 본각은 본래 일어나 움직임(起動)이 없음을 통달하였으나 적정에 머물지 않고 항상 널리 교화함을 일으키니, 그 공덕에 의하여 명칭을 세워 이름을 '무주

49　元曉, 『大乘起信論疏』(『한불전』 제1책, pp.711중하~702중).

無住'라고 한 것이다. 머무름이 없는 공덕이 본각의 이익에 계합하기 때문에 이 사람을 인하여 그 근본 뜻을 나타낸 것이다.50

무주 보살은 관을 닦아 무생을 얻을 때에 중생이 본래 적정하여 다만 본각일 뿐임을 통달하였다. 그는 일여의 침상에 누워 본각의 이익으로써 중생을 이롭게 하였다. 보살은 본각이 본래 일어나 움직임이 없음을 통달하였지만 적정에 머물지 않고 항상 널리 교화함을 일으키므로 머무름이 없는 공덕이 본각의 이익에 계합하였기에 '무주'라는 이름이 붙여졌다.

계속해서 『금강삼매경』「본각리품」에서는 본각과 일각一覺의 관계에 대해 언급하고 있다. 일각은 '동일각同一覺' 즉 본각과 시각의 동일성을 표현한 약칭으로 이해되며 '일각미一覺味', '일미一味'로도 표현된다.

부처님은 말씀하였다. "모든 부처님과 여래는 항상 일각一覺으로써 모든 식을 전변시켜 아마라에 들어가게 한다. 어째서 그러한가? 모든 중생은 본각本覺이니, 항상 일각一覺으로써 모든 중생을 깨우쳐 저 중생들이 모두 본각을 얻게 하여 모든 정식情識이 공적하여 일어남이 없음을 깨닫게 하는 것이다. 왜냐하면 결정의 본성은 본래 움직임이 없기 때문이다."51

『금강삼매경』은 법신의 입장에서 바라보는 결정성決定性 즉 결정의 본성은 본래 움직임이 없다고 설한다. 여래는 일각으로써 모든 식을

---

50 大安 編, 『金剛三昧經』, 「本覺利品」(『한불전』 제1책, p.629하~630상).
51 大安 編, 『金剛三昧經』, 「本覺利品」(『한불전』 제1책, p.630하).

전변시켜 아마라식에 들어가며, 본각인 모든 중생은 항상 일각으로써 모든 중생을 깨우쳐 모두 본각을 얻게 하여 일어남이 없음을 깨닫게 한다고 설한다. 원효는 본각과 시각의 관계를 일각과 관련시켜 해명한다.

원효는 『대승기신론소』에서는 보신에 입각하여 일심의 신해성神解性을 언표하고 있고[52], 『금강삼매경론』에서는 법신에 입각하여 결정성決定性을 거론하고 있으며[53], 나아가 삼제설三諦說을 시설하여[54] 심진여문과 심생멸문 바깥에 본법으로서 일심을 거론하고 있다.[55] 그리하여 그는 모든 중생이 본각을 지닌 존재이므로 '일각' 즉 '동일각'이라는 점을 역설하고 있다.

원효는 『금강삼매경』에서 "모든 부처님과 여래는 항상 일각으로써 모든 식을 전변시켜 아마라에 들어가게 하며", "모든 중생은 본각이니 항상 일각으로써 모든 중생을 깨우쳐 저 중생들이 모두 본각을 얻게 하여 모든 정식情識이 공적하여 일어남이 없음을 깨닫게 하는 것이다. 왜냐하면 결정의 본성은 본래 움직임이 없기 때문이다."라고 한 대목에 대해서도 자신의 해석을 덧붙이고 있다.

원효는 "모든 중생이 똑같이 본각이기 때문에 '일각'이라 한 것"이며 "모든 부처님은 이것을 체득하여 곧 널리 교화할 수 있기 때문에 '항상

---

[52] 高榮燮, 「원효 일심의 神解性 분석」, 『불교학연구』 제20집, 불교학연구회, 2009.
[53] 高榮燮, 「분황 원효 본각의 決定性」, 『불교학보』 제67집, 동국대학교 불교문화연구원, 2014.
[54] 高榮燮, 「분황 원효와 삼장 진제의 섭론학 이해」, 『불교철학』 제3집, 동국대학교 세계불교학연구소, 2018.10.
[55] 高榮燮, 「일심 혹은 일심지원이란 무엇인가: 원효 깨침 사상의 구심과 원심」, 『불교철학』 제2집, 동국대학교 세계불교학연구소, 2018.4.

……로써'라고 하였고", "이 본각으로써 다른 사람을 깨닫게 하기 때문에 '항상 일각으로써 모든 중생을 깨닫게 한다'고 말하였다. '저 중생으로 하여금 모두 본각을 얻게 한다'는 것은 '교화 대상이 전변하여 들어간다'는 구절을 풀이한 것이니 본각은 바로 아마라식이다."라고 풀이하였다. 그리하여 그는 "'모든 중생은 본각이다'라는 등은 본각의 뜻이고, '모든 정식이 적멸하여 일어남이 없음을 깨달았다'는 것은 시각의 뜻이니, 이것은 시각이 곧 본각과 같다는 것을 나타낸 것이다."라고 해명하고 있다.

모든 중생이 똑같이 본각이기 때문에 '일각一覺'이라 한 것이다. 모든 부처님은 이것을 체득하여 곧 널리 교화할 수 있기 때문에 '항상 ……로써'라고 하였고, 이 본각으로써 다른 사람을 깨닫게 하기 때문에 '항상 일각으로써 모든 중생을 깨닫게 한다'고 말하였다. '저 중생으로 하여금 모두 본각을 얻게 한다'는 것은 '교화 대상이 전변하여 들어간다'는 구절을 풀이한 것이니, 본각은 바로 아마라식이다. '본각을 얻는다'는 것은 '들어간다'는 뜻을 풀이한 것이니, 본각에 들어갈 때에 모든 여덟 가지 식이 본래 적멸을 깨닫는다. (……) '모든 중생은 본각이다' 등은 본각의 뜻이고, '모든 중생은 적멸하여 일어남이 없음을 깨달았다'는 것은 시각의 뜻이니, 이것이 시각이 곧 본각과 같다는 것을 나타낸 것이다.[56]

여기서 『금강삼매경』은 일각이 모든 중생이 지니고 있는 본각이며,

---

56 大安 編, 『金剛三昧經』, 「本覺利品」(『한불전』 제1책, p.631상).

본각은 제9 아마라식임을 분명히 밝히고 있다. 『금강삼매경』은 일각과 본각과 시각의 관계에 대해 이렇게 설하고 있다.

무주 보살이 말하였다. "여래께서 설하신 일각의 성스러운 힘(一覺聖力)과 네 가지 넓은 지혜의 경지(四弘智地)는 곧 일체 중생의 본각의 이익(本根覺利)입니다. 왜냐하면 일체의 중생이 바로 이 몸 가운데 본래 원만하게 구족되어(本來滿足) 있기 때문입니다."[57]

원효는 시각이 원만하면 곧 본각과 같아져서 본각과 시각이 둘이 없기 때문에 '일각一覺'이라고 하였으며, 하지 않는 것이 없기 때문에 '성스러운 힘(聖力)'이라고 하였고, 일각 안에 네 가지 큰 지혜를 갖추어 모든 공덕을 지니기 때문에 '지혜의 경지(智地)'라고 하였으며, 이와 같은 네 가지 지혜가 일심의 양과 같아서 모두 두루 하지 않음이 없기 때문에 '넓은 지혜(弘智)'라고 하였다. 이와 같은 일각은 곧 법신이고 법신은 곧 중생의 본각(衆生本覺)이기 때문에 '바로 일체 중생의 본각의 이익'이라고 하였다. 본래 무량한 성덕性德을 갖추어 중생의 마음을 훈습하여 두 가지 업을 짓기 때문에 '본각의 이익(本利)'이라 한 것이다. 이 본각의 둘이 없는 뜻으로 말미암아 한 중생도 법신 밖으로 벗어남이 없기 때문에 '곧 이 몸 가운데 본래 원만하게 구족되어 있다'[58]고 하였다.

또 원효는 "비로소 능취를 여읜다는 것(始離能取)은 시각의 뜻이고, 본래 능취를 여읜 공空한 마음(本離空心)은 본각의 뜻이다. 뜻은 비록

---

57 大安 編, 『金剛三昧經』, 「本覺利品」(『한불전』 제1책, p.633중).
58 元曉, 『金剛三昧經論』, 「本覺利品」(『한불전』 제1책, pp.633중하).

두 가지가 있으나 합해져서 일각一覺을 이루니, 똑같이 능취와 소취를 여의고 새 것과 옛 것을 여의기 때문이다. 이것은 『기신론』에서 '시각은 곧 본각과 같다'고 한 것과 같다. (……) 또한 이 일각一覺은 본각과 시각의 뜻을 가지고 있으니, 본각의 '드러내어 이룬다는 뜻(本覺顯成義)'이 있기 때문에 '참답게 닦는다는 말(眞修之說)'도 도리가 있고, 시각의 '닦아 가며 이룬다는 뜻(始覺修成義)'이 있기 때문에 '새롭게 닦는다는 말(新修之談)'도 도리가 있다. 만일 한쪽에 치우쳐 고집한다면 곧 미진함이 있게 한다."[59]라고 하였다.

원효는 '시리始離' 즉 능취를 여읜 시각의 뜻과 '본리本離' 즉 본래 능취를 여읜 공한 마음인 본각의 뜻을 대비하고 있다. 그는 이들 두 가지는 뜻은 비록 다르지만 합해져서 일각一覺을 이룬다고 보았다. 그리하여 원효는 능취와 소취를 여의고 새 것과 옛 것을 여의기 때문에 본각은 곧 시각과 같다고 한 것과 같다고 하였다. 그것은 드러내어 이루는 본각의 뜻과 처음으로 닦는다는 시각의 뜻이 일각으로 수렴되기 때문일 것이다.

이처럼 원효는 일각을 본각과 시각을 아우르는 개념이자 본각과 동일한 각으로 전개시키고 있다. 그는 일각 즉 본각과 시각을 아우르는 일각을 '동일각'이자 '일각미'이며 '일미'로 해명하고 있다. 그리하여 원효에게 있어 이 일각은 일심과 붓다의 중도에 상응하는 것이며 일각에 포섭되는 본각과 시각은 일각을 구성하는 몸체와 몸짓임을 시사해 주고 있다.

---

59 元曉, 『金剛三昧經論』, 「本覺利品」(『한불전』 제1책, pp.611중하).

2. 불각不覺, 삼세와 육추

그런데 원효는 '해맑고 깨끗한 마음(心眞如門)'과 '때묻고 물들은 마음(心生滅門)' 두 문의 중층구조에 의해 세계를 그리는 주체인 무한의 마음인 일심은 이 일심에 그려진 세계 속에 등장하는 유한의 마음을 포괄할 수 있게 된다. 즉 참된 존재인 불생불멸의 진여는 자신의 본성에 머물러 있지 않고 생멸의 경계상을 만들어 낸다. 이 생멸의 경계상은 우리가 일으킨 '망념妄念'에 의해 생겨난 것이다. 이 때문에 망념은 현실세계의 존재 근거가 된다.[60]

원효는 아리야식이 지닌 각의와 불각의의 이의성에 주목하였다. 그는 『기신론』의 아리야식위位에 모든 차별상을 떠난 불생불멸의 마음이 무명으로 인해 움직여 생멸을 그려낸 무명업상과 아리야식의 자체분이 능히 움직이는 주체로서의 상인 능견상과 이 능견에 의해 드러나는 대상으로서의 상인 경계상의 삼세상三細相을 배대하여 새로운 해석을 시도하였다.

삼세상은 우리 의식에 잘 포착되지 않는 심층의 미세한 상이므로 '세 가지 미세한 모습'이라고 한다. 그리고 이들 견분과 상분에 의해 그려지는 세계를 실체화하고 집착하는 식의 활동을 '여섯 가지 거친 모습(六麤相)'이라고 한다. 이것은 업상과 전상과 현상의 삼세상이 유식의 제8 아리야식위位에 대응되고 있으며, 육추상이 유식의 말나식과 의식 위位에 대응되고 있음을 밝혀낸 것이다. 바로 이것이 마명의 의도를 보다 구체적이고 실증적으로 구명해 낸 것으로 평가받는 지점이

---

60 高榮燮, 『한국사상사』(씨아이알, 2016), p.135.

다.[61]

'인간 존재의 두 얼굴'인 각과 불각은 선과 불선에 상응하며 목숨을 함께 공유하는 공명조共命鳥처럼 공존한다. '존재 미혹의 과정과 현실'을 의미하는 불각은 각의 상대 개념이자 본각의 상대 개념이다. 본각은 시각을 상대하며 시각은 불각을 상대하고 불각은 본각을 상대하는 개념이다. 이 때문에 이들 세 개념은 본각과 불각, 시각과 불각, 불각과 본각의 상호관계 속에서 자리하고 있다.

이 중에서도 만유의 진상을 깨닫지 못한 중생의 밝지 못한 마음인 불각은 심생멸문 속의 각에 상대하는 개념이다. 그런데 윤회의 주체이자 이숙식인 유식가의 아뢰야식은 깨달음의 청정성을 낼 수 없는 생멸식이지만, 기신학의 아리야식은 삼세의 화합식 중 생멸분을 없애 버림으로써 얻게 되는 무분별지와 후득지에 의하여 불생불멸의 자성청정한 각의 상태로 돌아갈 수 있다.[62]

이것은 『기신론』이 제시하는 진여문 즉 환멸의 단계를 또렷이 드러낸 것이다. 동시에 일심인 깨침의 세계로 환멸해 가는 수행면에서 보다 실천적 입장을 취하는 것이다. 그런데 생멸문 즉 아리야식이 지닌 각에 대응하는 불각은 근본불각과 지말불각으로 나뉜다. 그리고 지말불각에는 삼세와 육추가 배대된다.

진여문에는 능히 일으키는 뜻이 없기 때문이며, 이제는 이 식에서 또한 일으키는 뜻(生義)을 말하였으니 생멸문 중에는 능히 일으키는 뜻이

---

61 高榮燮, 위의 책, p.133.
62 高榮燮, 앞의 책, pp.133~134.

있기 때문이다.⁶³

진여문에는 생의가 없지만 생멸문에는 여래장에 의지하기에 생의가 있으며 생멸심이 있다. 그런데 우리의 심층마음인 아리야식은 불생불멸이 생멸과 더불어 화합하여 같은 것도 아니고 다른 것도 아니다. 이것은 여래장을 버리고 생멸심을 취하여 생멸문으로 삼은 것이 아니다. 이것은 아래 글에서 '이 식에 두 가지 뜻이 있다'고 한 것과 같으니, 따라서 두 가지 뜻(覺義/不覺義)이 모두 생멸문에 있음을 알아야 한다.⁶⁴

불각의 뜻이 본각을 훈습하기 때문에 모든 염법染法을 내고, 또한 본각이 불각을 훈습하기 때문에 모든 정법淨法을 내는 것이니, 이 두 뜻에 의하여 일체를 내기 때문에 '식에 두 가지 뜻이 있어 일체법을 낸다'고 한 것이다.⁶⁵

본각의 훈습의 힘으로 시각이 생기듯이 불각의 뜻이 본각을 훈습하기 때문에 모든 염법을 일으킨다. 동시에 본각이 불각을 훈습하기 때문에 모든 정법을 일으킨다.

앞에서는 불각이 본각에 의해 수립됨을 밝혔고, 뒤에서는 본각도 불각을 기다린다는 것을 나타내었다. (……) 처음에 '불각의 망상심이 있

---

63 元曉,『大乘起信論疏』(『한불전』제1책, p.707하).
64 元曉,『大乘起信別記』(『한불전』제1책, p.681중).
65 元曉,『大乘起信論疏』(『한불전』제1책, pp.707하~708상).

기 때문에'라고 말한 것은 무명이 일으킨 망상의 분별이니, 이 망상으로 말미암아 능히 명의名義를 알기 때문에 언설을 두어서 진각眞覺에 대해 말하였다. 이것은 진각이라는 이름이 망상을 기다리는 것임을 밝힌 것이다. '만일 불각을 여읜다면 진각의 자상이라고 할 만한 것도 없을 것이다'라고 한 것은, 진각이라 말한 것이 반드시 불각을 기다리는 것임을 밝힌 것이다. 만일 상대相待하지 않는다면 곧 자상自相이 없고, 다른 것을 기다려 있어도 또한 자상이 아니니, 자상이 이미 없는데 어찌 타상他相이 있겠는가? 이것은 모든 것이 얻을 것이 없다는 뜻을 밝힌 것이니, (……)[66]

불각의 뜻을 말하는 것에도 두 가지가 있으니 첫째는 근본불각이며, 둘째는 지말불각이다. 근본불각이란 아리야식 내의 근본무명을 불각이라 하며, (……) 지말불각이라고 하는 것은 무명에서 일어난 일체의 염법을 모두 불각이라 한다.

본각이 있기 때문에 본래 불각이 없고, 불각이 없기 때문에 끝내 시각이 없는 것이며, 시각이 없기 때문에 본래 본각이 없음을 알아야 할 것이다. 본각이 없음에 이른 것은 그 비롯됨이 본각이 있기 때문이요, 본각이 있는 것은 시각이 있기 때문이며, 불각이 있는 것은 본각에 의하기 때문이다. (……) 이와 같이 끊임없이 서로 의지하니 곧 모든 법이 있는 것도 아니지만 없는 것도 아님을 나타내는 것임을 알아야 할 것이다.[67]

---

66 元曉, 『大乘起信論疏』(『한불전』 제1책, p.712중).
67 元曉, 『大乘起信論別記』(『한불전』 제1책, pp.683상~684상).

불각의 뜻이라고 하는 것은 진여법眞如法이 하나(一)임을 여실히 알지 못하기 때문에 마음이 일어나 그 염念이 있음을 말한다. (……) 다시 불각을 의지하기 때문에 세 가지 상(三細相)을 생겨나게 하여 저 불각과 더불어 상응해 여의지 않으니 어떤 것이 셋인가? 첫째는 무명업상無明業相으로, 불각을 의지하기 때문에 마음의 움직임을 업이 된다고 설하는 것이다. 깨치면(覺) 움직이지 않지만 움직이면 곧 고통이 있으니, 결과가 원인을 여의지 않기 때문이다. 둘째는 능견상能見相으로, 움직임을 의지하기 때문에 능히 볼 수 있으니 움직이지 않으면 곧 볼 수 없다. 셋째는 경계상境界相으로, 능견을 의지하기 때문에 경계가 허망하게 나타나니 견해를 여의면 곧 경계가 없다.

경계의 인연이 있기 때문에 다시 여섯 가지 상(六種相)을 내니 어떤 것이 여섯이 되는가? 첫째는 지상智相이니, 경계를 의지하여 마음이 애착과 애착 아님을 분별함을 일으키는 것이다. 둘째는 상속상相續相이니 지상을 의지하기 때문에 그 괴로움과 즐거움을 깨닫는 마음을 내어 생각을 일으켜 상응해 끊이지 않는 것이다. 셋째는 집취상執取相이니 상속을 의지하여 경계를 연념緣念해서 괴로움과 즐거움에 멈춰 서서 마음이 집착을 일으키는 것이다. 넷째는 계명자상計名字相이니 개념과 문자를 의지하여 거짓 명칭의 언어 모습을 분별하는 것이다. 다섯째는 기업상起業相이니 개념과 문자를 의지하여 명칭을 찾아 취착해서 갖가지 업을 짓는 것이다. 여섯째는 업계고상業繫苦相이니 업을 의지해 과보를 받아서 자재하지 못한 것이다. 마땅히 알라, 무명이 능히 일체의 염법을 내니 일체 염법이 모두 불각상이기 때문이다.[68]

---

68 馬鳴,『大乘起信論』(『大正藏』제32책, p.576중).

『대승기신론』은 불각의 뜻은 진여의 법이 하나임을 여실히 알지 못하기 때문에 마음이 일어나 염이 있게 되는 것이라 하였다. 또 이 불각에 의지하여 무명업상, 능견상, 경계상의 세 가지 상이 있게 된다고 하였다. 그리고 경계의 인연이 있기 때문에 다시 지상, 상속상, 집취상, 계명자상, 기업상, 업계고상의 여섯 가지 상을 일으키게 된다고 하였다. 여기서 무명은 일체의 염법을 일으키며 일체의 염법은 모두 불각상이다.

그런데 이 삼세육추상은 불각 중에서 지말불각상에 해당되지만 불각이 본각을 기다리고 본각이 시각을 의지하는 관계 속에서 파악해 본다면 이들 각은 서로 기다리기 때문에 자성이 없지만 상대하여서 이루어지므로 고정된 각은 없지만 각이 없지 않기 때문에 '각'이 아닌 것이 아니다. 그런 점에서 삼세육추상을 머금고 있는 지말불각상은 근본불각상과 함께 불각상으로서 시각과 본각을 상대하는 것이라 할 수 있다.

원효는 이러한 이해에서 자신의 깨침 이론을 일각의 범주 아래 본각과 시각을 통섭하고 있으며, 불각의 범주 아래 근본불각과 지말불각을 시설하고 지말불각 아래 삼세육추를 각 식위位에 배대하였다. 그것은 업상·전상·현상의 삼세상을 제8식의 자리에, 지상을 제7식의 자리에, 나머지 상속상·집취상·계명자상·기업상·업계고상의 5상을 제6식에 배대하는 형태로 시설되었다. 이러한 시설은 비록 천여 년의 간격이 떨어져 있지만 싯다르타의 색계 4선과 무색계 4선의 수행 과정에 대응시켜 이해할 수 있다.

V. 붓다와 원효 깨침의 연속과 불연속

고타마 붓다와 분황 원효의 깨침은 어떻게 연속되고 어떻게 불연속되고 있을까? 거의 천 년의 간격을 두고 자신의 삶과 생각을 펼쳐 간 이들의 상통성과 상이성은 어디에 있을까? 두 사람은 불교의 깨침 혹은 깨달음에 대해 깊이 천착했다는 점에서 이어지고 있다. 또 이들의 깨침 내용이 보편성과 타당성을 지니고 지금도 우리에게 메아리치고 있다. 물론 이들 두 사람의 깨침 담론 사이에는 천 년 동안 전개된 불교사상사로 볼 때 대자적으로는 상통된다고 할 수 있을지 모르나 즉자적으로는 상이하다고 말할 수도 있다. 바로 이런 점에서 두 사람의 깨침 내용을 구명하는 것은 그 의미와 가치가 적지 않다고 생각한다.

고타마 붓다는 『초전법륜경』에서 보이는 것처럼 중도 즉 팔정도와 사성제 즉 십이연기를 깨달았다. 그것은 생사윤회의 고통을 벗어나기 위한 오랜 수행 끝에 도달한 깨침의 내용이었다. 그는 알라라 깔라마에게 배운 '아무것도 없(게 느껴지)는 세계(無所有處)'와 웃다까 라마뿟따에게 배운 '지각하는 것도 아니고 지각하지 않는 것도 아닌 세계(非想非非想處)'를 넘어 초선과 2선, 3선, 4선을 넘어 밤의 초야와 중야와 후야를 거쳐 중도와 연기를 깨침으로써 삶의 전환을 경험하였다.

『초전법륜경』에 의하면 결국 싯다르타가 깨친 것은 중도 즉 팔정도와, 사성제 즉 십이연기라고 할 수 있다. 고타마 싯다르타는 쾌락주의와 고행주의와 같은 두 극단의 수행은 저열하고 통속적이고 범속하고 성스럽지 못하고 이익을 주지 못하는, 감각적 욕망에 대한 탐닉에 몰두하는 것이며, 또 하나는 괴롭고 성스럽지 못하고 이익을 주지 못하는, 자기 학대에 몰두하는 것이라 하였다.

싯다르타는 중도 즉 팔정도를 통하여 완전하게 깨달았으며 "전에 들어보지 못한 법들에 대한 눈이 생기고, 지혜가 생기고, 통찰지가 생기고, 명지가 생기고, 광명이 생겼다."라고 분명히 밝히고 있다. 그는 '전에 들어보지 못한 법들'에 대한 '눈'-'지혜'-'통찰지'-'명지'-'광명'이 생겨나 붓다로 탈바꿈하는 과정을 복기해 보여 주고 있다.

싯다르타는 사성제의 각 성제를 세 가지 양상으로 살폈다. 먼저 그는 '이것이 괴로움의 성스러운 진리다(苦聖諦)', '이 괴로움의 성스러운 진리는 바르게 잘 이해되어야 한다', '이 괴로움의 성스러운 진리를 완전하고 바르게 이해했다'고 관찰하고, 이어 '이것이 괴로움의 일어남의 성스러운 진리다(集聖諦)' → '이 ~는 바르게 잘 버려져야 한다' → '이 ~는 이미 버려졌다', '이것이 괴로움의 소멸의 성스러운 진리다(滅聖諦)' → '이 ~는 마땅히 실현되어야 한다' → '이 ~는 이미 완전히 실현되었다', 그리고 '이것이 괴로움의 소멸로 인도하는 길의 성스러운 진리다(道聖諦)' → '이 ~는 마땅히 닦아야 한다' → '이 ~는 이미 철저하게 닦았다'고 섬세하게 관찰했다.

싯다르타는 고성제에 대한 세 가지 양상 → 집성제에 대한 세 가지 양상 → 멸성제에 대한 세 가지 양상 → 도성제에 대한 세 가지 양상을 열두 가지 형태로 조망했다. 이러한 과정은 본각과 시각을 아우르는 일각一覺과 불각不覺 즉 아리야식 내의 근본불각과 지말불각의 관계 속에서 해명하는 원효의 깨침 담론과 상응하는 것으로 이해된다.

원효는 땅막(龕)과 무덤(墳)의 불이不二 속에서 깨침을 얻었다. 그 깨침에 대한 해명은 그의 『대승기신론소』와 『대승기신론별기』 그리고 『금강삼매경론』에 나온 깨침의 이론을 통해 재구할 수밖에 없다.

원효는 깨침의 주축을 이루는 본각과 시각을 불일不一이면서 불이 不異의 관계로 파악하고 있다. 본각이란 시각에 대하여 말한 것이며, 시각이란 본각에 의하기 때문에 불각이 있고, 불각에 의하기 때문에 시각이 있다. 이 때문에 본각과 시각은 같지는 않지만 다르지도 않다. 이러한 시각의 네 단계(四位)와 네 모습(四相)에 대한 원효의 인식은 다음과 같다.

원효는 시각 4위의 사상을 독자적으로 배대하고 있다. 그는 생상(究竟覺)은 셋(業相, 轉相, 現相), 주상(隨分覺)은 넷(我癡, 我見, 我愛, 我慢), 이상(相似覺)은 여섯(貪, 瞋, 癡, 慢, 疑, 見), 멸상(不覺)은 일곱(殺生, 偸盜, 邪淫, 妄語, 綺語, 惡口, 兩舌)으로 더욱 세분한 뒤 생상은 제8식위位, 주상은 제7식위位, 이상은 생기식위位에 각각 배속하고 있다.[69]

원효는 삼세상에 무명업상, 능견상, 경계상을 배속하고 제8 아리야식위에 배대하고 있다. 육추상의 첫 번째인 지상을 제7 말나식위에 배대하고, 육추상의 상속상, 집취상, 계명자상, 기업상, 업계고상을 제6 요별경식위에 배대하고 있다.

이러한 배대는 제8 아리야식위를 제외하는 이전의 담연과 혜원과 다른 것이며, 제8 아리야식위를 인정하면서도 제7 말나식위를 제외하는 이후의 법장과도 구분되는 독자적인 주장이다. 여기에는 원효의 인간 이해와 세계 인식이 투영되어 있다.

---

69 馬鳴/元曉, 『大乘起信論疏記會本』(『한불전』 제1책 750상중).

<도표 2> 마명의 『대승기신론』과 원효의 『대승기신론소』 식위識位 배대와 수행계위[70]

心生滅識位	心生滅		生滅因緣		修行階位
	覺	不覺	生滅依因緣	所依因緣體相	
	始覺四位·四相	三細相·六麤相	五意·意識	六染心	
第8識位	究竟覺(生相3) 業相	無明業相	業識	根本不相應染	菩薩地盡(如來地)
	轉相	能見相	轉識	能見心不相應染	心自在地(第9地)
	現相	境界相	現識	現色不相應染	色自在地(第8地)
第7識位	隨分覺(住相4) 我痴/我見/我愛/我慢	智相	智識	分別智相應染	無相方便地(第7地)~具戒地(第6地~第2地)
第6識位(相似覺)(不覺)	相似覺(異相6) 貪/瞋	相續相	相續識	不斷相應染	淨心地(初地~10住)
	癡/慢/疑/見	執取相/計名字相/起業相	意識(分別事識)	執相應染	信相應地(10廻向~10信)
	不覺(滅相7) 殺生/偸盗/邪淫/妄語/奇語/惡口/兩舌	業繫苦相			

<도표 2>는 일심의 심진여문과 생멸문의 구도 아래서 생멸문에서

---

70 髙榮燮, 「분황 원효와 현수 법장의 기신학 이해」, 『불교철학』 제1집, 동국대학교 세계불교학연구소, 2017, p.106 참조.

심생멸과 생멸인연 및 수행 계위의 관계를 보여 준다. 그리고 심생멸의 각과 불각에서 특히 불각의 상태에서 일어나는 미세념과 추분별상의 떨어질 수 없는 관계를 보여 주고 있다.

다음에 생멸의 인연이라는 것은 이른바 중생이 심에 의하여 의意와 의식意識이 전변하는 것이다. 이 뜻이 무엇인가? 아리야식에 의하여 무명이 있게 되어 불각이 일어나 볼 수 있고 나타날 수 있으며, 경계를 취하고 망념을 일으켜 서로 이어지기 때문에 '의'라고 말한다. 이 '의'에 다시 다섯 가지 이름(五意)이 있으니, 무엇이 다섯 가지인가? 첫째는 업식業識이니 무명의 힘에 의하여 불각심이 움직이기 때문이요, 둘째는 전식轉識이니 움직여진 마음에 의하여 능히 볼 수 있는 상이기 때문이요, 셋째는 현식現識이니 일체 경계를 나타낼 수 있기 때문이요, …… 넷째는 지식智識이니 염정법을 분별하기 때문이요, 다섯째는 상속식相續識이니 망념이 상응하여 끊어지기 때문이다. …… 다음에 의식意識이라고 말한 것은, 곧 이 상응식이 모든 범부의 집착함이 점점 깊어짐에 의하여 아我와 아소我所를 계탁하여 여러 가지 망집으로 대상(事)에 따라 인연하여 육진六塵을 분별하기 때문에 의식이라고 한 것이며, 또한 분리식分離識, 분별사식分別事識이라고도 한다.[71]

『대승기신론』에서는 심생멸상의 각의와 불각의 이외에 생멸인연상에도 생멸의인연과 소의인연체상을 제시하고 있다. 생멸의인연에는 오의와 의식, 소의인연체상에는 육염심이 배속된다.

---

71 馬鳴, 『大乘起信論』, 眞諦 譯(『大正藏』 제32책, p.577중).

원효는 제8 아리야식위位에 업식·전식·현식, 제7 말나식위位에 지식, 제6 요별경식위位에 상속식과 의식을 배대하고 있다. 마찬가지로 육염심에는 제8 아리야식위位에 근본불상응염·능견심불상응염·현색불상응염, 제7 말나식위位에 분별지상응염, 제6 요별경식위位에 부단상응염·집상응염을 배대하고 있다. 원효는 이러한 배대를 통해 오염을 탈각시켜 가는 자신의 수행 체계를 보여 주고 있다.

싯다르타가 자이나교도인 악기베싸나 종족의 쌋짜까를 일깨워 준 뒤 전한 깨침 과정과 분황 원효의 깨침 과정을 도표로 정리해 보자.

싯다르타는 알라라 깔라마와 웃따까 라마뿟다로부터 무소유처와 비상비비상처 삼매 수행을 배우고, 다시 고행 수행을 거쳤지만 그것이 모두 올바른 수행법이 아님을 알고는 떠나 보리수 아래에서 선정에 들었다. 원효 또한 땅막과 무덤의 불이를 깨치면서 자신의 수행 체계를 수립하였다.

〈도표 3〉 고타마 싯다르타의 깨침 과정과 분황 원효의 깨침 과정의 재구성

단계	고타마 싯다르타	분황 원효
7	나는 감각적 쾌락에 대한 욕망에 의한 번뇌(欲愛, kāmataṇhā)에서 마음이 해탈되었고 존재에 의한 번뇌(有愛, bhataṇhā)에서 마음이 해탈되었고 무명에 의한 번뇌(無明愛, avijjtaṇhā)에서 마음이 해탈되었습니다. 해탈되었을 때에 나에게 '해탈되었다'는 앎이 생겨났습니다. 나는 '태어남은 부서지고 청정한 삶은 이루어졌다. 해야 할 일은 다 마치고 더 이상 윤회하지 않는다'라고 분명히 알았습니다. 이것이 내가 밤의 후야後夜에 도달한 세 번째 앎입니다.	감분불이龕墳不二의 깨침－구경각究竟覺 "전날 밤에는 땅막(龕)이라 일컬어서 또한 편안했는데, 오늘밤에는 무덤(墳) 속에 의탁하니 매우 뒤숭숭하구나. 마음이 일어나므로 갖가지 것들이 일어나고, 마음이 사라지므로 땅막과 무덤이 둘이 아님(龕墳不二)을 알겠구나. 또한 삼계는 오직 마음일 뿐이고, 만법은 오직 인식일 뿐이니 마음 밖에 어떤 법이 없는데 어디에서 따로 구하리오. 나는 당나라에 들지 않겠다."

단계	고타마 싯다르타	분황 원효
6	나는 인간을 뛰어넘는 청정한 하늘 눈으로 뭇 삶들을 관찰하여, 죽거나 다시 태어나거나 천하거나 귀하거나 아름답거나 추하거나 행복하거나 불행하거나 업보에 따라서 등장하는 뭇 삶들에 관하여 분명히 알았습니다. 이것이 내가 밤의 중야中夜에 도달한 후 두 번째의 앎입니다.	본각本覺 – 심체心體가 망념妄念을 여의어 허공과 같아서 두루하지 않는 바가 없어 법계일상法界一相이며 여래의 평등한 법신으로서 시각의 뜻에 다하여 말하는 것. 일각一覺 – 일각一覺은 본각과 시각의 뜻을 가지고 있으니, 본각의 '드러내어 이룬다는 뜻(本覺顯成義)'이 있기 때문에 '참답게 닦는다는 말(眞修之說)'도 도리가 있고, 시각의 '닦아 가며 이룬다는 뜻(始覺修成義)'이 있기 때문에 '새롭게 닦는다는 말(新修之談)'도 도리가 있다.
5	나는 나의 전생의 여러 가지 삶의 형태를 구체적으로 상세히 기억했습니다. 이것이 내가 밤의 초야初夜에 도달한 첫 번째 앎입니다.	시각始覺 – 본각과 같으며 시각의 뜻은 본각에 의하기 때문에 불각이 있으며 불각에 의하므로 시각이 있다.
4	즐거움과 괴로움이 버려지고 만족과 불만도 사라진 뒤, 괴로움을 뛰어넘고 즐거움을 뛰어넘어, 평정하고 새김 있고 청정한 네 번째 선정을 성취했습니다.	근본불각根本不覺 – 아리야식 내의 근본무명을 가리킨다.
3	나는 희열이 사라진 뒤, 희열이 사라진 뒤, 새김을 확립하고 올바로 알아차리고 평정하게 지내며 신체적으로 행복을 느끼며, 고귀한 님들이 평정하고 새김 있는 행복한 삶이라 부르는 세 번째 선정을 성취했습니다.	지말불각枝末不覺 – 무명에서 일어난 일체의 염법. 무명에 의하여 움직이는 업상業相, 업상에 의하여 점차로 능연을 이루기 때문에 움직임에 의해 볼 수 있는 전상轉相, 전상에 의하여 경계를 나타낼 수 있는 현상現相 3상을 제8식 자리한다. 제8 아리야식위에 업식業識, 전식轉識, 현식現識 배대. 제8 아리야식위에 색자재지色自在地에 의하여 여일 수 있는 현색불상응염現色不相應染, 심자재지心自在地에 의해 여일 수 있는 능견심불상응염能見心不相應染, 보살진지菩薩盡智에 의하여 여래지에 들어가서 여일 수 있는 근본불상응염根本不相應染 배대.

단계	고타마 싯다르타	분황 원효
2	나는 내적인 평온과 마음의 통일을 이루고, 사유를 뛰어넘고 숙고를 뛰어넘어, 삼매에서 생겨나는 희열과 행복으로 가득한 두 번째 선정을 성취했습니다.	지말불각枝末不覺 - 경계에 의하여 마음이 일어나 좋아하고 좋아하지 않음을 분별하는 지상智相 1상은 제7식에 자리한다. 제7 말나식위에 지식智識 배대 제7 말나식위에 구계지具戒地에 의하여 점점 여의며 이에 무상방편지無相方便地에 이르러 구경에 여의는 분별지상응염分別智相應染 배대.
1	나는 단단한 음식이나 끓인 쌀죽을 먹어 힘을 얻어서 감각적 쾌락에 대한 욕망을 여의고, 악하고 불건전한 상태를 떠나서, 사유를 갖추고 숙고를 갖추어, 멀리 여읨에서 생겨나는 희열과 행복으로 가득한 첫 번째 선정을 성취했습니다.	지말불각枝末不覺 - 지상智相에 의하여 그 고락을 내어서 각심覺心으로 망념妄念을 일으켜 상응하여 끊어지지 않는 상속상相續相, 상속에 의하여 경계를 반연하여 생각해서 고락에 주지하여 마음이 집착을 일으키는 집취상執取相, 잘못된 계착에 의하여 거짓된 명칭과 언설의 상을 분별하는 계명자상計名字相, 이름을 따라가면서 집착하여 여러 가지의 행동을 짓는 기업상起業相, 업에 의하여 과보를 받아서 자재하지 못하는 업계고상業繫苦相의 5상을 제6식에 배대. 제6 요별경식위에 상속식相續識과 의식意識을 배대. 제6 요별경식위에 이승의 해탈한 이와 신상응지信相應地의 사람에 의해 멀리 여의는 집상응염執相應染, 신상응지信相應地에 의하여 방편을 수학하여 점점 버려서 정심지淨心地에 이르러서 구경에 여의는 부단상응염不斷相應染 배대.

싯다르타는 색계의 초선, 2선, 3선, 4선을 거쳐 무색계의 공무변처, 식무변처, 무소유처, 비상비비상처를 넘어 중도 연기를 깨쳤다. 그는 초선과 2선, 3선, 4선을 넘어 초야, 중야, 후야를 거치며 비로소 감각적 쾌락에 대한 욕망에 의한 번뇌(欲愛, kāmataṇhā)에서 마음이 해탈되

었고 존재에 의한 번뇌(有愛, bhataṇhā)에서 마음이 해탈되었고 무명에 의한 번뇌(無明愛, avijjtaṇhā)에서 마음이 해탈되었다.

특히 싯다르타는 밤의 후야後夜에 이르러 마음이 통일되어 청정하고 순결하고 때 묻지 않고 오염되지 않고 유연하고 유능하고 확립되고 흔들림이 없게 되자 마음을 번뇌의 소멸에 대한 앎으로 향하였다. 그리고 '이것이 괴로움이다'라고 있는 그대로 알았다. '이것이 괴로움의 발생이다'라고 있는 그대로 알았다. '이것이 괴로움의 소멸이다'라고 있는 그대로 알았다. '이것이 괴로움의 소멸에 이르는 길이다'라고 있는 그대로 알았다. '이것이 번뇌이다'라고 있는 그대로 알았다. '이것이 번뇌의 발생이다'라고 있는 그대로 알았다. '이것이 번뇌의 소멸이다'라고 있는 그대로 알았다. '이것이 번뇌의 소멸에 이르는 길이다'라고 있는 그대로 알았다. 또한 싯다르타는 해탈하였을 때에 나에게 '해탈하였다'는 앎이 생겨났다. 나는 '태어남은 부서지고 청정한 삶은 이루어졌다. 해야 할 일은 다 마치고 더 이상 윤회하지 않는다'라고 분명히 알았다고 하였다. 그리고 참으로 방일하지 않고 열심히 정진하고 스스로 노력하는 자에게 그것이 나타나듯, 무명이 사라지자 명지가 생겨났고 어둠이 사라지자 빛이 생겨났다고 하였다.

반면 원효는 무덤 속에서 땅막과 무덤의 구별을 넘어 일심과 일각을 깨쳤다. 원효가 일각 즉 본각과 시각 및 불각의 구도 아래 심생멸의 식위識位 아래 시설한 심생멸의 각과 불각 중 불각의 근본불각과 지말불각 아래 시설한 제8식위의 삼세상, 제7식위의 지상과 제6식위의 상속상·집취상·계명자상·기업상·업계고상 5상의 배대가 붓다의 깨침 과정에 어떻게 상응할 수 있을까?

원효는 제8 아리야식위에 업식·전식·현식, 제7 말나식위에 지식,

제6 요별경식위에 상속식과 의식을 배대하고 있다. 마찬가지로 제8 아리야식위에 근본불상응염·능견심불상응염·현색불상응염, 제7 말나식위에 분별지상응염, 제6 요별경식위에 부단상응염·집상응염의 육염심六染心을 배대하고 있다. 원효는 이러한 배대를 통해 오염을 탈각시켜가는 자신의 수행 체계를 보여 주고 있다. 〈도표 3〉은 싯다르타와 원효의 깨침 과정을 재구성해 본 것이다.

그렇다면 싯다르타의 중도와 연기가 원효의 일심과 일각과 어떻게 닿을 수 있을까? 싯다르타와 원효 두 사람은 일천 년의 간격을 두고 인도와 신라에서 살았다. 그리고 이들이 생사와 윤회를 넘어서 얻은 중도와 연기 및 본각과 시각과 불각의 관계 속에서 얻은 일심과 일각 사이에는 불교사상사의 깊고 넓은 성취가 있다. 이 때문에 붓다의 깨침 과정과 원효의 깨침 과정은 즉자적으로 이어지지 않는다. 그리고 불교의 기반을 만든 붓다와 이후의 불학자들이 심화 확장시켜 낸 깨침 이론이 즉자적으로 같을 수는 없다. 다만 이들은 생사와 윤회를 넘어 깨침 혹은 깨달음을 얻었다는 점에서 대자적으로 소통할 수 있을 것이다.

인도의 고타마 붓다와 한국의 붓다로 불리는 분황 원효의 깨침 혹은 깨달음의 무엇이 연속되고 무엇이 연속되지 않는가를 밝히는 작업은 쉽지 않다. 또 현 단계에서 둘 사이의 상통하는 점과 상통하지 않는 점을 도출해 내는 것은 쉽지 않은 일이다. 색계의 사선과 무색계의 사선을 넘어서는 과정과 본각과 시각을 아우르는 일심의 일각 및 근본불각과 지말불각을 아우르는 일심의 불각 사이의 연속성과 불연속성을 좀더 구체적으로 밝혀내야 하기 때문이다.

Ⅵ. 깨침 혹은 깨달음 담론의 공유

싯다르타는 진리에 '눈을 뜬' 수많은 붓다 중에서도 탐욕(貪)과 성냄(瞋)과 어리석음(癡)의 삼독심을 버리고 가장 완벽한 해탈解脫(vimutti/vimokkha) 열반涅槃(nibbāna)의 길을 엶으로써 붓다의 이름을 전유專有하게 되었다. 붓다가 열어젖힌 해탈 열반은 선정 수행과 고행 수행을 넘어서는 완전한 깨침의 길이었다. 『초전법륜경』에서 설하는 것처럼 그것은 중도 즉 팔정도와 사성제 즉 십이연기의 가르침이었다.

원효는 무덤 속에서, 인간이 지니고 있는 본각과 시각을 아우르는 '일각'과 본각과 시각을 가로막는 불각 중 특히 불각 속의 지말불각인 삼세三細상과 육추六麤상을 지멸시키고 보편적 마음인 '일심'을 발견하여 '눈을 뜬' 붓다가 되었다. 카필라와 신라 즉 인도와 한국에서 일천여 년이 떨어져 있음에도 불구하고 붓다의 깨침과 원효의 깨침은 인간을 자유롭게 하였다는 점에서 연속되고 있다. 하지만 인간을 자유롭게 하는 두 사람의 방법에 있어서는 연속성과 불연속성이 내재해 있다. 그 연속성 위에서 싯다르타의 독자성이 드러나고 있으며, 그 불연속성 위에서 원효의 독자성이 나타나고 있다.

싯다르타는 밤의 후야後夜에 비로소 알게 된 사성제의 각 성제를 세 가지 양상으로 살폈다. 먼저 그는 '이것이 괴로움의 성스러운 진리다(苦聖諦)', '이 괴로움의 성스러운 진리는 바르게 잘 이해되어야 한다', '이 괴로움의 성스러운 진리를 완전하고 바르게 이해했다'. 이어 그는 '이것이 괴로움의 일어남의 성스러운 진리다(集聖諦)' → '이 괴로움의 일어남의 성스러운 진리는 바르게 잘 버려져야 한다' → '이 괴로움의 일어남의 성스러운 진리는 이미 버려졌다'. '이것이 괴로움의 소멸의 성스러운 진리다(滅聖諦)' → '이 괴로움의 소멸의 성스러운 진리는 마땅히 실현되어야 한다' → '이 괴로움의 소멸의 성스러운 진리는 이미 완전히 실현되었다'. 그리고 '이것이 괴로움의 소멸로 인도하는 길의 성스러운 진리다(道聖諦)' → '이 괴로움의 소멸로 인도하는 길의 성스러운 진리는 마땅히 닦아야 한다' → '이 괴로움의 소멸로 인도하는 길의 성스러운 진리는 이미 철저하게 닦았다'고 섬세하게 관찰했다.

이처럼 고타마 싯다르타는 각 성제에 대한 세 가지 양상을 살펴서 네 가지 성제를 '있는 그대로 알고' → '보는 것이 완전하고 청정하게 되었을 때' 천인과 마라와 범천을 포함한 세상에서, 사문과 바라문과 왕과 사람을 포함한 무리 가운데서, '위없는 바른 깨달음을 얻었다'고 선포하였다고 하였다. "그리고 나에게 '지견智見'이 생겨났다."라고 밝히고 있다. 여기서 '지견' 즉 지혜로운 안목은 "내 마음의 해탈은 확고부동하며, 이것이 나의 마지막 태어남이며, 더 이상의 다시 태어남은 없다'라는 것을 스스로 알게 되었다."라는 것이다.

원효는 삼세상에 무명업상, 능견상, 경계상을 배속하고 제8 아리야식위에 배대한다. 육추상의 첫 번째인 지상을 제7 말나식위에 배대하고, 육추상의 상속상·집취상·계명자상·기업상·업계고상을 제6 요별경식에 배대하였다. 이러한 배대는 제8 아리야식위를 제외하는 이전의 담연이나 혜원과 다른 것이며, 제8 아리야식위를 인정하면서도 제7 말나식위를 제외하는 이후의 법장과도 구분되는 독자적인 주장이다. 여기에는 원효의 인간 이해와 세계 인식이 투영되어 있다.

원효는 제8 아리야식위에 업식·전식·현식, 제7 말나식위에 지식, 제6 요별경식위에 상속식과 의식을 배대하고 있다. 마찬가지로 제8 아리야식위에 근본불상응염·능견심불상응염·현색불상응염, 제7 말나식위에 분별지상응염, 제6 요별경식위에 부단상응염·집상응염의 육염심六染心을 배대하고 있다. 원효는 이러한 배대를 통해 오염을 탈각시켜가는 자신의 수행 체계를 보여 주고 있다.

붓다의 깨침 과정과 원효의 깨침 과정이 즉자적으로 이어지지는 않는다. 이들 사이에는 불교사상사의 깊고 넓은 성취가 있다. 불교의 기반을 만든 붓다와 이후의 원효와 같은 불학자들이 심화 확장시켜 낸 깨침 이론이 즉자적으로 같을 수는 없다. 다만 불교의 궁극인 깨침 혹은 깨달음 내지 성불 혹은 열반이 무엇인지를 밝히려는 노력 자체가 또 하나의 수행 과정이 아닐까 한다.

인도의 고타마 붓다와 한국의 붓다로 불리는 분황 원효의 깨침 혹은 깨달음의 무엇이 연속되고 무엇이 연속되지 않는가를 밝히려는 시도 자체도 우리의 수행 과정이라고 할 수 있을 것이다. 이 물음은 필자에게 지속적으로 이어질 것이다.

2

분황 원효, 그 생애와 사상

Ⅰ. 원효의 생애 … 86
   1. 탄생과 이름 … 86
   2. 출가와 수행 … 88
   3. 유학과 깨침 … 90
   4. 요석과 설총 … 93

Ⅱ. 원효의 사상 … 96
   1. 교판과 저술 … 96
   2. 강론과 입론 … 102
   3. 절필과 교화 … 106
   4. 입적과 영향 … 108

Ⅰ. 원효의 생애

1. 탄생과 이름

　분황 원효芬皇元曉(617~686)는 한국의 신라인이었다. 그는 본관이 경주, 속성이 설씨薛氏이고 이름은 사思였다. 그의 조부는 신라 6부 귀족 중 일파로 경주 설씨의 후손인 잉피공仍皮公이다. 조부는 본디 수도인 서라벌 사람(京師人)이었지만 적대연赤大淵 옆에 살아서 적대공赤大公이라고도 불렸다. 원효의 부친은 담날談捺이며 신라의 17관등 중 제10위인 대나마大奈麻(大奈末) 아래의 제11위인 나마奈麻(內末)에 있었다. 원효는 압량군 즉 지금의 경산군 자인현의 불지촌佛地村(發智村) 북쪽 밤골 사라수 아래에서 태어났다.
　원효의 집은 본디 이 밤골 서남쪽에 있었다. 모친이 유성이 품으로 들어오는 꿈을 꾸고 잉태하였다. 해산할 달이 다가올 즈음 모친이 이 마을의 밤나무 아래를 지나가다 홀연히 산기産氣가 와서 창황倉皇 중에 집으로 돌아갈 수 없었다. 이에 부친이 털옷(娑)을 벌려(羅) 나무에 걸어 가리고 거기를 누울 곳(寢處)으로 삼아서 태어났다. 해산할 즈음에는 오색구름이 땅을 덮었다고 한다.
　그는 나면서부터 영특하고 남다른 데가 있어서 스승을 따르지 않고 공부할 수 있었다(學不從師). 이 때문에 일정한 곳에 오래 머물지 않았으며 스승이 없이 스스로 깨달았다(無師自悟)고 전한다. 원효는 뒷날 그가 살던 집을 희사하여 초개사初開寺로 삼았고, 그가 태어난 밤나무(娑羅栗) 옆에 절을 세워 사라사娑羅寺라 하였다.

원효는 법호가 분황芬皇이며 법명이 원효이다. 그의 탑비는 신라 애장왕 때(800~809)에 고선사高仙寺에 세워졌으며, 고려 명종 때(1170~1197)에 분황사에 세워졌다. 이 때문에 신라시대에 그는 '고선 대사高仙大師' 혹은 '서당 화상誓幢和上'으로 불리었고, 고려시대에는 '화쟁 국사和諍國師' 또는 '원효 대사元曉大師'로 불렸다. 그의 별칭은 서당誓幢, 원효元曉, 새부塞部, 시단始旦, 소성 거사(小性/姓居士), 고선 대사高仙大師, 화쟁 국사和諍國師, 이외에도 원효 거사元曉居士, 청구잠룡靑丘潛龍, 구룡 대사丘龍大師, 해동 법사海東法師, 원효 성사元曉大師, 해동海東, 해동 교주海東敎主, 원효 보살元曉菩薩, 초지보살初地菩薩, 화엄지華嚴地의 대권보살大權菩薩, 진나보살陳那菩薩의 후신後身, 성종성聖種性의 대종사大宗師, 화회和會 등이 있다.

이처럼 헬 수 없는 별호와 자호 및 존칭과 시호가 있을 정도로 그의 지명도와 대중적 기반은 천하에 가득 차고 넘쳤다. 하지만 원효의 생애를 기술하고 있는 이들 두 비문 모두 조각 돌(碑片)로만 남아 있어 그의 생평을 온전히 재구성하기는 어렵다. '분황'은 분황사에 오래 주석해 법호가 되었으며 '향기롭고(芬) 아름답다(皇, 王)'는 뜻이다. 또 분황은 '왕 중의 왕인 황제' 혹은 '푼다리카(芬) 중의 푼다리카(皇)', 즉 '연꽃 중의 연꽃'을 일컫는다. 분황사는 황궁을 짓다가 용이 출현하여 절로 바뀌었다는 일화처럼 황룡사皇龍寺와 함께 왕실과 긴밀한 관계를 유지해 온 국가사찰이었다.

원효는 어릴 때에 서당誓幢, 새부塞部, 시단始旦으로 불렸다. 서당은 한자를 빌어 적은 '새털'의 표기이고, 새부는 한자를 빌려 적은 '새벽'의 표기이며, 시단 또한 한자를 빌려 적은 '첫새벽'의 표기이다. 특히 원효, 새부, 시단은 모두 첫새벽을 가리킨다는 점에서 그의 정체성이 또렷이 드러나는 이름들이다. 원효는 한국 사상의 개벽인 새벽이었다. 그는 한국 철학의 새벽문을 열어 젖혀 중천으로 드높였다. 그리하여 그는 한국인들에게 철학하는 법을 가르쳐 주었고 생각하는 법을 일깨워 주었다. 그 결과 원효는 이 땅에다 연기의 지혜와 중도의 자비의 길인 상호 의존과 상호 존중의 활로를 열었다.

2. 출가와 수행

원효가 태어난 지 오래지 않아 모친이 타계하였다. 부친도 국경 가까운 근무지로 떠난 뒤 백제와의 전투에서 전사한 것으로 보인다. 그는 조부모에게서 훈육을 받으며 어린 시절을 보냈으나 이내 조부모마저 세상을 떠났다. 사방을 둘러봐도 친척이 없었다(四顧無親). 원효는 가족들의 잇따른 죽음을 통해 무상無常을 깊게 체인體認했을 것으로 짐작된다. 그리하여 그는 십세 미만인 8, 9세경의 관채지년丱䯻之年에 신라 서라벌의 국가사찰인 황룡사로 출가한 것으로 추정된다. 이후 원효의 사승師僧 관계에 대해서는 자세히 알 수 없다. 다만 그가 30대에 지은 것으로 보이는『초장관문初章觀文』과『안신사심론安身事心論』의 감수를 은사隱士 문선文善을 통해 권유자였던 낭지朗智에게 요청했던 기록과 중년 이후 포항 오어사吾魚寺에서 만나 법력 게임을 벌인 혜공惠空과의 교유관계를 알 수 있을 뿐이다. 고려시대 의천의 시「도반룡산경복사보덕화상예방구지到盤龍山景福寺普德和尙禮訪舊址」에서 원효와 의상이 고구려에서 망명해 완주 고달산 경복사景福寺에 머물던 보덕 화상을 찾아가 『열반경』과 방등부를 배웠다고 하지만 사실 여부는 확인할 수 없다. 이미 중년의 나이에 이른 원효가 『열반경』과 방등부를 배우러 당시 백제 영토까지 갔을지는 알 수 없기 때문이다.

오래지 않아 원효는 번잡한 서라벌 한복판의 국가사찰을 떠났을 것이다. 그는 수행을 위해 인근의 산속으로 수행 처소를 옮겼을 것으로 보인다. 이 과정은 산속에서의 체험을 기반으로 지은 『발심수행장』을 통해 엿볼 수 있다. 그는 젊은 시절 산속에서 치열하게 수행하였던 것으로 추정된다. 출가 이후 그는 중생들이 생로병사의 고통을 받는 이유에 대해 깊이 천착하였다. 이것은 욕심을 버린(捨欲) 부처와 욕심을 탐한(貪慾) 중생의 차이에 대한 명확한 이해로부터 비롯되었다. 원효는 붓다가 깨달은 사성제四聖諦의 가르침처럼 고통에 대한 자각(苦聖諦)이 남달랐던 것으로 이해된다. 이러한 자각은 고통의 원인에 대한 진단(集聖諦)으로 이어졌다. 원효는 이러한 진단에 의거하여 수행자가 용맹정진해야 하는 이유를 『발심수행장』에서 역설하고 있다.

원효는 삼세의 모든 붓다들이 열반의 궁전(寂滅宮)을 장엄하는 것과 달리 "삼세의 모든 중생들이 불타는 집안(火宅門)에 윤회하는 것은 저 헤아릴 수 없는 세상을 살아오면서 탐욕을 버리지 않았기 때문"이라고 보았다. 또 "막는 이 없는 천당天堂에 가는 이가 적은 것은 탐진치(三毒)의 번뇌로 자기 자신의 재물을 삼기 때문"이며, "꾀는 이 없는 악도惡道에 드는 이가 많은 것은 지수화풍地水火風(四大)의 요소와 재색식명수財色食名壽(五慾)의 욕심을 허망하게 마음의 보배로 삼기 때문"이라고 진단하였다. 이러한 진단에도 불구하고 그가 "산에 들어가 도를 닦지 않는 것은 사랑과 욕심에 얽혀 있기 때문"이니, "산과 숲에 들어가

도의 마음을 닦지는 못한다 하더라도 마음과 육신이 할 수 있는 데까지는 착한 선업을 버리지 말아야 한다."라고 힘주어 말하였다.

또 원효는 "'높은 산과 우뚝 솟은 바위는 지혜로운 이가 머물 곳이며, 푸른 소나무와 깊은 산골짜기는 수행하는 이가 머물 곳'이다. '배가 고프면 나무 열매를 따먹어 굶주린 창자를 위로하고 목이 마르면 흘러가는 물로 그 갈증을 없앨 것'이다. '소리가 울리는 바위굴로 염불하는 법당으로 삼고, 슬피 울며 날아가는 기러기로 기쁘게 마음의 길벗을 삼을 것'이다. '절하는 무릎이 얼음과 같아지더라도 불을 생각하는 마음이 없어야 하며, 배고픈 창자가 끊어질 것 같아도 밥을 구하려는 생각이 없어야 한다.' '비록 재주와 학식이 있다고 해도 계율을 가지고 수행하지 않으면 보배가 있는 곳으로 인도하여도 일어나 가지 않는 것과 같으며, 비록 부지런히 수행은 하지마는 지혜가 없다면 이런 사람은 동쪽으로 가려고 하면서도 서쪽으로 향하는 것과 같은 것이다.'"라고 하였다. 젊은 날의 승려 원효는 이러한 발심과 수행으로 일관하면서 『발심수행장』이 제시하는 삶을 살았을 것으로 짐작된다.

3. 유학과 깨침

원효와 절친했던 의상義湘(625~702)은 진골眞骨인 김한신金韓信의 아들로 태어났다. 최치원崔致遠이 쓴 「부석본비浮石本碑」에 의하면 그는 원효와 같은 시기인 십세 미만의 관세丱歲에 황복사皇福寺로 출가하였다. 의상은 원효보다 8세 연하였지만 계율 수지와 지적 추구가 남다른 수행자였다. 때마침 당나라에는 인도로 유학을 떠났던 현장玄奘

(602~664) 법사가 17년(629~645) 만에 장안으로 돌아왔다. 그는 제자 변기辯機에게 구술하여 인도와 서역 136개국에 대한 여행기인 『대당서역기大唐西域記』(12권)를 펴냈다. 아울러 현장은 제자들과 함께 대자은사大慈恩寺의 번역장에 머물며 『반야심경』을 필두로 하여 새로운 불교 유식唯識 논서를 번역하고 있었다. 이 소식은 일부 유학승과 견당선遣唐船을 통해 당나라 수도 장안長安을 다녀온 관리들에 의해 전해졌다.

지적 갈구가 강했던 의상은 당나라의 교종敎宗이 솥발처럼 매우 흥성함을 전해 듣고 원효와 함께 뜻을 같이하여 당나라 유학을 제안했던 것으로 보인다. 당시 당나라에는 한 세대 앞의 길장吉藏의 삼론학, 혜원慧遠의 지론학 및 열반학과 이들 세대를 이은 도선道宣의 계율학, 지엄智儼의 화엄학, 좌계左溪의 천태학, 현장玄奘의 유식학(法相學) 등이 꽃을 피우고 있었다.

의상의 제안을 받아들인 원효는 의상과 함께 현장玄奘의 문하에서 공부하고자 당나라 수도 장안을 향해 유학을 떠났다. 장산章山(慶山)을 떠나 충주를 거쳐 신라와 고구려 국경을 넘었다. 경기지역과 황해도와 평안도를 거쳐 압록강을 건너 요동遼東으로 가던 그들은 고구려 순라(수비)군에게 세작(간첩)으로 잡혀 수십 일을 감옥에 갇혔다. 그 뒤 간신히 모면하여 신라로 돌아왔다. 제1차 유학(650)은 이렇게 실패로 끝났다. 660년에 백제가 나당羅唐 연합군에 패망하였다. 그 이듬해인 661년에 원효는 의상과 함께 다시 제2차 유학길에 올랐다.

원효와 의상은 백제의 멸망 이후 신라의 관문이 되었던 당항성(수원 화성 南陽灣 인근)을 향해 나아갔다. 이들은 길을 가다가 중도에서 갑자기 궂은비를 만났다. 때마침 길가의 흙굴(土龕)에 의지하여 몸을 숨겨서 비바람을 피할 수 있었다. 이튿날 아침에 자세히 보니 옛 무덤이었고 옆에는 해골이 있었다. 하늘은 여전히 개이지 않았고 땅도 진흙탕이었다. 한 치 한 척도 앞을 재기 어려워 나아가지 못하고 머물 수밖에 없었다. 또 가장자리 벽 속에 머물렀는데 밤이 오래지 않아 언뜻 어떤 괴이한 '음기의 화신(鬼物)'이 나타났다. 동티(動土: 地神의 노여움)를 만나는 순간 원효는 잠에서 깨어나 탄식하였다.

"어젯밤 잠자리는 땅막이라 생각하여 또한 편안했는데(前之寓宿謂土龕而且安)/ 오늘밤 잠자리는 무덤 속에 의탁하니 매우 뒤숭숭하구나(此夜留宵託鬼鄕而多祟)/ 알겠도다!(則知) 마음이 생겨나므로 갖가지 현상이 생겨나고(心生故種種法生)/ 마음이 사라지므로 땅막(龕)과 무덤(墳)이 둘이 아님을(心滅故龕墳不二)/ 또 삼계는 오직 마음뿐이요(三界唯心)/ 만법은 오직 인식일 뿐이니(萬法唯識)/ 마음 밖에 현상이 없는데(心外無法)/ 어디서 따로 구하겠는가?(胡用別求)/ 나는 당나라에 가지 않겠다!((胡用別求)"

이 노래는 대승불교의 교과서인 『대승기신론大乘起信論』의 핵심구절을 원용해 자신의 심경을 실감나게 표현한 것이다. "심생즉종종법생, 즉 마음이 생겨나면 갖가지 현상이 생겨나고(心生則種種法生), 심멸즉종종법멸, 즉 마음이 사라지면 갖가지 현상이 사라진다(心滅則種種法滅)"는 구절을 "심생고종종법생, 즉 마음이 생겨나므로 갖가지 현상이 생겨나고(心生故種種法生), 심멸고감분불이, 즉 마음이 사라지므로 흙굴과 무덤이 둘이 아니다(心滅故龕墳不二)"로 놀랍게 자리바꿈한 원효의 오도송이다.

감분불이龕墳不二! 그는 마음이 극락처럼 평화로웠던(心眞如) 어젯밤과 마음이 지옥처럼 뒤숭숭했던(心生滅) 오늘밤의 대비를 통해 일심 一心을 발견하였다. 원효는 심층 마음(三細)과 표층 의식(六麤)의 경계를 과감하게 무너뜨렸다. 모든 것의 근거인 일심은 인간의 '본래 마음'이자 '한마음'이었다. '하나를 향한 그리움'이자 '고향을 가는 기다림'이었다. 일심一心이 이미 신라 사람들의 마음속에 있는 것이라면 당나라 사람들의 마음속에도 있지 않겠는가. 원효는 일심이 모든 것의 근거이자 인간의 보편성이라는 사실을 자각하자 더 이상 유학의 필요성을 느끼지 못하였다. 다음 날 원효는 바랑을 메고 의상과 헤어져 서라벌로 돌아갔다. 의상은 신라의 바다 관문(海門)인 당주계唐州界로 가서 큰 배를 타고 서해 너머의 산동성 등주登州로 나아갔다.

4. 요석과 설총

무덤에서 깨침을 얻고 서라벌로 돌아온 원효는 저술에 몰입하였다. 그는 자유로운 몸짓으로 불법을 대중화하는 데 진력했다. 어느 봄날 원효는 "누가 자루 없는 도끼를 주겠는가(誰許沒柯斧)/ 내가 하늘을 떠받친(칠) 기둥을 끊(깎)으리(我斫支天柱)."라고 외쳤다. 그 뜻을 간파한 신라 무열왕武烈王이 왕궁의 관리를 보내어 원효를 찾아서 홀로 된 공주가 머무는 요석궁瑤石宮으로 데리고 들어가게 하였다. 궁리들은 때마침 남산에서 내려와 문천교蚊川橋를 지나던 원효를 만났다. 원효는 짐짓 물속에 빠져 옷을 적셨다. 이에 궁리들이 그를 데리고 요석궁으로 갔다. 거기서 원효는 옷을 갈아입고 말리느라 궁에 머물게 되었다. 그로부터 공주는 잉태하여 설총薛聰(655~?)을 낳았다. 두 사람의 만남은 뒷날 일연이 『삼국유사』 「의해」편 '원효불기元曉不羈' 조 찬시에서 "달 밝은 요석궁에 봄잠 자고 갔는데"라는 구절에서 확인된다.

 원효는 계를 잃고 설총을 낳은 뒤로는 속복으로 바꿔 입고 스스로 소성 거사小姓居士라고 불렀다. 우연히 광대들이 춤추며 희롱하는 큰 표주박을 얻었는데 그 모양이 묘하고도 기이하였다. 그래서 원효는 그 모양대로 만들어 도구를 삼고 『화엄경』에 있는 "일체에 걸림이 없는 사람은 한 길로 생사에서 벗어난다.(一切無碍人, 一道出生死)"라는 구절에서 따와 '무애無碍'라고 이름 붙이고 노래를 지어 세상에 유포시켰다. 그는 이것을 가지고 마을마다 동네마다 노래하고 춤을 추며 교화하고 돌아다녔다. 그리하여 "가난뱅이 거지나 더벅머리 철없는 아이들까지도 모두 부처님의 명호(佛陀之號)를 알았으며 누구나 나무아미타불(南無之稱)을 하게 되었다." "그가 탄생한 마을 이름을 불지佛地라 하고, 절 이름을 초개初開라 하였으며, 스스로 원효元曉라 일컬었던 것은 모두 불일佛日을 처음으로 빛나게 하였다는 뜻"이라고 일연一然은 적었다. 원효 또한 방언方言이었으며 당시 사람들이 모두 신라 말로 '첫새벽(始旦)'이라고 일컬었다.

 원효는 70세에 이르러 혈사穴寺에서 입적하였다. 이에 혈사 곁에 살던 아들 설총이 그의 유골을 갈아서 진용眞容의 소상塑像을 만들어 분황사에 모셨다. 설총은 아침저녁으로 인사를 드리며 경모하는 뜻을 표하였다. 어느 날 설총이 소상 옆에서 절을 하자 원효의 소상이 홀연히 설총을 돌아보았다고 한다. 고려 후기까지 원효의 소상이 분황사에 그대로 있었다고 한다. 설총(字는 聰智)은 태어나면서부터 영리하고 총명하였다. 이후에 그는 경사經史에 박통하여 신라 십현十賢의 하나가 되었다. 설총은 우리말로 중국과 해동의 풍속 문물의 이름을 통해 알게 하고, 육경문학六經文學의 뜻을 풀이하였다. 그리하여 그는 해동에서 경서經書를 공부하는 이들이 물려받아서 끊이지 않게 하였다.

수행자 원효는 파계를 해서 설총을 낳았다. 그런데 아버지 원효는 해동 불학佛學의 주춧돌을 놓았고, 아들 설총은 해동 유학儒學의 주춧돌을 놓았다. 설총은 당대의 강수強首와 후대의 최치원崔致遠과 함께 신라 3현賢이자 3대 문장가로 추앙받았다. 이후 그는 해동 유학儒學의 비조로서 문묘文廟 배향 18현(薛聰, 崔致遠, 安珦, 鄭夢周, 鄭汝昌, 金宏弼, 趙光祖, 李彦迪, 李滉, 金麟厚, 成渾, 李珥, 趙憲, 金長生, 金集, 宋浚吉, 宋時烈, 朴世采)의 첫 자리에 앉았다. 설총이 남긴 글로는 「화왕계花王戒」, 「감산사 아미타여래 조상기甘山寺阿彌陀如來造像記」 등이 있다.

결국 비구 원효는 공주 요석과 인연을 맺음으로써 왕실과의 관계를 마련하였고 그의 학문적 기반도 확장할 수 있었다. 아울러 설총을 낳음으로써 해동 인문학의 터전을 확고하게 닦아 나갈 수 있었다. 그 결과 원효는 걸림 없는 자유인으로서 공고했던 왕실불교를 넘어 대중불교의 물꼬를 틈으로써 불교 대중화의 선구자가 되었다. 동시에 그는 이 땅에 거사불교, 부인불교의 길을 열어 젖혔다. 나아가 그는 소성 거사로서 요석부인과 함께 불교 대중화의 이정표가 되었고 불교 미래화의 방향타가 되었다.

Ⅱ. 원효의 사상

1. 교판과 저술

한 사상가의 사유 체계와 인식 방법을 엿보기 위해서는 그가 남긴 '저술'과 그에 관련된 '사료'에 의존할 수밖에 없다. 아무리 유수한 사상가라 할지라도 그의 인식과 사유가 투영된 저술과 사료가 현존하지 않는다면 그는 정당하게 평가받을 수 없기 때문이다. 마찬가지로 아무리 많은 저술이 있더라도 그의 사유와 인식이 온전하게 투영된 저술이 없다면 그는 공정하게 평가받을 수 없게 된다. 해당 인물의 인간관과 세계관 및 교체론과 언어관, 그리고 심성론과 수행론 등은 그의 인식과 사유가 투영되어 있는 저술을 통해 비로소 탐구해 낼 수 있다. 이 때문에 그의 마음의 본성에 대한 인식과 수행에 대한 이해 및 불교를 바라보는 관점과 그의 저술 속에서 반복적으로 사용되는 언어, 그리고 그가 보여 주는 인간 이해와 세계 인식은 그를 이해하는 주요한 기제가 된다.

동아시아 한·중·일 삼국 중 특히 중국불교의 가장 중요한 특징은 '격의불교格義佛敎'를 통한 '경전 한역經典漢譯'과 '교상판석敎相判釋'을 통한 '종파 형성宗派形成', 그리고 '수행의 대명사'로서의 '선법禪法의 완성'이라고 할 수 있다. 이들 중 특히 교상판석敎相判釋, 즉 교판敎判은 붓다의 입멸 이후 인도로부터 약 일천여 년에 걸쳐 중국에 전해져 한역된 수많은 불전들을 학문적으로 분석하고 효율적으로 공부하기 위해 중국인들이 제창한 불교 해석학이라고 할 수 있다. 초기의 교판은 불설의 핵심을 알기 위해 불전에 대한 시간(五時)적·방법(化儀)적·내용(化法)적 검토 위에서 이루어진 경전 해석학이며, 이것은 동아시아 불교의 가장 두드러진 학문방법론이었다.

수·당 이전 시대까지 교판은 한역불전에 대한 공정한 이해를 도모하려는 경전 해석학의 특성을 지니고 있다. 하지만 수·당 이후 시대에 교판은 자종의 우월성을 드러내기 위한 방식으로 변질되었다. 즉 각 종파들은 자신들이 의지하는 소의경론을 '최고最高의 가르침' 혹은 '최후最後의 가르침'으로 설정하였다. 그리하여 자종自宗의 소의경론所依經論을 높이고 타종他宗의 소의경론을 평가절하 하였다. 그 결과 교판은 '가장 나중에 오는 장작이 제일 윗자리에 놓인다(後來居上)'는 관점에 의해 이루어졌다. 즉 붓다가 설한 가르침의 시간적 순차에 의해 불전을 줄 세우고(判) 읽는 이들의 수준에 따라 풀이해 낸(釋) 것이다.

이를테면 천태종은 화엄시(3×7일)-녹원(아함)시(12년)-방등시(8년)-반야시(21/22년)-법화(8년)·열반(1일 1야)시에 이르는 5시와 돈頓-점漸-비밀秘密-부정不定의 화의化儀 4교와 장藏-통通-별別-원圓의 화법化法 4교로 이루어진 8교판을 통해 법화(열반)경 우위의 지평을 열었다. 반면 화엄종은 소승교-대승시교-대승종교-대승돈교-대승원교의 5교와 하위의 10종판을 통해 『화엄경』 우위의 교판을 시설하였다. 법상종은 제1법륜(有敎)-제2법륜(空敎)-제3법륜(中道敎)의 3시교를 통해 이전의 방편적 진리(不了義敎)와 달리 구극적 진리(了義敎)인 『해심밀경』 우위의 교판을 시설하였다.

이와 달리 원효는 특정 종파의 우월성을 강조하지 않고 불설의 핵심인 중도의 관점 위에서 공명정대하게 교판을 수립하였다. 그는 자신의 『대혜도경종요』·『열반경종요』·『법화경종요』·『미륵상생경종요』 등에서 대·소승, 즉 성문장聲聞藏과 보살장菩薩藏이라는 두 교판으로 자신의 관점을 제시하였다. 그러면서 '반야'를 '화엄'과 동격인 구경요의교究竟了義敎, 구극적 진리를 궁구하는 가르침으로 자리매김하였다. 원효는 종래의 『반야경』을 『대지도론』의 '대지도大智度'처럼 '큰 지혜로 깨침의 언덕에 건너가다(大慧度)'라는 의미로 옮겨 '대혜도경'이라고 했으며, 이 '종요宗要' 역시 종래 불가에서 쓰던 말이었다. 하지만 그는 '종요'를 원용하여 생명력을 불어넣은 뒤 새롭게 사용하였다.

그리하여 원효는 이 용어를 원용하여 자신의 저술 이름으로 삼은 『대혜도경종요』에서 중국 혜관慧觀의 돈점오시(頓漸五時: 四諦·無相·抑揚·一乘·常住)설과 『해심밀경』을 소의로 하는 법상종의 삼종법륜(三種法輪: 四諦·無相·了義)설을 소개하고 있다. 그런 뒤에 『대품반야』가 『대혜도경종요』에서는 두 번째 무상시無相時로 판석되고, 『해심밀경』에서는 두 번째 무상법륜無相法輪으로 판석된 것은 그럴 듯하지만 "이치는 반드시 그렇지 않다.(理必不然)"라고 주장한다. 그리고 나서 『대품반야』는 『화엄경』과 같이 무상無上하고 무용無容한 구경요의究竟了義라고 주장하였다.

원효는 이들 종요류에서 먼저 수행자의 위의에 입각하여 삼승三乘의 별교別敎와 통교通敎 및 일승一乘의 분교分敎와 만교滿敎의 형식으로 이루어진 4종 교판을 수립하였다. 『법화경종요』에서 그는 『해심밀경』의 삼종법륜三種法輪설을 소개한 뒤, 거기에서 불요의不了義(제1·2법륜)로 판석한 것은 잘못이라고 말한다. 그 논리적 근거로서 다른 삼종법륜(根本·枝末·攝末歸本)설에서 이 『법화경』(제3법륜)이 『화엄경』(제1법륜)과 함께 구경요의究竟了義로 판석하고 있음을 들고 있다. 나아가 『열반경종요』에서는 중국의 남방南方 법사가 주장하는 인천人天·삼승

차별三乘差別·공무상空無相·열반涅槃의 돈점오시頓漸五時설에 『열반경』을 요의경了義經으로 소개하고 있으며, 북방北方 법사들이 주장하는 『반야』·『유마』·『법화』·『열반』 등도 모두 요의경了義經이라고 정리하였다.

그러나 원효는 여기에 그치지 않고 이 남북 교판에 대해 "만일 한쪽 견해에만 집착하여 한결같이 그렇다고 하면 두 설을 다 잃을 것이요, 만일 상대를 인정해 주어 자기 설만 고집함이 없으면 두 설을 다 얻을 것이다."라고 갈파한 뒤, 5시時 5종宗으로 경전의 깊은 뜻을 판석하려는 좁은 견해를 경계하고 있다. 그리하여 그는 『대품반야』·『법화』·『열반』·『화엄』 등을 다 같이 구경요의라고 보는 포괄적 입장을 취하고 있다.

원효는 새로운 교판으로서 삼승별교와 삼승통교, 일승분교와 일승만교라는 4교판을 짜면서 일승분교에 여래장과 대승윤리를, 일승만교에 보현교로서 『화엄경』을 배대하였다. 그리고 그의 사상의 큰 줄기는 『기신론』과 『화엄경』에 뿌리를 두고 있음을 암시하고 있다. 나아가 원효는 『법화경』의 삼승(방편) 일승(진실)설에 의거해 "승문乘門에 의하여 4종을 약설略說한다."라고 말하면서 다음의 4교판을 제시하였다.

원효는 4교판에서 이승二乘과 함께하지 못하는 것을 일승一乘이라 하고, 그 중에 보법普法이 나타나지 않은 것을 수분교隨分敎라 하고, 보법을 궁구하여 밝힌 것을 원만교圓滿敎라고 일컫는다. 그는 삼승별교에는 아직 '존재의 공성(法空)'에 대한 이해가 없는 『사제경』과 『연기경』 등의 아함교의를 배대하였다. 그런 뒤에 원효는 모든 존재의 공성에 대해 이해가 있는 『반야경』의 중관교의와 『심밀경』의 유식교의를 삼승통교에 넣었다. 그리고 나서 그는 삼승의 상위 개념으로서 일승을 분교와 만교로 나누었다.

원효는 일승분교에 『보살영락본업경』과 『범망경』을 넣었다. 그는 일승분교에 대승윤리에 해당하는 경전들을 배치한 것이다. 이것은 기존의 교판에서 찾아볼 수 없는 매우 공명정대한 시설이라고 할 수 있다. 또한 원효는 일승만교에 보현교普賢教로서 보법普法을 설하는 『화엄경』을 짝지었다. 이것은 그가 삼승을 별교와 통교로 가르는 기준이 '존재의 공성(法空)'의 측면이었다면, 일승을 분교와 만교로 나누는 기준은 일체법에 두루하여 걸림이 없이 상입相入(상호 투영성)하고 상시相是(相卽, 상호 동일성)하다는 '보법普法'의 측면이었다.

원효는 그 누구보다도 현장玄奘의 신역新譯 경론을 제일 빨리, 가장 많이 흡수한 것으로 짐작된다. 현장의 신역 경론에 의거해서 이루어진 대다수의 저술 목록은 이러한 사실을 뒷받침해 준다. 그렇다면 그의 저술은 현장이 당에 귀국한 645년 이후부터 본격적으로 이루어진 것으로 짐작된다. 그리고 현장은 원효와 의상의 1차 유학(650) 시도와 2차 유학(661) 시도 기간 동안 대다수 경론을 번역하였다. 현재 간기刊記가 유일하게 남아 있는 『판비량론』(咸亨 2년, 行名寺[1], 671)을 기준으로 원효 저술 내의 상호 인용관계를 통해 초기작과 만년작을 살펴보면 그 저술 생성의 연대기를 어느 정도 작성할 수 있다.

원효의 가장 이른 저술은 낭지朗智의 권유에 의해 짓고 문선文善을 통해 전달하여 감수監修를 요청한 『초장관문』과 『안신사심론』으로 추정된다. 『초장관문』은 삼론三論에 처음 입문한 이들에 대한 기본 교과서로 짐작되며, 『안신사심론』은 서명 그대로 몸을 편안히 하고 마음을 자

---

1 元曉, 『判比量論』(『韓佛全』 제1책, 817면 상). 刊記에는 "咸亨二年歲, 在辛未七月十六日, 住行名寺, 著筆租訖"이라고 명확히 밝히고 있다.

유롭게 부리는 수행서로 이해된다. 이들 두 저술을 필두로 하여 인용 관계를 근거로 연대기를 작성해 보면 『대승기신론별기』→『일도장』→ 『중변분별론소』→『이장의』→『본업경소』→『능가경요간』→『능가경종요』→『능가경소』→『무량수경종요』→『금광명경소』→『판비량론』(671)→『열반경종요』→『대승기신론소』→『금강삼매경론』→『화엄경소』로 이어질 것이라고 판단된다.

그런데 원효가 분황사의 서실에서 『화엄경소』의 집성과 집필을 하다가 절필했기 때문에 이것을 그의 최종 저술로 단정할 수 있을까라는 의문이 제기될 수 있다. 서권기書卷氣와 문자향文字香이 가득한 골방에서의 절필의 의미를, 단절이 아니라 재충전의 의미로 본다면 일정한 기간을 거치고 난 뒤 다시 저술에 착수할 수도 있기 때문이다. 이 저술은 현재 단간본斷簡本(『序文』, 제3『光明覺品疏』)만 남아 있어 저술 간의 상호 인용을 온전히 파악할 수 없다. 그리고 원효의 4교판에 시설된 화엄의 지위를 고려해 볼 때 이 저작이 만년작일 가능성은 충분히 있다고 판단된다. 하지만 『화엄경소』가 원효의 최후작인가 아닌가에 대해서는 확정하기 어렵다.

원효는 저마다 교판에 의해 자종의 우월성을 주장하는 동아시아 사상가들의 담론에 직면하면서 불교사상을 체계적으로 정리할 필요를 느꼈다. 그리하여 그는 자신의 교판敎判을 거듭 가다듬으며 사상적 통합과 문화적 융합을 기획하였다. 그 과정에서 원효는 수많은 저술을 지었다. 그의 저술 목록에 의하면 그는 아직 온전히 번역되지 않았던 밀교密敎 영역을 제외한 현교顯敎 영역을 총망라하였다. 즉 부파불교의 구사와 성실을 비롯하여 대승불교의 삼론과 열반, 지론과 섭론과 법상, 밀학과 율학, 천태와 화엄, 정토와 선법에 이르기까지 자신의 의식 지평 속에 독자적 사유 체계와 남다른 인식 방법을 담아 내었다. 그 속에는 원효의 일심一心 철학과 화회和會 논법 및 무애無碍 실천에 대한 다양한 해명이 담겨 있다.

　원효의 저술은 103종 202(+권수 미상 6종) 내지 208(+권수 미상 6종)여 권의 저서 가운데에서 현재 20여 종 내외만이 남아 있다. 이들 저술 속에는 치밀한 사고력(一心)과 활달한 문장력(和會) 및 넘치는 인간미(無碍)가 담겨 있다. 원효의 저술을 결락 정도와 권수 미상을 고려하면서 집계해 보면 대체적으로 19부 22권 혹은 20부 29권 또는 22부 30권 등이 현존하고 있다. 대부분의 저술이 산일되어 있고 일부분의 저술이 남아 있다. 그리고 결락자缺落字가 적지 않은 판본들도 있어 그의 사유 체계와 인식 방법을 온전히 재구성하기는 쉽지 않다. 하지만 현존하는 이들 저술들을 통해서나마 원효의 일심 철학과 화회 논법 및 무애 실천의 지형도를 그려낼 수 있는 것은 매우 다행한 일이라고 할 수 있다.

2. 강론과 입론

　흔히 원효의 사상적 역정은 일심一心-화회和會-무애無碍의 구조로 표현된다. 그리고 그의 사상적 구조는 일심이문一心二門 사상 혹은 이문일심二門一心 사상 또는 무이중도無二中道 사상으로 일컬어진다. 심생멸문과 심진여문을 통섭하는 일심의 구조는 『대승기신론소』와 『대승기신론별기』에서 집중적으로 나타난다. 화회의 논리는 단간본인 『십문화쟁론十門和諍論』과 만년작인 『금강삼매경론』에서 보인다. 무애의 행화는 결락본인 『화엄경소』에서 드러나고 있다. 원효는 이들 세 기호중 특히 논리적 매개항인 '화쟁·회통'을 통하여 '일심의 근원에 돌아가게 함으로써(歸一心源)' '중생들을 풍요롭고 이익되게 하고자(饒益衆生)' 하였다.

원효는 『대승기신론』의 일심이문의 구조에 의지하여 자기 사상의 체계를 입론하고 있다. 그는 『대승기신론』 주석서를 7~8종 지을 정도로 이 저술에 집중하였다. 원효는 『대승기신론』의 성격을, '부정하기만 하고 긍정하지 못하는(破而不立, 往而不遍論)' 중관사상과 '긍정하기만 하고 부정하지 못하는(立而不破, 與而不奪論)' 유식사상의 지양(無不破而自遣, 無不立而還許) 종합(開合自在, 立破無碍)이자 각覺과 불각不覺 두 뜻(二義)의 불상리성不相離性과 화합和合으로서의 아리야식의 존재를 규명하는 저술로 규정하였다.

다시 말해서 원효는 『대승기신론』을 "『능가경』에 의하여 진제와 속제가 별체別體라는 집착을 다스리기 위해" 지은 것으로 보았다. 이는 『유가론』에 설해 있는 아리야식은 '한결같이 생멸의 이숙식異熟識에 대해서만 논하고' 있지만 『기신론』은 '불생불멸과 생멸이 화합하여 동일하지도 아니하고(非一) 차이 나지도 아니함(非二)에 대하여 논하고' 있다고 파악하는 지점에서 확인된다. 그리하여 그는 『기신론』의 구조에 의지하여 각과 불각 두 뜻의 불상리성 내지 화합의 관계를 지속적으로 모색하였다.

여기서 아리야식의 각의覺義는 여래장의 불생멸심이며, 불각의不覺義는 여래장의 불생멸심인 자성청정심이 무명의 훈습에 의해 흔들려(動) 일어난 생멸심이다. 즉 아리야식이 불생멸과 생멸, 즉 각과 불각의 화합식이기 때문에 이 아리야식을 기점으로 염정染淨의 연기가 가능한 것으로 본 것이다. 이것이 바로 아리야식이 현실적 인간(범부)이

미오迷汚한 현실 생활 가운데서 깨달음의 세계로 나아가려는 수행에 의하여 완성된 인격을 이룰 수 있는 근거다. 그리고 그것은 아리야식이 지니고 있는 이의성二義性에 의해 가능한 것이다.

이처럼 원효는 마음의 때 묻음(染)과 깨끗함(淨)의 양면성 중 그 일면만을 고집하여 각기 진眞과 속俗을 별체로 보려는 유식 학통과 중관 학통의 치우친 집착(偏執)을 극복하려는 『기신론』의 본의를 충분히 의식하여 아리야식의 이의성을 분명하게 밝혀 내었다. 이 과정에서 '아리야식위位에서 파악한 무명업상業相과 능견상(轉相)과 경계상(現相)'의 '삼세 아리야식설'이 탄생되었다. 이것은 업상과 전상과 현상의 삼세상이 아리야식위(位)에 있음을 강조한 것이며, 『기신론』의 의도를 보다 구체적이고 실증적으로 밝혀 낸 것이었다.

이 때문에 윤회의 주체인 이숙식으로 파악하는 유식가의 아리야식은 깨달음의 청정성(淨法)을 낼 수 없는 생멸식임에 견주어, 『기신론』의 아리야식은 삼세의 화합식 중 생멸분을 없애 버림으로써 얻게 되는 무분별지와 후득지에 의하여 불생불멸의 자성청정한 각覺의 상태로 되돌아갈 수 있는 것이다. 이는 『기신론』이 제시하는 환멸의 단계를 또렷이 드러낸 것이며, 일심인 깨달음의 세계로 환멸해 가는 수행면에서 보다 실천적 입장을 취한 것이다.

이 같은 문제의식과 해결 방법은 『십문화쟁론』에도 잘 나타나 있다. "부처가 세상에 있었을 때는 부처의 원음에 힘입어 중생들이 한결같이 이해했으나 …… 쓸데없는 이론들이 구름 일어나듯 하여 혹은 말하기를 '나는 옳고 남은 그르다' 하며, 혹은 '나는 그러하나 남들은 그렇지 않다'고 주장하여 드디어 하천과 강을 이룬다. …… 유有를 싫어하고 공空을 좋아함은 나무를 버리고 큰 숲에 다다름과 같다. 비유컨대 청

靑과 남藍이 같은 바탕이고, 얼음과 물이 같은 원천이고, 거울이 만 가지를 다 용납함과 같다."라고 하였다. 즉 원효는 바로 '나는 옳고 남은 그르다'는 인식이 빚어내는 오류를 극복하기 위해 자신의 철학적 논리 위에서 다양한 화쟁·회통 논리를 전개하였다.

원효는 『기신론』에서 일심이 지니고 있는 '신해神解'의 성격을 좀 더 구체적으로 밝히기 위해 『금강삼매경론』에서는 '일심(8식)'과 '일심의 근원(9식)'을 아우르고 있다. 이는 원효가 이 논서를 무소불파無所不破의 섭대승경攝大乘經과 무소불립無所不立의 금강삼매金剛三昧 및 무출시이無出是二의 무량의종無量義宗으로 파악하고, 진망화합식으로서의 제8 아리야식뿐만 아니라 암마라식, 즉 제9 아마라식의 존재를 수용하는 대목에서도 보인다. 나아가 원효는 순불순順不順, 허불허許不許, 무이이불수일無二而不守一, 불일불이不一不二 등의 다양한 화쟁·회통 논법의 설정을 통해 이것을 뒷받침해 주고 있다. 그리하여 모두가 옳기도 하고(皆是) 모두가 그르기도 하다(皆非)고 하였다.

원효의 『열반경종요』에서도 이와 같은 구절을 확인할 수 있다. "보살은 중생들이 '모든 존재에는 모두 자성이 없고, 있다고 할 일이 없으며, 생겨남도 없고 사라짐도 없다' 혹은 '모든 존재들은 모두 허공과 같고 모두 환몽과 같다'는 것을 듣고는 마음이 놀라움과 두려움을 일으켜 이 경전을 비방하면서 '부처님의 말씀이 아니다'고 말한다."는 중생들을 위하여 이치에 맞게(如理) 통하게 하고(會通) 진실에 맞게(如實) 어울려 만나게 한다(和會).

이것은 다양한 방편적인 언교들을 모아내고(先會權敎) 뒤에 실제적인 도리들과 소통한다(後通實理)는 것이며, '글이 서로 다른 것에 통하게 하여(通文異), '뜻이 서로 같은 것에 맞추는 것(會義同)'이다. 동시에 공통성(眞理, 보편성/타당성)과 유사성(道理, 일반적 타당성; 一理, 부분적·제한적 타당성) 모두를 살려 나가는 대통합의 회통 과정이라고 할 수 있다. 이것은 '장님 코끼리 만지기 비유'가 시사해 주는 진리眞理의 보편성과 타당성, 도리道理의 일반적 타당성, 일리一理의 부분적·제한적 타당성, 무리無理의 무보편성과 무타당성에서도 확인할 수 있다.

원효의 화쟁의 논법과 회통의 논리는 『열반종요涅槃宗要』의 「화회게和會偈」에서 "불교 경전의 부분을 통합하여(統衆典之部分)/ 온갖 흐름의 한 맛으로 돌아가게 하고(歸萬流之一味)/ 부처의 뜻의 지극히 공정함을 전개하여(開佛意之至公)/ 백가의 뭇 주장을 화회시킨다.(和百家之異諍)"라고 하는 대목에서도 알 수 있다.

또 보법普法인 『화엄경』의 주석을 쓰다 붓을 꺾고 대중 교화로 나선 모습에서도 읽어 낼 수 있다. 아울러 일심-화회-무애의 기호를 통해 원효가 보여 준 치밀한 사고력과 활달한 문장력, 그리고 넘치는 인간미에서도 엿볼 수 있다. 결국 원효가 몸소 보여 주려고 했던 삶의 모델은 서로의 차이를 인정하고 배려하고 대화하고 소통하여야 행복(건강)한 삶이 이루어진다는 것이었다.

3. 절필과 교화

원효의 '무애'는 『화엄경』의 "일체의 걸림 없는 사람이 한길로 생사를 건너간다.(一切無礙人, 一道出生死)"라는 구절에서 따온 것이다. '일체에 걸림이 없는 사람'은 '한길로 생사를 건너간다'는 이 구절은 불교의 궁극적 길을 시사해 주고 있다. 걸림이 없는 이는 붓다이고, 붓다는 한길로 생사를 건너간 각자覺者이다. 이 때문에 대승불교는 이러한 인간상을 붓다와 보살이라는 가장 이상적인 모델로 제시하고 있다.

원효는 문자향과 서권기가 가득한 분황사 서실에 앉아 「십회향품」을 주석하다가 붓을 끊고 뛰쳐나와 대중교화의 보살행을 본격화하였다. 그는 보살이 수행을 통해 얻은 즐거움과 특별한 능력 및 지혜의 회향은 골방에서 이루어질 수 없다는 깊은 자각으로 절필을 하고 거리로 뛰쳐나왔다. 이것은 무덤 속에서의 제1차의 개인적 깨침(悟道-轉機)에 이은 원효의 제2차의 사회적 깨침(悟道-轉機)이라고 할 수 있다. 이후 원효는 대중 교화의 길에 뛰어들어 삼국 전쟁으로 고통받는 삼한 백성들의 마음을 어루만져 주었다. 그가 정토사상의 이론적 천착과 실천적 행법의 제시에 적극적이었던 것 역시 이러한 배경에서였다. 이 과정에서 그의 대중교화론이 입론되었다.

의천의 『신편제종교장총록』에는 원효가 분황사의 골방에서 종래의 『화엄경』 주석서를 집성하고 증광하여 8권 또는 10권짜리 『화엄경소』를 편찬한 것으로 기록하고 있기 때문이다. 원효는 4교판에 대한 확신을 가지고 그것을 의식하면서 자신의 종래 화엄 주석서들을 재편집하고 재확장하는 의욕적인 작업을 펼쳤지만, 보살의 회향을 주석하는 「십회향품」에 이르러서 그는 무덤 속에서의 제1차 깨침에 이어 분황사 골방에서의 제2차 깨침의 과정을 경험했던 것이다. 서권기와 문자향이 가득 찬 골방 안에서는 온전한 회향이 이루어질 수 없다고 판단한 그는 곧바로 붓을 꺾었을 것으로 짐작된다.

절필이라는 이 사건은 그의 화엄 인식 속에 보살의 실천성을 담아내는 결정적 계기가 되었을 것이다. 그러나 원효는 절필 사건 이후 완전히 붓을 놓은 것이 아니라 재충전의 과정을 통해 재집필의 역정으로 이어갔을 것으로 짐작된다. 왜냐하면 총 103종에 이르는 원효의 저술들은 물리적인 시간을 절대적으로 사용하지 않고는 이루어 낼 수 없는 방대한 분량이기 때문이다. 그의 저술 목록은 이러한 사실을 뒷받침해 주고 있다. 따라서 원효의 공명정대한 교판 인식은 저술 과정에서 점차 확장되고 심화되어 온 것이라고 볼 수 있다.

4. 입적과 영향

2017년은 분황 원효芬皇元曉(617~686) 성사聖師 탄신 1400주년이 되는 해이다. 여기서 그를 '성사'라 함은 '만인이 사표로 떠받든 스승'이라는 의미이다. 원효가 입적한 지 1300여 년이 지났음에도 불구하고 그는 지금도 한국과 동아시아를 넘어 세계의 무대 위에 호명되고 있다. 그는 신라 통일의 전후기에 살면서 확고한 역사 인식과 투철한 시대정신으로 불학을 탐구하고 실천하였다. 원효는 구역舊譯 불교로 불교이해의 기반을 구축한 뒤 막 전해 오는 신역新譯 불교로 불교 인식의 시비를 검토하였다. 이를 통해 그는 원효 이전과 원효 이후를 구분할 정도로 확고한 입지를 구축하였다.

원효 이전의 전통불교는 새로운 수입불교를 통해 시비불교를 거쳐 창의불교로 나가갈 수 있었다. 대개 학문 탐구에 있어 전통-수입-시비-창의의 과정은 반드시 거치는 기본 과정이다. 전통은 수입을 맞아 시비를 거쳐 다시 창의로 나아가기 마련이다. 원효 또한 이러한 과정을 통해 자신의 학문적 기반을 수립하였다. 그는 일심과 화회와 무애의 기호를 통해 지혜와 자비, 이론과 실천의 회통을 통해 원효와 원효 이후를 확연하게 갈라 주었다.

우리가 인정하다시피 원효 이전에 원효만 한 학자가 없었으며 원효 이후에 원효만 한 학자가 출현하지 않고 있다. 그는 지혜와 자비, 이론과 실천의 구도를 통합하기 위해 온몸을 던져 살았으며 그 결과 그는 삼국 시기 신라 및 통일신라를 넘어 우리 민족의 부처님으로 불려졌다. 그의 저술은 이후의 중국의 법장法藏, 징관澄觀, 종밀宗密, 연수延壽를 비롯하여 신라의 둔륜遁倫, 태현太賢, 표원表員, 견등見登, 고려의 균여均如, 지눌知訥, 의천義天, 일연一然, 일본의 친란親鸞 등에게도 영향을 미쳤다.

고려 중후기에는 원효의 학덕을 기리는 분황종(해동종)이 탄생하였다. 조선 전기에 서거정徐居正의 『동문선東文選』에 원효의 저술 6편의 대의문大意文이 엄선되어 실렸다. 조선 중기 이후 한 동안 원효는 잊혀졌지만 일제에 의해 국권을 잃었던 대한시대 대일항쟁기에 최남선, 장도빈, 허영호, 조명기, 최범술 등에 의해 성사로서 다시 호명되었다. 해방 이후에는 조봉암, 이기영, 안계현, 김영태, 고익진, 오법안, 오형근, 이평래, 은정희 등의 학자와 거사들에 의해 학자와 거사로서 거듭 호명되어 문학, 사학, 철학, 종교, 예술 및 정치, 경제, 사회, 문화, 과학 등 전 분야에 광범위한 영향을 미치고 있다.

3

분황 원효의 오도처와 화성 당항성

I. 문제와 구상 … 112

II. 원효 사료 내 유학 관련 기술의 재검토 … 115

   1. 「고선사서당화상비」 … 117

   2. 『송고승전』 전기류 … 118

   3. 『삼국유사』 전기류 및 기타 … 122

III. 신라 견당사의 입출항로와 원효의 2차 유학로 … 132

   1. 죽령竹嶺로 … 133

   2. 계립령鷄立嶺로 … 135

   3. 회진會津로 … 138

   4. 희안현喜安縣 연안 … 140

   5. 진포鎭浦로 … 140

IV. 신라의 관문 당항성과 원효의 오도처 … 141

   1. 경기도 화성 당항성 … 141

   2. 경기도 화성 당항성 인근의 무덤 … 143

V. 서해 연안항로의 두 항구 당은포와 회진 … 145

   1. 당은포唐恩浦 … 147

   2. 회진會津 … 151

VI. 정리와 맺음 … 154

I. 문제와 구상

한 인물이 당대에 어떻게 살았고 어떤 생각을 하고 살았는지를 파악하는 것은 쉬운 일이 아니다. 더욱이 그에 관한 사료와 저술이 온전하지 않다면 더욱더 그러하다. 그가 역사적 인물이거나 실천적 지성이라면 그의 생애와 사상은 탄생, 성장, 교육(수행), 전환(오도), 저술, 강론, 활동(교화), 타계 등의 과정을 입체적으로 살펴야만 할 것이다. 만일 그가 종교인이거나 수행자일 경우에는 그의 탄생지나 성장지도 중요하지만 더욱 중요한 곳은 그가 인식의 전환을 얻은 '오도처'라고 할 수 있다. 오도처는 대개 신령한 기운이 모여 있는 영장처靈場處여서 그의 인식의 전환을 가져다 준 곳일 뿐만 아니라 그 이후의 종교인이나 수행자에게도 기감氣感을 촉발시켜 주는 곳이기 때문이다.

분황 원효芬皇元曉(617~686)는 실천적 지성인이자 빼어난 수행자였다. 그의 103부 208종 저술 중 22종 가까이는 전하고 있지만[1] 그의 생애를 알려 주는 사료는 일부만이 남아 있어 생평을 온전히 알기가 어렵다. 그의 생애는「고선사서당화상비문高仙寺誓幢和上碑文」(800~809, 파편)[2]과『송

---

1 高榮燮,『분황 원효의 생애와 사상』(운주사, 2016). 최근에는『勝鬘經疏』와『金光明經疏』등 散逸文의 많은 부분이 集成되고 있어 그의 현존 저술 목록을 늘려 가고 있다.
2 조선총독부 편,『朝鮮金石總覽』상권(아세아문화사, 1976), pp.41~43. 1914년 5월에 당시 總督府 參事官室의 出張員에 의해 경주시 東北 內洞面 暗谷里 止淵의 냇가에서 발견하였다.

고승전」,「원효전」과「의상전」(988),³『삼국유사』「원효불기」(1281)⁴에 주로 실려 있다. 이외에도「의상전교」,⁵「전후소장사리」⁶에 실려 있으며, 이들을 다시 서술한 사료들이『원승전元僧傳』,⁷『임간록』,⁸『지월록』⁹ 등에 실려 있다. 이 때문에 우리는 이들 사료들에 나타난 원효의 유학 연도와 아유다(요석)와의 인연 등의 기술에서 일정한 출입을 발견할 수 있다. 이러한 사료의 출입은 지금까지 그의 생평에 대한 통일된 학설을 수립하는 데에 어려움을 주고 있다.

원효는 부석 의상浮石義湘(625~702)의 권유를 받아 두 차례나 유학을 시도하였다. 당시 신라의 지식인들은 입당 유학을 통해 골품제 사회의 제약을 벗어나고자 하였다. 진흥왕 이래¹⁰ 각덕覺德,¹¹ 명관明觀¹²/지명智明/원광圓光, 원안圓安, 안함安含 등이 중국의 양梁, 진陳, 수隋, 당唐으로 유학을 시도하면서 중국 유학은 지식사회에서 새로운 지적 흐름을 습득하는 창구로 인식되었다. 유학은 새로운 문명을 흡수하는 창구이기도 하였지만 반면 전통 학문을 밀어내는 계기로 작용하기도

---

3 『宋高僧傳』권4,「義解」제2의 1(『大正藏』제50책, p.730상중).
4 一然,『三國遺事』권4,「義解」5, '元曉不羈'(民族文化推進會, 1975), pp.346~350.
5 一然,『三國遺事』권4,「義解」5, '義湘傳敎'(民族文化推進會, 1975), pp.346~350.
6 一然,『三國遺事』권3,「塔像」4, '前後所將舍利'(民族文化推進會, 1975), p.264.
7 元代 浙東沙門 曇噩 찬,『新修科分六學僧傳』권28, 定學 證悟果(『日本續藏』第貳編乙 6套 5冊; 영인본 제33책, p.464 前面).
8 宋代 石門 慧/德洪(覺範) 撰,『林間錄』卷上(『卍續藏』第貳編乙, 21套 4冊 295左上(影印本 148책, p.590上).
9 明代 瞿汝稷 集,『指月錄』권7, 未詳法嗣(『卍續藏』第貳編乙, 16套 4冊(影印本 143책), 78左上.
10 金富軾,『三國史記』,「新羅本紀」4, 眞興王 26년 9월 조. "陳遣使劉思與僧明觀來聘, 送釋氏經論千七百餘卷."
11 覺訓,『海東高僧傳』권2, 流通,「覺德」.
12 一然,『三國遺事』권3, 塔像,「前後所將舍利」.

하였다.[13] 문제는 해당 학자가 얼마나 주체적으로 학문을 하느냐에 달려 있었다. 이미 구역舊譯 경론으로 수학했던[14] 원효는 의상과 함께 당나라 현장의 신역新譯 경론을 공부하기 위해 고구려 요동과 백제 고토를 거쳐 두 차례의 유학을 시도하였다. 그는 백제 고토를 거쳐 서해로 나아가려는 두 번째의 유학 도중 한 무너진 무덤 속에서 일심一心을 발견한 뒤 진정한 유학의 의미는 '어디서가 아니라 어떻게'에 있음을 통찰하고 서라벌로 돌아갔다. 그렇다면 원효에게 유학의 본질이 '어디서가 아니라 어떻게'[15]에 있다는 사실을 알게 했던 그 무덤은 과연 어느 지역에 있었을까?

신라는 진흥왕 14년 11월에 경기도 화성의 당항성을 자국의 영토로 삼은 이래 당시 서해 연안의 대표적인 항구였던 남양만南陽灣의 당은포唐恩浦 즉 당항진黨項津을 나당 교통의 관문關門으로 삼았다. 해서 이곳 당항진 즉 당진唐津은 당나라로 나아가는 나루터였고, 당시 신라의 '본국 해문本國海門'이었던 남양만 당은포는 '본국 신라에서 바다로 나아가는 문'이었으며,[16] '당주계唐州界'는 '당나라로 나아가는 국내

---

13 흔히 학문은 종래의 '전통학'에서 새롭게 전래한 '수입학'을 수용하고, 이들을 '시비학'으로 전개한 뒤에, 다시 '창조학'으로 나아가는 것이 지름길이다. 원효는 전통학 위에서 수입학을 원용하면서 시비학을 거쳐 가면서 창조학으로 나아갔다. 맥락은 다르지만 6~9세기 신라인들의 중국 유학은 종래에 구역舊譯 불교를 받아들이고 있었던 신라불교의 기반을 신역新譯 불교의 기반으로 바꾸는 계기를 마련하였다.
14 진흥왕 26년 진陳나라 사신 유사劉思와 신라 승려 명관明觀이 불교경론 1700여 권을 들여온 이래 선덕여왕 때 당나라 유학을 다녀왔던 자장慈藏이 돌아오면서 대장경 400여 부를 가져옴으로써 신라는 구역 경론을 본격적으로 접할 수 있었다.
15 高榮燮, 『분황 원효: 고영섭 교수의 원효에세이』(박문사, 2015), pp.34~38. 필자는 원효 트레일(순례길) 코스를 세 가지로 제시한 적이 있다.
16 당시 남로의 경계는 무주武州(羅州) 회진會津이었다. 중국이 하북지방과 하남지방

경계'를 의미하였다.[17] 당연히 이 국경에는 이곳 당항 지역을 관할하는 당성唐城 즉 당항성黨項城이 있었다. 당항성은 현재 경기도 수원 화성시 서신면 상안리 구봉산에 자리하고 있다. 당진 즉 당주 지역의 경계를 관할하는 당항성은 산성으로서 고구려·백제·신라 삼국이 격전하던 전략적 요충지였고 산성 아래로는 화성 남양만南陽灣으로 이어지는 바닷가가 펼쳐져 있었다. 이 글에서는 신라 견당사의 입출항로와 원효와 의상의 유학 관련 사료의 재검토를 통해서 이들의 제2차 유학로와 무덤의 비정, 신라의 관문이었던 당항성과 원효의 오도처, 서해 연안 항로의 두 항구 당은포와 회진 등을 반추해 봄으로써 원효의 오도처와 수원 화성 당항성과의 관계를 고찰해 보고자 한다.

Ⅱ. 원효 사료 내 유학 관련 기술의 재검토

원효는 십세 미만에 이름을 알 수 없는 스승에게 출가하였다.[18] 그

이 안사安史의 난과 황소黃巢의 난으로 정치적 혼란을 겪을 때 신라의 견당사는 북로北路를 택하지 않고 정치적 형세와 계절적 요인 등을 감안하여 남로南路를 택하였다.

17 贊寧,『宋高僧傳』「義湘傳」, "年臨弱冠聞唐土敎宗鼎盛, 與元曉法師同志西遊, 行至本國海門唐州界, 計求巨艦, 將越滄波."

18 『諸師制作目錄』(『日本佛敎全書』卷之三, 불교서적목록 제2), 三論宗 條. 元曉 題下. "新羅國興輪寺法藏弟子." 여기에서 원효는 신라 최초의 국찰인 흥륜사에 주석했던 법장의 제자라고 적고 있다. 『釋敎諸師制作目錄』(『日本佛敎全書』卷之三, 불교서적목록 제2). 華嚴宗 條. 元曉 題下). "新羅國興福寺 法藏弟子." 여기의 삼론

스승이 누구였는지는 알 수 없다. 다만 수나라 시대의 기록이지만 당나라 지상 지엄至相智儼(602~668)의 제자로 적고 있는 기록[19]과 신라 흥륜사 혹은 흥복사 법장(慧忍)의 제자라는 기록이 남아 있다. 결국 당나라 유학을 가지 않은 원효가 지상 지엄의 제자라는 기록은 주목할 필요가 없지만 흥륜사 혹은 흥복사 법장(혜인)의 제자라는 기록은 검토해 보지 않을 수 없다.

법장(혜인)의 행적은 자세히 알 수 없으나 나라에서 세운「함흥황초령진흥왕순수비咸興黃草嶺眞興王巡狩碑」(568)[20]에 실린 것처럼 당시 법장이 36세의 진흥왕을 수행할 정도였다면 왕의 어가를 따른 그 역시 20~30세의 젊은 나이였을 것이며, 평범한 승려는 아니었을 것이다. 만일 원효가 관채지년丱䇂之年인 10세 미만의 8~9세 경(624~625)에 그에게 출가했다면 원효가 삭발 득도할 당시 법장의 나이는 70대 중반 내지 80세는 되었을 것이다. 물론 당시에도 요절한 승려가 있었지만 장수한 승려도 없지 않았다. 하지만 원효가 만년의 법장 문하에서 삭발 득도했는지는 자세히 알 수 없다.

그런데 유독 일본의 후대 목록인『제사제작목록』과『석교제사제작목록』에서만 원효가 법장의 제자라고 기록하고 있다. 이들 두 목록을

종 조목에서는 원효가 흥복사에 주석했던 법장法藏의 제자로 적고 있다. 앞의 흥륜사와 화엄종 조목 아래의 흥복사는 같은 절이 아니다.
19 『諸嗣宗脈記』, "唐至相大師(智儼) 弟子." 脇谷撝謙,「新羅の元曉法師は果して至相大師の弟子なりしや」, 『六條學報』제83호, 1908. 金煐泰,「傳記와 說話를 통한 元曉硏究」, 『불교학보』제17집, 동국대학교 불교문화연구원, 1980, p.49 재인용.
20 「咸興黃草嶺眞興王巡狩碑」(568), 『朝鮮金石總覽』(아세아문화사, 1976), p.9. "······ 于時隨駕沙門道人法藏慧忍." 원효가 삭발 득도한 스승의 이름은 알 수 없으며 법장의 문하였을 가능성은 확정할 수 없다.

신뢰하지 않는다면 법장과 원효의 사제 인연을 인정할 수는 없을 것이다. 일본의 후대 목록을 신뢰하기는 쉽지 않지만 그렇다고 해서 없는 사실을 적은 것이라고 부정하기도 어렵다. 여기에서는 잠정적으로 법장과 원효의 사제 인연의 기록을 소개하는 것으로 대신하고자 한다.[21]

원효의 생평을 담은 비문은 신라 애장왕(800~809년 재위) 때 세운 「고선사서당화상비」와 고려 숙종 때 짓고 명종(1170~1197년 재위) 때 세운 「분황사화쟁국사비」 두 종류가 있었다. 전자는 세 조각 편으로 나뉘어 전해지지만 결락자가 많고, 후자는 기단과 머리만이 남아 있을 뿐 비신은 사라져 알 수가 없다. 그러면 먼저 원효의 행장을 담고 있는 「서당화상비」의 유학 관련 기록을 살펴보자.

1. 「고선사서당화상비」

대사는 덕을 숙세로부터 심었으며, 도는 태어나면서 알았다. 자심自心으로 인하여 스스로 깨달았고, 배움에 일정한 스승을 좇지 않았다. 본성은 본디부터 외롭고 허허로웠으며, 성정은 자애로웠다. 중생들이 악도에서 고통받는 것을 보고만 있을 수 없어 고통을 뿌리 뽑고 액난을 구제하려 큰 서원을 일으켰고, 미세한 이치를 연구하고 분석하여 부처님의 마음을 …… 전하였다.[22]

---

21 眞圓, 『菩薩戒本持犯要記助攬集』(1282) 권1(『일본대장경』 제21책). "准諸文居處不同, 或云居彼國黃龍寺(見大宋高僧傳第四), 或云住彼城興輪寺(楞伽宗要)." 찬녕의 『송고승전』에는 황룡사에 거주했다고 하였고, 원효의 『능가종요』에는 그 나라 왕성인 경주 흥륜사에 거주했다고 하였다.

22 山僧 作·音里火 三千幢主 級湌 高金□ 鎸, 「高仙寺誓幢和上碑」

현존하는 「고선사서당화상비」에서 원효의 유학 관련 기록은 확인할 수 없다. 결락 부분에 유학 관련 기록이 있을 수도 있겠지만 문맥으로 보아 유학 관련 기록은 적지 않았을 수도 있다. 위의 기록에서도 알 수 있는 것처럼 그는 숙세로부터 덕을 심었고 태어나면서 도를 알았을 정도로 명민하였다. 자심으로 인하여 스스로 깨달았고 배움에는 일정한 스승을 따르지 않았다. 그러면서도 중생들의 고통과 액난을 뿌리 뽑기 위해 큰 서원을 일으켰다. 미세한 이치를 연구하고 분석하여 붓다의 마음을 전하려 했던 원효는 의상의 권유에 의해 이때에 처음으로 유학의 마음을 갖게 되었다. 제1차 유학(650)은 현장 삼장의 신역 번역을 직접 구해 보고 그 아래서 공부하고자 했던 의상의 적극적인 권유에 의해 이루어졌다.

2. 『송고승전』 전기류

1) 「신라국황룡사사문 원효전」

(원효는) 일찍이 의상과 함께 당나라에 들어가고자 했다. (그는) 현장玄奘 삼장(602~664)의 자은사 문중을 사모하였다. 그러나 입당入唐의 인연이 어긋났기에 마음을 내려놓고 여러 곳을 돌아다녔다.[23]

원효는 의상의 적극적인 유학 권유에 힘입어 발심을 하게 되었다.

---

23 贊寧, 『宋高僧傳』 권4, 義解편, 「唐新羅國黃龍寺沙門元曉傳」 상하(中華書局, 1995). "甞與湘法師入堂, 慕奘三藏慈恩之門, 厥緣旣差, 息心遊往."

때마침 인도로 유학을 떠났던(629) 현장이 17년 만에 돌아와(645) 대자은사에 머물며 경론을 번역하고 있다는 소식을 접하였다. 종래의 구역 경론에 대비되는 새로운 경론 번역 소식이 견당사와 상인들 및 유학승을 통해 동아시아 전역에 알려지면서 현장의 문하로 유학하고자 하는 이들이 적지 않았다. 의상은 이러한 소문을 전해 듣고 막역했던 원효에게 유학을 권유했다. 유학을 결정한 이들은 고구려의 영토를 가로질러 압록강을 건너 요동으로 가다가 변방의 수라군에게 잡혀 수십 일간을 감옥에 갇혀 있다 가까스로 석방되어 신라로 되돌아왔다.[24] 결국 제1차 유학은 실패하였다.

이전부터 중국과의 교역이 이루어지던 한강 유역은 고구려·백제·신라 삼국의 각축지였다. 중국 남북의 여러 왕조가 각축하고 있을 즈음에 신라의 진흥왕(14년 11월)은 고구려와 백제와의 각축 속에서 중국으로 나아가는 당항성을 자국의 영토로 삼고 서해 관문을 관장하게 하였다. 이후 신라는 중국으로 나아가는 관문인 당은포 즉 당(항)진을 중국과 교통하는 북쪽 관문으로 삼았다. 하지만 선덕왕 12년에 백제는 고구려와 연합하여 이곳 당항성을 빼앗아 신라新羅의 대당 조공로朝貢路를 막으려 하였다. 이에 선덕왕은 급히 당나라에 사신을 보내어 구원을 요청하여 이곳을 사수하였다.

제1차 유학의 시도 이후 11년이 지났지만 원효와 의상은 유학의 꿈을 포기하지 않았다. 이들은 다시 현장의 문하로 유학하기 위해 경주-선산-상주-함창-문경-연풍-충주-죽산/여주-당은포로 이어지는

---

24 一然, 『三國遺事』 권4, 義解편, 「義湘傳敎」. "未幾西圖觀化, 遂與元曉道出遼東, 邊戍羅之爲諜者, 囚閉者累句, 僅免而還(事在崔侯木傳, 及曉師行狀等), 永徽初, 會唐使船有西還者, 寓載入中國."

계립령로를 따라 제2차 유학의 길을 떠났다. 하지만 원효는 무덤 속에서의 오도를 계기로 유학의 인연이 어긋나 마음을 내려놓고 여러 곳을 돌아다녔다.

2)「신라국 의상전」

(의상은) 나이 약관에 이르러 당나라에 교종이 솥발처럼 융성하다는 소식을 듣고, 원효 법사와 뜻을 같이하여 서쪽으로 유행하고자 하여 길을 떠났다. 본국 신라의 해문海門마을[25]인 당나라로 나아가는 경계(唐州界)에 도착하여 장차 큰 배를 구해서 푸르른 파도(滄波)를 건너려고 했다. 중도에서 심한 폭우를 만났다. 이에 길옆의 흙굴(土龕) 사이에 몸을 숨겨 회오리바람의 습기를 피했다. 다음 날 날이 밝아 바라보니 그곳은 해골이 있는 옛 무덤이었다. 하늘에서는 궂은비가 계속 내리고, 땅은 질척해서 한 발자국도 앞으로 나아갈 수가 없었다. 또 무덤 속에 머물다가 밤이 깊기 전에 갑자기 귀신이 나타나 놀라게 했다. 원효 법사는 탄식하여 말했다. "전날 밤에는 땅막이라 일컬어서 또한 편안했는데, 오늘 밤에는 무덤 속에 의탁하니 매우 뒤숭숭하구나. 마음이 일어나므로 갖가지 것들이 일어나고, 마음이 사라지므로 땅막과 무덤이 둘이 아님을 알

---

25 17세기 후반(1682)에 제작된 지도인 『東輿備考』는 『동국여지승람(東國輿地勝覽)』에서 동東 자와 『여지승람』의 여輿 자를 취하고 『동국여지승람』을 이용하는 데 참고가 되는 지도'라는 뜻에서 '備考'를 붙인 것으로 추정된다. 이 지도에 의하면 조선 후기 당시 인근의 수원水原에는 동화일同化馹, 안산安山에는 중림일重林馹, 남양南陽에는 '해문일海門馹'이라는 역참驛站이 있었고, 당시까지 물길이 들어오던 '해문일海門馹'이라는 역참이 있었으며, 지금도 '해문리海門里'라는 지명이 있는 것으로 보아 '本國 海門'은 '본국의 바다로 나아가는 문이 있는 마을'인 해문리海門里로 보아야 할 것이다.

겠구나. 또한 삼계는 오직 마음일 뿐이고, 만법은 오직 인식일 뿐이니 마음 밖에 어떤 법이 없는데 어디에서 따로 구하리오. 나는 당나라에 들지 않겠다." 원효는 물러나 바랑을 메고 본국으로 돌아가 버렸다. 이에 의상은 외로운 그림자처럼(隻影) 홀로 나아가 죽기를 맹세코 물러나지 않았다. 총장總章 2년(669)에 상선에 의탁하여 (당나라의) 등주 해안에 다다랐다.[26]

원효의 오도 관련 기록이 「원효전」이 아니라 「의상전」에 나온다는 사실은 주목해야 할 부분이다. 「원효전」에는 그가 관여한 것으로 추정되는 『금강삼매경』 연기설화와 『금강삼매경론』 주석 작업의 내용이 대부분을 차지하고 있다. 「의상전」에 의하면 원효와 의상은 당나라 교종이 솥발처럼 무성하다는 소식을 듣고 유학을 시도하였다. 이미 제1차 유학(650)은 실패하였다. 「의상전」의 기록은 제1차와 제2차 유학 과정을 구분 없이 적고 있지만 내용상 제2차 유학(661) 과정임을 알 수 있다.

원효와 의상의 제2차 유학은 아마도 당시 신라의 견당사들이 자주 이용하였던 교통로인 경주-선산-상주-함창-문경-연풍-충주-당은포로 이어지는 계립령로로 갔을 것으로 추정된다. 당시에는 교통로 이외에 산성을 잇는 군사로도 있었지만 군사로는 일반인들이 이용할 수 없는 길이었다. 이 때문에 이들은 소백산맥의 고갯길인 죽령과 계립령 중 신라의 동북방과 통하는 풍기-단양-영주-안동-의성-군위-경주

---

[26] 贊寧, 『宋高僧傳』 권4, 義解편, 「新羅國義湘傳」 상하(中華書局, 1995). 여기서 총장總章 2년(669)은 옳지 않고 제1차 유학에 대해 기술한 최치원崔致遠의 「부석본비浮石本碑」의 영휘永徽 원년元年 경술庚戌(650)이 합당하다. 다만 이 기록은 고구려 요동으로 건너갔던 제1차 유학과 경기도 화성 당항성 인근의 무덤에서 오도한 제2차 유학을 동일시하고 있다.

로 이어지는 죽령길보다는 당은포-여주(수로)/직산(육로)-충주-연풍-문경-함창-상주-선산-경주로 이어지는 계립령로를 이용했던 것으로 추정된다.

그런데 원효의 오도처가 무덤이라는 사실은 매우 상징적이다. 무덤이란 삶이 끝나는 자리이자 새로운 삶으로 나아가는 생사의 경계이기 때문이다. 태어난 존재는 모두 윤회 환생한다는 불교의 세계관에 의할 때 자신이 지은 금생의 인과因果 즉 살림살이에 따라 금생을 마감하고 다음 생을 맞이하기 때문이다. 무덤은 금생의 잠의 현실을 마감하는 공간이자 내생의 깸의 이상을 시작하는 상징적 공간이라고 할 수 있다. 잠과 깸이 분리되는 공간이 무덤이라는 점에서 원효의 오도처가 지닌 의미가 매우 의미심장하다.

3. 『삼국유사』 전기류 및 기타

1) 「원효불기」

(원효는) 태어날 때부터 총명이 남달라 (일정한) 스승을 따라서 배우지 않았다. 그가 사방으로 다니며 수행한 시말과 널리 교화를 펼쳤던 크나큰 업적은 『당전』과 『행장』에 자세히 실려 있다. 여기서는 자세히 기록하지 않고, 다만 『향전』에 실린 한두 가지 특이한 사적을 쓴다.[27]

---

27 一然, 『三國遺事』 권4, 義解편, 「元曉不羈」.

원효의 행장에 대한 기록은 『송고승전』「원효전」과 「의상전」에 비교적 자세히 전하고 있다. 이들 이외에도 「원효행장」이 있었던 것으로 추정되지만 현존하지는 않는다. 아마도 『향전』에는 원효에 관한 자세한 기록이 있었을 것이다. 하지만 일연은 일반적으로 알고 있는 원효 기록은 적지 않고 한두 가지 특이한 사적 중심으로 「원효불기」에 수록하고 있다.

특히 원효가 '스승을 따라서 배우지 않았다(學不[28]從師)'는 것은 일본 「제사제자목록」의 삼론종과 화엄종 조목의 원효 제목 아래에 기록된 신라 최초의 사찰인 흥륜(복)사에 주석하였던 법장(혜인)의 제자라는 기록을 인정하지 않는 것처럼 보인다. 이들 이외의 자료에서 원효가 법장 혜인의 제자라는 기록을 볼 수 없기 때문이다. 또 원효는 최종적으로 유학을 떠나지 않았기 때문에 중국에 스승이 있을 수는 없다. 다만 원효의 역정에서 일정한 영향을 끼친 낭지朗智, 혜공惠空, 대안大安, 보덕普德과 같은 길라잡이들은 있었다. 그렇지만 「원효불기」의 '학부종사'라는 표현처럼 이들을 원효의 '일정한' 스승이라고 할 수는 없을 것이다.

2) 「의상전교」

얼마 있지 않아 중국의 불교를 보기를 도모하여 드디어 원효와 함께 길을 나섰다. 변방의 수라군에게 첩자로 잡혀 갇힌 지 수십 일 만에 간신히 면하여 돌아왔다. 영휘永徽 초년(650)에 마침 당나라 사신으로서 돌아가

---

[28] 「高仙寺 誓幢和上碑」에서의 "生知因心自悟, 學□從師"에서 결락된 글자는 『삼국유사』에서의 "生而穎異, 學不從師"로 미루어 이해할 수 있다.

는 사람이 있어서 그 배편으로 중국에 들어갔다.[29]

「의상전교」의 기록은 고구려 요동으로 갔다가 변방의 수라군에게 잡혀 감옥에 갇힌 뒤 수십일 만에 간신히 빠져 나온 제1차 유학의 실패 과정을 기술하고 있다.

아울러 유학의 뜻을 포기하지 않고 당나라로 돌아가는 사람과 함께 배편으로 중국에 들어간 의상의 제2차 유학 사실을 적고 있다. 주목되는 것은 1차 유학과 2차 유학을 구분하지 않고 통합해 기술하고 있는 점이다.

3) 「전후소장사리」

의상은 영휘永徽 원년 경술(650)에 원효와 동반하여 서방으로 들어가려 하였다. 고구려까지 갔다가 어려움이 있어 되돌아왔다. 용삭龍朔 원년 신유(661)에 당나라로 들어가 지엄의 문하에서 배웠다.[30]

「전후소장사리」 조목의 기록 역시 영휘 원년에 의상이 원효와 함께 제1차 유학을 떠났다가 되돌아온 사실을 적고 있다. 이어 용삭 원년에 의상이 제2차 유학을 떠나 당나라로 들어가 지엄의 문하에서 배웠다고 기술하고 있다.

---

29 一然,『三國遺事』권4, 義解편,「義湘傳敎」.
30 一然,『三國遺事』권4, 塔像편,「前後所將舍利」.

4) 『종경록』

옛날에 동국에는 원효 법사와 의상 법사가 있었는데 두 사람이 함께 스승을 찾아 당나라로 왔다가 밤이 되어 황폐한 무덤 속에서 잤다. 원효 법사가 갈증으로 물 생각이 났는데, 마침 그의 곁에 고여 있는 물이 있어 손으로 움켜 마셨는데 맛이 좋았다. 다음 날 보니 그것은 시체가 썩은 물이었다. 그때 마음이 불편하고 그것을 토할 것 같았는데 활연히 깨달았다. 그리고는 말했다. "내 듣건대 부처님께서는 삼계는 오직 마음일 뿐이요(三界唯心), 만법은 오직 인식일 뿐이다(萬法唯識)라고 하셨다. 그러기에 아름다움과 나쁜 것이 나에게 있지 진실로 물에 있지 않음을 알겠구나." 마침내 그는 물러나 고향으로 돌아가 지극한 가르침을 두루 홍포하였다.[31]

영명 연수永明延壽(904~975)는 남종선과 정토사상을 결합한 선사로서 원효를 흠모했던 선사이다. 그는 자신의 저술에서 원효의 일심관을 적극적으로 원용하고 있다.

연수의 『종경록』은 제1차와 제2차 유학의 구분 없이 황폐한 무덤 속에서 일어난 원효의 오도 과정에 대해 기술하고 있다. 주목되는 것은 10세기를 살았던 연수 역시 이미 원효가 무덤 속의 시체가 썩은 물을 마시고 깨달았다고 각색한 부분이다.

---

31 延壽, 『宗鏡錄』 권11(『大正藏』 제48책).

5) 『신수과분육학승전』

(1) 당대의 원효는 신라국 상주湘州 설씨薛氏의 아들이다. 십 세 미만에 불도에 들어 스승을 따라 배움에 노닐었으나 고정된 (스승의) 처소가 없었다. 때마침 삼장 현장 공玄奘公이 왕이 머무는 중원에서 함께 교화하며 또 경론을 번역하는 일을 의상 법사에게 전해 들었으나 인연이 틀어져 방향을 마침내 돌렸다.[32]

(2) 당대의 의상은 신라국 계림부 사람이다. 나이 약관에 중국의 교법이 무성하다는 말을 전해 듣고 동지 원효 법사와 함께 바랑을 지고 서쪽으로 가 당주唐州라고 하는 바닷가로 나아갔다. 비가 매우 심하고 길이 질어 갈대 묶음을 더욱 기대하며 나아갔으나 돌아갈 곳이 없었다. 밤에 조금 마른 땅을 얻어 자려고 잠자리로 삼았는데 새벽에 보니 옛 무덤이었다. 해골이 효연皢然하여 두려운 마음이 없을 수 없었으나 마침내 무덤 속에서 겨우 누웠다. 귀신들이 우는 소리가 저녁까지 들리자 효 공曉公이 탄식하며 말하기를 "지난밤에는 내가 볼 수 없었는데 (오늘 아침에) 보고 나서 두려워 아니본 것만 못함에 이르렀으니 어찌 경에서 '마음이 생겨나면 갖가지 법이 생겨나고, 마음이 사라지면 갖가지 법이 사라진다'고 이르지 않았겠는가. 또 '삼계는 오직 마음일 뿐이고, 만법은 오직 인식일 뿐'이니, 마음 밖에 법이 없는데, 어디서 따로 구하겠는가." 하고는 곧 의상과 헤어져 돌아갔다.[33]

32　元代 浙東沙門 曇噩 撰,『新修科分六學僧傳』권28, 定學 證悟果(『日本續藏』第貳編乙 6套 5冊; 影印本 제33책, p.464 前面)
33　元代 浙東沙門 曇噩 찬, 위의 책, 권4, 傳宗科.

『원승전』 즉 『신수과분육학승전』 '증오과證悟科'의 기록에서는 원효와 의상의 전기를 모두 적고 있다. 앞에서는 『송고승전』 「원효전」의 내용을 문장을 좀 다듬어 거의 그대로 기록하고 있다.[34] 뒤에서는 『송고승전』 「의상전」의 내용을 자기 방식대로 다듬어 기록하고 있다. 이것을 통해 원효는 『송고승전』 「의상전」처럼 『대승기신론』의 핵심 구절을 통해 깨달았고 그의 오도처는 무덤 속이었음을 알 수 있다. 결국 그 무덤이 어디에 있었느냐가 문제가 된다.

6) 『임간록』

당대의 원효는 해동 사람(海東人)이다. 처음 바다를 건너 중국에 와서 명산의 도인을 찾아 황량한 산길을 홀로 걷다가 밤이 깊어 무덤 사이에서 자게 되었다. 이때 몹시 목이 말라 굴 속에서 손으로 물을 떠 마셨는데 매우 달고 시원하였다. 그러나 새벽녘에 일어나 보니 그것은 다름 아닌 해골에 고인 물이었다. 몹시 극악하여 토해 버리려고 하다가 문득 크게 깨닫고 탄식하며 말하였다. "마음이 생겨나면 온갖 법이 생겨나고 마음이 사라지면 해골이 둘이 아니다. 여래대사가 '삼계는 오직 마음일 뿐'이라고 하셨는데 어찌 나를 속이는 말이겠는가?" 마침내 다시는 스승을 구하지 않고 그날 해동으로 돌아가 『화엄경』을 주석하여 원돈지교圓頓之敎를 널리 홍포하였다.

내가 법사의 전기를 읽다가 여기에 이르러 옛날 악광樂廣의 술잔에 뱀 그림자가 비쳤던 이야기를 더듬어 생각하면서 게송을 지었다.

---

34 元代 浙東沙門 曇噩 찬, 앞의 책 권28, 定學 證悟果(『日本續藏』 第貳編乙 6套 5冊; 영인본 제33책, p.464 前面).

어두운 무덤 속의 해골에 고인 물은 원래 물이요
손님의 술잔에 비친 활 그림자는 필경 뱀이 아니다.
이 가운데 생멸을 용납할 곳이 없으니
미소 지으며 옛 책을 들어 몇 글자를 적어 본다.[35]

자칭 적음존자寂音尊者라고 하였던 송나라 혜홍 즉 덕홍(慧/德洪覺範 1071~1128)이 기담경어집紀譚警語集으로 찬술한 『임간록』은 원효가 홀로 중국으로 건너가 길을 가다가 무덤 속에서 해골에 담긴 물을 마시고 깨달았다고 하였다.

이 기록은 다른 사료들과 달리 원효의 오도처가 경기도 화성의 남양만 당은포 인근의 무덤이 아니라 그가 중국으로 건너간 뒤 그곳의 무덤에서 깨친 것으로 기술되어 있다. 그러다 보니 깨치고 난 뒤 그날 해동으로 돌아가 『화엄경』을 주석하여 원돈의 가르침을 널리 홍포하였다고 적고 있다.

또 『송고승전』 「의상전」처럼 『대승기신론』의 '심생즉종종법생, 심멸즉종종법멸'의 구절에서 후자의 '종종법멸種種法滅'을 원효처럼 '감분불이龕墳不二'로 패러디해 내지 못하고 있다. 즉 '불이'가 되려면 땅막과 무덤처럼 둘이 전제되어야 함에도 불구하고 둘로 나눌 수 없는 해골(髑髏)을 둘이 아니라(不二)고 적고 있다. 따라서 혜(덕)홍이 원효의 오도 내용을 온전히 이해하지 못했음을 보여 주고 있다.

---

35 宋代 石門 慧/德洪(覺範) 撰, 『林間錄』 卷上(『卍續藏』 第貳編乙, 21套 4冊 295左上 (影印本 148책, p.590上).

7) 『지월록』

당대의 (신라국) 승려 원효는 해동 사람이다. (원효는) 처음에 바다에 배를 띄워 (중국에) 이르러 도를 찾으러 이름 있는 산으로 나아갔다. (어느 날) 홀로 길을 가다가 무덤 속에서 야숙하였는데 갈증이 심하였다. 무덤 속에서 샘을 찾아 손을 오므려 달고 시원히 마셨다. 날이 밝아 샘이라 생각했던 것을 해골(髑髏)이었다. 극도로 놀라서 토하고자 하다가 홀연히 성찰하고 크게 탄식하였다. '마음이 생겨나면 갖가지 법이 생겨나고, 마음이 사라지면 해골이 둘이 아니다.' 여래대사가 말하시기를 '삼계는 오직 마음일 뿐이니 어찌 나를 속이리오.' 마침내 다시 스승을 구하지 않고 해동으로 돌아가 『화엄경』을 주석하였다.[36]

명나라 나라연굴邢羅延窟 학인인 구여직이 만력 임인년에 집성(1602)한 『지월록』의 기록 또한 『임간록』과 크게 다르지 않다. 그 역시 원효가 중국으로 홀로 유학을 가서 무덤 속에서 해골의 물을 마시고 깨달음을 얻고 해동으로 돌아갔다고 적고 있다. 구여직 또한 원효의 오도처를 중국의 무덤으로 기술하였다. 하지만 원효 관련 주요 사료 3가지에서 확인한 것처럼 원효는 중국으로 건너가기 전에 깨달음을 얻고 서라벌로 돌아왔다. 그럼에도 불구하고 중국으로 건너간 의상과 원효를 일체시하여 깨친 원효로 적고 있다. 이것은 기록자들이 의상과 원효를 혼동混同해 기록했기 때문으로 짐작된다.

---

36 明代 瞿汝稷 集, 『指月錄』 권7, 未詳法嗣(『卍續藏』 第貳編乙, 16套 4冊(影印本 143책), 78左上.

8) 「월광산원랑선사대보선광탑비月光山圓朗禪師大寶禪光塔碑」

대통大通은 직산稷山에 이르러 우거하였다. (이곳은) 곧 신승 원효가 성도한 곳이니 삼 개월 동안 선정을 익혔다.[37]

김영金穎이 찬술한 「월광산원랑선사대보선광탑비」에는 신승 원효의 성도처가 직산稷山이라고 적고 있다. 비문에는 원랑 대통(816~883)이 단엄사에서 정진하고 있을 때 그의 사형師兄 자인慈忍이 당나라에서 돌아오자 그에게서 강한 자극을 받고 분발하여 원효가 성도한 곳이라는 직산에 이르러 3개월 동안 선정을 익히며 우거하였다고 하였다. 이 기록에 의하면 대통 역시 무덤 속 혹은 무덤이 있던 자리에서 3개월 동안 선정을 익혔다는 것이다.

그렇다면 대통은 이곳에서 백골관을 익혔다는 것인가? 무덤 안이나 무덤 인근에서 선정에 들었다면 두타행에 입각해 백골관이나 무상관을 닦았어야 할 것이다. 하지만 남종선풍을 이어받은 그가 사형 자인에게서 자극을 받고 분발하여 원효가 오도한 곳이라는 직산에서 석 달 동안 선정을 익혔다면 그곳은 무덤이 아니라 절이어야 하지 않을까? 그리고 무덤이 있던 곳에 다시 절이 들어섰다는 것은 무언가 자연스럽지가 않다.

또 현재 평택시 아래에 자리한 천안시 서북구에 소속된 직산(稷山邑)과 안성시 죽산면 죽산리竹山里(죽주산성 인근)는 상당한 거리가 있어 같은 곳으로 보기는 어렵다. 직산이 죽산이 아니라면 직산은 아마도 천

37　金穎, 「月光寺圓朗禪師大寶禪光塔碑」(890). "大通抵稷山寓□□□□, 乃神僧元曉, 成道之所也. 習定三月."

안시 서북구의 직산이라고 보아야 할 것이다. 근래에 직산을 원효의 오도처로 보면서 직산 인근의 수도사를 원효의 오도처로 보는 주장이 제시되어 있다.[38] 하지만 이 주장에서는 원효의 오도처라는 직산이 평택시의 수도사라고 할 만한 유물과 유적을 제시하지 못하고 있다.

그리고 당시 계립령로로 유학의 길을 떠났을 원효와 의상이 충주에서 수로를 따라 여주까지 간 뒤 당은포로 갔는지, 아니면 육로로 죽산을 거쳐 당은포로 갔는지도 문제가 된다.

원효가 의상과 함께 제2차 유학을 떠난 행로를 당시 신라 견당사들이 주로 이용한 계립령로로 볼 때 이들 역시 충주에서 육로陸路로 죽산을 거쳐 당은포로 갔거나 수로水路를 따라 여주를 거쳐 당은포로 갔을 것이다. 그렇다면 이들은 육로보다는 지름길이자 직선로인 수로를 이용했을 가능성이 커 보인다. 왜냐하면 보행자에게 수로는 육로보다 인체에 가해지는 물리적인 부담이 훨씬 적기 때문이다. 따라서 직산이 죽산일 수 없다는 전제에서 보면 김영의 비문 기록은 원효의 수행처로 볼 수 있을지언정 오도처로 보기에 설득력이 약하다고 할 수 있다.

---

38 嚴基村, 「新羅 元曉大師의 주요 史蹟과 悟道處에 대한 試論」, 『한국고대사탐구』 제4집, 한국고대사탐구학회, 2008. 필자는 원효의 오도처를 직산稷山의 위치 비정과 몇몇 사적을 근거로 평택 수도사로 비정하고 있다.

Ⅲ. 신라 견당사의 입출항로와 원효의 2차 유학로

신라의 육로를 추적하기 위해서는 당시의 견당사들이 이용한 행로를 알아볼 필요가 있다. 당시 이들은 신라의 육로와 황해의 해로 및 중국의 육로와 수로를 거쳐 당나라 장안에 도착하였다. 신라의 견당사들은 삼면이 바다로 둘러싸인 신라의 지형상 초기에는 동남해 연안의 항구를 주로 이용하였다. 헌강왕 대에 처용이 들어온 지금의 울산만과 희강왕 대 김우징金祐徵이 화를 피하여 청해진으로 떠난 황산진黃山津[39]은 당시의 대표적인 동남해 연안의 항구였다.

신라의 견당사들은 북쪽으로는 소백산맥을 넘어 화성 당은포-영주-안동-의성-군위-경주를 잇는 죽령로와 화성 당은포-여주(수로)/직산(육로)-충주-연풍-문경-함창-상주-선산-경주를 잇는 계립령로를 통해 서해로 나아갔다. 이곳 이외에 남쪽으로는 무주(나주) 회진-광주-남원-대구-경주로 이어지는 회진로, 부안 변산반도 남단 희안현 항구-경주로 이어지는 희안현 연안, 옥구 임피의 금강하구 진포-경주로 이어지는 진포로를 이용하였다.

신라의 초기 견당사들은 당은포-황해연안-요동반도 남단-묘도열도-등주에 이르는 북부 연안항로를 이용한 것으로 추정된다. 하지만 중국의 안사의 난과 황소의 난이나 고구려와 발해의 정치 상황이 악화되었을 때는 이 항로를 이용할 수 없었다. 대신 국내의 육로로 북쪽 내륙의 경주-선산-상주-함창-문경-연풍-충주로 올라와 죽주산성을

39　金富軾, 『三國史記』 권10, 희강왕僖康王 2년 5월 조. 황산진黃山津은 지금의 경남 양산과 김해 사이의 낙동강 하류에 있던 포구浦口로 짐작된다.

거치고 용인의 처인산성을 넘어 오산의 독산성(세마대)을 지나 옛 수원 읍성을 통과하여 화성시 서신면에 자리한 당항성 인근의 당은포에서 중국으로 나아간 것으로 추정된다. 신라의 견당사들은 주로 서해 연안의 대표적인 두 항구인 당은포와 회진을 주로 이용하였다.

당시 당성의 관할구역이던 경기도 화성 남양만의 당항진 즉 당은포는 바다였으나 지금은 간척사업으로 육지가 되었다. 예전에는 구봉산(165미터)[40] 밑에까지 바닷물이 들어와서 수로를 따라 배들이 드나들었다. 이 바닷가에는 당은포 즉 당항포와 은수포, 화량포, 마산포 등의 옛 항구가 있었다. 반면 전남 나주군 다시면多時面 영산강 하구에 있던 회진會津은 서해 남단을 횡단해 중국의 회수와 장강 하구 및 절강 하구로 나아가는 관문이었다.

1. 죽령竹嶺로: 화성 당은포-영주-안동-의성-군위-경주

경주를 떠난 견당사들은 북쪽으로는 소백산맥을 넘어야 했다. 소백산맥의 고갯길은 크게 죽령과 계립령이 있었다. 죽령은 신라의 동북지방과 통하는 길로서 풍기와 단양 사이의 고개이다. 견당사들은 귀경로로서 이 길을 이용하여 남쪽의 영주-안동-의성-군위를 거쳐 경주에 이르렀다. 반면 출경로는 경주-군위-의성-안동-영주-단양-풍기를 거쳐 당은포로 나아갔다.

그런데 당시 견당사들은 상대적으로 계립령로를 죽령로보다 더 많

---

40 구봉산의 당항성 인근에 화량진성花梁津城과 마산포, 청명산성淸明山城, 사강 등이 있다.

이 이용한 것으로 추정된다. 죽령로는 신라의 동북지방과 통하는 길로서 비교적 경사가 급해 이용하기가 쉽지 않았기 때문으로 짐작된다.[41] 따라서 이들은 김부식의 『삼국사기』의 지리지 서문의 기록[42]처럼 왕성의 동북쪽에 있는 상주를 거쳐 당은포로 갈 수 있는 계립령로를 선호했던 것으로 이해된다. 견당사들은 그 일의 성격상 지리적 잇점과 계절적 잇점을 고려하면서 가급적 시간을 단축시키려 했기 때문에 지름길을 자주 이용했던 것으로 추정된다.[43]

상주는 경주에서 당항진 즉 당은포로 가는 사이 육로상 중간 통과지점에 있었다. 이 때문에 상주에서 당은포로 가려면 소백산맥을 넘어야 했다. 당시 소백산 고갯길로는 죽령로와 계립령로가 있었다.[44] 이들 두 길 가운데에서 견당사들은 죽령로보다는 계립령로를 더 많이 이용한 것으로 짐작된다. 아울러 일반인들도 이 길을 주요 교통로로서 이용했을 것으로 짐작된다.

당시 원효와 의상은 제1차 유학 때는 고구려를 가로질러 가야 했기 때문에 죽령로를 이용했을 가능성이 있다. 하지만 제2차 유학 때는 죽령로보다는 백제 고토로 나아가는 지름길인 계립령로를 이용하였을

---

41 죽령로를 이용했다는 기록이 크게 발견되지 않기 때문이다.
42 金富軾, 『三國史記』 권34, 雜志3, 地理1. "王城東北, 當唐恩浦路曰尙州."
43 권덕영, 「新羅 遣唐使의 羅唐間 往復行路에 對한 考察」, 『역사학보』 제149집, 한국역사학회, 1996, pp.19~31. 당나라가 존속한 290년 동안 179회의 견당사가 파견되었으며 이들의 입당 시 평균 소요기간은 4.1개월이었고, 귀국 시에는 4개월 정도 소요되었다고 한다.
44 서영일, 『신라 육상교통로 연구』(학연문화사, 1999). 여기서 저자는 신라의 교통로를 추풍령로와 죽령로 및 계립령로 세 길을 제시하고 있다. 하지만 필자는 6세기 이전에는 주로 추풍령로를 이용했지만 신라가 한강 유역에 진출한 이후부터 본격적으로 죽령로와 계립령로를 이용한 것으로 추정되어 추풍령로는 다루지 않았다.

것으로 짐작된다.

2. 계립령鷄立嶺로: 화성 당은포-여주(수로)/직산(육로)-충주-연풍-문경-함창-상주-선산-경주

초기의 신라인들은 동남해안의 울산만과 낙동강 하구의 황산진 등의 항구를 주로 이용하였다. 점차 서해 연안 항구가 확보되면서 서해 연안 항구의 이용이 늘어났다. 특히 6세기 이후의 나당인들은 서해안 항구를 주로 이용하였던 것으로 추정된다.

경주에서 당항진 즉 당은포에 이르는 행로는 군사로와 통행로로 구분되었던 것으로 짐작된다. 일반적인 통행로는 화성 당은포-여주/죽산-충주-연풍-문경-함창-상주-선산-경주가 유력한 행로였을 것으로 생각된다. 이 길은 조선시대 영남대로의 일부이기도 하다.[45] 반면 전략적인 군사로는 당은포-공주-청주-상주-선산-대구-경주로 이어졌을 것으로 추정된다.[46] 이 계립령로를 거쳐 이르는 당항진 즉 당은포는 신라 중고기로부터 하대에 이르기까지 가장 많이 이용한 서해의 대표적인 항구였다.

원효와 의상의 제2차 유학 또한 교통로인 이곳의 당은포로[47]를 향해

---

45 崔永俊,「朝鮮時代의 嶺南路 硏究: 서울-尙州의 경우」,『지리학』제11집, 한국지리학회, 1975, pp.56~57.
46 井上秀雄,『新羅史基礎硏究』「新羅王畿의 構成」(1974), pp.399~405.
47 井上秀雄, 위의 책. 저자는 경주-당은포 사이의 견당사 통과 지점인 상주-계립령-충주 등지를 잇는 길을 '당은포로唐恩浦路'라고 하였다. 이에 준하면 경주-회진 사이의 견당사 통과 지점인 대구-남원-광주 등지를 잇는 길을 '회진로會津路'

갔을 것으로 추정된다. 신라의 견당사들이 주로 이용한 것처럼 이들도 경주-선산-상주-함창-문경-연풍-충주-직산(육로)을 거쳐 당은포로 갔을 것이다. 이들이 충주에서 수로를 이용해 여주를 거쳐 당은포로 갔는지, 아니면 충주에서 육로를 이용해 죽산을 거쳐 당은포로 나아갔는지는 확정하기 어렵다. 만일 이들이 충주에서 죽산의 육로를 이용해 당은포로 나아갔다면 안성 죽산, 혹은 지금의 천안 직산 인근에서 머물렀을 수도 있다. 그렇다면 이들이 이틀을 묵었던 무덤이 직산에 있었을 가능성도 있다.

반면 이들이 충주에서 여주의 수로를 이용해 당은포로 나아갔다면 이들이 이틀을 묵었던 무덤은 화성에 있었을 가능성이 크다. 현재는 무덤이 두 지역의 어느 한 지역이라고 확정하기는 어렵다. 다만 남양만의 당은포를 관할하는 당항성 즉 당성이 현재 경기도 수원 화성에 있다는 점을 고려하면 죽산의 육로를 거쳐 돌아가는 길보다는 여주의 수로를 거쳐 질러가는 길을 이용했을 가능성이 크다고 보인다. 보행자에게 수로는 육로보다 인체에 가해지는 물리적인 부담이 적기 때문이다.

죽산 인근의 유적지에서 원효와 의상과 관련된 유물과 유적은 발견되지 않는다. 현재의 수도사와 옛 수도암 터로 알려진 자리에 한국가스공사가 들어설 때 발굴된 유물과 유적에서도 원효와 의상과 관련된 유적은 발견되지 않았다.[48] 이런 점을 고려해 보면 원효와 의상은 충주의 서남 지역에 있는 죽산의 육로를 거쳐 갔다기보다는 충주에서 서북

라고 할 수 있을 것이다.
48 단국대학교 매장문화연구소 편, 「원효의 오도성지 수도암지와 수도사의 불적」, 『평택 원효대사 오도성지 학술 조사 보고서』(2006).

지역에 있는 여주의 수로를 이용해 남양만의 당은포를 향해 나갔을 가능성이 크다. 왜냐하면 경주에서 당은포까지 이르는 지름길 즉 비교적 직선 길을 향해 나아가는 계립령로의 성격을 고려해 보면 여주의 수로를 이용했을 가능성이 큰 것으로 보이기 때문이다. 이러한 출경로뿐만 아니라 입경로의 경우 또한 역코스였을 가능성이 크다.

668년 유인궤劉仁軌가 이끄는 당의 고구려 정벌 수군 또한 산동반도를 출항하여 당항진에 도착하였다.[49] 또 『신당서』(권43) 지리지 말미에 실린 가탐賈耽의 지리서 내용에 따르면, "당나라에서 신라로 들어가는 길은 등주를 출발하여 요동반도 서남단의 노철산을 지나 서해안을 따라 남하하여 초도椒島·마전도麻田島·덕물도德物島 등을 거쳐 당은포에 이르며 육로를 따라 동남쪽으로 700리쯤 가면 신라 서울에 이른다."라고 하였다.[50] 이후 선종의 선사들 대부분도 신라의 입국과 출국의 관문인 북로의 당항진 즉 당은포에서 출항하고 입항하였다.

경덕왕 23년 일본의 입당 학승이었던 계융戒融의 일본국 귀국 여부를 알기 위해 발해를 거쳐 신라에 온 당나라 사신 한조채韓朝采가 자기 나라로 돌아가던 중 신라의 '서진西津'에 잠시 머물렀다고 하였는데[51] 서진은 곧 신라 서해 연안의 어느 항구로 추정된다.

장경長慶 2년(822) 즉 헌덕왕 14년에 낭혜朗慧 화상 무염無染은 당은포에서 출발하는 조정朝正 왕자王子 김흔金昕의 배를 타고 입당하였

---

49 金富軾, 『三國史記』 권6, 문무왕 8년 6월 12일 조.
50 賈耽, 『皇華四達記』(일명 『道里記』). 內藤儁輔, 「朝鮮支那間の航路及び其推移に就いて」, 『朝鮮史硏究』, 동양사연구회, 1961, pp.369~370. 권덕영, 앞의 논문, p.4 재인용.
51 『續日本記』 권25, 天平寶字 8년 7월 甲寅 조.

다.⁵² 이들이 당나라에서 황해도 서단을 이용해 신라로 들어올 때도 등주에서 해로를 이용하여 최종 기착지인 당항진으로 들어왔다.

이렇게 본다면 원효와 의상은 당은포와 등주로 가는 항로로 당나라 유학을 떠나려고 했을 가능성이 있다. 결국 원효는 경기도 화성 당항성 인근 어느 무덤에서 오도한 뒤 서라벌로 돌아갔고 의상은 이 항로를 이용했을 것으로 추정된다.

3. 회진會津로: 무주(나주) 회진-광주-남원-대구-경주

신라 견당사들은 북쪽으로는 계립령로를, 남쪽으로는 회진로를 주로 이용한 것으로 추정된다. 이러한 사실은 신라의 견당사들과 선종 선사들의 입경로를 통해서 확인할 수 있다. 특히 출국 시에는 북로인 당은포로를 주로 이용하였고, 입국 시에는 북로뿐만 아니라 남로인 회진로를 자주 이용하였다. 물론 계립령로는 하대에 이르기까지 줄곧 이용해 왔다. 대신 무주 회진로는 신라 하대에 장보고를 비롯하여 서남해안이 활발하게 열리고 중국 서남해 지역과 교역이 늘어났기 때문에 신라 견당사들과 불교계 선사들이 자주 이용했던 것으로 이해된다.

또 하대에 여러 차례의 왕위쟁탈전이 일어나면서 서남해안의 항구가 활발히 사용되었기 때문일 수도 있다. 흥덕왕 사후의 왕위쟁탈전에서 패한 김우징金祐徵과 김양金陽 등은 민애왕 원년 3월에 청해진 군사 5,000명을 이끌고 완도에서 나와 무주를 공격하여 함락시키고 다시 남

---

52 崔致遠, 「聖住寺朗慧和尙碑銘」; 閑靜·筠 집성, 『祖堂集』「兩朝國師無染傳」.

원으로 진격하여 관군을 격파하였다.⁵³ 회진로는 애장왕 대에 김양金陽 등이 이끈 장보고張保皐 군사의 경주 공격로를 추적한 행로를 통해 그 대략적인 루트를 알 수 있다.

흥덕왕 11년(836) 즉 희강왕 1년에 사은謝恩 겸 숙위宿衛로 입당하였던 김의종金義琮은 희강왕 2년에 서학 구법승 현욱玄昱과 함께 무주의 회진을 통해 귀국하였다.⁵⁴ 또 진성여왕 10년(896) 입절사入浙使 최예희崔藝熙를 따라 입당하였던 진철眞澈 대사 이엄利嚴도 효공왕 15년(911)에 회진을 통해 입국하였다.⁵⁵ 무위사 선각先覺 대사가 탄 배는 효공왕 9년(905) 6월에 무주 회진에 도착하였다.⁵⁶ 효공왕 12년(908) 7월에는 오룡사 법경法鏡 대사 또한 무주 회진을 통해 귀국하였다.⁵⁷

한편 효공왕(906) 7월에는 보리사 대경大鏡 대사가 무주 승평昇平으로 귀국하였다.⁵⁸ 비록 그가 회진으로 귀국한 것은 아니었지만 입항지가 무주의 승평항이었다는 점에서 신라인들이 서해 연안의 항로를 얼마나 적극적으로 이용했는지를 엿볼 수 있다. 이처럼 서해 연안의 북쪽 길을 잇는 당은포-경주 길과 함께 남쪽 길을 잇는 회진-경주 길은 신라 견당사들과 불교계 선사들이 자주 이용한 서해 연안의 대표적인 연안 항구였다. 하지만 당시의 여러 맥락을 고려해 볼 때 원효와 의상이 회진로를 통해서 입당을 시도했을 가능성은 보이지 않는다.

53　金富軾,『三國史記』권44, 열전,「金陽傳」.
54　閑靜・筠 집성,『祖堂集』「東國慧目山和尚傳」.
55　崔彦撝,「廣照寺眞澈大師碑銘」(937).
56　崔彦撝,「無爲寺先覺大師碑銘」(946).
57　崔彦撝,「五龍寺法鏡大師碑銘」(944).
58　崔彦撝,「菩提寺大鏡大師碑銘」(939).

4. 희안현喜安縣 연안: 부안 변산반도 남단 희안현 항구-경주

대다수의 신라인들은 당은포와 회진에서 배를 타고 당나라에 들어갔지만 전란이 있을 때나 고구려와 백제 및 국내의 정치적 혼란기에, 그리고 계절적 원인에 의해 전라북도 부안의 변산반도 남단의 희안현 항구에서도 배를 타고 드나들었다. 경애왕 원년(924) 7월에는 봉암사 정진靜眞 대사가 무주 희안현을 통하여 귀국하였다.[59] 또 남로인 무주 회진로 이외에도 희안현 연안과 진포로, 강주 덕안포로 등은 서남해안에 자리 잡고 있던 좋은 항구였고 해로의 출발 지점이자 도착 지점이었다.

5. 진포鎭浦로: 옥구 임피 금강 하구 진포-경주

신라인들은 북로인 당은포와 남로인 회진 이외에도 전라북도 옥구의 임피의 금강 하구인 진포에서 배를 타고 당나라에 들어갔다. 경명왕 5년(921) 여름과 7월에는 옥룡사 통진洞眞 대사가 각기 전주 임피의 진포를 통해 귀국하였다.[60] 또 같은 왕 때 고달사 원종元宗 대사는 강주康州 덕안포를 통해 귀국하였다.[61] 원종 대사가 비록 옥구의 임피 금강 하구 진포로 들어온 것은 아니었지만 한반도 서남부에 있는 강주 덕안포를 통해 귀국함으로써 한반도 서남해 연안의 남로 항구가 지니

---

59 李夢遊,「鳳巖寺靜眞大師碑銘」(965).
60 金廷彦,「玉龍寺洞眞大師碑銘」(958).
61 金廷彦,「高達寺元宗大師碑銘」(975).

고 있는 입국항으로서의 기능을 환기시켰다.

Ⅳ. 신라의 관문 당항성과 원효의 오도처

1. 경기도 화성 당항성

경기도 화성의 서신면 상안리 구봉산九峯山에 자리하는 당성[62]은 삼국시대의 산성이다. 이곳은 고구려와 백제와 신라가 각축하던 군사적 요충지였다. 둘레는 1,200m이며 사적 제217호로 지정되어 있다. 현재 동문·남문·북문지와 우물터, 건물지가 남아 있다. 이 성의 형식은 테뫼형(山頂式) 즉 산 정상을 둘러싼 산성과 포곡형包谷形 즉 계곡과 산 정상을 함께 두른 산성이 결합한 복합식複合式 산성이며 당항성黨項城이라고도 한다.

이 지역은 원래는 백제의 영역에 속했으나 한때 고구려의 영토로 당성군唐城郡이라 하였고, 백제 멸망 이후에는 신라의 영역에 속하였다. 이 당성이 있는 남양南陽은 현재 화성시에 속하지만 757년(경덕왕 16년)에는 당은군唐恩郡으로서 쌍부雙阜·정송貞松·안양安陽 등을 영현領縣으로 관할하였다. 헌덕왕 때에 현으로 강등되었다가 822년(헌덕

---

[62] 한국정신문화연구원 편, 『한국민족문화대백과사전』 참조. 구봉산은 화성군 서부 3면인 서신면, 송산면, 마도면의 경계선이 교차되는 중심부 가까이에 자리하고 있으며 당성은 산의 9부능선을 에워싸고 있다.

왕 14)에 수성군水城郡(수원)에 병합되었으나 829년(흥덕왕 4)에 분리하여 당성진唐城鎭을 설치했다.

이 성은 신라가 서해를 통해 중국과 교통하였던 출입구로서 중요한 길목 구실을 하였다. 당성 즉 당항성이 삼국의 요충지로서 중요하게 된 것은 삼국이 각기 당항성을 점유함으로써 중국으로 가는 안전한 뱃길을 확보하고 서해의 제해권을 장악할 수 있었기 때문이다. 신라는 진흥왕 14년 11월에 당항성을 자국의 영토로 삼은 이래 당은포 즉 당(항)진을 이용하여 나당 교통의 관문으로 삼았다.

선덕왕 12년에 백제는 고구려와 연합하여 이곳 당항성을 빼앗아 신라의 대당 조공로를 막으려 하였다. 이에 선덕왕은 급히 당나라에 사신을 보내 구원을 요청하였다.[63] 결국 신라가 이 지역을 고수하면서 끝내 삼국통일을 완수하였고 당나라와의 왕래를 더욱 확장해 나갔다. 이 때문에 당항성은 나당 사이의 왕래에 있어서 지리적·전략적 중요성을 아울러 지닌 곳이라고 할 수 있다. 원효와 의상은 경주에서 계립령로를 넘어 이곳을 향해 오는 도중 당항성 인근의 무덤에서 잠을 자게 된 것으로 보인다.

---

[63] 金富軾,『三國史記』권21, 寶藏王 2년 9월 조; 같은 책, 권28. 義慈王 3년 11월 조;『資治通鑑』권197, 태종太宗 정관貞觀 17년 8월 조. 그런데 김부식의『三國史記』권5「新羅本紀」에서는 이 사건을 善德王 11년 8월의 일이라고 하였다. 아마도 이것은『三國史記』찬자撰者가『舊唐書』권199,「百濟傳」정관貞觀 16년 조의 일괄기사를 인용하는 과정에서 생긴 착오로 이해된다. 권덕영, 앞의 논문, pp.3~4.

2. 경기도 화성 당항성 인근의 무덤

원효와 의상이 머물렀던 무덤이 어디에 있는지를 정확히 비정하기는 어렵다.[64] 당시 이들이 머문 무덤은 관련 사료의 기술로 볼 때나 당시의 상장례喪葬禮로 볼 때 아마도 횡혈식 석실분橫穴式石室墳 즉 굴실돌방 무덤이었을 것이다. 굴실돌방 무덤은 고구려와 백제 지역에서 일찍부터 행하여진 묘제이며 통일신라시대에 유행하였고 가야고분에서도 찾아볼 수 있다.

이 무덤의 형식은 널방의 평면 형태와 널길의 형태에 따라 직사각형 돌방, 방형 돌방으로 크게 구분한다. 돌방 무덤은 이곳에 사람이 살고 있다고 간주하여 널길(羨道)과 문을 달아 사람이 서서 다닐 수 있도록 되어 있다. 여기에는 납관納棺만을 위한 구덩식(竪穴式)과 앞트기식(橫口式)이 있다. 무덤 안의 시상대 위에 관과 곽을 올려 두게 되며 한 사람이 먼저 들어오더라도 뒤에 들어오는 배우자를 위해 문을 뚫어 놓게 된다. 유학길에서 장대비를 만난 원효와 의상은 마땅한 잠자리를 찾지 못해 일부가 무너진 무덤을 찾아 들어가 하루를 잤을 것이다. 이튿날도 비가 그치지 않자 그곳에서 다시 하루를 더 잤던 것으로 추정된다.

---

64 한국정신문화연구원, 『三國時代의 調査硏究(II): 華城白谷里古墳: 附 水原古索洞遺蹟』(한국정신문화연구원, 1994). 여기서는 마도면 백곡리 고분군에서 수혈식竪穴式으로 된 8호의 무덤을 조사연구해 보고하고 있다. 그런데 마도면 백곡리 고분군들을 당항성 인근의 무덤으로 볼 수는 있으나 이들 고분군들은 수혈식으로 된 무덤의 내부가 너무 좁아(길이 1.8미터; 폭1.2~1.5미터) 성인의 체형인 원효와 의상이 들어가 잠을 자다가 동티를 만나 오도의 노래를 불렀다는 추정을 하기는 쉽지 않다. 무너진 무덤의 입구로 들어가는 문의 규모도 너무 작다.

그러면 이들은 당시 당항성 인근 어디쯤의 무덤에서 잤을까? 원효의 오도처는 무덤 속인 것이 분명하지만 그 무덤이 어디에 있는지는 알 수 없다. 원효는 무덤 속에서 동티(動土) 즉 지신의 노여움을 만나 일어나 앉았다. 순간 『대승기신론』의 "마음이 일어나면 갖가지 현상이 일어나고, 마음이 사라지면 갖가지 현상이 사라진다."라는 구절을 "마음이 일어나므로 갖가지 현상이 일어나고, 마음이 사라지므로 땅막과 무덤이 둘이 아니다."로 놀랍게 패러디하였다. 어젯밤 잠자리의 극락같이 달콤했던 잠과 오늘밤 잠자리의 지옥같이 뒤숭숭한 잠의 대비를 통하여 그는 일심一心을 발견하고 더 이상 유학의 필요성을 느끼지 못했다.

결국 원효는 의상과 헤어져 바랑을 메고 서라벌로 돌아갔고 의상은 당은포에서 중국 사신 혹은 상인의 배를 얻어 타고 등주 지역의 문등현의 항구로 나아갔다. 원효는 경기도 화성 당항성 인근의 무덤 속에서 인간이 지니고 있는 보편적 마음인 일심을 발견한 뒤 서라벌로 돌아가 걸림없는 자유인의 저술 세계를 열었다. 이렇듯 원효의 오도처가 어딘지는 정확히 알 수 없는 없으나 중요한 것은 그가 무덤 속에서 개인적 깨침을 얻었고 골방 속에서 사회적 깨달음을 얻었다[65]는 사실이다. 그 결과 원효는 자신이 평생을 들었던 화두를 '어디서'가 아니라 '어떻게'의 활로로 타파하였다.

---

[65] 高榮燮, 『원효탐색』(연기사, 2001; 2010).

V. 서해 연안항로의 두 항구 당은포와 회진

등주와 신라 사이의 바닷길에는 북부 연안항로와 중부 연안항로의 두 항로가 있었다고 전한다. 북부 연안항로는 등주에서 묘도열도廟島列島와 요동반도遼東半島 남단을 거쳐 황해 연안을 따라 남하하여 당은포에 이르며, 중부 연안항로는 산동반도 끝에서 황해를 횡단하여 황해도 서단을 거쳐 덕물도와 당은포에 이른다.[66] 북부 연안항로는 초기의 신라 견당사들이 주로 이용하였다.[67] 그러다 고구려와 신라 사이의 관계가 악화되면서 신라는 새로운 항로를 이용하였다. 그것이 중부 횡단항로와 남부 사단항로[68]였다.

이들 항로 중에서 중국의 산동반도와 황해도 대흥만大興灣 혹은 해주만海州灣-교동도-덕물도-당은포를 잇는 중부 횡단항로는 산동반도와 황해도 서단을 잇는 최단거리 직선코스로서 고구려와 발해의 영향권에서 벗어남과 동시에 보다 신속하게 나당羅唐 사이를 왕래할 수 있었다.[69] 경기도 화성시의 남양만에 자리한 당은포와 산동반도의 등

---

66 孫兌鉉, '老鐵山水路航路'『韓國海運史』(1982), pp.29~30. 반면 申瀅植은 '高麗渤海航路'라고 하였다. 申瀅植,「한국 고대의 西海交涉史」,『국사관논총』제2집, 1989, pp.2~120. 이와 달리 尹明哲은 '북부 연안항로'라고 일컫는다. 윤명철,「고구려 해양교섭사 연구」, 성균관대 박사논문(1993), pp.163~170.
67 金富軾,『三國史記』권4, 眞平王 17년 11월 조;『新唐書』권43, 地理志.
68 金在瑾,「한국 중국 일본 고대의 선박과 조선술」,『진단학보』제68집, 1989, p.194. 필자는 '동중국해 사단항로'라고 일컫고 있으나 종래의 '동중국해東中國海(East China Sea, 북태평양 연해에 대한 명칭)와 혼동되므로 '남부사단항로南部斜斷航路'로 명명하는 것이 적절할 것 같다. 권덕영, 앞의 논문, p.14, 각주 45) 참조.
69 권덕영, 앞의 논문, p.15.

주 지방을 잇는 새로운 뱃길이 바로 중부 횡단항로였다고 할 수 있다. 원효와 의상은 이 항로를 이용하여 입당하려고 당항진 즉 당은포로 나아갔던 것으로 짐작된다.

경기도 화성시는 경기도 남서부에 있는 시로서 삼국시대 이래로 전략적 요충지였다. 특히 이곳은 중국으로 나아가는 관문으로서 삼국이 이곳을 지키기 위해 혈전을 벌였다. 시의 서쪽은 서해에 닿아 남양만·아산만·군자만 등을 거느리고 있으며 해안선의 굴곡이 심하고, 밀물과 썰물이 드나드는 간석지가 펼쳐져 있다. 화성시는 이웃하는 김포시·평택시와 더불어 경기도의 곡창지대로 불리고 있으며 제부도 해수욕장, 화산·성황산 등은 대표적 관광지로 꼽히고 있다.

당시 이 지역에 있던 당항성은 고려 때는 남양부였다가 조선 초에는 남양도호부[70]로서 경기도 화성시 남양동·비봉면·송산면·서신면·

---

[70] 다음백과(2017.6.1) 참조. 고려 초인 940년(태조 23)에 군郡으로 고쳤다가 1018년(현종 9)에 수원水州의 속현屬縣이 되었으며, 후에는 인천仁州의 속현이 되었다. 1172년(명종 2)에 감무를 둠으로써 독립했으며 이 무렵엔 재양현載陽縣(본래 安陽縣에 속했다가 신라 때는 안양군, 고려 때는 재양, 1018년에는 수주, 이후에 인주에 소속됨)이 합속되었다. 1290년(충렬왕 16)에 익주益州로, 후에 강녕도호부江寧都護府로, 다시 익주목益州牧으로 계속 승격되었다가 1310년(충선왕 2)에 남양부南陽府로 강등되었다. 조선 초의 군현제 개편으로 1413년(태종 13)에 남양도호부가 되었다. 남양에는 세조~성종 대까지 경기수군절도사영京畿水軍節度使營이 화양진花梁鎭에 설치되어 경기도 해안방어의 중심지 역할을 했다. 1644~1653년, 1665~1674년에 잠시 현縣으로 강등되기도 했다. 1792년(정조 16)에 수원진水原鎭을 남양南陽으로 옮겨 설치했다. 별호는 영제寧堤·과포戈浦였다. 지방제도 개정으로 1895년에 인천부 남양군, 1896년에 경기도 남양군이 되었다. 1906년 월경지 정리에 따라 수원의 두입지인 팔탄·분향·장안·초장·압정·오정 등 6개면이 남양군에 이관되었다. 이후 1914년에 군과 면의 폐합에 의하여 남양군이 폐지되어 수원군에 병합되었다. 이때 음덕리면·화척지면·둔지곶면이 은덕면으로, 쌍수면·마도면이 마도면으로, 송산면·수산면·세곶면이 송산면으로, 서여제면·신리면이 서신면으로, 어지곶면·저팔리면이 비봉면으로, 수원군에서 편입했던 6

마도면 일대에 있던 옛 고을을 관할하였다. 그리고 남양만에는 나당 사이의 출발 지점인 당항진 즉 당은포가 있었다. 당은포를 떠난 배들은 등주 지방의 항구에 도착하였다. 등주 지방에는 문등현 관내의 성산포成山浦, 산동반도의 용구시에 해당하는 황현포구黃縣浦口, 적산포赤山浦, 유산포乳山浦 등의 좋은 항구들이 있었다.

1. 당은포唐恩浦: 산동반도 등주-화성 당은포-경주

신라의 견당사들이 서해 연안의 해로를 나아갈 때는 출발 지점과 도착 지점이 있었을 것이다. 출발 지점이 당은포와 회진이었다면 도착 지점은 남쪽 해로의 최단거리로 회수와 장강 하구의 초주와 양주 및 절강 하구 지역의 항주와 명주였으며, 북쪽 해로의 최단거리는 산동지방의 등주였을 것이다. 등주는 황해와 튀어나온 산동반도의 동북부에 위치하고 있으며 한반도와 가장 가까운 중국 땅이다. 이곳은 삼면이 바다에 접해 있고 각처에 좋은 항구들이 발달해 있어 나당 왕래의 관문이었다는 사실은 여러 기록들에서 확인할 수 있다.

등주의 관내에 드나들던 신라의 견당사들은 지금의 산동반도 용구시龍口市에 해당하는 황현포구黃縣浦口를 주로 이용하였다. 이 때문에 이곳은 예로부터 중국에서 신라와 발해를 왕래하는 선박들의 발착지였다.[71] 또 현의 치소縣治 북쪽 20리 지점에 사마선왕司馬宣王이 요동을

개면은 팔탄면·장안면·우정면으로 통합되어 다시 수원군에 편입되었다.
71 『太平寰宇記』권20, 登州. "大海在縣北三里, 又縣西至海四里, 當中國往新羅渤海大路由此."

정벌할 때 쌓은 대인고성大人古城이 있는데 신라와 백제를 왕래할 때는 항상 이곳을 통한다고 하였다.[72]

가탐이 지은 『황화사달기』에서는 당나라에서 신라로 들어갈 때의 출발 지점을 등주로 잡아 자세한 행정을 기록하고 있다.[73] 또 나당 사이를 왕래하던 신라 사신들이 묵었던 산동 지역의 신라관이 등주에 있었다는 사실은 등주가 출발 지점이자 도착 지점임을 증명해 준다. 뿐만 아니라 660년에 당나라 소정방이 이끈 백제 정벌군은 등주 문등현 관내의 성산포成山浦에서 발진하였다.[74] 그리고 의상이 탔던 당나라 사신의 배 혹은 상선도 등주 해안에 기착하였다.[75]

헌덕왕 대(809~826)의 하정사賀正使 김흔金昕은 지금의 산동성 연태煙台시 북쪽에 있는 지부도芝罘島에 도착했다. 또 진성왕 대의 아찬 양패良貝는 곡도鵠島, 즉 지금의 백령도에서 바다를 건넜다[76]고 전한다. 이렇게 보면 그는 황해 중부를 가로질러 산동반도에 기착하였음을 미루어 짐작할 수 있다. 그가 이 항로를 이용했다면 신라의 입출항지는 아마도 당은포였을 것이며, 이 항로는 당은포와 경주의 육로로 이어진다고 할 수 있다.

---

72 李吉甫,『元和郡縣圖誌』권11, 登州. "大人古城在縣北二十里, 司馬宣王伐遼東造此, 運糧船從此入, 今新羅百濟往還常由於此."
73 『新唐書』권43, 地理志 7(下).
74 金富軾,『三國史記』권28, 義慈王 18년 조; 一然,『三國遺事』권1,「太宗春秋公」조;『舊唐書』권83, 列傳,「蘇定方傳」;『新唐書』권111, 列傳「蘇烈傳」;『新唐書』권220,「百濟傳」.
75 贊寧,『宋高僧傳』「義湘傳」. 일연一然의『三國遺事』에서는 배를 얻어 타고 중국에 들어가 처음에 양주揚州에 머물렀는데 주장州將 유지인劉至仁이 관아官衙에 머물기를 청했다고 했지만, 양주보다는『송고승전』의 기록대로 그가 처음 발을 들여놓은 곳은 등주登州로 보아야 할 것이다.
76 一然,『三國遺事』권2,「眞聖女大王居陀知」조.

당나라 헌종 원화元和 8년(813)에 재상이었던 이길보李吉甫가 편찬한 『원화군현도지元和郡縣圖誌』(권11) 등주 조목에는 "등주는 중국에서 신라와 발해로 가는 대로에 해당한다."[77]라고 적고 있다. 당시에는 나당 사이의 사신을 비롯, 상선 및 불교의 선사들이 모두 이곳 등주의 관문을 이용하였다. 그리고 나당 사이의 왕래는 황현포구가 자주 이용되었다. 지금도 황현포구의 여객선들은 대련大連과 연태煙台시뿐만 아니라 발해 연안의 여러 항구들 사이에서 정기적으로 운항하고 있다.

또 하나의 항구는 석도만石島灣 안에 있는 적산포赤山浦이다. 적산포는 나당 왕래의 입항지이지 출항지이기도 했다. 등주의 문등현文登縣 청녕향淸寧鄕 적산촌赤山村에 있는 이 항구는 적산이 동북쪽을 병풍처럼 둘러싼 천혜의 항구이다. 적산 법화원에 머물던 일본의 구법승 원인圓仁은 개성開成 4년(839) 6월 27일에 장보고의 교관선交關船 두 척이 이곳에 도착했다는 소문을 들었다.[78]

그리고 당나라 사신 청주병마사靑州兵馬使 오자진吳子陳, 최부사崔副使, 왕판관王判官 등 30여 명이 이곳에서 신라로 떠날 채비를 하고 있었던 것을 보고 들었다고 하였다.[79] 나아가 신라 배 9척으로 이루어진 일본의 제17차 견당遣唐사절단의 귀국 때에도 이 항구를 이용했다고 하였다.[80] 뿐만 아니라 원인 자신도 대중 원년 9월 2일에 신라인 김

---

77 李吉甫, 『元和郡縣圖誌』 권11, 登州. "(登州)西至海四里, 當中國往新羅渤海過大路."
78 圓仁, 『入唐求法巡禮行記』 권2, 개성開成 4년 6월 27일 조. "聞張大師交關船二隻至旦山浦." 여기의 旦山浦는 赤山浦의 오자로 보인다. 小野勝年, 『入唐求法巡禮行記の硏究』 2, 1966, p.61. 권덕영, 앞의 논문, p.9 재인용.
79 圓仁, 위의 책, 권2, 개성開成 4년 6월 28일 조.
80 圓仁, 앞의 책, 권2, 개성開成 4년 8월 13일 조.

진金珍의 상선을 타고 적산포를 떠나 일본으로 돌아갔다[81]고 하였다. 이를 통해 적산포는 일본과 당나라 사이의 왕래에 자주 이용된 항구였음을 알 수 있다.

또 다른 항구는 산동성 영성현榮城縣 관내의 영성만榮城灣에 있는 산동반도 최동단에 자리한 성산포成山浦이다. 660년에 소정방의 백제 정벌군은 이곳 성산포에서 출항하여 바다를 건넜다. 일본의 제17차 견당사가 귀국할 때도 이 항구에서 잠시 머물다가 적산포로 옮겨가 있다가 귀국하였다고 한다. 그리고 당시에 발해의 교관선도 이곳에 함께 정박해 있었다고 전한다.[82]

또 다른 항구는 예로부터 해구海口의 요지였던 산동성 서남부 해양현海陽縣에 있는 유산포이다. 847년 윤3월에는 당나라 부사 시태자통사사인試太子通事舍人 사비어대賜緋魚袋 김간중金簡中과 판관 왕박王朴 등도 유산포에서 배를 타고 바다를 건넜다.[83] 또 885년 정월에 김인규金仁圭와 최치원崔致遠 일행이 이곳에서 출항하였던 것으로 짐작된다.[84] 이것으로 미루어 볼 때 성산포와 부산포 또한 나당 사이의 왕래하는 사람들의 출입항임을 알 수 있다.

따라서 산동반도의 등주 지방은 많은 양항良港을 거느린 나당 사이 해로의 출발 지점이자 도착 지점이었다고 할 수 있다. 원효와 의상 또

---

81 圓仁, 앞의 책, 권4, 대중大中 원년元年 9월 2일 조.
82 圓仁, 앞의 책, 권2, 개성開成 4년 8월 13일 조. 여기서는 청산포靑山浦라고 하였으나 청산포靑山浦와 성산포成山浦는 동일한 지명의 다른 표기라고 할 수 있다. 小野勝年, 『入唐求法巡禮行記の研究』 2, 1966, pp.73~74. 권덕영, 앞의 논문, p.10 재인용.
83 圓仁, 앞의 책, 권4 大中 元年.
84 崔致遠, 「祭巉山神文」; 「謝太尉別紙」, 『桂苑筆耕』 권20.

한 등주 지방의 항구를 향해 출항하는 당은포를 향해 나아가다가 오도 이후 원효는 서라벌로 돌아간 반면 의상은 배를 타고 등주의 문등현 관내의 항구에 도착했을 것으로 짐작된다.

2. 회진會津: 회수와 장강 하구 및 절강 하구 – 무주(나주) 회진–경주

화성의 당은포를 떠난 배는 산동반도 등주 지방의 항구들로 도착했지만, 무주의 회진을 떠난 배는 서북 항로를 따라 올라가 회수와 장강 하구의 초주楚州와 양주揚州, 절강 하구의 항주杭州와 명주明州 등의 항구들로 기착했을 것이다. 뿐만 아니라 이곳을 떠난 배들 일부는 서남 항로를 따라 내려가 회수와 장강 하구지역 및 절강 하구지역의 항구들로 기착했을 것으로 짐작된다.

회수淮水 하류지역에 있는 초주楚州는 예부터 수운교통의 요지로서 남쪽으로는 장강 하류의 양주와 운하로 연결되고, 서북쪽으로는 회수와 변하를 이용하여 사주泗州와 변주汴州를 거쳐 장안으로 나아갈 수 있었다. 이곳에서 회수를 따라 동쪽으로 내려가면 사방으로 수운水運이 원활하여 황해에 도달할 수 있었다. 이러한 지리적 조건 때문에 이곳은 각종 물산이 모이고 교역이 성행하여 당시에 이미 굴지의 도회지로 변모하였다. 특히 이 지방에는 신라인들이 많이 살았다. 초주의 치소에서 약 60리 떨어진 회수淮水 북안의 연수현漣水縣에는 신라인의 집단 거류지인 신라방新羅坊과 자치기구인 신라소新羅所가 있었다.[85]

---

[85] 당시 중국 내 신라인의 집단 기류지인 신라방新羅坊과 자치기구인 신라소新羅所가 설치된 곳은 산동반도의 등주登州의 적산赤山 법화원法華院, 회수 북안의 초

일본의 제17차 견당사의 귀국 때에 초주에서 신라선 9척을 빌리고 신라인 수수水手 60여 명을 고용하여 바다를 건넜다고 한다.[86] 이 때문에 신라의 견당사들은 교통상의 편리함 때문만이 아니라 신라인의 집단거주지가 형성된 초주를 그들의 입출항지로 선호하였다.

헌강왕 8년(883)의 견당사 김직량金直諒은 초주 하안下岸에 기착하여 양주揚州를 거쳐 황소黃巢의 난을 피하여 촉蜀 지역에 가 있던 희종僖宗을 배알하였다.[87] 이처럼 초주는 산동반도의 등주처럼 서해를 오가던 신라 견당사들의 일차 목적지이자 그들의 출항지였다.

장강 하류에 자리잡은 양주揚州 또한 신라의 견당사들이 당나라를 오가던 출입 관문의 하나였다. 양주는 서북쪽으로는 운하를 통해 초주와 변주로 이어지고 남쪽으로는 운하인 강남하江南河로 항주와 명주로 이어지는 수로상의 요충지였다. 또 중국의 동남부에서 서북부를 가로지르는 하남대로河南大路 중간에 자리하여 북으로는 낙양과 장안, 남으로는 항주와 명주와 복주福州를 잇는 육로상의 요지였다. 이처럼 양주는 수륙 교통이 편리해 양주는 국제무역항으로서 교역이 성하였고 특히 신라와 일본을 비롯한 많은 외국상인들이 이곳에 모여들었다.

이 때문에 신라의 견당사들도 이 항구를 당나라에 들어가는 출입국의 관문으로 선호하였다. 헌강왕 10년경의 견당사 김인규金仁圭의 직

주楚州 연수현漣水縣이었고, 신라의 구법승과 관객청官客靑 등이 머물던 숙원宿院인 신라원新羅院이 설치된 곳은 청주靑州의 용흥사龍興寺와 치주淄州의 예천사醴泉寺, 고려 사신들이 유숙하던 양주揚州에는 송대宋代에 고려관高麗觀(新羅館)이 설치되었다.

86 圓仁, 앞의 책, 권1, 開成 4년 3월 17일 조;『續日本後紀』권8, 承和 6년 8월 己巳 조.
87 金富軾,『三國史記』권46, 列傳,「崔致遠傳」.

함이 '입회남사入淮南使'였음을 감안하면 그는 회남 지방의 대표적인 항구도시인 양주를 자주 이용했음을 짐작해 볼 수 있다.[88] 아울러 견당 선인지는 확실하지 않지만 효공왕 4년(900)에 정진靜眞 대사 긍양兢讓이 탄 배 또한 이 항로로 강회江淮 지방으로 들어간 것으로 보인다.[89]

또 절강 하구의 항주와 명주 또한 운하와 바다 및 육로인 하남로가 교차하는 곳이었다. 동시에 이곳은 수륙 교통의 요지이자 국제적인 무역항이었다. 신라 견당사들도 당나라를 오갈 때 이곳을 이용하였다. 헌덕왕 9년(817)에 왕자 김장렴金張廉은 명주 해안에 표착하였다가 입경했다고 전한다.[90] 진성왕 10년(896)의 견당사(入浙使) 최예희崔藝熙는 항주만杭州灣의 절강구浙江口를 통하여 당나라에 들어갔다.[91] 무엇보다도 명주는 일본과 당나라 사이의 최단거리 지점이어서 일본 견당사들이 자주 이용하는 항구였다.

이처럼 중국의 초주, 양주, 명주, 복주 등의 중국 남부 항로와 신라의 무주(나주) 회진로를 잇는 바닷길은 남부 사단항로였다. 그리고 회수와 장강 하구지역 및 절강 하구의 항구들은 신라와 일본의 견당사들 및 불교 선승들이 이용한 항구들이었다. 이러한 점에서 이들 항구는 모두 국제적인 항구였다고 할 수 있다. 따라서 원효와 의상은 중부 횡

---

88 『江都縣志』 권16; 小野勝年, 『入唐求法巡禮行記の研究』 4, 1969, p.416. 권덕영, 앞의 논문, p.12 재인용. 송대宋代에는 양주揚州에 고려 사신들이 중국에 오가며 유숙하던 고려관高麗館이 있었다고 하니 당대唐代에 이곳에도 등주登州와 초주楚州처럼 신라관新羅館이 있었을 가능성이 없지 않다.
89 李夢遊, 「鳳巖寺靜眞大師碑銘」(965).
90 金富軾, 『三國史記』 권46, 列傳, 「崔致遠傳」.
91 崔彦撝, 「廣照寺眞澈大師碑銘」(937). 이들이 탄 배는 은강鄞江에 도착해 입당하였다고 하였다. 은강은 절강성 은현鄞縣을 가로지르며 항주만杭州灣으로 흘러들어가는 강이다.

단항로를 이용했을 뿐 남부 사단항로를 이용하지는 않았지만 이들 항구를 잇는 항로들은 모두 당시 신라 견당사의 입출항로였으며, 아울러 당나라 불교와 신라 불교의 긴밀했던 관계를 엿볼 수 있게 해준다는 점에서 해양불교 및 해항불교에 대한 관심이 요청된다.

Ⅵ. 정리와 맺음

    신라의 견당사들은 출발지인 경주에서 목적지인 당나라 수도 장안까지 평균 3개월에서 4개월까지 소요하면서 다녀왔다. 이들의 행로 결정은 육로와 수로뿐만 아니라 해로를 선택할 때도 바다와 육지 모두의 계절적 요인을 크게 고려하였다. 이러한 기준에 의해서 볼 때 원효와 의상 또한 견당사들의 행로 선택과 크게 다르지 않았을 것이다.
    원효와 의상은 두 차례의 유학을 시도하였다. 제1차 유학은 고구려 영토로 나아갔기 때문에 죽령로를 택하였을 가능성이 있지만 제2차 유학은 계립령로를 택하였던 것으로 짐작된다. 계립령로는 화성 당은포-여주(수로)/직산(육로)-충주-연풍-문경-함창-상주-선산-경주로 이어지는 육로이다.
    원효와 의상이 충주를 지나 육로로 죽산을 거쳐 당은포로 왔는지, 아니면 충주에서 여주로 와서 수로로 당은포로 나왔는지는 알 수 없다. 다만 남양만의 당은포 즉 당항진이 속해 있는 당주의 경계를 관리하는 성이 경기도 화성의 당항성이라는 점을 고려하면 죽산의 육로를 거쳐 돌아가는 길보다는 여주의 수로를 거쳐 가로지르는 길을 이용했을 가능성이 크다고 보인다. 보행자에게 수로는 육로보다 인체에 가해지는 물리적인 부담이 훨씬 적기 때문이다.

원효와 의상이 잠을 잔 무덤이 오늘날의 화성 신흥사와 평택 수도사 어느 곳이기보다는 당시 남양만 당항진 즉 당항포의 관할지가 당성이었고, 당성이 현재의 경기도 화성에 있으며, 당시 중부 횡단항로로 나아가는 출발 지점이 남양만의 당은포라는 점을 고려하면, 원효의 오도처는 당항성 인근의 어느 무덤으로 보는 것이 더 적절하다고 볼 수 있다. 김영이 쓴 「월광산원랑선사대보선광탑비月光山圓朗禪師大寶禪光塔碑」의 대통이 '직산樴山'에서 석 달 동안 선정에 들어 있었다면 그곳은 무덤 혹은 무덤이 있던 자리일 수가 없을 것이다. 뿐만 아니라 그곳이 원효의 수행처로 볼 수 있을지언정 원효의 오도처로 볼 수는 없을 것이다. 그리고 원효의 오도처 즉 영장처가 무덤이었다면 그곳이 현재의 사찰일 수는 없지 않겠는가 생각해 봐야 할 것이다.

따라서 대통이 석 달 동안 선정에 들었던 곳이 직산의 어느 무덤일 수 없으며, 그 무덤에 절을 지을 수 없다는 점을 고려하면 원효의 오도처는 남양만 당은포를 향해 나아가던 당항성 인근의 어느 무덤으로 보아야 할 것이다. 원효의 오도처는 경기도 화성의 당항성 인근의 무덤으로 볼 때 당시 신라의 견당사들이 오고간 육로와 수로 및 해로와 계절적 요인 등의 정합성을 맞추어 갈 수 있을 것이라고 필자는 생각한다.

4

분황 원효의 여래장 인식과 불성 이해
―원효가 한국불교에 미친 영향을 중심으로―

Ⅰ. 마음은 모든 존재의 근본 … 158
Ⅱ. 여래장과 불성의 접점과 통로 … 161
Ⅲ. 원효의 일심과 여래장 인식 … 170
Ⅳ. 원효의 본각과 불성 이해 … 176
Ⅴ. 한국인의 불성관에 미친 원효의 영향 … 183
Ⅵ. 마음의 가능태와 현실태 … 197

Ⅰ. 마음은 모든 존재의 근본

인도 초기의 불교사상사에서 무아無我와 윤회輪廻의 양립 문제는 가장 대표적 논변 중의 하나였다. 중국 초기의 불교사상사에서는 신멸神滅과 신불멸神佛滅 즉 정신과 육신의 일원一元과 이원二元의 문제가 주요 논변이었다. 이후 7~8세기 동아시아 불교사상사에서 부처의 마음과 범부의 의식을 변별하려는 팔식구식八識九識 논변과 여래장如來藏과 불성佛性의 지위 문제는 성불의 내용과 방법을 구명하는 주요 논변이 되어 왔다. 이 중에서도 여래장과 불성의 지위 문제는 불교사상사의 핵심 논제이면서 원효 사상의 중심적 주제가 되어 왔다.

붓다는 마음은 맑고 깨끗하지만 번뇌에 물들어 있다고 하였다.[1] 근본불교에서는 "인간의 마음은 본래 청정하지만 우연적 요소인 번뇌에 의해 더럽혀졌다."[2]라고 하였다. 즉 중생의 본성은 부처나 여래의 본성과 같이 평등하지만 현실에 있어서 인간의 본성은 갖가지 번뇌로 뒤

---

1 『法句經』제1장, 제1구. "心爲法本". 한역본은 "마음이 모든 존재의 근본이다" 즉 "마음에 따라 행이 이루어진다."고 옮겼다. Juan Mascaro, The Dhammapada, England Books Ltd, 1973. 후앙 마스카로는 이 구절을 "삶은 이 마음이 만들어 내는 것이니"로 번역하고 있다. 석지현 역, 『법구경: 불멸의 언어』(민족사, 1994; 1997), p.12 참고.
2 Aṅguttara Nikāya Ⅰ-6, F. L. Woodward 번역, The Book of the gradual Sayings(London: Pali Text Society, 1979), p.5. "비구들이여, 이 마음은 밝게 빛나고 있다. 단지 일시적인 번뇌에 더럽혀져 있다."; 『增支部經典』Ⅰ-10, 11-13). "自性淸淨心, 客塵煩惱染"

덮여 있다. 때문에 우리의 "자성은 맑고 깨끗하지만 일시적 번뇌로 물들어 있다."고 보았다. 여기서 '우연적' 혹은 '일시적(āgantuka)'이란 '번뇌가 손님(客)처럼 잠시 왔다감'을 뜻한다. 이 번뇌는 '거울에 잠시 내려 앉은 먼지(塵)'와도 같기에 '객진客塵'이라고도 한다. 이처럼 중생은 자성청정심(心性)을 지니고 있지만 손님처럼 오는 번뇌에 덮여 있으므로 어떠한 인식의 전환 없이 위없는 깨달음을 얻을 수 없다고 보았다.

부파불교의 대중부에서는 이 '자성청정 객진번뇌'설을 발전시켜서 대승불교의 여래장 불성 사상의 이론적 근거로 삼았다. 이후『반야경』, 『법화경』, 『유마경』등의 여러 대승 경전에서는 ① 심은 본래 눈부시게 빛나는 것(明淨)이지만 객진인 번뇌에 의해 물들어 있으므로 이 객진인 번뇌에서 이탈하면 심은 명정明淨이 된다고 보았다. ② 심이 청정하면 중생이 청정하고 심이 물들면 중생도 물든다. 이러한 교설들은 여래장 사상과의 관련성을 보여 주고 있으며, 이 문장은 여래장계 경전에서도 여래장의 전거로서 자주 인용되고 있다.

대승불교의 아버지로 불리는 용수龍樹(150~250) 이후에 편찬된『여래장경』(약 250년경)은 여래장에 대한 최초의 문헌으로 추정된다.[3] 이 경전과 함께 여래장 삼부경으로 분류되는『승만경』, 『부증불감경』과『대승열반경』, 『능가경』, 『화엄경』등도 여래장사상을 다루고 있다. 분황 원효芬皇元曉(617~686)는 여래장사상이 중국의 인성론人性論과 심성론心性論의 영향을 받아 재해석된 불성론佛性論에 입각하여 자신의 여래장 인식과 불성 이해를 보여 주고 있다. 그의『대승기신론별기』와『대

---

3 M. Zimmmermann, A Buddha Within: The Tathāgatagarbhasūtrar The Earliest Exposition of the Buddha-Nature in India, Tokyo 2002, p.79 참조. 堅慧보살 지음, Ratna Gotra Vibhāga, 안성두 옮김,『보성론』(소명출판, 2012), p.12 재인용.

승기신론소』 및 『금강삼매경론』과 『열반경종요』 등은 특히 그의 여래장 인식과 불성 이해의 지형을 보여 주고 있으며, 이러한 인식은 후대의 학자들에게 일정한 영향을 미쳤다.[4] 이 글에서는 원효의 여래장 인식과 불성 이해가 그의 9명의 제자들[5]과[6] 이후[7] 한국의 사상가들에게 어떠한 영향을 미쳤는지에 대해 살펴보고자 한다.

---

4 원효의 여래장 인식과 불성 이해 및 이후의 영향 관계에 대해서는 다음의 논구들이 있다. 고익진, 『한국고대불교사상사』(서울: 동국대학교출판부, 1989); 이평래, 『신라여래장사상연구』(서울: 민족사, 1993); 박태원, 「신라불교의 대승기신론 연구」, 『신라문화제학술발표논문집』 제14집, 신라문화선양회, 1993; 장애순(계환), 「법장의 『대승기신론의기』 찬술에 대한 고찰」, 『한국불교학』 제26집, 한국불교학회, 2000; 은정희, 「신라의 대승기신론 연구」, 『자료와 해설: 한국의 철학사상』(서울: 예문서원, 2001; 김상현, 『원효연구』(서울: 민족사, 2000); 박태원, 『대승기신론사상연구』(서울: 민족사, 1995); 박태원, 「신라의 화엄학」, 『자료와 해설: 한국의 철학사상』(서울: 예문서원, 2001; 고영섭, 「통일신라의 유식학과 화엄학」, 『자료와 해설: 한국의 철학사상』(서울: 예문서원, 2001); 석길암, 「법장 교학의 사상적 전개와 원효의 영향」, 『보조사상』 제24집, 보조사상연구원, 2005. 8; 김원명, 『원효의 열반론』(고양: 한국학술정보, 2008); 조수동, 「원효의 불성이론과 화쟁」, 『철학논총』 제58집, 새한철학회, 2009.10; 조수동, 「원효의 본각과 여래장」, 『동아시아불교문화』 제10집, 동아시아불교문화학회, 2012; 김천학, 「종밀의 『대승기신론소』와 원효」, 『불교학보』 제69집, 동국대학교 불교문화연구원, 2014; 김천학, 「종밀에 미친 원효의 사상적 영향 –『대승기신론소』를 중심으로」, 『불교학보』 제70집, 동국대학교 불교문화연구원, 2015; 박인석, 「태현 『대승기신론내의약탐기』의 불신론 분석 –불신의 8문 및 1문과 2문을 중심으로」, 『불교학연구』 제45호, 불교학연구회, 2015.12.

5 音里火 三千幢主 級湌 高金□ 鐫, 「高仙寺誓幢和上碑」. 원효의 비문에 나오는 현륭玄隆 등 9명의 제자 이외에 문선文善, 사복蛇福, 엄장嚴莊, 경흥憬興, 도륜道倫, 태현太賢, 표원表員, 견등見登 등도 원효의 영향 속에 있었던 인물들로 추정된다.

6 최병헌, 「고려불교계에서의 원효 이해 –의천과 일연을 중심으로–」, 『원효연구논총』(서울: 국토통일원, 1987); 김상현, 「고려시대의 원효 인식」, 『정신문화연구』 제17권 1호(통권 54호), 한국정신문화연구원, 1994.

7 진성규, 「조선시대 원효 인식」, 『중앙사론』 제14집, 중앙대학교 사학회, 2000. 12.

Ⅱ. 여래장과 불성의 접점과 통로

'여래장如來藏'은 '따타가따 가르바tathāgata-garbha', 즉 중생이 여래의 태胎 혹은 여래의 태아胎兒를 간직하고 있다는 뜻이다. 이것은 일체 중생이 제 자신 안에 여래를 저장하고 있으며, 일체 중생은 여래장이라는 것을 의미한다. 여래장의 의미를 가장 체계적으로 해명하고 있는 『라트나고트라비바가Ratnagotravbhāga』 즉 『구경일승보성론究竟一乘寶性論』에서는 '보성寶性' 즉 '삼보의 종성의 분석', 다시 말해서 궁극적으로 불보로 귀결되는 '삼보가 출현하는 원인'인 붓다가 될 수 있는 원인으로서 여래장이나 불성에 대해 설하고 있다.

『보성론』은 유구진여有垢眞如와 무구진여無垢眞如, 붓다의 공덕(buddha-guṇa)과 붓다의 작용(buddha-kriyā)이라는 네 주제를 집중적으로 거론하고 있다. 붓다의 공덕과 붓다의 작용은 무구진여가 지닌 성질과 작용이기 때문에 이들 네 주제는 크게 유구진여로서의 여래장如來藏과 무구진여로서의 법신法身으로 좁혀 볼 수 있다. 여래장이 수행을 통해 붓다가 될 가능성으로서의 원인적 측면(因位)에 해당한다면, 법신은 완성된 형태(果位)로서의 불성을 가리킨다. 따라서 이 양자는 본성상 차이가 없으며 결국 『보성론』의 주제는 법신法身 즉 불성佛性을 설하는 것[8]이다. 원효는 이 『보성론』에 대한 주석서로서 『보성론종요』와 『보성론요간』이라는 저서를 썼으나 현존하지 않는다.[9]

---

[8] 堅慧 著, RGV(Ratna Gotra Vibhāga); 玄奘 譯, 『究竟一乘寶性論』(『大正藏』 제31책); 안성두 역, 「보성론(Ratnagotravbhāga)의 서문」, 앞의 책, pp.38~39.

[9] 高榮燮, 「분황 원효 저술의 서지학적 분석」, 『한국불교사연구』 제2호, 한국불교사

이 논서에서는 금과 금을 함유한 광석의 비유를 통해서 법신과 여래장의 관계를 은유하고 있다. 금은 결과의 상태에 있는 청정한 존재로서의 법신을 가리키며, 광석은 금을 함유하고는 있지만(因位) 아직 청정하지 않은 존재로서의 여래장을 가리킨다. 하지만 금의 본질이라는 관점에서(果位) 양자의 동일성은 부정될 수 없다.

중생의 취聚가 붓다의 지혜 속에 내재해 있기 때문에,
중생의 취 안에 더러움이 없는 것은 본성상 불지佛智와 둘이 아니기 때문에,
붓다의 종성種姓 위에 그 불과佛果를 시설하기 때문에,
일체의 신체를 가진 자는 붓다를 태장胎藏으로 갖고 있다고 설해지네.

— 「일체중생유여래장품」 제5, 27게[10]

정각자의 신체가 편만하기 때문에,
진여는 차별되지 않기 때문에,
종성이기 때문에,
항시 신체를 가진 자는 붓다를 태장으로 가진다네.

— 「일체중생유여래장품」 제5, 28게[11]

학회 한국불교사연구소, 2013.2; 高榮燮, 『분황 원효의 생애와 사상』(서울: 운주사, 2016).

10 堅慧 著, RGV(Ratna Gotra Vibhāga); 玄奘 譯, 『究竟一乘寶性論』(『大正藏』 제31책).
11 堅慧 著, RGV(Ratna Gotra Vibhāga); 玄奘 譯, 『究竟一乘寶性論』(『大正藏』 제31책).

일본의 다카사키 지키도는 이것을 다음의 세 가지로 정리하고 있다. ① 중생 속에 있는 여래는 번뇌에 덮여 있다. ② 교설을 듣고 수행함에 의해 여래는 현현하고 붓다의 작용을 나타낸다. ③ 그렇지만 인위와 과위에 있어 그 본성은 변함이 없다.[12] 이들 세 가지 사실에 의거하여 이 논서에서는 『여래장경』의 '일체 중생에게는 여래장이 있다(一切衆生有如來藏)'는 구절의 '장'의 의미를 아래와 같이 풀이하고 있다.

① 일체 중생에게는 여래의 법신이 변만하다. ② 일체 중생에게는 여래의 진여가 무차별하다. ③ 일체 중생에게는 여래의 종성이 존재한다.[13] 여기서 여래의 법신은 결과 상태(果位)의 진여를 나타낸다. 이것은 중생이 모두 법신으로서 그 법신의 태장 속에 여래장으로서 존재한다는 것을 언표한다. 동시에 이것은 ①의 일체 중생이 여래(법신) 안에 속하게 된다는 것을 의미한다(所攝여래장). 반면 진여의 무차별은 진여로서의 여래가 중생들의 태장이라는 것이다. 즉 진여는 중생들 속에 숨겨져 있는 것이다. 이것은 ②의 여래가 일체 중생 가운데 은부된다는 것을 의미한다(隱覆여래장). 그리고 여래의 종성이란 원인 상태(因位)의 진여를 나타내며, 여래가 될 수 있는 원인이 중생 속에 있다는 것이다. 이것은 ③의 일체 중생이 여래를 그 안에 거두어들인다는 것을 의미한다(能攝여래장).

여래장이 함축하고 있는 여래여야 할 태아는 결국 헬 수 없는 번뇌(無量煩惱)로 소섭되어 있다. 하지만 그 안에 여래가 될 원인, 즉 본질

---

12 高崎直道, 『寶性論』(동경: 大藏出版, 1989), p.30; 『如來藏思想·佛性論』(高崎直道 著作集 제6권).
13 世親의 『佛性論』에서는 이같은 여래장의 '장藏'의 의미를 소섭所攝여래장, 은복隱覆(伏)여래장, 능섭能攝여래장으로 설명하고 있다.

이 있다. 그래서 중생이 여래의 자비에 의해서 수행을 하게 되면 자신의 내면에 있는 여래를 보게 된다. 중생 안에 있는 지혜의 인因, 여래와 같은 본질은 객진번뇌에 덮여 있는 자성청정심(心性)이다. 그러므로 ① 일체 중생은 성장하여 여래로 될 소질을 가지고 있기 때문에 여래의 태아이다. ② 중생들에게 있어서는 여래의 성격이 아직 발현되지 않았기 때문에 여래의 태내에서 자고 있지만 그 잠자고 있는 태아는 여래이며 그것은 진여이다. ③ 중생은 번뇌 때문에 자기에게 잠재하는 여래의 성격을 태아처럼 감추어서 표면에 나타내지 못하지만 그들의 태아는 여래성如來性(tathāgata-dhātu)이다.

이처럼 『보성론』의 여래장사상은 법계일원론적 주장[14]이나 기체론적 사유[15]가 아니라 고뜨라gotra의 의미에서 알 수 있듯이 실천론적 성격[16]을 강하게 지니고 있다. 그런데 이러한 『보성론』의 여래장 인식은 동아시아로 넘어오면서 인성론人性論의 영향을 받아 불성론佛性論의 이해로 변용되었다. 즉 종래 인도 서역의 '여래장如來藏' 개념은 중국에서 '불

---

14 高崎直道, 앞의 책, p.21.
15 宋本史郎, 『緣起と空: 如來藏思想批判』(동경, 법장관, 1990), 혜원 옮김, 『비판불교: 여래장사상은 불교가 아니다』(서울: 고려대장경연구소, 1995).
16 L. Schmithausen, "Zu D. Seyfort Rugge's Buch 'La Theorie du Tathagatagarbha et du Gotra", WZKSO XVII, 1973: pp.137~138. 슈미트하우젠은 "여래장사상은 …… 대승불교 정신의 기본이념을 형이상학적으로 기초를 다지려는 하나의 시도인 것이다. 그럼으로써 절대적인 것은 필히 긍정적인 것으로 되고 붓다를 구성하는 무수한 공덕의 담지자가 되는 것이다. 이 공덕은 본래 산출된 심적 소산이지만 이제 절대적인 것의 무위적 본성 속에 용해된 것이다. 비로소 이런 구체적 공덕의 용해를 통해 여래장 문헌에 있어 절대적인 것을 동시에 불성으로서, 그럼으로써 해탈하지 못한 중생의 구제를 위해 작용하는 것으로 사유하는 것이 가능해졌다. 이러한 작용성이야말로 여래장 문헌의 절대적인 것을 아드바이타 베단타의 완전히 정적靜的인 '이기적인' 절대자와 구별시키고 진실로 불교적으로 만드는 점이다."라고 하였다. 안성두, 앞의 책, p.41 재인용.

성佛性'이란 개념으로 새롭게 해석되면서 이루어졌다. 이것은 여래장 개념이 중국의 인성론과 심성론과 만나 인성화人性化되고 심성화心性化되어 '부처의 본성' 즉 불성 이해로 전환되었기 때문이었다. 그 결과 여래장 개념은 동아시아에서 제한적으로 사용되었고 불성 개념은 동아시아 전반에서 널리 통용되었다.

인간의 본성에 대한 탐구에 힘을 기울였던 중국철학은 '인성人性'에 대해 깊이 구명하였다. 하夏·은殷·주周 삼대의 마지막을 이어 갔던 주나라 왕실이 붕괴된 뒤 춘추전국시대와 같은 정치적 혼란기에 들어서면서 백성들에게는 훌륭한 통치자(聖人)가 요구되었다. 동시에 훌륭한 통치자는 피치자의 본성에 대한 깊은 이해가 요청되었다. 더욱이 하늘이 명한 것(天命)으로서의 인성人性은 인간 속에 부여된 하늘의 요소로서 천天과 인人이 감응하여 합일(天人合一)할 수 있어야 했다. 이 때문에 이후의 중국철학은 인간의 본성에 대한 담론이 주류를 이루게 되었다.

특히 유교에서는 내성외왕內聖外王 즉 안으로는 성인聖人을 꿈꾸고 밖으로는 덕왕德王을 모색하였다. 이것은 이상적인 성인과 현실적인 덕왕을 통치자로서 통섭하려는 노력이었다. 공자는 "사람의 기질지성은 서로 비슷하지만 교육과 환경이 서로 다르다."[17]라고 하며 인성에 대해 드물게 언급했다. 대신 그는 외재적 사회규범인 예禮와 내재적 도덕정감인 인仁을 강조하였다. 하지만 공자 이후 중국철학사는 '성性'이라는 글자 속에 인간의 본성에 관한 논의들을 함축시켰다.

유가의 순자는 '성'은 '심心'과 '생生'에서 비롯되었다(從心從生)고 보았다. '성性'이란 "하늘이 부여한 것(天之就也)"이며, "태어나면서 가지

---

[17] 『論語』, 「陽貨」. "性相近也, 習相遠也." 주희朱熹는 이 '성性'을 기질氣質의 성性으로 보았다.

고 있는 것(生而具有)"이자 "나면서 지니고 있는 것(生而有)"을 의미한다.[18] 이것은 인간이 나면서부터 가지고 있는 본능과 욕망과 같은 자연스러운 속성을 가리키는 것이다. 이처럼 작위적인 욕망을 배제하고 자연스런 속성을 강조한 것은 무위자연無爲自然을 강조한 노자였다. 그는 원초적 생명生命 상태를 강조하면서 인성을 자연성의 시각에서 바라보았다.

반면 맹자는 노자의 생生과 달리 심心에 주목하였다. 그는 인성을 윤리 도덕성의 측면에서 '생'이 아닌 '심'에 집중하여 '성性'을 해석하였다. 맹자는 인간의 마음속에는 도덕적 본성인 인의仁義의 덕이 내재해 있으며, 이러한 도덕적 본성인 인성은 인간과 금수를 구별하고 인간을 인간답게 만들어 주는 인간의 본질이라고 하였다. 맹자의 인성을 확장 심화시킨 송대의 성리학자들은 이러한 도덕적 본질로서의 성이 곧 우주의 이치를 담보하고 있다(性卽理)고 보아 인성人性의 논의에 본체론을 끌어들였다. 이렇게 되자 생生으로서의 성性은 생이후生以後의 형이하적인 것(形而下者)을 가리키게 되었고, 이理로서의 성性은 생이전生以前의 형이상적인 것(形而上者)를 가리키게 되었다.

맹자는 인간이 지닌 생리적인 욕구 이외에 인·의·예·지라는 도덕적 원리가 그 마음속에 내재에 있다고 보았다. 즉 "타인을 불쌍히 여기고 숨겨 주려는 마음이 인仁의 단서이고(惻隱之心, 仁之端也), 자기의 잘못을 부끄러워하고 타인의 잘못을 미워하는 마음이 의義의 단서이며

---

18 『荀子』「正名」. "性者, 天之就也; 情者, 性之質也; 欲者, 情之應也." 순자는 성性과 정情과 욕欲을 통일시켜, 실제로 정욕情欲으로 인성人性을 해석하였으니, 성性은 다른 것이 아니라 정감욕망情感慾望에 의해서 표현되는 자연적自然的인 인성性이라고 하였다. 蒙培元, 『中國心性論』, 이상선 역(서울: 법인문화사, 1996), pp.161~163 참고.

(羞惡之心, 義之端也), 물러나고 양보하는 마음이 예禮의 단서이고(辭讓之心, 禮之端也), 옳고 그름을 가려내는 마음이 지智의 단서(是非之心, 智之端也)이니"[19] 이 네 가지 마음을 선한 단서(善端)로 삼아 인·의·예·지라는 네 가지 덕(四德)으로 확충(擴而充之)시킬 때 성性 전반이 비로소 선화善化된다고 하였다.

이와 같이 인간의 본성을 마음의 차원에서 살핀 맹자의 성선설性善說은 심선설心善說의 다른 표현이라고 할 수 있다. 맹자의 성선은 인성론을 심성론으로 전환시킨 첫 시도라고 할 수 있다. 심이 인성의 주체적인 담당자가 되고, 인성은 오직 심에 의해서만 실현되고 완성된다. 이때의 마음은 사단심이지만, 이것을 한마디로 하면 '타인에게 차마 하지 못하는 사람의 마음(不忍人之心)'이다. 이런 불인인지심으로 '타인에게 차마 하지 못하는 사람의 정치(不忍人之政)'를 하는 것이 어진 정치(仁政)이다.[20]

이것은 인정仁政의 근원을 인성人性에 두는 것이며, 심성론적으로 해명된 인성론이 정치철학의 기초가 된다는 것을 보여 준다. 결국 맹자 인성론의 총강령은 "그런 마음을 보존하고 그런 본성을 배양함으로써 하늘을 섬기는 것(存其心, 養其性, 所以事天)"[21]이다. 이것은 최고 존재인 천天도 단지 인간의 성性과 심心을 통해서만 구현된다는 것을 시사하고 있는 것이다. 유가의 모든 사상가가 그러하듯이, 주자 역시 인륜적 도덕성의 고양을 통한 치세治世의 수립이 목적이었다.[22]

---

19 『孟子』, 「公孫丑」 上.
20 『孟子』, 「公孫丑」 上.
21 『孟子』, 「盡心」 上.
22 김종욱, 「조선후기 雲峰大智의 불교 心性論」, 『조선시대의 불교문화: 새로운 연구성과 및 향후의 연구과제』, 2016 Dongguk University-UBC Joint-Conference 자

이 때문에 인간의 본성도 선악의 기원 문제와 관련하여 논의할 수밖에 없었고, 선과 악이라는 상반되는 요소를 정합적으로 설명하기 위해 심이나 성을 도심과 인심, 성과 정, 본연지성과 기질지성이라는 식으로 양분하였다. 그렇게 한 다음 맹자의 '선한 마음의 간직(存心)'과 순자의 '악한 정감의 조화(化性)'를 종합한 '천리의 보존(存天理)'과 '인욕의 제거(去人欲)'의 실현을 위해, 악의 경향성을 지닌 인심의 정감과 기질지성을 부정시하는 엄숙주의의 길을 열어 놓았다.[23]

인도 서역의 무대에서 사용되던 '여래장' 개념이 동아시아에서 '불성' 개념으로 전환하는 지점 역시 이러한 중국 인성론의 배경 위에서이다. 이러한 전환은 '인성' 혹은 '심성' 또는 '본성本性'의 선성善性 혹은 '청정성淸淨性'을 우선시하는 계기를 만들었다. 동시에 '일체법유여래장'(『攝大乘論無性釋』, 『莊嚴經論』), '일체중생유여래장'(『寶性論』)이라는 인도 서역의 경론이 '일체중생실유불성'(구마라집 역, 『涅槃經』), '일체중생개유불성'(구마라집 역, 『金剛經』)으로 이어지는 통로를 열었다.

증지부 경전의 '자성청정심自性淸淨心, 객진번뇌염客塵煩惱染'이라는 교설은 『대승입능가경』에서는 "본성청정本性淸淨, 객진소염客塵所染"[24]으로 표기되었고, '심성본정心性本情'은 『화엄경』을 비롯한 무수한 경론에서, '객진소염客塵所染'은 『지세경持世經』을 비롯한 다수의 경론에서 확인되고 있다. '심성본정'과 '객진소염'의 두 개념은 불교의 수행론에서 해탈의 사성四聖(聲聞, 緣覺, 菩薩, 佛)이 도달하는 깨달은 세계(悟界)와 윤회의 육도六道(地獄, 餓鬼, 畜生, 修羅, 人間, 天上)가 도달하는 미혹

료집, pp.230~232.
23 김종욱, 위의 글, 위 자료집, p.232.
24 實叉難陀 譯, 『大乘入楞伽經』 권5(『大正藏』 제16책, p.619하).

한 세계(迷界)의 구도로 해명할 수 있다.

불교의 유식사상에서는 '본성은 청정하지만(本性淸淨) 객진에 오염되어 있다(客塵所染)'는 청정淸淨과 염오染汚의 이중구조를 아리야식을 통해 해명하고 있다. 그런데 유식사상은 부처의 마음 상태를 보여주는 '본성청정'보다는 범부의 의식 상태를 해명하는 '객진소염'에 더 치중하였다. 반면 여래장사상은 '본성청정'에 입각하여 '객진소염'과의 통합을 시도하였다. 이것은 『보성론』을 비롯한 유가행파의 경론에 "일체 중생은 여래의 태아를 가지고 있다.(一切衆生有如來藏)"라는 구절이 나타나 있는 것처럼 범부를 부처로 만드는 수증론에 집중해 있기 때문이다.

중국에서 번역된 『열반경』 등에서는 중국의 인성론과 불교의 수증론을 반영하여 '여래장'을 '심성', '본성', '불성', '법성', '각성' 등으로 한역하였다. '여래'와 '태'(태아, 자궁)의 합성어인 여래장은 가능태를 넘어 현실태로 나아가는 과정에서 자연스럽게 심성, 본성, 불성, 법성, 각성 등으로 번역되었다. 아울러 가능태로서 여래와 범부의 차이성을 드러내는 '본성청정'과 현실태로서 여래와 범부의 동일성을 나타내는 '객진소염'의 구도가 두 사상의 입각점과 강조점을 모두 보여 준다는 사실은 주목할 필요가 있다.

그런데 '유식과 여래장의 관계'에서 한 걸음 더 나아가 '여래장과 일심의 관계'에서 볼 때 원효는 여래와 범부의 동일성을 인정하면서도 여래와 범부의 차이성을 강조하는 쪽에 서 있다. 이것은 그가 유식사상에 대한 인식과 여래장사상에 대한 이해를 통합적으로 파악하고자 했음을 보여 주는 대목이기도 하다. 이러한 지점은 원효가 기본적으로는 여래와 범부의 동일성을 강조하는 팔식론을 지지하면서도 여래와 범부의 차이성을 인정하는 구식론과의 통로를 열어 두는 대목[25]에서도 확인할 수 있다.

Ⅲ. 원효의 일심과 여래장 인식

원효는 일심의 철학을 구축하기 위해『대승기신론』에 대한 여덟 권의 주석서를 썼다. 젊은 시절에 쓴『대승기신론별기別記』를 비롯하여『대승기신론종요宗要』,『대승기신론요간料簡』,『대승기신론대기大記』,『대승기신론사기私記』,『대승기신론일도장一道章』,『대승기신론이장장二障章』[26],『대승기신론소疏』등이 그것이다.[27] 현재는 수학시절의 공부

---

25 遁倫,『瑜伽論記』권1상(『大正藏』제2책, p.410중하). "新羅元曉法師云, 自性淸淨心, 名爲阿摩羅, 與第八阿賴耶識, 體同義別."
26 石田茂作 편,『寫經より見たる奈良朝佛敎の硏究』(동양문고)의 부록附錄에 실린『奈良朝現在一切經目錄』(『東洋文庫論叢』제11집, 1930, p.126)에서는『一道章』을『起信論一道章』으로,『二障章』을『起信論二障章』으로 기록하고 있다; 金煐泰,『元曉硏究史料總錄』(원효학연구원 장경각, 1996), p.88 재인용.
27 원효의『대승기신론』주석서 목록은 8종으로 추정된다. 의천(1055~1101)은『新編諸宗敎藏總錄』(3권)에 당시 해동(고려)에 보이는 현행본을 중심으로 44부 88권을 적고 있지만『대승기신론』의 주석서 목록으로『기신론疏』,『기신론宗要』,『기신론別記』,『기신론大記』,『기신론料簡』5종으로 보았지만 '대화엄경'으로 분류된『一道章』의 성격을 화엄 계통의 저서로 보아야 할지는 확정할 수 없다. 望月信亨,『講述大乘起信論』, pp.49~50에서는『대승기신론』에 대한 원효의 주석서로『대승기신론別記』,『대승기신론宗要』,『대승기신론大記』,『대승기신론料簡』,『대승기신론一道章』,『대승기신론二障章』,『대승기신론疏』등 모두 7종이 제시되어 있다.

노트였던『대승기신론별기』[28]와 만년작인『대승기신론소』및『대승기신론이장장』이 있다. 그는 이들 주석서들을 통해 일심의 철학을 공고히 하였고 일심의 의미를 해명하기 위해 아리야식 개념과 여래장 개념을 적절히 원용하였다.

원효가 대승불교의 교과서라고 할 수 있는『대승기신론』에 집중한 것은 심진여문과 심생멸문의 구도 아래 유식사상과 여래장사상의 이중구조를 보여 주는 이 텍스트의 독특한 구성 체계 때문으로 짐작된다. 그가 은밀문과 현료문의 두 문 아래 번뇌장과 소지장 및 번뇌애와 지애의 관계를 해명하는『이장의』의 구도 역시 이에 부합하는 것이다.[29] 원효는 유식사상의 아뢰야식과 여래장사상의 여래장 개념과의 상통점과 상이점을 구명한 뒤 이 둘의 통합을 시도하였다. 그러면서도 그는 범부의 마음 상태를 해명하는 '객진소염'에 더 치중하는 유식사상보다는 부처의 마음 상태를 보여 주는 '본성청정'에 입각하여 '객진소염'과의 통합을 시도하는 여래장사상에 더 집중하였다. 이것은 여래장이 여래와 범부의 차이성을 강조하기보다는 이 둘 사이의 동일성을 강조하기 때문이었다.

원효가 일찍이 성립한 여래장계 논서인『보성론』에 대해『보성론종요』와『보성론요간』이라는 논소를 쓴 것이나 여래장사상을 담고 있는

---

28 元曉,『大乘起信論別記』(『한불전』제1책). 이 저술은『대승기신론』의 ①因緣分, ②立義分, ③解釋分, ④修行信心分, ⑤勸修利益分의 5분 중 ②입의분과 ③해석분만을 다루고 있다. 원효는 이 저술에 대해 스스로 평가하기를 "자신을 위해서 기록할 뿐이니, 감히 세상에 내놓아 유통되기를 바라지 않는다."(『한불전』제1책, p.678중)라고 말하였다. 아마도『대승기신론』에 대한 본격적인 저술을 위한 준비 과정에서 나온 연구로 짐작된다.
29 高榮燮,「원효의 장애론」,『불교학연구』창간호, 한국종교학회 불교분과, 1999.

『부증불감경』[30]과『승만경』[31],『열반경』[32]과『능가경』[33] 등에 대한 경소를 쓴 것도 이러한 맥락 위에서 이해할 수 있다. 그는 이러한 이론적 기초 위에서 일심과 여래장 인식을 본격적으로 할 수 있었던 것으로 짐작된다. 특히 원효는『대승기신론』의 일심이문 구조를 유식사상의 아뢰야식과 여래장사상의 여래장의 관계를 해명하기 위한 탁월한 체계라고 파악하였다. 그리하여 그는 여래와 범부의 차이성을 강조하기보다는 이 둘 사이의 동일성을 강조하기 위한 이론적 배경을 확보할 수 있었다.

원효는『대승기신론』의 일심一心을 논주 마명과 같이 중생심으로 보고 있다. 그의 지향은 '일심의 원천으로 돌아가게 하는 것(歸一心源)'과 '중생을 풍요롭고 이익되게 하는 것(饒益衆生)'에 있었다. 그리고 원효는 이 둘을 화회시키기 위한 매개항(和諍會通)을 설정하여 '일심의 원천으로 돌아가게 함으로써' 궁극적으로는 '중생이 그들 스스로를 풍요롭고 이익되게 하는 것'에 있었다. 여기에서 화쟁회통 즉 화회는 일심의 근원으로 돌아가는 주체와 풍요롭게 이익되게 하는 주체를 중생들 스스로에게 되돌려주는 매개항이라고 할 수 있다.

이러한 '주체의 회복'은『대승기신론』의 심진여문과 심생멸문의 근거로서 일심을 이해하는 원효의 인식 속에서 이미 확인된다. 그의 오

---

30 원효는『不增不減經疏』(1권)를 저술했으나 전하지 않는다.
31 원효는『勝鬘經疏』(2혹3권)를 저술했으나 일부만이 전한다.
32 원효는『涅槃經疏』(5권),『涅槃經宗要』(1혹2권)의 2종을 저술했다.
33 원효는『楞伽經疏』(7혹8권),『楞伽經宗要』,『楞伽經料簡』(미상),『入楞伽經疏』(7혹8권),『楞伽經要論』(1권)의 5종을 저술했으나 현존하지 않는다. 권수가 같은『楞伽經疏』와『入楞伽經疏』나『楞伽經宗要』와『楞伽經要論』는 동일 저술일 가능성이 있지만 현재는 확정할 수 없어 5종으로 보았다.

도송悟道頌[34]은 이러한 점을 극명하게 드러내고 있다. 원효는 어젯밤 잠자리의 '해맑고 깨끗한 마음의 측면'과 오늘밤 잠자리의 '물들고 때 묻은 마음의 측면'의 대비를 통해 깨달음을 얻었다. 그 결과 그는 마음의 두 모습을 아우르는 '우주적 마음'인 '일심'의 발견을 통해 새롭게 태어났다. 원효가 일심법一心法에 대해 자세히 검토한 것도 이러한 맥락에서 이해할 수 있다.

원효는 일심을 여래장이라 하고 아리야식이라고 하였다. 다시 이것을 일심의 생멸문을 나타낸 것이라고 하였다. 그리고 이 생멸문에는 두 가지 뜻이 있으니 하나는 각覺의 뜻이요, 다른 하나는 불각不覺의 뜻이라고 하였다. 그러면서 이 식은 생멸심만을 취해서 생멸문을 삼는 것이 아니라, 생멸 자체와 생멸상을 통틀어 취하여 모두 생멸문 안에 둔다는 뜻을 밝히고 있음을 알아야 한다고 역설하였다.

처음 중에 '일심법에 의하여 두 가지 문이 있다'는 것은, 『능가경』에서 "적멸이란 일심이라 일컬으며, 일심이란 여래장이라 일컫는다."라고 말한 것과 같다. 이 『기신론』에서 심진여문心眞如門이라고 한 것은 곧 저 『능가경』의 '적멸이란 일심이라 일컫는다'고 한 것을 해석한 것이

---

[34] 贊寧 「唐新羅國義湘傳」, 『宋高僧傳』 권4(북경: 중화서국, 1987), p.75. "어젯밤 잠자리는 땅막(土龕)이라 일컬어서 또한 편안했는데(前之寓宿, 謂土龕而且安)/ 오늘밤 잠자리는 무덤(鬼鄕)이라 내세우니 매우 뒤숭숭하구나(此夜留宿, 託鬼鄕而多崇)/ 마음이 생겨나므로 갖가지 현상이 생겨나고/ 마음이 사라지므로 땅막과 무덤이 둘이 아님을 알겠도다!(則知心生故種種法生, 心滅故龕墳不二)/ 또 온갖 현실은 오직 내 마음이 만들어 내고(又三界唯心)/ 모든 현상은 오직 내 인식이 만들어 낸다(萬法唯識)/ 마음 밖에 현상이 없는데(心外無法)/ 어디에서 따로이 구하랴?(胡用別求)/ 나는 당나라에 들어가지 않겠다(我不入唐)."/ 물러나 바랑을 메고 고국으로 돌아왔다(却携囊返國).

며, 심생멸문心生滅門이라고 한 것은 『능가경』 중의 '일심이란 여래장을 일컫는다'고 한 것을 해석한 것이다. 왜냐하면 일체법은 생함도 없고 멸함도 없으며 본래 적정하여 오직 일심일 뿐인데, 이러한 것을 심진여문이라고 일컫기 때문에, '적멸이란 일심이라 일컫는다'고 한 것이다.[35]

원효는 일심이문의 구조 아래 『능가경』에서는 '적멸은 일심'이라 하였고, 『기신론』에서는 '일심이 심진여문'에 배속되어 있다고 보았다. 그리고 『능가경』에서 '일심은 여래장'이라고 한 것은 '여래장이 심생멸문'에 배속되어 있다고 보았기 때문이다. 그리하여 그는 '적멸로서 일심'과 '여래장으로서 일심'을 구분하고 있다. 이것은 일심이문의 구도 아래서 일심과 여래장의 관계는 심진여문에 일심이, 심생멸문에 여래장이 배속됨으로써 여래장은 일심의 동위同位 개념이 아니라 하위下位 개념임을 분명히 하기 위함으로 이해된다.

불생불멸不生不滅이란 위에서의 여래장을 말하며, 이 생멸하지 않는 마음이 움직여서 생멸을 일으켜 서로 버리거나 여의지 않음을 '더불어 화합한다'고 일컬으니, 이는 아래의 글에서 '마치 큰 바닷물이 바람에 의하여 물결이 일어나지만 물의 모양(水相)과 바람의 모양(風相)이 서로 버리거나 여의지 아니함과 같다'고 하고 내지 널리 설한 것과 같다. 이 중에서 바닷물의 움직임은 풍상風相이요, 움직일 때의 젖어 있는 것은 수상水相이다. 바닷물 전체가 움직이므로 바닷물이 풍상風相을 여의

---

[35] 元曉, 『大乘起信論別記』本(『한불전』 제1책, p.679중); 馬鳴/元曉, 『大乘起信論疏記會本』 권1(『한불전』 제1책, p.741상중).

지 않았고, 움직이는 것마다 젖어 있지 않음이 없기 때문에 움직이는 물결이 수상水相을 여의지 않는다. 마음도 이와 같아서 생멸하지 않는 마음 전체가 움직이기 때문에 마음이 생멸상을 여의지 않고, 생멸의 상이 영묘한 이해(神解)가 아닌 것이 없기 때문에 생멸이 심상心相을 여의지 아니하는 것이니, 이와 같이 서로 여의지 않기 때문에 '더불어 화합한다'고 일컫는 것이다.[36]

원효는 여래장은 여래의 성품이 감추어져 드러나지 않는 것임을 강조한다. 그는 불생불멸한 여래장이 생멸의 의지가 되어 현실세계를 전개시키는 것을 아리야식으로 해명한다. 즉 여래장이 무명과 함께하지만 그것은 불생불멸이어서 생멸을 직접 일으키지 못하기 때문이다. 그런데 아리야식은 불생불멸의 각과 생멸의 불각의 구조로 이루어졌고, 우리들의 존재 방식 역시 불생불멸과 생멸이 화합해 있으며, 그것은 같은 것도 아니고 다른 것도 아니다. 이 때문에 아리야식의 각과 불각의 구조 역시 생멸하는 주체적 견해와 그 가운데의 본체의 구조가 되어 전식轉識과 장식藏識으로 해명된다.[37]

전식은 원래의 자성청정한 마음이 무명에 의해서 생멸을 일으키는 것이고, 장식은 아리야식의 본체가 된다. 바로 이 장식이 불생불멸하고 자성청정한 여래장이다. 무명에 의해서 불각한 우리는 우리 마음의 본성인 본각을 가진 깨달음의 지혜에 의해 본각으로 전환할 수 있다. 본각에는 지혜 광명의 뜻이 있어서 우리는 이 지혜 광명에 의해서 번뇌를 끊을 수 있다. 이것은 본각-시각-불각의 관계로 설명되며, 본각

36　元曉, 『大乘起信論疏』 권上(『한불전』 제1책, p.707하).
37　조수동, 「원효의 본각과 여래장」, 앞의 책, p.139.

과 시각과 불각은 서로 독립된 것이 아니라 상호 의존하고 있다. 그런데 우리의 일심의 근원은 원래 본각이기 때문에 이 세 각의 근원은 본각이다.[38]

그러므로 큰 바닷물이 바람에 의해 생멸의 물결이 일어나듯이 마음도 이와 같이 생멸하지 않는 마음 전체가 움직이기 때문에 생멸상을 여의지 않고, 생멸상이 신령스런 이해(神解) 아닌 것이 없다고 말한다. 그리하여 생멸이 심상을 여의지 않기 때문에 더불어 화합하며, 여래장 역시 생멸이 심상을 여의지 않기 때문에 더불어 화합하여 불생불멸한다고 풀이하고 있다. 이것은 원효가 아리야식과 여래장과 관계를 설정하기 위한 것일 뿐만 아니라 여래와 범부의 차이성을 강조하기 위한 것으로 이해할 수 있다.

Ⅳ. 원효의 본각과 불성 이해

원효는 우리의 마음의 실상을 설명하고 있는 『대승기신론』의 이중 구조의 상이성을 해명하기 위해 여래장과 아리야식 개념을 원용하였다. 그는 무명과 함께하고 있는 여래장이 생멸의 현실을 전개시키는 것을 아리야식으로 설명하고 있다. 동시에 그는 인도 서역의 배경에서 형성된 여래장과 실크로드를 넘어와 동아시아에서 재해석된 불성의

---

38 조수동, 위의 글, 앞의 책, p.139.

개념을 동의어로 사용하고 있다. 원효는 일심의 여래장과 본각의 불성으로 대비하여 기술하고 있으며, 이것을 통해 알 수 있는 것은『금강삼매경론』의 본각 개념을 해명하기 위해『열반경종요』에 보이는 것처럼 열반과 불성 개념을 연결하여 소통하는 지점이다.

'일심과 본각과의 관계'는 '여래장과 불성과의 관계'와도 상응한다. 그는 여래장과 불성을 동의어로 인식하면서 이들 개념이 형성된 인도 서역이라는 지역적 배경과 동아시아의 인성론과 심성론의 영향이라는 사상적 배경을 숙지하면서 원용하고 있다. 즉 원효는 '유식과 여래장의 관계'에선 범부의 마음 상태를 해명하는 '객진소염'에 더 치중하는 유식사상보다는 부처의 마음 상태를 보여 주는 '본성청정'에 입각하여 '객진소염'과의 통합을 시도하였다. 이것은 여래장이 여래와 범부의 차이성을 강조하기보다는 이 둘 사이의 동일성을 강조하기 때문이었다.

반면 '여래장과 일심의 관계'에서는 '자성청정'과 '객진소염'을 통합하려는 여래장사상보다는 일심에 입각하여 여래와 범부의 차이성을 강조하고자 하였다. 이 때문에 원효는 일심과 본각 및 여래성과 여래장의 관계를 아래와 같이 해명한다.

> 이 일심의 체는 본각이니 무명을 따라 움직여 생멸을 짓는다. 그러므로 이 생멸문에는 여래의 성품이 숨어서 드러나지 않는 것을 여래장이라고 한다.[39]

처음 가운데 여래장에 의지하기 때문에 생멸심이 있다고 말한 것은,

---

39 馬鳴/元曉,『大乘起信論疏記會本』권1(『한불전』제1책, p.740상).

자성청정심을 여래장이라고 한다. 무명이 움직임에 의해서 생멸을 짓기 때문에 생멸은 여래장에 의지한다고 말한다.[40]

진과 속이 둘이 아닌 하나의 실상實相의 법은 모두 붓다로 돌아가는 곳으로서 이름을 여래장이라고 한다. 헬 수 없는 법과 온갖 행이 여래장 가운데로 들어가지 않는 것이 없다.[41]
일각一覺이란 모든 법이 오직 이 일심一心이요, 일체 중생이 하나의 본각本覺이므로 이 뜻으로 말미암아 일각이라 하였다.[42]

『능가경』에 "적멸이란 일심을 말한 것이고, 일심이란 여래장이라고 한다."라고 하였다. 이제 이 경문에서 말한 실상법實相法이 적멸의 뜻이요, 이 일각一覺의 요의가 일심의 본각인 여래장의 뜻이다.[43]

『법화론』에도 "모든 부처님 여래는 저 법의 구경실상을 알 수 있다. 실상이라는 것은 여래장을 말함이니 법신의 체로서 변치 않는 뜻이기 때문이다."라고 하였다.[44]

이처럼 원효는 적멸과 일심, 일심과 여래장, 일각과 일심, 본각과 일각 등의 관계를 통해 적멸로서 일심과 여래장으로서 일심, 여래장과 아리야식을 별위別位로 보려고 하였다. 뿐만 아니라 여래장과 일심을

---

40 馬鳴/元曉, 『大乘起信論疏記會本』 권1(『한불전』 제1책, p.745하).
41 元曉, 『金剛三昧經論』 권하(『한불전』 제1책, p.659상).
42 元曉, 『金剛三昧經論』 권상(『한불전』 제1책, p.610상).
43 元曉, 『金剛三昧經論』 권상(『한불전』 제1책, p.610상).
44 元曉, 『金剛三昧經論』 권상(『한불전』 제1책, p.610상).

이위異位로 보려고 하였다. 이러한 구도는 우리의 마음의 이중구조인 진여문과 생멸문의 상이성을 해결하기 위해서였다. 원효는 무명과 함께하고 있는 여래장과 그 생멸의 현실을 전개시키는 아리야식, 일각의 요의이자 일심의 본각인 여래장과 적멸로서 일심을 별도의 구도 속에서 보려고 하였다.

여래장이 본래 불생불멸한 자성청정심인 것처럼 우리의 본래의 청정한 마음은 진여와 다름이 없으며, 그것은 우리가 궁극적으로 돌아가야 할 귀의처이다. 결국 원효는 여래장은 진과 속이 둘이 아니기 때문에 중생 모두가 하나로 돌아갈 곳이라고 역설하였다.[45] 그렇지만 여래장과 일심을 대비시킬 때 원효는 또 다른 계위 혹은 층위의 관점에 서서 동위보다는 별위를 강조하였다. 그리하여 그는 일심과 여래장 및 본각과 불성의 관계를 해명하였던 것이다. 원효의 『열반경종요』에는 이들 관계가 잘 나타나 있다.

먼저 원효는 『열반경종요』에서 불성의 본체, 불성의 인과, 불성의 견성, 불성의 유무, 불성의 삼세, 불성의 회통의 여섯 교문으로 나누어 해명한다. 그리고 나서 마지막 여섯 교문의 '불성의 회통'에서 '뜻이 서로 같은 것을 회합하기 위해' '글이 서로 다른 것을 통합하여' 일심으로 포섭하고 있다.

1) 상주불성, 즉 성품이 깨끗한 진여불성

나(我)라는 것은 곧 여래장이다. 모든 중생이 다 같이 불성을 가지고

---

45 조수동, 앞의 글, 앞의 책, p.154.

있다는 것이 나(我)의 뜻이다. 불성이란 제일의공第一義空이다. 제일의 공을 지혜라고도 한다. 지혜로운 자는 공과 불공을 보지만 어리석은 자는 공과 불공을 보지 못한다. 이러한 뜻에서 십이인연을 불성이라 하고, 불성을 제일의공이라고 하며, 제일의공을 중도라고 하고, 불성 을 열반이라고 한다.⁴⁶

2) 무상불성, 즉 불성이 더러움을 따라 변해 가는 불성

불성이란 큰 신심이라고 말한다. 어째서 신심이라고 하는가 하면 보살은 육바라밀을 실천할 수 있기 때문이다. 또 불성은 자비희사慈悲喜捨이고, 불성은 사무애지四無礙智이고 나아가 불성은 관정삼매觀頂三昧를 말한다.⁴⁷

3) 현과現果불성, 즉 현재 나타난 결과설로서 불성

불성이란 색이기도 하고, 색이 아니기도 하며, 색이 아니면서 색이 아 닌 것도 아니며, 상이기도 하고, 상이 아니기도 하며, 상이 아니면서 상이 아닌 것도 아니다. 어째서 색이라고 하는가? 금강신金剛身이기 때문이다. 어째서 색이 아니라고 하는가? 십팔불공법十八不共法은 색 이 아니기 때문이다. 어째서 색이 아니면서 색이 아닌 것도 아니라고 하는가? 일정한 상이 없기 때문이다. 어째서 상이라고 하는가? 삼십이 상三十二相이기 때문이다. 어째서 상이 아니라고 하는가? 일체 중생의

---

46 元曉, 『涅槃經宗要』(『한불전』 제1책, p.544하).
47 元曉, 『涅槃經宗要』(『한불전』 제1책, p.545상).

상이 나타나지 않기 때문이다. 어째서 상이 아니면서 상이 아닌 것도 아니라고 하는가? 결정이 되어 있지 않기 때문이다.[48]

4) 당과當果불성, 즉 앞으로 얻게 될 결과로서 불성

중생도 또한 그러해서 모두 마음이 있는 것인데 대개 마음이 있는 자는 반드시 아뇩다라삼먁삼보리를 이룰 수 있을 것이므로 이러한 뜻에서 나는 항상 모든 중생에게 다 같이 불성이 있다고 말하는 것이다.[49]

5) 일심, 즉 이들을 모두 총섭하는 것으로서 불성

선에는 두 종류가 있다. 유루와 무루이다. 이 불성은 유루도 아니고 무루도 아니다. 이 때문에 끊어지지 않는다. 다시 두 종류가 있다. 하나는 유상이요, 또 하나는 무상이다. 불성은 유상도 아니요 무상도 아니다. 이 때문에 끊어지지 않는다.[50]

불성에는 원인이 있고, 원인의 원인이 있으며, 결과가 있고, 결과의 결과가 있다. 원인이 있다는 것은 곧 십이인연이며, 원인의 원인은 곧 지혜이며, 결과가 있다는 것은 곧 아뇩다라삼먁삼보리이며, 결과의 결과는 곧 무상대열반이다.[51]

---

48 元曉, 『涅槃經宗要』(『한불전』 제1책, p.545상중).
49 元曉, 『涅槃經宗要』(『한불전』 제1책, p.545중).
50 元曉, 『涅槃經宗要』(『한불전』 제1책, p.545중).
51 元曉, 『涅槃經宗要』(『한불전』 제1책, p.545중).

원효는 유식과 여래장의 관계를 대비시키고, 여래장과 일심의 관계를 대비시키면서 여래와 범부의 동일성을 인정하면서도 여래와 범부의 차이성을 강조하는 쪽에 서 있다. 그것은 유식사상의 아뢰야식과 여래장사상의 여래장의 관계를 새롭게 설정하려 한 그의 행적에서도 확인할 수 있다. 동시에 적멸로서 일심과 여래장으로서 일심을 구분함으로써 이들 두 개념의 동일성보다는 차이성을 강조하는 쪽에 서 있다. 그가 『대승기신론』에 대한 여러 주석서를 쓴 것은 이러한 우리들 마음의 이중구조인 심진여문과 심생멸문의 상이성을 해명하기 위해서였음을 알 수 있다.

그래서 원효는 "나는 여래장이고, 제일의공은 불성이다. 제일의공은 중도이며, 불성은 열반이다."라고 하였다. 또 "불성은 대신심이며, 불성은 자비희사이고, 사무애지이며, 관정삼매다."라고 했다. 원효는 여래장, 제일의공, 중도, 불성, 열반 등의 관계를 해명한 뒤 불성의 회통문에서 일심으로 총섭하고 있다. 이것은 아뢰야식과 여래장의 구도와 여래장과 일심, 본각과 불성의 관계를 해명한 그의 저작을 통해서도 확인할 수 있다.

따라서 우리는 원효의 여래장 인식과 불성 이해를 탐구함으로써 '아뢰야식과 여래장의 관계'뿐만 아니라 '여래장과 일심의 관계' 및 '본각과 불성의 관계'를 모색했던 그의 사상적 추이를 엿볼 수 있게 된다. 그것은 중생과 부처, 여래와 범부의 동일성과 차이성이 선험적으로 결정된 것이 아니라 중생과 범부의 근기에 따라 역동적으로 해석될 수 있는 것임을 보여 주고자 했던 원효의 역사 의식 또는 시대정신을 보여 주는 대목이라고 할 수 있다.

Ⅴ. 한국인의 불성관에 미친 원효의 영향

원효의 여래장 불성관은 동시대를 비롯하여 후대의 사상가들에게도 일정한 영향을 미쳤다. 신라인들은 여래장 인식 및 불성 이해를 담고 있는 『대승기신론』에 대한 원효의 주석을 필두로 하여 여러 주석서를 간행하였다. 원효와 함께 신라의 삼대 저술가로 알려진 경흥은 『대승기신론문답問答』을 저술했으며, 마찬가지로 '~고적기'라는 개념을 통해 '선학들의 자취를 겸손하게 조술祖述하는' 학문적 태도를 취한 태현은 『대승기신론내의약탐기』(起信論古迹記)를 저술하였다.

이들 삼대 저술가 이외에 통일신라 시기 연기緣起의 『대승기신론주망珠網』, 『대승기신론사번취초捨繁取抄』, 대연大衍의 『대승기신론소疏』, 『대승기신론기記』, 승장勝莊의 『대승기신론문답問答』, 견등의 『대승기신론동현장同玄章』, 『대승기신론동이약집同異略集』,[52] 월충月忠[53]의 『석마하연론釋摩訶衍論』(10권), 조선시대 연담 유일(蓮潭有一, 1720~1799)의 『대승기신론사족蛇足』과 인악 의첨(仁岳義沾, 1746~1796)의 『기신론사기私記』로 이어졌다.[54]

태현은 약 52종 120여 권의 저술을 하였지만[55] 현존하는 그의 저술

---

52 『大乘起信論同異略集』을 지경智憬의 저술로 보려는 논구가 있다. 崔鈆植, 「大乘起信論同異略集』著書」, 『駒澤大學短期大學佛敎論集』 제7호, 2001 참조.
53 월충月忠은 일부에서 일본 승려로 보기도 하지만 다수의 기술에서 신라 승려로 보고 있다.
54 유일有一과 의첨義沾의 저술은 공부 노트에 해당하는 사기류私記類로 분류될 정도로 소략하다.
55 高榮燮, 『한국불교 서명 문아(圓測) 학통의 연구: 문아대사』(서울: 불교춘추, 1999), pp.105~113.

은 『대승기신론내의약탐기內義略探記』와 『성유식론학기』, 『범망경종요』 와 『약사경고적기』 등에 지나지 않는다. 그의 저술 중 특히 그의 여래 장사상을 엿볼 수 저술인 『대승기신론내의약탐기』는 원효와 법장의 저 술을 요약, 발췌, 비교, 정리한 저술이다. 그는 이 논서의 기본 체계를 ① 귀명삼보의歸命三寶義, ② 화합식의和合識義, ③ 사상의四相義, ④ 본각의本覺義, ⑤ 무명의無明義, ⑥ 생멸인연의生滅因緣義, ⑦ 육염의六 染義, ⑧ 불신의佛身義로 구성한 뒤 원효와 법장의 주석에 대해 일일이 대조하고 검토하여 요긴하다고 여긴 내용을 취사선택하여 편집하였 다. 이중에서 특히 마지막의 '불신의'는 법장의 『화엄오교장』과 『화엄강 목』의 내용을 원용하여 구명하고 있다.

태현은 자신의 관점을 담은 주석을 별도로 저술하지 않고 원효와 법장의 『기신론』 주석을 엄밀하게 비교, 대조하여 두 사람의 주석을 종 합하면서도 이들 견해의 차이를 나름대로 소개하고 있다. 아마도 그는 원효와 법장이라는 통재通才의 해석이 있는데 굳이 자신이 새로운 주 석을 할 필요를 느끼지 못했는지 모른다. 태현은 이들의 견해를 취사 선택하여 편집하면서 자신의 안목을 보여 주고 있다.

태현은 1문의 '귀명삼보의'에서 법장의 주석과 원효의 주석 인용, 다 시 법장의 주석 인용, 법장의 말과 원효의 말의 통합, 법장의 주석 요 약, 원효의 주석 요약 등의 방식으로 진행하고 있다. 2문의 '화합식의' 에서는 법장의 주석 발췌 및 요약, 원효의 말 인용 등의 방식을 통해 자신의 수행관을 보여 주고 있다. 특히 태현은 여래장 개념과 일심이 문에 대한 원효와 법장의 차이를 다음과 같이 파악하고 있다. 먼저 그 는 법장의 주석을 아래와 같이 인용한다.

중생심이란 법체를 드러낸 것이니 이를테면 일여래장심一如來藏心이 화합과 불화합의 두 식(二識)을 포함하고 있는 것이며 중생의 지위에 있다. 만일 불지佛地에 있다면 화합의 뜻은 없다. 시각은 본각과 같아서 오직 진여일 뿐이기 때문이다. 지금은 물들어 있는 중생의 입장에 나아가 말하는 것이기 때문에 화합과 불화합의 두 식을 갖추는 것이다. …… 둘째로 화합의 의미를 밝힌다. 일여래장심一如來藏心이 두 가지 뜻을 포함하고 있으니 첫째는 불변자성절상의不變自性絶相義로서 바로 진여문이다. 염도 아니고 정도 아니며, 생도 아니고 멸도 아니며, 움직이지 않고(不動) 변화하지 않으며(不轉), 평등한 일미(一味)이니 중생이 곧 열반이기에 멸을 기다리지 않으며 범부와 미륵이 동일한 경지임을 일컫는다. 둘째는 불수자성수연의不守自性隨緣義이니 바로 생멸문이다. 훈습을 따라 움직여 염정을 이루는 것을 일컫는다. 그러나 성性은 항상 부동이니 부동으로 말미암아 능히 염정을 이루기 때문에 부동不動 역시 동문動門에 있다. …… 이 진여문과 생멸문은 체로서는 서로 융통하여 나뉘지 않으며 체와 상이 별개가 아니니 이름하여 '일심에 이문이 있다'고 한다.[56]

법장의 주석을 인용한 태현은 뒤이어 원효의 주석을 끌어와 법장의 주석과 대비시키고 있다.

『능가경』에서 '적멸寂滅을 일심이라 하고, 일심을 여래장如來藏이라 한다'고 하니, 심진여문은 '적멸을 일심이라 한다'는 말을 해석한 것이요,

---

56 太賢, 『大乘起信論內義略探記』(『한불전』제3책, pp.746~747상).

심생멸문은 '일심을 여래장이라 한다'는 말을 해석한 것이다. 또한 이 심체에는 본각이 있지만 무명을 따라 움직여 생멸한다. 따라서 이 문에서 여래의 성품이 감추어져 드러나지 않는 것을 여래장이라고 부른다.…… 이를테면 일심이란 것은 염정染淨 제법의 성이 둘이 아니고 진망眞妄 이문이 다르지 않기 때문에 '일一'이라고 하는 것이요, 이 둘이 없는 곳에서 제법 가운데의 실다움은 허공과 같지 않아 성품이 스스로 신령스럽게 알기 때문에 '심心'이라고 부른다. 이미 둘이 없으니 하나도 있을 수 없으며 하나가 없는데 무엇을 '심'이라고 할 것인가? 이와 같은 도리는 말을 여의고 분별심이 끊긴 경지이다.[57]

태현은 이들 두 사람의 주석을 원용하여 두 사람의 차이에 대해 엄밀하게 밝히면서도 정작 자신의 관점은 잘 드러내 보이지 않는다. 먼저 그는 ① 원효가 일심을 여래장의 상위 개념으로서 배대하고 있음에 견주어 화엄종의 교학적 우월성을 천명하려는 법장은 『대승기신론』을 통해 종파적 의도를 구현시키기 위해 여래장 개념을 핵심 지위로 만들고 기신론 사상을 여래장연기종으로 판명하는 사교판을 제시함으로써 화엄교학의 우월성을 확보하는 이론적 기반을 마련하고 있다.[58]

태현은 또 ② 법상종의 유식사상에 대한 화엄교학의 우위를 천명하고자 하는 법장이 일심과 여래장 개념을 동위同位의 한 개념으로 결합하여 '일여래장심一如來藏心'이라는 조어造語를 만들어 원효의 주석에 나타나는 유식사상적 해석을 가급적 배제, 완화 내지 변형시켜 『대승기신론』 심식설의 팔식 배대에 있어서 제7식위를 배제하고 있는 점 등

---

57 太賢, 위의 책, p.747상중.
58 박태원, 앞의 글, 앞의 책, p.56.

등을 지적하면서도 태현은 원효와 법장의 주석에 대해 어느 한 사람의 견해만을 취사선택하지 않고 아무런 평가도 없이 모두 소개하면서 중립적 태도를 취하고 있다.[59]

그러면서도 태현은 원효와 법장에게서는 발견할 수 없는 독자적 기술도 보여 주고 있다.

> 다섯 가지 뜻(五意) 가운데 처음의 업식業識, 전식轉識, 현식現識의 세 가지는 본식의 자리(本識位)에 있고, 다음의 지식智識, 상속식相續識 두 가지는 사식(事識)의 세분의 자리(細分位)에 있으며, 본식을 다시 자세히 논하면 네 가지의 식이 있다. 첫째는 진식眞識이니 또한 자상自相이라고도 한다. 둘째는 업식業識이니 또한 업상業相이라고도 한다. 셋째는 전식轉識이니, 또한 전상轉相이라고도 하고 전상식轉相識이라고도 한다. 넷째는 현식現識이니, 또한 현상식現相識이라고도 한다. 다섯째는 지식智識이니 또한 지상智相이라고도 한다. 여섯째는 상속식相續識이니 또한 상속상相續相이라고도 한다. 처음의 진식은 다른 것을 빌리지 않고 이루며, 지상智相은 깨달음이 비추는 성품이 있다. 업식은 고요함으로부터 일어나 움직인다. 전식은 안을 좇으며 밖을 향한다. 현식은 전식을 좇아 경계를 나타낸다. 지식은 허망한 경계에 의하여 더럽고 깨끗함을 분별한다. 상속식은 모든 업의 원인에 의지하여 괴로움의 과보가 끊이지 않는 것이다. 이 여섯 가지 몸체를 드러내므로 통틀어 상相이라고 이름하고, 각기 신령스런 이해(神解)가 있어서 허공과 같지 않으므로 통틀어 식識이라 일컫는다. …… 이 여섯 가지 뜻 가운

---

59 박태원, 앞의 글, 앞의 책, p.56.

데 처음의 하나는 소의所依이고 뒤의 다섯은 능의能依이며, 또한 차례로 능의와 소의가 된다. 그리고 처음의 하나는 변하지 않는 뜻(不變義)이며, 뒤의 다섯은 변하는 뜻(隨緣義)이다. 또 처음의 둘은 아리야식의 자체분이고 다음의 둘은 아리야식의 견분과 상분의 이분이며, 마지막 둘은 사식事識 세분細分의 견분과 상분의 이분이다. 사식에 대해서는 두 가지 견해가 있으니, 첫째는 사식을 곧 육식으로 보는 것이니 지知라고 한 까닭은 『능가경』에서 바깥 경계를 들어 설했기 때문이다. 둘째는 (사식을) 곧 칠전식으로 보는 것이니 제7전식 또한 혜수慧數(제7식의 심리작용)와 상응하여 바깥 경계를 반연하기 때문에 지知라고 한 것이다.[60]

태현은 다섯 가지 뜻 가운데에 있는 업식, 전식, 현식으로 구성되는 본식을 진식, 업식, 전식, 현식의 넷으로 나눈 뒤 지식과 상속식을 포함한 여섯 가지 식으로 구분하여 해석한다. 이러한 모습은 원효와 법장에게서는 볼 수 없는 관점이다.[61]

또 태현은 '취식석문就識釋文' 즉 식에 입각하여 문을 해석하면서 시각始覺에서의 생주이멸生住異滅 사상四相과 삼세육추三細六麤 및 오의五意에 대한 해석에서 두 사람의 시각 차이를 보여 주고 있다. 즉 그는 '사상의四相義'와 '생멸인연의生滅因緣義'를 통해 사상과 팔식 배대에 대한 원효와 법장의 시각을 정리해 보여 준다. 원효는 사상을 생상의 세 가지(業相, 轉相, 現相), 주상의 네 가지(我癡, 我見, 我愛, 我慢), 이상의 여섯 가지(貪, 瞋, 癡, 慢, 疑, 見), 멸상의 일곱 가지(殺, 盜, 婬,

---

60 太賢, 앞의 책, pp.753하~754상.
61 박태원, 앞의 글, 앞의 책, p.58.

奇語, 兩舌, 惡口, 妄語)로 세분하고 생상은 제8식위, 주상은 제7식위, 이상은 제6식위에 배대하였다. 반면 법장은 생상의 한 가지(업상), 주상의 네 가지(전상, 현상, 지상, 상속상), 이상의 두 가지(집취상, 계명자상), 멸상의 한 가지(기업상)로 세분한 뒤 업상, 전상, 현상을 제8 아뢰야식위에, 지상과 상속상은 분별사식의 세분위에, 집취상과 계명자상은 분별사식의 추분위에 배대하여 제7식위를 생략하였다.

다시 원효는 오의五意에 대해 업식, 전식, 현식은 제8식위에, 지식은 제7식위에, 상속식은 제6식위에 배대하고 있다. 반면 법장은 업식, 전식, 현식은 제8식위에 배대하지만 지식과 상속식은 모두 제6식위에 둠으로써 또한 제7식위를 생략한다. 태현은 두 사람의 이러한 차이를 편집하면서도 자신의 평가를 지양하고 객관적인 태도를 유지한다. 그렇다고 해서 그가 아무런 생각이 없는 것은 아니다. 오히려 두 사람의 시각 차이에 대한 엄밀한 탐구 아래 자신의 또렷한 견해를 보여 주고 있다.

태현에게 있어 언어의 갈등에서 비롯되는 다툼의 삶과 다툼을 극복해 가는 지혜의 삶은 둘이 아니다. 그는 두 사람의 시각 차이를 확인한 뒤 이들 두 사람의 상이한 삶의 방식에 대해 '전체의 통찰'을 보여 주고 있기 때문이다. 아래의 부도浮圖 비유는 이것을 잘 보여 준다.

어떤 이는 말한다. 청변淸辯과 호법護法은 '말은 다투지만 뜻은 함께 한다(語諍意同)'. 마치 부도浮圖의 '밑의 큼직함(下麤)'과 '위의 섬세함(上細)'을 두고 다투는 것처럼 반드시 상대를 인정해야만 자신이 비로소 성립하기 때문이다. 호법종護法宗은 반드시 집착하는 것(所執)을 거론하지만, 사구四句를 여읨을 밝히지 못한다. 공空과 유有의 두 성性이 모두 집착하는 것이기 때문이며, 공성과 유성의 두 성이 '미묘한 있음(妙有)'이지 '완전한 없음(全無)'이 아닌 까닭이다. 이로 말미암아 말하기를 "두 가지 다 공하다는 것은 진리가 아니다. 공은 한 편으로는 또한 불공不空이며, 공과 유의 길이 끊어진 길을 진여眞如라고 하기 때문이다."라고 하였다. 청변 보살은 세속의 유(世俗有)를 거론하여 모든 무(諸無)를 여의고 모든 '참다운 없음(眞無)'을 가려 내니, 세속도 무無이기 때문이다. 공성과 유성의 두 성은 '묘하게 없음(妙無)'이니 얻을 것이 없기(無所得) 때문이다. 만일 오직 유有를 버리면 곧 무無를 얻게 되는데, 무無 또한 버리기 때문에 얻을 것이 없다고 말한다. 얻을 것이 없다는 것은 사구를 여읜다는 뜻이니, 무착無著의 『반야론』에서 말하기를 "사구는 모두 법에 대한 집착에 해당하기 때문이다."라고 하였다. 이러한 바른 도리로 말미암아 원효 법사(元曉師) 등이 "말은 다투지만 뜻은 함께한다(語諍意同)."라고 한 것이니, 지금 말세의 둔한 근기들이 이 쟁론에 의하여 교묘하게 알음알이를 내기 때문이다."[62]

태현은 남의 평가에 의거하지 않고 나의 안목과 통찰로 대상을 인식해야 함을 알고 있었다. 그는 고승의 무덤인 부도를 볼 때는 그 '윗면의 섬세함'만 보아서도 안 되고, '밑면의 큼직함'만 보아서도 안 된다고 하였다. 만일 윗면만 보게 되면 밑의 큼직함이 보이지 않게 되고, 밑면만 보게 되면 윗면의 섬세함이 보이지 않게 된다. 마치 코끼리의 전체를 보아야만 코끼리를 말할 수 있듯이, 청변종과 호법종의 관계에서도 청변종을 오해하게 되면 '전무'만 볼 뿐 '묘무'를 보지 못하게 되

---

62 太賢, 『成唯識論學記』(『한불전』 제3책, p.484상).

고, 호법종을 오해하게 되면 '소집'만 볼 뿐 '묘유'를 보지 못하게 된다. 따라서 '전무'에 붙들리지 아니하고 '묘무'를 볼 수 있어야 하며, '소집'에 머무르지 아니하고 '묘유'를 볼 수 있어야 한다[63]고 하였다.

이처럼 태현은 '전무'를 넘어야 '묘무'를 보며 '소집'을 넘어야 '묘유'를 볼 수 있다고 역설할 정도로 전체의 통찰이 있었다. 그리하여 그는 우리들 마음의 이중구조인 심진여문과 심생멸문의 상이성을 해명하기 위해 아리야식과 여래장의 어느 한 쪽에 치우치지 않고 전체를 통찰하고자 하였다.

한편 통일신라시대에 활동했던 견등見登에 대한 기록은 거의 없다. 이 때문에 그의 생몰년에 대해 자세히 알 수는 없으나 작자 미상인 『화엄종소립오교십종대의약초華嚴宗所立五敎十宗大意略抄』의 화엄업(業/宗) 계보의 순서에 따르면 그는 태현太賢(742~764년 활동), 표원表員(799년까지 활동)에 뒤이어 나오므로 8세기 후반에서 9세기에 걸쳐 활동했던 것으로 추정된다. 또 견등 뒤에 나오는 일본의 양변良辨이 보구寶龜 4년인 혜공왕 9년(733)에 85세로 입적한 것에 의거해 보면 그는 대략 양변과 거의 동시대에 활동했던 인물임을 알 수 있다. 그에게는 『화엄일승성불묘의』(1권)와 『대승기신론동현장』(동현장 2권 등 3종)의 저술이 있었던 것으로 확인된다.[64]

견등은 『대승기신론동이약집』[65]에서 『기신론』의 여래장설과 유식의

---

63 高榮燮, 「芬皇 元曉의 和會論法 탐구」, 『한국불교학』 제74집, 한국불교학회, 2014.
64 高榮燮, 「통일신라시대의 유식학과 화엄학」, 앞의 책, p.704.
65 『大乘起信論同異略集』는 일본 초기의 불전목록인 『華嚴宗章疏幷因明錄』과 『東域傳燈目錄』 및 교넨(凝然)의 『五敎章通路記』에는 나라시대의 대표적인 화엄승 지케이(智憬)의 저서로 되어 있어 논의를 더 필요로 한다. 崔鈆植, 新羅 見登의

아뢰야식설의 상동성과 상이성을 ① 건립진리眞理동이문, ② 건립진지眞智동이문, ③ 건립팔식八識동이문, ④ 건립유식唯識동이문, ⑤ 건립훈습熏習동이문, ⑥ 건립삼신三身동이문, ⑦ 건립집장執障동이문, ⑧ 건립위행位行동이문의 여덟 교문으로 나누어 밝히고 있다. 여기에는 유식설에 대한 기신론설의 우위성을 천명하려는 의도가 담겨 있다. 아마도 이러한 태도는 법장에게서 영향을 받은 것으로 추정된다.

견등은 원효와 법장을 존숭하면서 그들의 주석을 빈번하고도 적극적으로 활용하고 있다. 그 역시 이들 두 사상가의 작업을 토대로『기신론』연구를 진행하였다. 견등은 유식설의 맥락에서 기신론설을 파악[66]하여 기신론설과 유식설을 회통시키고자 하는 원효에 견주어 법장은 기신론설을 유식설로부터 독립시켜 그 사상적 우월성을 확립하고자 노력하여 마침내『기신론』의 사상적 위상을 여래장연기종으로 확정짓고 있다.[67]

따라서 기신론설의 우위를 분명히 하고자 기신론설과 유식설의 공통점과 차이점을 분석하고 있는 견등의 태도는 분명 법장에 가깝다. 하지만 견등은 법장처럼 기신론사상을 유식사상과는 별개의 독립적 사상 계열에 속하는 것으로 파악하는 것이 아니라 하나의 사상 계열에 속하는 유사한 사상 체계로 보면서 기신론설의 비교우위를 논하고 있

著述과 思想傾向,『韓國史硏究』제115호, 한국사연구회, 2001, p.115; 이정희,『大乘起信論同異略集』의 著者에 대하여」,『한국불교학』제41집, 한국불교학회, 2005, pp.87~149.
66 이와 달리 '중관中觀'과 '유식唯識'의 종합 지양이라는 종래의 관점에 서면 기신설起信說의 맥락에서 유식설唯識說을 파악하여 기신설과 유식설을 회통시켰다고 볼 수도 있다.
67 박태원, 앞의 글, 앞의 책, p.59.

다고 판단된다. 그리고 이 점에서 그는 오히려 원효의 입장에 접근하고 있다.[68]

아래의 인용문은 견등이 기신론설과 유식설에 대한 사상적 총평에 해당하는 '건립진리동이문'이다.

『유식론』에서는 다만 아공我空과 법공法空이 드러내는 진여眞如를 밝힌다. 이 진여는 몰입 집중(凝然)이 항상하여 비록 제법의 성은 되지만 연을 따라 변하지는 않는다. 그러니 오직 불변진여不變眞如를 밝힐 뿐 아직 수연진여隨緣眞如를 설하는 것이 아니다. 그러므로 진여가 소훈所熏과 능훈能熏이 되는 것을 인정하지 않는다. …… 이제 이『대승기신론』에서는 제법의 총체이며 실다움이어서 장애가 없는 도를 일심법계一心法界라고 부른다. 이 일심법계는 고요하지도 아니하고 움직이지도 아니하니, 고요하지 아니하므로 몸체가 움직이니 이것을 심생멸문이라 하고, 움직이지 아니하므로 몸체가 적정하니 이것을 심진여문이라 한다. 이러한 까닭에 『대승기신론』에서는 "일심법에 의거하여 두 가지 문이 있으니 첫째는 심진여문이요, 둘째는 심생멸문이다. 이 두 가지 문이 각기 일체법을 포섭한다."[69]라고 말한다.

그런데 견등은 심진여문의 일미통체一味通體를 불변진여라 할 수 있으니 이 점은 유식설과 동일하고, 심생멸문의 자체본각自體本覺을 수연진여라 할 수 있으니 이 점은 유식설과 다르다고 하였다. 『대승기신론』에서는 진여가 소훈 및 능훈이 되는 것을 허용한다. 심진여문에서

---

68 박태원, 앞의 글, 앞의 책, p.59.
69 太賢, 앞의 책, p.691중하.

설하는 의언진여에는 여실공과 여실불공이 있는데 진여 가운데 염정의 차별이 없기 때문에 여실공이라 하고, 비록 염정의 차별이 없지만 무한한 성공덕性功德을 지니고 있기 때문에 여실불공이라 한다.

진여의 진실로 공한 뜻을 모르기 때문에 진여를 실유라고 하는가 하면, 진여의 진실로 불공한 뜻을 모르기 때문에 진여는 필경공이라 한다. 또한 호법과 청변의 주장에 간직된 뜻을 모르기 때문에 어느 한 주장에 집착하여 서로 다투는 것이다. 『대승기신론』 사상의 핵심은 이러한 집착들을 깨뜨려 화회시키는 데 있다. 청변과 호법의 유식은 결코 대립되는 쟁론이 아니라 '서로 상대방의 한계를 깨뜨려 줌으로써 진여가 지니는 여실공과 여실불공의 두 뜻을 잘 드러내 주는 것(相破返相成)'이다.[70]

이렇게 볼 때 견등은 중관과 유식의 대립적 쟁점을 활용하면서 『대승기신론』 사상의 우월성을 천명하려고 함에 있어서 그 기본 발상은 원효에게서 얻는 동시에 논의의 전개는 법장의 도움을 받고 있다. 원효 자신은 『대승기신론』 사상을 중관, 유식과 관련하여 평가하는 「별기」 대의문에서의 관점을 견지하거나 구체적으로 전개하지 않고 있는데 견주어 견등은 「별기」에 표명된 원효의 관점을 계승하고자 하였고, 그 결과 『대승기신론』의 심진여문에서 설하는 여실공, 여실불공이라는 개념과 법장의 『화엄오교장』에서의 논의를 활용하여 『대승기신론』이 중관과 유식의 관점을 모두 수용하고 있다는 점을 나름대로 밝히고 있는 것이다. 바로 이 점은 견등의 『대승기신론』 연구와 관련하여 주목되는 흥미로운 내용이다.[71]

---

70 박태원, 앞의 글, 앞의 책, p.64.
71 박태원, 앞의 글, 앞의 책, pp.63~64.

월충月忠은 일본의 여러 기록에 '신라 대공산大空山(中朝山) 사문 월충'이라는 기록을 통해 그가 신라의 학승이었음을 알 수 있다. 그가 지은 『석마하연론』 10권은 『대승기신론』의 주석서이지만 이 저작이 용수龍樹의 작이니 위작이니 하는 논란이 일본 학계에서 있었다. 하지만 최근의 연구에 의하면 그는 신라인으로 굳어지고 있다.[72] 『석마하연론』은 마명이 지은 『대승기신론』을 전10권에 걸쳐 송과 논으로 자세히 설명 해석한 대저로서 특히 밀교에서 중시하는 논서[73]로 알려져 있다. 이렇게 본다면 통일신라시대까지는 원효의 여래장 인식과 불성 이해의 지형에 영향을 받은 저작들이 간행되었다고 볼 수 있다.

고려시대에 원효는 의천의 주청에 의해 '화쟁국사'로 추존되었고, 그의 교장목록에 다수의 저작 이름이 입장入藏되어 주목을 받았다. 지눌의 『법집별행록절요병입사기』에 「미타증성게」가 인용되었고, 요세의 비문인 「만덕산백련사원묘국사비명」에 「증성가」가 인용되었다. 이처럼 고려시대에는 원효 저술의 간행과 유통[74]에 의해 균여, 의천, 지눌, 요세, 보환 등의 저술에 단편적으로 인용되기도 했다.

또 13세기에는 원효의 유법을 계승하고 천명하기 위한 해동종 혹은 분황종이 성립되어 있었다. 하지만 곡차를 즐겨 마셨던 분황종의 광천光闡이나 원효의 무애행을 중시했던 종령수좌宗聆首座 이인로李仁老의 경우처럼 그의 교학을 계승하기보다는 그의 무애행이나 대중 교화에

---

72 김지연, 「『釋摩訶衍論』의 연구」, 동국대학교 대학원 불교학과 박사논문, 2014.
73 동국대학교 불교문화연구소 편, 『한국불교찬술문헌총서』(서울: 동국대학교출판부, 1976), pp.85~86.
74 의천의 『新編諸宗教藏總錄』에는 원효의 44부 87권의 저술 목록이 실려 있다. 여기에는 「기신론疏」(1권), 「기신론宗要」(1권), 「기신론別記」(1권), 「기신론大記」(1권), 「기신론料簡」(1권), 기신학 계통 5종의 목록이 실려 있다.

관심이 많았을 뿐이다.[75]

이외에 고려시대의 김부식과 이규보 등이 원효를 기리는 시를 썼다. 그리고 고려 후기 체원體元이 그의 저술을 두어 군데 인용했다. 조선 전기에는 설잠(김시습)이 그를 기리는 시 한 편을 지었고, 서거정은 『동문선』에 원효의 6종 『종요』의 「대의문」을 수록하여 유자들로 하여금 읽을 수 있게 하였다.

조선 후기에는 의첨의 공부노트인 『기신론』 사기私記의 간행 전통 속에서 『원효소』를 읽어 왔다. 하지만 조선 후기에 교학이 쇠락하고 선학이 성한 조선 후기의 이력과정履歷科程에 『대승기신론』이 잠시나마 등장했으나 원효에 대한 관심은 오래 지속되지 못하였다. 그 결과 원효의 여래장 인식과 불성 이해도 이어질 수 없었다.

당시 사람들은 그의 저서를 숙독하여 여래장 인식과 불성 이해를 도모하지 않았다. 그리하여 원효는 지식 사회에서 존재감을 드러내지 못하였다. 하지만 그는 왜란과 호란 등 국난의 위기 속에서 질긴 생명력을 지니면서 민족의 상징으로 되살아났다. 조선 후기와 대한시대에는 장도빈이 『위인 원효』(백산서원, 1917)를 펴냈고, 조소앙이 「신라국원효대사전병서」(햇불사, 1979)를 기술하였다. 또 원효를 기리는 영정들(20여 점)과 벽화들(10여 점)이 그려졌고, 그에 대한 설화들도 산발적이지만 민중 속에서 재생산되었다.

---

75 김상현, 『원효연구』(서울: 민족사, 2000), p.85.

Ⅵ. 마음의 가능태와 현실태

불교의 유식사상에서는 '본성은 청정하지만(本性淸淨) 객진에 오염되어 있다(客塵所染)'는 청정淸淨과 염오染汚의 이중구조를 아뢰야식阿賴耶識을 통해 해명하고 있다. 하지만 유식사상은 부처의 마음 상태를 보여 주는 '본성청정'보다는 범부의 의식 상태를 해명하는 '객진소염'에 더 치중하였다. 반면 여래장如來藏사상은 '본성청정'에 입각하여 '객진소염'과의 통합을 시도하였다. 이것은 『보성론』을 비롯한 유가행파의 경론에 "일체 중생은 여래의 태아를 가지고 있다(一切衆生有如來藏)."라는 구절이 나타나 있는 것처럼 범부를 부처로 만드는 수증론修證論에 집중해 있기 때문이다.

분황 원효는 『대승기신론』의 일심이문一心二門 구조를 유식사상의 아뢰야식과 여래장사상의 여래장如來藏의 관계를 해명하기 위한 탁월한 체계라고 파악하였다. 그리하여 그는 여래와 범부의 동일성을 강조하기보다는 이 둘 사이의 차이성을 강조하는 이론적 배경을 확보할 수 있었다. 이처럼 가능태로서 여래와 범부의 동일성을 드러내는 '본성청정'과 현실태로서 여래와 범부의 차이성을 나타내는 '객진소염'의 구도가 두 사상의 입각점과 강조점을 모두 보여 준다는 사실은 주목할 필요가 있었다. 통일신라시대까지는 원효의 여래장 인식과 불성 이해의 지형에 영향을 받은 저작들이 일부 간행되었다.

고려시대에 이르러서 원효는 의천의 주청에 의해 '화쟁국사和諍國師'로 추존되었고, 그의 교장목록敎藏目錄에 44부의 저작 이름이 입장入藏되어 주목을 받았다. 김부식과 이규보는 시를 통해 그를 기렸고,

체원體元은 원효의 저술을 두어 군데 인용하였다. 조선시대에도 서거정徐居正은 『동문선』에 그의 6종의 『종요宗要』「대의문大意文」을 실어 유자들이 읽을 수 있게 하였다. 설잠雪岑(金時習) 등은 원효를 기리는 시를 썼다. 조선 중기 이후에는 유일有一과 의첨義沾의 공부노트인 『기신론』 사기私記의 간행 과정에서 『원효소』를 참고했을 정도였다. 조선 후기에 교학敎學이 쇠락하고 선학禪學이 성한 조선 후기의 이력과정履歷科程에 『대승기신론』이 잠시나마 등장해 원효에 대한 관심이 일어났으나 오래 지속되지 못하였다. 그 결과 원효의 여래장 인식과 불성 이해도 이어질 수 없었다.

조선 이후의 불교 지식인들은 화엄과 선법에 몰입하면서 여래장과 불성에 주목하지 않았다. 이 때문에 원효는 지식사회에서 존재감을 지니지 못하였다. 하지만 그는 왜란과 호란 등 국난의 위기 때마다 민중 속에서 질긴 생명력을 지니면서 '민족의 상징'으로 되살아났다. 조선 후기와 대한시대(1897~남북한 통일)에는 원효를 기리는 영정과 벽화들이 그려졌고, 그에 대한 설화들도 산발적이지만 민중 속에서 끊임없이 되살아나고 있다.

5

일심지원 혹은 일심이란 무엇인가
－분황 원효 깨침사상의 구심과 원심－

Ⅰ. '오늘 이곳'에서 부처와 중생의 자각 … 200
Ⅱ. 무엇을 깨치고 어떻게 깨달아야 하는가? … 203
Ⅲ. 일심지원과 일심 또는 본각과 진여 … 207
Ⅳ. 본각의 결정성과 일심의 신해성 … 217
    1. 본각의 결정성 … 217
    2. 일심의 신해성 … 220
Ⅴ. 어떻게 사는 것이 자유롭게 사는 것인가? … 225
Ⅵ. '오늘 이곳'에서 중생과 부처의 소통 … 231

I. '오늘 이곳'에서 부처와 중생의 자각

우리는 붓다(佛體)가 '깨친 진리(眞理)'를 믿고 사는 불자이다. 불제자라면 누구든지 붓다의 '중도 연기(中道緣起)'의 교설을 듣고 깨치고자 노력할 것이다. 그러면 우리는 무엇을 깨치고 어떻게 깨달아야 하는가? 어떻게 살아야 붓다처럼 자유롭게 사는 것일까? 우리는 본디 붓다의 본성을 지니고 있다. 하지만 우리는 이 사실을 자각하지 못하기에 중생(衆生)[1]으로 살고 있다. 중생은 마음의 장애인 탐욕과 지혜의 장애인 무지를 벗어나지 못한 생명체이다. 그런데 붓다가 아니면 모두 중생이지만 중생 속에도 중생만 있는 것은 아니다. 대승 이전의 예류-일래-불환-아라한의 수행을 하는 이가 있는가 하면, 대승의 보살도를 실천하는 십신-십주-십행-십회향-십지의 자리에 있는 '중생 아닌 중생'도 있다. 따라서 '범부 아닌 범부' 혹은 '중생 아닌 중생'이 붓다가 되려면 마음의 장애(煩惱障)와 무지의 장애(所知障)를 벗어나 심心해탈과 혜慧해탈을 성취해야 한다.

붓다는 "중생의 마음은 맑고 깨끗하지만 번뇌에 물들어 있다."[2]고

---

[1] 중생衆生은 '중연화합소생衆緣和合所生' 즉 '뭇 인연이 화합해서 생겨난 존재'에서 유래되었다.

[2] 경전 성립사에서 가장 앞선 『담마빠다』의 한역본 『法句經』 제1장, 제1구에는 "심위법본心爲法本", 즉 "마음이 모든 존재의 근본이다." 또는 "마음에 따라 행이 이루어진다."고 하였다. Juan Mascaro, The Dhammapada, England Books Ltd, 1973. 후앙 마스카로는 이 구절을 "삶은 이 마음이 만들어 내는 것이니"로 옮기고 있다. 석

하였다. 또 "마음이 괴로우므로 중생이 괴로우며, 마음이 깨끗하므로 중생이 깨끗하다."[3]라고 하였다. 나아가 "세간은 마음에 의하여 이끌려지고, 마음에 의하여 뇌란되나니, 마음의 한 법이 모든 것을 종속시킨다."[4]고 하였다. 다시 또 "인간의 마음은 본래 청정하지만 우연적 요소인 번뇌에 의해 더럽혀졌다."[5]고 하였다. 즉 중생의 본성은 부처나 여래의 본성과 같이 평등하지만 현실에 있어서 인간의 본성은 갖가지 번뇌로 뒤덮여 있다. 이 때문에 우리의 "자성은 맑고 깨끗하지만 일시적 번뇌로 물들어 있다."고 하였다. 여기서 '우연적' 혹은 '일시적'(āgantuka)이란 '번뇌가 손님(客)처럼 잠시 왔다감'을 뜻한다. 이 번뇌는 '거울에 잠시 내려 앉은 먼지(塵)'와도 같기에 '객진客塵'이라고도 한다. 이처럼 중생은 자성청정심(心性)을 지니고 있지만 손님처럼 오는 번뇌에 덮여 있으므로 어떠한 인식의 전환 없이 위없는 깨달음을 얻을 수 없다고 보았다.[6]

아비달마불교 즉 부파불교의 대중부에서는 이 '자성청정 객진번뇌' 설을 발전시켜서 대승불교의 여래장·불성 사상의 이론적 근거로 삼았다. 이후 『반야경』, 『법화경』, 『유마경』 등의 여러 대승 경전에서 ① 심

지현 역, 『법구경: 불멸의 언어』(민족사, 1994; 1997), p.12 참고. 또 『增一阿含經』 제51권(『大正藏』 제2책, p.827중)에도 "心爲法本"이라고 하였다.
3 『雜阿含經』 제10권(『大正藏』 제2책, p.69하). "心惱故衆生惱, 心淨故衆生淨."
4 『相應部經典』 제1권 56경.
5 Aṅguttara Nikāya I~6, F. L. Woodward 번역, The Book of the gradual Sayings(London: Pali Text Society, 1979), p.5. "비구들이여, 이 마음은 밝게 빛나고 있다. 단지 일시적인 번뇌에 더럽혀져 있다."; 『增支部經典』 I~10, 11~13. "自性淸淨心, 客塵煩惱染"
6 高榮燮, 「분황 원효의 여래장 인식과 불성 이해」, 『열상고전연구』 제61집, 열상고전연구회, 2018.2.

은 본래 눈부시게 빛나는 것(明淨)이지만, 객진인 번뇌에 의해 물들어 있으므로 이 객진인 번뇌에서 이탈하면 심은 명정明淨이 된다고 보았다. 또 ② 심이 청정하면 중생이 청정하고, 심이 물들면 중생도 물든다고 하였다. 이러한 교설들은 여래장계 경전에서도 여래장의 전거로서 자주 인용되고 있으며, 이 문장은 여래장사상과의 관련성을 보여 주고 있다.[7] 이와 달리 대승아비달마불교인 유식학에서는 아뢰야식이 지닌 청정淸淨과 염오染汚의 이중구조 즉 '본성은 청정하지만(本性淸淨) 객진에 오염되어 있다(客塵所染)'는 언표를 통해 해명하고 있다.

그런데 유식사상[8]은 부처의 마음 상태를 보여 주는 '본성청정'보다는 범부의 의식 상태를 해명하는 '객진소염'에 더 치중하였다. 반면 여래장사상은 '본성청정'에 입각하여 '객진소염'과의 통합을 시도하였다. 이것은 『보성론』을 비롯한 유가행파의 경론에 "일체 중생은 여래의 태아를 지니고 있다(一切衆生有如來藏)."라는 구절이 나타나 있는 것처럼 범부를 부처로 만드는 수증론에 집중해 있기 때문이다.[9] 이러한 청정과 염오의 구조는 마명의 『대승기신론』의 일심이문一心二門의 구조로 굳건하게 자리매김되어 왔다. 그리고 분황 원효(617~686)는 일심이문의 구조로 자신의 철학을 구축하였다. 선행 연구에서는 대개 일심지원과 일심을 같은 것으로 보아왔으나[10] 이 글에서는 원효의 깨침사상의

---

7 高榮燮, 위의 글, 위의 책.
8 金東華, 『唯識哲學』(서울: 보련각, 1973; 1980), p.11. 저자는 유식사상唯識思想을 "불교교리사上에 있어 정통 사상적 지위를 점유하는 사상일 뿐 아니라 인도불교교단사上에 있어서도 그 최후적 성황을 이루었던 것"으로 보았다.
9 高榮燮, 위의 글, 위의 책.
10 원효 이후의 담광曇曠과 종밀宗密이 원효처럼 보다 철저하게 좀더 치밀하게 '일심지원一心之源'과 '일심一心' 및 이들 둘 사이의 관계에 대해 고민했는지에 대해서는 확인할 수 없다. 金天鶴, 「宗密의 『대승기신론소』와 元曉」, 『불교학보』 제69집,

구심과 원심을 '일심지원'과 '일심' 또는 '본각'과 '진여'의 관계 속에서 풀어가 보려고 한다. 이것은 내가 있다는 '작은 나(有我)'를 넘어 내가 없다는 '덜 큰 나(無我)'를 거쳐 유아와 무아를 넘어서는 '더 큰 나(大我/眞我)'로 가는 여정이라고 할 수 있다. 이 여정에서 우리는 우리의 본래 마음인 일심지원과 우주적 마음인 일심에 도달할 수 있을 것이기 때문이다.

II. 무엇을 깨치고 어떻게 깨달아야 하는가?

대개 우리는 '깨침'과 '깨달음'을 같은 뜻의 다른 표현으로 본다. 하지만 깨침과 깨달음을 엄밀하게 나누어 보는 경우도 있다. "깨침과 깨달음은 다르다. 깨달음은 지知의 차원에서 알았다는 것이지만, 깨침은 믿음과 닦음이 동시적이고 불가분리적인 것처럼 단박에 알았다는 것이다. 곧 이것은 지知의 차원에 머무는 것이 아니다."[11] 여기서 '지'의 차원에서 안다는 것은 주체와 객체 즉 객체라는 대상이 주체와 분리되어 있다는 것을 의미한다. 반면 깨침은 주객미분主客未分 즉 주체와 객체가 나뉘지 않고 동시적이고 즉각적인 것이라고 할 수 있다. 주체와

동국대학교 불교문화연구원, 2014; 金天鶴, 「宗密에 미친 元曉의 사상적 영향 －『대승기신론소』를 중심으로」, 『불교학보』 제70집, 동국대학교 불교문화연구원, 2015.
11 박성배, 『깨침과 깨달음』, 윤원철(예문서원, 2002).

객체로 나눠지기 이전의 온전한 통째로 안다는 것이다.

'깨침'은 '깨다' 혹은 '깨치다'는 말에서 나왔다. '깨다'는 말은 '껍질을 깨다'와 같이 '무명을 깨뜨리다'는 뜻이다. '깨치다'는 말은 몰랐던 그 당체를 주객의 분리 없이 확연하게 알게 된다는 뜻이다. 즉 시작도 없는 아득한 때로부터(無始以來) 쌓아온 미세한 망념妄念을 한번에 즉각적으로 끊는다(頓斷)는 의미이다. 단번에 즉각적으로 끊는다는 것은 철저한 깨침을 가리킨다. 반면 '깨달음'은 믿음과 닦음이 분리되어 지知의 차원에서 '부처의 상태' 혹은 '부처의 자리'에 이름을 뜻한다. 이것은 일반적인 깨달음의 정의에 부합한다.[12]

한편 우리가 말하는 깨달음[13]은 구경각 즉 수행이 완성되어 증득하게 된 완전한 깨달음을 의미한다. 구경각究竟覺은 수행이 완성되어 부처의 상태에 이른 것을 의미한다. 깨달음은 보리菩提, 대보리大菩提, 각覺, 묘각妙覺, 묘각지妙覺地, 묘각해지妙覺海地, 묘과妙果, 적멸심寂滅心, 적멸심묘각지寂滅心妙覺地, 반야般若, 마하반야摩訶般若 등으로도

---

12 高榮燮, 「분황 원효와 만해 봉완의 깨침과 나눔」, 『불교문예』 제78호, 현대불교문인협회 불교문예작가회, 2017.9.
13 깨침 혹은 깨달음에 대해서는 경전과 논서 그리고 시대마다 다르게 정의 내리고 있다. 근본불교 시대의 예류預流, 일래一來, 불환不還, 아라한阿羅漢의 4과果가 부파불교 시대에는 예류향預流向/예류과預流果/일래향一來向/일래과一來果/불환향不還向/불환과不還果/아라한향阿羅漢向/아라한과阿羅漢果의 4향向 4과果로 분화되었다. 아직도 배울 것이 남아 있는 유학위有學位의 예류預流 성자가 오하분결五下分結 중 위의 유신견有身見과 의심疑心과 계금취견戒禁取見을 완전히 제거한 존재라면, 일래一來 성자는 오하분결 중 아래의 욕탐欲貪과 분노慎怒가 엷어진 존재이며, 불환不還 성자는 오하분결 중 아래의 욕탐과 분노(瞋恚)를 제거한 존재이다. 반면 더 이상 배울 것이 남아 있지 않은 무학위無學位의 아라한 성자가 되려면 오상분결五上分結인 색탐色貪, 무색탐無色貪, 만慢, 도거掉擧, 무명無明을 완전히 제거해야만 한다.

표현된다. 각 종파와 경전마다 여러 선정禪定을 통해 구경각을 얻게 된다고 설하고 있다. 『화엄경』은 해인삼매海印三昧에 들면 비로소 구경각을 깨우쳐 부처가 되고, 『금강삼매경』은 금강삼매金剛三昧에 의거해 깨우쳐 부처가 되며, 『수능엄경』은 수능엄삼매首楞嚴三昧에 의거해 깨우치게 된다고 설하고 있다.[14] 반면 경전과 달리 논서에서는 다양한 정의를 내리고 있다.

대승불교의 중요서이자 『능가경』의 주석서라고 할 만한 『대승기신론』에서는 본각本覺, 시각始覺, 불각不覺의 삼각三覺 구도로 해명하고 있다. 특히 『대승기신론』은 시각을 수행을 통해 증득하는 깨달음의 지위인 불각不覺, 상사각相似覺, 수분각隨分覺, 구경각究竟覺의 4단계로 설명하고 있다. 시각과 본각은 다르지 않지만 시각은 본각 즉 일체 유정有情과 비정非情을 통하여 그 자성 본체로서 갖추어 있는 여래장진여如來藏眞如에 대하여 돌이켜 그 본각이 수행의 공을 빌려 깨달아 증득한 각이다. 그러므로 본각과 시각의 각체覺體는 다르지 않지만 다만 지위가 같지 않으므로 본각과 시각을 붙인 것이다. 마치 동일한 금덩이라도 '땅속에 묻힌 금덩이'가 본각本覺이라면 '노력하여 파낸 금덩이'는 시각始覺인 것처럼 말이다.[15]

시각 4단段에서 '불각'은 시각의 제1보로서 이미 업의 원인과 업의 과보의 이치를 깨달은 지위이지만 아직 미혹을 끊는 지혜가 생기지 않은 단계이다. '상사각'은 아집을 여의고 아공의 이치를 깨달은 지위이지만 아직 참된 깨달음(眞覺)을 얻지는 못한 단계이다. '수분각'은 초지인 정심지淨心地에 들어가 일체 모든 법은 모두 오직 식(唯識)이 나타난

---

14 高榮燮, 앞의 글, 앞의 책.
15 高榮燮, 앞의 글, 앞의 책.

것(所現)임을 깨닫고 법집을 끊고 진여 법신을 조금씩 조금씩 깨달아 가는 단계이다. '구경각'은 근본 무명을 끊고 절대의 참된 깨달음을 얻어 본각 자신이 나타난 단계이다.

이처럼 시각의 4단은 살생, 투도, 사음邪婬, 망어, 악구, 양설, 기어 등 전5식의 허물을 제거하고 신업의 과보가 능히 일으키는 열 가지 선행으로 생사를 싫어하고 보리를 구하여 믿음을 성취하려는 마음을 일으키는 '불각不覺', 탐貪 · 진瞋 · 치癡 · 만慢 · 의疑 · 견見 등 제6식의 모순을 제거하고 직심直心, 심심深心, 대비심大悲心으로 믿음을 성취하려는 마음을 일으키는 '상사각相似覺', 아치 · 아견 · 아애 · 아만 등 제7식의 오류를 끊고 보시, 지계, 인욕, 정진, 선정, 지혜 등으로 이해와 실행의 마음을 일으키는 '수분각隨分覺', 업식 · 전식 · 현식 등 제8식에 남아 있는 미세한 번뇌를 제거하고 진심, 방편심, 업식심으로 증득의 마음을 일으키는 '구경각究竟覺'까지의 각 단계를 보여 준다.[16]

이처럼 불각의 중생이 시각의 4단을 거쳐 비로소 본각의 부처에 도달할 수 있다. 이러한 깨침 혹은 깨달음은 『대승기신론』을 비롯한 여러 논서에 고루 제시되어 있다. 깨침은 '본래 마음'인 '일심지원一心之源'[17]과 '우주적 마음'인 '일심一心'을 깨치는 것이다. 일심(일심지원)은 우

---

16 馬鳴, 『大乘起信論』(『大正藏』 제25책).
17 '一心之源'의 용례는 동경대 원전검색시스템(SAT)으로 조사해 본 결과 7군데에서 찾을 수 있다. 원효의 『金剛三昧經論』(『大正藏』 제34책, pp.961상06~961상21의 "消文義第一述大意者夫一心之源離有無而獨淨三空之海"; pp.상964하02~964하09의 "如來一味之説無不終歸一心之源歸心源時皆無所得故言"; pp.979상20~979하10의 "言是入佛智地是時既歸一心之源八識諸浪不更起動故入"; pp.994중28~995상08의 "妙覺永離生滅窮歸本覺一心之源故入第九識中明淨又前")과 『大乘起信論別記』(『大正藏』 제44책, pp.226상12~226중26)의 "指爲道者永息萬境遂還一心之源其爲論也無所不立無所不破如中觀論十二門"에서 확인할 수 있다. 이외에도 일본 賴寶의 『釋摩訶衍

리들의 고향의 다른 이름이다. 일원상一圓相의 구심求心인 일심지원의 본각을 깨치고, 일원상의 원심遠心인 일심의 진여를 깨닫는 것이다. 일원상 속에서 구심과 원심은 분리되지 않지만 그렇다고 해서 섞일 수도 없고(不相雜) 떨어질 수도 없다(不相離). 섞일 수 없는 것이 '구심의 일심지원'이고 떨어질 수 없는 것이 '원심의 일심'이다. 따라서 우리가 깨칠 것은 본각이고 우리가 깨달을 것은 진여라고 할 수 있다.

Ⅲ. 일심지원과 일심 또는 본각과 진여

『대승기신론』은 일심을 중생심이자 여래장이며 아리야식이라고 하였다. 그런데 원효는 이 일심을 『능가경』에 의거하여 '적멸로서 일심(心眞如門)'과 '여래장으로서 일심(心生滅門)'으로 해명하고 있다. 또 원효의 『이장의』에서는 일심을 '여래장으로서 일심(隱密門)'과 '아리야식으로서 일심(顯了門)'으로 설명하고 있다. 이것은 근본적 관점인 은밀문과 현실적 관점인 현료문 즉 여래장의 진망화합식과 유식의 망식인 아뢰야식의 이중구조로서 일심을 해명하는 것이며, 동시에 본성청정과 객진소염의 구도로 설명하는 것이다.

論勘注』(『大正藏』제69책, pp.630하28~631상09)의 "命根總攝六情還歸其本一心之源故曰歸命一心即是三寶 ; 일본 託何의 『器朴論』(『大正藏』제84책, pp.27중17~28중23)의 "命根總攝六情還歸其本一心之源故曰歸命□歸本門常住" 등에서 확인할 수 있다.

그런데 원효의 궁극적 지향은 '일심의 원천으로 돌아가는 것'과 '중생을 풍요롭고 이익되게 하는 것'에 있었다. 그것은 이 둘을 화회시키기 위한 매개항(和諍會通)을 설정하여 중생들로 하여금 '일심의 원천으로 돌아가게 함으로써' 궁극적으로는 '중생들 스스로를 풍요롭고 이익되게 하는 것'에 있었다. 이 때문에 화회의 매개항은 일심의 주체와 풍요롭고 이익되게 하는 주체를 중생들 스스로에게 되돌려주는 것이라고 할 수 있다.

이러한 '주체의 회복'은 『대승기신론』의 심진여문과 심생멸문의 근거로서 일심을 이해하는 원효의 인식 속에서 이미 확인되고 있다. 그의 오도송悟道頌[18]은 이러한 점을 극명하게 드러내 주고 있다. 원효는 어젯밤 잠자리에서 '마음의 해맑고 깨끗한 상태'와 오늘밤 잠자리에서 '마음의 물들고 때 묻은 상태'의 대비를 통해 깨달음을 얻었다. 그는 마음의 두 모습을 아우르는 '우주적 마음'인 '일심'의 발견을 통해 새롭게 태어났다.[19]

나아가 원효는 '일심지원一心之源'과 '일심'을 구분해 말하고 있다. 물론 일부 연구자들처럼 '일심지원'에서 '지之'를 '일심'을 가리키는 지

---

18 贊寧, 「唐新羅國義湘傳」, 『宋高僧傳』 권4(북경: 중화서국, 1987), p.76. "어젯밤 잠자리는 땅막(土龕)이라 일컬어서 또한 편안했는데(前之寓宿, 謂土龕而且安)/ 오늘밤 잠자리는 무덤(鬼鄕)이라 내세우니 매우 뒤숭숭하구나(此夜留宵, 託鬼鄕而多崇)/ 마음이 생겨나므로 갖가지 현상이 생겨나고/ 마음이 사라지므로 땅막과 무덤이 둘이 아님을 알겠도다!(則知心生故種種法生, 心滅故龕墳不二)/ 또 온갖 현실은 오직 내 마음이 만들어 내고(又三界唯心), 모든 현상은 오직 내 인식이 만들어 낸다(萬法唯識)/ 마음 밖에 현상이 없는데(心外無法)/ 어디에서 따로 구하랴?(胡用別求)/ 나는 당나라에 들어가지 않겠다(我不入唐)." / 물러나 바랑을 메고 고국으로 돌아왔다(却携囊返國).
19 高榮燮, 「원효 일심의 신해성 분석」, 『불교학연구』 제20호, 불교학연구회, 2009.

시대명사로 보아 '일심 그것의 원천'이라고 볼 수도 있다. 그렇지만 원효의 철학적 기반과 사상적 지향에 입각해 깊이 고려해 보면 '일심이 나온 곳'으로서 '일심의 시원始源이라고 보아야 할 것이다. '일심지원'은 '일심의 원천'으로 독해되며, '일심이 생겨난 근거'라는 점에서 '일심의 근원'이라고 할 수 있다.

원효는 일심의 두 가지 측면을 『대승기신론』의 일심이문의 구도 아래 자신의 철학적 입장을 제시하고 있다. 뿐만 아니라 그는 이미 위에서 언급했듯이『능가경』(10권)의 교설에 의거해 '적멸로서 일심'과 '여래장으로서 일심'을 나누어 보고 있다.

'일심법에 두 가지 문이 있다'는 것은,『능가경』(10권)에서 "적멸이란 일심이라 부르는 것이며' '일심이란 여래장이라 부르는 것이다."[20]라고 말한 것과 같다. 이『대승기신론』에서 심진여문이라고 한 것은 곧 저『능가경』에서 "적멸이란 일심이라 부른다." 함을 풀이한 것이며, 심생멸문이라고 한 것은『능가경』에서 "일심이란 여래장이라 부른다." 함을 풀이한 것이다. 어째서 그러한가 하면 일체법은 생동함도 없고 적멸함도 없으며 본래 적정하여 오직 일심이니 이러한 것을 심진여문이라 부르기 때문에 '적멸이란 일심이라 부른다'고 한 것이다.[21]

『대승기신론』의 언표처럼 일심은 여래장이자 아리야식이다. 그런데 일심의 뜻은 넓어서 진여문과 생멸문을 총괄하지만, 아리야식의 뜻은 좁아서 생멸문에만 있다. 왜냐하면 일심의 진여문에는 생의生義가 없

20　菩提流支 譯,『入楞伽經』,「請佛品」(『大正藏』 제16책, p.519상).
21　馬鳴/元曉,『大乘起信論疏記會本』(『한불전』 제1책, p.741상).

지만 생멸문 중에는 생의가 있기 때문이다.[22] 여기서 생의가 있다는 것은 생동함이 있다는 것이고 생의가 없다는 것은 적멸하다는 것이다.

이것을 도표로 그려보면 아래와 같게 된다. 일심에는 '생동함도 없고 적멸함도 없는' '적멸로서 일심'과 '생동함도 있고 적멸함도 있는' '여래장으로서 일심'이 자리하게 된다.

```
일심 ┬ 심진여문 - 적멸로서 일심    - 무동/무적
     └ 심생멸문 - 여래장으로서 일심 - 생동/적멸
```

『능가경』(10권)에서 밝히고 있는 것처럼, 적멸은 '열반의 성취'를 뜻한다. 적멸은 일심이문의 구도 아래에 자리하는 우리 마음의 해맑고 깨끗한 일심이다. 동시에 적멸은 법신이고 진여이다. 진여는 연기의 세계에 있지 않으므로 모든 존재자들은 생겨남도 없고 사라짐도 없으며 본래 열반이며 오로지 해맑고 깨끗한 일심일 뿐이다. 원효는 『금강삼매경론』에서 다시 적멸로서 일심과 여래장으로서 일심에 대해 이렇게 말하고 있다.

> 적멸寂滅이라는 것은 일심을 말한 것이고, 일심은 여래장如來藏을 말한다. …… 일체의 모든 법은 오직 일심이고, 일체一切의 중생衆生은 곧 하나(一)의 본각本覺이다. 이러한 뜻으로 말미암아 일각一覺이라 부른다. …… 여래가 교화하는 바 일체 중생은 일심의 유전流轉이 아님이 없기 때문이며, …… 일체 중생이 본디 일각一覺임을 밝히고자 한

---

22 馬鳴/元曉,『大乘起信論疏記會本』(『한불전』 제1책, p.747중).

다. 다만 무명으로 말미암아 꿈을 따라 유전하는 것이기에 모두 여래의 일미설一味說에 따라서 결국은 일심의 근원(一心之源)으로 돌아가지 않음이 없으니, 일심의 근원(心源)으로 돌아갔을 때 다 얻는 바가 없으므로 일미一味라고 한 것이다.[23]

원효는 일체의 모든 법은 오직 일심이며, 일심은 중생과 여래의 구분 이전의 일심이고 그것은 일각을 가리킨다고 하였다. 여기서 일각一覺은 본각本覺, 즉 일본각一本覺이며 일체 중생이 본래부터 가지고 있는 자성청정심自性淸淨心이다. 그리고 일미는 모든 현상과 본체가 두루 평등하여 차별이 없는 부처의 교법을 가리킨다. 이것은 부처의 교설이 여러 가지로 다양해 보이지만 그 의미(味)는 하나(一)라는 뜻이다. 그러므로 중생과 여래가 모두 일미一味의 뜻으로 수렴되는 것이다.[24]

이처럼 일심은 '적멸로서 일심'과 '여래장으로서 일심'으로 구성된다. 그리고 이 일심은 '일체의 모든 법'이고, '하나(一)의 중생衆生'은 곧 '하나(一)의 본각本覺'인 일각一覺이다. 이 때문에 "제도할 수 있는 중생에게 '모두 일미를 설하였다'는 것은 여래가 설한 일체의 교법은 (중생으로) 하여금 일각의 맛(一覺味)에 들어가게 하지 않음이 없기 때문이다"[25]라고 하였다. 여기서 우리는 '일미'는 '일각미'의 약칭이며 '일미'는 '일각'의 비유적 표현임을 알 수 있다.

이 때문에 원효는 "지금 이 경문에서 말한 '일각'이라는 것은 일체의 제법이 오직 일심일 뿐이고, 일체의 중생은 곧 하나의 본각이다. 이

---

23 元曉, 『金剛三昧經論』 「無相法品」(『한불전』 제1책, p.610상).
24 高榮燮, 앞의 글, 앞의 책, p.128.
25 元曉, 『金剛三昧經論』, 「無相法品」(『한불전』 제1책, p.610상).

런 뜻으로 말미암아 일각이라 한 것이다."²⁶라고 하였다. 다시 말하면 일체 중생이 본디 일각一覺이듯이 여래의 일미一味설에 따라서 결국은 일심의 근원으로 돌아가며, 일심의 근원으로 돌아갔을 때 비로소 얻는 바가 없는 '일미'라는 것이다. 여기서 '일심의 근원' 즉 '일심지원'은 '일미' 즉 '일각미'이며, '일미'는 '일각'의 비유적 표현이자 원효가 수립한 '본법으로서 일심'을 일컫는다고 할 수 있다.

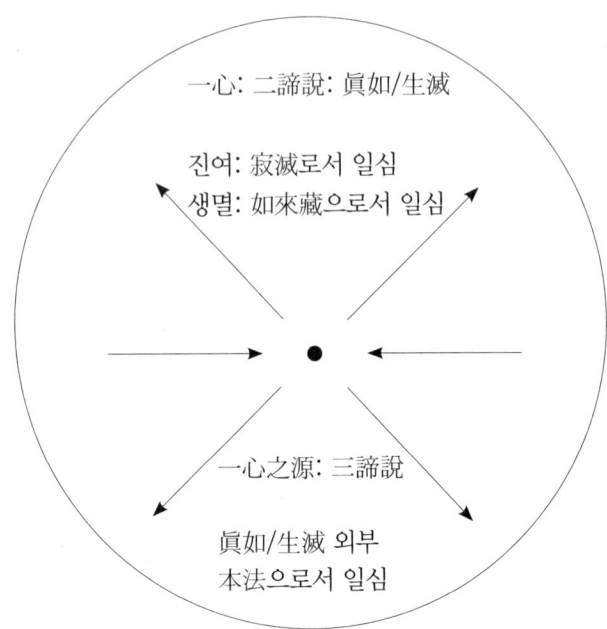

그런데 원효는 법장이 '적멸로서 일심'과 '여래장으로서 일심'을 동위同位로 파악함으로써 일심과 심진여의 동일성을 제시하는 이제설二諦說을 주장한 것과 달리 '적멸로서 일심'과 '여래장으로서 일심'을 별

---

26 元曉, 『金剛三昧經論』, 「無相法品」(『한불전』 제1책, p.610상).

위別位로 파악함으로써 일심과 심진여의 차이성을 제시하며 삼제설三諦說을 주장하였다. 삼제설은 원효의 저술을 다수 인용했던 균여均如의 저술(해석)에 의거한 것이지만 그는 법장의 설을 따르면서도 원효를 원용한 그의 입장을 분명히 보여 주고 있다.[27]

이것은 일심을 이문 내의 진여문과 구분함으로써 여래장의 상위 개념으로서 일심을 분명히 하고 있으며 그의 핵심 사상을 일심사상에 두고 있음을 보여 주는 지점이다.[28] 원효는 일심에 심진여문과 심생멸문의 이문 즉 '적멸로서 일심'과 '여래장으로서 일심'을 구분한 뒤에 심진여문(果)과 심생멸문(因) 이외에 비인비과非因非果로서의 일심을 설정하여 일심과 심진여문을 별개로 보아 삼제설三諦說을 시설하였다. 이와 달리 법장은 일심에 이문을 열면서도 적멸로서 일심과 여래장으로서 일심을 동위로 보고 일심과 심진여문을 동일시하여 이제설二諦說을 건립하였다.

여기에서 주목되는 것은 원효는 진여문과 생멸문 이외에 비인비과

---

27 균여의 저술에 인용된 '本法 一心'을 '균여가 원효의 논지를 해석한 것일 뿐'이라고만 볼 수는 없다. 균여는 많은 부분에서 원효의 논지를 수용하고 있으며 자신의 다른 저술에서 원효와 법장과의 차별성을 밝힘으로써 자신의 입장을 분명히 하고 있기 때문이다.
28 均如, 『釋華嚴敎分記圓通鈔』 권제3(『한불전』 제4책, p.324하). "言有異者, 曉公意, 非因非果, 是本法一心, 章主(法藏)意, 非因非果, 是眞如門故, 有不同也. 何者, 章主意者, 眞如生滅外, 更無一心故, 非因非果, 是眞如門, 曉公意者, 眞如生滅外, 別立本法一心故, 非因非果者, 是本法一心也. 是故章主唯立二諦, 曉師卽三諦也." 원효의 저술을 다수 인용했던 균여는 법장의 설을 따르면서도 원효를 원용한 그의 입장을 보여 주고 있다. 이 구절에 의하면 법장은 '진여와 생멸 이외에 따로 일심이 없다'(一心=眞如, 生滅)는 이제설二諦說을 주장한 반면 원효는 '진여와 생멸 이외에 본법으로서 일심을 별립한다'(一心, 眞如, 生滅)는 삼제설三諦說을 주장하였다.

非因非果를 '본법으로서 일심'으로 시설하여 삼제설을 주장한 반면 법장은 진여문과 생멸문 이외에 별도의 일심을 시설하지 않고 비인비과를 곧 진여문으로 건립하여 '일심(=진여문)-생멸문'의 이제설을 주장한 지점이다. 이것은 『능가경』을 원용하여 적멸로서 일심과 여래장으로서 일심의 구분이라는 기신학의 본의에 충실하면서도 '일심(非因非果)-진여문(果)-생멸문(因)'의 삼제설을 제시한 원효와 화엄학으로의 지향을 의식해 기신학의 본의를 '일심(非因非果)=진여문(非因非果)-생멸문(因)'의 이제설의 관점 아래 자의적으로 해석한 법장이 갈라지는 지점이다.[29]

원효는 이 일심이문에 대해 『능가경』과 『십지경』에 의거하여 해명하고 있으며, 이러한 그의 인식은 『대승기신론』, 『화엄경』, 『금강삼매경』의 일심 해석에서 잘 드러나고 있다. 살펴본 것처럼 원효는 『능가경』(10권)의 이문일심의 구조를 통해 일심을 해명하는 대목을 인용하는 지점에서 자신의 일심관을 잘 보여 주고 있다. 여기서 그는 일심을 적멸과 여래장의 두 측면으로 설명하고 있다. 그런 뒤에 그는 궁극적으로 진여와 생멸 이외에 '본법으로서 일심'을 상위 개념으로 시설하여 '일심-진여-생멸'의 삼제설을 견지하고 있다.[30]

이처럼 원효는 '적멸로서 일심'(심진여, 果)과 '여래장으로서 일심'(심생멸, 因) 이외에 '비인비과非因非果'를 '본법으로서 일심'으로 시설하여 삼제설의 관점에서 여래장 개념과 구분되는 상위 개념으로서 일심사상을 분명히 보여 주었다. 원효의 일심 정의는 세 갈래로 나눠볼 수 있

---

29 高榮燮, 「분황 원효의 일심사상」, 『선문화연구』 제23집, 한국선리연구원, 2017.12.
30 高榮燮, 위의 글, 위의 책.

는 것처럼 다양하며 그 의미는 독특하다고 할 수 있다.

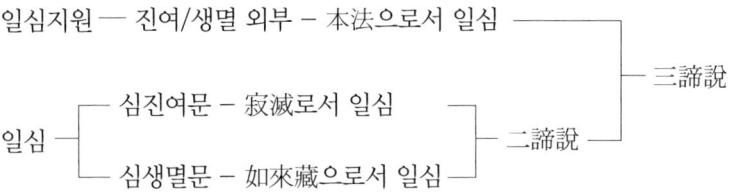

원효는 심진여문과 심생멸 이외에 다시 심진여문과 심생멸문을 아우르는 일심(지원)을 시설하여 '본법으로서 일심'이라 불렀다. 이것은 일심이문 내의 심진여문과 변별되는 일심 즉 일심지원을 '본법으로서 일심'으로 시설한 것이다. 이러한 그의 주장은 일심지원과 일심의 관계를 잘 보여 준다.

"무릇 일심의 근원(一心之源)은 유무有無를 떠나서도 홀로 맑고(獨淨), 삼공의 바다(三空之海)는 진속眞俗을 원융하여 깊고 고요하다(湛然). 깊고 고요해 두나(二)를 원융하니 하나가 아니요(不一), 홀로 맑아서 양변兩邊을 떠났지만 환중環中이 아니다(非中). 환중이 아니지만 양변을 떠났기에 있지 아니한 법(無有之法)이 곧 무無에 머무르지 않으며, 없지 아니한 상(不無之相)이 곧 유有에 머무르지 않는다. 하나가 아니지만 두나(二)를 원융하기에 참되지 않은 사태(事)가 곧 속되지 아니하고, 속되지 아니한 이치(理)가 곧 참되지 아니하다. 두나(二)를 원융하되 하나가 아니기에 진실과 속됨의 성(眞俗之性)이 세워지지 않는 것이 없고, 물듦과 맑음의 상(染淨之相)이 갖춰지지 않는 것이 없다. 양변(邊)을 떠났지만 환중(中)이 아니기에 있음과 없음의 법(有無之法)이 이루어지지 않는 바가 없고, 옳음과 그름의 뜻(是非之義)이 미치지 않는 바가 없다. 그러니 깨뜨림이 없으되 깨뜨리지 않음이 없고, 세움이 없으되 세워지지 않음이 없으니, 이치가 없음의 지극한 이치(無理之至理)요, 그렇지 아니한 커다란 그러함(不然之大然)이라고 이를 만하다. 이것이 이 경의 큰 뜻이다. 진실로 그렇지 아니한 커다란 그러함이므로 설명하는 언어로 오묘히 환중環中에 계합하고, 이치가 없음의 지극한 이치이므로 설명되는 종지宗旨의 방외를 더 멀리 넘어선다."[31]

대의문은 '일심의 근원'은 존재론적인 유무를 떠나 홀로 맑고, '삼공의 바다'는 인식론적인 진속을 원융하여 깊고 고요하다로 시작된다. '깊고 고요함'과 '홀로 맑음'은 다시 '있지 아니한 법'과 '없지 아니한 상'으로 이어진다. 뒤이어 '진실과 속됨의 성'과 '물듦과 맑음의 법'으로 대비되면서 '있음과 없음의 법'과 '옳음과 그름의 뜻'으로 나아간다.

그런 뒤에 '이치가 없음의 지극한 이치'와 '그렇지 아니한 커다란 그러함'으로 마무리된다. 불법은 무애하기에 어떤 걸림도 없이 우리를 자유자재하게 하고, 원융하기에 어떤 차별을 분별함 없이 우리를 포괄적으로 평등하게 한다.[32] 이처럼 원효의 대의문에는 '무애의 자유'와 '원융의 평등'의 행법이 대비되고 있다. 이것이 원효가 바라보는 이문의 일심관[33]이자 이문의 일미관[34]이다.

---

31 元曉, 『金剛三昧經論』(『한불전』 제1책, p.604중).
32 김형효, 『원효의 대승철학』(서울: 소나무, 2006), p.96.
33 高榮燮, 「분황 원효의 和會 論法 탐구」, 『한국불교학』 제71집, 한국불교학회, 2014.
34 高榮燮, 「분황 원효의 和諍 會通 인식」, 『불교학보』 제81집, 동국대학교 불교문화연구원, 2017.

원효는 '일심지원'과 '일심' 즉 '본각'과 '진여'의 관계 또한 삼제설과 이제설과의 관계 속에서 보고 있다. 그는 일심(非因非果)과 동일시한 심진여문(非因非果)과 심생멸문(因位)의 이제설과 달리 진여문과 생멸문 밖에 별도로 시설된 '본법으로서 일심'인 '비인비과로서 일심' 즉 일심지원을 통해 삼제설의 관점에서 여래장 개념과 구분되는 상위 개념으로서 일심사상을 분명히 보여 주었다. 이처럼 원효는 적멸로서 일심과 여래장으로서 일심을 아우르는 '본법으로서 일심' 즉 비인비과의 일심인 일심지원의 시설을 통해 삼제설을 입론하고 있다. 바로 이 부분이 그의 만년작인 『금강삼매경론』에서 보여 주는 것처럼 '일심지원'과 '일심' 즉 '본각'과 '진여'를 구분하는 근거가 된다.

Ⅳ. 본각의 결정성과 일심의 신해성

1. 본각의 결정성

원효는 구역 번역의 유식 경론에 입각하여 자신의 철학을 구축하였다. 629년에 당나라를 떠난 현장이 17년 만인 645년에 인도 유학을 마치고 돌아왔다. 이후 그는 제자들과 함께 번역장에서 20년 동안 73부 1350여 권의 경론을 번역하였다. 현장의 신역 유식 및 인명 등의 경론을 접한 원효는 이를 비판적으로 검토하면서 자신의 철학 체계에 녹여 냈다. 이 때문에 그의 최후작으로 추정되는 『금강삼매경론』에서는 구역 유식에 입각한 그의 철학적 입장을 엿볼 수 있다. 그는 자성청정심, 즉 아마라식의 체는 아뢰야식과 동일하지만 그 뜻은 아뢰야식과 구별된다고 보았다.[35]

『금강삼매경』에는 '결정성'[36]이란 개념으로 제9 아마라식의 본성을 해명하고 있다. 경전에서는 '결정성', '결정성지決定性地',[37] '결정처決定處',[38] '결정요의決定了義',[39] '결정실제決定實際'[40] 등의 개념을 사용하고 있다. 경전에서 거듭 사용하고 있는 '결정성'이란 '결정의 본성'을 뜻한다.[41] 경전에서는 "진실한 법상(實法相)은 부처가 지은 것도 아니고(非佛所作), 부처가 있거나 부처가 없거나(有佛無佛) 그 성질이 스스로 그러한 것(性自爾)"이라고 설하고 있다.

원효는 『경』에서 "각覺의 이익(利)을 얻은 것은 불가사의하다."라고 한 것에 대해 "이미 오는 것도 없고 이르는 것도 없어서 본래 적정하기 때문"이라고 하였다. 동시에 "이미 본각의 이익을 얻어서 자신을 이롭게 하고 남을 이롭게 하기 때문에 큰 보살마하살이다."라고 하였다. 그는 다시 『경』에서 "모든 각은 결정성을 훼손하지도 않고 무너뜨리지도 않으니, 공도 아니고 공이 아닌 것도 아니어서 공함도 공하지 아니함도 없다."라고 한 것에 대해 "'결정성'이라는 것은, 진여의 자성은 파괴

---

35 遁倫, 『瑜伽論記』 권1상(『한불전』 제2책, p.410중하). "新羅元曉法師云, 自性清淨心, 名爲阿摩羅, 與第八阿賴耶識, 體同義別."
36 元曉, 『金剛三昧經論』 권중(『한불전』 제1책, p.614상; p.623상; p.625상중).
37 元曉, 『金剛三昧經論』 권중(『한불전』 제1책, p.633상).
38 元曉, 『金剛三昧經論』 권중(『한불전』 제1책, p.623상).
39 元曉, 『金剛三昧經論』 권중(『한불전』 제1책, p.675중).
40 元曉, 『金剛三昧經論』 권중(『한불전』 제1책, p.607중하).
41 高榮燮, 「분황 원효 本覺의 決定性 탐구」, 『불교학보』 제67집, 동국대학교 불교문화연구원, 2014.4.

될 수 없는 것으로서 자성이 스스로 그러함을 말한 것이다. '훼손하지 않는다'고 한 것은 유有의 상을 취하여 공空을 손상하지 않는 것이고, '무너지지 않는다'고 한 것은 무無의 자성을 계탁하여 진眞을 손상하지 않는 것이니, 결정성을 훼손하거나 무너뜨리지 않는 것을 말한다."[42]라고 하였다.

원효는 또 『경』에서 "저 모든 경계는 자성이 본래 결정성이니, 결정성의 근본은 처하는 곳이 없다."라고 한 구절에 대해 "'자성이 본래 결정성'이라고 한 것은 본래 있지 않기 때문에 공의 상이 아님을 밝힌 것이며, '처하는 곳이 없다(無有處所)'고 한 것은 공이 있는 것이 아니기 때문에 공이 없는 것이 아님을 밝힌 것이다."[43]라고 하였다. 이처럼 원효는 '공의 상이 아님(非空相)'과 '공이 없는 것이 아님(非無空)'을 통해 본각의 이익에 대해 아마라식의 결정성과 관련시켜 해명해 가고 있다.[44] 이것은 보신불報身佛의 속성인 신해성과 구분되는 법신불法身佛의 속성인 결정성을 보여 주는 지점이다.

원효가 일심지원과 일심을 상통하면서도 상이한 것으로 파악한 것은 바로 이 지점이다. 그는 유식唯識의 아뢰야식과 기신起信의 여래장 사이의 차이성을 강조하면서도, 여래장과 일심의 동일성을 강조하였다. 그러고 나서 다시 일정한 단계에 오른 이에게는 일심과 여래장의 차이성을 분명히 하였다. 이것은 수행에 대한 원효의 마음 인식의 차제를 보여주는 지점이다. 그는 일심지원인 법신불의 속성과 일심인 보신불의 속성을 구분하고 있기 때문이다.

---

42 元曉, 『金剛三昧經論』 권중(『한불전』 제1책, p.631중하).
43 元曉, 『金剛三昧經論』 권중(『한불전』 제1책, p.631하).
44 高榮燮, 『분황 원효의 생애와 사상』(서울: 운주사, 2016), p.223.

대개 '수행을 하지 않는 중생이 부처'라고 하면 범부는 더이상 수행을 하지 않을 것이다. 반면 '부처와 중생은 분명히 다르다'고만 하여도 범부는 더이상 수행하지 않을 것이다. 이 때문에 원효는 '수행을 하여 부처가 될 수 있다'고 말하면서도, 일정한 단계에 오른 이에게는 '부처와 중생은 경계가 다르다'고 함으로써 수행의 질적 전환을 촉구하였다.

원효는 오늘 이곳에서 중생과 부처가 만나고 소통하기 위해서는 수행을 통한 깨달음의 필요성을 환기하면서도, 일정한 수행에 도달한 이에게는 부처와 중생의 경계는 다르다는 일깨움을 통해 더 높은 단계의 깨침으로 나아가는 통로를 제시하였다. 보신불의 단계와 법신불의 단계로 구분해 해명하기 때문이다. 이처럼 일심과 본각 사이의 관계를 해명해 주는 '결정성'은 원효의 깨침 혹은 깨달음을 이해하는 주요 개념이라고 할 수 있다.

원효는 일심지원과 일심, 본각과 진여 사이의 관계를 설명해 주는 결정성을 기반으로 다시 일심과 일심지원 사이의 관계를 해명해 주는 '신해성' 개념을 원용해 설명해 가고 있다. 이것은 법신불의 속성인 결정성과 보신불의 속성인 신해성의 입장에서 해명하기 때문이다.

2. 일심의 신해성

원효는 일심을 여래장이라 하고 아리야식이라고 하였다. 그는 이것을 일심의 생멸문을 나타낸 것이라고 하였다. 그리고 이 생멸문에는 두 가지 뜻이 있으니 하나는 각覺의 뜻이요 다른 하나는 불각不覺의 뜻이라고 하였다. 여기서 각과 불각의 뜻은 두 측면의 인간상을 가리키는 것이다. 또 원효는 이 식은 생멸심만을 취해서 생멸문을 삼는 것이 아니라, 생멸 자체와 및 생멸상을 통틀어 취하여 모두 생멸문 안에 둔다는 뜻을 밝히고 있음을 알아야 한다고 역설한다.

이 일심의 체가 본각이지만 무명에 따라서 움직여 생멸을 일으키기 때문에, 이 생멸문에서 여래의 본성이 숨어 있어 나타나지 않는 것을 여래장이라 일컫는다. 이는 『능가경』에서 말하기를 "여래장이란 선과 악의 원인으로서 일체의 취생趣生을 두루 잘 일으켜 만든다. 비유하자면 환술사가 여러 가지 취를 변화시켜 나타내는 것과 같다."라고 한 것과 같다. 이러한 뜻이 생멸문에 있기 때문에 그래서 '일심이란 여래장이라 일컫는다'고 하였다. 이는 일심의 생멸문을 나타낸 것으로, 아래 글에서 '심생멸이란 여래장에 의하기 때문에 생멸심이 있으며……'라고 하고, 이어 '이 식에 두 가지 뜻이 있으니, 첫째는 각의 뜻이고, 둘째는 불각의 뜻이다'라고 말한 것과 같다. 그러니 다만 생멸심만을 취해서 생멸문을 삼는 것이 아니라, 생멸 자체와 생멸상을 통틀어 취하여 모두 생멸문 안에 둔다는 뜻임을 알아야 할 것이다. 두 문이 이러한데 어떻게 일심이 되는가? 더러움과 깨끗함(染淨)의 모든 법은 그 본성이 둘이 없어, 진실함과 망령됨(眞妄)의 두 문이 다름이 있을 수 없기 때문에 '일'이라 이름하며, 이 둘이 없는 곳이 모든 법 중의 실체인지라 허공과 같지 아니하여 본성이 스스로 신해神解하기 때문에 '심'이라고 일컫는다.[45]

원효는 일심의 체가 본각이지만 무명에 따라서 움직여 생멸을 일으

---

45 元曉, 『大乘起信論別記』本(『한불전』 제1책, p.679중); 馬鳴/元曉, 『大乘起信論疏記會本』권1(『한불전』 제1책, p.741상중).

키기 때문에, 이 생멸문에서 여래의 본성이 숨어 있어 나타나지 않는 것을 여래장이라 일컫는다고 하였다. 그는 또 일심이 지니고 있는 더러움과 깨끗함은 본성이 다르지 않고 진실함과 망령됨이 다를 수 없기 때문에 '일'이라고 한다고 전제한다.

그런 뒤에 원효는 이 둘이 없는 곳이 모든 법 중의 실체인지라 허공과 같지 아니하여 본성이 스스로 신해(性自神解)하기 때문에 '심'이라고 한다[46]고 역설한다. 그는 일심의 신해성에 대해 『본업경소』에서 이렇게 언급하고 있다.

> 마음이라고 말하는 것은 본성自相의 마음이 스스로 신해神解하기 때문에 '심'이라고 일컫는다.[47]

여기서 원효가 일심의 '본성이 스스로 신해하다'고 한 것은 '심'의 영묘성을 절묘하게 드러내는 표현이다. 그러면 '영묘하게 이해하는 '심'의 속성은 '일심인 본성'인가 아니면 '일심의 원천'인가. 원효는 이 일심을 진여의 불변의 의미보다는 오히려 생멸심의 불변의 의미로 환원시킨다. 그리하여 생멸의 상이 영묘한 알음알이가 아닌 것이 없기 때문에 생멸이 심상을 여의지 않는 것이라고 말한다.

불생불멸不生不滅이란 위에서의 여래장을 말하며, 이 생멸하지 않는 마음이 움직여서 생멸을 일으켜 서로 버리거나 여의지 않음을 '더불어

---

46 高榮燮, 「원효 一心의 神解性 분석」, 『불교학연구』 제20호, 불교학연구회, 2009.
47 元曉, 『本業經疏』 권下(『한불전』 제1책, p.511상). "所言心者 謂自相心(心想)神解爲性."

화합한다'고 일컬으니, 이는 아래의 글에서 '마치 큰 바닷물이 바람에 의하여 물결이 일어나지만 물의 모양(水相)과 바람의 모양(風相)이 서로 버리거나 여의지 아니함과 같다'고 하고 내지 널리 설한 설과 같다. 이 중에서 바닷물의 움직임은 풍상風相이요, 움직일 때의 젖어 있는 것은 수상水相이다. 바닷물 전체가 움직이므로 바닷물이 풍상風相을 여의지 않았고, 움직이는 것마다 젖어 있지 않음이 없기 때문에 움직이는 물결이 수상水相을 여의지 않는다. 마음도 이와 같아서 생멸하지 않는 마음 전체가 움직이기 때문에 마음이 생멸상을 여의지 않고, 생멸의 상이 신령스런 이해(神解)가 아닌 것이 없기 때문에 생멸이 심상心相을 여의지 아니하는 것이니, 이와 같이 서로 여의지 않기 때문에 '더불어 화합한다'고 일컫는 것이다.[48]

여기서 주목되는 것은 생멸하지 않는 마음 전체가 움직이기 때문에 마음이 생멸상을 여의지 않으며, 생멸의 상이 신령스런 이해를 하기 때문에 생멸이 심상을 여의지 않는다는 지점이다. 이것은 법신불의 속성과 다른 보신불의 속성이라고 할 수 있다. 다시 말해서 보신불은 여래장이 생멸하지 않는 마음 전체를 움직이기 때문에 마음이 생멸상을 지니며, 그 생멸상이 지닌 신해성이 생멸이 심상을 여의지 않게 하는 것이다.

또한 이렇게 물듦을 따르는 마음이 내지 유전하여 생멸하는 의식의 상태를 짓지만 신묘하게 이해(神解)하는 성품은 결코 잃지 않는다.[49]

---

48 元曉, 『大乘起信論疏』 권上(『한불전』 제1책, p.707하).
49 元曉, 『涅槃宗要』(『한불전』 제1책, p.538하).

이 때문에 일심이 지니고 있는 신해성, 즉 신묘하게 이해하는 성품은 결정코 사라지지 않는다. 또한 일심의 신해성이 결정코 사라지지 않기에 보신불의 속성이라고 하는 것이다.

물듦을 따라 동요하는 마음이 비록 세 가지 속성에 통하긴 하여도 신묘하게 이해(神解)하는 성품은 또한 잃지 않나니 그래서 이를 보신불의 속성이라 말한다. 단지 법신불의 속성이 일체 유정·무정에 두루한 것과 구별하기 위함이니 이 때문에 보신불의 속성에서는 무정물을 취하지 않는다.[50]

원효는 법신불의 속성을 지닌 결정성과 달리 무정물을 취하지 않는 보신불報身佛의 속성 위에서 신해성을 설명하고 있다. 이것은 원효의 일심이 진여의 변화의 의미를 드러낸 것이면서도 한편으로는 생멸심의 불변의 의미를 드러낸 것이라는 점을 보여 주는 대목이다. 원효는 진여의 불변의 측면이 아닌 진여의 변화의 측면과 생멸의 변화의 측면이 아닌 생멸의 불변의 측면을 설명하기 위해 신해성의 개념을 원용하였다.[51]

그런데 이 신해성의 개념은 일심과 일심지원을 이어 주면서도 이 둘과는 섞일 수 없다. 신해성 자체가 역동적인 속성을 지니고 있기 때문이다. 그러나 그렇다고 해서 생멸의 변화의 측면을 소홀히 하고 있지는 않다. 그에게서 생멸심의 불변의 측면은 당시 사상계에 필요한 개념이었기 때문이다. 그것은 진망화합식인 일심의 진여적 측면만이

---

50 元曉, 『涅槃宗要』(『한불전』 제1책, p.539중).
51 高榮燮, 「원효 一心의 神解性 분석」, 앞의 책.

아니라 생멸적 측면의 불변의 측면을 부각시킬 필요가 있기 때문이었다고 여겨진다.

이처럼 원효는 깨침 혹은 깨달음을 본각과 진여, 일심지원과 일심(진여)의 관계 속에서 풀어나갔다. 이것은 법신불의 속성인 결정성과 보신불의 속성인 신해성을 구분해 보고 있기 때문이다. 동시에 이것은 부처의 자유와 중생의 부자유가 어느 지점에서 갈라지는 것인가에 대한 탐구의 과정이기도 했다. 그러면 우리는 어떻게 사는 것이 자유롭게 사는 것일까?

V. 어떻게 사는 것이 자유롭게 사는 것인가?

불자 즉 불제자는 영원한 대자유인인 부처를 삶의 모델로 삼는 이들이다. 불제자가 부처가 되기 위해서는 부처의 흉내를 내는 일부터 시작해야 할 것이다. 그러면 부처 즉 고타마 싯다르타는 어떻게 붓다가 되었을까? 우리는 먼저 이러한 질문에서부터 출발해야 할 것이다.

북방 전승에서는 싯다르타가 17세에 결혼을 하고 19세에 출가를 한 뒤 6년 고행을 하고 다시 6년 수행을 한 뒤 29세 혹은 30세에 정각을 하고 49년 혹은 50년간 전법을 하여 79세 혹은 80세에 열반에 들었다[52]고 전한다. 반면 남방의 전승에서는 29세에 출가하여 6년 고행 끝

---

52 世友(Vasumitra)의 『異部宗輪論』도 이러한 사실을 뒷받침해 주고 있다. 천태의 5시 교판 또한 49년 혹은 50년 전법설을 뒷받침해 주고 있다. 화엄시(화엄경, 3·7일),

에 3·7일 선정에 들어 35세에 정각을 하고 45년간 전법을 하여 80세에 열반에 들었다고 전한다.

그러면 고타마 싯다르타가 붓다가 될 수 있었던 요인은 무엇이었을까? 선행 연구에서는 네 가지 성공요인으로 1) '이해/언어'와 '탈이해/탈언어'의 차이 및 관계에 대한 개안, 2) 조건적 발생에 대한 개안 – 이지적 연기 깨달음, 3) 모든 조건과 경험에 갇히지 않는 능력의 확보 – 새로운 선법禪法의 수립, 4) '조건인과적 발생'에 대한 직접지直接知 성취 – 체득적 연기 깨달음53으로 구명하고 있다.

이러한 구명은 불교의 '깨침' 혹은 '깨달음' 담론을 구성하는 데 있어 반드시 전제되어야 할 것이라는 점에서 그 의미가 적지 않은 논구라고 할 수 있다. 고타마 싯다르타는 어떻게 붓다가 되었나?라는 물음은 불교의 깨침 혹은 깨달음이 무엇이며 어떻게 이뤄질 수 있는가를 시사해 주고 있기 때문이다. 붓다의 정각은 인도-남아시아와 한국-동아시아 및 유럽과 미주54를 거치면서 다양하게 해석되고 변주되어 왔다. 특히 한국-동아시아에서는 『대승기신론』과 『금강삼매경』을 기반으로 한 깨침 혹은 깨달음에 대한 원효의 심층적 이해를 접할 수 있었다.

원효는 『능가경』의 주석서이자 대승불교의 종요서라고 할 『대승기신론』의 이문일심, 즉 일심이문 구조를 통해 자신의 깨침 사상 혹은 깨

녹원시(아함경, 12년), 방등시(유마경, 사익범천소문경, 8년), 반야시(반야경, 21년/ 22년), 법화(법화경, 8년)열반시(열반경, 1일1야)의 기간을 더해 보면 전법 기간이 49년 또는 50년이다.

53 박태원, 「고타마 싯닷타는 어떻게 붓다가 되었나?」, 『철학논총』 제88집, 새한철학회, 2017년 제1권, pp.87~112.

54 동국대학교 세계불교학연구소의 연구분과 또한 1) 인도-남아시아 불교학 권역, 2) 한국-동아시아 불교학 권역, 3) 유럽 불교학 권역, 4) 미주 불교학 권역으로 나누어져 있다.

달음 사상에 대해 깊고 넓은 지평을 보여 주었다. 먼저 그는 일체의 불법은 일심과 이문 안에 다 포섭할 수 있다고 보았다.

"이처럼 일심과 이문 안에는 일체의 불법이 포섭되지 않음이 없다. 이 뜻이 무엇인가? 앞의 두 구절은 속제를 융합하여 진제로 삼아서 평등의 뜻을 드러내고, 아래 두 구절은 진제를 융합하여 속제로 삼아서 차별의 문을 드러냈다. 총괄해서 말하면 진제와 속제가 두나가 아니지만 하나를 고수하지 않기 때문에 둘이 없음으로 말미암아 곧 일심이고, 하나를 고수하지 않기 때문에 전체가 두나가 된다. 이와 같은 것을 일심이문一心二門이라고 한다."[55]

원효는 일체의 불법이 일심과 이문 안에 포섭된다고 보았다. 그는 『능가경』에 의거해 일심을 '적멸로서 일심'과 '여래장으로서 일심'으로 나누어 설명하면서 이 둘의 관계에 대해 깊게 천착하였다. 원효는 "일심이 지니고 있는 두 가지 측면을 전제한 뒤 청정한 진여로서 일심보다는 염오된 생멸로서 일심에 대해 자세히 구명하고 있다. 이것은 일심이 지니고 있는 중생심으로서의 면모를 잘 설명해 내기 위한 구도로 이해된다.

"일심의 법은 또한 하나(一)를 고수하지 아니하고, 생사와 열반은 공적하여 두나(二)가 없다. 두나가 없는 곳이 바로 일심의 법이고, 일심의 법에 의하여 두 가지 문이 있다. 그러나 두 교문을 모두 취하면 곧 일

---

55 元曉, 『金剛三昧經論』 「眞性空品」(『한불전』 제1책, p.652하).

심을 얻지 못하니, 두나는 하나가 아니기 때문이다. 만일 두 가지 교문을 폐하여 함께 취하지 않으면 또한 일심을 얻을 수 없으니 무無는 일심이 아니기 때문이다. 이러한 뜻으로 말미암아 두나가 없는 마음의 법은 함께 취하는 것과 함께 취하지 않는 것에 또한 마땅히 적멸하다."[56]

이것은 "일심의 몸체가 본각이지만 무명을 따라 생멸의 움직임이 일어나므로, 이 생멸문에서 여래의 본성(如來之性)이 숨어서 드러나지 않는 것(隱而不顯)이 여래장이라 한 것이다."라고 하였다. 이것은 『능가경』에서 말하기를 "여래장이란 선과 불선의 원인으로서 일체의 취생(趣生)을 두루 잘 일으켜 만든다. 비유하면 환술사가 여러 가지 취를 변화시켜 나타내는 것과 같다."[57]라고 하였다. 이것은 불생불멸의 진여문에 상응하는 찰나생멸의 여래장에 대한 구체적 표현이다.[58]

원효는 불생불멸하는 진여문의 공적한 본성과 이에 상응하는 찰나생멸하는 생멸문의 생의生義를 지닌 여래장을 대비하여 선과 불선의 원인인 여래장에 대해 자세히 설명하고 있다.

중생의 마음은 마음의 생멸문을 들어서 말한 것이고, 생멸문에 의거해서 진여문을 나타내게 된다. 이 진여문에서 보면 본성은 본래 공적空寂하다. 그러나 이 이문은 그 본체에서 둘이 아니므로 모든 것이 다 일

---

56 元曉, 위의 책, 권하, p.668중.
57 元曉, 『大乘起信論疏』(『한불전』 제1책, p.610상).
58 高榮燮, 「분황 원효의 일심사상」, 앞의 책, p.121.

심법일 뿐이다.[59]

원효는 진여문과 생멸문의 관계를 통해 적멸로서 일심과 여래장으로서 일심의 관계를 자세히 보여 준다. 그는 공적한 본성을 지닌 일심과 일체의 육취 중생을 두루 잘 일으켜 만드는 여래장을 대비해 보여 준다.

생동이 곧 적멸이지만 적멸을 고수하지 않고, 적멸이 곧 생동이지만 생동에 머무르지 않는다. 생과 멸이 두나가 아니며, 동과 적이 구별이 없으니 이와 같은 것을 일심의 법이라고 이름한다. 비록 실제로는 두 나가 아니지만 하나를 고수하지 아니하며, 전체가 연을 따라서 생동하고 전체가 연을 따라서 적멸하니 이와 같은 도리로 말미암아 생동이 곧 적멸이고 적멸이 곧 생동이어서 막힘이 없고 걸림이 없으며, 같은 것도 아니고 다른 것도 아니다.[60]

원효는 또 적멸과 생동의 관계를 통해 일심의 두 측면을 해명하고 이를 통해 일심의 지형을 암시한다. 이것은 진여문의 적멸로서 일심과 생멸문의 생동으로서 일심 즉 여래장으로서 일심을 보여 주고 있다.

중생의 마음은 목석과 달라서 반드시 고통을 싫어하고 즐거움을 좋아하는 성질이 있다. 이 성질로 말미암아 만행을 닦아 드디어 무상보리의 즐거운 열매에 귀착한다. …… 『승만부인경』의 말처럼 만약 여래장

---

59 元曉, 『金剛三昧經論』 「眞性空品」(『한불전』 제1책, p.612중).
60 元曉, 『金剛三昧經論』 「眞性空品」(『한불전』 제1책, p.659상).

이 없으면 고통을 싫어하고 즐겁게 열반을 구하지 못할 것이다.[61]

원효가 일심의 한 측면인 여래장으로서 일심에 대해 자세히 해명하는 이유는 중생이 부처가 될 수 있는 길을 제시하기 위해서라고 할 수 있다. 이것은 이미 된 부처의 길인 적멸로서 일심에 대해 자세히 해명하지 않는 이유가 되기도 한다.

대승법에는 오직 일심만이 있으니 일심 밖에는 다시 다른 법이 없지만 다만 무명이 자기의 일심을 미혹하여 모든 물결을 일으켜서 여섯 갈래 길(六道)에 상속하며 헤매게 됨(流轉)을 밝히는 것이다. 비록 여섯 갈래의 길의 물결을 일으키지만 일심의 바다를 벗어나지 아니하니, 진실로 일심이 움직여 여섯 갈래 길을 벗어나지 않기 때문에 널리 구제하는 서원을 일으키는 것이요, 여섯 갈래 길이 일심을 벗어나지 않기 때문에 동체대비를 일으킬 수 있는 것이다. 이처럼 의심을 제거해야만 큰 마음을 일으킬 수 있다.[62]

위에서 살펴본 것처럼 내가 있다는 '작은 나(有我)'가 '덜 큰 나(無我)'를 거쳐 '더 큰 나(大我/眞我)'로 나아가기 위해서는 수행의 과정이 요청된다. 대승 이전의 네 성자들이 유학有學의 오하분별五下分別과 오상분결五上分結을 끊고 무학無學의 아라한이 되기 위한 과정에서부터 대승 보살이 십신-십주-십행-십회향-십지를 거쳐 등각과 묘각을 넘어서기 위해서는 '극기(엉덩이)'와 '하심(방바닥)'이라는 불교 수행(공부)을 전

---

61 元曉, 『涅槃經宗要』(『한불전』 제1책, p.538하).
62 元曉, 『大乘起信論疏』(『한불전』 제1책, p.701중상).

제하지 않으면 아니될 것이다. 고타마 싯다르타가 우리에게 보여 준 붓다가 되는 과정과 분황 원효가 우리에게 보여 준 붓다가 되는 역정이 어떻게 연결되고 어떻게 소통되는가를 찾는 작업은 짧은 시간에 이루어질 수 없는 작업이다.

인도-남아시아의 불교가 한국-동아시아의 불교로 자리를 잡아가면서 축적된 깨침 혹은 깨달음 담론은 대단히 깊고 넓다. 이러한 담론들을 하나하나 검토하고 분석하면서 깨침 혹은 깨달음의 새로운 담론을 구성해 가는 노력은 대단히 지난한 일이다. 그러나 당장에 성과가 나오지 않는 작업일지라도 불교학도라면 포기할 수 없는 일이다. 이제부터 조금씩 시작해야만 언젠가는 일이관지하는 깨침 혹은 깨달음의 담론을 제시할 수 있지 않을까 한다.

따라서 이러한 새로운 담론을 만들어 가는 일련의 작업은 우리 모두가 좀 더 자유롭게 살기 위한 몸부림의 과정이라 할 수 있을 것이다. 아울러 아무도 구속하지 않는데도 불구하고 스스로 부자유하게 사는 우리를 돌아보는 작업이기도 할 것이다.

Ⅵ. '오늘 이곳'에서 중생과 부처의 소통

우리는 고타마 붓다가 보여 준 자유롭게 사는 방법을 배우고자 하는 불자이자 불제자이다. 어떻게 해야 오늘 이곳에서 우리는 보다 더 자유롭게 살 수 있을까? 어떻게 해야 중생인 우리와 부처인 고타마의

거리를 최소화시키고 무화시킬 수 있을까? 우리의 깨침 혹은 깨달음 담론은 신라의 원효가 보여 준 활로를 통해 조금씩 다가가 볼 수 있었다. 원효는 일심지원과 일심, 본각과 진여의 구도를 통해 중생과 부처가 하나될 수 있는 길을 제시하였다.

원효는 중생이 부처가 되기 위해서는 진여문과 생멸문, 즉 구극적 진리와 방편적 진리를 아우르는 일심을 발견함으로써 가능함을 몸소 보여 주었다. 그는 내가 있다는 '작은 나(有我)'를 넘어서 내가 없다는 '덜 큰 나(無我)'를 거쳐 내가 있다와 내가 없다를 아우른 '더 큰 나(大我, 眞我)'를 향해 나아가는 길이 곧 부처와 중생이 하나되는 통로임을 보여주었다. 그것은 '일심지원' 즉 '비인비과로서 일심'인 '본법으로서 일심'으로 적멸로서 일심과 여래장으로서 일심을 아우르는 것이었다. 나아가 그것은 보신불의 속성인 진여(일심)의 신해성을 넘어 법신불의 속성인 본각(일심지원)의 결정성에 기반해 해명한 것이었다.

원효가 일심지원과 일심을 상통하면서도 상이한 것으로 파악한 것은 바로 이 지점이다. 그는 아리야식과 여래장의 관계에서는 둘 사이의 차이성을 강조하면서도, 여래장과 일심의 관계에서는 둘 사이의 동일성을 강조하였다. 그리고 나서 다시 일정한 단계에 오른 이에게는 일심과 여래장의 차이성을 분명히 하였다. 대개 '수행을 하지 않는 중생이 부처'라고 하면 범부는 더 이상 수행을 하지 않을 것이다. 반면 '부처와 중생은 분명히 다르다'고만 해도 범부는 더 이상 수행을 하지 않을 것이다. 이 때문에 '수행을 하여 부처가 될 수 있다'고 말하면서도, 일정한 단계에 오른 이에게는 '부처와 중생의 경계는 다르다'고 함으로써 수행의 질적 전환을 촉구하였다. 원효는 오늘 이곳에서 중생과 부처가 만나고 소통하기 위해 수행을 통한 깨달음의 필요성을 환기하면서도, 부처와 중생의 경계는 다르다는 일깨움을 통해 더 높은 단계의 깨침으로 나아가는 통로를 제시하였다.

그리하여 원효는 오늘 이곳에 사는 우리가 부처와 중생임을 자각하게 하고, 지금 여기에 사는 우리가 중생과 부처의 통로를 여는 것이 급선무임을 일깨워 주었다. 그는 부처와 중생의 자각과 중생과 부처의 소통의 길을 열었으며, 부처와 중생의 평등성을 인정하면서도 중생과 부처의 차이성을 보여 주었다. 그는 진망화합식을 통해 일심의 평등성에서 비롯되는 깨달음을 인정하고, 자성청정심을 통해 일심의 차이성에 의거하는 깨침을 보여 주었다. 이것이 원효 깨침 사상의 구심과 원심이라고 할 수 있을 것이다.

6

분황 원효의 일심사상
– 기신학의 일심一心과 삼매론의 일미一味와 관련하여 –

Ⅰ. 문제와 구상 … 236

Ⅱ. 심층 마음과 표층 의식의 지형 … 238
   1. 심의식의 구조 … 238
   2. 아뢰야식과 여래장 … 240

Ⅲ. 『대승기신론』 일심의 수용과 이해 … 243
   1. 적멸로서 일심 – 심진여(果) … 243
   2. 여래장으로서 일심 – 심생멸(因) … 247
   3. 본법으로서 일심 – 비인비과非因非果 … 251

Ⅳ. 『금강삼매경』 일심의 수용과 이해 … 254
   1. 우주적 마음으로서 일심 : 적멸과 일심지원 … 254
   2. 세상의 바다로서 삼공 : 여래장과 삼공지해 … 259
   3. 지관 쌍운으로서 정관 … 263

Ⅴ. 기신학 일심과 삼매론 일미의 통섭 … 266
   1. 적멸과 일심지원의 행법行法 … 266
   2. 여래장과 삼공지해의 관법觀法 … 269

Ⅵ. 정리와 맺음 … 271

Ⅰ. 문제와 구상

우리가 지니고 있는 '일심一心' 즉 '한마음'은 모든 것의 근거가 된다. 모든 것의 근거란 일체 이해의 기반이자 온갖 인식의 근거를 가리킨다. 우리의 마음의 활동인 감각에는 시각, 청각, 후각, 미각, 촉각의 다섯 가지 감각感覺이 있으며, 이 감각은 감각활동을 일으키는 인식기관과 여기에 상응하는 인식대상으로 이루어진다. 불교에서는 인식을 가능하게 하는 근거라는 뜻에서 '근根'이라 하고, 이 근에 의거하여 드러나는 경계라는 뜻에서 '경境'이라고 한다. 그리고 이 '근'은 '경'을 인연(緣)하여 '식識'을 일으킨다. 이 식에는 제6식 이전의 식인 전5식(眼耳鼻舌身의 감각의식), 제6식(了別境識, 표층 의식), 제7식(末那識, 자아의식), 제8식(阿賴耶識, 심층 마음)이 있다. 이 때의 심층 마음이 아뢰야식이자 여래장이며 일심이자 대승이며 진여이자 불성이다.[1]

인간이 세계와 대응할 때 일심은 세계를 인식하는 주체가 되며 세계는 일심에 의해 반영된 세계가 된다. 이 때의 반영은 세계의 실상을 본질의 입장에서 영상으로 되돌리는 작용이다. 이 때문에 일심은 인식의 주체이자 세계의 실상을 되돌리는 본질의 모습이기도 하다. 그런데 이 일심에는 '해맑고 깨끗한 측면(淸淨分, 眞如門)'과 '때묻고 물들은 측면(染汚分, 生滅門)'의 두 가지 양상이 있다. 이 두 측면은 하나(一)가 아

---

[1] 高榮燮, 「분황 원효의 여래장 인식과 불성 이해」, 『분황 원효와 세계 불교학』, 동국대학교 세계불교학연구소, 2016.9.

니지만 그렇다고 해서 두나(二)²도 아니다. 하나가 아니라는 점(不一)은 서로 뒤섞일 수 없는 측면이고, 서로 다르지 않다는 점(不異)은 서로 떨어질 수 없는 측면이다. 이러한 구조가 일심이 지니고 있는 두 측면이자 두 양상이다. 뒤섞일 수 없다는 것은 적멸로서 일심의 측면이고, 떨어질 수 없다는 것은 여래장으로서 일심의 측면이다.

분황 원효芬皇元曉(617~686)는 이러한 측면을 간파하고 자신의 핵심 사유를 일심一心 사상으로 구축하였다. 원효의 사유는 『대승기신론소』의 '이문일심지법二門一心之法' 혹은 '무량무변지의無量無邊之義', 『금강삼매경론』의 '일미관행一味觀行' 혹은 '십중법문十重法門' 또는 '무이중도無二中道'³, 『화엄경소』의 '일체 무애一切無礙', 『열반종요』의 '이문일미二門一味' 혹은 '부주열반不住涅槃', 『십문화쟁론』의 '화쟁회통和諍會通' 사상(논법) 등으로 다양하게 표현되어 있다. 이러한 다양한 표현을 하나로 꿰는 상위의 기호는 일심一心사상이라 해야 할 것이다. 그가 평생 모색했던 '귀일심원歸一心源 요익중생饒益衆生'⁴은 '상홍불법上弘佛法 하화중생下化衆生'⁵의 기호로도 표현되며 이것은 불교의 상구보리上求菩提 하화중생下化衆生의 다른 표현이기도 하다.

이 글에서는 원효의 일심사상이 집중되어 있는 『대승기신론소』와 『금강삼매경론』을 기반으로 기신학의 적멸과 일심, 일심과 여래장, 삼매론의 우주적 마음으로서 일심과 세상의 바다로서 일미의 통섭通攝이

---

2 우리말 '하나'에 상응하는 '두나(二)', '세나(三)', '네나(四)'는 옛 신라 지역이었던 영남지방에서 지금도 쓰고 있는 말이다. 두 음절 '하나'에 대응하는 '두 음절' 수를 맞추기 위해 '두나'를 원용하였다.
3 元曉, 『金剛三昧經論』(『한불전』 제1책, p.604하).
4 元曉, 『大乘起信論疏』(『한불전』 제1책, p.700상).
5 元曉, 『大乘起信論疏』(『한불전』 제1책, p.698중).

라는 관점 속에서 살펴보고자 한다.

II. 심층 마음과 표층 의식의 지형

1. 심의식의 구조

우리의 인식 구조는 겉으로 드러나지 않는 심층 마음과 겉으로 드러나는 표층 의식으로 되어 있다. 불교에서는 이것을 심의식 즉 제8식, 제7식, 전6식으로 표현한다. 제8식은 아뢰야식, 제7식은 말나식, 전6식은 제6식인 요별경식과 그 이전의 식인 전5식의 감각의식으로 구성된다. 여기서 심층 마음인 제8식 즉 아뢰야식이 좁은 의미의 의식이라면, 여래장은 넓은 의미의 의식이라고 할 수 있다.

인식의 주체이자 모든 것의 근거인 심왕心王은 심心(citta)과 의意(manas)와 식識(vijñāña, vijñapti)이라는 세 이름으로 불려진다.[6] 이들은 모두 육식六識을 일컫고 있지만 '심'과 '의'와 '식' 세 개념은 맥락에 따라 달리 사용되어 왔다. 근본불교 시대에는 육식에 상응하는 심·의·식의 세 개념을 이름이 다름에도 불구하고 특별히 구별하지 않고 하나의 인식 주체로 이해했다.

『아함경』에서는 단지 심과 의와 식은 이름은 다르지만 그 몸체(體)는

---

6 『雜阿含經』2(『大正藏』제2책, p.8상). "此心此意此識, 當思惟此, 莫思惟此."

하나라는 정도로 표현했다. 즉 심을 표현할 때 어떤 때는 '심心'이라 했고, 어떤 때는 '의意' 또는 '식識'이라고 했다.[7] 어떤 곳에서는 심과 의와 식을 하나의 정신으로 표현하는 경우도 있다. 또 어떤 곳에서는 심과 의와 식의 셋을 구별하여 서로 달리 사용하는 경우도 있다.

이처럼 초기불교 시대에는 이들 세 개념을 자세히 구별하지 않고 사용했다. 하지만 아비달마불교 시대에 이르러서는 이들 셋에 대하여 '이름은 다르지만 몸체는 같다'는 주장과 '이름도 다르고 몸체도 다르다'는 주장이 생겨났다. 나아가 대승 유식의 호법護法 계통에서는 심-의-식을 구별하여 팔식별체설八識別體說을 주장하기에까지 이르렀다.[8] 특히 '심' 즉 '찌따citta'는 어원적으로 갖가지의 대상을 인식認識하는 것이자, 집기集起하는 것이란 뜻을 지니고 있다.

'인식하는 것'은 육식六識을 가리킨 것이고, '집기하는 것'은 아뢰야식阿賴耶識을 의미한다. 즉 후자의 경우에는 과거의 경험을 모아 저장하고 있기 때문에, 그리고 이것이 미래의 제법諸法을 일으키는 것이기 때문에 집기심集起心이라고 일컫기도 한다.

마나스manas는 사려하는 작용으로 '사량심思量心'으로 불린다. 유식학통에서는 말나식末那識을 가리킨다. 그리고 비즈냐나vijñāña와 비즈납띠vijñapti는 '요별了別'이라고 번역되며 인식하는 주체와 인식된 작용을 가리킨다. 이것은 요별심了別心, 연려심緣慮心, 여지심慮知心이라고 일컬어진다. 이들 심은 모두 육식六識에 상응한다.[9] 따라서 인식 주체

---

7 『雜阿含經』2(『大正藏』제2책, p.8상). "此心此意此識.";『雜阿含經』권12(『大正藏』제2책, 82상). "若心若意若識 …… 彼心意識, 亦復如是."
8 高榮燮, 「마음에 대한 고찰」, 『문학 사학 철학』 제15호, 대발해동양학한국학연구원 한국불교사연구소, 2010, p.91.
9 高榮燮, 위의 글, pp.91~92.

를 심·의·식으로 나누어 보기 시작한 것은 대승아비달마인 유가유식학에서였다.

2. 아뢰야식과 여래장

심·의·식의 구조처럼 우리의 마음은 심층 마음과 표층 의식으로 구성되어 있다. 심층의 마음이 아뢰야식과 여래장으로 설명된다면, 표층의 의식은 전5식과 제6식 및 제7식의 구조로 해명된다. 이러한 구분은 유가행 유식 학통의 아리야식, 즉 아뢰야식 개념의 발명에 의해서 가능해졌다.

아리야식(아뢰야식) 개념은 초기 유가행 유식 학통의 종교적 수행에서 발명해 낸 주요한 술어이다. 이 아뢰야식은 후기 유식 학통의 조직화된 교설에서도 근간이 되고 있다. 여래장 개념 또한 『여래장경』에서 체계화된 여래장사상에 의해 그 교설의 중심이 되고 있다. 불교사상사에서 여래장 혹은 불성 개념은 중관의 이제설과 유식의 삼성설과 구분되는 독자적인 용어로 자리잡아 왔다.

아뢰야식과 여래장 개념은 염오의 측면과 청정의 측면에서 근본적으로 차이를 보인다. 아뢰야식은 생사와 윤회의 기반으로서 번뇌에 물든 것으로 간주되는 반면, 여래장은 중생 속의 여래로서 성불의 근거가 되며, 여래와 본질적으로 다르지 않은 지극히 청정한 것으로 간주된다. 이들 두 개념 사이의 차이는 『섭대승론』과 『보성론』에서 잘 보인다.

(a) 어떠한 까닭으로 이 식을 아뢰야식阿賴耶識으로 부르는가? 모든 생명체의 물들은 존재(一切有生 雜染品法)가 아뢰야식에 간직(攝藏)되어 결과적인 것(果性)이 되며, 또 이 아뢰야식이 그 염오된 존재에 간직되어 원인적인 것(因性)이 되기 때문에 아뢰야식이라 부른다. 또는 중생들이 이 아뢰야식을 간직하여 자아로 여기기 때문에 아뢰야식이라 부른다.[10]

(b-1) 여래의 법신이 번뇌의 외피를 벗어나 있지 않은 것을 여래장如來藏이라 한다. …… (b-2) 마음은 무한한 번뇌와 괴로움이 수반되고 있음에도 불구하고 본성적으로 빛난다. 그러므로 변이한다고 이야기하지 않는다. 이 때문에 상서로운 금과 같이 (전후의) 다름없음의 의미를 지니므로 진여眞如라 부른다. (마찬가지로) 모든 중생에게, 사정취邪定聚로 상속하는 (중생에게도) 본성적으로 차별 없는 그것(眞如)이 (존재한다. 그리고 그것이) 일체 객진의 티끌로부터 정화되었을 때 여래라는 이름을 얻는다.[11]

무착 보살의 『섭대승론』에서 설명하는 아뢰야식은 초기 유식 학통의 논서에서도 공통적으로 나타나는 정의라고 할 수 있다. 이 논서에서는 모든 생명체의 염오된 존재가 아뢰야식에 간직되어 결과적인 것이 되고, 또 이 식이 그 염오된 존재에 간직되어 원인적인 것이 되기 때문에 아뢰야식이라고 부른다. 그리고 중생들이 이 아뢰야식을 자아

---

10 無著 著, 玄奘 譯, 『攝大乘論本』(『大正藏』 제31책, p.133중).
11 堅慧 著, RGV(Ratna Gotra Vibhāga) p.139; 玄奘 譯, 『究竟一乘寶性論』(『大正藏』 제31책, p.838하).

로 여기기 때문에 그렇게 부른다고 하였다. 이처럼 아뢰야식은 염오된 존재의 인식의 주체이자 윤회의 주체라고 할 수 있다.

반면 견혜 보살의 『구경일승보성론』에서 여래장은 여래의 법신이 번뇌에서 둘러싸여 있는 것을 일컫는다. 여기에서 '외피'는 번뇌의 비본래성, 외래성을 의미한다. 이 때문에 여래장은 청정한 여래의 법신과 다른 것이 아니며, 현실의 오염된 상황 즉 번뇌의 현존은 여래장의 본질과는 근본적으로 무관한 것이다.[12]

그런데 이 여래장은 변이하지 않기 때문에 상서로운 금과 같이 지속성을 의미하므로 진여라고 부른다. 그러므로 모든 중생에게, 심지어 사정취邪定聚로 상속하는 중생에게도 차별없는 진여가 존재한다. 그리고 이것이 객진번뇌로부터 정화되었을 때를 여래라고 한다고 하였다. 이처럼 아뢰야식과 여래장의 차이는 수행관 혹은 해탈관에 의해서 비롯되는 것임을 알 수 있다.

한편 『능가경』(10권)에서는 이문일심의 구조를 통해 적멸과 여래장의 차이를 해명하고 있다. 즉 적멸로서 일심은 진여의 교문이고, 여래장으로서 일심은 생멸의 교문이다. 이 두 측면의 일심은 하나(一)가 아니지만 그렇다고 두나(二)도 아니다. 중생의 마음은 마음의 생멸문을 들어서 언급한 것이고, 생멸문에 의거해서 진여문을 나타내고 있다. 원효 또한 『대승기신론소』에서 진여문에서 보면 본성은 본래 공적하지만 이 두 개의 교문은 그 본체에서 둘이 아니므로 모든 것이 다 일심법이라고 할 수 있다고 하였다.

원효는 심층 마음과 표층 의식으로 이루어진 일심을 『능가경』의 교

---

12 정호영, 「알라야식과 여래장의 교섭 -『능가경』의 경우」, 『인문학지』 제40집, 충북대학교 인문과학연구소, 2008, p.51.

설에 근거하여 적멸로서 일심(심진여문)과 여래장으로서 일심(심생멸문)으로 해명하고 있다. 따라서 아뢰야식과 여래장은 염오와 청정의 측면에서 대립되는 개념임을 알 수 있다. 아뢰야식은 염오된 망식으로서의 측면임에 반해 여래장은 청정한 진식으로서의 측면을 지니고 있기 때문이다.

Ⅲ. 『대승기신론』 일심의 수용과 이해

1. 적멸로서 일심—심진여(果)

마명 보살의 『대승기신론』에서 일심은 아뢰야식이자 여래장이라고 언표하고 있다. 일찍부터 이러한 언표에 주목했던 원효는 이 저술에 대한 여러 편의 주석서를 지었다. 현존하는 것은 『대승기신론별기』와 『대승기신론소』뿐이다.[13] 무덤 속에서 발견한 일심은 그의 저술 속에서 매우 다양하게 정의되고 있다. 그는 "대승법에는 오직 일심만이 있고 일심의 밖에는 다시 다른 법이 없지만, 다만 무명이 일심을 미혹시켜

---

[13] 원효의 저술 곳곳에서 인용하고 있는 『二障義』 또한 『大乘起信論二障義』로 추정되고 있다. 石田茂作 편, 『寫經より見たる奈良朝佛敎の硏究』의 부록에 실린 『奈良朝現在一切經目錄』(『東洋文庫論叢』 제11집, 1930, p.126)에서는 『일도장』을 『기신론일도장』으로, 『이장장』을 『기신론이장장』으로 기록하고 있다; 金煐泰, 『원효연구사료총록』(원효학연구원 장경각, 1996), p.88 재인용.

서 온갖 파도(번뇌)를 일으켜 중생이 육도에 유전함을 밝혔다."[14]고 하였다. 또 "대승법에서는 일체의 제법이 오로지 일심으로 자체를 삼기 때문에, 일심은 만물의 근본이며, 일심은 세간과 출세간의 일체법을 포섭하고 있다."[15]고 하였다.

마명 보살은 『대승기신론』을 설하게 된 이유를 "중생으로 하여금 의혹을 제거하고, 잘못된 집착을 버리게 하여, 대승의 바른 믿음을 일으켜, 불종佛種이 끊어지지 않게 하기 위해서"라고 하였다. 이에 대해 원효는 위의 반구를 '아래로는 중생을 교화하고(下化衆生)' 아래 반구를 '위로는 불법을 홍포하기(上弘佛法)' 위해서라고 풀이하였다. 그런데도 중생이 깨닫지 못하는 이유는 의혹疑惑(疑法/疑門)과 사집邪執(人執/法執) 때문이다. 해서 발심에 장애가 되는 법法에 대한 의혹을 제거하고자 일심一心을 설하였고, 수행에 장애가 되는 문門에 대한 의혹을 제거하고자 이문二門을 설하였다[16]고 하였다 이것은 일체법이 중생심이고 일심은 곧 중생심[17]이라는 대목에서 자연스럽게 해명된다.

원효는 일심은 '본래 고요하고 평정한 것(本來寂靜)'이어서 '언설로는 닿을 수 없는 것'이며, 그 어디에도 '머무름이 없는 마음(無住之心)'이므로 '있는 것도 아니고 없는 것도 아니다(不有不無)'라고 하였다. 이 때문에 그는 마명이 "일체법이 언설상言說相을 여의었으며, 명자상名字相을 여의었으며, 심연상心緣相을 여의어서 결국 평등하게 되고, 변하거나 달라지는 것이 없으며, 파괴할 수도 없는 것이어서 오직 일심일 뿐

---

14 元曉, 『大乘起信論疏』(『한불전』 제1책, p.701중).
15 元曉, 『大乘起信論疏』(『한불전』 제1책, p.704상).
16 元曉, 『大乘起信論疏』(『한불전』 제1책, p.701중).
17 元曉, 『大乘起信論疏』(『한불전』 제1책, p.704상).

인 것이니, 이 때문에 진여라고 부르는 것이다."¹⁸라는 구절에 대해 자세히 해명하고 있다. 그는 일심의 개념 정의가 쉽지 않다고 말하면서 일심에 대해 정의하고 있다.

원효는 일심에 대해서 "염오와 청정(染淨)의 모든 법은 그 자성이 둘이 없어서 진여와 생멸(眞妄)의 두 문은 다름이 있을 수 없기 때문에 '일一'이라고 한다."¹⁹라고 하였으며, "이 둘이 없는 것이 모든 법 중의 실체여서 허공과 같지 아니하여 본성이 스스로 신해하기 때문에 '심心'이라고 부른다."라고 하였다.²⁰ 그러면서도 "이미 두나가 없는데 어떻게 하나가 될 수 있으며, 하나도 있는 바가 없는데 무엇을 심이라 말하는가? 이러한 도리는 말을 여의고 생각을 끊은 것(離言絶慮)이니 무엇이라고 지목할지를 몰라서(不知何以目之) 억지로 이름 붙여 일심이라고 하는 것(强號爲一心也)이다."²¹라고 하였다. 굳이 일심이라고 말할 것조차도 없으나 일심이라고도 말하지 않고는 전달할 길이 없다는 것이다.

원효는 『대승기신론』의 현시정의顯示正義에서 '일심법에 의하여 두 가지 문이 있다'는 구절을 해석하는 대목에서 보리유지 번역의 『입능가경』을 원용하여 자신의 일심관을 전개하고 있다. 그는 적멸로서 일심과 여래장으로서 일심을 구분하여 해명하고 있다.

'일심법에 두 가지 문이 있다'는 것은, 『능가경』에서 "적멸이란 일심이라 부르는 것이며, 일심이란 여래장이라 부르는 것이다."²²라고 말한

---

18 馬鳴/元曉, 『大乘起信論疏記會本』(『한불전』 제1책, p.743중).
19 馬鳴/元曉, 『大乘起信論疏記會本』(『한불전』 제1책, p.741상).
20 馬鳴/元曉, 『大乘起信論疏記會本』(『한불전』 제1책, p.741상).
21 馬鳴/元曉, 『大乘起信論疏記會本』(『한불전』 제1책, p.741상중).
22 菩提流支 譯, 『入楞伽經』, 「請佛品」(『大正藏』 제16책, p.519상).

것과 같다. 이 『대승기신론』에서 심진여문이라고 한 것은 곧 저 『능가경』에서 '적멸이란 일심이라 부른다' 함을 풀이한 것이며, 심생멸문이라고 한 것은 『능가경』에서 '일심이란 여래장이라 부른다' 함을 풀이한 것이다. 어째서 그러한가 하면 일체법은 생동함도 없고 적멸함도 없으며 본래 적정하여 오직 일심이니 이러한 것을 심진여문이라 부르기 때문에 '적멸이란 일심이라 부른다'고 한 것이다.[23]

원효가 일심을 적멸로서 일심과 여래장으로서 일심으로 구분한 것은 『기신론』의 본의를 충실하게 이해하기 위해서 『능가경』의 교설을 원용하여 해석하였기 때문이다. 일심을 두 가지 측면으로 나누어 보는 지점에는 그의 인간 이해와 세계 인식이 투영되어 있다. 원효가 적멸로서 일심을 생의生義가 없는 심진여문에 배대하고, 여래장으로서 일심을 생의生義가 있는 심생멸문에 배대한 것은 아직 수행의 길에 있는 수행자가 완성된 부처의 길과 미완성된 범부의 길의 긴장 속에서 갈등하며 정진해야할 명분을 남겨 두기 위함으로 읽을 수 있다.[24] 그럼에도 불구하고 그는 본법으로서의 일심을 시설하여 진여와 생멸의 이문 위에 자리매김시키고 있다.[25]

원효는 인간을 적멸로서 일심을 지닌 존재일 뿐만 아니라 여래장으로서 일심을 지닌 존재로 파악하였다. 적멸로서 일심을 지닌 존재는 이미 수행을 완성한 상태이기 때문에 더 이상 수행의 길에 나설 필요

---

23 元曉, 『大乘起信論疏』(『한불전』 제1책, p.610상).
24 高榮燮, 「분황 원효와 현수 법장의 기신학 이해」, 『불교철학』 제1집, 동국대학교 세계불교학연구소, 2017.10.
25 원효가 진여문과 생멸문 이외에 본법으로서 일심을 시설한 것은 그가 구역유식舊譯唯識에 의거하여 제9 아마라식을 인정하고 있기 때문으로 이해된다.

가 없는 완성된 인간이다. 이렇게 되면 그는 부처로서 중생에 대한 자비심을 일으키는 존재로서 살아가야 한다. 하지만 그는 아직 온전한 부처가 되지 못한 존재임을 자각하고 있다. 그는 '선과 불선의 원인으로서 일체의 육취 사생을 두루 잘 일으키는 여래장을 지닌 존재'이기 때문이다. 이 때문에 적멸로서 일심을 지닌 완성된 인간만이 아니라 여래장으로서 일심을 지닌 미완성된 인간의 동거가 요청되는 것이다.

원효는 일심의 두 측면인 심진여문과 심생멸문을 설명하는 대목에서 이 구절을 자주 원용하고 있다. 그는 『대승기신론』에서 심진여문이라고 한 것은 곧 『능가경』에서 "적멸이란 일심이라 부른다."라는 구절을 해석한 것으로 보았으며, 심생멸문이라고 한 것은 "일심이란 여래장이라 부른다."라는 구절을 해석한 것으로 보았다. 일심을 두 측면으로 나눠 보는 이러한 원효의 인식은 『대승기신론소』[26]와 『금강삼매경론』[27] 모두에서 이 문구를 인용하는 데서도 나타나고 있다.

2. 여래장으로서 일심—심생멸(染)

원효는 일심을 적멸로서 일심과 여래장으로서 일심의 두 가지 측면으로 나누었다. 그가 일심을 '적멸=일심(심진여문)'이라는 측면과 '일심=여래장(심생멸문)'이라는 측면으로 구분하는 것은 『기신론』에 대한 그의 주요한 인식 기반이라고 할 수 있다. 전자가 청정한 진여로서 일심을 말한다면, 후자는 염오된 생멸로서 일심을 말한다. 이것이 일심이

---

26 元曉, 『大乘起信論疏』 권상(『한불전』 제1책, p.704하).
27 元曉, 『金剛三昧經論』 권1(『한불전』 제1책, p.610상).

지니고 있는 두 가지 측면이다.

원효는 "일심의 몸체가 본각이지만 무명을 따라 생멸의 움직임이 일어나므로, 이 생멸문에서 여래의 본성(如來之性)이 숨어서 드러나지 않는 것(隱而不顯)이 여래장이라 한 것이다."라고 하였다. 이것은 『능가경』에서 말하기를, "여래장이란 선과 불선의 원인으로서(善不善因) 일체의 취생趣生을 두루 잘 일으켜 만든다(能徧興造一切趣生). 비유하면 환술사가 여러 가지 취를 변화시켜 나타내는 것과 같다."28고 하였다. 이것은 불생불멸의 진여문에 상응하는 찰나생멸의 생멸문의 여래장에 대한 구체적인 표현이다.

원효는 또 "이러한 뜻이 생멸문에 있기 때문에 '일심이란 여래장이라 부른다'고 하였다. 이것은 일심의 생멸문을 나타낸 것이며, 아래 글에서 '심생멸이란 여래장에 의하기 때문에 생멸심이 있으며'라고 한 것과 같다."29고 하였다. 이것은 '일체법은 생함도 없고 멸함도 없으며 본래 적정하여 오직 일심'이라는 적멸로서 일심과 다른 '선과 불선의 원인으로서 일체의 육취 사생을 두루 잘 일으키는' 여래장으로서 일심을 지닌 인간에 대한 그의 해명이다.

원효는 이러한 인식에 의해 평등의 일심이 지니고 있는 총체적인 일심의 법을 나타내고, 차별의 이문이 지니고 있는 개별적인 이문의 뜻을 밝혀낸다. 그는 생멸문이 있기 때문에 '일심이란 여래장이라 부른다'고 하면서 일심의 생멸문을 설명해 나간다. 이것은 생멸을 일으키는 여래장으로서 일심을 지닌 존재에 대한 구체적인 해명이다.

원효는 『대승기신론』에 '심생멸이란 여래장에 의하기 때문에 생멸심

28　元曉, 『大乘起信論疏』(『한불전』제1책, p.610상).
29　元曉, 『大乘起信論疏記』會本 권상(『한불전』제1책, pp.704하~705상).

이 있으며'라는 구절을 전제한 뒤, 이어 '이 식에 두 가지 뜻이 있으니, 첫째는 각覺의 뜻이고, 둘째는 불각不覺의 뜻이다'라고 말한 것과 같다고 하였다. 그런 뒤에 다만 생멸심만을 취해서 생멸문을 삼는 것이 아니라, 생멸 자체와 생멸상을 통틀어 취하여 모두 생멸문 안에 둔다는 뜻임을 알아야 할 것이라고 부연하고 있다.

"이처럼 일심과 이문 안에는 일체의 불법이 포섭되지 않음이 없다. 이 뜻이 무엇인가? 앞의 두 구절은 속제를 융합하여 진제로 삼아서 평등의 뜻을 드러내고, 아래 두 구절은 진제를 융합하여 속제로 삼아서 차별의 문을 드러냈다. 총괄해서 말하면 진제와 속제가 둘이 아니지만 하나를 고수하지 않기 때문에 둘이 없음으로 말미암아 곧 일심이고, 하나를 고수하지 않기 때문에 전체가 둘이 된다. 이와 같은 것을 일심이문一心二門이라고 한다."[30]

원효는 『대승기신론별기』 대의문에서 일심이문(심진여문/심생멸문)의 구도 아래 존재를 연기-무자성-공(성)관에 입각해 보는 중관학의 '깨뜨리기만 하고 세우지는 못하는 담론(破而不立, 往而不徧論)'과 가유-유자성-유(성)관에 의거해 보는 유식학의 '세우기만 하고 깨뜨리지 못하는 담론(立而不破, 與而不奪論)'이라 평가한다. 이것은 이들 학통의 주요 논서를 근거로 해서 이뤄 낸 평가이다.

그런 뒤에 그는 이들 심진여문과 심생멸문을 종합하여 '깨뜨리지 아니함이 없이 도리어 허용하고(無不破而還許)' '세우지 아니함이 없

---

30 元曉, 『金剛三昧經論』「眞性空品」(『한불전』 제1책, p.652하).

이 스스로 부정하여(無不立而自遣)', 저 가는 자가 '가는 것이 다하여 두루 세우며(往極而徧立)' 이 주는 자가 '주는 것을 다하여 앗아 깨뜨리는(窮與而奪〈破〉³¹)' 기신起信학으로 전개시켰다. 이것은 『대승기신론』의 심진여문과 심생멸문을 아우르는 일심이문의 구조에 입각한 주장이다.

하지만 그는 『대승기신론소』 대의문에서 유식학의 망식으로서 아뢰야식과 기신학의 진망화합식으로서 여래장의 구도로 옮겨 논의를 전개시켰다. 이것은 『대승기신론별기』 대의문에서 전개한 중관학과 유식학의 통섭으로서 『대승기신론』의 위상을 파악한 종래의 논지의 수정으로 이해된다.³² 그의 『이장의』가 보여 주는 은밀문(煩惱礙/智礙)과 현료문(煩惱障/所知障)의 구도를 통해서도 짐작해 볼 수 있다.

"일심의 법은 또한 하나(一)를 고수하지 아니하고, 생사와 열반은 공적하여 두나(二)가 없다. 두나가 없는 곳이 바로 일심의 법이고, 일심의 법에 의하여 두 가지 문이 있다. 그러나 두 교문을 모두 취하면 곧 일심을 얻지 못하니, 두나는 하나가 아니기 때문이다. 만일 두 가지 교문을 폐하여 함께 취하지 않으면 또한 일심을 얻을 수 없으니 무無는 일심이 아니기 때문이다. 이러한 뜻으로 말미암아 두나가 없는 마음의 법은 함께 취하는 것과 함께 취하지 않는 것에 또한 마땅히 적멸하다."³³

---

31 문장 구조상 '奪' 자 뒤에는 '破' 자가 빠진 것으로 추정된다.
32 박태원, 『대승기신론사상연구』 (I) (민족사, 1994).
33 元曉, 위의 책, 권하, p.668중.

일심이 곧 적멸이라고 한 『능가경』에 대한 원효의 해명은 일심과 적멸의 관계를 잘 보여 주고 있다. 두나(二)가 없는 곳이 곧 일심의 법이고 일심의 법에 의해 두 가지 문이 있다. 이것은 일심과 이문 즉 하나와 두나의 관계를 불일不一과 불이不異의 관계 속에서 해명하는 것이다. 이것을 마명과 원효는 불상리성不相離性과 불상잡성不相雜性 즉 '서로 떨어질 수도 없고', '서로 섞일 수도 없는 특성'이라고 불렀다.

이 때문에 그의 핵심 사상은 기신학 본의에 충실한 일심사상이라고 할 수 있다. 그런데 원효가 기신학의 본의에 충실하면서도 적멸(심진여)로서 일심과 여래장(심생멸)으로서 일심 이외에 비인비과를 '본법으로서 일심'으로 상정하여 삼제설三諦說을 시설한 것은 여래장 개념의 상위로서 일심 개념의 지위를 확고히 하고자 함이었던 것으로 이해할 수 있다.

3. 본법으로서 일심—비인비과非因非果

살펴본 것처럼 원효는 적멸로서 일심과 여래장으로서 일심을 각기 심진여와 심생멸에 배대하였다. 그러면서도 진여와 생멸 이외에 '본법으로서 일심'을 상정하여 심진여와 일심을 구분함으로써 삼제설三諦說을 시설하고 있다. 이것은 제9 아마라식을 제시하는 구역 유식과의 상관성을 보여 주는 대목이다.

원효는 수행에 장애가 되는 '문'에 대한 의혹을 제거하기 위하여 진여문에 의하여 지행止行을 닦고, 생멸문에 의하여 관행觀行을 일으켜야 한다고 하였다. 그리하여 지행止行과 관행觀行을 나란히 부리면 만행萬行이 여기에 갖춰진다[34]고 하였다. 그러면서도 "이 두 문에 들어가면 모든 문이 다 통하는 것이니 이렇게 의심을 제거해야만 수행을 잘 일으킬 수 있다."[35]고 하였다.

이것은 『능가경』에서 일심을 적멸로서 일심과 여래장으로서 일심으로 구분한 것과도 상통한다. 원효는 법장이 적멸로서 일심과 여래장으로서 일심을 동위同位로 파악함으로써 일심과 심진여의 동일성을 제시하는 이제설二諦說을 주장한 것과 달리 적멸로서 일심과 여래장으로서 일심을 별위別位로 파악함으로써 일심과 심진여의 차이성을 제시하며 삼제설三諦說을 주장하였기 때문이다.

이것은 일심을 이문 내의 진여문과 구분함으로써 여래장의 상위 개념으로서 일심을 분명히 하고 있으며 그의 핵심 사상을 일심사상에 두고 있음을 보여 주는 지점이다.[36] 원효는 일심에 이문을 열면서도 적멸로서 일심과 여래장으로서 일심을 구분함으로써 일심과 심진여문을 별개로 보아 삼제설을 시설하였다. 이와 달리 법장은 일심에 이문을 열면서도 적멸로서 일심과 여래장으로서 일심을 동위로 보고 일심과

---

34 元曉, 『大乘起信論疏』(『한불전』 제1책, p.701하).
35 元曉, 『大乘起信論疏』(『한불전』 제1책, p.701하).
36 均如, 『釋華嚴敎分記圓通鈔』 권제3(『한불전』 제4책, p.324하). "言有異者, 曉公意, 非因非果, 是本法一心, 章主(法藏)意, 非因非果, 是眞如門故, 有不同也. 何者, 章主意者, 眞如生滅外, 更無一心故, 非因非果, 是眞如門, 曉公意者, 眞如生滅外, 別立本法一心故, 非因非果者, 是本法一心也. 是故章主唯立二諦, 曉師卽三諦也." 원효의 저술을 다수 인용했던 균여는 법장法藏의 설을 따르면서도 원효를 원용한 그의 입장을 보여 주고 있다. 이 구절에 의하면 법장은 '진여와 생멸 이외에 따로 일심이 없다'(一心=眞如, 生滅)는 이제설二諦說을 주장한 반면 원효는 '진여와 생멸 이외에 본법으로서 일심을 별립한다'(一心, 眞如, 生滅)는 삼제설三諦說을 주장하였다. 남동신, 「원효의 기신론관과 일심사상」, 『한국사상사학』 제22집, 한국사상사학회, 2004 참조.

심진여문을 동일시하여 이제설을 건립하였다.

여기에서 주목되는 것은 원효는 진여문과 생멸문 이외에 비인비과를 '본법으로서 일심'으로 시설하여 삼제설을 주장한 반면 법장은 진여문과 생멸문 이외에 별도의 일심을 시설하지 않고 비인비과를 곧 진여문으로 건립하여 '일심(=진여문)-생멸문'의 이제설을 주장한 지점이다. 이것은 『능가경』을 원용하여 적멸로서 일심과 여래장으로서 일심의 구분이라는 기신학의 본의에 충실하면서도 '일심(非因非果)-진여문(果)-생멸문(因)'의 삼제설을 제시한 원효와 화엄학으로의 지향을 의식해 기신학의 본의를 '일심(非因非果)=진여문(非因非果)-생멸문(因)'의 이제설의 관점 아래 자의적으로 해석한 법장이 갈라지는 지점이다.

원효는 이 일심이문에 대해 『능가경』과 『십지경』에 의거하여 해명하고 있으며, 이러한 그의 인식은 『대승기신론』, 『화엄경』, 『금강삼매경』의 일심 해석에서 잘 드러나고 있다. 특히 원효는 『능가경』(10권)의 이문일심의 구조를 통해 일심을 해명하는 대목을 인용하는 지점에서 자신의 일심관을 잘 보여 주고 있다. 여기서 그는 일심을 적멸과 여래장의 두 측면으로 설명한다. 그런 뒤에 그는 궁극적으로 진여와 생멸 이외에 '본법으로서 일심'을 상위 개념으로 시설하여 '일심-진여-생멸'의 삼제설을 견지하고 있다.

따라서 원효는 '적멸로서 일심(심진여, 果)'과 '여래장으로서 일심(심생멸, 因)' 이외에 '비인비과非因非果'를 '본법으로서 일심'으로 시설하여 삼제설의 관점에서 여래장 개념과 구분되는 상위개념으로서 일심사상을 분명히 보여 주었다. 이처럼 원효의 일심의 정의는 다양하며 그 의미는 매우 독특하다고 할 수 있다.

Ⅳ. 『금강삼매경』 일심의 수용과 이해

원효는 『대승기신론소』에서 보여 준 적멸로서 일심과 여래장으로서 일심의 구도를 『이장의』에서는 은밀문과 현료문의 구도 아래 유식의 번뇌장-소지장과 여래장의 번뇌애-지애를 통합하는 진망화합식의 구도로 보여 주고 있다. 이것은 유식의 망식으로서 아뢰야식과 여래장의 진망화합식으로서 여래장의 구도를 함께 보여 주는 것이다. 그리고 원효의 『대승기신론소』에서는 진망화합식으로서 '일심'을 논하고 있으며 『금강삼매경론』에서는 아마라식으로서 '일심지원'을 논하고 있다.

1. 우주적 마음으로서 일심: 적멸과 일심지원

원효는 『대승기신론』을 원용하여 일심의 법을 심진여문과 심생멸문, 열반과 생사의 관계로 해명하고 있다. 또 대승이 지닌 두 가지 뜻인 '법法'과 '의義'에서 대승의 법체法體인 '법'이 중생심이며, 대승의 명의名義인 '의'에는 체대와 상대와 용대가 있다고 하였다. 원효는 법장문에서 심진여문과 심생멸문을 해명하고, 의장문에서 체대와 상대와 용대를 해명하고 있다. 『대승기신론』의 이러한 이문일심 사상의 구도는 『금강삼매경론』에서는 '일미관행(要)'과 '십중법문(宗)'의 두 구도로 이어진다.

이러한 구도는 원효의 여러 저술에서 확인할 수 있다. 그런데 『금강삼매경론』에서는 진제와 속제 "이 이문은 속제를 융합하여 진제로 삼아서 평등의 뜻을 드러내고, 진제를 융합하여 속제로 삼아서 차별의 문을 드러낸다. 나아가 두나(二)가 없음으로 말미암기에 곧 일심一心이고, 하나(一)를 고수하지 않기 때문에 전체가 두나(二)가 된다."[37]고 보았다. 평등의 뜻과 차별의 문이 진제와 속제의 불이의 관계 속에서 이루어지고 있다. 이것은 일심이 지니고 있는 양면성을 보여 주는 지점이다.

> 적멸寂滅이라는 것은 일심을 말한 것이고, 일심은 여래장을 말한다. ……일체의 모든 법은 오직 일심이고, 하나(一)의 중생衆生은 곧 하나(一)의 본각本覺이다. 이러한 뜻으로 말미암아 일각一覺이라 부른다. ……여래가 교화하는 바 일체 중생은 일심의 유전流轉이 아님이 없기 때문이며, ……일체 중생이 본디 일각一覺임을 밝히고자 한다. 다만 무명으로 말미암아 꿈을 따라 유전하는 것이기에 모두 여래의 일미설一味說에 따라서 결국은 일심의 근원으로 돌아가지 않음이 없으니, 일심의 근원으로 돌아갔을 때 다 얻는 바가 없으므로 일미一味라고 한 것이다.[38]

여기서 적멸은 일심을 가리키고 일심은 여래장을 일컫는다. 앞서 『능가경』에서 설한 내용과 같다. 일심은 중생과 여래의 구분 이전의 일심이고 그것은 일각을 가리킨다. 일각一覺은 본각本覺, 즉 일본각一本覺이며 일체 중생이 본래부터 가지고 있는 자성청정심自性淸淨心을 의미한다. 일미一味는 모든 현상과 본체가 두루 평등하여 차별이 없는

---

37 元曉, 『金剛三昧經論』「眞性空品」(『한불전』 제1책, p.658하).
38 元曉, 『金剛三昧經論』「眞性空品」(『한불전』 제1책, p.610상).

부처의 교법을 가리킨다. 대개 부처의 교설이 여러 가지로 다양한 듯 보이지만 그 의미(味)는 하나(一)라는 뜻이다. 그러므로 중생과 여래가 모두 일미一味의 뜻으로 수렴되는 것이다.

중생의 마음은 마음의 생멸문을 들어서 말한 것이고, 생멸문에 의거해서 진여문을 나타내게 된다. 이 진여문에서 보면 본성은 본래 공적空寂하다. 그러나 이 이문은 그 본체에서 둘이 아니므로 모든 것이 다 일심법일 뿐이다.[39]

중생의 마음은 생멸문에서 말한 것이다. 그런데 이 진여문은 생멸문에 의거해서 나타내게 된다. 이 때문에 진여문과 생멸문은 떨어질 수 없지만 그렇다고 해서 섞일 수 있는 것은 아니다. 여기서도 일심의 진여문과 생멸문의 불상리성不相離性과 불상잡성不相雜性의 불이를 말한다.

있지도 않고 없지도 않다는 것은 곧 없지 않는 것이고, 없지 않은 것이 곧 있지 않은 것이므로, 이러한 뜻으로 말미암아 다시 뜻을 합해서 밝히자면 일심법一心法은 있지도 않고 없지도 않는 것과 같다.[40]

원효는 일심의 법이 지니고 있는 이중 부정과 이중 긍정의 함의를 잘 보여 주고 있다. 위에서는 일심의 법이 이중 부정의 초탈을 이루고 있다는 것이다. 즉 일심의 법이 이중 긍정의 이문이면서 또한 그것은

---

39 元曉,『金剛三昧經論』「眞性空品」(『한불전』 제1책, p.612중).
40 元曉,『金剛三昧經論』「入實際品」(『한불전』 제1책, p.644중).

이중 부정의 뜻으로 상관적 대대법의 이중성을 다 부정하여 초탈해 있음을 밝힌 것이다.[41]

일심의 법은 또한 하나(一)를 고수하지 아니 하고(不守一), 생사와 열반은 공적空寂하여 두나(二)가 없다. 두나가 없는 것이 바로 일심의 법이니 일심의 법에 의하여 두 가지 교문이 있다. 그러나 두 교문을 모두 취하면 곧 일심을 얻지 못하니 두나는 하나가 아니기 때문이다. 만일 두 가지 교문을 폐하여 함께 취하지 않으면 또한 일심을 얻을 수 없으니 무無는 일심이 아니기 때문이다. 이러한 뜻으로 말미암아 두나가 없는 마음의 법은 함께 취하는 것과 함께 취하지 않는 것 또한 적멸寂滅하다.[42]

이 대목은 이른바 일심 내 진제와 속제의 '무이이불수일無二而不守一'로서 일심이 이문이 됨을 나타내는 부분이다. 일심의 법은 하나를 고집하지 않으며, 생사와 열반은 공적해서 두나가 없다. 두 가지 교문인 심진여문과 심생멸문을 모두 취하면 일심을 얻을 수 없고, 두 가지 측면을 모두 버리면 또한 일심을 얻을 수 없다. 모두 취할 수도 없고 모두 버릴 수도 없기에 적멸하다. 적멸이란 마음에 번뇌가 없고 몸에 괴로움이 없는 상태를 일컫는다. 적멸에는 일과 이, 생사와 열반, 진여와 생멸 등이 모두 끊어졌기 때문이다.

일심의 법은 색色과 심心과 같이 공적(空)한 것이 아니기 때문에 삼제

---

41 김형효, 『원효의 대승철학』(소나무, 2006), p.122.
42 元曉, 『金剛三昧經論』「總持品」(『한불전』 제1책, p.668중).

三諦가 아니다. 삼제의 종류에는 대략 세 가지가 있다. 첫째는 색제色諦와 심제心諦와 제일의제第一義諦이고, 둘째는 유제有諦와 무제無諦와 중도제일의제中道第一義諦이며, 셋째는 이 품 중의 뒷글에서 말한 것과 같다. 이제 이 질문의 의미는 처음 문에 의한 것이다. '색이 공하고 심도 또한 적멸하다'고 한 것은 이 법이 이미 삼제에 포섭되는 것이 아니기 때문에 색상이 본래 공적하고 심도 또한 적멸하다는 것이다. 이 색과 심의 법이 본래 적멸할 때에 이 일심의 법도 함께 적멸할 것이다.[43]

위의 글에 의하면 일심의 법은 지·수·화·풍의 사대를 자성으로 하는 색제色諦와 식계識界를 자성으로 하는 심제心諦, 그리고 제일의제第一義諦의 삼제가 아니다. 또 제법은 본래 공적한 것이지만 인연이 모일 때는 역력히 드러나 공 가운데 일체의 법을 세우는 유제有諦, 모든 법은 원래 공적하지만 중생은 이것을 모르고 참된 것으로 집착하여 허망한 소견을 내므로 공관空觀으로 이것을 대치하면 집착하는 생각이 저절로 없어져 모든 상을 떠나는 진공의 이치를 깨닫게 되는 무제無諦, 그리고 중도제일의제의 삼제가 아니다.

이미 앞에서 일심이 적멸하기만 한 것은 아니라고 언급하였다. 일심은 생동하기도 하기 때문이다. 일심은 적멸과 생동에 서로 걸림이 없고, 막힘이 없어 어느 하나를 고수하지 않는다. 이 때문에 원효는 일심이 지닌 적멸과 생동의 측면을 통합해서 말하고 있다.

생동이 곧 적멸이지만 적멸을 고수하지 않고, 적멸이 곧 생동이지만

---

[43] 元曉, 『金剛三昧經論』 「總持品」(『한불전』 제1책, p.668하).

생동에 머무르지 않는다. 생과 멸이 두나가 아니며, 동과 적이 구별이 없으니 이와 같은 것을 일심의 법이라고 이름한다. 비록 실제로는 두 나가 아니지만 하나를 고수하지 아니 하며, 전체가 연을 따라서 생동 하고 전체가 연을 따라서 적멸하니 이와 같은 도리로 말미암아 생동이 곧 적멸이고 적멸이 곧 생동이어서 막힘이 없고 걸림이 없으며, 같은 것도 아니고 다른 것도 아니다.[44]

일심의 생동은 적멸을 고수하지 않고, 일심의 적멸은 생동에 머무르지 않는다. 고수하지 않고 머무르지 않기에 막힘이 없고 걸림이 없으며, 같은 것도 아니고 다른 것도 아닌 것이 일심의 법이다. 이처럼 일심은 상대를 떠나고 절대를 떠나서 상대가 될 수도 있고 절대가 될 수 도 있다. 일심은 언어의 그물과 분별의 쪽대를 넘어선 자리에 있음을 알 수 있기 때문이다.

따라서 우주적 마음으로서 일심은 적멸로서의 일심과 일심지원의 상호관계 속에서 형성되고 유지된다는 사실을 알 수 있다. 그리고 그것은 세상의 바다로서 삼공과 여래장과 삼공지혜와도 긴밀하게 관계를 유지하고 있다.

2. 세상의 바다로서 삼공: 여래장과 삼공지혜

원효가 말한 적멸로서 일심과 여래장으로서 일심은 분리될 수 없는

---

44 元曉, 『金剛三昧經論』 「眞性空品」(『한불전』 제1책, p.659상).

것이다(不二). 그렇다고 해서 다름이 있는 것도 아니어서(不異) 사실은 하나이면서 같은 것이다. 앞에서 원효는 "일심의 몸체가 본각이지만 무명을 따라 생멸의 움직임이 일어나므로, 이 생멸문에서 여래의 본성(如來之性)이 숨어서 드러나지 않는 것(隱而不顯)이 여래장이다."라고 하였다.

무명에 의해 생멸을 일으키고 숨어서 드러나지 않는 여래장에 대해 『능가경』은 "여래장이란 선과 불선의 원인으로서(善不善因) 일체의 취생趣生을 두루 잘 일으켜 만든다(能徧興造一切趣生). 비유하면 환술사가 여러 가지 취를 변화시켜 나타내는 것과 같다."⁴⁵라고 하였다. 일체 중생이 사는 세상의 바다로서 삼공은 우리에게 자리한다. 삼공은 아공我空과 법공法空과 아법구공我法俱空을 일컫기도 하고, 공상도 공하다는 '공상역공空相亦空(변계소집성)', 공공도 공하다는 '공공역공空空亦空(의타기성)', 소공도 공하다는 '소공역공所空亦空(원성실성)'을 가리키기도 한다. 이 삼공은 우리들이 사는 세상의 바다이자 아뢰야식이 선과 악의 원인으로서 펼쳐내는 중생의 삶을 일컫는다.

일체 중생이 비록 다섯 가지 윤회도(五道, 六道 중 천계를 뺀 욕계)를 윤회하지만, 일법계의 바깥을 나가는 것은 아니다. 다 법계라는 것은 머물게 되는 바탕이 된다는 것이고, 머무를 수 있는 것은 중생의 마음이다.⁴⁶

법계는 중생이 머무는 바탕이며 이곳에 머무는 것은 중생의 마음이

---

45 元曉, 『大乘起信論疏』(『한불전』 제1책, p.610상).
46 元曉, 『梵網經菩薩戒本私記』(『한불전』 제1책, p.568상).

다. 지옥, 아귀, 축생, 수라, 인간의 다섯 갈래 길은 이 법계 속에서 오고 가는 곳이다. 이 때문에 중생은 법계를 떠나지 않는다.

중생의 마음은 목석과 달라서 반드시 고통을 싫어하고 즐거움을 좋아하는 성질이 있다. 이 성질로 말미암아 만행을 닦아 드디어 무상보리의 즐거운 열매에 귀착한다. ……『승만부인경』의 말처럼 만약 여래장이 없으면 고통을 싫어하고 즐거이 열반을 구하지 못할 것이다.[47]

무릇 중생심이 마음이 된 것은 상相을 여의고 성性을 여의어서 바다와 같고 허공과 같다. 허공과 같기에 원융하지 않는 현상이 없으니 어찌 동서東西의 처소가 있으며, 바다와 같기에 지켜야 할 본성이 없으니 어찌 동정動靜의 때가 없으랴. 그러므로 염업染業으로 인하여 오탁五濁 악세의 물결에 따라 길게 흐르기도 하고, 혹 해맑은 인연을 이어서 사류四流를 끊고 영원히 적멸하기도 한다. 이와 같은 동정動靜이 다 한바탕 큰 꿈이니 깨달음의 경지에서 바라보면 흐름도 없고 적멸도 없다. 예토와 정토가 본래 일심一心이니 생사와 열반이 끝내 이제二際가 아니다. 그러나 두나가 없는 깨달음을 취하기가 진실로 어렵고, 하나의 미혹한 꿈을 버리기가 쉽지 않다.[48]

일심은 중생심이지만 중생심은 때묻은 행업으로 인하여 오탁의 물결에 흐르기도 하고, 해맑은 인연에 의해 사류를 끊고 영원히 적멸하기도 한다. 이처럼 중생들이 지닌 중생심은 때 묻은 행업으로 천재와

---

47 元曉, 『涅槃經宗要』(『한불전』 제1책, p.538하).
48 元曉, 『阿彌陀經疏』(『한불전』 제1책, p.562하).

전쟁 등을 통해 사람의 수명이 짧아지는 겁탁劫濁, 사악한 사상과 견해가 치성하게 되는 견탁見濁, 탐·진·치 삼독이 극성하게 되는 번뇌탁煩惱濁, 중생들의 자질이 저하되는 중생탁衆生濁, 인간의 수명이 점차 짧아지는 명탁命濁의 오탁의 물결에서 헤매는 것이다.

반면 해맑은 인연으로 사류四流 즉 사루四漏라고도 하는 네 가지 번뇌의 흐름을 끊고 영원히 적멸에 들기도 한다. 다시 말하면 중생들이 지닌 중생심은 욕루 즉 욕폭류欲瀑流 욕계에서 사물의 실상에 미혹하여 수행에 장애를 일으키는 번뇌인 수혹修惑, 유루 즉 유폭류有瀑流는 색계와 무색계에서 일으키는 번뇌인 수혹, 견루 즉 사견폭류邪見瀑流는 욕계, 색계, 무색계에서 도에 들어가지 못해서 일으키는 번뇌인 견혹, 무명루 즉 무명폭류無明暴流는 욕계와 색계와 무색계에서 공통된 무명번뇌의 네 가지 흐름을 끊고 영원히 적멸에 들기도 한다.

그러므로 깨달음의 경지에서 바라보면 동정動靜은 다 한바탕 큰 꿈이므로 흐름도 없고 적멸도 없는 것이다. 예토와 정토가 본래 일심이고, 생사와 열반이 끝내 이제二際가 아니다. 그럼에도 불구하고 중생들은 두나가 없는 깨달음을 구하기가 쉽지 않고, 하나가 미혹한 꿈을 버리기가 쉽지 않다. 이 때문에 선과 불선의 원인으로서(善不善因) 일체의 취생趣生을 두루 잘 일으켜 만드는(能徧興造一切趣生) 여래장, 즉 세상의 바다 속에 감추어져 있는 여래의 태아를 드러내야만 우리들의 본래마음을 회복할 수 있는 것이다.

3. 지관 쌍운으로서 정관

마명 보살은 『대승기신론』에서 일심의 근원을 회복하기 위한 수행으로서 오문을 제시하였다. 그가 그러했듯이 원효 또한 이 오문을 '바른 관찰(正觀)'로서 매우 중요시 하였다. 그는 특히 지관문에 대한 상세한 주석을 통하여 자신의 수행관을 자세히 보여 주고 있다.

수행에는 다섯 가지 문이 있다. 무엇이 다섯인가? 첫째는 보시문이요, 둘째는 지계문이요, 셋째는 인욕문이요, 넷째는 정진문이요, 다섯째는 지관문이다.[49]

어떻게 지관문을 수행하는가? 지止라고 하는 것은 모든 경계상을 그치게 함을 말하니 사마타관의 뜻을 수순하기 때문이다. 관觀이라 하는 것은 인연생멸상을 분별함을 말하니 비발사나관의 뜻을 수순하기 때문이다. 어떻게 수순하는가? 이 두 가지 뜻으로 점점 수습하여 서로 여의지 아니하여 쌍으로 눈앞에 나타나기 때문이다.[50]

원효는 5문에 대해 해명하면서 특히 다섯 번째의 지관止觀(定慧)문 즉 사마타관과 비발사나관에 주목하였다. 방편과 정관을 구분하기 위하여 정관에는 범어를 그대로 사용하여 사마타관을 수순하여 지관止觀의 뜻을 수순하고 관관觀觀의 뜻을 수순해야 한다고 하였다. 지관이 나란히 작용할 때가 곧 정관이기에 지관과 관관이라고 말한 것이며,

---

49 馬鳴, 『大乘起信論』(『大正藏』 제32책, p.581하).
50 馬鳴, 『大乘起信論』(『大正藏』 제32책, p.581하).

방편관은 모든 경계상을 그치게 하여 정관의 지止를 따르기 때문에 '지관을 수순한다'고 말하고, 또 인연상을 분별함으로써 정관의 관觀에 따르기 때문에 '관관을 수순한다'고 말한 것이다.

'모든 경계상을 그치게 함을 말한다'는 것은 앞서 분별함에 의하여 모든 바깥 경계를 짓다가 이제는 각혜覺慧로써 바깥 경계의 상을 깨뜨리는 것이니, 경계상이 이미 그치면 분별할 바가 없기 때문에 '지'라고 한다. '생멸상을 분별한다'는 것은 생멸문에 의하여 법상(法相)을 관찰하기 때문에 분별한다고 말한다. 이것은 『유가사지론』「보살지」에서 "이 중의 보살이 곧 모든 법에 분별할 바가 없으니, 이를 '지止'라 이름함을 알아야 할 것이요, 모든 법의 승의의 도리(勝義理趣) 및 모든 헬 수 없이 안치 건립된 도리(安立理趣)에 의해 세속의 묘한 지혜(世俗妙智)를 '관觀'이라 부름을 알아야 할 것이다. 이것은 진여문에 의하여 모든 경계상을 그치게 하는 것이다. 그러므로 분별할 바가 없으면 곧 무분별지無分別智를 이루는 것이요, 생멸문에 의하여 모든 상을 분별하며 모든 이취를 관찰하면 곧 후득지後得智를 이루는 것임을 알 것이다. '사마타관의 뜻을 수순하며, 비발사나관의 뜻을 수순한다'고 함은 저기서 사마타를 여기서 번역하여 지止라 한 것이며, 비발사나는 여기서 번역하여 관觀이라 한 것이다. 다만 이제 이 『기신론』을 번역한 이가 방편관方便觀과 정관正觀을 구별하기 위하여 정관에는 그대로 저 말(梵語)을 두었다.[51]

---

51   元曉, 『大乘起信論疏』(『한불전』 제1책, p.727상).

원효는 '모든 경계상을 그치면' 분별할 바가 없기 때문에 '지'라고 하고, '생멸상을 분별한다'는 것은 생멸문에 의하여 법상法相을 관찰하기 때문에 분별한다고 말한다. 여기서 방편관은 정관에 들어가기 위한 과정이며, 정관은 마침내 그 과지果地에 도달한 경지를 가리킨다.

마명 보살이 『대승기신론』에서 "만일 관찰하여 마음에 망념이 없는 줄 알면 곧 수순하게 되어 진여문에 들어간다."라고 한 대목에 대해 원효는 『대승기신론소』에서 "수순하게 된다는 것은 방편관이고, 진여문에 들어간다는 것은 정관이다."[52]라고 하였다.

이러한 방편관과 정관은 『금강삼매경론』에서도 그대로 이어진다. 무상관을 밝혀서 상이 없는 이익을 널리 설명하는 가운데 관행의 상을 밝히는 것에도 방편관과 정관이 있다. 방편관은 교화하는 사람을 나타냄, 교화의 큼을 찬탄함, 관행의 상을 바로 밝히는 부분으로 되어 있다. 반면 정관은 둘이 없는 모양을 밝힌 것으로 소취와 능취의 두 가지를 떠난 것이다. 소취를 떠났다는 것은 인人과 법法의 상을 떠난 것이며, 보내어 떠나게 하는 것과 없애어 떠나게 하는 것이 있다. 능취를 떠났다는 것은 모든 능취의 분별을 떠난다는 뜻이며, 본래 떠난 것과 비로소 떠난 것이 있다.

이처럼 원효는 우주적 마음으로서 일심 즉 적멸과 일심지원 및 세상의 바다로서 삼공 즉 여래장과 삼공지해의 관계를 지행과 관행의 나란한 운행인 정관으로 통섭해 가고 있다. 이것은 기신학의 일심과 삼매론의 일미를 통섭하는 과정으로 이해할 수 있다.

---

52 元曉, 『大乘起信論疏』(『한불전』 제1책, p.737중하).

V. 기신학 일심과 삼매론 일미의 통섭

1. 적멸과 일심지원의 행법行法

원효는 기신학의 일심과 삼매론의 일미를 각기 제시하면서 이 둘의 통합을 시도하여 자신의 일심사상을 구축하고 있다. 그에게 일심은 적멸로서 일심과 여래장으로서 일심의 통섭이면서 우주적 마음으로서 일심과 세상의 바다로서 삼공의 통섭이다. 이 일심은 다시 적멸로서 일심과 우주적 마음으로서 일심의 통섭과 여래장으로서 일심과 세상의 바다로서 삼공의 통섭으로 구축되었다. 이 때문에 기신학의 일심은 삼매론의 일미와 어우러져 '큰마음'과 '더 큰 마음'으로 확장되고 있다. 이러한 큰마음과 더 큰 마음은 관행 중 특히 실천적 행법을 통해서 이루어질 수 있다.

여기서 일심은 우주적 마음으로 읽어야 한다. 그것은 기氣 작용이 편재하는 우주적 마음의 존재를 말한다. 그 마음의 근원은 탈근거인 공성으로 상승하는 이미지를 갖고 있다. 반면 삼공은 우주를 공의 측면으로 다 포괄하는 의미인데, 그 공성의 차원이 다시 바다라는 깊고 넉넉한 존재의 세상으로 하강한다. 즉 일심의 우주적 마음의 존재가 공성의 근원으로 초탈하면서, 다시 공성의 초탈이 세상이라는 존재의 바다에 내재한다. 원효는 일심지원의 초탈법을 먼저 이중 부정으로 설명한다. 그래서 그 근원은 비유비무의 이중 부정의 초탈성을 함의한다. 마찬가지로 삼공지해의 연기법을 원효는 먼저 이중 부정으로 설명한다. 이어서 그는 삼공지해의 세계를 이중 긍정으로 보기를 종용한다.⁵³ 그런 뒤에 그는 이 대의문에서 이중 부정의 무애(遠離)와 이중 긍정의 원융(融攝)을 대비하면서 통섭시킨다.

"무릇 일심의 근원(一心之源)은 유무有無를 떠나서도 홀로 맑고(獨淨), 삼공의 바다(三空之海)는 진속眞俗을 원융하여 깊고 고요하다(湛然). 깊고 고요해 두나(二)를 원융하니 하나가 아니요(不一), 홀로 맑아서 양변兩邊을 떠났지만 환중環中이 아니다(非中). 환중이 아니지만 양변을 떠났기에 있지 아니한 법(無有之法)이 곧 무無에 머무르지 않으며, 없지 아니한 상(不無之相)이 곧 유有에 머무르지 않는다. 하나가 아니지만 두나(二)를 원융하기에 참되지 않은 사태(事)가 곧 속되지 아니하고, 속되지 아니한 이치(理)가 곧 참되지 아니하다. 두나(二)를 원융하되 하나가 아니기에 진실과 속됨의 성(眞俗之性)이 세워지지 않는 것이 없고, 물듦과 맑음의 상(染淨之相)이 갖춰지지 않는 것이 없다. 양변(邊)을 떠났지만 환중(中)이 아니기에 있음과 없음의 법(有無之法)이 이루어지지 않는 바가 없고, 옳음과 그름의 뜻(是非之義)이 미치지 않는 바가 없다. 그러니 깨뜨림이 없으되 깨뜨려지지 않음이 없고, 세움이 없으되 세워지지 않음이 없으니, 이치가 없음의 지극한 이치(無理之至理)요, 그렇지 아니한 커다란 그러함(不然之大然)이라고 이를 만하다. 이것이 이 경의 큰 뜻이다. 진실로 그렇지 아니한 커다란 그러함이므로 설명하는 언어로 오묘히 환중環中에 계합하고, 이치가 없음의 지극한 이치이므로 설명되는 종지宗旨의 방외를 더 멀리 넘어선다."⁵⁴

---

53 김형효, 앞의 책, pp.94~96.
54 元曉, 『金剛三昧經論』(『한불전』제1책, p.604중).

원효는 이 『금강삼매경론』 대의문에서 "일심의 근원은 존재론적인 유무를 떠나 홀로 맑고, 삼공의 바다는 인식론적인 진속을 원융하여 깊고 고요하다."라고 언표한다. 그런데 "삼공의 바다는 깊고 고요해 두나(二)를 원융하니 하나가 아니고, 일심의 근원은 홀로 맑아서 양변을 떠나가되 환중이 아니다."라고 하였다. 그리고 "환중이 아니지만 양변을 떠났기에 있지 아니한 법(無有之法)이 곧 무에 머무르지 않으며, 없지 아니한 상(不無之相)이 곧 유에 머무르지 않는다."라고 하였다. 바로 여기에서 이중 부정의 무애와 이중 긍정의 원융의 행법이 대비되고 있다.

원효는 일심지원의 경도經度에서는 '유/무'와 '시/비'의 양가성이 이중 부정과 이중 긍정의 형식을 메우는 내용이 되고, 삼공지해의 위도 緯度에서는 '진/속'과 '염/정'의 이중성이 역시 이중 부정과 이중 긍정의 형식을 채우는 역할을 한다고 해석하였다. 이중 부정에서는 모두 무애한 불법이라는 의미가 풍기고, 이중 긍정에서는 모두 원융한 불법의 의미가 살아난다. 불법은 무애하기에 어떤 걸림도 없이 우리를 자유자재하게 하고, 원융하기에 어떤 차별을 분별함 없이 우리를 포괄적으로 평등하게 한다.[55] 무애의 자유와 원융의 평등의 행법이 대비되고 있다.

일심지원은 초탈적이어서, 무애의 해탈적 자유와 유무와 시비의 이중적 존재와 거래가 이루어지므로, 일심지원은 해탈적 자유와 원융한 평등의 두 가지 의미를 함의하고 있다. 삼공지해도 연생적이어서, 자가성을 고집하지 않는 무애의 초탈적 자유와 차이 속에서도 동거의 상관성을 맺고 있으므로, 삼공지해도 무애의 초탈적 자유와 포괄의 원융

---

55 김형효, 앞의 책, p.96.

한 평등이라 두 가지 의미를 내포하고 있는 셈이다.[56] 무애-초탈-자유의 행법과 원융-포괄-평등의 행법이 분리되지 않는다.

이처럼 일심의 근원과 삼공의 바다는 환중과 양변, 무유지법無有之法과 불무지상不無之相, 진속지성眞俗之性과 염정지상染淨之相, 유무지법有無之法과 시비지의是非之義, 무리지지리無理之至理와 불연지대연不然之大然에 입각한 실천적 행법으로 서로 대비되고 서로 보완되고 있다.

2. 여래장과 삼공지해의 관법觀法

우리의 한 마음(一心)은 무명에 인연하여 여러 마음(多心)이 된다. 다심은 생멸문의 다양한 그림이기에 여래장과 삼공지해의 관법이 된다. 일체법을 관찰하는 관법은 일심이 다심으로 확산될 때 필요한 수행법이다. 일심이 다심으로 분기되고 다심은 다시 일심으로 수렴되어야 하기 때문이다.

그러므로 원효에게서 일심은 실상의 존재론적 세계로서 바로 삼공의 바다와 다르지 않다. 따라서 존재론적 다심으로서 일심의 근원이 곧 진공이고, 진공의 총화로서의 삼공의 바다는 존재의 실상實相 사이에도 형성되고 있다.[57] 『금강삼매경론』 또한 일심이 곧 다심이며 다심은 생멸문의 다양한 그림으로 그려 내고 있다.

원효는 일심의 분기에서 비롯된 무명의 다심을 가라앉히고 다시 일심의 근원으로 돌아오는 길을 제시하고 있다. 일심의 근원으로 돌아오

---

56 김형효, 앞의 책, p.97.
57 김형효, 앞의 책, p.146.

기 위해서는 심일경성心一境性, 즉 마음을 하나의 대상(一境)에 거두어서 책려하고 부지런히 수습함으로써 마음을 하나의 대상에 집중시키는 관법을 닦아야 한다.

중생의 여섯 가지 감각이 일심에서 일어나 스스로의 근원을 등지고 여섯 가지 대상에 흩어져 달려 나가는 것이다. (……) 이제 목숨을 들어 여섯 가지 감각(六情)을 총섭하여 그 본래의 일심의 근원에 돌아가기 때문이다.[58]

대승법에는 오직 일심만이 있으니 일심 밖에는 다시 다른 법이 없지만 다만 무명이 자기의 일심을 미혹하여 모든 물결을 일으켜서 여섯 갈래 길(六道)에 상속하며 헤매게 됨(流轉)을 밝히는 것이다. 비록 여섯 갈래의 길의 물결을 일으키지만 일심의 바다를 벗어나지 아니하니, 진실로 일심이 움직여 여섯 갈래 길을 벗어나지 않기 때문에 널리 구제하는 서원을 일으키게 되는 것이요, 여섯 갈래 길이 일심을 벗어나지 않기 때문에 동체대비를 일으킬 수 있다. 이처럼 의심을 제거해야만 큰마음을 일으킬 수 있다.[59]

이처럼 대승의 법에는 오직 일심만이 존재한다. 하지만 무명이 자기의 일심을 미혹케 하여 갖은 물결을 일으켜서 여섯 갈래로 윤회를 하고 있다. 그렇다면 어떻게 해야 육도의 윤회에서 벗어나 일심의 바다로 나아갈 수 있을까? 두루 알다시피 일심이 움직여 여섯 갈래 길을

---

58 馬鳴/元曉,『大乘起信論疏記』會本(『한불전』제1책, p.735상중).
59 元曉,『大乘起信論疏』(『한불전』제1책, p.701중상).

벗어나지 않기 때문에 널리 구제하는 서원을 일으키고, 동시에 여섯 갈래 길이 일심을 벗어나지 않기에 동체대비를 일으킬 수 있다. 그러기 위해서는 먼저 의심을 제거해야만 큰마음을 일으킬 수 있다.

따라서 원효는 큰마음을 일으키기 위해서는 육도 윤회를 벗어나 일심의 바다로 나아가야 된다고 보았다. 동시에 의심을 제거해야만 큰마음을 일으킬 수 있다고 하였다. 여기서 의심을 제거하는 수행이 곧 일체 법을 있는 그대로 바라보는 관법觀法이다. 그것은 곧 적멸과 일심지원 및 여래장과 삼공지해에 도달하는 지름길이 된다.

Ⅵ. 정리와 맺음

원효의 일심사상은 그의 대표작이자 만년작인 『대승기신론소』와 『금강삼매경론』에 집약되어 있다. 이 때문에 그의 일심一心의 구조는 기신학과 삼매론에 나타난 일미一味의 지형도를 읽어 내어야만 온전히 파악할 수 있다. 원효는 기신학에서 적멸로서 일심과 여래장으로서 일심을 이위異位로 구분하고, 삼매론에서 일심의 근원과 삼공의 바다를 통해 존재론적인 측면과 인식론적인 측면을 가려본 뒤 이것을 다시 통섭해 나가고 있다.

원효는 우주적 마음으로서 일심 즉 적멸과 일심지원 및 세상의 바다로서 삼공 즉 여래장과 삼공지해의 관계를 지행止行과 관행觀行의 나란한 운행인 정관正觀으로 통섭해 가고 있다. 이것은 기신학 일심과 삼매론 일미를 통섭하는 과정으로 이해할 수 있다. 그리하여 원효는 적멸로서 일심과 우주적 마음으로서 일심을 통섭한 행법行法, 즉 지법止法과 여래장으로서 일심과 세상의 바다로서 삼공을 통섭한 관법觀法으로 통로를 제시하고 있다. 적멸과 일심지원一心之源을 통섭한 행법과 여래장과 삼공지해三空之海를 통섭한 관법은 그의 일심사상과 일미사상의 구조를 떠받치는 주축이다.

그런데 원효는 진여문(果)과 생멸문(因) 이외에 비인비과非因非果를 '본법本法으로서 일심'으로 시설하여 삼제설을 주장한 반면 법장은 진여문과 생멸문 이외에 별도의 일심을 시설하지 않고 비인비과를 곧 진여문으로 건립하여 '일심(=진여문)-생멸문'의 이제설을 주장하였다. 이 것은 『능가경』을 원용하여 적멸로서 일심과 여래장으로서 일심의 구분이라는 기신학의 본의에 충실하면서도 '일심(非因非果)-진여문(果)-생멸문(因)'의 삼제설을 제시한 원효와 화엄학으로의 지향을 의식해 기신학의 본의를 '일심(非因非果)=진여문(非因非果)-생멸문(因)'의 이제설의 관점 아래 자의적으로 해석한 법장이 다른 점이다.

따라서 궁극적으로 원효는 진여와 생멸 이외에 '본법으로서 일심'을 상위개념으로 시설하여 '일심-진여-생멸'의 삼제설을 견지하고 있다. 그의 삼제설은 여래장의 상위 개념으로서 일심을 분명히 하기 위함이었음을 알 수 있다. 그리고 그것은 원효의 일심사상이 기신학의 일심과 삼매론의 일미의 통섭 위에서 이루어졌음을 시사해 주고 있다. 따라서 우리는 이러한 지형을 통해 원효의 핵심 사유는 일심사상이라고 할 수 있다.

7

분황 원효의 화쟁 회통 탐구
― 『십문화쟁론』을 중심으로 ―

Ⅰ. 생각과 주장 … 274
Ⅱ. 화쟁和諍의 계보학적 연속성과 불연속성 … 278
    1. 용수龍樹의 회쟁廻諍과 혜사慧思의 무쟁無諍 … 278
    2. 원효의 화쟁과 회통 범주 … 282
Ⅲ. 다문多門과 십문十門의 범위와 주제 … 286
    1. 다문과 십문의 정의와 범위 … 286
    2. 다문과 십문의 분량과 주제 … 290
Ⅳ. 『십문화쟁론』 현존 이문의 화쟁 논법 … 293
    1. 공집空執과 유집有執의 동이 화쟁 … 293
    2. 유성有性과 무성無性의 동이 화쟁 … 306
Ⅴ. 원효의 화쟁과 회통 이해 … 317
    1. 문門과 논論의 시설과 위계 … 317
    2. 전체적 진리성(眞理)과 부분적 진리성(一理) … 320
Ⅵ. 진리, 도리, 일리의 변별 … 328

Ⅰ. 생각과 주장

사람들은 저마다 자신의 생각을 펼치면서 삶을 살아간다. 자신의 생각을 펼치는 '주장'은 자신의 의견이나 견해를 굳게 드러내는 것이며, 논리학에서는 이것을 '주장(pratijñā, dam-bcas-pa, 所立宗, 宗)'[1] 명제라고 한다. 우리의 만남은 자신의 생각과 주장을 기반으로 하는 대화로 시작되고 대화로 종결된다. 즉 '나는 이렇게 생각하는데' '너는 어떻게 생각하느냐'는 것처럼 서로 간의 대화 상황 속에서 이루어진다. 이 상황에서 우리는 자신의 생각을 주장으로 굳게 드러낼 때 비로소 타인의 생각을 주장으로 불러낼 수 있다.[2]

그런데 만남 속에서는 서로의 동일한 주장과 달리 상이한 주장이 제기될 수가 있다. 이 때 상이한 주장을 방치하지 않고 상호 조화시켜 나가야만 서로간의 건강한 관계가 지속될 수 있다.[3] 주장이 다를 때는

---

1 龍樹, 『廻諍論』, 毘目智仙·瞿曇留支 共譯(541)(『高麗藏』 제17책 630경; 『大正藏』 제32책).
2 '주장主張'에는 어떤 일을 중심이 되어 맡아 처리하는 주재主宰의 의미도 있으며, 법률에서는 민사소송에서 공격 또는 방어의 방법으로 당사자가 자기에게 유리한 법률 효과나 사실의 있고 없음에 관한 지식을 진술하는 소송행위訴訟行爲를 일컫는다.
3 마츠모토 시로, 『티베트 불교철학』, 이태승(불교시대사, 2008), pp.499~519. 『근본중송根本中頌』 제1장의 제1게송의 내용을 '주장主張'이라고 부른 것은 『근본중송』의 주석가였던 청변淸辯이 처음으로 보인다. 청변은 자신의 『반야등론』에서 "제법은 스스로 생기한 것도, 다른 것으로부터 생기한 것도 ……존재하지 않는다(na ··· vidyate bhāvāḥ ···)"라는 『근본중송』 제1장 제1게송에 대해 (53) 이것(=제1게송)은 주

각 주장이 지니고 있는 언어(문자)와 취지(내용)를 살펴 '서로 다른 주장을 화해시켜서' '서로 같은 주장으로 회통'해야만 한다. 신라의 통일기를 살았던 분황 원효芬皇[4]元曉(617~686)는 동아시아의 구역과 신역 경론들의 다양한 주장들을 통섭統攝(通攝)하기 위해 먼저 다양한 방편적인 언교들을 모아내고(先會權敎), 뒤에 참답고 실제적인 도리들로 소통시켜(後通實理) 내고 있다.[5] 그리하여 그는 '앞서 글이 서로 다른 것을 통합하여(初通文異)' 이어 뜻이 서로 같은 것으로 회합하는(後會義同)' 과정으로 이끌어 나아갔다.[6]

원효는 다양한 주장들을 화쟁하고 회통하기 위해 『십문화쟁론』[7]을 비롯하여 『열반경종요』, 『무량수경종요』, 『금강삼매경론』 등을 지었다.

장의 총체(dam bcas pa'i spyi. pratijñāsāmānya)를 제시한 것이다. (『반야등론』, tsha 항, 48b4)

4 흔히 고승高僧의 법호法號는 주석 산명山名(天台 智顗), 사명寺名(嘉祥 吉藏), 행정구역(曹溪 惠能), 시호諡號(普照/牧牛子 知訥) 등을 취하는 것처럼, 분황芬皇은 가장 오랫동안 머물며 다수의 집필을 하였던 '분황사芬皇寺'를 일컫는다. 최치원의 '부석浮石(義湘)본비本碑', 의천義天의 시 「到盤龍山景福寺禮普德聖師飛方舊址」에 나타난 '분황芬皇'과 '부석浮石', 일연一然의 『三國遺事』 「元宗興法 猒髑滅身」 조의 '분황지진나芬皇之陳那' 등의 용례를 이어 그의 법호法號로 사용한 것이다. 원효는 일찍이 고선사에 머물러 「고선사서당화상비」에는 '고선 대사高仙大師'로도 불렸으나 '화쟁국사和諍國師'라는 시호를 추증받고 「芬皇寺和諍國師碑」가 세워진 분황사가 더 그의 정체성을 잘 보여 주고 있어서 취한 것이다.
5 元曉, 『本業經疏』(『한불전』 제1책, pp.511하~512상).
6 元曉, 『涅槃經宗要』(『한불전』 제1책, p.543하).
7 音里火 三千幢主 級湌 高金□ 鐫, 「高仙寺誓幢和上碑」. "□□□□, 讚歎婆娑, 飜爲梵語, 便附□人, 此□言其三藏寶重之由也." 원효가 언제 『십문화쟁론』을 지었는지는 알 수 없으나 그가 여러 저술을 통해 자신의 '교판 인식'을 확립하고 '저술 태도'를 확보한 것으로 미루어 볼 때 적어도 중만년작이 아닐까 생각된다. 順高, 『起信論本疏聽集記』 卷第二末(『일본불교전서』 제92책, p.103상). "元曉和諍論制作, 陳那門徒唐土來, 有滅後取彼論, 歸天竺國, 了是陳那末弟歟."(『元曉事抄』 제5)

이들 저술 중에서 특히 『십문화쟁론』은 그에게 화쟁국사和諍國師의 시호를 추증하는 근거가 되었다. 원효는 『십문화쟁론』을 비롯한 자신의 대표적 논저에서 '문門'과 '논論' 즉 '교문敎門'과 '의론依論'의 틀로 자신의 논지를 개진해 나갔다. 그런데 원효의 대표적인 장소류章疏類 중 하나인 『십문화쟁론』은 축자적이고 즉자적인 주석의 '소疏'와 달리 '창의적이고 대자적인 창작'의 장章이다. 이 때문에 원효 이전에 『십문화쟁론』과 같은 창의적 문헌은 발견하기 어렵다. 이러한 창의성을 드러내기 위해서는 그의 『십문화쟁론』의 '화쟁'과 용수의 『회쟁론』이 보여 주는 '회쟁'과 혜사의 『제법무쟁삼매법문』이 보여 주는 '무쟁'의 계보학적 연속성과 불연속성을 살펴보아야 할 것이다. 원효는 전 생애를 '일심一心'과 '화회和會'와 '무애無碍'의 기호로 자신의 생평을 보여 주었다. 그는 '일심'의 기호로 자신의 사상을 표방하였고, '화회'의 핵어로 자신의 논법을 전개하였으며, '무애'의 코드로 자신의 행화를 보여 주었다.

이 글에서는 불교사상사에서 불학자들이 자신의 생각을 어떻게 주장했고, 용수의 '회쟁'과 혜사의 '무쟁' 개념 및 원효의 '화쟁' 개념의 계보학적 연속성과 불연속성을 검토한 뒤 원효의 화쟁과 회통 개념이 지닌 고유성과 독자성을 구명해 보고자 한다. 원효의 『십문화쟁론』에 대한 선행 연구에서는 주로 화쟁의 개념[8]과 화쟁의 논리와 근거[9] 및

---

8 趙明基,「元曉宗師의『十門和諍論』연구」, 조선불교동경유학생회 간행, 『금강저』 제22권, 1937. 효성曉星은 이 글에서 '십문'의 '십'은 '복수複數의 다多'라고 하면서 단간을 통해 ① 報化二身和諍門(見登, 『起信論同異略集』), ② 五性成佛義和諍門(均如, 『敎分記圓通抄』) ③ 佛性異義和諍門(元曉, 『涅槃經宗要』)을 제시하고 있다.
9 朴鍾鴻, 『한국사상사: 고대편』(일신사, 1966); 박종홍, 『한국사상사: 불교사상편』(서문당, 1977); 김운학, 「원효의 화쟁사상」, 『불교학보』 제15집, 동국대학교 불교문화연구소, 1978; 박성배, 「원효사상 전개의 문제점」, 『김규영박사화갑기념논문집: 동서철학의 제문제』(1999); 오성환(법안), 『원효의 화쟁사상 연구』(홍법원, 1989); 최유

십문의 의미와 복원[10]과 화쟁의 시설 의도,[11] 화쟁 논법의 연구 지형[12]을 살피는 데에 집중해 왔다. 논자는 원효의 『십문화쟁론』의 화쟁

> 진, 「원효의 화쟁사상 연구」, 서울대대학원 박사학위논문, 1988; 佐藤繁樹, 『원효의 화쟁논리』(민족사, 1996); 金煐泰, 「『열반종요』에 나타난 和會의 세계」, 『원효학연구』 제3집, 원효학회/원효학연구원, 1998; 高榮燮, 「원효의 和會論法 탐구」, 『한국불교학』 제71집, 한국불교학회, 2014.

10 崔凡述, 「『十門和諍論』 復元을 위한 蒐集資料」, 『원효연구논총』, 국토통일원 조사연구실, 1987; 이종익, 「원효의 십문화쟁론 연구」, 『원효의 근본사상』(동방사상연구원, 1977). 법운法雲은 이 글에서 십문을 화쟁 과제의 열 가지 주제로 파악하면서 ① 空有二執和諍門(『십문화쟁론』), ② 佛性有無和諍門(『십문화쟁론』), ③ 人法二執和諍門(『십문화쟁론』), ④ 佛身異義和諍門(『열반경종요』), ⑤ 涅槃異義和諍門(義天, 『圓宗文類』 화쟁론), ⑥ 佛性異義和諍門(『열반경종요』, 見登, 『기신론동이약집』), ⑦ 五性成佛義和諍門(均如, 『敎分記圓通抄』), ⑧ 三性異義和諍門(『起信論疏』, 『起信論別記』), ⑨ 二障異執和諍門(『二障義』), ⑩ 三乘一乘和諍門(『法華經宗要』)으로 제시하고 있다; 이만용, 『원효의 사상』(전망사, 1983). 이만용은 이 책에서 ① 三乘一乘和諍門(『法華經宗要』), ② 空有二執和諍門(『십문화쟁론』), ③ 佛性有無和諍門, ④ 人法二執和諍門(『십문화쟁론』), ⑤ 三性異義和諍門(『起信論疏』, 『起信論別記』), ⑥ 五性成佛義和諍門(均如, 『敎分記圓通抄』), ⑦ 二障異義和諍門(『二障義』), ⑧ 涅槃異義和諍門(『열반경종요』), ⑨ 佛身異義和諍門(義天, 『圓宗文類』 화쟁론), ⑩ 佛性異義和諍門(『열반경종요』, 見登, 『기신론동이약집』)으로 제시하고 있다.

11 이효걸, 「원효의 화쟁사상에 대한 재검토」, 『불교학연구』 제4호, 불교학연구회, 2002; 박태원, 「원효 화쟁사상의 보편 원리」, 『철학논총』 제39호, 새한철학회, 2004; 최연식, 「원효의 화쟁사상의 논의방식과 사상사적 의의」, 『보조사상』 제25집, 보조사상연구원, 2006; 이정희, 「『십문화쟁론』의 몇 가지 문제점」, 『한국불교학』 별집, 한국불교학회, 2008; 김영일, 「원효의 화쟁논법 연구」, 동국대학교대학원 박사학위논문, 2008; 김영일, 「원효의 空有和諍論」, 『한국불교학』 제64집, 한국불교학회, 2012; 박태원, 「『십문화쟁론』 공空/유有 화쟁의 해석학적 번역과 논지 분석」, 『불교학연구』 제34집, 불교학연구회, 2013; 박태원, 「『십문화쟁론』 불성佛性 유無/무無 화쟁의 해석학적 번역과 논지 분석」, 『철학논총』 제72집, 새한철학회, 2013·제2권; 김영일, 「원효의 『십문화쟁론』 「佛性有無和諍門」 검토」, 『한국불교학』 제66집, 한국불교학회, 2013; 김영일, 「원효의 佛身和諍論」, 『대각사상』 제23집, 대각사상연구원, 제23집, 2015; 高榮燮, 「분황 원효의 『십문화쟁론』과 『판비량론』의 내용과 사상사적 의의」, 『동악미술사학』 제19호, 동악미술사학회, 2016.

12 金相鉉, 「원효 화쟁사상의 연구사적 검토」, 『불교연구』 제11·12합, 한국불교연구

개념의 계보학적 연속성과 불연속성의 고찰과 텍스트의 분석을 통해 원효의 '화쟁'과 '회통' 인식이 어떻게 형성되었고 어떻게 전개되었는지에 대해 살펴보고자 한다.

II. 화쟁和諍의 계보학적 연속성과 불연속성

1. 용수의 회쟁廻諍과 혜사의 무쟁無諍

용수龍樹(150?~250?)는 자신이 지은 『중론』의 법공法空사상이 널리 보급된 이후 그것에 대한 오해를 불식시키기 위해[13] 『회쟁론廻諍論』[14]을 지었다. 특히 그는 공空의 자가당착 내지 자기 모순적 성격을

원, 1995; 金相鉉, 『원효연구』(민족사, 2000); 高榮燮, 「원효『십문화쟁론』연구의 지형도」, 『문학 사학 철학』제10호, 대발해동양학한국불교사연구소, 2007); 高榮燮, 『분황 원효의 생애와 사상』(운주사, 2016).

13 Chr. Lindtner, Nagarjuna – Studies in the Writings and Philophy of Nagarjuna, Delhi: Motial Baranarsidass, 1987, p.70, 각주 70. 찬드라키르티가 지적했듯이 『회쟁론』은 『중론』의 한 절(제1장 3절)을 더 세밀하게 확대 분석한 것으로 『중론』의 부록과 같다. 김영호, 「원효 화쟁 사상의 독특성」, 『철학』제64호, 한국철학회, 2000, p.13 재인용. 필자는 용수의 회쟁廻諍은 부정적 사유방식인 공관空觀에 기초한 파사破邪가 명시적 목표이고, 혜사·혜능·종밀·연수 등의 무쟁無諍은 언어가 도구가 되는 모든 쟁론을 여의자는 선불교의 침묵 속에서 소극적인 태도로 드러나지만, 원효의 화쟁和諍은 현정顯正을 가리키는 적극적인 개념이자 긍정적인 인식 방법이라고 보고 있다.

14 김성철 역주, 『범·장·한 대역 廻諍論』(경서원, 1999). 여기서 논자는 역자의 주장과 같이 용수龍樹의 저작으로 보고 논의를 전개할 것이다.

해명하였다. 용수는 이 논서에서 공空의 논리에 대해 비판과 시비를 거는 상대방을 논박하기 위해 '회쟁'이라는 자신의 입장을 72개의 시구(偈)와 각 게에 대한 자신의 주석을 붙여 반대론자의 질의와 그에 대한 논파[15]로 구성하였다.[16]

회쟁은 '논쟁을 차단한다'는 것이며 『회쟁론』은 '논쟁과 차단' 또는 '논쟁의 차단' 혹은 '논쟁을 차단하는 논서' 또는 '논쟁을 되돌리는 논서'라는 뜻이다. 즉 이 저술은 연기에 입각해 일체를 공성과 무자성으로 파악하는 대승교학의 입장에 서서 다양한 논쟁들을 차단하거나 쟁론들을 되돌리는 텍스트이다. 용수는 자신의 대론자로서 실재론자인 니야야학파(正理論)와 아비달마불교 논자(部派佛敎論者)를 등장시킨다. 제1송에서 제5송까지는 니야야학파의 논박이고,[17] 제6송에서 제20송까지는 아비달마불교 논자의 논박이며, 제21송에서 제70송까지는 '적대자의 논쟁'에 대한 '용수의 차단'으로 구성되어 있다.[18]

용수는 종래에 제시되어 온 '본체' 혹은 '실체' 혹은 '자성'을 부정하고 "모든 사물의 자성은 존재하지 않는다(無自性)."라고 주장하였다. 이에 적대론자들은 "본체 혹은 실체 또는 자성이 존재하지 않는다면 언어도 바로 실체가 없는 것이며 언어에 실체가 없으면 어떻게 그 실체를 부정할 수 있겠는가."라고 논박하였다. 그들은 만일 그렇다면 "모

---

15 中村元, 『佛典解說事典』, 정승석 편(민족사, 1994), p.365.
16 松本史郎, 앞의 책, pp.499~519. 여기서 필자는 『회쟁론廻諍論』은 용수龍樹(원문은 나가르주나)의 진작眞作이 아니라, 논리학에 대한 흥미가 융성하였던 '논리학 시대' 이후의 5세기경의 작품이라고 생각하고 있다. 이렇게 되면 용수의 저작을 부인하는 것이 된다.
17 용수의 5부部 논서論書 중 다섯 번째에 드는 『광파론廣破論』(Vaidalya)에서도 정리학파가 주장한 양량(pramāṇa, 인식근거)의 문제가 상세하게 논해지고 있다.
18 김성철, 앞의 글, 앞의 책, p.383.

든 사물들은 인(직접 조건)·연(간접 조건)·인과 연의 결합이나, 또 그 이외의 (인과 연의 결합을 떠난) 것과 같은 그 어느 곳에도 자성이 존재하지 않기에 모든 사물은 공하다."라고 하였다. 이러한 논박에 대해 용수는 무자성이란 언어표현, 무자성의 인식 근거, 자성(實體)의 성립과 불성립에 기초하여 연기-무자성-공성의 학설을 선양하면서 '논쟁을 되돌리고' 있다.

용수는 제70장에서 "또 이런 공성이 드러난 자에게는 모든 의미가 드러난다. 공성이 드러나지 않는 자에게는 그 어떤 것도 드러나지 않는다."라고 하였다. 그는 공과 공성은 존재의 본성이며 이에 대해 오해하는 니야야학파와 아비달마불교논사들의 논박을 돌이켜 주고 있다. 그리고는 제71장에서 "공성과 연기와 중도가 하나의 의미임을 선언하신 분, 함께 견줄 이 없는 붓다이신 그 분께 예배를 올린다."[19]고 마무리하였다. 이렇게 본다면 용수의 '회쟁'은 '공성과 연기와 중도에 입각하여 모든 논쟁을 차단'하는 것이자 '논쟁을 되돌리는' 개념으로서 사용한 것임을 알 수 있다.

반면 혜사慧思(515~577)의 무쟁無諍은 선정을 통해 무쟁이라는 공의 이치를 터득하도록 인도하고 있다. 혜사는 『제법무쟁삼매법문』의 상권에서 그 논지와 개념들을 '무無'와 '비非'의 부정적 표현으로 일관하는 특색을 보여주고 있다. "삼매 수행은 무념과 무생처를 지향하고 들이는 숨(入息)과 내쉬는 숨(出息)의 지향점도 없고 생겨남도 없다. 관심觀心의 대상인 마음도 공하고 그 체도 없다(心空無體)."[20] 나아가 "부처도

---

19 龍樹, 『廻諍論』, 毘目智仙·瞿曇留支 共譯(541)(『高麗藏』 제17책 630경; 『大正藏』 제32책); 김성철, 앞의 글, 앞의 책, p.313.
20 慧思, 『諸法無諍三昧法門』(『大正藏』 제46책, p.633상).

없고 열반도 없으며, 설법의 대상인 중생도 없다."[21]

또 "자성 없음을 보지 못하고(不見無性), 또한 자성 없음이 없음도 보지 못한다(不見無無性). 또한 보이지 않는 것도 긍정할 수 없고(亦非是不見), 보이는 것이 없음도 아님을 긍정할 수 없고(非非無所見), 보이는 것이 없음이 있지도 않으며(無有無所見), 또한 (보이는 것이) 없음이 아님도 긍정할 수 없고(亦非非無), 보이는 것이 없음이 있어서(有無所見) 소득이 있다고 할 수도 없고(不名有所得) 소득이 없다고 할 수도 없다(不名無所得)."라고 하였다. 이처럼 혜사는 철저한 부정의 일관을 통해 긍정이 들어갈 틈을 허용하지 않는다. 이러한 화법을 통해 그는 무쟁삼매를 해명하고 있다.

하권에서 혜사는 도지道智와 도종지道種智와 일체종지一切種智의 지혜가 생기는 근원인 선정 즉 '무쟁無諍'[22]이라는 공의 이치를 이해하여 다른 것과 다투는 일이 없는 선정을 닦도록 하였다. 그는 『반야경』에서 반야바라밀을 중심으로 설하는 것과 달리 모든 수행이 선바라밀의 다른 이름이라고 보아 육바라밀 중에서 선바라밀을 중심으로 회통시키고 있다.[23] 혜사 이외에도 무쟁에 상응하는 다양한 개념(無差別, 無碍 등)을 원용한 이는 혜능惠能(638~713)과 신회神會(?~760) 및 법장法藏(643~712)과 종밀宗密(780~841) 그리고 연수延壽(904~975) 등이 있다.

혜능은 "돈교는 무쟁을 근본으로 하며, 쟁론하는 것은 도의 뜻을 잃

---

21 慧思, 위의 글, 위의 책, p.636중.
22 雪岑, 『梅月堂詩集』 권12. 조선시대 청한 설잠(김시습, 1435~1493)은 원효를 기리는 비를 쓰면서 「無諍碑」라고 이름을 붙였다. 그는 "국사로 추봉하니 그 이름을 무쟁이라"고 하여 화쟁和諍을 무쟁無諍으로 해석하였다.
23 이병욱, 「南嶽 慧思의 『제법무쟁삼매법문』의 논리구조」, 『불교학연구』 제4호, 불교학연구회, 2002.

고, 법문에 대한 말다툼은 생사윤회로 빠뜨린다."라고 하였다. 신회는 "무생행無生行, 무문견無見聞, 무득실無得失, 무언설無言說, 무취사無取捨를 강조하고 어떤 설을 취하는 것(取說)이 쟁론임을 말하면서 무쟁無諍과 무론無論이 곧 무생행이며 천 가지 생각과 만 가지 사려는 이익이 없다."[24]라고 하였다. 이처럼 인도불교에서 용수의 회쟁과 중국불교에서 혜사 등의 무쟁은 원효의 화쟁과 연속되기도 하고 불연속되기도 한다. 하지만 원효 이전에 '화쟁'이라는 개념은 찾아볼 수 없기에 '화쟁'은 원효가 창안한 독특한 개념이라고 할 수 있다.

2. 원효의 화쟁과 회통 범주

원효의 화쟁은 회통과 비슷한 개념인 것 같지만 같은 개념은 아니다. 그는 먼저 모든 논의를 화쟁하고 나서 뒤에 회통으로 마무리하기 때문이다. 화쟁은 '다양한 쟁론을 화해시킨다'는 점에서 논법의 형식을 갖추어야 한다. 다양한 쟁론(異諍)을 화해시키고, 경문의 회석(會文)을 조화시켜야 하기 때문이다. 반면 회통은 '이치에 맞추어 모아서 통한다'는 점에서 논리의 형식을 갖추지 않아도 된다. 먼저 방편적인 언교들을 통합하고, 뒤에 실제적인 도리들과 회합하기 때문이다. 이것은 곧 '글이 서로 다른 것을 통합'한 뒤 '뜻이 서로 같은 것을 회합'하는 것이기 때문이다.

원효는 7세기 동아시아에 소개된 여러 불교 이론에 대한 여러 가

---

24 石峻 외 編, 『中國佛敎思想資料選編』 제2권 제4책(북경: 중화서국, 1983), pp.98~99.

지 대립과 갈등을 해소하기 위해 화쟁 논법과 회통 논리를 제시하였다. 그 근거와 방향은 '여러 경전의 부분部分적 이해의 통합'과 '온갖 흐름의 일미一味적 귀결' 및 '부처의 뜻의 지공至公적 전개'와 '백가百家의 뭇 주장의 조화(和會)'였다.

> 여러 경전의 부분部分적 이해를 통합하여
> 온갖 흐름의 한 맛(一味)으로 돌아가게 하고,
> 부처의 뜻의 지극히 공정함(至公)을 전개하여
> 백가百家의 뭇 주장을 화회和會시킨다.[25]

이 '화회게'는 사실상 『열반경』이 그렇다는 것이지만 그 함의는 『열반경』에만 제한되지 않는다. 이 경전은 부처가 가장 나중 설한 경전이라는 점, 이전에 시설한 수많은 경전의 지공至公적 관점을 제시하는 점, 그리고 그가 대립과 갈등을 화쟁하고 회통하기 위해 일미一味로 화회和會시키는 점 등에서 그 함의는 모든 경전에로 확장되고 있다.[26]

그런데 '화회게'와 같이 화회를 시키기 위해서는 사구 논리를 원용하여 사구 분별을 극복해야 한다. 즉 '유'와 '무'의 두 개의 항이 만들어내는 경우의 수가 네 개인 것처럼 네 개의 판단 유형인 사구 논리를 원용하여 사구 분별을 화쟁하고 회통할 수밖에 없다. 대개 우리가 만유의 존재를 '유有'와 '공空'으로 판정할 때에 제1구의 유有는 정립, 제2구의 공空(無)은 반정립, 제3구의 역유역무亦有亦無(俱有)는 긍정+긍정을

---

25 元曉, 『涅槃經宗要』(『한불전』 제1책, p.524상). "統衆典之部分, 歸萬流之一味, 開佛意之至公, 和百家之異諍."
26 高榮燮, 「분황 원효의 화회논법 탐구」, 앞의 책.

긍정 중심으로 모은 긍정 종합, 제4구의 비유비무非有非無(俱無)는 비긍정+비부정을 부정 중심으로 모은 부정 종합이다.

이 때문에 앞의 두 구를 양단兩單이라 하고, 뒤의 두 구를 구시구비俱是俱非 또는 쌍조쌍비雙照雙非라고 한다. 화쟁 논법과 회통 논리는 유(然)·무(不然)·역유역무(亦然亦不然)·비유비무(非然非不然) 4구 논리의 원용과 사구 분별의 극복을 통해야만 한다. 유有와 공空에 기초한 사구 분별 즉 사방四謗은 증익방(有), 손감방(無), 상위방(亦有亦無), 희론방(非有非無)의 네 가지 사유형식이며 이것의 극복을 통해 화쟁과 회통이 가능하다.

'사방四謗'은 어떠한 형상을 취하지 않는 그렇고 그러한(如如) 진리에서 무엇인가를 보태고 더하는 소견(增益)과, 그렇고 그러한 진리에서 어떤 형상을 빼고 덜어 내는 소견(損減) 및 증익과 손감이 동거하는 소견(相違)과 증익과 손감이 배제되는 소견(戲論, 愚癡)으로도 설명된다. 원효는 『무량수경종요』에서 사구 분별에 대해 자세히 거론하고 있다.

1) 혹 어떤 이는 다른 것에 의지하고 있다는 생각에 얽매여 실제로 있다고 여겨 증익의 극단(增益邊)에 떨어진다.
2) 혹 어떤 이는 인연으로 생긴다는 생각에 얽매여 텅 비어서 있는 것이 없다고 여겨 손감의 극단(損減邊)에 떨어진다.
3) 혹 어떤 이는 방편적으로 있지만 진실하게는 없다고 헤아려 모두 두 극단을 등지고 상위의 담론(相違論)에 떨어진다.
4) 혹 어떤 이는 있는 것도 아니요 없는 것도 아니라고 헤아려 중간이라는 극단 하나에 집착하여 우치의 담론(愚癡論)에 떨어진다.[27]

---

27 元曉, 『無量壽經宗要』(『한불전』 제1책, p.516중).

원효는 '유'와 '공' 두 개념에서 비롯되는 사구四句 즉 네 가지 사유 형식에 근거한 사방四謗 즉 사구 분별을 제시한 뒤 증익견과 손감견을 중심으로 해명해 나갔다. 이것은 모든 존재자는 '있음(實體)'과 '비어 있음(非實體)', 즉 '있는 것'과 '텅 빈 것'의 두 축으로 해명할 수 있기 때문이었다. 존재자에 대한 긍정과 부정은 앞의 두 구인 증익의 극단과 손감의 극단에서 시작되고 소멸하기 때문이다. 뒤의 두 구인 긍정 종합과 부정 종합은 언어와 논리의 세계에서만 가능한 것이기 때문이다.

「고선사서당화상비」와 『십문화쟁론』의 서두에 실려 있는 것처럼 부처가 살아있을 때에 사람들은 불설佛說만이 진리라고 확고하게 믿었다. 금구金口의 불설이 존재하는 한 교단 내에는 이설異說이 없었다. 하지만 부처가 열반에 든 뒤로는 이러한 사구 분별에 의한 이설들이 생겨났다. 결국 사람들은 각기 '증익'과 '손감' 등의 '양단兩單'에 매여 결정적으로 자신의 주장만이 옳다고 하였고, 결정적으로 타인의 주장은 그르다고 주장하였다. 이러한 견해들이 쟁론을 일으켜 서로가 다투고 싸웠다.

부처의 입멸 이후 경장과 율장이 결집된 이래 율장의 해석 문제로 상좌부와 대중부로 분열되었다. 마찬가지로 원효가 살았던 7세기에도 여러 경론에 보이는 중관(空性)과 유식(假有) 교문의 상이, 구역과 신역 유식의 갈등, 일승과 삼승의 길항, 불성 유무의 대립 등 여러 불교 이론들에 대해 논쟁하였다. 이들은 자기 종파의 소의경론이 주장하는 논설이 옳고 다른 종파의 소의경론이 주장하는 논설은 옳지 않다고 주장하였다. 이러한 주장들이 동아시아 사상계에 커다란 쟁점이 되어 있었다.

원효는 이들의 주장들을 각기 '문門'으로 분류하고 '논論'으로 해석하여 화쟁하고 회통하였다. 이 과정에서 그는 부처의 중도의 교설에 입각하여 각 '문門'들 즉 각 '교문' 혹은 각 '계통'의 서로 다른 주장들을 화쟁하고 회통하였다.

원효는 현존『십문화쟁론』의 제2문인 불성유무화쟁문에서『유가론』, 『현양론』등에 의거하여 연기문,『열반경』등에 의거하여 의지문을 세우되, 오성차별을 밝히는 문구에 의하여 의지문을 세우고, 개유불성을 밝히는 문구에 의하여 연기문을 세워 화쟁하고 있다.[28]『열반경종요』에서는 취심론과 약연론을 원용하여 회통하고 있다.[29] 이처럼 원효는 상위로 시설한 '문'과 하위로 분류한 '논'을 통해 많은 대립을 해소시켜 나갔다.

Ⅲ. 다문多門과 십문十門의 범위와 주제

1. 다문과 십문의 정의와 범위

우리가 알다시피 원효의 저술 제목에 '화쟁'이라는 용어를 제목에 담고 것은『십문화쟁론』뿐이다. 상·하 2권으로 저술된『십문화쟁론』은

---

28 均如,『釋華嚴敎分記圓通鈔』권3(『한불전』제4책, p.326상).
29 元曉,『涅槃經宗要』(『한불전』제1책, p.541하). 특히 원효는『열반경』「가섭품」을 종요宗要하면서 1) 이문二門으로 드러내기 위해서, 2) 인과因果로 구별하기 위해서, 3) 사의四意를 나타내기 위해서, 4) 이변二邊을 가리기 위해서 4구의 분별을 네 가지 뜻으로 간략히 구분하고 있다.

현재 단간 일부만이 남아 있다. 이 단간본은 원본 일부만이 해인사 국간장國刊藏 경판과 구분된 사간장寺刊藏 경판으로 봉안되어 있다. 1937년에 해인사에서는 『고려대장경』 2부를 인쇄 간행(印刊)하는 불사를 준비하였다. 이를 위해 국간장과 사간장 장경을 정리하는 과정에서 남아 있는 잔간 2판 4장(상권 제9, 10, 15, 16장)이 발견되었다. 이 상권에는 현재 2문의 '화쟁문'이 확인되고 있다. 그런데 나머지 문과 관련된 것으로 보이는 하권의 말미에 해당하는 제31장이 남아 있다고 하지만 원본 경판은 확인되지 않고 있다.[30]

원효 연구자들은 『십문화쟁론』에서 '십문十門'이 여러 개의 교문을 나타내는 '제문諸門' 즉 다문多門을 뜻하는 것이냐, 아니면 열 개의 교문을 드러내는 '십문'을 뜻하는 것이냐의 주장들이 있어 왔다. 『십문화쟁론』에 일찍부터 주목해 온 조명기는 "십문의 '십'은 '복수의 다多'를 표表함이요 결코 일정한 수량을 지시함이 아니다. 그러므로 '백가百家'나 '십문'이나 동의同意일 것이다. '이문二門'은 선禪과 교教를 가리킴이니 선교를 다시 합하여 일원화一元化하고자 하는 것"이라고 하였다.[31]

또 조명기는 "신라시대부터 오교구산五敎九山이 성립되었으나 교파教派는 신라 초에 분열되었고, 선파禪派는 중엽 이후이다. 혼돈에서 분열에의 과정과 분열 직후의 풍기세력風紀勢力은 가히 짐작할 수 있다.

---

30 원효, 『十門和諍論』(『한불전』 제1책, p.840); 최범술, 『『十門和諍論』復元을 위한 蒐集資料』, 『원효연구논총』(국토통일원, 1987), p.969; 채원화, 『효당 최범술 문집』 1권(민족사, 2013), pp.217~312. 여기서 효당은 『십문화쟁론』 복원을 시도하면서 맨 마지막에 실려 있는 1페이지의 마멸된 판목(31장)을 '화쟁론 잔궐殘闕 장의 미상未詳을 보전補塡'이라고 하여 단간 본문의 말미에 이 잔권殘卷 편목을 편입시키고 있다.
31 趙明基, 앞의 글, 앞의 책, p.31.

이 기미氣味를 추지推知한 위인에게는 반드시 신운동이 기립起立할 것이다. 고로 『십문화쟁론』은 이에 응함이요, 원효 사상의 결론이다. 이 논은 원효와 동시대 학자는 별로 알지 못하고, 조금 후대인이 애독 인용한 것을 보면 원효 만년의 저작임을 추측할 수 있다."[32]라고 하였다.

조명기의 주장을 따른다면 '십문'은 열 개의 문이 아니라 '화쟁의 대상이 되는 모든 것들'이라는 의미가 된다. 아울러 그의 주장처럼 『십문화쟁론』이 '원효 사상의 결론'이라는 관점에 선다면 원효에게 있어 이 저술의 위상은 남다르다고 할 수 있다. 이것은 화쟁을 원효 사상의 핵심 기호로 보는 조명기의 시각이지만 '일심의 근원으로 돌아가게 하고(歸一心源)' 아울러 중생들을 풍요롭고 이익되게 하는 무애행으로 나아가게 하는 방법이자 매개항이 '화쟁'이라는 점에서 시사하는 바가 있다.[33]

반면 이종익은 십문을 "화쟁 과제의 가장 핵심이 되는 열 가지 종류"[34]라고 주장하였다. 이것은 원효가 이 저술에서 보여 주고 있는 것처럼 십문은 그가 화쟁하고자 하는 열 가지 대상의 주제라는 말이다. 그는 공유空有의 이집, 아법我法의 이집을 비롯한 모든 시비是非, 쟁론爭論을 조정, 화회하여 일승성불一乘成佛의 길로 인도하기 위해 이 저술을 지었다고 했다. 그 근거는 원효의 『법화경종요』에서 "'삼승즉일승三乘卽一乘 무량승즉일승無量乘卽一乘이라는 선언이 화쟁의 대원칙인 동시에 십문의 총總이 된다'는 것을 자신하게 되었다."[35]라는 주장으로 이

---

32 趙明基, 앞의 글, 앞의 책, p.31.
33 高榮燮, 「원효『십문화쟁론』연구의 지형도」, 앞의 책, pp.149~151.
34 李鍾益, 「원효의『십문화쟁론』연구」, 高榮燮 편, 『한국의 사상가 10인: 원효』(예문서원, 2002), p.270.
35 李鍾益, 위의 글, 앞의 책, pp.270~271.

어진다.

김상현은 '십문'의 의미를 열 개로 제한해 보는 이종익의 입장보다는 백가와 같은 뜻으로 보는 조명기의 입장이 타당하다고 밝히고 있다. 나아가 그는 『법화경종요』에 나오는 "일체의 타의가 모두 다 불의佛義고, 외도外道의 갖가지 다른 선도 모두 일승一乘"이라는 말을 함께 고려한다면, 도교나 유교까지 다 예상하고 화쟁의 문제를 다루고 있었다고 하였다.[36] 박태원 역시 『십문화쟁론』을 '관점을 성립시키는 열 가지 연기적 인과계열에 관한 화쟁 이론' 혹은 '관점을 성립시키는 조건들의 열 가지 연기적 인과계열로써 화쟁하는 이론'으로 읽는 것이 타당하다면 "『십문화쟁론』에서 거론하는 주제나 쟁론의 유형은 열 가지로 확정할 수 없으며, 열 가지 이하일 수도 있고 이상일 수도 있다."고 보았다.[37]

따라서 이 논서의 완결본이 몇 개의 화쟁문을 시설하고 있는지는 단정하기 어렵다. 현존하는 제9장과 제10장의 '공유이집화쟁문'과 제15장과 제16장의 '불성유무화쟁문'이 완결된 형태로 보이지 않는다는 점 등을 고려해 볼 때 이 텍스트의 '10문'은 이종익의 '열 가지의 종류'라기보다는 조명기의 '복수의 많음'인 다문多門, 즉 제문諸門을 나타내는 것으로 보는 것이 더 설득력이 있어 보인다.

---

36 金相鉉, 앞의 글, 앞의 책, pp.338~339.
37 朴太源, 앞의 글, 앞의 책, pp.158~159.

2. 다문 혹은 십문의 분량과 주제

현존 단간본을 기준으로 보면 『십문화쟁론』 내의 '문'의 숫자가 얼마인지, '문'의 순서는 어떻게 되는지, 그리고 '문'의 분량이 얼마나 되는지를 확정하기는 어렵다. 다만 현존 '공유이집화쟁문'(제9장, 제10장), '불성유무화쟁문'(제15, 제16장)의 분량에 의거하여 각 1문의 화쟁문 분량이 각기 두 장(二張) 정도 혹은 그 이상의 분량 속에서 논의되고 있다는 것을 전제로 할 때 위에서 언급한 것처럼 『십문화쟁론』(상하 2권)의 전체는 적어도 20장 이상은 될 것이다. 동시에 현존하는 '공유이집화쟁문'(제9장, 제10장), '불성유무화쟁문'(제11장, 제15장)의 분량과 내용을 전제로 추정해 볼 때 각 문의 분량을 적어도 2장씩만 배치한다고 하더라도 상·하권에 실린 화쟁문은 10문 이상은 되지 않았겠는가라고 짐작해 보고 있다.[38]

이렇게 본다면 십문의 '십'의 의미는 '복수의 많음'으로 보든, 열 가

---

38 김영일, 「원효의 『십문화쟁론』「불성유무화쟁문」 검토」, 앞의 책, pp.200~202. 여기서 필자는 제9장과 제10장은 「공유이집화쟁문」의 '끝부분'만을 나타내고, 제15장과 제16장은 「불성유무화쟁문」의 '중간 부분'만을 나타내며, 제31장에 대해서는 학계에서 강한 불신이 있다는 점을 고려해 받아들이기 어려우며 자신은 '십문 十門'을 문자 그대로 '10가지 문'으로 해석하는 이종익의 설에 찬성한다고 하였다. 또 그는 「공유이집화쟁문」이 이 논의 제1문인 총론에 해당한다며 「서문」과 「총론」인 제1문의 비중을 고려하면, 제1문은 제2장에서부터 제8장 내지 제11장까지 기록될 가능성이 크다고 전제하고, '불교역사상 공유논쟁이 차지하는 비중'이나, '원효의 저서에서 확인할 수 있는 원효가 화쟁에 임하는 태도' 등을 고려해 볼 때, 「공유이집화쟁문」은 『십문화쟁론』의 '총론'에 해당될 가능성이 높아 보이며, 그렇다면 제15장과 제16장이 '내용상' 「불성유무화쟁문」의 '중간부분'에 해당되는 점을 고려할 때, 이 문은 이 논의 2번째로 등장하는 문일 가능성이 매우 높아 보인다고 하였다.

지 종류로 보든 모두가 화쟁의 대상이 되는 것들에 대한 범주로 볼 수 있다. 다만 '복수의 많음'으로 볼 때 화쟁의 주제는 '열 가지'에 한정되지 않는다는 의미를 지니며, '열 가지 종류'로 볼 때 화쟁의 대상은 열 가지 주제로 한정된다는 차이를 지닌다.

완본이 몇 장으로 이루어졌는지 알 수 없지만, 잔문 제9장, 제10장이 공유空有 이집의 화쟁을, 제15장, 제16장이 불성佛性 유무의 화쟁[39]을, 잔결문(최범술 복원문 제31장[40])이 아법我法 이집의 화쟁을 논하고 있듯이 전체 장 중에서 각 두 장(二張)이 하나의 주제를 일화쟁문一和諍門으로 설정하여 논하는 것으로 미루어 볼 때 이 저술은 적어도 20장 이상의 분량이 될 것은 분명해 보인다.[41]

이 원본의 용례와 다른 원효의 저술에서 '문'은 '교문' 혹은 '법문' 또는 '양상'을 가리킨다. '측면' 또는 '계통' 혹은 '계열'[42]을 가리키기도 한

---

[39] 물론 현재의 '공유이집화쟁문'과 '불성유무화쟁문'이 원문이 일부가 아니라 온전한 화쟁문인지는 단정하기 어렵다. 제16장 마지막 부분의 "又汝難云, 有滅無" 부분으로 미루어 보면 현존 판본은 불완전한 화쟁문으로 볼 수밖에 없다.

[40] 이정희, 앞의 글, 앞의 책, p.332. 필자는 발견된 제31장에 대해 『二障義』의 일부일 것으로 보았다. 그는 제31장을 발견한(1937) 崔凡述 자신도 이것이 『이장의』의 일부라는 것을 알고 있었을 것이라고 하였다. 하지만 목록집이 간행될 때(1971)가 발견된 것보다 34년 후이기 때문에 조사를 마친 후 별 관심없이 갈무리해 두었다가 복원 당시 그러한 사실을 잊은 것이라고 추정하였다.

[41] 高榮燮, 앞의 글, 앞의 책, pp.149~151. 이정희의 지적대로 崔凡述이 복원하고 보전한 제31장은 『이장의』(『한불전』 제1책, pp.813하 10줄~814상 22줄) 끝부분에 해당되므로 현재는 제9장, 제10장과 제15장, 제16장으로 볼 수밖에 없다. 『십문화쟁론』이 종래의 여러 저술을 펴낸 뒤에 그들의 논의를 종합하여 구성하였을 것으로 짐작되지만 현 단계에서는 『이장의』의 말미 부분으로만 한정해 보고자 한다.

[42] 박태원, 『원효의 十門和諍論』(세창출판사, 2013), p.21. 저자는 '문門'의 개념을 '견해/관점/이해를 성립시키는 조건들의 인과 계열', '견해 계열의 의미 맥락'이라고 풀고 있다. 또 그는 "쟁론의 문제 해결을 위해 실제로 요구되는 것은, '긍정과 부정 및 극단적 견해의 내용 여하를 변별하는 경계선을 적절하게 설정할 수 있는 능

다. 그는 『대승기신론』의 이문 일심의 구조에 의해 『대승기신론소』에서 일심을 생멸연기적 전개(開)와 환멸연기적 수렴(合)으로 갈라서 설명한다. 『이장의』에서는 현료문과 은밀문으로, 『열반경종요』[43]에서는 '화쟁문'[44]과 '회통문'[45]으로, 그리고 그 하위에서는 취심론就心論과 약연론約緣論 등으로 나누어 해명하고 있다.[46]

이렇게 원효가 두 문으로 범주화해서 나눠 보는 것은 화회 즉 화쟁하고 회통하기 위해서이다. 그의 다른 저술인 『금강삼매경론』, 『대승기신론소』, 『십문화쟁론』(斷簡本[47]), 『본업경소』, 『미륵상생경소』 등에서는 각 '문'을 통해 화쟁하고 회통하는 '화회和會'의 용례를 볼 수 있다. 원효의 『십문화쟁론』이 온전히 남아 있지 않아 '문'의 용례를 자세히 알

력'이며, 긍정과 부정의 적절한 경계선을 포착하는 능력이 수반되지 않는 '긍정·부정의 자재'는, 공허할 뿐 아니라 위험하기조차 하다."라고 하였다.

43 원효는 혜엄慧嚴과 혜관慧觀 및 사령운謝靈運 등이 6권 『大般泥洹經』(法顯譯)과 북본北本 『大般涅槃經』(曇無讖譯)을 손질하여 완성시킨 남본南本 36권 『열반경』을 저본底本으로 삼아 저술하였다.

44 원효는 『涅槃經宗要』를 저술하면서 전체 4문 중 II. 廣開分別門, 2. 明教宗, 1) 涅槃門, (6) 四德門, ④ 和諍門으로 과문科文을 펼치고 있다. 화쟁문은 다시 '次第4. 明和相諍論'으로 시설하여 풀고 있다.

45 원효는 『涅槃經宗要』를 저술하면서 전체 4문 중 II. 廣開分別門, 2. 明教宗, 2) 佛性(義)門, (6) 會通門으로 科文을 펼치고 있다. 會通門은 다시 ① 通文異와 ② 會義同으로 나누어 풀고 있다.

46 김영일, 「원효의 和諍論法 연구」, 동국대학교 박사논문, 2008, p. 138. 논자는 원효 저술의 宗要類(47개), 註疏類(16개), 創作類(4개)의 전수조사를 통하여 〈주장〉, 〈논란〉, 〈회통〉의 3가지 부분으로 나누고 원효의 각 저술에 나타난 화쟁 사례를 67개로 정리하였다. 이 중 26개 사례에서 이러한 2문二門을 설정하여 회통하였다고 하였다.

47 현존하는 『十門和諍論』 단간본에는 '空有異執화쟁문'과 '佛性有無화쟁문' 및 '我法異執화쟁문' 3문 밖에 남아 있지 않다. 하지만 崔凡述의 제3문의 복원에 대해서는 이정희의 문제제기가 있다. 이정희, 앞의 글, pp.329~332; 한편 李鍾益과 崔凡述 및 李晩容은 10문으로 복원해 놓았다.

수는 없다.⁴⁸ 하지만 이 저술을 인용하고 있는 후대 불학자들의 '문'의 사용례에서도 그가 사용한 교문의 모습을 그려볼 수 있다.

Ⅳ. 『십문화쟁론』 현존 이문의 화쟁 논법

1. 공집空執과 유집有執의 동이 화쟁

살펴온 것처럼 현존하는 『십문화쟁론』은 단간본 일부만이 벌레(좀)에 먹힌 채 해인사 사간장 본으로 남아 있다. 이 때문에 그의 『십문화쟁론』은 전체를 제대로 파악하기는 쉽지 않다. 원효와 이후 불학자들의 저술에 인용된 부분들을 집일해 본다고 하더라도 마찬가지이다. 우선 여기서는 현존 단간본과 집일본을 중심으로 논의를 전개시키고자 한다.

현존 『십문화쟁론』의 서두는 「고선사서당화상비」⁴⁹의 구절을 옮겨

---

48 『十門和諍論』에서 '문門'의 함의에 대해 '열 가지 부문部門' 정도의 의미로 볼 수도 있을 것이다. 하지만 원효의 글에 나타난 '문門'의 의미와 관련시켜 해석해 보면 '문門'은 '부문部門'의 의미를 넘어 '교문敎門' 혹은 '법문法門' 등의 의미로도 확장되고 있어 '부문' 정도의 제한적 의미보다는 '방식方式'의 의미가 더 가까울 것으로 생각된다.

49 원효의 행적을 기리는 비는 고선사와 분황사에 세워졌다. 「高仙寺碑」는 13세의 어린 나이로 즉위한 애장왕哀莊王(800~809) 때 당시 각간角干이자 왕의 숙부로서 섭정을 하였던 金彦昇(후에 憲德王)이 왕명을 받들어 세운 것이다. 「芬皇寺碑」는 고려 숙종 때 대각 국사 의천義天이 주청하여 '화쟁국사和諍國師' 시호가 내려진 이래 명종(1179~1197) 때 평장사平章事 한문준韓文俊이 지은 것을 세운 것이다.

온 것이다. 이 구절은 『십문화쟁론』의 성가가 얼마나 높았는지를 알려 주는 구절일 뿐만 아니라 이 저술이 중국과 인도에까지 알려졌음을 시사해 주고 있다. 이 문장은 논서의 취지와 내용을 잘 보여 주기 때문에 산일된 부분을 채우기 위해 현존 『십문화쟁론』에는 이 부분을 부가해 넣고 있다.

> 여래가 세상에 계실 적에는 온전한 가르침(圓音)에 의지하였지만, 중생들이 …… 빗방울처럼 흩뿌리고 헛된 주장들이 구름처럼 내달리며, 나는 옳지만 남은 그르다고 말하기도 하고, 나는 그러하지만 남은 그렇지 않다고 주장하여, (그 상이한 견해들의 주장이) 황하의 물(黃河)과 한강의 물(漢水)을 크게 이루었다. …… (空을 싫어하고 有를 좋아하는 것은 마치) 산을 (버리고) 골짜기로 돌아가는 것과 같고, 유를 싫어하고 공을 좋아함이 마치 나무를 버리고 큰 숲으로 달려가는 것과 같다. 비유컨대 청색과 남색은 몸체를 같이 하고, 얼음과 물은 근원을 같이 하며, 거울은 모든 형상을 받아들이고, 물은 (수천 갈래로) 나눠지는 것과 같다. …… (有와 空에 관한 주장들을) 통하게 하고 화합하게 하여(通融) 서술하고는 『십문화쟁론』이라고 이름하였다. 수많은 사람들이 (이 책에) 동의하며 모두 '훌륭하다'고 칭송하였다.[50]

『화엄종요』에 이은 비문의 내용에서처럼 이 『십문화쟁론』은 동아시아에 머물지 않고 서아시아까지 전해진 것으로 추정된다. "(당나라에 왔던 인도의 진나陳那 문도가 『십문화쟁론』을 읽고는) 찬탄하여 덩실덩

---

50 音里火 三千幢主 級湌 高金□ 鐫, 「高仙寺誓幢和上碑」.

실 춤을 추었다. (『십문화쟁론』을 범어로 번역하여 곧) 사람에게 부쳐 보냈으니, 이것은 (바로) 그 나라(천축) 삼장법사가 『십문화쟁론』을 보배처럼 귀하게 여겼던 까닭을 말하는 것이다." 이렇게 본다면 당시 원효의 『십문화쟁론』에 대한 평판과 위상을 미루어 짐작해 볼 수 있다. 그러면 무엇이 『십문화쟁론』을 동아시아를 넘어 서아시아로 전해질 정도로 국제적인 텍스트로 만들었을까?

『십문화쟁론』은 7세기 당시 동아시아 불교사상사에서 논의되었던 주요한 문제들을 총망라하고 있었다. 당시 동아시아 사상계는 구마라집-진제-보리유리 삼장의 구역 이후 현장-의정 삼장의 신역과 함께 중관(空性)과 유식(假有)의 상이한 교문, 구역과 신역 유식의 갈등, 일승과 삼승의 대립, 불성 유무의 대립 등 여러 불교이론들이 새롭게 제기되었다. 그리하여 이들 불교 이론들에 대한 사상가들의 견해가 서로 길항하면서 쟁론이 일어났다. 이에 원효는 이들 사유체계를 부처의 일심에 의해 정리할 필요를 느끼고 있었다.[51]

현존하는 『십문화쟁론』은 1장에서 8장까지는 산일되었다. 이어 9장과 10장 및 15장과 16장이 남아 있어 이들을 중심으로 살필 수밖에 없다. 현존하는 공유이집화쟁문이 제1문의 서문이자 총론인지는 확정할 수 없다. 다만 대승불교의 출발을 알리는 기점이 불탑신앙의 흥기, 불전문학의 탄생, 대승경전의 편찬 등으로 볼 때 『십문화쟁론』의 서두는 이종익의 복원1문처럼 삼승과 일승의 화쟁문이 될 수도 있겠지만 반야중관학과 유가유식학으로 대변되는 두 교학의 기호로 대비되는 '공(공성)'과 '유(가유)'에 대한 집착을 화쟁시키는 문으로 보는 것도 문제가

---

51 高榮燮, 「분황 원효의 和會論法 탐구」, 『한국불교학』 제75집, 한국불교학회, 2015; 高榮燮, 『분황 원효의 생애와 사상』(운주사, 2016), p.151.

될 것은 없다고 생각된다. 그러면 먼저 공유의 동이 화쟁 즉 공집과 유집의 화쟁문에 대해 살펴보기로 하겠다.

1) '공과 유는 다르지 않다'는 주장

'있음(有)'[52]이라고 한 것에 대해 말하자면, 이 '있음'이라고 허용한 것은 '비어 있음(空)'과 다르지 않다. 그러므로 비록 앞에서처럼 '있음'이라고 말하여도 보태어서 늘어나는(增益) 것이 아니다. '있음'이라는 것은 가설로서 허용한 '있음'이기 때문에 실제로 '있음'이 되는 것은 아니다. 이렇게 '있음'이라고 허용한 것이 '있음'에 떨어지지 않는 것도 아니다. 그렇기 때문에 그것은 다시 뒤에서 말한 '비어 있음'과 같은 것이지만 그렇다고 덜어내어 줄어드는(損減) 것이 아니다. 앞에서 말한 실제로 이 '있음'이라는 것은 바로 '비어 있음'과 다르지 아니한 '있음'이고, 뒤에서 말한 '있음'에 떨어지지 않는다는 것은 '비어 있음'과 다른 '있음'에 떨어지지 않는 것이다. 이 때문에 ('있음'과 '비어 있음'이) 모두 허용되어 서로 어긋나지 않는다. '그렇지 않음'이 아닌 까닭에 '있음'과 '비어 있음'이 모두 허용되고, 또한 '그렇지 않은 것'이 아니기 때문에 모두가 허용되고, 그렇지 않기 때문에 모두가 허용되지 않는다. 이 '그렇지 않음'과 '그러함'은 다르지 않으니, 마치 '있음'이 '비어 있음'과 다르지 않

---

[52] 필자는 '유有'와 '무無'와 '공空'을 명사형의 '있음'과 '없음'과 '비어 있음'이라는 존재론적 번역보다는 동명사형의 '있는 것'과 '텅 빈 것'이라는 생성론적 번역이 더 적확하다고 생각한다. 하지만 여기에서는 논리 사상을 드러내기 위한 '기호'적인 의미를 고려하여 '있음'과 '없음'과 '비어 있음'으로 대비해 번역한다. 번역은 張無垢 역주본譯註本(『국역 원효성사전서』 권5)과 朴太源 역주본(『원효의 십문화쟁론』, 세창문화사)의 번역을 참고하면서 필자가 번역하였다.

은 것과 같다. 이 때문에 비록 ('있음'과 '비어 있음'을) 모두 허용하지는 않지만 또한 근본 종지를 잃지 않는다. 그러므로 ('있음', '없음'/'비어 있음', '있기도 하고 없기/비어 있기도 함', '있는 것도 아니고 없는 것/비어 있는 것도 아님'의) 사구四句를 모두 주장하더라도 모두 과실을 벗어날 수가 있는 것이다.53

만유의 제법을 '유'(있음)와 '무'/'공'(없음/비어 있음)으로 판정할 때에는 '유'의 정립, '무'/'공'의 반정립, '역유역무/공'의 긍정 종합, '비유비무/공'의 부정 종합으로 이루어진다. 앞의 두 구를 양단兩單 즉 증익(상견)과 손감(단견)이라 하고, 뒤의 두 구를 '구시구비俱是俱非' 혹은 '쌍조상비雙照雙非'라고 하니 곧 상위와 희론(우치)이다. 원효는 '공'(/'무')과 '유'가 다르다는 '공집'과 '유집'의 쟁론을 치유하기 위해 '공'(/'무')과 '유'는 다르지 않다고 화쟁하고 있다.

2) '공과 유는 다르지 않다는 주장은 과실이다'라고 하는 비판

질문: 비록 증거를 대서 모든 난점(妨難, 疑問)을 벗어나려 하지만 말로써 표현할 수 없는 그 깊은 뜻(言下之旨)은 더욱 더 이해할 수 없다. 당신의 말처럼 '그 있음(有)'이 '비어 있음(空)'과 다르지 않다는 것은 비유를 끌어들여도 본래의 뜻은 아직 이해가 되지 않는다. 왜냐하면 만

---

53 元曉, 『十門和諍論』(『한불전』 제1책, p.838상). "有, 此所許有, 不異於空. 故雖如前而非增益, 假許是有, 實非墮有, 此所許有, 非不墮有. 故雖如後而非損減. 前說實是有者, 是不異空之有, 後說不墮有者, 不墮異空之有. 是故俱許而不相違, 由非不然, 故得俱許, 而亦非然, 故俱不許. 此之非然不異於然, 喩如其有不異於空, 是故雖俱不許而亦不失本宗, 是故四句並立而離諸過失也."

일 실제로 이것이 '있음'이라고 하면 '없음'과는 다른 것이 된다. 마치 소의 뿔이 토끼의 뿔과 같지 않은 것과 같다. 만일에 '비어 있음과 다르지 않다'고 하면 결정코 이것은 '있음'이 아니다. 마치 토끼의 뿔이 '비어 있음'/'없음'과 다르지 않은 것과 같다. 지금 이것이 '있음'이지만 '비어 있음과 다르지 않다'고 말하니 세간에 이와 같은 것은 없다. 어떻게 성립할 수 있겠는가? 설사 같은 비유로 '비어 있음'과 다르지 않다고 주장해도 앞의 추리(比量)로 말미암아 주장을 관철할 수 없는 논거(不定因)의 과실을 범하게 된다.[54]

반론자와 같이 여러 질문을 세워서 눈에 보이고 손에 잡히는 가시적이고 물리적인 것만을 존재하는 것으로 파악하는 이들은 '공'과 '유'를 다르다고 보기 마련이다. 그들에게 공은 없는 것이고 유는 있는 것으로만 이해되기 때문이다. 하지만 '비어 있음'의 '공'과 '있음'의 '유'는 비실체성이라는 점에서 보면 다르지 않다.

3) '공과 유는 다르지 않다는 주장은 과실이다'라고 하는 비판에 대한 재비판

대답: 당신이 비록 교묘한 방편으로 여러 가지 의문을 내세우고 있지만, 다만 말을 힐난하는 것이지 뜻에 미치지는 못한다. 끌어들인 비유

---

54 元曉,『十門和諍論』(『한불전』제1책, p.838상중). "問: 雖設徵言, 離諸妨難, 言下之旨, 彌不可見. 如言其有, 不異於空, 此所引喩, 本所未解. 何者? 若實是有, 則異於無. 喩如牛角, 不同兎角. 若不異空, 定非是有. 喩如兎角, 無異於空. 今說是有而不異空, 世間無類, 如何得成? 設有同喩, 立不異空, 由前比量, 成不定過."

들도 모두 성립되지 않는다. 왜냐하면 소의 뿔은 '있음'이 아니며 토끼의 뿔은 '없음'이 아니기 때문이다. 당신이 선택한 것은 다만 언어일 뿐이다. 그러므로 나는 '언어에 의지하여 언어를 떠난 진리'를 드러내고자 한다. 마치 '손가락에 의지하여 손가락을 떠난 달을 보여 주는 것'과 같은 것이다. 당신은 지금 오직 말대로 뜻을 취하여 말로 할 수 있는 비유를 끌어들여 언설을 여읜 진리를 힐난하는데 단지 손가락 끝을 보고 그것이 달이 아니라고 비난하는 것과 같다. 그러므로 비난의 문책이 더욱 정밀해질수록 진리의 실책이 더욱 멀어진다.[55]

이처럼 가시적이고 물리적인 것만을 존재하고 파악하는 실체론자들은 소의 뿔과 토끼의 뿔은 다른 것으로 보일 수밖에 없다. 이 때문에 언어와 존재를 동일시하는 세간의 실체론자들은 토끼뿔이 실체가 아니듯이 소의 뿔도 실체가 아님을 알아채지 못한다. 그러므로 원효는 '나는 언어에 의지하여 언어를 떠난 진리를 드러내고자 한다'며 '손가락에 의지하여 손가락을 떠난 달을 보여 주는 것'인 달과 손가락의 비유를 들고 있다.

---

[55] 元曉, 『十門和諍論』(『한불전』 제1책, p.838중). "答: 汝雖巧便, 設諸妨難, 直難言說, 不反意旨, 所引譬喩, 皆不得成, 何以故? 牛角非有, 兎角不無故. 如汝所取, 但是名言. 故我寄言說, 以示絶言之法. 如寄手指, 以示離指之月, 汝今直尒, 如言取義, 引可言喩, 難離言法, 但看指端, 責其非月. 故責難彌精, 失理彌遠矣."

4) 언어에 의한 존재의 실체시와 언설을 떠난 것 – 허공 비유와 유식 삼성 비유

그러나 이제 다시 부처님이 설한 '언설의 떠남의 비유'를 인용하고자 한다. 비유하자면 허공이 길고 짧은 등의 모든 형색과 구부리거나 펴는 등의 모든 행위를 다 수용하듯이, 만일 모든 형색과 유형의 행위들을 다 제거할 때에는 형태 없는 허공이 그 제거된 만큼 드러난다. 이를테면 한 길 크기의 나무를 제거한 곳에는 곧 한 길만큼의 허공이 나타나고, 한 자 크기의 나무를 제거한 곳에는 곧 한 자만큼의 허공이 나타나며, 구부러진 것을 제거한 곳에는 구부러진 만큼의 허공이, 펴진 것을 제거한 곳에는 펴진 만큼의 허공이 나타나는 것과 같다. 그러므로 '이렇게 해서 나타난 허공은 긴 것 같기도 하고 짧은 것 같기도 하니, 언어를 여읜 일들도 이처럼 허공의 일과 같다'라고 알아야 할 것이다. 그것이 응하는 바에 따라 앞에서처럼 길거나 짧은 등의 형색을 수용한다. 그러나 수용된 형색과 허공은 다른 것이라고 범부들은 잘못된 인식과 분별로써 집착한다. 그러므로 (유식의) '두루 헤아려 집착할 것들(遍計所執諸法)'에 비유해 보면, 비록 실제로 '있음'이 아니지만 '비어 있음'과 다르다고 헤아리기 때문이다. 능히 (허공에) 수용한 것들은 허공과 다르지 않으니 모든 범부의 분별로써 알 것이 아니다. 그러므로 (유식의) '다른 것에 의지하여 생겨난 것들(依他起相諸法)'에 비유해 보면, 비록 실제로 '있음'이지만 '비어 있음'과 다르지 않기 때문이다. 또 저 (유식의) '두루 헤아려 집착한 자성(遍計所執自性)'은 의지하는 것이 없이 독자적으로 성립하는 것이 아니고, '다른 것에 의지하여 생겨난 것(依他起相)'이 의지하는 바가 되어 '두루 헤아려 집착한 것(遍計所執)'이 비로소 성립하게 되는 것이다. 마치 허공의 '언설을 떠난 것(離言之事)'이 그 응하는 것에 따라 모든 형색을 수용하는 것과 같다.[56]

언설에 의해 존재를 실체로 봄으로써 생겨나는 과실을 극복하기 위해 원효는 허공의 비유를 끌어들인다. 즉 허공이 길고 짧음 등의 모든 형색(形色), 구부림과 폄 등의 모든 행위를 수용하지만, 만일 모든 형색과 유형의 행위들을 제거하게 되면 형색과 행위가 허공이 그 제거된 형태만큼 모습을 드러내는 것처럼 언어와 존재의 실체화에서 벗어나게 되면 허공의 자유를 얻을 수 있음을 역설한다. 마찬가지로 '두루 헤아려 집착하는 자성'으로 '두루 헤아려 집착한 것들'을 실체시하는 범부들이 '두루 헤아려 집착한 것'이 사실은 '다른 것에 의지하여 생겨난 것'임을 알게 된다면 또한 허공의 자유를 얻을 수 있음을 강조하고 있다.

5) 망상의 분별을 떠나면 곧 언설을 떠난 진리가 드러난다

보살이 만일에 망상의 분별을 떠나서 '두루 헤아려 집착한 모습'을 없애버릴 때에 곧 언설을 떠난 진리를 드러내어 볼 수 있게 된다. 그 때

---

[56] 元曉, 『十門和諍論』(『한불전』 제1책, p.838중). "然今更引聖說離言之喩. 喩如虛空, 容受一切長短等色, 屈申等業. 若時除遣諸色色業, 無色虛空, 相似顯現. 謂除丈木處, 卽丈空顯, 除尺木處, 卽尺空顯 除屈屈顯, 除申申顯等, 當知卽此顯現之空, 似長似短, 離言之事, 如是空事, 隨其所應, 前時容受長短等色, 然所容受色, 異於虛空, 凡夫邪想分別所取. 故喩遍計所執諸法, 雖無所有, 而計異空故. 能容受事, 不異虛空, 非諸凡夫分別所了. 故喩依他起相諸法, 雖實是有, 而不異空故. 又彼遍計所執自性, 非無所依獨自成立, 依他起相爲所依止, 遍計所執方得施設, 喩如虛空離言之事, 隨其所應, 〈卷上第九張〉容受諸色.

에는 모든 것의 언설을 떠난 모습이 나타나게 된다. 비유하자면 마치 모든 형색의 모습을 제거해 버릴 때 그 없앤 곳을 따라 색상을 떠난 허공이 나타나는 것과 같다. 이와 같은 비량比量의 도리로 말미암아 모든 것들이 다들 허공과 같은 것이라고 알아야 할 것이다. 마치『금고경』에서 "만일 그것이 다른 것이라고 말한다면 모든 부처님들과 보살들의 행위들은 곧 집착이다. 어찌하여 그러한가? 모든 성인들은 행하는 것과 행하지 않는 것들이 모두 지혜의 행위이므로 다르지 않다. 그러므로 (성인에게는) 오온의 몸은 '있음(有)'이 아니고, 인연을 좇아 생겨난 것도 아니다. (그러나) '있음'이 아닌 것도 아니니(非不有) 오온은 성스러운 경계이기 때문이다. (이것은) 언어로 미칠 수 있는 것이 아니다."라고 말하는 것과 같다.[57]

보살이 망상의 분별을 떠나서 두루 헤아려 집착한 모습을 버리게 되면 곧 언설을 떠난 진리가 드러나게 된다. 오온은 성스러운 경계이기에 성인에게는 오온의 몸이 있음도 아니고, 인연을 좇아 생겨난 것도 아니며 그렇다고 있음이 아닌 것도 아니다. 원효는 성인의 행위는 모두가 지혜의 행위이므로 붓다의 행상과 보살의 행상이 다르지 않는 것이라고 하였다.

---

[57] 元曉,『十門和諍論』(『한불전』제1책, p.838하). "菩薩, 若離妄想分別, 除遣遍計所執相時, 便得現照離言之法. 尒時, 諸法離言相顯, 喩如除遣諸色相時, 隨其除處, 離色空顯, 由如是等比量道理, 應知諸法, 皆等虛空. 如『金鼓經』言, '若言其異者, 一切諸佛菩薩行相, 則是執着. 何以故, 一切聖人於行非行法中同智慧行, 是故不異, 是故, 五陰非有, 不從因緣生. 非不有, 五陰不過聖境界故. 非言語之所能及.'"

6) '모든 존재에는 자성이 있지 않다'고 회통하고 화쟁하여 중생들을 포섭한다

『대혜도경』에서는 "비록 생사의 길이 길고 중생의 성품이 많지만 생사의 끝은 허공과 같고 중생 성품의 끝도 또한 허공과 같다."라고 하였다. 『중관론』에선 "열반의 실제와 세간의 실제 이 두 실제는 털끝만큼도 다름이 없다."라고 하였다. 『유가론』에서는 "만일 모든 유정들이 부처님이 설하신 깊고 깊은 공성에 대해 상응하는 경전에서 은밀한 뜻을 이해하지 못하면 이 경전 가운데에서 설하는 '모든 존재에는 자성이 없고, 있다고 할 일이 없으며, 생겨남도 없고 사라짐도 없다'는 것이나 '모든 존재들은 모두 허공과 같고 모두 환몽과 같다'는 것을 듣고 나서는 마음이 놀라움과 두려움을 일으켜 이 경전을 비방하면서 '부처님의 말씀이 아니다'고 말한다."라고 하였다. 보살은 그들을 위하여 이치에 맞게 통하게 하고(如理會通) 진실에 맞게 만나게 하여(如實和會) 그 중생들을 포섭한다. 저들을 위하여 보살은 "이 경전은 모든 존재가 다 '있지 않다'고 설하는 것이 아니라 다만 모든 존재에는 자성이라는 것이 다 '있지 않다'고 설하는 것이다."라고 말한다.[58]

---

58 元曉, 『十門和諍論』(『한불전』 제1책, pp.838하~8394상). "『慧度經』言, '雖生死道長, 衆生性多, 而生死邊如虛空, 衆生性邊亦如虛空.' 『中觀論』云, '涅槃之實際及與世間際, 如是二際者, 無毫氂許異.' 『瑜伽論』云, 若諸有情於佛所說甚深空, 性相應經典, 不解密意, 於是經中, 說'一切法皆無自性, 皆無有事, 無生無滅', 說'一切法, 皆等虛空, 皆如幻夢', 彼聞是已, 心生驚怖, 誹謗此典, 言'非佛說'. 菩薩爲彼, 如理會通, 如實和會, 攝彼有情, 爲彼說言, '此經不說一切諸法都無所有, 但說諸法所言自性都無所有.'"

원효의 『열반경종요』에서도 이와 같은 구절을 확인할 수 있다. "보살은 중생들이 '모든 존재에는 모두 자성이 없고, 있다고 할 일이 없으며, 생겨남도 없고 사라짐도 없다' 혹은 '모든 존재들은 모두 허공과 같고 모두 환몽과 같다'는 것을 듣고는 마음이 놀라움과 두려움을 일으켜 이 경전을 비방하면서 '부처님의 말씀이 아니다'라고 말한다."는 중생들을 위하여 이치에 맞게 통하게 하고(會通) 진실에 맞게 어울려 만나게 한다(和會). 현존 『십문화쟁론』에서 이 부분은 화쟁의 방법을 보여주는 대목이다.

7) 언어는 본질이나 실체가 아니다

비록 온갖 말로서 설함이 있더라도 (중생들에) 의지하기에 모든 언설을 굴리는 것이다. 그런데 중생들이 '자성(실체)이라고 할 수 있다'고 말하는 것은 진리(第一義)에 의거해 보면 그 자성이 아닌 것이다. 비유하자면 허공 가운데 나타나 있는 많은 것들은 형색(色)과 행위들(色業)이 있어도 허공이 모든 존재와 행위들을 모두 수용하는 것과 같은 것이다. 허공 가운데 나타나 있는 갖가지 것들이 가거나 오거나 구부리거나 펴는 것들의 일을 일컫는 것이다. 만일 그 때에 모든 형색과 행위들을 다 없애버리면 곧 그때에 오직 형색이 없는 맑고 깨끗한 허공 같은 것이 드러나게 된다. 이와 같이 허공 같은 것에서 언어로 지어낸 것을 떠나는 것이다.[59]

---

[59] 元曉, 『十門和諍論』(『한불전』제1책, p.839상). "雖有一切所言說事, 依止彼故諸言說轉. 然彼所說可說自性, 據第一義非其自性, 譬知空中有衆多色色業, 可得容受一切諸色色業, 謂虛空中現有種種, 若往若來屈申等事. 若於尒時諸色色, 業

모든 언어는 분별을 전제로 한다. 분별은 분리에 기초한다. 모든 형색과 행위들을 다 없애 버리는 순간 형색과 행위들이 없는 맑고 깨끗한 허공이 나타나게 된다. 부처와 보살의 언어는 분별에 기초한 실체의 도리를 넘어 무실체의 도리를 알려 준다.

8) 삿된 망상과 언어 분별의 희론은 본래 공하다

갖가지 언설로 지어낸 삿된 망상과 분별이 있으면, 희론을 따라 집착하여 중생의 행위를 펼쳐 간다. 또 이와 같은 갖가지 언설로 지어낸 삿된 망상과 분별로 희론을 따라 집착하여 갖가지 업을 짓지만, 그것들은 모두 허공과 같아서 '언설을 떠난 것'에 수용된다. 만일 이때 보살이 묘한 성스러운 지혜(妙聖智)로서 갖가지 언설을 일으킨 삿된 망상과 분별을 없애고 희론을 따라 집착하는 것을 버리면, 이때 보살은 가장 수승한 성자로서 모든 것이 언설을 떠나 있다는 것을 증득하게 된다. 오직 자성을 말하는 모든 언어가 있을 뿐, 자성이 (있어서) 언어로 나타난 것은 아니다. 비유하자면 허공의 청정한 모습이 나타난 것과 같아서 또한 이것은 과실이 되지 않는다. 언어 밖의 자성이 따로 있는 것이 아니다. 다른 자성들도 마땅히 다시 분별하고 분석하기 때문이다.[60]

皆悉除遣, 卽於尒時, 唯無色性淸淨, 虛空相似顯現, 如是卽於相似虛空, 離言說事.

60 元曉,『十門和諍論』(『한불전』제1책, p.839상). "有其種種言說所作邪想分別, 隨戲論着, 似色業轉. 又卽如是一切言, 說邪想分別, 隨戲論着似衆色業, 皆是似空, 離言說事之所容受. 若時菩薩, 以妙聖智, 除遣一切言說所起邪想分別, 隨戲論著. 尒時, 菩薩最勝聖者, 證得諸法離言說事, 唯有一切言說自性, 非性所顯, 喩如虛空, 淸淨相顯亦非過此, 有餘自性, 應更尋思故.〈卷上第十張〉".

온갖 언설로 지어낸 삿된 망상과 분별은 희론을 일으켜 집착하여 중생의 행위를 지어 간다. 이 때문에 보살은 묘한 성스러운 지혜로 삿된 망상과 언어 분별을 없애고 희론을 버리면 가장 수승한 성자로서 모든 것이 언설을 여의었음을 체득하게 된다고 원효는 역설한다. 공유이집화쟁문과 달리 불성유무화쟁문은 불성의 유성과 무성의 동이를 화쟁하는 문이다. 그러면 불성유무화쟁문에서는 불성의 유성론과 무성론의 상동성과 상이성에 대해 살펴볼 것이다.

2. 유성有性과 무성無性의 동이 화쟁

1) '불성이 없는 중생이 있다'는 주장은 대승불교의 지향과 위배된다

또 『열반경』에서 "중생의 불성은 같은 것도 아니고 다른 것도 아니다. 모든 부처님은 평등하여 마치 허공과 같다. 모든 중생도 똑같이 불성을 지니고 있다."고 말하였다. 또 아래의 글에서 "모든 중생은 똑같이 불성을 지녔으니 모두 일승과 같다. 각자의 원인과 각자의 결과가 똑같은 하나의 감로여서 모든 중생들이 마땅히 (부처 경지의) 상·낙·아·정을 얻는다. 그러므로 한 맛이다."라고 하였다. 이 경전 문구에 의하면 만일 '어떤 중생이 불성이 없다'고 주장한다면 곧 대승이 설하는 '평등한 존재의 본성(平等法性)'과 '한 몸으로 여기는 위대한 자비심(同體大悲)은 바다와 같은 한 맛이라는 것에 위배된다. 또 (어떤 사람이) 만일 '불성이 없는 중생이 결정코 있으니 모든 중생 세계가 차별이 있기 때문이며, 마치 불의 성질 가운데는 물의 성질이 없는 것과 같다'

고 주장한다. 또 (어떤 사람은) '모든 중생은 결정코 불성을 가지고 있으니 불성의 한 맛의 본성은 평등하게 증득할 수 있기 때문이며, 마치 형상을 지닌 모든 존재들이 모두가 근본성품을 지니고 있는 것과 같다'고 주장한다면, 이때는 곧 결정코 서로 위배되는 과실이 있게 된다. 또 만일 (어떤 사람이) '반드시 불성이 없는 중생이 있으니 본래 그러하기 때문이다'고 주장하고, 또 만일 (어떤 사람은) '결정코 불성이 없는 중생은 없으니 본래 그러하기 때문이다'고 주장한다면, 이것 또한 결정코 서로에게 위배되는 과실이다.[61]

『열반경』의 "모든 중생은 똑같은 불성을 지녔으니 모두 일승과 같다", "모든 중생은 똑같이 불성을 지녔으니 모두 일승과 같다. 각자의 원인과 각자의 결과가 똑같은 감로여서 모든 중생들이 마땅히 부처 경지의 상·낙·아·정을 얻으므로 한 맛이다."라는 구절에 대해 만일 '어떤 중생이 불성이 없다'고 주장한다면 대승의 경전 문장과 위배된다고 하였다. 여기서는 불성의 무성론의 입장을 네 가지로 들어 반론을 제기하고 있다.

당시 동아시아 법상종의 무성종성, 성문종성, 연각종성, 보살종성, 삼승부정성의 오성각별설에 대한 문제제기라고 할 수 있다. 이것은 중

---

61 元曉, 『十門和諍論』(『한불전』 제1책, p.839상중). "又彼經言, 衆生佛性, 不一不二, 諸佛平等猶如虛空, 一切衆生同共有之. 又下文云, 一切衆生同有佛性. 皆同一乘一因一果同一甘露, 一切當得常樂我淨, 是故一味. 依此經文, 若立一分無佛性者, 則違大乘平等法性, 同體大悲如海一味, 又若立言定有無性, 一切界差別可得故, 如火性中無水性者, 他亦立云, '定皆有性, 一味性平等可得故, 如諸麁色聚悉有大種性', 則有決定相違過失. 又若立云, 定有無性, 由法尒故者, 他亦立云, 定無無性, 由法尒故, 是亦決定相違過失."

생들이 지닌 불성에 대한 보편성 주장과 차별성 주장이라고 할 수 있다.

2) '불성이 없는 중생이 있다'는 주장과 '불성이 없는 중생은 없다'는 주장의 상통점과 문제점 비판

'불성이 없는 중생이 있다'는 주장이나 '불성이 없는 중생이 없다'고 주장하는 사람들은 공통적으로 "경전에서 '중생은 모두 마음을 지니고 있다'고 한 것은 일체의 불성이 있는 중생과 없는 중생, 아직 증득하지 못한 중생, 이미 증득한 모든 중생을 통틀어 말씀하신 것이다. 무릇 '마음을 지니고 있는 자는 반드시 깨달음을 얻는다'는 것은 그 중간에서 불성은 있으나 아직 증득하지 못한 마음을 두고 한 말이다."라고 하였다. 설사 '마음을 지니고 있는 일체의 중생들은 모두 마땅히 깨달음을 증득한다'고 한다면 이미 깨달음을 증득한 자도 또한 마땅히 증득해야 하는가? 그러므로 '마음을 지니고 있는 일체의 중생이 모두 반드시 깨달음을 증득한다'고 하는 말이 아니라는 것을 알게 된다. 또 "마치 허공처럼 일체의 중생이 똑같이 불성을 지닌다."고 말하는 것은 진리의 측면(就理)에서 말한 것이지 행위의 측면(行性)에서 말한 것이 아니다. 또 "각자의 원인과 각자의 결과 나아가 일체의 중생이 마땅히 (부처 경지의) 상·낙·아·정을 얻는다."고 한 것은 일정 부분에 의거해 일체(少分一切)라고 한 것이지 전부를 일체(一切一切)라고 한 것이 아니다. 이와 같은 모든 경문은 다 잘 통하고 있다.[62]

---

62 元曉, 『十門和諍論』(『한불전』 제1책, p.839중). "執有無性論者通曰, '經言, '衆生悉有心者', 汎擧一切有性無性未得, 已得諸有情也. 凡其有心當得菩提者, 於中

원효는 '일체의 중생이 모두 불성을 지닌다'는 말은 '진리의 측면'에서 말한 것이지 '행위의 측면'에서 말한 것이 아니며, '각자의 원인과 각자의 결과 나아가 일체의 중생이 마땅히 부처 경지의 상·낙·아·정을 얻는다'는 말은 일정 부분에 의거해 일체라고 한 것이지 전부를 일체라고 한 것이 아니라고 해명하고 있다. 가능태를 가리키는 진리의 측면과 현실태를 가리키는 행위의 측면, 범주론에서 말하는 부분의 일체와 전체의 전체를 나누어 해명하고 설명하고 있다.

3) 화쟁의 대상이 될 수 없는 주장들

또 만일 '본래 그러하기 때문에 불성이 없는 자가 있다'고 주장한다면, 중생이 다 없어지게 되는 것이니 이것은 커다란 과실이 될 것이다. 앞에서 (어떤 사람이) 주장한 것처럼 '본래 그러하기 때문에 불성이 없는 자가 있다'고 한다면, '불성이 없다'는 것이 과실이 된다. 그러므로 '이것은 (두 주장이) 결정코 서로 위배되는 것(決定相違)'처럼 보이지만 실제로는 '서로 위배되는 과실'이 없다. 만일 (어떤 사람이) '불은 습성이 아니고 본래 그러하기 때문이다'라고 주장하고, 또 (어떤 사람은) '불은 습성이고 본래 그러하기 때문이다'라고 주장한다면, 이것은 '(두 주장이) 결정코 서로 위배되는 것'처럼 보이지만 실제로는 '서로 위배되는 과실'이 없다. 불의 성질은 뜨거움이어서 실제로는 습함이 아니기 때

簡取有性未得之有心也.” 設使一切有心皆當得者, 已得菩提者, 亦應當得耶? 故知非謂一切有心皆當得也. 又言'猶如虛空, 一切同有者', 是就理性, 非說行性也. 又說'一因一果乃至一切當得常樂我淨者', 是約少分一切, 非說一切一切. 如是諸文皆得善通.“

문이다. 불성이 없는 중생의 도리도 그러한 것이다.[63]

모든 주장에는 부분적 타당성인 일리가 있어야 쟁론이 성립될 수 있다. 그래야만 화쟁의 대상이 될 수 있다. 그런데 '본래 그러하기 때문에 불성이 없는 자가 없다'는 주장과 '본래 그러하기 때문에 불성이 없는 자가 있다'는 주장은 화쟁의 대상이 될 수 없다. 부분적 타당성인 일리가 전혀 없기 때문이다.

4) '불성이 없는 중생이 있다'는 주장의 부분적 타당성

질문: "만일 뒤쪽 논사의 뜻을 주장한다면, 그 주장이 어떻게 통할 수 있는가?"
『현양성교론』에서 말한 것과 같이 어찌 오직 현재세만 반열반의 법이 아니라고 하겠는가? 이치에 맞지 않는 것이다. 이를테면 현재세에서 만을 말해서는 아니 되니 비록 (현재는) 반열반법이 아니지만 남은 생애 중에 다시 바뀌어 반열반의 법이 될 수 있는 것이다. 어찌하여 그러한가? 반열반으로서 타고난 법은 없기 때문이다. 또 만일 금생에 해탈로 나아가는 선근을 이미 쌓았다면 무슨 까닭으로 반열반의 법이라고 할 수 없겠는가? 만일 금생에 전혀 선근을 쌓지 못한다면 어찌 내생에 반열반을 성취할 수 있겠는가? 그러므로 반열반으로서 타고나지 않은

---

63 元曉, 『十門和諍論』(『한불전』 제1책, p.839중). "又若立云, 由法尒故無無性者, 則衆生有盡, 是爲大過. 如前所立, 由法尒故有有性者, 則無是失. 故知是似決定相違, 而實不成相違過失. 如有立言, '火非濕性, 由法尒故', 又有立言, '火是濕性, 由法尒故', 此似決定相違, 而實無此過失. 以火性是熱, 實非濕故. 無性有情, 道理亦尒."

중생이 결정코 있는 것이다. 『유가사지론』에서도 이와 같이 설한다.[64]

대승불교는 일체의 중생은 모두 불성이 있다고 하였다. 그런 의미에서 근기는 끈기일 수밖에 없다. 여기서 불성이란 부처의 성품을 뜻한다. 과거의 인연은 현재로 이어지고 현재의 인연은 내세로 이어진다. 그러므로 현재나 금생만으로 '불성'이 없다고 해서는 안 된다. 금생의 능력을 기반으로 노력하면 내생에는 삶의 질을 드높인 삶을 살 수 있는 것이다. 그러니 현재세만 반열반의 법이라고 할 수가 없다.

5) '불성이 없는 중생은 없다'는 주장이 '일체 중생이 모두 반드시 부처가 된다'는 것은 아니다

또 만일 일체 중생이 모두 반드시 부처가 된다고 하면 중생이 비록 많지만 반드시 끝남이 있어 부처가 되지 못하는 이가 없기 때문이다. 그렇다면 모든 부처님들의 중생을 이롭게 하는 공덕도 다하게 될 것이다. 또 만일 중생이 반드시 끝남이 있게 된다면, 가장 뒷사람이 부처가 되면 교화를 받을 사람이 없게 될 것이다. 교화를 받을 사람이 없어지게 되면 중생을 이롭게 하는 행위도 없어지게 되고 중생을 이롭게 하는 행위 없이 부처가 된다는 것은 도리에 맞지 않는다. 그리고 만일

---

64 元曉,『十門和諍論』(『한불전』 제1책, p.839중하). "問: '若立後師義 是說云何通?' 如『顯揚論』云, 云何唯現在世, 非般涅槃法? 不應理故. 謂不應言於現在世, 雖非般涅槃法, 於餘生中, 復可轉爲般涅槃法. 何以故? 無般涅槃種性法故. 又若於此生, 先已積集順解脫分善根, 何故不名般涅槃法? 若於此生都未積集, 云何後生能般涅槃? 是故〈卷上第十五張〉定有非般涅槃種性有情,『瑜伽論』中亦同此說."

'일체 중생이 모두 부처가 될 것이다'라고 하면서도 '중생은 끝내 다함이 없다'고 한다면 자기 말이 서로 위배되는 과실이 된다. 영원히 다함이 없는 중생은 끝내 부처가 되지 못하기 때문이다.[65]

중생이 부처가 될 수 있는 것은 부처의 자비심 때문이다. 자비심은 중생을 대상으로 펼치는 이타행이다. '일체 중생이 모두 부처가 될 것이다'고 해서 부처가 사라지는 것은 아니다. 마찬가지로 '중생이 끝내 다함이 없다'고 해서 영원히 다함이 없는 중생이 있는 것은 아니다.

6) '일체 중생이 모두 반드시 부처가 된다'는 주장과 '중생은 영원히 다함이 없다'는 주장은 자기모순이다

또 만일 한 부처님이 한 회상에서 백천만억 중생을 능히 제도한다면, 이제 중생계의 (중생들이) 열반에 들어 점차로 줄어들게 된다. 만일 점차로 줄어드는데도 끝내 다함이 있는 것이 아니라면 줄어듦이 있는데도 다함이 없다는 것이어서 이치에 맞지 않는다. 만일 줄어듦이 없다면 열반에 이름도 없는 것이니, 열반의 증득이 있는데도 줄어듦이 없다는 것은 이치에 맞지 않는다. 이와 같은 (논설로) 나아가거나 물러가거나 한다면 끝내 주장할 수 없게 된다. 같은 주장들이 아니기 때문에 그 뜻을 이룰 수 없다.[66]

---

65 元曉,『十門和諍論』(『한불전』제1책, p.839하). "又若一切皆當作佛, 則衆生雖, 多必有終盡, 以無不成佛者故. 是則諸佛利他功德亦盡. 又若衆生必有盡者, 最後成佛則無所化. 所化無故, 利他行闕, 行闕成佛, 不應道理. 又若說'一切盡當作佛', 而言'衆生永無盡者', 則爲自語相違過失. 以永無盡者, 永不成佛故."

66 元曉,『十門和諍論』(『한불전』제1책, p.839하). "又如一佛一會, 能度百千萬億衆生,

'일체 중생이 모두 반드시 부처가 된다'는 주장과 '중생은 영원히 다함이 없다'는 주장은 병립 가능한 것인가? 부처가 한 회상에서 중생을 제도하면 중생계는 줄어들고 열반계는 늘어날 것이다. 그런데 중생계가 줄어듦이 없다면 열반계도 늘어남이 없어야 하는데 중생이 부처 된다는 주장과 영원히 다함이 없는 중생이 있다는 주장은 모순되고 만다.

7) '일체 중생이 모두 불성을 지니고 있다'는 주장에 집착하는 사람들이 범하는 오류

'일체 중생이 모두 불성을 지니고 있다'고 집착하는 자들은 공통적으로 "저 『현양성교론』의 글은 '앞서는 불성이 없다가 뒤에는 바뀌어 불성이 있게 되었다'는 뜻에 대한 집착을 바로 깨뜨리는 것이다. 저 경문에서 '현재세에서만을 말해서는 아니 되니 비록 (현재의) 반열반의 법은 아니지만 남은 생애 중에 다시 바뀌어 반열반의 법이 될 수 있기 때문이다'고 말한 것이 바로 그것이다."라고 하였다. 지금의 주장은 '본래부터 불성이 있다'는 것이지 '전에는 없다가 후에 바뀌어 이루어졌다'고 말하는 것이 아니다. 그러므로 『현양성교론』에서 논파한 것에 떨어지지 않는다. 또 교의에서 '불성이 없다'고 주장한 것은 대승의 마음을 구하지 않는 것을 돌이키게 하고자 한 것이니, 헬 수 없는 시간에 의지하여 이렇게 설한 것이다. 이와 같은 은밀한 뜻으로 인해 서로 위배되지

今入涅槃於衆生界漸損. 以不若有漸損, 則有終盡, 有損無盡, 不應理故. 若無損者, 則無減度, 有滅無損, 不應理故. 如是進退, 終不可立. 無同類故, 其義不成."

않는다.⁶⁷

'본래부터 불성이 있다'는 것이지 '전에는 없다가 후에 바뀌어 이루어졌다'는 것을 말하는 것은 아니다. 교의에서 '불성이 없다'고 한 것은 대승의 마음을 구하지 않는 것을 돌이키게 하고자 한 것이지 '불성이 없는 중생이 있다고 한 것이 아니다. 또 경전 문장에서 '현재세에서만을 말해서는 안 되니 비록 (현재의) 반열반의 법은 아니지만 남은 생애 중에 다시 바뀌어 반열반의 법이 될 수 있기 때문이다'고 한 것은 '일체 중생이 모두 불성을 지니고 있다'고 집착하는 자들을 깨뜨려 주기 위해서이다.

8) '일체 중생이 모두 불성을 지니고 있다'는 교설에 대한 비판 논리와 그 잘못

저들은 힐난하기 위해 "마음을 가진 일체의 중생은 마땅히 깨달음을 증득할 수 있다고 한다면, 부처님도 마음을 가지고 있으니 또한 응당 다시 깨달음을 증득할 수 있다고 하는 것인가?"라고 말한다. 이러한 뜻은 그렇지 않다. 저 경전에서 스스로 구별하고 있기 때문이다. 그 경전에서 "중생도 또한 그러하여서 모두 다 마음이 있다. 무릇 마음이 있는 자는 마땅히 깨달음을 증득할 수 있지만 부처는 중생이 아니다."라

---

67 元曉, 『十門和諍論』(『한불전』 제1책, pp.839하~840상). "執皆有性論者通曰, '彼新論文. 正破執於先來無性, 而後轉成有性義者. 如彼文言, 謂不應言於現在世, 雖非般涅槃法, 於餘生中, 可轉爲般涅槃法故.' 今所立宗, 本來有性, 非謂先無而後轉成. 故不墮於彼論所破. 又彼敎意立無性者, 爲欲廻轉不求大乘之心, 依無量時而作是說. 由是密意故不相違."

고 하였다. 어찌 어긋나겠는가?[68]

'일체 중생은 모두 불성을 지니고 있다'는 교설을 비판하는 이들은 부처는 이미 그 마음을 지니고 있으니 다시 깨달음을 증득할 수 있지 않느냐고 반박한다. 하지만 '중생도 또한 그러하여서 모두 다 마음이 있어 마땅히 깨달음을 증득할 수 있지만 부처는 중생이 아니다'라는 교의로 재반박하고 있다.

9) '불성이 없는 중생이 있다'는 주장을 세우기 위해 '불성이 없는 중생은 본래부터 그러한 종자를 지녀 끝내 종자는 다함이 없다'고 주장한다면 '불성이 없는 중생이 있다'는 주장을 부정하게 됨

또 저들이 힐난하여 말하기를, "만일 (중생이) 모두 부처가 되면 반드시 (중생이) 다함이 있다."는 것은 '불성이 없는 중생이 있다'는 자신의 주장을 다시 비난하는 것이다. 어찌하여 그러한가? 마치 그대들의 주장처럼, '불성이 없는 중생은 본래부터 그러한 종자(法爾種子)를 갖추어 미래세가 다하도록 그 종자는 다함이 없다'고 하자. (그렇다면) 내 이제 그대에게 묻노니, 그대의 뜻에 따라 대답하라. 이와 같은 종자는 모두가 다 마땅히 결과를 생겨나게 한다고 말해야 하는가, 결과를 생겨나게 하지 않는 것도 있다고 말해야 하는가? 만일 '결과를 생겨나게 하지 않는 것도 있다'고 말한다면, 결과를 생겨나게 하지 않으므로 (그것

---

68 元曉, 『十門和諍論』(『한불전』 제1책, p.840상). "彼救難云, '一切有心皆當得者, 佛亦有心, 亦應更得者'. 是義不然, 以彼經中自簡別故. 彼云, '衆生亦尒悉皆有心, 凡有心者, 當得菩提, 佛非衆生'. 何得相濫?"

은) 종자가 아니다. 만일 '모두가 마땅히 결과를 생겨나게 한다'고 말한다면, 이것은 곧 종자이니 비록 많다고 하더라도 반드시 끝내 다함이 있다. 결과를 생겨나지 않게 하는 것은 없기 때문이다. 만일 "비록 일체의 종자가 모두 마땅히 결과를 생겨나게 하지만, 종자가 무궁하기 때문에 끝내 다함이 없어서 내 말이 서로 위배되는 과실이 없다."고 말한다면 '일체 중생은 마땅히 부처가 되지만 중생이 끝이 없기 때문에 끝내 다함이 없다'고 믿어 받아들여야만 할 것이다.[69]

이 부분은 법상종의 오성각별설을 비판하는 대목이다. '불성이 없는 중생이 있다'는 주장을 세우기 위해 '불성이 없는 중생은 본래부터 그러한 종자를 지녀 끝내 종자는 다함이 없다'고 주장한다면 '불성이 없는 중생이 있다'는 주장을 부정하게 된다. 그러므로 "비록 일체의 종자가 모두 마땅히 결과를 생겨나게 하지만, 종자가 무궁하기 때문에 끝내 다함이 없어서 내 말이 서로 위배되는 과실이 없다."고 말한다면 '일체 중생은 마땅히 부처가 되지만 중생이 끝이 없기 때문에 끝내 다함이 없다'는 교설도 받아들여야만 한다.

이처럼 현존하는 『십문화쟁론』의 공유이집화쟁문과 불성유무화쟁문이 불완전한 형태로 남아 있기 때문에 온전한 지형을 그려내기는 어렵

---

[69] 元曉, 『十門和諍論』(『한불전』 제1책, p.840상). "又彼難云, '若皆作佛, 必有盡'者, 是難還心自無性宗. 何者? 如汝宗說, 無性有情, 本來具有法尒種子, 窮未來際, 種子無盡. 我今問汝, 隨汝意答. 如是種子, 當言一切皆當生果, 當言亦有不生果者? 若言亦有不生果者, 不生果故則非種子, 若言一切皆當生果者, 是則種子, 雖多必有終盡. 以無不生果者故. 若言'雖一切種子皆當生果, 而種子無窮故, 無終盡, 而無自語相違過'者, 則應信受'一切衆生, 皆當成佛, 而衆生無邊故, 無終盡.'"〈又汝難云, 有滅無〉〈卷上第十六張〉

다. 다만 이들 화쟁문에서 알 수 있는 것은 문門과 논論의 시설 아래 보편성과 타당성을 지닌 '진리'와 일반적인 타당성을 지닌 '도리'와 부분적 타당성을 지닌 '일리'의 단계로 화쟁하고 회통하고 있다는 사실이다.

V. 원효의 화쟁과 회통 이해

1. 문門과 논論의 시설과 위계

원효의 현존 『십문화쟁론』에서 그가 '문'과 '논'을 어떻게 설정하고 위계를 어떻게 시설했는지를 온전히 알기는 어렵다. 이 때문에 그의 논의를 인용한 후대의 학자들의 저술 속에서 그의 논의를 찾아 재구성할 수밖에 없다. 불교의 전 분야를 통섭하며 화회했던 원효지만 특히 그가 유식과 여래장 및 화엄과 선법을 기반으로 자신의 불학을 전개했던 만큼 그의 저술을 인용한 이들도 이들 교학과 선학에 집중했던 이들이었다. 그중에서도 『십문화쟁론』을 인용한 이들은 견등과 균여와 같은 교학자들이었다.

신라의 견등은 『대승기신론동이약집』에서 구룡丘龍, 즉 원효가 불지佛智의 만덕萬德을 '원인에 따라서 생겨나고 일어나는 교문(從因生起之門)'과 '(생멸하는) 조건을 그치고 근원으로 돌아가는 교문(息緣歸原之門)'으로 풀이했다고 하였다.[70]

---

70 見登, 「大乘起信論同異略集」本(『한불전』 제3책, p.695상). 화쟁과 회통에 대한 학

원효는 화쟁과 회통을 위해 '종인생기지문' 즉 불지의 만덕이 '생겨나고 일어나는 관점'과 '식연귀연지문' 즉 '근원으로 돌아가는 관점'의 두 계열로 나누어 두 주장을 화회하고 있다.

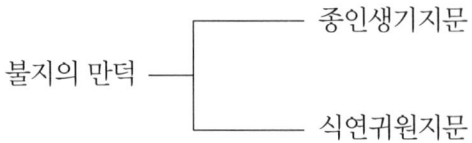

또 견등은 구룡 화상丘龍和尙, 즉 원효가 신훈新熏/성종자/成種子와 본유本有/성종자/性種子의 관계를 '작인수과지문作因受果之門' 즉 '원인을 지어서 과보를 받는 교문'과 '종성성과지문從性成果之門' 즉 '본성에 따라 과보를 이루는 교문' 그리고 '수과지문' 즉 '과보를 받는 교문'과 '성과지문' 즉 '과보를 이루는 교문'의 둘을 '종합해서 보는 교문(和合生果門)' 즉 '화합생과문'으로 시설했음을 알려 주고 있다.[71]

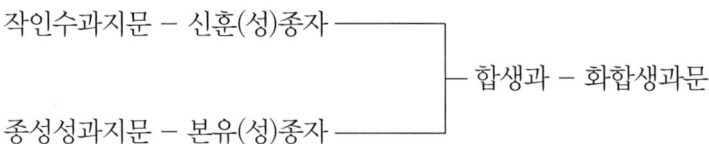

이것은 원효가 신훈종자(신성종자)와 본유종자(본성종자)의 관계에 대

계의 논의와 토론을 위해 경우에 따라 朴太源의 번역어를 원용하고 맥락에 따라 변용하였다.

71 見登, 「大乘起信論同異略集」本(『한불전』 제3책, p.709상; 균여, 『釋華嚴教分記圓通鈔』 권3(『한불전』 제4책, p.315상).

한 쟁론을 각기 신훈(作因, 生)과 본유(從性, 果)와 이 둘을 아우르는 합생과(生果)의 교문으로 화회했음을 알려주는 자료라고 할 수 있다. 본래부터 지니고 있는 종자와 새롭게 훈습한 종자뿐만 아니라 이 둘을 다시 아우르는 합생과를 시설해 화회했다는 것은 주목할 만한 대목이다. 본래의 두 문을 통합하기 위해 새로운 교문을 시설했음을 보여 주기 때문이다.

또 고려의 균여는 『석화엄교분기원통초』에서 효사曉師, 즉 효공曉公의 『십문화쟁론』에서 오성차별설과 개유불성설을 두 가지 교문으로 시설하여 화쟁하고 회통하였음을 알려 준다. 그는 원효가 오성차별설 즉 '다섯 가지 성품이 차별되는 가르침(五性差別之敎)'은 의지문依持門 즉 '차이가 의존하는 관계로 수립되는 교문'으로, 개유불성설 즉 '모두 불성이 있다는 주장(皆有佛性之說)'은 연기문緣起門 즉 '연기의 통찰에 의해 하나로 보는 교문'72으로 파악하고 이들 두 가지 쟁론(兩家之諍)을 '이와 같이 모아서 통하게(如是會通)' 하였음을 알려 주고 있다. 원효는 의지문과 연기문의 방식을 통해 앞서 방편적인 언교들(權敎)를 모아서 뒤에 실제적인 도리들(實理)과 소통하고 있다.

이처럼 원효는 생멸연기적 전개(開: 심생멸문)와 환멸연기적 수렴

---

72 均如, 『釋華嚴敎分記圓通鈔』 권3(『한불전』 제4책, p.311하; p.325중하; p.326상).

(合: 심진여문), 현상적 관점(顯了門)과 근본적 관점(隱密門), 마음에 의거한 관점(就心論)과 조건에 입각한 관점(約緣論), 종인생기지문(從因生起之門)과 식연귀원지문(息緣歸原之門), 작인수과지문(作因受果之門)과 종성성과지문(從性成果之門), 상호 지지의 교문(依持門)과 상호 작용의 교문(緣起門) 등과 같은 '문'의 시설을 통하여 종래의 다양한 주장들을 범주화하고 개념화하여 화쟁과 회통을 시도하고 있다.

의지문 – 생멸연기적 전개 – 현상적 관점 [종인생기지문 / 작인수과지문] 취심론

연기문 – 환멸연기적 수렴 – 근본적 관점 [식연귀원지문 / 종성성과지문] 약연론

따라서 그의 『십문화쟁론』에서 나타나는 '공유이집화쟁문'과 '불성유무화쟁문' 등에서 보이는 '문'은 '교문' 혹은 '계열' 또는 '계통'으로 보여준 화쟁의 방식이자 화쟁의 지형이라고 할 수 있다. 동시에 의지문과 연기문과 같은 상위의 '문'을 설정하여 취심론과 약연론과 같은 하위의 '논'의 위계를 통해 구체적으로 화회해 갔음을 알 수 있다.

2. 전체적 진리성(眞理)과 부분적 진리성(一理)

흔히 진리에는 보편성과 타당성이 내재해 있다. 보편普遍은 많은 개별적 즉 특수적인 것에 통하는 일반 즉 일반적인 것을 말한다. 보편에

는 추상적 보편과 구체적 보편이 있다. 추상적 보편은 대개 형식논리학에서 외연적인 일반 내지 단순한 공통성을 의미하며, 구체적 보편은 변증법적 개념으로 특수 또는 개별과의 구체적인 통일을 이루고 있는 일반을 뜻한다. 보편성이란 시간과 공간을 넘어서 다양한 이질적 개물들 속에서 공통적으로 드러나는 속성 혹은 성질을 가리킨다.

반면 타당이란 형식논리학에서는 논리법칙에 맞는 추리를 의미한다. 추리의 타당성에서는 추리 과정의 형식성만이 문제가 될 뿐 추리되고 있는 사항의 내용은 전혀 관계가 없다. 보편적 타당성이라든가 객관적 타당성이라고 할 때의 타당성이란 통용하고 있는 것, 시인될 수 있는 것으로 행해지고 있는 것을 말한다. 그리고 보편적 타당성이란 개별적·특수적인 것이 아니라 일반적으로 통용되고 있는 것, 객관적 타당성이란 주관적으로가 아니라 주관을 떠나서 통용되고 있는 것을 말한다. 원효는 이러한 보편성과 타당성을 보편적 타당성으로 종합해 기술하면서도 차이의 측면과 공통의 측면에서 각 주장들을 구분한 뒤 화쟁하고 회통하고 있다.

```
         ┌ 공통의 측면: 진리眞理      →  도리道理        →  일리一理
일심 ─┤                (보편성/타당성)    (일반적 타당성)      (부분적 타당성)
         │
         └ 차이의 측면: 진리眞理      →  일리一理        →  무리無理
                          (보편성/타당성)    (부분적 타당성)      (전무적 타당성)
```

진리는 보편성과 타당성을 지닌다. 이때 '진리'가 보편성과 타당성을 지닌 전체적 진리성을 뜻한다면 '일리'는 제한적 타당성만을 지닌 부분적 진리성을 의미한다. 반면 '무리'는 전체적 진리성과 부분적 진리성을 지니지 못한 것을 가리킨다. 원효는 저술 곳곳에서 '진리'와 '도리'와 '일리'를 병행하여 쓰고 있다. '진리'가 보편성과 타당성을 지닌 반면, '도리'는 보편성에는 상응하지 않지만 타당성에는 상응할 때 사용하며, 보편성보다는 일반적 타당성이 있을 때 부분적 타당성을 지닌 일리에 상응하는 개념으로 사용하고 있다.

『니건자경尼犍子經』「일승품一乘品」에서 부처님이 문수보살에게 말씀하셨다. "내 불국토에 있는 상키야와 자이나교도 등은 다 여래의 거주하며 호지하는(住持) 힘으로 말미암아 방편으로 이들 외도들을 보인 것이다. 선남자들이여, 비록 갖가지 외학(異學)의 모습을 행하지만 다같이 불법이라는 한 다리를 건너는 것이니, 건너갈 다른 다리는 없기 때문이다." 살펴보건대 이 글에 의해 불법의 오승五乘(人, 天, 聲聞, 緣覺, 菩薩의 乘)의 모든 선善 및 외도의 갖가지 다른 선 등 이와 같은 일체가 모두 일승一乘임을 알아야 하나니, 모두 불성을 의지한 것이지 다른 몸체가 없기 때문이다.[73]

경전의 문장과 같이 불자들과 달리 외도들이 비록 서로 다른 외학의 모습을 행하고 있지만 다같이 불법이라는 한 다리를 건너는 것이니 건너갈 다른 다리가 없다. 불법을 닦는 오승이나 외도도 모두 일체가 일승을 알아야 하고 모두 불성을 의지해야 한다고 설한다. 외학에는 보편성과 타당성을 지닌 전체적 진리성(眞理)은 없지만 일반적 타당성을 지닌 도리와 부분적 타당성을 지닌 일리가 있으므로 일승의 도리를

---

73 元曉,『涅槃經宗要』(『한불전』 제1책, p.489상).

가르쳐 불성에 의지하게 해야 한다고 원효는 말한다.

> 이 두 주장에는 모두 도리道理가 있다. 어째서 그러냐 하면 열반과 깨달음(菩提)은 공통점도 있고 차이점도 있기 때문이다. 차이의 측면에서 말하면, 깨달음은 과위로서 능히 증득하는 덕이 있으니 (사성제의) 도제에 섭수되고, 열반은 과위에서 증득하는 것으로 멸제에 섭수된다. 공통의 측면에서 말하면, 과위인 도제 또한 열반이고 과위에서 증득한 진여 또한 깨달음이다.[74]

원효는 열반과 보리의 동이에 대한 질문에 대해 전체적 진리성은 없지만 일반적 타당성을 지닌 '도리'와 부분적 타당성인 '일리'에 입각하여 '공통의 측면'과 '차이의 측면'에서 정리한 뒤 화회시키고 있다.

여섯 법사의 주장이 비록 모두 불성의 실체를 다 설명하지는 못하였지만 각자 그 뜻을 얻은 것이다. 그러므로 이 경전의 아래 문장에서 설하였다. "마치 저 눈 먼 사람들이 각자 코끼리에 대해 설명하는 것과 같아서 비록 코끼리 전체 모습을 설명하지는 못했지만 코끼리를 설명한 것이 아님은 아닌 것과 같다. 불성을 설명하는 것 또한 이와 같아서 여섯 법사의 주장이 들어맞는 것은 아니지만 여섯 법사의 주장을 벗어나는 것도 아니다."[75]

원효는 『열반경』의 '장님 코끼리 만지기 비유'를 원용하여 여섯 법사

---

74 元曉, 『涅槃經宗要』(『한불전』 제1책, p.528상).
75 元曉, 『涅槃經宗要』(『한불전』 제1책, p.539상).

의 주장을 보편성과 타당성으로 전하고 있다. 장님들이 모여서 생전 보지 못한 대상을 손으로 만져 본 뒤 각각 자신이 만진 부위에 따라 코끼리에 대한 의견들을 내놓는다. 코를 만진 장님은 코끼리는 호스 같다고 하고, 다리를 만진 장님은 두꺼운 기둥 같다 하고, 귀를 만진 장님은 거대한 부채 같다고 한다. 오직 눈을 뜬 사람만이 코끼리의 참모습을 볼 수 있다.

그런데 장님들이 묘사하는 코끼리의 모습이 참이라고 할 수는 없지만 완전히 거짓이라고 할 수도 없다. 이 비유는 각자의 능력과 상황에 따라 진리는 다르게 해석될 수 있다는 사실을 제시하고 있다. 동시에 부처가 말하는 진리는 하나의 해석에 매이지 않고 전체를 조망하는 것임을 시사해 주고 있다. 이것은 보편성과 타당성 즉 전체적 진리성인 진리와 일반적 타당성인 도리 및 부분적 타당성인 일리에 입각하여 말하는 것이다.

묻기를 "만일 이 경문에서 '불성이 삼세인 것도 되고 삼세가 아닌 것도 된다'고 한 것은 마땅히 두 개의 덕으로 구별한 것(二別)이지 하나의 덕(一德)에 입각한 것이 아니다. '삼세인 것이 된다'는 것은 화신 부처의 형색形色이고, '삼세가 아닌 것이 된다'는 것은 보신 부처의 내덕內德이다. 또한 이와 같이 두 가지 뜻을 분명히 볼 수 있는데, 어째서 수고롭게 실덕實德에 입각하여 알기 어려운 설명을 하는가?"[76]

원효는 불성의 삼세 유무에 대한 질문에 대해 화신불의 형색과 보

---

[76] 元曉, 『涅槃經宗要』(『한불전』 제1책, p.543중).

신불의 내덕 두 개로 구분해 답변한 뒤 어찌 하나의 실덕에 입각하여 수고롭게 알기 어려운 설명을 하는가라고 반문하고 있다. 보신불과 화신불을 통해 분명히 이해하면 되지 법신불로 어렵게 설명할 필요가 없음을 일깨워 주고 있다.

> 또한 이 일각一覺은 본각과 시각의 뜻을 지니고 있다. 본각에는 드러내어 이룬다는 뜻이 있기 때문에 참답게 닦는다(眞修)는 말도 도리가 있는 것이다. 시각에는 닦아서 이룬다는 뜻이 있기 때문에 새롭게 닦는다(新修)는 말도 도리가 있는 것이다. 만일 한쪽에 치우쳐 고집한다면 곧 다하지 못함이 있게 되는 것이다.[77]

원효는 본각과 시각의 뜻을 모두 지닌 '일각'의 어느 한쪽에 지우쳐 고집하지 않아야 두 뜻을 다할 수 있다고 강조하고 있다. 일반적 타당성만 지닌 도리를 넘어서야 보편성과 타당성을 모두 갖춘 전체적 진리성을 체득하게 된다고 역설한다.

> 질문: 이와 같은 두 법사의 주장 가운데 어느 것이 틀리고 어느 것이 맞는가? 대답: 어떤 법사는 말하기를 '결정코 일변一邊만을 취하면 두 주장이 모두 맞지 않는다. 만일 실보토實報土로 여기지 않으면 두 주장이 모두 맞는다.[78]

그러나 이 열 가지 사事의 있음과 없음의 뜻은 다만 일변一邊만을 잡아

---

77 元曉, 『金剛三昧經論』(『한불전』 제1책, p.612상).
78 元曉, 『涅槃經宗要』(『한불전』 제1책, pp.532하~533상).

서 그 계급을 나타낸 것이어서 반드시 한결같이 결정코 그렇게 된다는 것은 아니다.[79]

오직 보신에 대해서는 두 가지 고집이 따로 일어난다. 따로 일어나는 쟁론은 두 가지에 불과하니 이를테면 상주常住를 고집하는 것과 무상無常을 고집하는 것이다. ……대답: 어떤 법사는 '다 맞기도 하고 다 맞지 않기도 하다'고 말한다. 그 까닭은, 만일 결정코 일변一邊만을 고집한다면 모두 과실이 있고, 만일 걸림이 없이 말하면 모두 도리가 있기 때문이다. ……이러한 도리에서 보면 두 주장이 모두 맞는 것이다.[80]

질문: 남방과 북방의 두 주장은 어느 것이 맞고 어느 것이 맞지 않는가? 대답: 만일 일변一邊만을 고집해서 한결같이 그러하다고 한다면 두 주장들이 모두 맞지 않는다. 그러나 만일 분수를 따라 의거하여 그 뜻이 없다면 두 주장은 모두 맞는다.[81]

불도는 넓고 탕탕하여 걸림이 없고 방위가 없다. 영원히 의지하는 것이 없기 때문이 합당하지 않음이 없다. 그러므로 일체의 다른 교의가 모두 다 불교의 뜻이요, 백가의 설이 옳지 않음이 없으며, 팔만의 법문이 모두 이치에 들어간다. 그런데 저 스스로 조금 들은 그 좁은 견해만을 내세워 그 견해에 같이하면 곧 얻게 되고 그 견해와 달리하면 다 잃게 된다. 마치 어떤 사람이 갈대 구멍으로 하늘을 보고 갈대 구멍으

---

79 元曉, 『涅槃經宗要』(『한불전』 제1책, p.541하).
80 元曉, 『涅槃經宗要』(『한불전』 제1책, pp.536상~537중).
81 元曉, 『涅槃經宗要』(『한불전』 제1책, p.547상).

로 하늘을 보지 못한 사람은 모두 하늘을 보지 못하는 자라고 하는 것과도 같다. 이것을 일컬어 식견이 적은 사람이 (스스로) 많다고 믿어서 식견이 많은 사람을 도리어 헐뜯는 어리석음이라고 한다.[82]

원효는 남방과 북방 등 법사들의 상주와 무상 등 두 주장의 일변一邊, 즉 어느 한쪽 부분만 가지고 고집해서 한결같이 그러하다고 한다면 두 주장 모두 맞지 않는다고 역설한다. 이것은 부분적 타당성만을 지닌 것을 전체적 타당성과 전체적 진리성을 지닌 것으로 고집한다면 모두 과실을 범하게 된다는 것이다.

그러므로 "원효의 화쟁의 언어를 음미해 보면, 그 이면에는 인간사의 모든 쟁론 상황에 적용할 수 있을 것으로 보이는 높은 수준의 보편원리들이 읽혀진다."며 그 세 가지 원리를 "1) 각 주장의 부분적 타당성(一理)을 변별하여 수용한다는 것, 2) 모든 쟁론의 인식적 토대를 초탈할 수 있는 마음의 경지(一心)에 올라야 한다는 것, 3) 언어를 제대로 이해해야 한다는 것으로의 정리"[83]라고 한 것은 타당성을 얻고 있다.

따라서 원효는 전체적 진리성(眞理)과 일반적 진리성(道理) 그리고 부분적 진리성(一理)을 넘나들면서 진리-도리-일리의 구도를 통해 화쟁하고 회통하고 있음을 알 수 있다. 그런데 이러한 화쟁 회통의 방법은 일심一心과 일심의 원천(一心之源)으로 나아가기 위한 것이며 무애無碍의 행화로 나아가기 위한 것이었다. 이것은 전체를 본 사람만이 통합을 얘기할 수 있고, 본질을 본 사람만이 화회를 구현할 수 있기[84]

82　元曉, 『菩薩戒本持犯要記』(『한불전』 제1책, p.583상).
83　박태원, 「원효의 화쟁 논법과 쟁론 치유」, 앞의 책, pp.108~110.
84　高榮燮, 『분황 원효의 생애와 사상』(운주사, 2016), p.185.

때문이다. 원효는 '일심'이라는 전체를 보았고 '일심의 근원'이라는 본질을 본 사람이었기에 화쟁하고 회통할 수 있었다.

Ⅵ. 진리, 도리, 일리의 변별

원효는 구마라집-진제-보리유리 삼장의 구역 이후 7세기 동아시아 사상계에서 현장-의정 삼장의 신역과 함께 중관(空性)과 유식(假有)의 상이한 교문, 구역과 신역 유식의 갈등, 일승과 삼승의 대립, 불성 유무의 대립 등 여러 불교이론들이 새롭게 제기되자 이들의 상이한 이론들을 화쟁하고 회통할 필요를 느꼈다.

원효는 보편성과 타당성을 지닌 전체적 진리성인 '진리眞理'와 일반적 타당성을 지닌 '도리道理'와 '부분적 타당성'을 지닌 '일리一理'의 틀을 통해 동아시아 불교사상사에서 일어난 다양한 쟁론들을 화쟁하고 회통하고자 하였다. 이를 위해 그는 문門과 논論을 시설하고 위계를 세웠다. 원효의 『십문화쟁론』은 공유이집화쟁문과 불성유무화쟁문 등 두 문의 단간斷簡만 남은 저술이지만 이러한 진리와 도리와 일리를 근거로 세운 '문'과 '논'의 시설을 보여 주는 대표적 저술이라고 할 수 있다.

원효는 어느 한 쪽(一邊)만이 옳다고 끝까지 고집하는 이에게는 부분적 타당성인 '일리'와 일반적 타당성인 '도리'는 있으나 보편성과 타당성을 지닌 전체적 진리성인 '진리'에는 미치지 못하고 있음을 일깨워 줌으로써 일심一心으로의 전회를 제시하고 있다. 일심은 화쟁 논법과 회통 논리가 지향하는 궁극이며 화쟁과 회통은 일심으로 나아가는 방법이었다. 그리하여 원효는 한국인들에게 '일심'으로 철학하는 법과 사유하는 법을 일깨워 주었을 뿐만 아니라 한국철학사의 주요한 기호들을 제시하였다.

따라서 그가 제시한 종합의 방법과 통합의 논리 및 진리와 도리와 일리, 일심지원과 일심, 일심과 삼공, 화쟁和諍과 회통會通, 수립(立)과 타파(破), 전개(開)와 통합(合), 종지(宗)와 요체(要), 무애행과 보살행 등의 다양한 기호들은 한국철학의 주요한 사유기호로서 계승되고 있으며 그것은 해당 시대에서 그를 거듭 호명하고 환기하는 기제가 되고 있다.

8

분황 원효 『십문화쟁론』과 『판비량론』의 내용과 사상사적 의의

Ⅰ. 문제와 구상 … 332
Ⅱ. 원효 저술에서 두 저술의 지위 … 335
Ⅲ. 『십문화쟁론』의 구성과 내용 … 347
Ⅳ. 『판비량론』의 구성과 내용 … 356
Ⅴ. 원효 저술에서 두 논서의 의의 … 369
Ⅵ. 정리와 맺음 … 371

Ⅰ. 문제와 구상

분황 원효芬皇元曉(617~686)는 한국 신라의 대표적인 철학자이자 사상가이다. 그는 일심一心-화회和會-무애無碍의 기호로 자신의 철학을 입론하고 사상을 실천했던 인물이다. 이 때문에 그는 고타마 붓다 이후 세계 학계에서 제일 독창적인 인문학자이자 가장 문제적인 불교학자로 평가받고 있다. 원효는 70평생 동안 103(105)부 208(214)여 권의 저술¹을 통하여 공종空宗과 유종有宗의 대립, 구역(無相) 유식과 신역(有相) 유식의 갈등, 변계소집과 의타기성의 공유空有 문제, 아뢰야식과 여래장(불성)의 동이, 삼승과 일승의 대립, 개성설과 각별설의 길항 등 동아시아인들의 철학적 공안과 사상적 화두를 돌파해 나갔다.

원효가 고뇌한 사상적 화두와 철학적 공안은 당시 동아시아가 머금고 있는 시대적 문제이자 한반도가 지니고 있는 처소적 물음이었다. 이들 주제들은 동시대 철학자와 사상가들이 직면하고 있던 시대정신과 역사의식을 담고 있었다. 그가 일심一心의 사고방식, 화회和會의 논리 논법, 무애無碍의 살림살이로 보여준 저작은 현재 22종이 남아 있다. 원효의 대표적인 저술로는 일심一心이 머금고 있는 진여생멸의 치밀한 구조를 보여주는 『대승기신론소』와 『대승기신론별기』 및 『이장의』, 화회和會로 구축하고 있는 화쟁회통의 인명 논리와 논법을 보여

---

1 高榮燮, 「분황 원효 저술의 서지학적 고찰」, 『한국불교사연구』 제2호, 한국불교사연구소, 2013.2; 高榮燮, 『분황 원효의 생애와 사상』(운주사, 2016).

주는 『금강삼매경론』과 『십문화쟁론』 및 『판비량론』, 무애無碍로 펼쳐 낸 자재의 살림살이를 담고 있는 『화엄경소』와 『무량수경종요』 및 『미륵상생경종요』 등이다.

이 중에서도 해인사 장경각에 벌레 먹은 목판의 잔간본으로 전해지는 『십문화쟁론』[2]과 달리 오랫동안 산일된 문헌으로 알려져 있었으나 일본의 중요지방문화재로 지정되어 있는 『판비량론』[3]과 『이장의』[4]는 비교적 이른 시기의 필사본으로 대곡대학에 보존되어 있다. 그의 많은

---

2 원본 경판은 해인사 사간장경전에 봉안되어 있으며, 상권의 2판板 4장張(9丁, 10丁, 15丁, 16丁)이 현전하고 있다. 최범술이 1937년에 국가에서 간행한 국간장國刊藏 경판과 해인사에서 간행한 사간장寺刊藏 경판 등 고려대장경 2부를 인간印刊하며 정리할 때 사간장 중에서 『십문화쟁론』의 잔간殘簡 4장을 발견하면서 널리 알려지게 되었다. 9정과 10정에서는 공空과 유有에 관한 화쟁이 이루어지고 있고, 15정과 16정에는 불성의 존재 유무에 대한 화쟁이 이루어지고 있다. 동국대학교 중앙도서관, 『동국대학교 건학 100주년 기념 古書目錄』(동국대학교중앙도서관, 2006), p.375. 이 저술은 간사자刊寫者 미상未詳으로 낱장 4張(落張)으로 4주단변四周單邊의 전곽全郭 23.5×57.0cm, 무계無界 18행 20자; 35.5×30.0m. D218.8 원96ㅅ. 崔凡述, 「海印寺寺刊鏤板目錄」, 『東方學志』 제11집, 연세대 동방학연구소, 1970, p.22.

3 이 저술은 일본의 유식 법상가인 선주善珠(724~797)의 『唯識分量決』(『大正藏』 제68책)과 『因明論疏明燈抄』(『大正藏』 제71책)와 유식 인명가인 장준藏俊(1104~1180)의 『因明大疏抄』 등에 단편만이 인용되어 전해져 왔다. 1967년에 칸다 키이치로(神田喜一郞)가 자신의 서가에 보관해 오던 필사본 영인본에다 후카하라 쇼신(富貴原章信)의 해설을 덧붙여 출간하면서 한국과 일본의 학자들에게 주목을 받아오고 있다.

4 高榮燮, 「원효의 장애론」, 『불교학연구』 창간호, 한국종교학회 불교분과, 1999.12. 『이장의』는 대곡대학에 소장된 고사본古寫本이 최고층의 필사본이다. 橫超慧日의 『二障義: 연구편』(평락사서점, 1979). 『이장의』는 총 여섯 부분으로 되어 있다. ① 두 가지 장애의 이름과 뜻 ② 두 가지 장애의 체와 상 ③ 두 가지 장애의 공능 ④ 두 가지 장애와 다른 번뇌와의 관계, ⑤ 두 가지 장애의 치유와 단멸, ⑥ 지금까지의 논의를 6문답으로 총결택하는 부분으로 구성되어 있다. 원효의 『대승기신론』 관련 상호 인용관계를 통해 유추해 볼 때 그는 『대승기신론별기』를 먼저 쓴 뒤 『(대승기신론)일도장』, 『(대승기신론)이장의』, 『대승기신론소』를 집필했음을 알 수 있다.

저술 중 일심으로 돌아가는 논리와 논법인 '화쟁和諍'이라는 용어를 유일하게 붙이고 있는 『십문화쟁론』은 그가 화쟁국사和諍國師로 추존되는 계기를 마련해 주었다. 또 『판비량론』은 '비량'이라는 추론 즉 추리 개념을 붙이고 있는 저술이라는 점에서 그의 논리사상을 엿볼 수 있는 주요 저술이라고 할 수 있다.[5]

원효는 동아시아의 사상적 이슈들을 수용하면서 그것이 지니고 있는 인간과 세계에 대한 해석의 지평을 방대한 저작 속에 담아 냈다. 그가 담아낸 인간의 번뇌와 보리, 생사와 열반, 진여와 생멸 등의 구조는 한결같이 하나를 향한 그리움인 일심一心 혹은 일심지원一心之源으로 귀결된다.

총 10문 혹은 16문[6]으로 추정되는 원효의 저술 가운데 현재 2문이 남아 있는 『십문화쟁론』과, 총 14절 중 7(전반부 망실)·8·9·10·11·12·13·14(후반부 망실)절 등 8절 일부만 남아 있는 『판비량론』에 대한 선행 연구들을 참고하면서 필자는 두 논서의 철학사적 지위, 구성과 내용, 두 논서의

---

5 원효는 이들 두 저술 이외에도 『대승기신론소』와 『금강삼매경론』 등에서도 인명학적 논리사상을 보여 주고 있다.

6 高榮燮, 「원효 『십문화쟁론』 연구의 지형도」, 『문학 사학 철학』 제10호, 대발해동양학한국학연구원 한국불교사연구소, 2017년 가을. 최범술의 기술처럼 만일 해인사 사간장본의 산일부에 『십문화쟁론』의 31丁이 남아 있다면 『십문화쟁론』은 15문 혹은 16문 정도로 이루어지지 않았을까라고 필자는 추정해 본 적이 있다.

7 神田喜一郎, 『判比量論』(동경: 편리당, 1967); 富貴原章信, 「판비량론の硏究」, 『日本佛敎』제29호, 일본불교연구회, 1969; 이영무, 「원효대사 저 『판비량론』에 대한 고찰」, 『건국대학교학술지』제15집, 건국대학교출판부, 1973; 원의범, 「판비량론의 인명논리적 분석」, 『불교학보』제21집, 동국대학교불교문화연구원, 1984; 신현숙, 『원효의 인식과 논리』(민족사, 1988; 1990); 김성철, 『원효의 판비량론 기초 연구』(지식산업사, 2003); 김성철, 「오치아이 소장 『판비량론』 필사본의 교정과 분석」, 『불교학보』제74집, 동국대학교 불교문화연구원, 2016.3. 김성철은 본문의 분량을 총 867행이었을 것으로 추정하고 있다.

사상사적 의의를 살펴보고자 한다.

Ⅱ. 원효 저술에서 두 저술의 지위

원효는 70평생 동안 철학자이자 사상가로서 수많은 저술을 남겼지만 다수의 저술이 남아 있지 않다. 하지만 현존하는 저술과 동시대 및 후시대에 인용된 내용을 통해서나마 그 저술의 존재를 조명할 수 있다. 특히 원효의 저술 목록들은 그의 생존 시 또는 부재 시에 유통되었던 여러 목록과 저술들에서 새롭게 밝혀지고 있다. 아직 동일 저술의 이명異名임을 확정할 수는 없지만 이러한 과정을 통해서 원효의 저술 목록은 점차 확정되어 가고 있다.

원효의 저술 목록을 담고 있는 고려시대와 일본 가마쿠라시대 및 에도시대와 대한시대에 국내에서 이루어진 여러 논저 목록들이 있다. 이들 논저 목록들에 실린 원효 저술의 집계에는 일정한 출입이 있다. 고려 당시에는 해당 저술이 현존했지만 조선시대 및 대한시대에는 사라진 저술도 있다. 여러 곳에 흩어져 있는 그의 저술들을 집계한 대표적인 목록들을 도표로 그려보면 아래와 같다.[8]

---

8 高榮燮, 앞의 글, 『한국불교사연구』 제2호, 한국불교사연구소, 2013.2.

〈도표 1〉 역대 전적 목록 및 개별 논저의 원효 저술 집계표[9]

연도	집성자	저 술 명	부수와 권수	소속
1090	義天	『新編諸宗教藏總錄』3권[10]	44부 88권	고려
1014~?	永超	『東域傳燈目錄』1권	40부 102권	일본
?~?	興隆	『佛典疏抄目錄』2권	40부 91권	일본
1240~1321	凝然	『華嚴宗經論章疏目錄』1권	27부 47권	일본
1930	石田茂作	『奈良朝現在一切經疏目錄』	70부 164권	일본
1942	和田博重	「新羅撰述佛書書目に就いて」[11]	81부 158(174)권	일본
1952	八百谷孝保	「新羅僧元曉傳攷」[12]	82부 92(115)권	일본
1959	閔泳珪	「新羅章疏錄長編」[13]	78부 92(94)권	한국
1962	趙明基	『新羅佛敎의 理念과 歷史』[14]	98부 213(239)권	한국
1976	東大佛文硏	『韓國佛敎撰述文獻總錄』[15]	86부 181(197)권	한국
1977	蔡印幻	『新羅佛敎戒律思想硏究』[16]	98부 208(233)권	일본
1983	李梵弘	「元曉의 撰述書에 대하여」[17]	72부 126(149)권	한국
1991	殷貞姬	『원효의 대승기신론소 · 별기』[18]	101부 189(203)권	한국
1996	金暎泰	『元曉 연구 史料 총서』[19]	89부 180여 권	한국
1997	高榮燮	『원효, 한국사상의 새벽』[20]	87부 186(191)권	한국

9 殷貞姬, 앞의 책, pp.418~427. 부록「원효의 저술」참고 보완.
10 義天,「新編諸宗教藏總錄」(『한불전』제4책, pp.679~697).
11 和田博重,「新羅撰述佛書書目に就いて」,『문헌보국』8~6, 조선총독부도서관, 1942.
12 八百谷孝保,「新羅僧元曉撰述考」,『대정대학학보』38, 대정대학, 1952.
13 閔泳珪,「新羅藏疏錄長編」,『백성욱박사송수기념불교학논문집』, 동국대, 1959.
14 趙明基,『신라불교의 이념과 역사』(신태양사, 1962).
15 동국대학교 불교문화연구소,『한국불교찬술문헌총록』(동국대학교출판부, 1976).
16 蔡印幻,『신라불교계율사상연구』(동경: 국서간행회, 1977).
17 李梵弘,「원효의 찬술서에 대하여」,『철학회지』10, 영남대 철학과연구실, 1983.
18 殷貞姬,『원효의 대승기신론소별기』(일지사, 1991).
19 金暎泰,『원효연구사료총록』(원효학연구원 장경각, 1996).
20 高榮燮,『원효, 한국사상의 새벽』(한길사, 1997; 2009). 이 통계는 고영섭의『원효탐색』(2001; 2010)에서도 원용된다.

동국대 불교문화연구소에서 『한국불교찬술문헌목록』(1976)[21]을 편찬하여 『한국불교전서』(전10책+보유편 4책)를 간행할 당시 원효 저술은 86부로 집계되었다. 의천의 집계(44부 88권)로부터 근래에 이르기까지 원효의 저술은 87(89)부 186(191)권에 이르렀으며, 많게는 101부 89(203)권까지 늘어났다. 여기에다가 최근에는 일본의 후쿠시 지닌(福士慈稔)이 일본의 『고성교목록(古聖教目錄)』에서 5종을 확인하고,[22] 김상현(金相鉉)이 추가로 5종을 더 확인[23]하면서 10종이 더 늘어났다. 다시 후쿠시 지닌이 일본의 『대소승경율론소기목록(大小乘經律論疏記目錄)』에서 6종을 더 확인함으로써 종래의 집계에다 총 16종을 보탠 그의 저술은 103종 내지 105종(+시 2편) 202권(+권수 미상 6종) 내지 208(+권수 미상 6종)권이 된다. 이들 저술들을 도표로 작성해 보면 아래와 같다.[24]

〈도표 2〉 원효의 저술 목록

부수	書名	卷數	存失	底本과 板本	구분
1	大慧度經宗要	1	存	『續藏(經)』 제1편 38투 2책	0불
	大慧度經樞要	2	失		+은
2	大慧度經疏	1. 14紙	失	『大小乘經律論疏記目錄』	+은
3	金剛般若經疏	3혹2	失		0불

---

21 이 목록은 동국대학교 불교학술원 불교기록문화유산아카이브사업단 편찬, 『한국불교전서편람』(동국대학교출판부, 2015); Edited by the Project Unit for Archivese of Buddhist Studies at Dongguk University, Compedium of the Complete Works of Korean Buddhism, Dongguk University Press, 2015으로 재간행되었다.
22 福士慈稔, 「12세기말 일본 各宗에서의 조선불교의 영향」, 『身延山大學佛教學部紀要』 제8호, 2007.
23 金相鉉, 「日本에 傳한 新羅佛教典籍의 硏究現況」, 한국기술교육대학교 문리각 신라사경 프로젝트팀·구결학회·서지학회 공동주체 학술대회 자료집, 2012.6.16.
24 高榮燮, 앞의 글, 『한국불교사연구』 제2호, 한국불교사연구소, 2013.2.

부수	書名	卷數	存失	底本과 板本	구분
4	金剛般若義決	上下	失	『古聖敎目錄』	*
5	金剛般若指事	1	失	『古聖敎目錄』	*
6	般若心經疏	1, 복원	存	曉堂崔凡述復元연세대 東方學志	0불
7	法華經宗要	1	存	『東文選』제83권 소재 서문; 『大正藏』제34책, 이화사장본	0불
8	法華經方便品料簡	1	失		0불
9	法華經要略	1. 14紙	失	『大小乘經律論疏記目錄』	0불+
10	法華經略述	1	失		0불
11	法花略記	3	失	『古聖敎目錄』	*
12	法花疏	3	失	『古聖敎目錄』	*
13	金剛三昧經論疏	3혹6	失		+은
13	金剛三昧經論	3	存	『高麗藏』보유판 庭函; 조선불교유신회 劉敬鍾校訂本	0불
13	金剛三昧經論記	3	失		+은
14	華嚴經疏	10혹8	序, 권3存	『東文選』제83권 소재 서문; 『大正藏』제85책(관문10년 사본)	0불
15	華嚴經宗要	미상	失	義天 新編諸宗敎藏總錄	0불 +은
16	華嚴經入法界品初	2	失		0불
17	華嚴綱目	1	失		0불
18	華嚴傳音義	2	失	『古聖敎目錄』	*
19	普法記	미상	失	均如『釋華嚴敎分記圓通抄』 均如『一乘法界圖圓通記』	@김 #고
20	大乘觀行(門)	1혹3	失		0불
21	維摩經疏	3	失		0불
22	維摩經宗要	1	失		0불
23	無量義經宗要	1	失		0불
24	涅槃經疏	5	失		0불
25	涅槃經宗要	1혹2	存	『東文選』제83권 소재 서문; 『大正藏』제38책	0불
26	彌勒經序	1. 49紙	失	『大小乘經律論疏記目錄』	+은
27	彌勒上生經宗要	1	存	『續藏(經)』제1편 35투 4책; 『大正藏』제39책	0불
28	彌勒上生下生經疏	3	失		0불
29	解深密經疏	3	序存	『東文選』제83권 소재 서문	0불

부수	書名	卷數	存失	底本과 板本	구분
30	阿彌陀經疏	1	存	明 萬曆20년 간행 增上寺 報恩藏本;『大正藏』제37책	0불
	阿彌陀經義疏	1	失		+은
31	阿彌陀經通讚疏	2	失		0불
32	西方宗要	1	失	『古聖教目錄』	*
	無量壽經疏	1	失		
33	無量壽經宗要	1	存	『續藏(經)』제1편 32투 3책	0불
34	無量壽經私記	1	失		0불
35	無量壽經料簡	미상	失		0불
	無量壽經古迹記	1	失		+은
36	遊心安樂道	1	存	明 萬曆4년刊 종교대학장본; 『續藏(經)』제2편 12투 4책; 金陵刻經處本;『大正藏』제47책.	0불
37	般舟三昧經疏	1	失		0불
38	般舟三昧經略記	1	失		0불
	般舟三昧經略議	1	失		+은
39	金光明經疏	8	失		0불
	金光明經義記	1	失		+은
40	金光明(經)纂要	1	失	『古聖教目錄』	*
41	金光明(經)最勝略疏	上中下	失	『古聖教目錄』	*
42	楞伽經疏	7혹8	失		0불
43	楞伽經料簡	미상	失		0불
44	楞伽經宗要	1	失		0불
	入楞伽經疏	7혹8	失		+은
	楞伽經要論	1	失		+은
	不增不減經疏	1	失		+은
45	方廣經疏	1	失		0불
46	勝鬘經疏	2혹3	失		0불
47	無量義經宗要	1	失		0불
48	方廣經疏	1	失		0불
49	梵網經疏	2	失		0불
50	梵網經略疏	1	失		0불
51	梵網經宗要	1	失		0불

부수	書名	卷數	存失	底本과 板本	구분
52	梵網經菩薩戒本持犯要記	1	存	承應3년간 종교대학장본;『대정장』제45책;『속장경』제1편 61투 제3책	0불
53	梵網經菩薩戒本私記	2중上	存	『續藏(經)』제1편 95투 제2책	0불
54	菩薩瓔珞本業經疏	3혹2	序,下存	『續藏(經)』제1편 601투 3책	0불
55	四分律羯磨疏	4	失		0불
56	大法論序	1,250紙	失	『大小乘經律論疏記目錄』	+은
57	中論疏	6	失	『古聖敎目錄』	*
58	三論宗要	1,17紙	失		0불
59	中觀論宗要	1	失		0불
60	掌珍論宗要	1	失		0불
61	掌珍論料簡	1	失		0불
62	佛性義章	1	失	『古聖敎目錄』	+은
63	經論中諸義誠文	1,21紙	失	『古聖敎目錄』	+은
64	二諦章	1	失		0불
65	瑜伽抄	5	失		0불
66	瑜伽論疏中實	4	失		0불
67	梁攝論疏抄	4	失		0불
68	攝大乘論世親釋論略記	4	失		0불
69	攝大乘論疏	4	失		0불
70	成唯識論宗要	1	失		0불
71	判比量論	1,斷簡	存	神田喜一郞氏 所藏 古寫本	0불
72	大乘起信論疏	2,47紙	存	元祿9년刊 종교대학장본;『大正藏』제44책	0불
73	大乘起信論別記	1혹2	存	萬治2년刊 종교대학장본;『大正藏』제44책	0불
74	大乘起信論宗要	1	失		0불
75	大乘起信論料簡	1	失		0불
76	大乘起信論大記	1	失		0불
77	大乘起信論私記	1	失		구불
78	起信論一道章	1	失		0불
79	一道章	1	失		0불

부수	書名	卷數	存失	底本과 板本	구분
	起信論二障章	1	失		+은
80	二障章(義)	1	存	大谷大學所藏 古寫本	0불
81	中邊分別論疏	4	3存	『續藏(經)』제1편 75투 1책	0불
82	辯中邊論疏	4	失		0불
83	十門和諍論	2	存	誓幢和上塔碑所載; 海印寺 寺刊藏本	0불
84	發心修行章	1	存	海印寺 寺刊藏本; 崇禎8년 雲住龍藏寺刊	0불
85	大乘六情懺悔	1	存	鎌倉時代寫京都寶菩提院藏本	0불
86^	(彌陀)證性偈/無碍歌	7언율시 1편	存	知訥撰法集別行錄節要並入私記/ 三國遺事 元曉不羈條	0불 +은
87^	證性歌#	7언절구 1편	存	萬德山 白蓮社圓妙國師碑銘/ 『東文選』제117권 소재	0불
	佛制比丘六物圖	1	失		+은
88	成實論疏	16	失		0불
89	雜集論疏	5	失		0불
90	因明論疏	1	失		0불
91	因明入正理論記	1	失		0불
	正理記	1	失		+은
92	寶性論宗要	1	失		0불
93	寶性論料簡	1	失		0불
94	淸辯護法空有諍論	1	失		0불
95	廣百論宗要	1	失		0불
96	廣百論撮要	1	失		0불
97	廣百論旨歸	1	失		0불
98	肇論疏	상중하	失	『古聖敎目錄』	*
99	調伏我心論	2	失	『삼국유사』「避隱」'朗智乘雲'	0불
100	六現觀義發菩提心義淨義含	1	失		0불
101	初章觀文	1	失	『삼국유사』「避隱」'朗智乘雲'	0불
102	安身事心論	1	失	『삼국유사』「避隱」'朗智乘雲'	0불
103	求道譬喩論	1	失		0불
104	劫義	미상	失	見登之의 『華嚴一乘成佛妙意』	+은 @김

부수	書名	卷數	存失	底本과 板本	구분
105	慈藏祖傳	미상	失	三和寺重修記	@김
	道身章		失		+은

* : 『고성교목록』(古聖教目錄) 소재 10종, 福士慈稔 5종 확인,[25] 金相鉉 5종 추가 확인.[26]
+ : 『대소승경율론소기목록』(大小乘經律論疏記目錄)소재 6종, 福士慈稔 확인.
0불 : 『한국불교찬술문헌총록』(1976) 내 64종 실전.
+은 : 『원효의 대승기신론소·별기』(1991) 내 17종 추가.
@김 : 『원효연구사료총록』(1996) 내 3종 추가.
#고 : 『원효, 한국사상의 새벽』(1997); 『원효탐색』(2001; 2010) 내 1종 추가.
^ : 7언 율시와 7언 절구

    종래의 선행 연구마다 어느 정도 출입이 있지만 대체적으로 원효의 저술을 87(89)종 180(191)여 권으로 파악하였다. 여기에 후쿠시 지닌이 확인한 11종과 김상현이 확인한 5종 등을 더하면 원효 저술은 현재 103(105)종 202권(+권수 미상 6종) 내지 208(+권수 미상 6종)권에 이른다. 그런데 이들 저술들 중에서도 여전히 중복 서명과 진찬 여부 및 가탁설이 제기되고 있어 원효 저술의 종수를 확정하기는 쉽지 않다. 우선 중복 서명에 대해서는 선행 연구자들 사이에서도 일정한 출입이 있으며 해당 저술이 현존하지 않는 현실에서 명확히 동일 서적의 이명임을 단정하기 어렵다.[27]

---

25 福士慈稔, 「12세기말 일본 各宗에서의 조선불교의 영향」, 『身延山大學佛教學部紀要』제8호, 2007.
26 金相鉉, 「日本에 傳한 新羅佛教典籍의 研究現況」, 한국기술교육대학교 문리각. 『신라사경 프로젝트팀·구결학회·서지학회 공동주체 학술대회 자료집』, 2012.6.16.
27 高榮燮, 앞의 글, 『한국불교사연구』제2호, 한국불교사연구소, 2013.2.

이를테면 『기신론이장장』과 『이장장』 및 『기신론일도장』과 『일도장』은 『대승기신론』의 해석분인 '대치사집對治邪執'과 '분별발취도상分別發趣道相'에 대해 깊이 탐구한 저술로 짐작되므로 이들은 각기 하나의 저술일 가능성이 있다. 또 『금강삼매경론소』(3혹6권)와 『금강삼매경론』(3권) 및 『금강삼매경론기』(3권)는 동일 저서의 다른 이름으로 짐작되며, 『능가경소』(7혹8권)와 『입능가경소』(7혹8권) 역시 동일 저술의 다른 이름으로 판단된다. 이외에도 동일 경론에 '~사기'와 '~요간', '~종요'와 '~지귀' 등을 덧붙인 저술들은 동일한 경전과 논서에 대한 동일 주석서일 가능성이 있으나 현 단계에서는 확정이 어려워 이들 모두를 별도의 저술로 집계할 수밖에 없다.[28]

또 이들 서목들 중에서 필사본으로 전해지는 『판비량론』과 목판본 일부만이 전해지는 『십문화쟁론』[29]은 결락이 심하여 원효의 진의를 밝히기가 쉽지 않다. 이 때문에 여타의 논저들과 비교 대조하는 연구가 진행되어 왔다.[30] 또 대곡대학 소장 유일본인 『이장의』[31]는 처음부터 필사가 잘못되어 붉은 붓칠로 교감하고 교정한 표시가 그대로 남아 있다. 이 때문에 이 판본의 출입出入이 적지 않아 원효의 진의를 확정하

---

28 이것은 원효 저술 목록을 집계하고 있는 선행 연구들의 공통적인 한계라고 할 수 있다.
29 高榮燮, 「원효 『십문화쟁론』 연구의 지형도: 조명기·최범술·이종익·이만용 복원문의 검토」, 대발해인문학불교학연구원 한국불교사연구소, 2007년 가을 통권 10호.
30 신현숙, 『원효의 인식과 논리: 판비량론의 연구』(민족사, 1988); 김성철, 『원효의 판비량론 기초 연구』(지식산업사, 2003); 김상일, 『원효의 판비량론 비교 연구』(지식산업사, 2004).
31 류승주, 「大谷大學 所藏本 元曉의 『二障義』에 대한 文獻的 硏究」, 『회당학보』 제7호, 회당학회, 2005.

기가 용이하지 않다. 그리고 그의 저술로 알려져 온 『금강삼매경론』과 관련하여 『금강삼매경』의 성립지와 저작 주체, 그리고 논論과의 연관에 따른 저자 문제, 『유심안락도』의 원효 가탁설[32], 『보살계본지범요기』[33] 와 『범망경보살계본사기』의 원효 진찬설 여부[34] 등에 대한 논변[35]이 진행되고 있어 앞으로 좀더 진전된 논의들이 이루어져야 할 것이다.

위에 집계한 원효의 서목들은 주로 『한국불교찬술문헌총록』(1976)에 의거하여 집성하였던 『한국불교전서』(이하『한불전』)와의 긴밀한 관계 속에서 집록한 것으로 이해된다. 초기에는 30~40여 부로 집계되던 그의

---

32 安啓賢, 「원효의 미타정토왕생사상」, 『역사학보』 제16집, 한국역사학회, 1976; 고익진, 「『유심안락도』의 성립과 그 배경」, 『불교학보』 제13집, 동국대 불교문화연구소, 1976; 신현숙, 「신라 원효의 유심안락도 찬자고」, 『동방학지』 제51집, 연세대 동방학연구원, 1986; 한보광, 『新羅淨土敎の硏究』(법장관, 1995).

33 木村宣彰, 「菩薩戒本持犯要記について」, 『印度學佛敎學硏究』 28-2, 인도학불교학연구회, 1980.3; 기무라는 여섯 가지의 예를 들어 원효 저술로서는 예외적인 점이 많아 아마도 원효의 『범망경소』(2권)와의 혼동으로 의심하였다. 이러한 위찬설僞撰說에 대해 吉津宜英은 『華嚴一乘思想の硏究』(동경: 대동출판사, 1991.7), pp.592~593 주30에서 비판하고 있다.

34 崔遠植, 「新羅 菩薩戒思想史 硏究」, 동국대 대학원 사학과 박사논문, 1992; 최원식, 『신라 보살계사상사 연구』(민족사, 1994); 손영산, 「『범망경보살계본사기권상』 원효 진찬여부 논쟁에 관한 재고」, 『한국불교학』 제56집, 한국불교학회, 2008.

35 水野弘元, 「보리달마의 이입사행설과 금강삼매경」; 금강삼매경의 연구」; 柳田聖山, 「금강삼매경의 연구: 중국불교에 있어서 頓悟思想의 텍스트」, 『백련불교논집』, 제3집, 성철사상연구원, 1993; 金瑛泰, 「신라에서 이룩된 『금강삼매경』 - 그 성립사적 검토」, 『불교학보』 제25집, 동국대 불교문화연구원, 1988; Robert E. Buswell, E. The Formation of Ch'an Ideology in China and Korea, Princeton University Press, New Jersey, 1989; 敖英, 「關於『금강삼매경』的兩箇問題」; 許一範, 「티베트본 『금강삼매경』 연구」, 『불교연구』, 한국불교연구원; 石田公成, 「『금강삼매경』의 성립사정」, 1998; 南東信, 「신라 중대불교의 성립에 관한 연구: 『금강삼매경』과 『금강삼매경론』의 분석을 중심으로」, 『한국문화』 제21호, 서울대 한국문화연구소, 1998.6; 石吉岩, 「금강삼매경의 성립과 유통에 대한 재고」, 『보조사상』 제31집, 보조사상연구원, 2009.2.

논저가 『한국불교전서』이 편찬되면서 크게 증광되기 시작했다. 그리하여 평소에는 잘 드러나지 않았던 여러 판본들과 국내외의 필사본들이 집성되면서 그의 저술은 빛을 보기 시작했다. 먼저 조명기에 의해 『원효대사전집』(1963)[36]이 집성 간행되었고, 이후 불교학동인회에 의해 『원효전집』(1973)이 집성 간행되었다. 이들을 기반으로 하고 국내외 필사본을 집성하여 원효의 저술들은 『한국불교전서』에 22(23, +7언율시, 7언절구)종이 수록되었고 이로부터 본격적인 연구의 대상이 될 수 있었다.

이들 저술 중 『십문화쟁론』은 그를 화쟁국사和諍國師[37]로 추존한 근거가 되는 저술이라는 점에서 주목된다. 이로 인해 그의 사상적 기호인 '일심'(一心)이 아니라 일심으로 나아가는 논리와 논법인 '화쟁和諍'으로 불리는 계기가 되기도 했다. 그뿐만 아니라 중국에 건너온 인도의 보살논사들에 의해 그가 지은 『금강삼매경소』를 보살이 지은 것이라 하여 『금강삼매경론』으로 높혀 불렀다는 것과 달리 이 저술은 불교논리학의 비조인 진나陳那(Dignāga)의 문도들이 "찬탄하여 덩실덩실 춤을 추었으며 범어로 번역하여 곧 사람에게 부쳐 보낼 정도로 그 나라 삼장법사가 보배처럼 귀하게 여기었던 까닭이었다."거나[38] 불교의 원산지인 "인도로 가져가 범어로 번역했다."는 기록[39]까지 확인되고 있

---

[36] 趙明基, 『元曉大師全集』(불교사학연구실, 1963). 그는 이것을 이를 다시 증광하여 『원효대사전집』(1978)을 보련각에서 펴냈다.
[37] 대각 국사 의천의 주청에 의해 고려 숙종은 원효는 화정국사和靜國師, 의상은 원교국사圓敎國師로 추존하였다. 화정국사의 화정和靜은 화쟁和諍의 오기誤記로 추정된다.
[38] 「誓幢和上碑」. "……讚嘆婆娑, 飜爲梵語, 편부□人, 此□言其三藏寶重之由也."
[39] 順高, 『起信論本疏聽集記』 제2권 말(『대일본불교전서』 제92책). "元曉『和諍論』制作, 陳那門徒, 唐土來有, 滅後取彼論, 歸天竺國了, '是陳那末第弟歟?' 云云."

다는 점에서 『십문화쟁론』의 가치와 의미를 새롭게 하고 있다.

또 대곡대학에 보존되어 오고 있는 원효의 『판비량론』은 가마쿠라 시대의 법상종 승려가 필사한 것을 에도시대에 다시 다른 승려가 필사한 판본으로 알려져 있다. 이 저술은 현장이 인도 유학을 마치고 돌아와 신역 유식을 펼칠 때 그를 흠모하여 의상과 함께 두 차례나 유학을 시도했던 원효의 논서라는 점에서 주목된다. 원효는 현장이 번역 소개한 『인명입정리론』과 『인명정리문론』 등으로 불교논리학 이론을 익혔다. 하지만 그 뒤 그는 불교논리학을 응용하여 현장이 인도 유학 중 창안해 이름을 날렸던 유식비량과 현장이 개량한 승군 비량 및 대승의 불설 논증의 논리적 오류(過)를 지적하였다.

특히 『판비량론』은 현장의 번역서로 배운 원효가 그 원류인 현장의 신역 불전에 실린 추론식의 타당성을 비판하고 있다[40]는 점에서 후생가외(後生可畏), 즉 후생이라도 두려워할 만하다의 뜻을 환기시켜 주고 있다. 더욱이 이 저술은 국내에도 없는 판본임에도 불구하고 『이장의』와 함께 일본 대곡대학에서 최고층의 필사본으로 보존되고 있다는 사실에서 그 의의가 적지 않다.

따라서 잔간의 목판본으로 전해지는 『십문화쟁론』과 달리 필사본으로 전해지는 『이장의』와 『판비량론』 두 저술은 불교사상사에서 차지하는 지위와 그의 저술들에게 차지하는 위상 그리고 일본인들에게까지 누대에 걸쳐 커다란 영향을 미쳐왔다는 점에서 사상사적 의의가 매우 크다. 여기서는 그의 논리 사상을 엿볼 수 있는 『십문화쟁론』과 『판비량론』의 구성과 내용을 검토하여 이 두 저술의 사상적 특이점에 대해

---

40 김성철, 앞의 책, pp.109~212.

살펴보고자 한다.

Ⅲ. 『십문화쟁론』의 구성과 내용

『십문화쟁론』은 원효가 당시 동아시아 불교사상사에서 논의되는 대표적인 쟁점들을 열 가지 혹은 그 이상으로 화쟁하고 회통한 논서이다.[41] 이 저술은 흔히 해동소로 알려진 『대승기신론소』와 『금강삼매경론』과 함께 그의 대표작으로 알려져 있다. 『십문화쟁론』은 그 제목이 암시하는 것과 같이 당시에 유행했던 여러 문파들의 다양한 주장들을 '십문' 혹은 '그 이상'으로 화쟁한 논서라는 점에서 주목되는 저술이다.

그러면 그가 정리한 '십문' 혹은 '그 이상'이란 어떤 의미일까? 말 그대로 단순한 십문 즉 열 가지 문일까? 아니면 그 이상의 문임에도 불구하고 그냥 십문이라고 정리한 것일까? 현존 해인사 목판본은 제9정丁, 10정, 제15정, 제16정 일부가 남아 있다. 이 때문에 조명기, 최범술, 이종익, 이만용, 오법안 등은 이들 잔간본과 여타 불학자들의 저술을 추적하여 『십문화쟁론』 속의 '문門'을 복원해 왔다. 이들이 복원한 '문'들에는 일정한 출입이 있다. 그러면 이들의 복원문을 순서대로 보기로 하자.

조명기(1904~1989)는 십문에서 '십'은 '복수의 다多'를 의미한다고 밝

---

41 高榮燮, 『고영섭 교수의 원효에세이: 분황 원효』(박문사, 2015).

히면서 각 화쟁문의 명칭을 자세히 밝히지는 않았다. 이는 아직 해인사 잔간본이 드러나기 이전의 논구여서 그렇기도 하려니와 그가 십문을 '복수의 많음'을 나타낸다고 했으므로 굳이 열 개의 화쟁문을 복원할 필요를 느끼지 않았을 수도 있다. 동시에 그가 좀 더 구체적인 복원의 시도를 도모하지 않아서이기도 할 것이다.[42]

이 때문에 조명기가 『십문화쟁론』 연구를 점화시켰음에도 불구하고 이를 좀 더 진전시키지 못했다는 것은 매우 아쉬운 점이다. 그가 해인사 사간본 『십문화쟁론』을 기초로 연구를 지속했다면 보다 진전된 연구를 기대할 수 있었을 것이다. 조명기는 신라 및 고려 시대 불학자들의 저술 중에 인용된 것을 근거로 원효의 몇몇 화쟁문의 순서와 명칭을 아래와 같이 제시하고 있다.

제1문: 보화이신화쟁문報化二身和諍門 – 견등의 『기신론동이약집』에 의함
제2문: 오성성불의화쟁문五性成佛義和諍門 – 균여의 『교분기원통초』에 의함
제3문: 불성이의화쟁문佛性異義和諍門 – 원효의 『열반경종요』에 의함

조명기는 보신과 화신, 오성의 성불 유무, 불성의 상주와 무상 등에 관한 3문의 화쟁문을 시설하는 것에 그치고 있다. 그런데 이들 화쟁문은 다른 복원자들이 복원한 문들과 겹치는 화쟁문과 별도의 화쟁문으로 이루어져 있다. 그런데 '십문'이 '복수의 의미'로 확정될 경우 이들 화쟁문의 이명들은 오히려 나머지 화쟁문의 시설을 보완해 줄 수도 있을 것이다. 이들 이명들은 열 개로 정한 기존 화쟁문의 이명인지 아

---

42 高榮燮, 앞의 글, 앞의 책.

니면 원효의 화쟁 실례에 따른 다른 화쟁문의 시설인지의 여부에 따라 『십문화쟁론』 연구의 일대 진전을 기약할 수 있는 접점이 될 것이다. 이 점은 앞으로 좀 더 연구가 필요한 지점이라 할 수 있다.

완본이 현존하지 않는 현실에서 볼 때 새로운 복원은 쉽지 않다. 또 복원된 것이라 하더라도 원본에 얼마만큼 가까이 다가갈 수 있는가라는 물음은 여전히 남아 있을 수밖에 없다. 따라서 조명기가 '복수의 많음'으로 푼 '십문의 의미'는 상당한 통찰의 함의를 담고 있으며, 아직 『십문화쟁론』의 단간이 발견되기 전임에도 불구하고 다른 이들의 저술 속에서 복원을 시도하여 원효 『십문화쟁론』 연구의 활로를 열어 주었다는 점에서 그의 연구는 큰 의의가 있다고 할 수 있다.[43]

이종익(1916~1992)의 복원본의 성격은 우선 종래 조명기의 복원본에 나름대로 이의를 제기하고 자신의 논의를 전개하고 있는 점에 있다. 『십문화쟁론』의 '십문'의 의미를 '화쟁 과제의 열 가지 주제'로 파악하는 그이기에 이종익은 기존의 논의를 종합하면서도 가장 포괄적으로 십문을 재구성하고 있다. 그가 복원한 십문은 아래와 같다.

제1문: 공유이집화쟁문空有異執和諍門 - 원효의 『십문화쟁론』에 의함
제2문: 불성유무화쟁문佛性有無和諍門 - 원효의 『십문화쟁론』에 의함
제3문: 인법이집화쟁문人法異執和諍門 - 원효의 『십문화쟁론』에 의함
제4문: 불신이의화쟁문佛身異義和諍門 - 원효의 『열반경종요』에 의함
제5문: 열반이의화쟁문涅槃異義和諍門 - 의천의 『원종문류』 화쟁론에 의함
제6문: 불성이의화쟁문佛性異義和諍門 - 원효의 『열반경종요』, 견등의 『기신

---

43 高榮燮, 앞의 글, 앞의 책.

론동이약집』에 의함
제7문: 오성성불의화쟁문五性成佛義和諍門-균여의『교분기원통초』에 의함
제8문: 삼성이의화쟁문三性異義和諍門-원효의『기신론소』·『기신론별기』에 의함
제9문: 이장이집화쟁문二障異執和諍門-원효의『이장의』에 의함
제10문: 삼승일승화쟁문三乘一乘和諍門-원효의『법화경종요』에 의함

이종익은 이와 같이『십문화쟁론』의 십문을 종합[44]한 뒤에 우선『법화경종요』에서 밝힌 삼승 일승의 회통은 원효 화쟁사상의 원천이 되기 때문에 반드시 십문의 총總이 되지 않을 수 없다며 자신이 검정한 10문을 그 선후와 경중의 순으로 재배정하여 위와 같이 확정하고 있다. 그는 공집과 유집, 불성의 유무, 인집과 법집, 불신의 상주와 무상, 열반의 상주와 무상, 불성의 이의, 오성의 성불 유무, 삼성의 이의, 이장의 이집, 삼승과 일승의 화쟁으로 복원하였다. 이것은 10여 년 동안 그가 자기의 기존 복원본을 새롭게 광정한 결과라 할 수 있다. 물론 십문의 복원을 도출한 근거도 부분적으로 변하였다.[45]

최범술(1902~1979)은 원효의『보살계본지범요기』와 균여의『교분기원통초』및 의천의『원종문류』화쟁론 등 다량의 자료에 기초하여 화쟁

---

44 李鍾益,「원효의 근본사상-『십문화쟁론』연구」,『동방사상논총』, 동방사상연구원, 1977. 약 400매에 이르는 이 논구를 기초로 하여 요약하고 수정하여 1987년 국토통일원 조사연구실에서 개최한〈성 원효 대심포지엄〉에서 발표하였다.
45 李鍾益,「원효의『십문화쟁론』연구」, 高榮燮 편,『한국의 사상가 10인: 원효』(예문서원,2002), pp.229~272. 이 원고는 국토통일원이 주관한〈성 원효 대심포지엄〉자료를 수록한『원효연구논총: 그 철학과 인간의 모든 것』에 실린 원고를 재수록한 것이다.

문을 복원하려고 시도하고 있다. 따라서 이만용 복원문에 전적으로 의지하지 않더라도 이미 십문의 명칭과 순서에 대한 실마리는 그의 복원문에 어느 정도 내재해 있다고 할 수 있다. 또 이만용 복원문에 나온 것처럼 최범술의 십문 복원안도 아래와 크게 다르지 않았을 것으로 보인다.

제1문: 공유이집화쟁문空有異執和諍門 — 원효의 『십문화쟁론』 단간에 의함
제2문: 무성유성화쟁문無性有性和諍門 — 원효의 『십문화쟁론』 단간에 의함
제3문: 인법이집화쟁문人法二執和諍門 — 원효의 『십문화쟁론』 단간에 의함
제4문: 보화이신화쟁문報化二身和諍門 — 견등의 『기신론동이약집』에 의함
제5문: 진속이집화쟁문眞俗二執和諍門 — 의천의 『원종문류』 화쟁론에 의함
제6문: 삼성일이화쟁문三性一異和諍門 — 원효의 『기신론(해동)별기』에 의함
제7문: 불성이의화쟁문佛性異義和諍門 — 원효의 『열반경종요』에 의함
제8문: 삼신이집화쟁문三身異執和諍門 — 원효의 『열반경종요』, 견등의 『기신론동이약집』에 의함
제9문: 이장이의화쟁문二障異義和諍門 — 원효의 『이장의』에 의함
제10문: 삼승일승화쟁문三乘一乘和諍門 — 원효의 『법화경종요』에 의함

최범술의 십문 복원안은 『십문화쟁론』 단간에서 3문을, 그리고 제가의 문헌들에게 적출한 나머지 7문의 화쟁문을 입론하고 있다. 하지만 각 문들의 구체적인 명칭과 순서는 원문이 부재하므로 알 수 없으며 조명기와 이종익의 복원문들과도 달라 확정하기 어렵다. 위의 십문은 이만용 복원문에 기초한 명칭이자 순서이다. 최범술과 이만용의 자료 공유의 접점이 어디냐에 따라 위 10화쟁문의 안案은 어느 정도 달라질

수 있을 것이다.

따라서 최범술의 『십문화쟁론』 복원안이 구체적으로 10문이 될 지 그 이상이 될 지 확정할 수는 없다. 다만 최범술의 복원 노력은 해인사 사간루판에 근거하여 논구하고 있다는 점에서 상당한 의의를 지니고 있다. 하지만 해인사 사간루판이 완본 형태로 남아 있지 않아 십문 혹은 그 이상의 화쟁문의 시설이 계획대로 이루어지지 못하는 점이 매우 아쉽다고 하지 않을 수 없다.

이만용(1920~?)은 선학들의 연구를 참고하면서 원효의 저술과 그 이후의 저술 속에서 십문을 찾아 복원하고 있다. 복원의 근거로서 확보하는 텍스트들은 앞의 세 사람과 동일하지만 십문으로 세운 순서와 명칭은 좀 다르다. 위에서 살펴본 것처럼 이만용의 복원안이 기존의 십문 복원안과 다른 점은 의천의 『원종문류』 화쟁론에 의거하여 '진속이집'의 화쟁문을 설정하고, 견등의 『기신론동이약집』에 근거하여 '보화이신'의 화쟁문을 시설하고 있다는 점이다.

이 점은 『십문화쟁론』 시설 화쟁문을 '복수의 많음'이란 관점에서 파악할 때 여타 화쟁문의 이명 혹은 십문 이외 화쟁문의 시설을 상정할 수 있는 근거가 될 수 있다. 이 부분에 대해서는 앞으로 본격적인 화쟁문의 복원을 통해 규명해야할 과제라고 할 수 있다. 선행 연구와 부분적으로 구분되는 이만용 복원문의 10문은 아래와 같다.

제1문: 공유이집화쟁문空有二執和諍門－원효의 『십문화쟁론』 단간에 의함
제2문: 무성유성화쟁문無性有性和諍門－원효의 『십문화쟁론』 단간에 의함
제3문: 인법이집화쟁문人法二執和諍門－원효의 『십문화쟁론』 단간에 의함[46]

---

46 현존하는 『十門和諍論』 단간본에는 '空有異執화쟁문'과 '佛性有無화쟁문' 및 '我

제4문: 보화이신화쟁문報化二身和諍門-견등의『기신론동이약집』에 의함

제5문: 진속이집화쟁문眞俗異執和諍門-의천의『원종문류』화쟁론에 의함

제6문: 삼성일이화쟁문三性一異和諍門-원효의『기신론(해동)별기』에 의함

제7문: 불성이의화쟁문佛性異義和諍門-원효의『열반경종요』에 의함

제8문: 삼신이집화쟁문三身二執和諍門-원효의『열반경종요』, 견등의『기신론동이약집』에 의함

제9문: 이장이의화쟁문二障異義和諍門-원효의『이장의』에 의함

제10문: 삼승일승화쟁문三乘一乘和諍門-원효의『법화경종요』에 의함

이 십문은 이종익이 균여의『교분기원통초』에 의거한 '오성성불의'와 원효의『열반경종요』및 견등의『기신론동이약집』에 근거하여 '열반이의'의 화쟁문을 설정하고 있는 점과 다르다. 이종익은『법화경종요』의 삼승과 일승의 관계 위에서 십문을 재구성하고 있지만, 이만용은 『십문화쟁론』단간을 중심에 놓고 기타 문헌을 통해서 보완하는 형식을 취하고 있다.

이만용 복원안의 얼개는 최범술 복원안의 연속 위에서 재구성되고 있다고 할 수 있다. 하지만 그렇다고 해서 최범술과 변별되는 이만용 복원문의 독자성이 없는 것은 아니다. 오히려 이만용 복원문은 가장 현실적이고 구체적인 면을 터치하여 섬세하게 재구성한 것이라고 할 수 있다. 다시 말해서 최범술이 매듭짓지 못한 십문을 가장 구체적인

法異執화쟁문' 3문밖에 남아 있지 않다. 하지만 崔凡述의 제3문의 복원에 대해서는 이정희의 문제제기가 있다. 이정희,「『십문화쟁론』과 관련된 몇 가지 문제점」,『제4차 한국불교학결집대회논집』별집, 2008.5, pp.329~332; 한편 李鐘益과 崔凡述 및 李晩容은 10문으로 복원해 놓았다.

내용으로 보완하고 있어 『십문화쟁론』의 십문 복원은 이만용이 어느 정도 매듭짓고 있다고 할 수 있다.[47]

하지만 십문의 의미가 '복수의 많음'이란 의미에서 이해할 때는 이만용 복원문 역시도 여전히 과제를 남기고 있다고 할 수 있다. 따라서 이만용 복원안 역시 『십문화쟁론』의 화쟁문 복원작업으로는 아직 미진하다고 하지 않을 수 없다.[48] 현존하는 공유의 화쟁[49]과 불성 유무의 화쟁[50] 2문 이외에 보신의 상주와 무상[51] 등에 대한 화쟁 및 여타의 화쟁 등까지 복원된다면 원효의 화쟁 의도가 보다 구체적으로 드러날 것으로 짐작된다.

원효는 여러 저술에서 기술의 편의상 '문'과 '논'으로 범주화하여 기술하고 있다. 문은 '교문' 혹은 '법문' 또는 '양상' 내지 '측면'으로 볼 수 있다. 『대승기신론』의 이문일심의 구조에 의해 『대승기신론소』에서는 일심을 생멸연기적 전개(開)와 환멸연기적 수렴(合)으로, 『이장의』에서는 현상적 관점(顯了門)과 근본적 관점(隱密門)으로, 『열반경종요』에서는 화쟁문과 회통문으로, 원인을 지어서 과보를 받는 교문(作因受果之門)과 본성에 따라 과보를 이루는 교문(從性成果之門)으로, 그리고 과보

---

47 高榮燮, 앞의 글, 앞의 책.
48 高榮燮, 앞의 글, 앞의 책.
49 박태원, 「『십문화쟁론』 공/유 화쟁의 해석학적 번역과 논지 분석」, 『불교학연구』 제34호, 불교학연구회, 2013.3. 저자는 '십문'을 '열 가지 주제에 관한 쟁론들'이 아니라 '관점을 성립시키는 조건들의 열 가지 연기緣起적 인과계열'로 보는 것이 적절하다고 주장한다.
50 박태원, 「『십문화쟁론』 불성 유/무 화쟁의 해석학적 번역과 논지 분석」, 『철학논총』 제72집, 새한철학회, 2013.6.
51 김영일, 「원효의 불신화쟁론-보신불의 상주성과 무상성」, 『대각사상』 제23집, 대각사상연구원, 2015.6.

를 받은 교문과 과보를 이루는 교문의 둘을 종합해서 보는 교문(和合生
果門), 상호 지지의 교문(依持門)과 상호 작용의 교문(緣起門), 그 하위에
서는 마음에 의거한 관점(就心論)과 조건에 입각한 관점(約緣論)으로 나
누어 해명하고 있다.[52]

원효가 10문 혹은 그 이상을 통해 범주화한 것도 기술의 편의상 그
런 것이라고 볼 수도 있을 것이다. 그의 화쟁 논리와 회통 논법은 '중
中'이라는 잣대로 모든 존재를 파악한 붓다의 '중관中觀'을 이은 용수의
공관空觀, 승랑의 정관正觀, 천태의 묘관妙觀을 잇는 화관和觀에 입각
한 것이었다.[53] '화관'은 비유비무非有非無의 '공관'과 무의무득無依無得
의 '정관'과 공제空諦·가제假諦를 아우르는 중제中諦인 '묘관'의 원효적
표현이었다. 그는 『십문화쟁론』의 십문 혹은 그 이상의 문을 '화관'을
통해 일심으로 나아가고자 하였다. 원효가 세운 화관의 문門과 논論의
확장된 표현인 십문 혹은 그 이상은 일심으로 나아가는 관문이자 현관
의 수립이라는 점에서 철학사적 의의가 매우 크다.

그러므로 현단계에서는 『십문화쟁론』의 각 문의 복원에 대한 학자
들의 주장을 수용하여 10문 혹은 그 이상을 재구한다고 해도 일정한
출입이 있기 마련이며, 각 문의 명칭을 확정하기도 어려울 것이다. 따
라서 각 문門의 복원도 중요하지만 더욱 중요한 것은 원효가 문門들을
시설한 이유가 어디에 있는가를 천착하는 것이 중요할 것이다. 그리고
그것을 통해 그가 동아시아 불교사상사를 어떻게 화회시켜 나갔는가

---

52 高榮燮, 「분황 원효의 和會論法 연구」, 『한국불교학』 제74집, 한국불교학회, 2015.
53 高榮燮, 「한국불교의 전통과 원효불학의 고유성」, 『불교학보』 제70집, 동국대학교 불교문화연구원, 2015.9.

에 대해 천착하는 것이 중요할 것이다.

Ⅳ. 『판비량론』의 구성과 내용

오랜 역사를 지닌 인도의 논리학은 진나(480~542년경)에 이르러 집대성되었다. 논리학은 인因의 학인 인명학, 즉 '인因을 매개로 해서 추리하는 과정을 밝히는(明) 학문'이다. 진나는 불교 내외의 인식논리학을 집성한 뒤 이것을 불교의 세계관인 연기와 공과 무아의 관점에서 재조직하여 불교 인식논리학인 불교인명학을 창안하였다. 이것은 이전의 인식논리학인 고인명古因明과 구분되는 새로운 논리학이라는 점에서 신인명新因明이라고 부른다.

현장은 인도 유학을 마치고 돌아와 73부 1350여 권의 많은 경론을 번역하였다. 그중에서도 특히 인명학 관련 저술은 『인명입정리론』(『大正藏』 3면 분량)과 『인명정리문론』(『大正藏』 5면 분량)을 한역하였다. 인명학이 난해한 까닭인지는 몰라도 현장은 진나의 대표작인 『집량론』(pramāṇa-samucaya)은 번역하지 않았다. 원효 역시 그의 저술 목록에는 『인명입정리론기』와 『인명론소』가 보이고 있으며 이들은 티베트역본의 명기에 나오는 것처럼 진나의 『인명입정리론』(漢譯에선 제자인 商羯羅主 저작 표기)에 대한 주석서로 추정된다.

『판비량론』은 원효가 55세가 되는 671년에 행명사行名寺에서 쓴 비량比量 즉 추론에 대해 설명한 논서이다. 이 저술은 불교 인식논리학의 주요 기호인 현량(지각)과 비량(추론) 중 특히 비량에 대해 논구한 것이다. 원효는 『판비량론』에서 진나(또는 商羯羅主)의 『인명입정리론』에 보이는 오류론에 근거하여 유식과 인명 등과 관련된 다양한 논증식들을 비판적으로 검토하였다. 그는 『판비량론』의 제목이 보여 주는 것처럼 명석한 논변을 통하여 갖가지 비량들을 비판하는 논서를 지었다. 이 때문에 이 저술은 불교 교리에 관한 비량들을 비판하여 결판을 낸다는 뜻을 나타내고 있으며 화쟁가로서 원효보다는 비판가로서 원효의 모습을 더 잘 보여 주는 논서라고 할 수 있다.

인명학에서 고인명은 주장문(pratijñā, 宗)-이유문(hetu, 因)-예시문(udāharaṇa, 喩)-종합(upanaya, 合)-결론(nigamana, 結)의 다섯 가지 판단으로 이루어진 5지 작법을 사용하였다.

진나는 이러한 고인명을 체화하면서도 이것을 축약하여 주장문(pratijñā, 宗)-이유문(hetu, 因)-실례문(dṛṣṭānta, 喩)의 세 가지 판단으로 이루어진 3지 작법으로 신인명을 창안하였다. 진나에 의해 제시된 3지 작법의 유명한 예는 아래와 같다.

주장문(宗): 음성은 무상하다.
이유문(因): 만들어진 것이기 때문에.
예시문(喩): 동유同喩-만들어진 것은 무상하다. 물단지가 그러하듯이.
　　　　　　이유異喩-상주하는 것은 만들어진 것이 아니다. 허공이 그러하듯이.

진나는 인因이 기본적으로 변시종법성遍是宗法性,[54] 동품정유성同品

---

54 변시종법성은 능증能證인 인因이 주제에 속해 있어야 한다는 것이다.

定有性,⁵⁵ 이품변무성異品遍無性⁵⁶이라는 세 가지 특성을 지니고 있다고 보아 '인因의 삼상三相(trairūpya)'이라고 하였다. 그러면 아래의 유명한 논증식을 보자.

주장문: 저 산에 불이 있다.
이유문: 연기가 있기 때문에.
예시문: 연기가 있는 곳에는 불이 있다. 아궁이가 그러하듯이.
    불이 없는 곳에는 연기가 없다. 호수가 그러하듯이.

이 추리가 지닌 세 가지 특성에 의하면 변시종법성, 즉 주제 소속성은 능증인 연기가 주제인 저 산에 속해 있어야 한다. 동품정유성, 즉 긍정적 변충은 주제와 같은 아궁이에만 연기가 존재해야 하는 것이다. 이품변무성, 즉 부정적 변충은 주제와 다른 호수에 능증이 결코 존재해서는 안 된다.

진나가 집대성한 불교인식논리학, 즉 인명학에서는 우리가 지식을 얻는 방법을 지각(現量, pratyakṣa)과 추론(比量, anumāna)으로 해명하고 있다. 현량은 우리의 감관으로 파악하는 직접지각을 가리키고, 비량은 사유의 매개를 통해 파악하는 추리를 일컫는다. 여기서 현량은 인식(지각)이 되고, 비량은 추리(논리)이 된다. 추리지인 비량은 위자비량爲自比量(svārthanumāna)과 위타비량爲他比量(parārthānumana)으로 나뉜다. 위자비량은 인식 주체에서 일어나는 나를 위한 추리를 가리키고, 위타비

---

55 동품정유성은 능증이 주제와 같은 부류 즉 동품에만 존재해야 한다는 것이다.
56 이품변무성은 능증이 주제와 다른 부류 즉 이품에도 결코 존재하지 않는다는 것이다.

량은 타인을 납득시키고자 추리지를 말과 글로 표현한 논증식인 남을 위한 추리를 일컫는다.

그런데 자신이 추리한 내용을 타인에게 전달하기 위해서는 논증식의 형식으로 기술하거나 고안해 내야 한다. 그러기 위해서는 해당 논증식에 오류가 없어야 한다. 3지 작법의 논증식은 주장문-이유문-실례문이라는 세 가지 판단, 즉 잘못된 주장을 내세우는 오류, 잘못된 이유를 들이대는 오류, 잘못된 실례를 드러내는 오류의 형식으로 구성된다.

진나의 인명학에서는 이러한 세 가지 오류를 각각 1) 잘못된 주장문인 '사립종似立宗' 혹은 '사종似宗', 2) 잘못된 이유문인 '사인似因', 3) 잘못된 예시문인 '사유似喩'라고 부른다. 『인명입정리론』에서는 총 33가지 논리적 오류(過)를 들고 있다. 먼저 1) 잘못된 주장문인 '사립종'에 9가지(①現量相違, ②比量相違, ③自敎相違, ④世間相違, ⑤自語相違, ⑥能別不極成, ⑦所別不極成, ⑧俱不極成, ⑨相符極成)를 들고 있다. 또 2) 잘못된 이유문인 '사인'에 불성인不成因 4가지(⑩兩俱不成, ⑪隨一不成, ⑫猶豫不成, ⑬所依不成), 부정인不定因 6가지(⑭共不定, ⑮不共不定, ⑯同品一分轉異品遍轉-共不定, ⑰異品一分轉同品遍轉-共不定, ⑱俱品一分轉-共不定, ⑲相違決定), 상위인相違因 4가지(⑳法自相相違因, ㉑法差別相違因, ㉒有法自相相違因, ㉓有法差別相違因)를 들고 있다.[57] 이어 3) 잘못된 예시문인 '사유似喩'에 사동법유似同法喩 5가지(㉔能立法不成, ㉕所立法不成, ㉖俱不成, ㉗無合, ㉘倒合), 사이법유似異法喩 5가지(㉙所立不遣, ㉚能立不遣, ㉛俱不遣, ㉜不離, ㉝倒離)를 들고 있다.

---

57 여기서 유법有法은 '주제' 혹은 '주어'로 번역할 수 있다.

원효는 『판비량론』에서 잘못된 주장문과 이유문과 예시문을 비판하고 절묘한 논증식을 제시한다. 먼저 현장과 관계된 불교 문헌에 등장하는 갖가지 논증식들이 33과過 가운데 무엇을 범하고 있는지를 지적한다. 그리고 이들 33가지 논리적 오류를 피하면서 대승의 갖가지 교리를 논증할 수 있는 절묘한 논증식을 고안해 제시한다. 현존하는 『판비량론』에서 원효가 자주 사용하는 '논리적 오류'는 ②의 비량상위, ⑤의 자어상위의 사립종과 불성인·부정인·상위인과 같은 잘못된 주장문(似宗)이다. 잘못된 이유문(似因) 가운데에서는 특히 ⑭·⑯·⑰·⑱의 공부정, ⑮의 불공부정, ⑲의 상위결정의 부정인과 ㉓의 유법차별상위인의 상위인이 많이 거론된다.[58]

인도로 유학을 떠난(629) 현장은 북인도 카슈카르 지방에서 승칭僧稱에게서 인명학을 배웠다. 이어 지나복저국至那僕底國과 나란타사那爛陀寺 및 남코살라 그리고 마가다국의 시무염사施無厭寺와 장림산杖林山 등에서도 인명에 대한 강의를 듣고 진나의 『집량론集量論』에 대해서도 엄밀하게 공부하였다. 다시 정관 7년(633)에는 인도 동북부 마가다국의 나란타사에서 5년 동안 범어와 인명학 연구에 매진하였다. 그리고 3년 동안 동인도, 남인도, 서인도를 주유한 뒤에 다시 마가다로 돌아와 반야발타라般若跋陀羅에게 인명을 익혀 통달하였다.[59]

일찍이 범어와 유식과 인명에 통달했던 현장이 유학을 마치고 귀국할 즈음 당시 오천축을 다스리던 계일戒日(Śīlāditya) 왕이 18일 동안 무차대회, 즉 누구나 참여할 수 있는 법회를 열었다. 인도 전역의 뛰어난

---

58 김성철, 앞의 책, p.79.
59 武邑尙邦, 「中國의 因明思想」, 심봉섭, 『불교학세미나-2, 인식론·논리학』(불교시대사, 2002), pp.309~310.

논사들이 모여 논쟁을 벌였을 때 현장이 만법萬法은 유식唯識임을 증명하는 유식비량의 논증식을 고안하여 발표하였다. 하지만 아무도 그를 비판하지 못했다고 전한다. 당시에 현장이 고안한 논증식은 아래와 같다.

제1량

주장문(宗): 승의에 의거할 때, 양측 모두가 인정하는 색은 안식을 벗어나 있지 않다(眞故, 極成色不離語故眼識).

이유문(因): 우리 측에서 인정하는 초삼初三[60]에 포함되면서 안근眼根(眼界)에는 포함되지 않기 때문에(自許, 初三攝眼所不攝故).

예시문(喩): 마치 안식과 같이(猶如眼識).

이 논증식에서 현장은 소승 측에서 색경色境, 즉 외계에 실재하는 대상으로 간주하는 형상(色)이 안식에서 벗어난 것이 아님을 논증하고 있다. 그는 이식, 비식, 설식, 신식, 의식 등에 이르는 논증식들을 차례대로 작성하려 했다고 전한다.[61] 현장은 1) 주장문(宗)에는 '승의에 의거할 때'라는 단서를, 2) 주장문의 주어인 유법有法에는 '양측 모두가 인정하는極成'이라는 단서를, 3) 그에 대한 이유문(因)에는 '우리 측에서 인정하는(自許)'이라는 단서를 부가함으로써 만법이 유식임을 증명하

---

60 제1량의 초삼初三은 18계十八界 가운데 처음의 셋인 안근眼根, 색경色境, 안식眼識을 가리킨다. 현장은 제2량(二三), 제3량(三三), 제4량(四三), 제5량(五三), 제6량(後三)의 차례로 논증식을 작성하고 있다.

61 善珠, 『因明論疏明燈抄』(『大正藏』제86책, p.319하).

면서 외도나 소승의 비판을 피할 수 있는 절묘한 논증식을 고안해 내었다.

반면 원효는 현장의 유식비량을 비판하기 위해 다음과 같은 상위결정相違決定, 즉 대립된 주장을 성립시키는 인을 갖는 논증식을 창안해 내었다.[62]

> 주장문(宗): 승의에 의거할 때, 일반적으로 인정하는 색은 반드시 안식에서 벗어나 있다(眞故, 極成色定離於眼識).
> 이유문(因): 우리 측에서 인정하는 초삼에 포함되면서 안식에는 포함되지 않기 때문에(自許初三攝, 眼識不攝故).
> 예시문(喩): 마치 안근과 같이(猶如眼根).

여기서 상위相違는 주장문이 상반된다는 뜻이고, 결정決定은 이유가 확실하다는 뜻이다.[63] 현장이 고안한 유식비량과 이를 비판하는 상위결정의 논증식 모두 인의 3상을 갖춘 타당한 논증식이다. 하지만 이 주장은 상반된다. 이렇게 되면 하나의 세계관 내에서 상반된 주장이 담긴 논증식이 작성되게 되고 결국 두 논증식 중 어느 것이 옳다고 확정할 수 없게 되어 이 두 논증식에서 사용된 각각의 인은 상위결정의 부정인이 되게 된다.[64]

그런데 이 논증식을 작성한 이는 신라의 원효 법사이며 순경 법사

---

62 窺基, 앞의 글, 앞의 책, p.744상중.
63 善珠, 앞의 글, 앞의 책, p.362중.
64 김성철, 앞의 글, 앞의 책, p.144.

는 이를 당나라에 널리 알린 인물[65]이라고 전한다. 나아가 원효는 『판비량론』에서 소승논사의 유법차별상위에 대해 비판하기도 했다. 그는 소승 측의 유법차별상위의 비판을 다음과 같은 논증식으로 구성하였다.[66]

주장문(宗): 양측 모두 인정하는 색은 즉식卽識의 색이 아니어야 한다(極成之色, 應非卽食識之色).
이유문(因): (초삼에 포함되면서 안근에는 포함되지 않기 때문에)(自許初三攝眼所不攝故).[67]
예시문(喩): 마치 안식과 같이(因喩同根)[68].

위의 이유문(因)에 '우리 측에서 인정하는(自許)'이라는 단서를 부가하지 않고 유식비량을 작성할 경우, 소승 측에서는 위와 같은 논증식을 제시하며 유식비량을 비판하게 될 것이라고 하였다. 이에 대해 원효가 밝힌 논증식이 일부나마 남아 있어 위와 같이 짐작해 볼 수 있다.

또 원효는 승군勝軍의 비량에 대해 현장이 비판한 논증식을 개작하여 논리를 보충하였다. 이것은 원효의 논증식이 얼마나 탁월했는가를

---

65 善珠, 앞의 글, 앞의 책, p.321상. 상위결정相違決定의 작성자가 순경順璟이라는 기록도 있으나 원효라는 기록이 압도적으로 더 많다.
66 善珠, 앞의 글, 앞의 책, p.318상.
67 文軌, 『因明入正理論疏』, p.686중. 선주善珠의 글에서는 이유문이 빠져 있어 문궤文軌의 저술에서 인용하였고, 유식비량에 대한 원효의 논의 중에는 유식비량에 사용된 '우리 측에서 인정하는(自許)'이라는 단서의 구실에 대한 설명이 있었을 것으로 이해된다.
68 선주의 글에서 예시문은 '마치 안식과 같이'로 되어 있으나 문궤의 예시문에서는 '인과 유는 앞과 같다'고 되어 있다.

반추해 주는 전거라고 할 수 있다. 일찍이 승군은 안혜安慧로부터 성명과 대소승의 논서를 배우고 계현戒賢으로부터 『유가론』과 『베다』와 천문과 지리와 의술 등을 배웠다.[69] 한편 현장은 승군의 문하에서 『유식결택론』, 『무외론』, 『부주열반론』, 『십이인연론』, 『장엄경론』 등을 배웠고 유식과 인명 등에 대한 의문점을 물어 그에 통달해 있었다.[70]

먼저 승군은 독특한 인을 고안하여 외도나 『육족론六足論』 등의 가르침을 배제하고자 하였다. 그리하여 그는 다음과 같이 논증식을 제시하였다.

주장문(宗): 대승경전은 모두 불설이다.
이유문(因): 양측 모두 인정하는 〈불어佛語가 아닌 것〉에 포함되지 않기 때문에.
예시문(喩): 마치 『증일아함경』 등과 같이.[71]

승군이 제시한 비량의 논증식에 대해 현장은 이를 비판하고 그 논증식을 보완하고자 하였다. 규기의 『인명입정리론소』에 의거하면 현장의 논증식은 아래와 같이 제시되고 있다.

주장문(宗): 대승경전은 모두 불설이다.
이유문(因): 자허自許인 우리 측이 인정하는 〈불어가 아닌 것〉에 포함되지 않기 때문에.

---

69 『大唐慈恩寺三藏法師傳』(『大正藏』 제50책, p.244상).
70 武邑尙邦, 앞의 글, 앞의 책, p.310.
71 窺基, 『因明入正理論疏』(『만속장경』 제86투, p.756상).

예시문(喩): 마치 『증일아함경』 등과 같이.

원효의 논증식과 달리 규기가 소개하는 '현장이 개량한 논증식'의 인에는 '극성' 즉 '양측 모두가 인정하는' 이라는 단서가 추가되어 있다. 그렇다면 '자허극성' 즉 자허이면서 극성인 것 또는 '자허이거나 극성인 것'으로 얘기될 수 있다.

한편 원효는 현장의 논증식을 소개하면서 인에 '우리 측이 인정하는(自許)'라는 단서만 덧붙였다. 이것은 '우리 측이 인정하거나 양측 모두 인정하는'이라는 말과 등치가 된다. 또 '양측 모두 인정한다'는 의미는 '우리 측이 인정한다'는 말 속에 내포되어 있다. 그리고 '우리 측이 인정하는 〈불어가 아닌 것〉에 포함되지 않는 것' 역시 '소승경과 대승경'뿐이다. 원효는 현장이 고안했던 논증식을 소개하면서 인에 부가된 불필요한 단서인 '양측 모두 인정하는'이라는 말을 제거했다고 볼 수 있다.[72]

원효는 현장이 개량한 상위결정의 논증식에 대해 비판하면서 다음과 같이 개작한다.

주장문(宗): 대승경전은 궁극적인 가르침(至敎量)이 아니다.
이유문(因): 우리 측에서 인정하는 불어에 포함되지 않기 때문에.
예시문(喩): 마치 승론勝論과 같이.

승군과 현장의 논증식에서 '주장문의 술어'가 '불설'이라고 한 반면

---

[72] 김성철, 앞의 책, p.202.

원효는 이것을 '궁극적인 가르침(至敎量)'이라고 하였다. 이것은 아마도 『성유식론』의 논증에서 원용한 술어[73]로 이해된다. 이어서 원효는 '불어'라는 술어를 '궁극적인 가르침'으로 대체한 현장의 논증식을 다시 기술한 뒤 자신의 논증식을 제시하고 있다.

> 주장문(宗): 대승경전은 모두 궁극적인 가르침(至敎量=佛說)이다.
> 이유문(因): 우리 측에서 인정하는 〈불어가 아닌 것〉에 포함되지 않기 때문에.
> 예시문(喩): 마치 『증일아함경』 등과 같이.

나아가 원효는 승군 비량을 다음과 같이 개작한다.

> 주장문(宗): 대승경전은 올바른 이치에 부합한다.
> 이유문(因): 양측 모두 인정하는 〈불어가 아닌 것〉에 포함되지 않는 가르침이기 때문에.
> 예시문(喩): 마치 『증일아함경』 등과 같이.

원효는 승군이 서술했던 '불설이다'라는 용어를 '올바른 이치에 부합한다(契當正理)'라는 말로 바꾸고, '양측 모두 인정하는 〈불어가 아닌 것〉에 포함되지 않는 가르침이기 때문에'로 바꾸었다. 이렇게 되면 상위결정의 오류도 범하지 않고, 부정인의 오류도 범하지 않는다고 원효는 주장한다.[74] 그리하여 원효는 대승불설에 대한 승군과 현장의 교

---

73 護法等菩薩造, 『成唯識論』(『大正藏』 제31책, p.14하).
74 김성철, 앞의 책, p.207.

證敎證을 비판하고 자신이 고안한 이증理證의 논증식을 제시한다.

그리하여 승군 비량을 부분적으로 수정하여 대승이 '올바른 이치'에 부합된 가르침임을 논증하는 '공비량共比量', 즉 '대소승 모두 인정할 수 있는 논증식'을 고안하였다. 따라서 원효가 논증하듯이 대승의 '불설' 여부는 그 경전이 '부처의 교설(佛說)', 즉 성스러운 가르침(聖敎)에 속한다는 것을 논증함으로써 확인할 수 있는 것이 아니라, 그 가르침이 '올바른 이치(正理)'에 부합하는지 여부를 논증함으로써 확인할 수 있는 것[75]이다.

이처럼 원효는 '불설' 혹은 '성교'라는 종래의 경전관인 교증을 넘어 '정리' 즉 '올바른 이치의 논증'이라는 '이증理證'의 논증식을 창안하였다. 이것은 새로운 경전관의 활로를 제시한 것이었다는 점에서 사상사적 의의가 매우 크다고 할 수 있다. 원효가 『판비량론』을 마무리하면서 적은 현존하는 회향게 역시 이러한 '이증'을 보여 주고 있다.

證成道理甚難思　증성의 도리는 생각키도 꽤 어려워
自非笑却未易言　내 웃으며 밀치잖고 쉽게 풀지 못했네.
今依聖典擧一隅　이제 성전 의지해 한 모퉁이 들었으니
願通佛道流三世　불도가 삼세 흘러 통하게 하소서.[76]

75　김성철, 앞의 책, p.209.
76　『判比量論』跋文(『續藏經』제1編95套4冊). 후키하라는 이 회향게를 오사誤寫된 것이라고 추정하면서 이대로는 도저히 의미가 통하지 않는다고 토로한다. 그리고 이와 유사한 선주善珠의 『因明論疏明燈抄』 말미의 회향게만을 소개하고 있다. "因明道理深難思, 非一切智誰能解, 故蒙篤請採百家, 爲始學徒授近慧, 述而不作爲妙意, 披覽後生勿疑解, 今依先迹擧一隅, 願通佛道流三世."(『大正藏』 제68책, p.435중).

원효는 본문을 정리하고 난 뒤 회향게로 마무리하고 있다. 그는 "인명(증성)의 도리는 깊어서 생각키도 꽤 어려워/ 내 웃으며 밀치잖고 쉽게 풀지 못했네."라고 겸손해 한다. "이제 성전 의지해 한 모퉁이 들었으니/ 불도가 삼세 흘러 통하게 하소서."라고 하였다. 선주가 기술하고 있는 '인명도리'와 달리 '증성도리'라 표현한 점 역시 이증 즉 올바른 이치의 논증을 보여 주고 있는 것이다.

원효의 『판비량론』은 자신의 논리 사상을 14절(?) 체계화한 논리서였다. 그는 이 논서를 통해 당시 동아시아에서 일어나고 있는 여러 논의들을 불교인명학적 방법으로 비판해 갔다. 그리하여 자신이 구사할 수 있는 모든 논리를 동원하여 잘못된 주장문과 이유문과 예시문을 비판하여 바른 주장과 이유와 예시에 입각한 바른 인식을 드러내고자 하였다. 특히 교증을 넘어 '정리' 즉 '올바른 이치의 논증'을 통해 자신이 사숙한 현장과 승군의 비량을 비판하고 새로운 논리를 제시한 것도 불설의 핵심인 중도를 재천명하기 위한 노력이었다.

따라서 『판비량론』은 인도와 중국으로 이어지는 불교인명학의 최상위 담론이 지닌 한계를 지적하면서 새로운 활로를 열어간 저술이라는 점에서 동아시아 불교 논리 사상의 최고봉이라고 할 수 있으며, 불교 사상을 집대성하고 있는 원효의 사상을 엿볼 수 있는 최고의 논서라는 점에서 사상사적 의의를 지니는 저술이라고 할 수 있다.

V. 원효 저술에서 두 저술의 의의

원효의 『십문화쟁론』과 『판비량론』은 그의 대표적 저술임에도 불구하고 모두 단간본으로만 남아 있다. 『십문화쟁론』은 벌레 먹은 목판본이 해인사에 남아 있고 인간본 일부가 전해지고 있을 뿐이다. 하지만 원효의 논리 사상을 보여 주는 저술이라는 점에서 대단히 소중한 저술이며 그의 철학 사상을 엿볼 수 있는 단간본이라는 점에서 철학사적 의의를 지닌 저술이라고 할 수 있다.

『판비량론』 역시 국내에는 판본조차 없지만 일본에서는 주요지방문화재로 지정하여 보존하고 있다. 이 저술은 지각인 현량에 대응하는 추론인 비량에 대해 비판하면서 자신의 논리 사상을 보여 주고 있다는 점에서 사상사적 의의를 지닌 저술이라고 할 수 있다. 그의 두 저술 모두 완본이 남아 있지 않음에도 불구하고 이 두 저술 모두 원효의 대표작이라는 점에서 그 사상적 의의가 적지 않다.

『십문화쟁론』은 그의 사상적 기호인 일심과 무애의 매개항인 '화회' 즉 화쟁회통의 논리와 논법을 보여 주고 있다는 점에서 사상사적 의의가 매우 크다. 비록 십문을 온전히 알 수는 없지만 공집과 유집, 무성과 유성, 인집과 법집, 보신과 화신, 진집과 속집, 삼성의 일이, 불성의 이의, 삼신의 이집, 이장의 이의, 삼승과 일승 등 7세기에 이루어진 동아시아 불교사상사의 모든 쟁점들을 집성하고 있다는 점에서 큰 의의가 있다.

이들 주제들은 곧 동아시아의 대표적인 쟁론이었던 공종空宗과 유종有宗의 대립, 구역(無相) 유식과 신역(有相) 유식의 갈등, 변계소집과 의타기성의 공유空有 문제, 아뢰야식과 여래장(불성)의 동이, 삼승과 일승의 대립, 개성설과 각별설과도 긴밀하게 관계되어 있다는 점에서 이 논서의 철학사적 의의를 엿볼 수 있다.

원효의 화쟁은 그의 일심의 깨침으로부터 시작된다. 그가 『십문화쟁론』을 짓게 된 것은 불교를 전관한 안목에서 가능한 일이었다. 당시 사람들은 자종의 우월성에 입각하여 각기 불교 이론을 수용하거나 배제하면서 갖은 쟁론이 일어났다. 일심을 발견한 원효는 이러한 쟁론을 화쟁하고 회통시키고자 하였다. 먼저 이들 주제에 대한 쟁론을 제시한 뒤에 이들 쟁론이 불필요함을 역설하였다.

이를테면 인천에 사는 사람에게 서울에 가려면 동쪽으로 가야 하고, 수원에 사는 사람에는 서울에 가려면 북쪽으로 가야 하며, 춘천에 사는 사람에게 서울에 가려면 서쪽으로 가야 된다고 설한 것이 경전이다. 그럼에도 불구하고 사람들은 모두들 자신이 사는 곳에서 서울에 가는 방법만이 옳다고 싸우려고 한다. 원효는 이것은 전혀 싸울 일이 아니라 모두가 자신이 서 있는 방향과 상황에 따라 설한 것일 뿐이라고 가르치는 과정에서 『십문화쟁론』이 탄생하였다.

『판비량론』역시 동아시아에서 일어나고 있는 여러 쟁론들을 비판하고 화쟁하기 위해서 지은 저술이다. 승군의 비량과 현장의 유식비량 및 대승불설 논쟁 등에 대해 논증식을 원용하여 화쟁하고 회통해 가면서 탄생한 저술이다. 이 두 저술 모두 당시의 여러 쟁론들을 화쟁하고 회통하기 위해 지은 것이라는 점에서, 그리고 모두 원효의 논리 사상을 보여 주고 있다는 점에서 철학사적 의의와 사상사적 의의가 매우 크다. 그를 '화쟁국사'로 부른 까닭도 다양한 주장들을 조화시켜 하나의 마음一心으로 나아가게 하기 위해서였다.

Ⅵ. 정리와 맺음

원효는 7세기 동아시아 사상사가 안고 있던 공종空宗과 유종有宗의 대립, 구역(無相) 유식과 신역(有相) 유식의 갈등, 변계소집과 의타기성의 공유空有 문제, 아뢰야식과 여래장(불성)의 동이, 삼승과 일승의 대립, 개성설과 각별설의 길항 등 동아시아인들의 철학적 공안과 사상적 화두를 안고 살았다. 그가 70평생 동안 103(105)부 208(214)여 권에 이르는 많은 저술을 지은 것도 이러한 의단을 돌파하기 위해서였으며 대중교화를 위해 저잣거리에 온몸을 던진 것도 이러한 문제를 온몸으로 실현하기 위해서였다.

원효가 10문 혹은 그 이상을 통해 보여 준 화쟁 논리와 회통 논법은 '중中'이라는 잣대로 모든 존재를 파악한 붓다의 '중관中觀'을 이은 용수의 공관空觀, 승랑의 정관正觀, 천태의 묘관妙觀을 잇는 화관和觀에 입각한 것이었다. 화관은 비유비무非有非無의 공관과 무의무득無依無得의 정관과 공제空諦·가제假諦를 아우르는 중제인 묘관의 원효적 표현이었다. 그는 『십문화쟁론』의 십문 혹은 그 이상의 문을 화관을 통해 일심으로 나아가고자 하였다. 원효가 세운 화관의 문門과 논論의 확장된 표현인 십문 혹은 그 이상은 일심으로 나아가는 관문이자 현관의 수립이라는 점에서 철학사적 의의가 매우 크다.

원효는 '불설' 혹은 '성교'라는 교증을 넘어 '정리' 즉 '올바른 이치의 논증'이라는 이증理證의 논증식을 창안하였다. 그는 대승의 '불설' 여부는 해당 경전이 '부처의 교설(佛說)', 즉 성스러운 가르침(聖敎)에 속한다는 것을 논증함으로써 확인할 수 있는 것이 아니라, 그 가르침이 '올바른 이치(正理)'에 부합하는지 여부를 논증함으로써 확인할 수 있는 것으로 파악하였다. 이것은 종래의 경전관이었던 교증을 넘어 새로운 경전관이라 할 이증의 활로를 열어 준 것이었다는 점에서 사상사적 의의가 매우 크다.

원효의 대표작인 『십문화쟁론』과 『판비량론』은 완본이 남아 있지 않아 그의 화회 논법과 논리 사상을 온전히 재구하기는 어렵다. 하지만 남아 있는 것을 통해서나마 그의 저술이 지닌 철학사적 의의와 사상사적 의의는 가늠해 볼 수 있었다. 그는 화회의 논법을 통해 일심의 철학을 구축하였고, 인명의 논리를 통해 일심의 사상을 제시하였다. 원효가 일심-화회-무애의 기호로 보여 준 것은 우리들로 하여금 하나를 향한 그리움인 일심一心 혹은 일심지원一心之源으로 귀결시키기 위해서였다.

9

한국 기신학 연구의 지형과 내용

I. 기신학과 기신사상의 정의와 의미 … 374
II. 신라시대 기신학 연구의 지형과 내용 … 379
III. 원효의 기신학 주석서와 이후의 영향 … 384
IV. 고려시대 기신학 연구의 지형과 내용 … 398
V. 조선시대 기신학 주석서의 판각과 유통 … 402
VI. 기신학 기신사상 기신종의 지형도 … 407

I. 기신학과 기신사상의 정의와 의미

붓다의 깨침 또는 깨달음에 대한 해명은 인도에서 중국으로 건너오면서 더욱더 깊어지고 넓어졌다. 대승불교의 종요서 혹은 교과서로 평가받는 마명馬鳴의 『대승기신론』[1]은 불교의 깨침 혹은 깨달음에 대한 정교한 이론 체계와 구체적 실천 방법을 담고 있어 기신학起信學[2] 혹은 기신종起信宗[3]의 소의所依 논서가 되어 왔다. 『대승기신론』은 우리가 살고 있는 현상세계의 우주만물인 존재(法)와 그 일체를 머물게 하는 궁극 존재가 모두 진여眞如의 발현이자 표현이라고 논한다. 여기서 대승은 '진여' 즉 '참으로 그러함'을 가리킨다. 진여는 '존재의 바탕' 또는 '존재의 기반'이란 뜻에서 '법체法體'라 일컫고, 그 법체를 '진여' 혹

---

[1] 『대승기신론』은 548년에 인도에서 중국에 다다른 진제眞諦(499~569) 삼장이 550년에 번역한 구역본과 실차난타實叉難陀(652~710) 삼장이 696년(혹은 703년)에 번역한 신역본이 있다. 대부분의 불학자들은 구역본에 주석을 시도했으며 우익 지욱藕益智旭(1599~1655)만이 신역본에 주석을 가하여 『大乘起信論裂網疏』를 남겼다.

[2] 6-8세기 당시 동아시아불교 사상사에서 대표적 논서로 자리 잡았던 『대승기신론』을 중심으로 한 기신학起信學 연구가 하나의 학파나 종파로 형성되지는 않았지만 학파나 종파의 범주를 넘어서는 영향력을 미치어 왔다. '기신학'이란 표현은 '유식학', '천태학', '화엄학', '정토학'에 대응하여 논자가 만든 말이지만 '기신론 관련 연구 학문에 대한 총체적 표현'이다.

[3] 기신학起信學의 토대 위에서 전개된 사상적 영향은 끊이지 않고 이어져 19세기 말에 청나라의 양원후이(楊文會, 1837~1911)에 의해 마명종馬鳴宗이 창종되기도 하였다. 그는 『대승기신론』은 "으뜸되는 가르침을 원용하여 불교를 배우는 요전要典"이며, "불교를 배우는 강종綱宗"이기 때문에 "항상 『대승기신론』을 스승으로 삼는다."고 하였다. 楊文會, 『楊仁山居士遺著』 제9책, p.4.

은 '진여법신'이라 부른다. 이 때문에 이 논서는 진여 자체(體)와 진여의 드러난 모습(相)과 진여의 현상적 활동(用)을 밝히고 있다. 마명은 대승 즉 진여의 체상용體相用을 밝힘으로써 진여에 대한 믿음을 일으키게 하기 위해 이 책을 지어 '중생심이 곧 진여심'이며 '진여를 믿는 것'은 곧 '자기 자신을 믿는 것'임을 역설한다.[4]

『대승기신론』은 저자로 적혀 있는 마명의 실존 여부와 그 사상이 태동된 성립 지역에 대한 이설이 적지 않지만 논서 안에 담고 있는 내용으로 보아 대승경전을 방불케 하는 저술로 이해되어 왔다. 이 논서는 저자명과 성립처에 대한 주장들이 분분함에도 불구하고 동아시아불교의 여러 학파와 종파의 국부성과 배타성을 넘어서는 핵심 저술로서 커다란 영향력을 지녀 왔다.[5] 그런데 국내외 학계에서는 이 『대승기신론』의 저자와 성립에 관한 통설이 확정되어 있지 않을 뿐만 아니라 진제의 번역 가능성조차도 한동안 의심해 왔다. 먼저 일본의 우이 하쿠주(宇井伯壽, 1882~1963)는 『대승기신론』이 다루고 있는 주요 이론들이 인도불교의 이론들이며, 히라가와 아키라(平川彰, 1915~2002)는 진제眞諦(499~569)의 한역에 의심을 표시하여 불교목록에 오류가 있을 가능성을 제기하면서[6] 두 사람 모두 인도 찬술설을 주장하였다. 또한 가시와

---

4 高榮燮(a), 「불교로 읽는 고전: 모든 생명체의 무한한 가능성을 밝혀낸 인문학의 수트라」, 〈현대불교〉 2014년 2월 5일자.
5 현재까지도 마명馬鳴에 의해 지어진 인도 성립설과 진제眞諦 삼장의 역경 직전에 이루어진 중국 성립설이 대립하고 있다. 하지만 현존하는 『대승기신론』은 서인도 우선니국優禪尼國(Ujjayani) 출신의 진제가 번역한 구역본舊譯本뿐만 아니라 동일본同一本을 새롭게 번역한 서역 우전국于闐國 출신 실차난타(學喜)의 신역본新譯本이 존재하고 있다는 점에서 인도 서역 찬술로 보는 것이 적절하지 않을까 한다.
6 平川彰, 「如來藏思想とは何か」, 『如來藏思想と大乘起信論』(東京: 春秋社, 1990), pp.5~96.

기 히로오(柏木弘雄)는 당시까지의 논의들을 정리하고 『대승기신론』이 진제의 번역은 아니라 할지라도 이 논서의 초기 주석들과 진제의 『섭대승론석』과의 관련 사실을 검토하여 새로운 관점에서 인도 찬술설을 주장해 왔다.[7]

이와 달리 아라마키 노리토시(荒牧俊典)는 종래에 가장 오래된 『대승기신론』 주석서인 『대승기신론의소』를 지은 담연曇延(516~588)이 진제 번역 『섭대승론석』의 영향을 받아 『대승기신론』을 찬술한 것[8]이라며 중국 찬술설을 주장하였다. 이 주장에 대해 요시즈 요시히데(吉津宜英)는 『대승기신론』은 진제와 관련이 없으며 진제는 후에 번역자로 가탁된 것이라고 주장하고, 한편으로 『대승기신론』과 보리유지菩提流志(527) 삼장 등과의 접점을 고려하여 이 계통의 인도 논사에 의해 찬술되었을 가능성을 제시하였다.[9] 반면 오오타케 스스무(大竹晉)는 『대승기신론』의 인용문을 분석하여 기술 용어나 서술 형식이 늑나마제勒那摩堤(508년 이후 활동)가 번역한 『보성론寶性論』 또는 보리유지의 『금강선론金剛仙論』과 유사함을 밝히면서 반박하였다.[10] 또 다카사키 지키도(高崎直道)는 범어 원본에는 나타나지 않고 늑나마제(堅慧)의 한역에만 존재하는 부분을 『대승기신론』이 인용하고 있음을 발견하고 『대승기신

---

7 柏木弘雄, 『大乘起信論の研究 －大乘起信論の成立に關する資料論的 研究』(東京: 春秋社, 1981) 참조.
8 荒牧俊典, 「北朝後半期仏教思想序說」, 『北朝隋唐 中國仏教思想史』(京都: 法藏館, 2000), p.83.
9 吉津宜英, 「大乘起信論再檢討」, 『東アジア仏教の諸問題: 聖嚴博士古稀記念論叢』(東京: 山喜房佛書林, 2001), pp.133~149.
10 大竹晉, 「『大乘起信論』の引用文獻」, 『哲学思想論叢』 제22집, 2004, pp.51~65; 大竹晉, 「『大乘起信論』成立問題にに關する近年の動向をめぐて」, 『불교학리뷰』 제12집, 금강대학교 불교문화연구소, 2014, pp.9~43.

론』이 늑나마제 저술과 연관되어 있다고 주장하였다.¹¹ 한편 다케무라 마키오(竹村牧男)는 『대승기신론』의 용어가 초기 지론종 논사인 보리유지와 늑나마제의 번역어와 연관성이 있다는 점을 지적하여 인도 출신 승려의 강의를 바탕으로 지론 계통 경론에 능통한 6세기경의 도총道寵과 같은 인물이 찬술자로서 편찬했을 가능성을 제시하였다.¹² 또한 이시이 코세이(石井公成)는 보리유지의 저술인 『법경록法經錄』과 『대승기신론』 사이의 사상 구조의 유사함에 주목하여 지론 계통과의 관련성을 제시하였다.¹³

이러한 선행 연구들에 의하면 『대승기신론』의 인도 찬술설과 중국 찬술설의 양자 선택적 주장을 넘어 초기 지론종 계통과의 연관성 속에서 이루어졌음을 시사해 주고 있다. 그럼에도 불구하고 "『대승기신론』 성립 논의와 함께 여전히 남아 있는 문제들은 『대승기신론』이 인도승 마명에게 가탁된 사상적 배경은 무엇인지, 그리고 만약 『대승기신론』이 초기 지론논사의 저술이라면 『대승기신론』의 초기 주석들은 왜 진제의 사상에 의거하여 『대승기신론』을 해석하고 있는지 등이다. 이와 관련하여 『대승기신론』 자체의 사상과 『대승기신론』의 주석 간, 또는 『대승기신론』 주석들 상호간의 사상적 차이 내지는 해석의 차이를 어떻게 이해해야 하는가에 대한 지속적 연구가 더 요구된

---

11 高崎直道, 「大乘起信論の語法: '依' '以' '故' 等の用法をめぐて」, 『早稻田大學大學院文学研究科紀要』 제7집 哲學史學編, 1992 참조.

12 竹村牧南, 『大乘起信論績釋』(東京: 山喜房佛書林 1985); 竹村牧南, 「地論宗と『大乘起信論』」, 『如來藏思想と大乘起信論』(東京: 春秋社, 1990), p.363.

13 石井公成, 「『大乘起信論の用語と語法の傾向: NGSMによる比較分析」, 『印度學仏敎学研究』 제52집, 印度學仏敎学會, 2003; 石井公成, 「『大乘起信論』の引用文獻」, 『哲学思想論叢』 제22집, 2004 참조.

다.'"¹⁴ 지금까지 국내외 선행 연구를 종합해 보면 지론 계통과의 연관성이 있다는 주장으로 좁혀지고 있지만 여전히 진제의 섭론 계통과의 관련성을 부정하기는 쉽지 않다는 결론에 이르게 된다. 왜냐하면『대승기신론』의 초기 주석서들이 진제의 사상에 의거하여 논서를 해석하고 있을 뿐만 아니라 진제 또한 직역의 번역자를 넘어 인도 유식학 논서들에 대한 '해설 번역'¹⁵의 모습을 보여 주고 있기 때문이다.¹⁶ 이 텍스트의 주석과 판각 및 유통과 보급은 한국 고대의 고구려, 백제, 가야, 신라의 4국과 중세의 고려 및 근세의 조선시대까지 끊이지 않고 이어져 왔다. 이 글에서는 이러한 선행 연구¹⁷의 검토 위에서 한국『대승기신론』연구의 지형과 내용을 살펴보고자 한다.

---

14 이수미(a),「동아시아에서의『대승기신론』해석의 전개」,『철학사상』제60집, 서울대학교 철학사상연구소, 2016.05; 이수미(b),「기신론소」,『테마 한국불교 4』(서울: 동국대학교출판부, 2016), p.40 참조.
15 진제는『決定藏論』및『三無性論』,『轉識論』,『十八空論』등에서 이러한 모습을 보여주고 있다. 안성두,「眞諦의 三性說 해석과 阿摩羅識」,『佛敎研究』제42집, 한국불교연구원, 2015, pp.101~150 참조.
16 高榮燮(f),「芬皇 元曉와 三藏 眞諦의 섭론학 이해」,『佛敎哲學』제3집, 동국대학교 세계불교학연구소, 2018.10.
17 朴太源,「新羅佛敎의 大乘起信論 硏究」,『신라문화제학술발표논문집: 新羅佛敎의 再照明』제14집, 동국대학교 신라문화연구소, 1993.2; 석길암(b),「근현대 한국의『대승기신론소』『별기』의 연구사」,『불교학리뷰』제2집, 금강대 불교문화연구소, 2007; 이수미(a), 앞의 논문, 2016.05.

Ⅱ. 신라시대 기신학 연구의 지형과 내용

한국 찬술의 고대불교 문헌 중 고구려와 백제[18] 및 가야의 문헌들은 대부분 산일되어 있다. 하지만 신라의 문헌은 일부이기는 하지만 일정한 분량의 불교 전적을 보전해 오고 있다.[19] 신라시대 불학자들은 『대승기신론』 주석서를 다수 펴냈지만 현존하는 것들은 아래의 목록과 같다. 신라 최초의 『대승기신론』 주석서는 원효의 주석들이다. 원효 이전 불학자들의 저술 목록에서 『대승기신론』 주석서를 확인할 수 없으며, 현존하는 원효의 『대승기신론별기』와 『(대승기신론)이장의』 및 『대승기신론소』를 통해서 통해 원효의 『대승기신론』 이해를 살펴볼 수 있다.

원효는 구마라집鳩摩羅什, 불타발타라佛陀跋陀羅, 보리유지, 늑나마제勒那摩堤, 진제眞諦 삼장 등의 구역 경론에 입각하여 불학을 시작하였다. 그는 구역 논서에 의거하여 집필을 하면서도 현장玄奘(602~664)이 중국에 돌아와 번역한 신역 경론까지 참고하여 저술하였다. 그 즈음 동아시아 불교사상계에 현장과 의정義淨(635~713) 삼장 등의 신역이 소개되면서 중관(空性)과 유식(假有)의 상이한 교문, 구역舊譯과 신역新譯 유식의 갈등, 일승一乘과 삼승三乘의 대립, 불성佛性 유무有無의 대립 등을 쟁점으로 하는 여러 불교 이론들이 새롭게 제기되었다. 이에 원효는 신구

---

18 요서遼西(大陸) 백제百濟를 무대로 본국本國(半島) 백제와 왜나라(列島) 일본을 무대로 활동했던 혜균慧均의 『大乘四論玄義記』(600년 간행) 등 일부만이 전해지고 있다. 崔鉛植 校勘, 『대승사론현의기』(서울: 불광출판부, 2010) 참조.

19 동국대학교 한국불교전서편찬위원회, 『한불전』 제1~3책이 신라시대편이며, 제4~6책의 고려시대편과 제7~제10책의 조선시대편에 이어 제11~제14책의 보유편에도 신라시대 전적典籍이 일부 수록되어 있다.

경론의 상이한 이론들을 화쟁하고 회통할 필요를 느꼈다.[20]

앞서 그는 『대승기신론』의 일심이문一心二門 구조를 원용하여 『대승기신론별기』에서는 중관과 유식의 종합 지양을 주장하였고, 이어 『대승기신론이장의』에서는 망식인 아뢰야식으로서 일심과 진망화합식인 여래장으로서 일심의 통합을 시도하였다. 나아가 원효는 『대승기신론소』에서는 적멸로서 일심(심진여문)과 여래장으로서 일심(심생멸문)으로 일심의 두 측면을 해명하였으며, 『화엄경소』 등의 화엄주석서에서는 진심으로서 일심으로, 선경禪經인 『금강삼매경론』에서는 본법으로서 일심으로 나아가면서 진여의 일심과 일각 즉 본각의 일심지원으로 자신의 철학적 체계를 수립하였다.[21] 먼저 신라시대에 간행되고 유통된 『대승기신론』 주석서에 대해 살펴보기로 하자.

〈도표1〉 한국 찬술 신라시대 『대승기신론』 주석서

번호	이름	저 서 명	권차 및 현존여부	시 대
1	元 曉	大乘起信論疏	2권 存	신라시대
2		대승기신론別記	1권 혹 2권 存	
3		대승기신론宗要	1권 失	
4		대승기신론大記	1권 失	
5		대승기신론料簡	1권 失	
6		대승기신론私記[22]	1권 失	
7		대승기신론一道章[23]	1권 失	
8		대승기신론二障章[24]	1권 存	
9	憬 興	대승기신론問答	1권 失	
10	勝 莊	대승기신론問答	1권 失	

---

20 高榮燮(b), 「분황 원효의 和諍과 會通 인식」, 『불교학보』 제76집, 동국대학교 불교문화연구원, 2017.9.

21 高榮燮(d), 「분황 원효의 一心思想」, 『선문화연구』 제23집, 한국선리연구원, 2017.12; 高榮燮, 「동아시아불교의 보편성과 특수성」, 『문학 사학 철학』 제52·53호, 대발해동양학한국학연구원 한국불교사연구소, 2018.6.

번호	이름	저서명	권차 및 현존여부	시대
11	太賢	대승기신론內義略探記 (起信論古跡記)	1권 存	신라시대
12	緣起	대승기신론珠網	3권 혹 4권 失	
13		대승기신론捨繁取妙	1권 失	
14	大衍	대승기신론疏	1권 失	
15		대승기신론記(疏)	1권 失	
16	智憬[25]	起信論一心二門大義	1권 存?	
17	見登	대승기신론同玄章	2권 失	
18		대승기신론同異略集	2권 存	
19	月忠	釋摩訶衍論[26]	10권 存	

　원효는 70평생 동안 103여 종 208(214)여 권의 저술을 집필한 것으로 알려져 있다. 그리고 이들 중 일부는 고려 중기까지 널리 유통되었

---

22 『義天目錄』에『大乘起信論私記』는 보이지 않지만 영초永超,『東域傳燈目錄』講論錄 3(『大正藏』제55책, p.1158하)과 원초圓超,『華嚴宗章疏幷因明錄』(『大正藏』제55책, p.1134중) 및 동국대학교 불교문화연구소가 펴낸『韓國佛敎撰述文獻總錄』(p.33)에는 원효 저술로 적혀 있다. 앞의 두 목록의『대승기신론사기』제명제명 아래에 따르면 이 글의 "문장이『元曉別記』와 같으며 또 '새부찬塞部撰'이라고 적혀 있다."는 점을 고려하고, 현존본『元曉別記』말미에도 '새부찬塞部撰'이라는 표기가 있는 점으로 보아 동일본으로 추정된다.
23 石田武作 編,『寫經より見奈良朝佛敎の硏究』(1930) 附錄 東洋文庫論叢 제11권에는 '古書にある題名'란에『起信論一道章』이라고 적고 있다. 동국대 불교문화연구소 편,『한국불교찬술문헌총록』(p.33) 원효 조목 74번에는『奈良錄』, 2440 天平 20年記 支那撰述釋論部(東洋文庫論叢 第10권 附錄 p.126)에는 '起信論一道章'이라 되어 있고, 같은 목록의 2441 勝寶 5年記 支那撰述釋論部에는 '일도의一道義'라고 되어 있으며, 같은 목록의 2442에는 '일도장一道章'이라고 되어 있다.
24 石田武作 編, 위의 책 附錄 東洋文庫論叢 第11에는 '古書にある題名'란에『起信論二障章』이라고 적고 있다.
25 崔鉛植, 앞의 글, 앞의 책, pp.5~34.
26 永超,『東域傳燈目錄』講論錄 3(『大正藏』제55책, p.1158하). 목록의『釋摩訶衍論』말미에 "『釋起信論』은 新羅 大公山의 沙門 月忠이 찬술했다고 한다며 용수龍樹가 지었다는 것은 잘못이다."라고 적고 있다.

던 것으로 추정된다.[27] 고려 중기 의천義天(1055~1101)의 『신편제종교장총록』에는 그가 쓴 41종의 저술목록이 실려 있다.[28] 이들 중에서 『대승기신론』 관련 주석서 목록은 앞의 도표에 적은 것처럼 모두 8종이 실려 있다.

그런데 이들 8종의 저술 중 『대승기신론사기』는 『동역전등목록』과 『화엄종장소병인명록』의 '대승기신론사기' 제명 아래의 "그 문장이 『원효별기』 문장과 같으며, 새부찬塞部撰이라 적혀 있다."는 기록에 의하면 같은 저술의 다른 유통으로 짐작된다. '새부찬塞部撰'은 현존 원효 저술 중 유일하게 『대승기신론별기』의 제명 아래에만 실려 있으며, '새부塞部'는 젊은 시절의 원효 이름인 '새벽'의 한자 표기이다. '새부' 이외에 일연이 『삼국유사』「의해」편의 '원효불기' 조목에서 새벽'을 한자로 표기한 '시단始旦' 또한 '첫새벽'을 뜻하는 원효의 이름이라 할 수 있다.

원효의 『대승기신론별기』와 『대승기신론소』는 이후 중국의 법장과 종밀 및 영명 연수 등에게 큰 영향을 미쳤다. 또 신라에서는 현존하는 태현의 『대승기신론내의약탐기』와 견등의 『대승기신론동이약집』 및 월충의 『석마하연론』에 큰 영향을 미쳤다. 일본에서는 신라계 화엄학승인 심상審祥과 지경智憬 등에게 일정한 영향을 미친 것으로 알려져 있다. 신라 이후 고려와 조선시대에 원효의 주석서는 크게 읽히지 않았던 것으로 짐작된다. 하지만 법장의 『대승기신론의기』가 원효의 『대승기신론별기』와 『대승기신론소』 등의 주석서를 바탕으로 이루어졌다는 점을 고려하면 원효의 기신론관은 『법장소』와 이것을 다시 요약하면서도 『원효소』의 논지와 주장을 수용한 『종밀소』의 판각과 유통을 통해

---

27 高榮燮, 『분황 원효의 생애와 사상』(서울: 운주사, 2016), p.59.
28 義天, 『新編諸宗敎藏總錄』(『大正藏』 제55책, pp.1165중~1178하).

고려시대와 조선시대 불학자들에게 간접적으로나마 전해졌다고 볼 수 있다.

또 원효의 『대승기신론』 주석서에 대한 새로운 주석과 그것의 판각 및 간행과 유통에 대한 기록은 거의 확인되지 않고 있다. 그 대신 원효의 주석은 원효와 법장의 주석을 자신의 관점 위에서 종합한 태현과 견등 및 월충에게 일정한 영향을 미쳤다는 사실을 알 수 있다. 원효 이후 신라의 『대승기신론』 주석서로는 경흥의 『대승기신론 문답問答』, 승장의 『(대승)기신론 문답問答』, 연기의 『대승기신론 주망珠網』과 『대승기신론 사번취묘捨繁取妙』, 대연의 『(대승)기신론소疏』와 『대승기신론기記』 태현의 『(대승)기신론 내의약탐기內義略探記』(起信論古迹記), 지경의 『(대승)기신론 일심이문대의一心二門大義』[29], 견등의 『대승기신론 동이약집同異略集』, 월충의 『석마하연론』(釋起信論)[30] 등의 주석 목록이 확인되고 있다. 이들 중 태현과 지경 및 견등과 월충의 주석이 지금도 전해져 연구되고 있다.

이처럼 원효의 주석서가 독보적인 해석의 길을 보이자 법장과 종밀 등 당나라 불학자들도 원효의 논저를 접하며 자신의 저술에 그의 논지를 수용하거나 보완하였다. 한편 『의천목록』에는 원효의 『대승기신론소』 등의 주석서와 그의 『금강삼매경』[31]에 대한 주석서인 『금강삼매경소/론』의 서명[32]이 실려 있다. 하지만 이들 주석서에 대한 새로운 주

---

29 崔鉛植, 「신라불교 문헌으로서의 『起信論一心二門大意』」, 『불교학연구』 제13집, 불교학연구회, 2006, pp.5~34.
30 義天의 『新編諸宗教藏總錄』 '釋摩訶衍論' 제명題名의 아래에는 『釋起信論』이라고 적고 있다.
31 義天, 『新編諸宗教藏總錄』(『大正藏』 제55책, 1171중).
32 『金剛三昧經』에 대한 원효의 주석서(『소/론』 및 고려 승둔僧遁의 주석서(『注』)) 이외

석서는 이루어지지 않은 탓에 재주석서의 이름은 알 수 없다. 다만 원효의 또 하나의 만년작인 『금강삼매경론』은 일각 즉 본각과 일심의 관계를 기술하고 있다는 점에서 그의 『대승기신론소』와 함께 논의해야만 할 주목되는 주석서라고 할 수 있다.

Ⅲ. 원효의 기신학 주석서와 이후의 영향

한국에서 간행된 『대승기신론』 주석서는 신라시대에 다수가 이루어졌으며, 이들은 고려시대 이후로 널리 유통되지 못하였다. 특히 선종이 널리 퍼진 고려와 조선시대[33]에는 원효의 저술이 직접적으로 조명된 적이 없었다.[34] 반면 당나라 현수 법장의 『대승기신론의기』와 그의 손상좌인 규봉 종밀의 『대승기신론소』는 고려와 조선시대에도 지속적으로 판각되고 유통되었다. 원효의 8종 주석서 중에서 현존하는 것은

에 명대의 조동종 제27대 선사인 담연 원징湛然 圓澄(1561-1626)의 『金剛三昧經註解』(4권)와 청대 적진寂震의 『金剛三昧經通宗記』(10권) 등 3종이 현재 전해지고 있다. 고려 승둔僧遁의 저술은 『금강삼매경』에 대한 주석서로 보일 뿐 원효의 『금강삼매경론』을 참고하고 지은 것인지는 확인할 수 없다.

33 高榮燮, 『분황 원효: 고영섭 교수의 원효에세이』(서울: 박문사, 2015). 다만 조선 초의 대표적 문인인 徐居正은 자신의 『東文選』에 원효의 『법화경종요』「서」, 「열반경종요」「서」, 「진역화엄경소」「서」, 「해심밀경소」「서」, 『금강삼매경론』「서」, 『본업경소』「서」 등 6종의 서문들을 수록하여 유자들에게 널리 읽혔다.

34 고려 말기에 원효의 교학을 따르는 '분황종芬皇宗' 혹은 '해동종海東宗'이라는 종파가 있었으며, 이 종파에서 원효의 교학을 계승하였을 것으로 짐작되지만 당시에 그의 『대승기신론』 주석서들이 유통되었다는 기록은 확인할 수 없다.

『대승기신론별기』와 『대승기신론이장의』 및 『대승기신론소』 3종이다. 원효가 비교적 젊은 시절에 집필한 『대승기신론별기』 간행 이후 『대승기신론이장의』를 거쳐 후기작인 『대승기신론소』 속에는 그의 철학적 심화와 사상적 확장의 지형이 투영되어 있다.

종래의 연구에서는 '원효의 『대승기신론별기』의 대의문大意文에 대하여 공성과 가유의 화쟁 즉 중관과 유식의 종합 지양을 시도하였다'고 평가한 바 있다.[35] 또 원효의 『대승기신론이장의』에서는 현상적 관점인 현료문과 근본적 관점인 은밀문의 구도 속에서 유식의 망식인 아뢰야식으로서 일심과 여래장의 진망화합식으로서 일심의 통합을 모색하였다[36]고 보았다. 이와 달리 원효의 기신론 사상은 구유식에서 논의해야 하며, 원효의 기신론 사상을 생멸문에 한정된 것으로 서술되는 여래장만으로는 전체적으로 드러낼 수 없다는 주장이 있었다.[37] 또 원효의 『기신론』의 '일심'에 대한 이해가 화엄을 비롯하여 여러 사상을 포함하고 있어 원효의 기신론관을 '화엄일심' 혹은 '화쟁일심'으로 보아야 한다는 논지도 있었다.[38] 이러한 맥락에서 원효의 기신론 사상을 화엄

---

35 조명기, 「원효의 생애와 사상」, 『신라불교의 이념과 역사』(서울: 신태양사, 1960); 박종홍, 「원효의 철학사상」, 한국사상연구회, 『한국사상사』(서울: 서문문화사, 1963; 1976); 고익진, 「원효의 기신론소별기를 통해 본 眞俗圓融無碍觀과 그 성립이론」, 『불교학보』 제11집, 동국대 불교문화연구소, 1972; 은정희, 『起信論疏』·『別記』에 나타난 원효의 일심사상」, 고려대학교 박사학위논문, 1983 참조.

36 이평래, 「여래장설과 원효」, 『원효연구논총』(서울: 국토통일원, 1987); 이평래, 『신라불교여래장사상사연구』(서울: 민족사, 1995).

37 박태원, 「『대승기신론』 사상을 평가하는 원효의 관점」, 『釋山韓鍾萬박사화갑기념: 한국사상사』(익산: 원광대출판국, 1991); 박태원, 『대승기신론사상연구(I)』(서울: 민족사, 1994).

38 최유진, 「원효사상연구: 화쟁을 중심으로」, 서울대 박사학위논문, 1998; 최유진, 『원효화쟁사상연구』(마산: 경남대출판부, 1999).

의 입장에서 '화엄일심'으로 보아야 한다는 의견도 제시되었다.[39]

하지만 원효의 기신론관에 대해 여러 해석이 제시되어 왔지만 학계는 아직 확고한 합의점에 도달하지는 못하고 있다. 최근에는 원효의 기신론관을 화엄사상이나 여래장사상 등과 연결하여 이해할 경우 기존의 입장에 비추어 원효를 이해하게 될 수밖에 없으며 이 때문에 "원효 사상의 진단은 기존의 전통적 사상 틀과의 차별성이라는 문제에 각별히 유의하면서 진행되어야 할 것"[40]이라는 지적도 제기되어 있다.

논자는 원효 사상의 주요 개념은 일심이며 그는 『대승기신론소』에 이르러 적멸로서 일심과 여래장으로서 일심을 구분하여 여래장의 상위개념으로서 일심을 분명히 하고 있다고 보았다.[41] 원효의 일심이 어느 한 학파나 학종에 머물지 않고 유식의 망식인 아뢰야식으로서 일심, 여래장의 진망화합식으로서 일심, 즉 적멸/여래장으로서 일심, 화엄의 진심으로서 일심, 선법의 본법으로서 일심으로까지 나아가고 있다[42]는 주장은 원효 연구에 있어서 일심의 지형도를 다시 살펴볼 필요가 있다는 점에서 시선을 끌고 있다. 실제로 원효 사상이 점차 변화해 가면서 깊어지고 넓어지고 있기 때문이다.

원효는 "『대승기신론』은 세우지 아니함이 없으며(無所不立), 깨뜨리지 아니함(無所不破)이 없다. 반면 용수의 『중관론』과 『십이문론』 등은

---

39 석길암(a), 「원효의 보법화엄사상 연구」, 동국대학교 박사학위논문, 2003; 석길암(c), 「일심의 해석에 나타난 원효의 화엄적 관점」, 『불교학보』 제49집, 동국대학교 불교문화연구원, 2008.
40 이수미(b), 앞의 글, 앞의 책, pp.51~52.
41 高榮燮(d), 앞의 글, 앞의 책, 2017.12.
42 高榮燮(e), 「동아시아불교의 보편성과 특수성」, 『문학 사학 철학』 제52·53호, 대발해동양학한국학연구원 한국불교사연구소, 2018.6.

모든 집착을 두루 깨뜨리며 또한 깨뜨린 것도 깨뜨려 깨뜨리는 것과 깨뜨려진 것을 도리어 허용하지 않아 '보내기만 하고 두루 미치지 못하는 담론(往而不徧/遍論)'이며, 무착의 『유가론』과 『섭대승론』 등은 깊고 얕은 이론들을 온통 다 세워서 법문을 판별하면서 스스로 세운 법을 두루 버리지 아니하여 '주기만 하고 빼앗지 못하는 담론(與而不奪論)'이다."[43]라고 평가하면서 공관과 가관을 넘어 자신의 화관和觀을 보여준다.

그러면서 원효는 "『대승기신론』은 슬기롭기도 하고 어질기도 하며, 그윽하기도 하고 넓기도 하여, 세우지 아니함이 없으면서도 스스로 떨쳐내고, 깨뜨리지 아니함이 없으면서도 도리어 허용하고 있다. '도리어 허용한다는 것(還許者)'은 저 가는 자가 가는 것이 다하여 두루 세움(往極而徧/遍立)을 나타내며, '스스로 떨쳐낸다는 것(自遣者)'은 이 주는 자가 '다 주면서 (두루) 빼앗음(窮與而奪)'을 밝히니, 이것은 모든 논서의 조종이며 모든 쟁론을 평정시키는 주체라고 일컫는 것"[44]이라고 하였다.

그리하여 원효는 "『대승기신론』은 펼쳐 보면 '헬 수 없고 가없는 뜻(無量無邊之義)'으로 종지를 삼고, 합쳐 보면 이문일심의 법(二門一心之法)으로 요체를 삼고 있다."며 "이문의 안은 온갖 뜻을 받아들이되 어지럽지 아니하며, 가없는 뜻은 일심과 같아서 혼융되어 있다."라고 하였다. 또한 "그러므로 펼침과 합침이 자재하며(開合自在), 세움과 버림이 걸림이 없어서(立破無碍), 펼쳐도 번잡하지 않고, 합쳐도 협착하지 않으며, 세워도 얻음이 없고, 버려도 잃음이 없다."며 이것은 "마명馬

---

43 元曉, 『大乘起信論別記』(『한불전』 제1책, p.678상).
44 元曉, 위의 책, p.678상).

鳴의 묘술이며 이 논의 종체이다."[45]라고 하였다.

이처럼 원효는 『대승기신론별기』 대의문에서 『대승기신론』의 일심이문(심진여문/심생멸문)의 구도 아래 존재를 연기-무자성-공(성)관에 입각해 보는 중관학의 '깨뜨리기만 하고 세우지는 못하는 담론(破而不立, 往而不徧論)'과 가유-연기성-유(성)관에 의거해 보는 유식학의 '세우기만 하고 깨뜨리지 못하는 담론(立而不破, 與而不奪論)'이라며 철학적 수사학을 동원하여 평가한다. 이것은 이들 학통의 주요 논서를 근거로 해서 이뤄낸 자신의 철학적 관점이라고 할 수 있다.

그런 뒤에 원효는 이들 심진여문과 심생멸문을 종합하여 '깨뜨리지 아니함이 없이 도리어 허용하고(無不破而還許)' '세우지 아니함이 없이 스스로 부정하여(無不立而自遣)', 저 가는 자가 '가는 것이 다하여 두루 세우며(往極而徧立)' 이 주는 자가 '주는 것을 다하여 앗아 깨뜨리는(窮與而奪〈破〉)[46]' 것이 『대승기신론』이며, 이를 통해 자신이 전개하는 기신학起信學 수립의 정당성을 보여주고 있다. 이것은 『대승기신론』의 심진여문과 심생멸문을 아우르는 일심이문의 구조에 입각한 철학적 논변이라고 할 수 있다.

그런데 원효는 중관과 유식의 종합 지양으로 파악했던 이 논서의 성격을 『대승기신론소』의 대의문에 이르면 유식학의 망식으로서 아뢰야식과 기신학의 진망화합식으로서 여래장의 구도로 파악하고 이를 통합하기 위해 논의를 전개시켜 나갔다. 이것은 『대승기신론별기』 대의문에서 전개한 중관학과 유식학의 통섭으로서 『대승기신론』의 위상

---

45 元曉, 『大乘起信論疏』(『한불전』 제1책, p.698하).
46 문장 구조상 '奪' 자 뒤에는 '破' 자가 빠진 것으로 추정된다.

을 파악한 종래의 논지의 수정으로 이해된다.⁴⁷ 이러한 논지의 수정 혹은 확장은 그의 『대승기신론이장의』가 보여주는 은밀문(煩惱礙/智礙)과 현료문(煩惱障/所知障)의 구도를 통해서 짐작해 볼 수 있다.

원효는 『대승기신론』의 현시정의顯示正義에서 '일심법에 의하여 두 가지 문이 있다'는 구절을 해석하는 대목에서 보리유지 번역의 『입능가경』을 원용하여 자신의 일심관을 전개하고 있다. 여기서 그는 적멸로서 일심과 여래장으로서 일심을 구분하여 해명하고 있다.⁴⁸

'일심법에 두 가지 문이 있다'는 것은, 『능가경』에서 '적멸이란 일심이라 부르는 것이며, 일심이란 여래장이라 부르는 것이다'⁴⁹라고 말한 것과 같다. 이 『대승기신론』에서 심진여문이라고 한 것은 곧 저 『능가경』에서 '적멸이란 일심이라 부른다' 함을 풀이한 것이며, 심생멸문이라고 한 것은 『능가경』에서 '일심이란 여래장이라 부른다' 함을 풀이한 것이다. 어째서 그러한가 하면 일체법은 생동함도 없고 적멸함도 없으며 본래 적정하여 오직 일심이니 이러한 것을 심진여문이라 부르기 때문에 '적멸이란 일심이라 부른다'고 한 것이다.⁵⁰

원효는 수행에 장애가 되는 '문'에 대한 의혹을 제거하기 위하여 진여문에 의하여 지행止行을 닦고, 생멸문에 의하여 관행觀行을 일으켜야 한다고 하였다. 그리하여 지행止行과 관행觀行을 나란히 부리면 만

---

47 박태원, 『대승기신론사상연구』(I)(민족사, 1994).
48 高榮燮(d), 앞의 글, 2017.12.
49 菩提流支 譯, 『入楞伽經』, 「請佛品」(『大正藏』 제16책, p.519상).
50 元曉, 『大乘起信論疏』(『韓佛全』 제1책, p.610상).

행萬行이 여기에 갖춰진다[51]고 하였다. 그러면서도 "이 두 문에 들어가면 모든 문이 다 통하는 것이니 이렇게 의심을 제거해야만 수행을 잘 일으킬 수 있다."[52]라고 하였다. 이처럼 그는 적멸로서 일심을 진여문에 배대하고 여래장으로서 일심을 생멸문에 짝지었다.

이처럼 원효는 적멸로서 일심과 여래장으로서 일심을 각기 심진여와 심생멸에 배대하였다. 그런 뒤에 이들 진여문과 생멸문 바깥에 다시 '본법으로서 일심'을 상정하고 있다. 이것은 진여와 생멸 이외에 '본법으로서 일심'을 상정하여 심진여와 일심을 구분함으로써 삼제설三諦說을 시설하고 있는 것이다. 여기서 주목되는 것은 원효가 '본법으로서의 일심'과 제9 아마라식을 제시하는 구역 유식과의 상관성을 보여 주는 지점이다. 이것은 지행과 관행을 각기 해명한 뒤 다시 지관행으로 통합해 가는 대목과도 상통하는 지점이다.

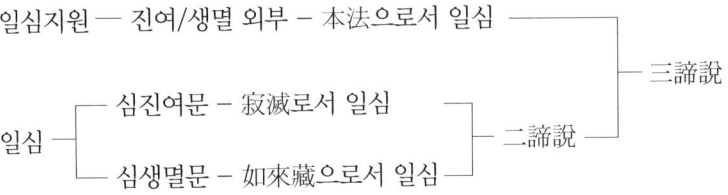

이러한 원효의 관점은 『능가경』에서 일심을 적멸로서 일심과 여래장으로서 일심으로 구분한 것과도 상통한다. 그는 법장이 적멸로서 일심과 여래장으로서 일심을 동위同位로 파악함으로써 일심과 심진여의 동일성을 제시하는 이제설二諦說을 주장한 것과 달리 적멸로서 일심과

---
51 元曉, 위의 책, p.701하.
52 元曉, 앞의 책, p.701하.

여래장으로서 일심을 별위別位로 파악함으로써 일심과 심진여의 차이성을 제시하며 삼제설三諦說을 주장하고 있다. 삼제설은 원효의 저술을 다수 인용했던 균여均如의 저술(해석)에 의거한 것이지만 그는 법장法藏의 설을 따르면서도 원효元曉를 원용한 그의 입장을 분명히 보여주고 있다.[53]

원효는 일심의 법의 구조에 대해서는 『대승기신론소』에서만이 아니라 『금강삼매경론』에서도 해명하고 있다.

"일심의 법은 또한 하나(一)를 고수하지 아니 하고, 생사와 열반은 공적하여 두나(二)가 없다. 두나가 없는 곳이 바로 일심의 법이고, 일심의 법에 의하여 두 가지 문이 있다. 그러나 두 교문을 모두 취하면 곧 일심을 얻지 못하니, 두나는 하나가 아니기 때문이다. 만일 두 가지 교문을 폐하여 함께 취하지 않으면 또한 일심을 얻을 수 없으니 무無는 일심이 아니기 때문이다. 이러한 뜻으로 말미암아 두나가 없는 마음의 법은 함께 취하는 것과 함께 취하지 않는 것에 또한 마땅히 적멸하다."[54]

원효는 일심이 곧 적멸이라고 한 『능가경』의 경설을 일심과 적멸의 관계로서 파악하고 있다. 즉 생사와 열반의 구분(二)이 없는 곳이 곧 일심의 법이며 일심의 법에 의해 두 가지 문이 있게 된다는 것이다. 이

---

[53] 均如의 저술에 인용된 '본법일심本法 一心'을 '균여가 원효의 논지를 해석한 것일 뿐'이라고만 볼 수는 없다. 균여는 많은 부분에서 원효의 논지를 수용하고 있으며 원효와 법장과의 차별성을 밝힘으로써 자신의 입장을 분명히 하고 있기 때문이다.

[54] 元曉, 『金剛三昧經論』 권하(『한불전』 제1책, p.668중).

것은 일심과 이문 즉 하나와 두나의 관계를 불일不一과 불이不異의 관계 속에서 해명하는 것이다. 이것을 마명과 원효는 일심과 이문의 불상리성不相離性과 불상잡성不相雜性 즉 '서로 떨어질 수도 없고', '서로 섞일 수도 없는 특성'이라고 불렀다.

이 때문에 그의 핵심사상은 『대승기신론』의 본의에 충실한 일심사상이라고 할 수 있다. 그런데 원효가 기신학의 본의에 충실하면서도 적멸(심진여)로서 일심과 여래장(심생멸)으로서 일심 이외에 비인비과를 '본법으로서 일심'으로 상정하여 삼제설三諦說을 시설한 것은 여래장 개념의 상위로서 일심 개념의 지위를 확고히 하고자 함이었던 것으로 이해할 수 있다.[55]

이것은 원효가 일심을 이문 내의 진여문과 구분함으로써 여래장의 상위개념으로서 일심을 분명히 하고 있으며 그의 핵심사상을 일심사상에 두고 있음을 보여주는 지점이다.[56] 그는 일심에 이문을 열면서도 적멸로서 일심과 여래장으로서 일심을 구분함으로써 일심과 심진여문을 별개로 보아 삼제설을 시설하였다. 이와 달리 법장은 일심에 이문을 열면서도 적멸로서 일심과 여래장으로서 일심을 동위로 보고 일심

---

55 髙榮燮(d), 앞의 글, 2017.12.
56 均如, 『釋華嚴敎分記圓通鈔』 권제3(『한불전』 제4책, p.324하). "言有異者, 曉公意, 非因非果, 是本法一心, 章主(法藏)意, 非因非果, 是眞如門故, 有不同也. 何者, 章主意者, 眞如生滅外, 更無一心故, 非因非果, 是眞如門, 曉公意者, 眞如生滅外, 別立本法一心故, 非因非果者, 是本法一心也. 是故章主唯立二諦, 曉師卽三諦也." 원효의 저술을 다수 인용했던 균여는 법장의 설을 따르면서도 원효를 원용한 그의 입장을 보여주고 있다. 이 구절에 의하면 법장은 '진여와 생멸 이외에 따로 일심이 없다'(一心=眞如, 生滅)는 이제설二諦說을 주장한 반면 원효는 '진여와 생멸 이외에 본법으로서 일심을 별립한다'(一心, 眞如, 生滅)는 삼제설三諦說을 주장하였다.

과 심진여문을 동일시하여 이제설을 건립하였다.

여기에서 주목되는 것은 원효는 진여문과 생멸문 이외에 비인비과를 '본법으로서 일심'으로 시설하여 삼제설을 주장한 반면 법장은 진여문과 생멸문 이외에 별도의 일심을 시설하지 않고 비인비과를 곧 진여문으로 건립하여 '일심(=진여문)-생멸문'의 이제설을 주장한 지점이다. 이것은 『능가경』을 원용하여 적멸로서 일심과 여래장으로서 일심의 구분이라는 『대승기신론』의 본의에 충실하면서도 '일심(非因非果)-진여문(果)-생멸문(因)'의 삼제설을 제시한 원효와 화엄학으로의 지향을 의식해 기신학의 본의를 '일심(非因非果)=진여문(非因非果)-생멸문(因)'의 이제설의 관점 아래 자의적으로 해석한 법장이 갈라지는 지점이다.[57]

원효는 이 일심이문에 대해 『능가경』과 『십지경』에 의거하여 해명하고 있으며, 이러한 그의 인식은 『대승기신론』, 『화엄경』, 『금강삼매경』의 일심 해석에서 잘 드러나고 있다. 특히 원효는 『능가경』(10권)의 이문일심의 구조를 통해 일심을 해명하는 대목을 인용하는 지점에서 자신의 일심관을 잘 보여주고 있다. 여기서 그는 일심을 적멸과 여래장의 두 측면으로 설명하고 있다. 그런 뒤에 그는 궁극적으로 진여와 생멸 이외에 '본법으로서 일심'을 상위개념으로 시설하여 '일심-진여-생멸'의 삼제설을 견지하고 있다.

원효가 일심을 적멸로서 일심과 여래장으로서 일심으로 구분한 것은 『기신론』의 본의를 충실하게 이해하기 위해서 『능가경』의 교설을 원용하여 해석하였기 때문이다. 일심을 두 가지 측면으로 나누어 보는 지점에는 그의 인간 이해와 세계 인식이 투영되어 있다. 원효가 적멸

---

57 高榮燮(d), 앞의 글, 2017.12.

로서 일심을 '생의生義가 없는 심진여문'에 배대하고, 여래장으로서 일심을 '생의生義가 있는 심생멸문'에 배대한 것은 아직 수행의 길에 있는 수행자가 완성된 부처의 길과 미완성된 범부의 길의 긴장 속에서 갈등하며 정진해야할 명분을 남겨두기 위함으로 읽을 수 있다.[58] 그런 뒤에 그는 다시 본법本法으로서의 일심을 시설하여 진여와 생멸의 이문 위에 자리매김시키고 있다.[59]

이처럼 원효는 인간을 적멸로서 일심을 지닌 존재일 뿐만 아니라 여래장으로서 일심을 지닌 존재로 파악하였다. 적멸로서 일심을 지닌 존재는 이미 수행을 완성한 상태이기 때문에 더 이상 수행의 길에 나설 필요가 없는 완성된 인간이다. 이렇게 되면 그는 부처로서 중생에 대한 자비심을 일으키는 존재로서 살아가야 한다. 하지만 그는 아직 온전한 부처가 되지 못한 존재임을 자각하고 있다. 그는 '선과 불선의 원인으로서 일체의 육취六趣 사생四生을 두루 잘 일으키는 여래장을 지닌 존재'이기 때문이다. 이 때문에 적멸로서 일심을 지닌 완성된 인간만이 아니라 여래장으로서 일심을 지닌 미완성된 인간의 동거가 요청되는 것이다.

원효는 일심의 두 측면인 심진여문과 심생멸문을 설명하는 대목에서 이 구절을 자주 원용하고 있다. 그는 『대승기신론』에서 심진여문이라고 한 것은 곧 『능가경』에서 "적멸이란 일심이라 부른다."는 구절을 해석한 것으로 보았으며, 심생멸문이라고 한 것은 "일심이란 여래장이

---

58 高榮燮(c), 앞의 글, 2017.10.
59 원효가 진여문(果)과 생멸문(因) 이외에 진여문과 생멸문이 아닌 비인비과非因非果 즉 본법本法으로서 일심을 시설한 것은 그가 구역 유식舊譯唯識에 의거하여 제9 아마라식을 인정하고 있기 때문으로 이해된다.

라 부른다."는 구절을 해석한 것으로 보았다. 일심을 두 측면으로 나눠 보는 이러한 원효의 인식은 『대승기신론소』[60]와 『금강삼매경론』[61] 모두에서 이 문구를 인용하는 데서도 나타나고 있다.[62]

원효는 불교의 학파적 혹은 종파적 틀을 넘어 자신이 새롭게 의미를 부여하고 확장한 일심一心 개념으로 철학을 한 철학자이자 사상가였다. 불교사상사에서 자신의 분명한 철학적 개념을 가지고 철학을 한 불학자는 많지 않았다. 붓다가 보여준 중관中觀, 용수의 공관空觀, 승랑의 정관正觀, 천태의 묘관妙觀, 원효가 일심으로 보여준 화관和觀과 같이 자신의 철학적 기호를 온전히 드러낸 사상가는 많지 않았다. 이런 점을 고려해 보면 그는 불교 내적인 사상적 틀을 넘어서서 일심一心을 통해 자기의 철학적 기반을 확립한 철학자로서 주목해야 할 것이다.

살펴본 것처럼 원효의 기신학 주석서가 미친 영향은 넓고 깊었다. 중국의 당송시대에는 법장을 필두로 하여 정법사 혜원慧苑과 종밀宗密 및 영명 연수永明延壽 등에게까지 미쳤다. 원효의 주석서는 한국의 신라시대뿐만 아니라 그의 주석서를 비판적으로 수용한 법장의 『대승기신론의기』가 큰 영향을 미친 것과는 별도로 일본의 헤이안시대에도 일정한 영향을 미친 것으로 파악된다.

신라의 태현이나 견등은 그들 앞에 이미 원효와 법장이라는 두 거인의 작업이 자리하고 있었기에 이들 두 사람의 그늘에서 벗어나지 못하고 있었다. 태현은 원효와 법장의 주석을 세밀히 대조, 음미하여 충

---

60 元曉, 『大乘起信論疏』 권상(『한불전』 제1책, p.704하).
61 元曉, 『金剛三昧經論』 권1(『한불전』 제1책, p.610상).
62 高榮燮(d), 앞의 글, 2017.12.

실하게 편집하는 것으로써 『기신론』 연구를 대신하고 있고, 견등은 원효와 법장이 마련한 『기신론』 연구에 입각하여 기신론설과 유식설의 동이점을 밝힘으로써 『기신론』의 사상적 개성과 장점을 선명하게 부각시키는 비교사상적 성과를 이룩하고 있다.[63]

한편 근래의 연구에서 전통적으로 진제의 제자 지개智愷가 지은 것으로 알려져 온 『기신론일심이문대의』는 일본 화엄승 지경智憬(8세기 중후반)의 『대승기신론동이약집』과 유사한 구절이 보이고, 10세기까지는 불교문헌 목록에 나타나지 않는다는 점에 근거하여 이 저술은 11세기 이후 일본에서 찬술된 것으로 보아왔다.[64] 하지만 이러한 주장을 받아들인다면 『기신론일심이문대의』는 지경의 저술이라 하더라도 견등의 저술 여부와 지경의 저술 관계는 여전히 더 구명되어야 할 것으로 이해된다.

『기신론일심이문대의』에 인용되어 있는 『유전본제경流轉本際經』이 한국의 저술에만 나타난다는 점과 연관지어 이 문헌이 8세기 전반 신라의 찬술 문헌일 뿐만 아니라 신라 견등의 저술로 알려져 온 『대승기신론동이약집』이 『기신론일심이문대의』를 참조하여 저술되었다는 주장을 받아들인다 하더라도 견등의 저술로 알려져 온 『대승기신론동이약집』이 지경이 지은 『기신론일심이문대의』를 참조하여 지었으므로 지경智憬의 저술로 보아야 한다[65]는 견해는 좀 더 해명해야할 부분이 있는 것으로 파악된다.

8세기 중엽의 신라 불교계는 왕실과 귀족들의 관심 아래 의상계의

---

63 박태원, 앞의 글, 앞의 책, p.65.
64 최연식, 앞의 글, 앞의 책, pp.5~34.
65 최연식, 앞의 글, 앞의 책, pp.5~34.

화엄학이 부상하게 된다. 그리하여 이전 시대 기신학과 화엄학을 종합하려는 연구 경향이 일어난다. 지경은 8세기 신라의 이러한 학문적 경향을 수용하여 『기신론일심이문대의』를 저술하고 있으며, 견등 또한 『대승기신론동이약집』 속에서 기신학과 화엄학의 통합적 시도를 보여주고 있다. 당시 기신학과 화엄학의 통합적 시도를 보이지 않았던 일본의 화엄승과 달리 지경은 저술과 사상 지형에서 기신학과 화엄학을 종합하려는 시도를 보이고 있어 신라계 일본 화엄승으로 추정되고 있다. 그는 원효와 의상 및 법장에게서 수학한 심상審祥처럼 기신학과 화엄학을 종합하려는 연구 방법을 수용한 신라계 일본 화엄승으로 보이기 때문이다. 지경의 이러한 학문적 태도는 견등에게도 영향을 미친 것으로 이해된다.

그리고 의천의 목록에 서명이 실린 경흥의 주석서인 『대승기신론문답』과 승장의 『대승기신론문답』, 연기의 『대승기신론 주망珠網』과 『대승기신론사번취묘捨繁取妙』, 대연의 『(대승)기신론소疏』와 『대승기신론기記』 등은 전해지지 않아 살펴볼 수 없으며, 월충의 『석마하연론』은 『대승기신론』에 대해 용수·원효·법장의 사상과 자신(월충)을 대비시키며 주석한 것이다. 『석마하연론』 연구는 용수-원효-법장-월충의 기신론관 대비를 통해 이제 연구가 시작되고 있어 앞으로 좀더 살펴보아야 할 것 같다.

살펴본 것처럼 신라시대의 『대승기신론』 연구는 원효의 주석서들이 절대적인 영향을 미쳤다. 신라의 태현과 견등, 지경과 월충 등도 원효의 영향 속에서 저술을 하였다. 뿐만 아니라 법장의 주석서와 이를 요약하고 해설한 종밀의 주석서도 원효에게서 일정한 영향을 받아 이루어졌다는 사실을 알 수 있다. 이를 통해 알 수 있는 것은 고대에 원효의 기신학 연구는 동아시아 최고의 수준이었으며 한·중·일 삼국에도 일정한 영향을 미쳤다는 사실이다.

Ⅳ. 고려시대 기신학 연구의 지형과 내용

고려시대의 『대승기신론』 유통 과정에 대해서는 자세히 알 수 없다. 고려시대에는 선종의 유포와 교학의 쇠퇴로 『대승기신론』 주석서는 널리 유통되지 못한 것으로 짐작된다. 그리고 새로운 주석서 간행도 거의 이루어지지 않았다. 다만 『의천목록』에 의하면 원효의 저술 서명 41종이 실려 있으며 그의 『대승기신론』 주석서 목록 7종이 실려 있다. 이런 점을 고려해 보면 원효의 저술은 의천의 교장敎藏 집성 때까지만 해도 유통되었을 것으로 짐작된다. 그 이외의 경흥, 연기, 태현, 월충의 주석서들도 보이고 있어 고려시대에도 이들 주석서들이 부분적으로나마 유통되어 읽혔을 것으로 추정된다.

또 일부이기는 하지만 균여와 지눌의 저술에서 『대승기신론』과 원효의 주석서를 인용하고 있다. 특히 의천은 숙종에게 원효에게 '화쟁국사'라는 시호를 추존하게 하고 자신도 그를 기리며 「제분황사효성문祭芬皇寺曉聖文」[66]을 쓰기도 했다. 하지만 그는 원효의 주석에 대한 재주석서를 남기지 않았다. 고려 중기 이후 원효의 주석을 비판적으로

---

66 義天, 「祭芬皇寺曉聖文」, 『大覺國師文集』 권16(『한불전』 제4책, p.455상); 高榮燮, 『한국불학사: 고려시대편』(서울: 연기사, 2005), p.188.

수용한 법장의 『대승기신론의기』와 이를 요약 해석한 종밀의 『기신론소』가 비교적 널리 간행되고 유통되었다.

고려인들은 왜 『대승기신론』에 관한 최고의 주석서로 평가받아온 원효의 저술들을 직접 읽고 주석을 하거나 창작하지 않고 원효의 영향을 크게 받은 법장과 종밀의 주석서를 주로 읽었을까? 그것은 신라 하대 이래 고려시대 주류 지식사회에서 육두품 출신의 원효가 온전히 평가받지 못한 이유 때문이었을까? 아니면 그 당시 고려의 주류 지식사회에서 신라 자생의 주석보다는 상국인 중국으로부터의 수입 주석을 더 좋아했기 때문일까? 그것이 아니면 왕실 중심 화엄학의 기신학에 대한 배타성과 호족 중심 선종의 발호가 기신학 연구에 장애가 되어서였을까? 여기에서는 그 어느 것이라고 해명하기 쉽지는 않지만 그 이유는 분명히 있었을 것이다.

근래에 일본에서 입수한 것이지만 고려시대에 판각되고 인간된 법장의 『대승기신론의기』 3권 중 상·하 2권의 목판본이 동국대학교 중앙도서관에 소장되어 있다.[67] 현존하는 고려시대 목판본의 권상은 '진여문'까지 판각되어 있고, 권중은 일실되어 확인할 수 없으며, 권하는 '회향게' 각 구에 대한 해석으로 마무리되어 있다. 만일 권중의 '생멸문' 부분이 수집된다면 고려시대에 판각되고 인간된 『대승기신론의기』의 전모를 볼 수 있을 것이다.

아래의 도표는 고려시대와 조선시대에 『기신론』이 어떻게 유통되고

---

67 法藏의 『大乘起信論義記』는 義天의 『新編諸宗敎藏總錄』에 의하면 본디 상·중·하 3권으로 되어 있었으나 현전하는 판본은 『起信論義記』라는 이름으로 권상과 권하 2권만이 전해지고 있다. 형태사항 1卷1冊: 四周單邊 半郭 21.3×14.6 cm, 無界, 半葉9行20字, 上下向黑魚尾; 30.9×19.6 cm.

그 주석서가 생산되었는지를 보여주고 있다.

〈도표2〉 고려/조선시대 『대승기신론』 주석서 및 법장과 종밀 등의 주석서와 회편

번호	이 름	저 서 명	권차 및 현존여부	기 타
20	法 藏	대승기신론義記(疏)	3권 유통	고려시대[68]/ 조선시대
21	宗 密	대승기신론疏	4권 유통	
22	子 璿	대승기신론筆削記	20권 유통	
23	性 聰	대승기신론疏筆削記會編[69]	20권 유통	
24	有 一	대승기신론蛇足	1권 存?	
25	蓮老(蓮潭有一) 계통	대승기신론疏記逐難[70]	1권 存	
26	義 沾	대승기신론私記	1권 存[71]	
27	最 訥	諸經會要- 중생심, 아뢰야 식 등 유식설 소개[72]		

고려 후기에 원효의 교학을 계승한 분황종芬皇宗 혹은 해동종海東宗이 존재했으나 이후에 지속되지 못하였다. 그리고 이 종파에서 원효의 주석서들을 어떻게 계승했는지에 대해서도 알려진 바가 없다. 하지만 그의 8종에 이르는 『대승기신론』 주석서 중 현존하는 『대승기신론별기』

---

68 조선시대에 필사된 『法藏疏』 권상도 전해지고 있다. 동국대학교 중앙도서관에서 목판본 권상(43번)과 권하(44번) 및 필사본 권상(42번, D213.37, 마34ㄷㅅ8.v.1)을 다 운받아 볼 수 있다. 형태사항 1卷1冊: 無界, 半葉 11행20字; 25.9 × 18.3 cm.
69 性聰, 「刻起信論疏記會編敍」, 『大乘起信論疏筆削記會編』(『한불전』 제8책, p.654).
70 김용태, 앞의 글, 앞의 책, 참조. 이 책은 연담 유일蓮潭有一 계통의 문도들이 펴낸 것이지만 현존 여부가 확인되지 않고 있다.
71 이종수(b), 「조선후기 불교 講學私記의 종류와 定本化의 필요성」, 『남도문화연구』 제33호, 순천대 남도문화연구소, 2017. 『기신론』에 대한 사기는 대개 성총의 『기신론소필삭기회편』을 참고하여 쓴 것으로 동국대학교 중앙도서관에 6책, 담양 용화사에 4책, 담양 용흥사에 6책이 소장되어 있다.
72 最訥, 『諸經會要』(『한불전』 제10책, pp.26~57).

와 『대승기신론이장의』 그리고 『대승기신론소』가 그의 대표작인 점을 고려하면 당시에 이들 저술들도 어떤 형태로나마 유통되었을 것으로 추정된다.

원효학 연구 지형의 탐구뿐만 아니라 한국불교의 연구 기반 확장을 위해서도 고려 후기에 그의 저술의 유통 형태나 종파에 대해 좀 더 구명할 필요가 있다. 앞으로 원효의 학문을 이었던 고려 후기의 분황종, 즉 해동종에 대해 당시의 금석문과 그 주변 사료들까지 검토해 연구해 본다면 당시 사람들이 어떻게 원효의 저술을 숙독하고 신행에 연결시켰는지를 알 수 있을 것이다. 현존하는 고려시대 불학자의 『대승기신론』 주석서를 확인할 수 없다는 점에서 이 부분에 대한 연구는 좀더 가속될 필요가 있다고 생각한다.

고려시대에 그러했듯이 이후의 조선 전기만 해도 원효의 주석서에 대한 주석이나 『대승기신론』 주석서는 이루어지지 않았다. 그 대신 원효의 주석을 비판적으로 수용한 법장의 『대승기신론의기』와 이를 요약 해석한 종밀의 『기신론소』가 이따금씩 간행되고 유통되었을 뿐이다. 또 종밀의 주석서가 판각되었을 뿐만 아니라 종밀의 문도인 석벽 전오石壁傳奧의 『대승기신론수소기大乘起信論隨疏記』(6권)에 대해 비판적으로 이해한 장수 자선長水子璿(965~1038)의 『대승기신론필삭기』(20권)가 유통되었다.

이처럼 고려시대의 기신학 연구는 크게 진전되지 않은 것으로 이해된다. 의천의 목록에 보이는 원효의 주석서와 경흥 및 태현과 월충의 주석서가 있었지만 그 텍스트들이 어떻게 유통되고 읽혀졌는지에 대해서는 앞으로의 연구가 좀더 진행되어야 할 것 같다. 현존하는 원효의 『대승기신론별기』와 『대승기신론이장의』 그리고 『대승기신론소』와 월충의 『석마하연론』 등을 통해 고려시대 기신학 연구의 지형과 내용을 더 탐구해야 할 것이다.

V. 조선시대 기신학 주석서의 판각과 유통

고려시대에 이어 조선시대에도 원효의 기신학 주석서들은 읽혀지지 않았다. 동시에 그의 기신학 저술은 판각되고 유통된 예를 찾아볼 수 없다. 특히 중국을 사대事大했던 조선 유자들의 통치 체제 아래 불교의 전적이 온전히 공간公刊되지 못하였고 불교 바깥으로 유통되지도 못하였다. 대신 조선시대에는 법장의 『대승기신론의기』(3권)[73]를 요약하고 해석한 종밀의 『대승기신론소』(4권)가 유통되었다. 특히 조선시대에는 『종밀소』가 이따금씩 간행 유통[74]되면서도 종밀의 문도인 석벽 전오石壁傳奧가 『종밀소』를 주석한 『대승기신론수소기隨疏記』(6권)에 대해 비판적으로 해설한 송나라 장수 자선長水子璿(965~1038)의 『대승기신론

---

73 義天, 『新編諸宗教藏總錄』 권3(『한불전』 제4책, p.693). 本末로 나눈 것으로 사실은 6권이 된다.
74 김용태, 「조선후기 불교문헌의 가치와 선과 교의 이중주 -『禪家龜鑑』과 『起信論疏筆削記會編』을 중심으로-」, 『한국사상사학』 제58집, 한국사상사학회, 2018.04, pp.162~163. 『宗密疏』는 한국학중앙연구원 장서각, 서울대 규장각, 동국대 도서관, 국립중앙도서관 등에 16세기와 17세기 판본들이 전해지고 있다. 장서각본에는 1457년 판각 때의 세조 어제 발문과 1528년 개판기록이 있다. 규장각에도 이와 동일한 1528년 개판본이 있으며 국립중앙도서관에는 17세기 판본 3종이 소장되어 있음을 알 수 있다.

소필삭기筆削記』(20권)가 널리 유통되었다.

한편 숙종 7년(1681)에 불경을 가득 싣고 일본으로 가던 대만의 큰 배 한 척이 신안 앞바다의 임자도荏子島에 표류해 왔다. 당시 대만은 정성공鄭成功(1624~1662) 일가가 지배하고 있었다. 이들은 무역 교류를 위해 『가흥대장경嘉興大藏經』을 실은 배를 일본에 보냈다. 그런데 일본으로 가던 배가 6월 5일에 태풍을 만나 전남 신안 앞바다의 임자도로 떠내려 왔다. 이 배 안에는 명나라 만력 17년(1589) 사이에 판각된 『가흥대장경』 속의 수천여 권의 불서들이 실려 있었던 것으로 짐작된다.[75]

당시의 불학자들은 종래에 산발적으로 간행된 불교 경론만을 접할 수 있었다. 이 때문에 『가흥대장경』의 유입은 조선 후기 불학 연구의 신기원을 열었다. 이 대장경 판본을 접한 불학자들은 동아시아 각 지역에서 이루어진 다양한 불학 서적을 폭넓게 접하면서 시야를 크게 넓힐 수 있었다. 이 때 표착한 상선에 실린 불서들은 1589년부터 판각을 시작해 1677년에 완성한 중국의 경산장徑山藏으로서, 철안판鐵眼版으로 알려진 황벽판일체경黃檗板一切經 판각을 위해 일본 측에서 주문한 가흥장 및 가흥속장 계열의 불서라고 할 수 있다.[76]

여기에는 『가흥대장경』[77]에만 수록된 명나라의 거사 평림平林 섭기윤葉祺胤의 교간본인 『화엄경소초』와 『대명법수』, 『회현기』, 『금강기』,

---

75 高榮燮(f), 「조선후기 불자들의 정토인식과 불교의례의 재편」, 『문학 사학 철학』 제55호, 대발해동양학한국학연구원 한국불교사연구소, 2018.12.

76 이종수(a), 「숙종7년 中國船泊의 漂着과 栢庵 性聰의 불서간행」, 『불교학연구』 제21호, 불교학연구회, 2008.

77 『가흥대장경嘉興大藏經』은 명나라 만력萬曆 17년(1589)에서 청나라 강희康熙 51년(1712) 사이에 판각된 것으로 중국에서 판각된 여러 대장경 중에서 가장 많은 전적을 수록하고 있다.

『기신론소』,『사대사소록』,『정토보서』 등 190여 권의 불전이 실려 있었다. 전체 7000권에 이르는 대장경 중 나주 관아가 수집한 불서 1천여 권은 왕실로 보내졌다. 그런데 성리학을 중시하던 신료들의 요청으로 이 불서들은 다시 남한산성으로 보내졌다.

당시에 백암 성총栢庵性聰(1631~1700)은 남한산성으로 보내진 이 책들을 수소문하여 일부의 책들을 수집하였고, 각 사찰에 흩어진 것을 모았다.[78] 그가 4년간 수집한『가흥대장경』의 불서들을 낙안의 금화산 징광사澄光寺로 가져가 56세부터 15년 동안 190권에 달하는 불서를 약 5천판의 목판에 복각하여 간행하였다. 이 일로 인하여 그는 사방의 불자들로부터 존경을 받아 일대의 대종사로 받들어졌다.

당시 성총이 1695년에『가흥대장경』속에서 징관의『화엄경소초』와 화엄현담 주석서인『회현기』및『필삭기』등 여러 종류의 불서를 모아 복각한 190권 5천판은 전국에 널리 유통되었다. 이때 그는『대승기신론소필삭기회편』을 간행함으로써 조선 후기 불학자들의『기신론』이해를 심화시켰다. 백암 성총은『회편』의 서문에서 이 책의 성격과 간행의 의미를 아래와 같이 기술하고 있다.

마명이『백본요의경』을 근본으로 삼아『기신론』을 지었고, 중국에서는 당나라 법장이『기신론소』를 지어 풀이하였다. 그 뒤를 이어 석벽이『광기廣記』를 지어 풀이했지만 실제에 어긋나고 번잡하여 송나라 자선이 이것을 가감해『필삭기』를 지었으니『기신론』의 핵심을 뚫고『기신론소』에 통함이 매우 적절하다. 우리 해동에 (이 책이) 있다는 말을 들

---

78 이종수(a), 앞의 글, 2008; 황금연,「백암 성총의 정토수행에 대한 연구」,『정토학연구』제29집, 한국정토학회, 2018.6.

어보지 못했는데 지난 신유년에 다행히 이것을 구했으니 강학하는 이들에게는 보배를 얻은 것과 같다. 다만 『기신론소』와 『기신론필삭기』가 별도로 유통되어 이해하기 어려웠기에 이것을 하나로 편성해 요의를 쉽게 알 수 있게 하였다.[79]

조선 후기의 백암은 서문에서, 인도 서역의 마명에서 중국의 법장-종밀-석벽-자선을 거쳐 한국의 자신으로 이어지는 『대승기신론』과 주석서의 연기 과정을 밝힘으로써 『대승기신론』이 지닌 위상과 지위를 보여주고 있다. 성총은 법장의 주석서(述疏)와 종밀의 주석서(錄疏注論) 및 장수 법사 자선의 주석서(錄記)를 아울러 『대승기신론소필삭기회편 大乘起信論疏筆削記會編』을 펴내어 유통시켰다. 성총의 회편 간행은 이후 이루어진 강학의 재정비 과정에서 커다란 영향을 미쳐 18세기 이후의 강원 이력과정의 사교과에서는 『법화경』 대신 『대승기신론』이 그 자리를 차지하게 하였다.[80]

조선 후기의 『대승기신론』 주석서로는 연담 유일(1720~1799)의 『(대승)기신론사족』과 연로蓮老 즉 연담 유일의 저술 명목에는 보이지만 현존하지 않는 『대승기신론소기축난』[81], 인악 의첨(1746~1796)의 『(대승)기신론사기』가 목록에 보인다. 이들 저술이 목록에만 머물지 않고 실제로 존재하는지 여부에 대해서는 앞으로 새로운 과제로 삼아야 할 것이다.

---

79 性聰, 「刻起信論疏記會編敍」, 『大乘起信論疏筆削記會編』, 『한불전』 제8책, p.654).
80 金映遂, 『조선불교사고』(서울: 중앙불교전문학교, 1939), p.162. 포광은 그 이유를 『법화경』의 文義가 평이해서 『기신론』으로 대체하였다고 소개하고 있다.
81 最訥 集, 『諸經會要』(『한불전』 제10책, pp.26~57).

지금까지 살펴본 것처럼 신라시대 이후 『대승기신론』에 대한 관심은 크지 않았다. 하지만 신라시대에 견줄 수는 없다 하더라도 고려시대와 조선시대에도 주석과 간행 및 유통과 연구들은 끊이지 않았다. 그 결과 『대승기신론』에 대한 탐구는 가냘프기는 하지만 대한시대(1897~남북통일)에 들어서서도 끊어지지 않고[82] 이어지고 있다.[83] 이것은 동아시아 불교사에서 『대승기신론』의 지위와 위상을 보여주는 것이기도 하지만 철학을 좋아하는 한국인들의 정서에도 부합하기 때문이었다고 할 수 있을 것이다. 『대승기신론』은 가장 아름답게 저술된 철학서이며 한국인들은 고대와 중세뿐만 아니라 근대와 현대에도 이 철학서를 너무나 사랑해 오고 있기 때문이다.

---

82 高榮燮(f), 「無號 白峻(性郁)의 학문과 사상」, 『한국불교사연구』 제14호, 한국불교사학회 한국불교사연구소, 2018.12. 대한시대(1897년~남북통일 전)에 독일로 유학을 간 무호 성욱無號性郁(1897~1981)이 1922년에 비르츠블룩대 철학과에 유학하여 1925년에 「불교 순전(純全)철학」이라는 논문을 제출하고 철학박사가 되었다. 불교의 존재론 즉 아비달마에 관해 쓴 이 논문 후반부에서는 『대승기신론』의 구상설九相說, 즉 삼세육추三細六麤설을 원용하여 해석하기도 하였다. 성욱性郁은 귀국 이후 이 논문을 『불교』지에 7회(7~11호, 13~14호)에 걸쳐 발표하였다.

83 또 벨기에 루뱅대학에 유학해 서양철학을 공부하던 이기영(1922~1997)이 원효를 만나 불교철학으로 전공을 바꾸고 『대승기신론소』를 새롭게 해석한 『원효사상』을 간행(1968)하여 서울시문화상을 받았다.

Ⅵ. 기신학 기신사상 기신종의 지형도

한국에서 이루어진 『대승기신론』 연구는 원효의 주석서들에 큰 영향을 받았다. 원효의 8종 주석 중에서 현존하는 『대승기신론별기』와 『대승기신론이장의』 및 『대승기신론소』 등은 법장의 『대승기신론의기』에 큰 영향을 미쳤고, 법장의 주석을 요약 해설한 종밀의 『대승기신론소』 편찬에도 일정한 영향을 미쳤다. 또 원효의 주석은 신라의 태현과 견등 및 지경과 월충에게도 큰 영향을 미쳤다.

원효는 『대승기신론』 주석서에서 일심을 적멸과 여래장의 두 측면으로 설명하고 있다. 그런 뒤에 그는 궁극적으로 진여와 생멸 이외에 '본법으로서 일심'을 상위 개념으로 시설하여 '일심-진여-생멸'의 삼제설을 견지하고 있다. 원효가 일심을 적멸로서 일심과 여래장으로서 일심으로 구분한 것은 『기신론』의 본의를 충실하게 이해하기 위해서 『능가경』의 교설을 원용하여 해석하였기 때문이다. 일심을 두 가지 측면으로 나누어 보는 지점에는 그의 인간 이해와 세계 인식이 투영되어 있다.

그런데 고려와 조선시대에는 선종의 유포와 교학의 쇠퇴가 이유인지는 알 수 없으나 『대승기신론』 주석서가 간행되거나 널리 유통되지 못했다. 고려 사람들과 조선 사람들은 『대승기신론』에 관한 최고의 주석서로 평가받아 온 원효의 저술들을 직접 읽고 주석하거나 창작하지 않았다. 오히려 그들은 원효의 주석을 비판적으로 수용한 법장의 『대승기신론의기』와 이를 요약 해석한 종밀의 『기신론소』를 주로 읽었다. 그 결과 그들은 원효의 기신론관을 직접적으로 접하지 못하고 법장과 종밀을 통해 간접적으로 원효를 만났을 뿐이다. 조선 후기에는 백암 성총이 법장의 주석서(述疏)와 종밀의 주석서(錄疏注論) 및 장수 법사 자선의 주석서(錄記)를 아우르면서 『대승기신론소필삭기회편大乘起信論疏筆削記會編』을 펴내어 유통시켰다. 성총의 회편 간행은 이후 이루어진 강학의 재정비 과정에도 커다란 영향을 미쳐 18세기 이후의 강원 이력과정의 사교과에서 『법화경』 대신 『대승기신론』이 그 자리를 차지하게 하였다.

이처럼 『대승기신론』에 대한 관심은 신라시대에 견줄 수는 없지만 고려시대와 조선시대에도 주석과 판각 및 간행과 유통으로 이어졌으며 미약하기는 하지만 대한시대에 들어서서도 끊어지지 않았다. 그것은 동아시아 불교사에서 『대승기신론』의 지위와 위상을 보여 주는 것이기도 하지만 철학을 좋아하는 한국인의 정서에도 부합하였기 때문이라고 할 수 있을 것이다.

10

분황 원효 『대승기신론소』의 내용과 특징
― 『대승기신론별기』와 『대승기신론이장의』와 관련하여 ―

Ⅰ. 문제와 구상 … 410
Ⅱ. 대승과 기신은 어디서 만나는가 ― 마명과 원효의 기신학 인식 … 414
Ⅲ. 『대승기신론』을 통해 원효의 기신학은 어떻게 전개되었나 … 422
   1. 일심 이문 삼대 사신 오행 육자법문 … 422
   2. 체대 상대 용대를 믿는다는 것 … 427
   3. 중관학과 유식학의 종합 지양 … 434
Ⅳ. 원효는 일심의 지형도를 왜 그렸을까 ― 원효의 기신학 주석서들 … 436
   1. 종성과 계위의 상충 해소 … 436
   2. 아리야식과 여래장의 통합 … 440
   3. 심식 배대와 삼세육추설 제창 … 443
Ⅴ. 원효 기신학의 특징은 무엇인가 ― 구상설의 적용과 인명학 도입 … 456
Ⅵ. 정리와 맺음 … 462

I. 문제와 구상

붓다는 중도의 자비와 연기의 지혜로 영원한 자유의 길을 열어 주었다. 그의 중도행과 연기법은 우리 삶의 깊이와 앎의 너비를 제고시켰다. 그의 제자들과 불학자들도 깨침 또는 깨달음의 이론과 실제를 담은 저술을 통해 불교적 인간상을 제시해 주었다. 그리하여 붓다와 붓다의 제자들 나아가 불학자들은 '깨침' 혹은 '깨달음'의 지형을 중심으로 불교사상사를 지속적으로 써 왔다. 그중에서도 마명의 『대승기신론』은 번뇌를 가진 인간이 어떻게 지혜를 지닌 붓다가 될 수 있는지를 주도적 문법과 면밀한 체계로 보여 주고 있다. 그런데 신라의 분황 원효芬皇元曉(617~686)[1]는 마명의 이러한 의도를 간파해 자신의 언어와 문법으로 명쾌하게 해명해 내었다.

고타마 싯다르타는 현실의 생사윤회를 넘어 어떻게 해탈 열반을 성

---

[1] 高榮燮, 「분황 원효의 일심사상」, 『선사상연구』 제23집, 한국선리연구원, 2018.12; 高榮燮, 「한국 起信學 연구의 지형과 내용」, 『불교학보』 제86집, 동국대학교 불교문화연구원, 2019.3. 원효는 자신의 '일심一心 철학'을 통해 '기신학起信學'의 체계를 수립했다. 여기서 '기신학'은 『대승기신론』과 그 주석서들에 대한 학문적 연구 지형을 일컫는다. '기신학'은 '지론학'·'섭론학'·'법상학'을 총섭하는 '유식학'과 '천태학', '화엄학', '정토학', '선학'에 대응하는 학문적 체계를 가리킨다. 필자는 고려 후기까지 존재했던 '분황종芬皇宗' 즉 '해동종海東宗'도 이 기신학을 기반으로 한 종파가 아닐까 생각한다. 중국의 청나라 말엽에 근대 중국불교학의 부흥을 주도한 양문회楊文會(1837~1911)는 '마명종馬鳴宗'을 창종하기도 했다. 일본의 小野玄妙 편찬의 『불설해설대사전』에 의하면 『대승기신론』에 대한 원본과 주석서는 230종이나 되며 이후 현대에도 지속적으로 연구 저술들이 간행되고 있다.

취할 수 있었을까? 해탈 열반을 성취한 붓다와 중생의 감각과 인식 및 이해와 마음은 어떠한 차이가 있을까? 대개 우리는 어떠한 대상에 대해 감각하고 분별하고 사량하고 저장하면서 일상을 살아간다. 그렇다면 이러한 일상에서 일어나는 번뇌에 구애받지 않고 질적으로 승화된 삶을 살기 위해서는 어떠한 수행을 해야만 할까?

불교 유식학은 번뇌가 있는 전5식(감각의식), 제6식(분별의식), 제7식(사량의식), 제8식(저장의식)을 전환시켜 각기 번뇌가 없는 성소작지, 묘관찰지, 평등성지, 대원경지를 얻는(轉識得智) 수행의 단계를 제시하고 있다. 우리의 삶은 표층 의식인 감각 의식과 분별 의식 및 자아 의식과 심층 마음인 저장 의식에 의해 이루어진다. 우리는 이러한 의식의 질적 제고를 통해 붓다의 깨침 혹은 깨달음이라는 보다 의미 있고 가치 있는 삶으로 진입할 수 있는 것이다.

원효는 『대승기신론』의 심식설에서 각覺과 불각不覺의 화합의 속성, 즉 삼세 아리야식의 불각의不覺義와 삼세 아리야식의 각의覺義의 이의성二義性을 원용하여 유식학의 아뢰야식이 지니고 있는 연기의 주체로서의 막연한 잠재심潛在心을 넘어, 기신학의 아리야식이 지니고 있는 미세한 삼세심三細心을 끊어야 깨칠 수 있음을 밝혀 내었다. 그는 유식학의 아뢰야식은 이숙식으로서 윤회의 주체이지만, 기신학의 아리야식은 삼세의 화합식 중에서 생멸문을 덜어 없앰으로써 얻게 되는 무분별지와 후득지에 의하여 불생불멸의 자성청정한 각覺의 상태로 돌아갈 수 있다[2]고 보았다. 우리는 바로 이 대목에서 원효의 기신학 인식과 이해가 보여 주는 그의 일심관 혹은 진여관을 엿볼 수 있다.

---

2 은정희, 「원효의 삼세·아리야식설의 창안」, 고영섭 편, 『한국의 사상가 원효』(서울: 예문서원, 2002), pp.138~139.

원효는 자신의 여러 저술에서 '일一'이라는 기호로 철학적 구상과 사상적 지형을 보여 주고 있다. 그는 일심一心, 일심법一心法, 일각一覺, 일미一味, 일미관행一味觀行, 일심지원一心之源, 일심원一心源, 일상一相, 일식一識, 일여一如, 일심여一心如, 일법一法, 일성一性, 일실一實, 일의一義, 일제一諦, 일처一處, 일행一行, 일행삼매一行三昧 등의 용어들을 통해 자신의 '일一'의 철학을 수립했다. 그는 여러 경론에 나오는 이들 개념들을 원용하여 그 의미를 새롭게 부여했다. 그러면 원효에게 '일一'은 어떠한 의미가 있을까? 그리고 그는 어떠한 의미로 '일一'의 철학을 기획하였을까?[3] 과연 이 '일一'을 "하나처럼 통하는 역동적인 동사적 국면/내용을 반영하고 있는 것"으로 보아야 할까? 아니면 '일一'을 종래처럼 수사나 형용사로 보아야 할까? 이 부분에 대한 관점은 원효를 이해하는 새로운 활로가 될 수 있을 것이다.

원효는 대승불교의 종요서이자 교과서로 평가받는 『대승기신론』에 기반하여 자신의 일심 철학을 수립하였다. 그는 전체 7[4]~8[5]종의 주석

---

3 박태원, 『원효전서 대승기신론소·별기 상』(서울: 세창출판사, 2019), p.117. 주저자(책임연구 박태원)는 "원효는 '일一'이라는 기호에 자신의 모든 성찰과 체득을 압축하고 있"을 뿐만 아니라 그는 "이런 기호들을 적재적소에 사용하면서 '일'의 의미 지평을 다양하게 변주하고 있"으며, "그의 말기 저술로서 평생의 탐구와 성취를 반영하고 있는 것으로 보이는 『금강삼매경론』에서는 특히 그러한 태도가 두드러진다."라고 하였다. 또 "이러한 용법들에서 '일一'은 수사나 형용사가 아니라 '역동적인 동사적 국면/내용'을 반영하고 있다."고 보면서 그는 '일심'을 '하나처럼 통하는/통하게 하는 마음'이라 번역하고 있다. 필자의 글에서 번역문은 박태원 역을 부분적으로 원용하되 맥락에 맞게 변용하여 사용한다.

4 永超, 『東域傳燈目錄』(『大正藏』 제55책, p.1158하)과 圓超, 『華嚴宗章疏幷因明錄』(『大正藏』 제55책, p.1134중) 및 동국대학교 불교문화연구소가 펴낸 『한국불교찬술문헌총록』(서울: 동국대학교출판부, 1976), p.33에는 『大乘起信論私記』가 원효 저술로 적혀 있다. 앞의 두 목록의 제명題名 아래에는 이 글의 "문장이 『元曉別記』와 같으며, 또 '새부찬塞部撰'이라고 적혀 있다."는 점을 고려하고 현존본 원효의 『대승기

서를 작성하여 범부 중생의 성불과 왕생을 위한 활로를 열고자 하였다. 현존하는 원효의 주석서는 『대승기신론별기』, 『대승기신론이장의』, 『대승기신론소』 3종뿐이다. 이들 중 『대승기신론별기』는 『대승기신론』에 대한 젊은 날의 연구 노트이고, 『대승기신론이장의』는 『대승기신론』의 수행신심분에 대한 주석이며, 『대승기신론소』는 이 논서에 대한 그의 무르익은 이해를 집약시킨 대표작이다. 이 글에서는 현존하는 그의 초년 작품인 『대승기신론별기』와 번뇌론을 주도면밀하게 궁구한 중년 작품인 『대승기신론이장의』 그리고 그의 일심 철학의 완성작인 『대승기신론소』의 주요 논지와 주장을 중심으로 그의 기신학의 내용과 특징에 대해 살펴보고자 한다.

신론별기』 말미에도 '새부찬塞部撰'이라고 적혀 있는 점으로 보아 '대승기신론 사기私記'는 '대승기신론 별기別記'를 가리키는 것으로 보인다. 『大乘起信論私記』 밑의 저자명인 '새부塞部 찬撰'의 표기는 그의 젊은 시절 이름인 '새부塞部' 즉 '새벽'의 차자표기借字標記이기 때문이다. 이렇게 본다면 원효의 기신학 주석서는 7종으로 정리된다.

5 원효의 기신학 주석서들은 『大乘起信論疏』(2권 存), 『大乘起信論別記』(1권 혹 2권 存), 『大乘起信論宗要』(1권 失), 『大乘起信論大記』(1권 失), 『大乘起信論料簡』(1권 失), 『大乘起信論私記』(1권 失), 『大乘起信論一道章』(1권 失), 『大乘起信論二障義』(1권 失) 등이다. 『기신론종요』는 의천 목록에 원효『대승기신론종요』(1권)와 망명亡名의 『大乘起信論一道章』(1권) 2종이 실려 있다. 그런데 대각 국사大覺國師 의천義天의 대표적 문도였던 무애지 국사無礙智國師 계응戒膺의 계승자로서 태백산 일대에서 1181년(명종 11년)까지 활동하였던 화엄종의 고승인 곽심廓心의 『圓宗文類集解』(3권 중 中卷만 存) 권중卷中에서 『기신(론)종요』를 1차례 인용하고 있으며, 이 책에 원효의 『十門和諍論』 등 그의 저작을 2, 3회 인용하고 있는 점으로 보아 이 '종요'는 원효의 저술로 볼 수 있을 것 같다. 許興植, 「義天의 圓宗文類와 廓心의 集解」, 『季刊書誌學報』 제5집, 1991, p.55; 吉津宜英・慈崎照和, 「郭心 圓宗文類集解 卷中について」, 『駒澤大學佛敎學部硏究紀要』, 제52집, 1994, p.90 참조.

Ⅱ. 대승과 기신은 어디서 만나는가 - 마명과 원효의 기신학 인식

 대승불교의 교과서 혹은 종요서로 불리는 『대승기신론』[6]은 마명에 의해 찬술되었다. 대개 『능가경』의 주석서로도 불리는 이 논서는 6세기 중엽에 등장했으며 찬술 배경, 찬술 지역, 찬술 또는 번역의 주체 등에 대해 다양한 추정이 있다. 『대승기신론』은 산스크리트 원본에서 번역한 진제(499~576) 구역[7]과 실차난타(652~710) 신역[8]이 현존하고 있

---

6 小野玄妙, 『불서해설대사전』 제7권(동경: 대동출판사, 1934; 1965; 1981), p. 281d~297b.
7 진제眞諦 구역본舊譯本에 대한 공식 기록은 개황 14년(594)에 사문 법경法經이 편찬한 『衆經目錄』에서 "대승기신론 1권은, 사람들이 진제가 번역했다고 하는데, 그의 제자인 조비曹毘(?~?)가 지은 『三藏譯傳』(=『眞諦錄』)에도 이 논서가 없기 때문에 의혹부疑惑部에 입장入藏한다. 또 동시대인 개황開皇 17년(597)에 비장방費長房(?~6세기말~?)이 편찬한 『歷代三寶記』에는 "삼장 진제가 태청太淸 4년 육원철陸元哲의 집에서 『대승기신론』을 번역했다고 적고 있다. 연호 '태청'은 양무제 재위기인 547년~549년까지이고 태청 4년은 간문제簡文帝 기인 연호 '대보大寶' 1년인 550년에 해당한다. 이 때문에 진제 번역 사실을 신뢰하지 않는다고 언급하고 있다. 그런데 실차난타 신역본 서문에 "이 논서는 동쪽으로 전해져 모두 두 차례의 번역을 거쳤다. 초역본은 곧 서인도 삼장법사 파라말타(중국에서는 眞諦라고 했다.) 양무제 승성承聖 3년 세차 계유년 9월 9일에 형주衡州 시흥군始興郡 건사建寺에서 양주 사문 지개智愷와 함께 번역하였다."라고 적고 있다.
8 실차난타實叉難陀 신역본新譯本 서문의 "此本卽于闐國三藏法師實叉難陀, 齎梵本至此. 又於西京慈恩寺塔內, 獲舊梵本, 與義學沙門荊州弘景崇福法藏等, 以大周聖曆三年歲次癸亥十月壬午朔八日己丑, 於授記寺, 與華嚴經相次而譯, 沙門復禮筆受, 開爲兩卷. 然與舊翻時有出沒, 蓋譯者之意, 又梵文非一." 구절에 대한 문제 제기로 인해 신뢰에 문제가 있기는 하다. 대주大周는 '성력聖曆 3년' 5월에 '구시久視 1년'의 연호로 바뀌고 있어 성력聖曆 3년(700) 10월은 이미 사라진 연호여서 구시久視 1년 10월에 해당하지만, 성력 3년의 간지干支는 '경자庚子'이지 '계해癸亥'가 아니라는 점이다. 이 서문은 송원명宋元明 3판본 대장경에는 모두 실

으며, 일부 번역상의 출입이 있지만 상호 비교를 해 보면 중국 찬술이 아니라 인도 서역 찬술에 중국 번역임이 분명해 보인다. 이 논서의 저자인 마명 또한 용수(150?~250?)의 조사祖師 마명이기보다는 역사적으로 존재했던 6명의 마명 중 한 사람으로 추정된다.

마명은 『대승기신론』을 「귀경술의게歸敬述意偈」, 「정립논체正立論體」, 「총결회향게總結廻向偈」 세 부분으로 구성하고 있다. 이어 그는 본론에 해당하는 「정립논체」를 '인연분因緣分', '입의분立義分', '해석분解釋分', '수행신심분修行信心分', '권수이익분勸修利益分'의 다섯 부분으로 조직하였다. 그리고 본론의 본문에 해당하는 '해석분'을 다시 '현시정의顯示正義', '대치사집對治邪執', '분별발취도상分別發趣道相'의 세 부분으로 분류하였다. 원효 또한 마명의 이러한 구성과 조직 및 분류에 따르면서도 창의적이며 주도면밀한 주석을 덧붙이고 있다.

마명은 「귀경술의게」 즉 '의지하고 공경함'과 『대승기신론』을 지은 뜻'에 관한 게송을 통해 '대승의 의미'와 '기신의 가치'에 대해 밝히고 있다. 모두 5언 12구 3송에 담은 「귀경게」에는 '대승'과 '기신'이 어떻게 만나는지에 대해 보여 주고 있다.

목숨 바쳐 귀의 하옵니다 온 세상에서/ 가장 수승한 행위와 두루 통하는 지혜를 갖추고/ 몸에 걸림이 없어 자유자재하며/ 세상을 구제하시는 크나큰 연민을 지닌 분과//

려 있지 않다. 다만 700년은 서문의 '화엄경이 번역된 695~699년 이어 번역했다'는 점에 부합하며, 홍경弘景과 법장法藏 등과 함께 번역하였다는 점, 부례復禮가 받아 적어 두 권으로 만들었다는 점, '신역 화엄경 번역'이 법장 등과 관련이 있다는 점 등으로 볼 때 이 서문을 쓴 저자의 이름을 알 수 없다고 해서 신역본에 대한 신뢰를 배제할 수만은 없다.

그 (부처님) 몸의 (온전한) 본연이 지닌 특징인/ 현상의 본연인 참 그대로의 바다와/ 한량없는 이로운 능력의 창고인/ 사실 그대로 익히고 실천하는 분들에게//

(이 논을 펼치는 것은) 중생으로 하여금/ 의문을 제거하고 잘못된 집착을 버리게 하여/ 대승에 대한 바른 믿음을 일으켜/ 부처님 (깨달음의) 종자가 끊어지지 않게 하려 하기 때문입니다.[9]//

「귀경게」의 내용은 전체 12구 3송 중 마지막 제3송의 '중생으로 하여금 의문을 제거하고 잘못된 집착을 버리게 함(爲欲領衆生, 除疑捨邪執)'과 '대승에 대한 바른 믿음을 일으켜 부처님 깨달음의 종자가 끊어지지 않게 하려 함(起大乘正信, 佛種不斷故)'에 집중되고 있다. 마명은 '진리에 대한 의심을 제거하고' '삿된 집착을 버리게 하기 위하여', 그리고 '대승에 대한 바른 믿음을 일으켜' '불종자 즉 부처님 깨달음의 종자가 끊어지지 않게 하려고' 「귀경게」를 설하였다고 밝히고 있다.

원효는 앞의 '중생으로 하여금 의문을 제거하고 잘못된 집착을 버리게 함'을 하화중생下化衆生, 즉 사회적인 측면으로 보고, '대승에 대한 바른 믿음을 일으켜 부처님 깨달음의 종자가 끊어지지 않게 하는 것'을 상홍불도上弘佛道, 즉 개인적인 측면으로 보고 있다.[10] 전자의 하화중생과 후자의 상홍불도는 이 논서를 지은 전체의 취지를 설명하고 있다. 그의 만년작인 『금강삼매경론』에서는 '귀일심원歸一心源', 즉 '한마

---

9 馬鳴, 『大乘起信論』(『大正藏』 제32책, p.584상).
10 元曉, 『大乘起信論疏』(『한불전』 제1책, p.701중). "上半明爲下化衆生, 下半顯爲上弘佛法."

음의 근원으로 돌아가게 하여', '요익중생饒益衆生, 즉 '중생들을 풍요롭고 이익되게 한다'고 하였다. 그의 『대승기신론소』의 '하화중생과 상홍불도'와 『금강삼매경론』의 '귀일심원 요익중생'은 표현만 다를 뿐 그가 지향하려 한 원효 불교의 목표라고 할 수 있다. 대승과 기신이 만나는 이유도 이러한 목표에 잘 부합하고 있다.

마명은 「귀경게」에 이어 본론에 해당하는 「정립논체」에서 "도리(法)가 있어 대승을 믿는 능력을 일으키게 할 수 있으니 그 도리를 설하고자 한다."라고 하였다. 그리고는 그 도리를 설함을 다섯 부분으로 나누어 인연을 밝히는 부분(因緣分), 대승의 현상과 면모에 관한 뜻을 세우는 부분(立義分), 세 가지로 해석하는 부분(解釋分), 믿는 마음을 수행하는 부분(修行信心分), 수행의 이익을 권하는 부분(勸修利益分)으로 해명하고 있다. 특히 이 논서의 본론 본문에 해당하는 '해석분'을 '올바른 뜻을 드러내 보이는 것(顯示正義)', '잘못된 집착을 치유하는 것(對治邪執)', '마음을 일으켜 부처가 체득한 깨달음을 향해 나아가는 양상을 나누어 구별함(分別發趣道相)'으로 구분해 해명하고 있다. 원효는 『기신론』 주석서의 대의문에서 이 논서에 대한 자신의 인식을 이렇게 보여준다.

"『대승기신론』은 '드세우지 아니함이 없으며(無所不立)', '깨뜨리지 아니함이 없다(無所不破)'. 반면 용수의 『중관론』과 『십이문론』 등은 모든 집착을 두루 깨뜨리며 또한 깨뜨린 것도 깨뜨려서 깨뜨리는 것과 깨뜨려진 것을 도리어 허용하지 않아 '깨뜨려 보내기만 하고 (두루) 허용하지 않는 논서(往而不徧論)'이며, 무착의 『유가론』과 『섭대승론』 등은 깊고 얕은 이론들을 온통 다 세워서 법문을 판별하면서 스스로 세운 법

을 두루 버리지 아니하여 '드세워 건네기만 하고 (두루) 탈취하지 않는 논서(與而不奪論)'이다".[11]

"『대승기신론』은 슬기롭기도 하고 어질기도 하며, 그윽하기도 하고 넓기도 하여, 세우지 아니함이 없으면서도 스스로 떨쳐 내고, 깨뜨리지 아니함이 없으면서도 도리어 허용하고 있다. '도리어 허용한다는 것(還許者)'은 저 가는 자가 '가는 것이 다하여 두루 세워서(往極而徧/遍立)' 드러내며, '스스로 떨쳐 낸다는 것(自遣者)'은 이 주는 자가 '주는 것이 다하여 앗아 〈깨뜨려〉(窮與而奪〈破〉)' 밝혀 내니, 이것을 일컬어 여러 논서들의 으뜸가는 본보기(祖宗)이며 온갖 말다툼(諍論)을 평정하는 주인공이라 한다."[12]

그런데 원효는 젊은 시절의 저술인 『대승기신론별기』의 논지를 계승하면서도 만년의 저작인 『대승기신론소』에서는 일정한 사상적 변화를 보여 주고 있다.

"『대승기신론』은 (이론을) 펼칠 때는 '헬 수 없고 가없는 뜻(無量無邊之義)'으로 종지를 삼고, (이론을) 합할 때는 '두 가지 측면(二門)'과 '하나처럼 통하는 마음(一心)'이라는 도리를 요체로 삼는다. '두 가지 측면(二門)' 안에서는 온갖 뜻을 받아들여도 혼란스럽지 않고, (본질이나 실체관념에 의한 막힘이 없어) 가없는 도리는 '하나처럼 통하는 마음(一心)'에서 섞이어 융합된다. 그러므로 펼침과 합침이 자재하며(開合自在),

---

11　元曉, 『大乘起信論別記』(『한불전』 제1책, p.678상).
12　元曉, 『大乘起信論別記』(『한불전』 제1책, p.678하).

세움과 버림이 걸림 없어(立破無碍), 펼쳐도 번잡하지 않고, 합쳐도 협착하지 않으며, 세워도 얻음이 없고, 버려도 잃음이 없다. 이것은 마명馬鳴의 기묘한 솜씨(妙術)이며 기신론의 중요한 본연(宗體)이다."[13]

여기서 원효는 전개할 때는 '헤아릴 수 없고 가없는 면모'를 종지로 삼고, 통합할 때는 '두 가지 측면과 하나처럼 통하는 마음'의 도리를 요체로 삼아 전개와 통합에 묶이거나 거리낌이 없고 수립과 타파에 막히거나 거치는 것 없는 마명의 기묘한 솜씨와 기신론의 중요한 본연을 읽어 내고 있다.

(『기신론』의) 서술 내용이 비록 광대하지만 (다음과 같이) 간략히 요약할 수 있다. (『기신론』은) '하나처럼 통하는 마음(一心)'에서 (참 그대로인 측면과 근본무지에 따라 생멸하는 측면의) 두 측면을 열어 마라야산 꼭대기에서 부처와 문답한 『능가경』 108구의 방대한 가르침을 총괄하였고, 오염된 모습(相染)에서 온전한 본연(性淨)을 드러내어 아유사국의 승만부인이 설한 『승만경』 15장의 깊은 이치를 두루 종합하였다. (부처가 열반한) 곡림에서 설해진 『열반경』의 하나처럼 통하는 맛(一味)의 근본, 영축산에서 설해진 『법화경』의 (불변·독자의 실체나 본질로서) 다른 것이 아님(無二)이라는 뜻, 『금광명경』과 『대승동성경』이 설하는 부처의 세 가지 몸(三身)이라는 궁극 과보, 『화엄경』과 『보살영락경』이 설하는 네 가지 계위(四階)의 깊은 원인, 『대품반야경』과 『대방등대집경』의 밝게 쓸어 버리는 지극한 도리, 『대승대방등일장경』과 『대방등

---

13 元曉, 『大乘起信論疏』(『한불전』 제1책, p.698하).

『대집월장경』의 은밀하고 현묘한 가르침 등에 이르기까지 이 모든 것들 가운데 뭇 경전의 심장을 하나로 꿰뚫은 것은 오직 이『대승기신론』뿐일지니.[14]

위의 '대의大意' 즉 '전체의 취지'에서 볼 수 있는 것처럼 원효는『대승기신론』을 '제론지조종諸論之祖宗 군쟁지평주群諍之評主' 즉 '여러 논서들의 으뜸가는 본보기이자 온갖 말다툼을 평정하는 주인공'이며, '중전지간심衆典之肝心 일이관지자一以貫之者' 즉 '뭇 경전의 심장을 하나로 꿰뚫은 것'이라고 표현하였다.

이것은 당시 그의 사상적 관심이 '파이불립破而不立' 즉 '논파하기만 하고 수립하지 않고', '왕이불편론往而不遍論' 즉 '보내기만 하고 두루 미치지 않는 담론'만 일삼는 중관학과 '입이불파立而不破' 즉 '정립하기만 하고 타파하지 않고', '여이불탈론與而不奪論' 즉 '주기만 하고 빼앗지 않는 담론'만 일삼는 유식학을 회통하기 위한 것으로 이해된다.

원효는『기신론』이 중관학과 유식학 논서들과 달리 '무불립이자견無不立而自遣' 즉 '수립하지 아니함이 없으면서도 스스로 논파하고', '무불파이환허無不破而還許' 즉 '타파하지 아니함이 없으면서도 도리어 허용하여' '왕극이편립往極而遍立' 즉 '타파의 궁극에 이르러 (다시) 두루 세워서 드러내고', '궁여이탈〈파〉窮與而奪〈破[15]〉' 즉 '허용의 궁극에 이르러 (다시) 앗아 〈깨뜨려〉' 밝혀 내는 논서로 파악한다. 그리하여 그는 젊은 시절 사상적 과제였던 중관학과 유식학의 갈등을 기신학으로 해소해 나갈 수 있었다.

---

14 元曉,『大乘起信論疏』(『한불전』제1책, p.698중).
15 앞뒤 문맥의 구조상 '破' 자가 빠진 것으로 추정된다.

이어 원효는 그의 종래의 사상적 과제였던 중관학과 유식학의 통섭에서 한 걸음 더 나아가 이제는 현료문의 아리야식 즉 번뇌장과 소지장 및 은밀문의 여래장 즉 번뇌애와 소지애를 중심으로 한 통섭을 시도하고 있다. 이 부분은 『대승기신론별기』 저작 이후 펴낸 『대승기신론이장의』의 구성과 내용을 통해서 유추해 볼 수 있다.

원효의 사상은 만년에 찬술한 『대승기신론소』의 대의문에서 알 수 있는 것처럼 '개합자재開合自在'와 '입파무애立破無碍'의 관점에서 새롭게 전환하고 있다. 그것은 그의 학문적 방법론 혹은 저술론의 특징이라 할 전개의 '종'과 통합의 '요'를 아우른 '종요宗要'로 표현되기도 한다. 그는 앞서 현료문의 아리야식과 은밀문의 여래장을 통섭한 뒤 다시 적멸로서 일심(심진여문)과 여래장으로서 일심(심생멸문)의 통섭을 보여주고 있는 것이다.

원효는 일심 혹은 대승 또는 진여라는 진리에 대한 '결정신決定信' 즉 '결정코 믿는 마음'을 일으킴을 통해 '대승'과 '기신'의 관계를 해명하고 있다. 이것은 일심과 이문, 이문과 삼대가 얼마나 유기적으로 긴밀하게 연계되어 있는가를 보여 주고 있다. 즉 체대와 상대와 용대에 대해 결정신을 일으키는 것 자체가 곧 일심 또는 대승 혹은 진여라는 진리에 대해 믿음을 일으키는 것이라는 것이다. 바로 이 부분에서 우리는 대승과 기신의 만남에 대한 마명의 기획과 원효의 해명이 얼마나 잘 부합되고 있는지를 확인할 수 있다.

Ⅲ. 『대승기신론』을 통해 원효의 기신학은 어떻게 전개되었나

1. 일심 이문 삼대 사신 오행 육자법문 — 『대승기신론』의 구성

마명의 『대승기신론』은 진제 구역과 실차난타 신역 2본이 존재한다. 두 논서 모두 같은 산스크리트 원본에서의 번역이라는 점에서 보면 이 논서는 인도 서역 찬술로 볼 수밖에 없다. 이 논서는 '모두 탈 수 있는 큰 수레와 같은 진리(大乘)'에 대해 '믿음을 일으키게 하는(起信)' 이론(論)이라는 의미를 지니고 있다. 저자 마명은 대승에 대한 믿음을 일으키게 하기 위해서 일심一心—이문二門—삼대三大—사신四信—오행五行—육자법문(나무아미타불)의 구조로 두루 미치어 빈틈없이 촘촘하게 이어지게(周到綿密) 조직하고 있다.

일심은 심진여문과 심생멸문의 이문으로, 이문은 체대·상대·용대의 삼대로, 삼대는 신근본(信眞如)·신불信佛·신법信法·신승信僧의 사신으로, 사신은 시문施門·계문戒門·인문忍門·진문進門·지관문止觀門의 오행으로, 그리고 오행은 육자법문(不退方便)으로 맞물려 전개하고 있다.

이러한 구성은 일심—이문—삼대의 이론 구조와 사신—오행—육자법문의 실천 체계를 보여 주고 있다. 앞의 이론 구조는 뒤의 실천 체계를 보다 더 탄력적으로 만들고 있으며, 뒤의 실천 체계는 앞의 이론 구조를 더욱 더 유기적으로 만들고 있다.

진제(499~569) 구역 『대승기신론』에 대한 최초의 주석은 지개智愷의

『대승기신론일심이문대의』(1권)¹⁶이다. 이 외에 대표적인 주석서로는 담연의 『대승기신론소』(상권만 存)¹⁷를 필두로 해서 정영 혜원(523~592)의 『대승기신론의소』(4권), 분황 원효의 『대승기신론소』(2권), 현수 법장(643~712)의 『대승기신론의기』(5권)가 있다.¹⁸ 또 용수 저작과 별제마다

---

16 智愷, 『大乘起信論一心二門大意』, 『속장경』 제71책, 4투).
17 池田將則, 「杏雨書屋所藏敦煌文獻 『大乘起信論疏』(疑題, 羽333V)について」, 『불교학리뷰』 Vol. 12, 2012, pp.46~47. 이케다 마사노리는 아주 최근에 공개된 일본 교우 쇼오쿠(杏雨書屋)가 소장하고 있는 돈황 문헌 중에 현존 최고 주석서인 담연소曇延疏에 선행하는 『기신론』 주석서라며 두 주석서를 비교하여 몇 가지 사항을 밝히고 있다. "① 담연소가 교우 쇼오쿠본에 없는 설명을 부가한 예를 여러 곳에서 찾을 수 있어 교우 쇼오쿠본이 담연소에 선행한다. ② 교우 쇼오쿠본은 진제眞諦 역譯 『攝大乘論釋』을 인용하고 있고, 또한 담연소에 선행하므로 교우 쇼오쿠본이 찬술된 것은 『섭대승론석』의 역출(564년) 이후, 담연의 입멸(588년) 이전이다. ③ 교우 쇼오쿠본에는 진제가 찬술한 『九識章』이나 그가 번역한 『섭대승론석』, 『불성론』에 나온 교설들에 기초하여 주석한 예가 다수 있으며, 또한 담연소와 비교할 경우 교우 쇼오쿠본이 진제에 보다 가까우므로 교우 쇼오쿠본의 찬술자는 진제가 번역 또는 찬술한 여러 문헌에 친숙했으며 진제와 밀접한 관계에 있던 사람이었을 가능성이 높다. ④ 현존하는 사본에는 저자 자신에 의해 의한 것이라고 생각되는 수정의 흔적들이 있으며, 한편 편집자가 개입하였을 것이라는 의구심을 가질 만한 서사의 생략도 존재한다. 또한 그러한 수정들 가운데 일부분은 담연소에 알려졌을 가능성이 있지만, 다른 몇 가지 것들은 담연소에는 알려지지 않았다고 생각된다. 따라서 교우 쇼오쿠본은 아마도 저자(즉 스승)와 편집자(즉 제자들)가 공동으로 만든 강의록과 같은 성질의 문헌이며, 저자에 의한 수정을 반영하면서도 각기 편집 양상이 다른 복수의 이본異本이 존재했던 것이 아닐까 생각한다. ⑤ 혜원소慧遠疏 및 원효소元曉疏와 교우 쇼오쿠본과의 관계는 알 수 없지만 법장소法藏疏는 교우 쇼오쿠본을 참조하고 있다. 따라서 교우 쇼오쿠본은 적어도 법장의 시대까지는 중원中原에서 유통했을 것이라고 생각된다."고 밝히고 있다. 그의 연구에 따른다면 교우 쇼오쿠본은 담연소보다는 빠른 시기에 성립된 주석서임을 알 수 있지만, 이 텍스트와 지개智凱의 『大乘起信論一心二門大意』와는 어떠한 관계에 있는지도 검토해 보게 된다면 『대승기신론』 주석서의 초기 성립사를 보다 구체적으로 알 수 있을 것이다.
18 뒤의 3종을 흔히 『대승기신론』의 3대 주석서로 평가하고 있지만, 이러한 평가는 근대 일본 불교학자들의 연구 결과에 근거한 일본 불교학자들의 평가로 이해된다.

筏提摩多 번역으로 전해지는 의론擬論인 『석마하연론釋摩訶衍論』(10권)[19]은 신라 말의 월충에 의해 간행되었고, 마명 저작과 진제 번역으로 전해지는 작자 미상의 『대종지현문본론大宗地玄文本論』(20권)[20]도 신라에서 작성되어 중국으로 전해진 것[21]으로 여겨진다. 이후 한·중·일 삼국에서 이 논서에 대한 주석서가 다수 간행되었으며 살펴본 것처럼 일본의 고바야시 겐묘가 편찬한 『불서해설대사전』에는 228종의 서명이 나온다.

그런데 이들 주석서들에서 주목되는 지점은 고대 중세와 근세 근대 및 현대를 통해 서책들이 '요약' 혹은 '첨삭' 또는 '회편' 등의 방식을 통해 지속적으로 간행되어 왔다는 것이다. 그 중에서도 법장의 『대승기신론의기』(3권)를 우두선종과 원각경관의 관점에서 요약 해설한 손상좌 규봉 종밀(780~841)의 『대승기신론소』(宗密疏, 4권), 이것을 다시 종합한 종밀의 문도인 석벽 전오(?~?)의 『대승기신론 수소기隨疏記』(6권), 석벽의 주석에 대해 비판적으로 이해한 장수 자선(965~1038)의 『대승기신론 필삭기筆削記』(20권), 이것[22]을 다시 회편한 조선시대 백암 성총(1631~1700)의 『대승기신론소필삭기 회편會編』(20권) 등이 널리 알려져 있다. 이들은 모두 진제 구역본에 대한 주석서들이다.

한편 실차난타(652~710) 신역본에 대한 주석은 중국 명말청초의 4

---

19 『釋摩訶衍論』(『大正藏』 제32책, pp.591~668).
20 『大宗地玄文本論』(『大正藏』 제32책, pp.668~693).
21 石井公成, 『東アジア佛敎史』, 최연식 역, 『동아시아 불교사』(서울: 씨아이알, 2020), p.180.
22 다시 법장의 주석을 요약해서 알기 풀어내 명나라 말엽 감산 덕청甘山德淸(1546~1623)의 『대승기신론소략』(4권)과 그의 『대승기신론직해』(直解, 2권)도 있다. 이외에도 명나라 통윤通潤의 『대승기신론속소』(續疏, 2권), 명나라 진계眞界의 『대승기신론찬주』(纂註, 2권) 등 다수가 있다.

대 고승[23] 중 한 사람인 우익 지욱蕅益智旭(1599~1655)의 『대승기신론열망소裂網疏』(6권)와 이 저술에 대해 주석한 일본 에도시대 통현通玄(?~1731)의 『대승기신론열망소 인거引據』(2권), 자문 관국慈門觀國(1772~?)의 『대승기신론열망소 강록講錄』(6권 存), 저자가 분명하지 않은 『대승기신론열망소 전난箋難』(存)이 있다.[24] 이들에 대한 연구는 아직까지 본격적으로 이뤄지지 않아 널리 소개되지 않았다.

『대승기신론』은 대개 유심·유식설, 공불공空不空의 사상, 불신론佛身論, 지관止觀, 발심수행의 단계, 아미타 신앙 등 대승의 중요한 문제를 다수 도입하고, 이를 여래장사상의 입장에서 체계화하고 있다.[25] 한편 원효는 7세기 당시 동아시아 불교사상사에서 주요한 논제였던 구역과 신역의 문제, 성종과 상종의 대립, 공집와 유집의 갈등, 무성과 유성의 논쟁 등의 갈등을 해소하기 위해 여러 경론을 찾아 회통의 근거를 구하기 위해 노력하였다. 이 과정에서 그는 『대승기신론』을 만났다.

원효는 당시의 논쟁을 대상화해서 보지 않고 주체화해서 보았다. 그는 이러한 논쟁을 해소하기 위해 논쟁에 대한 입장을 정리하였다. 『영락본업경소』 권하에는 '여래십호' 중의 '무상사無上師'에 대한 해석에서 그의 논쟁관을 잘 보여 주고 있다.

"또한 상사上士를 일컬어 쟁송諍訟이라고 한다. 무상사無上師에는 쟁

---

23 명말청초明末淸初 중국불교사상사에서 운서 주굉雲棲袾宏(1535~1615), 자백 진가紫柏眞可(1543~1603), 감산 덕청甘山德淸(1546~1623)과 함께 4대고승四大高僧으로 불렸다.
24 小野玄妙, 『佛書解說大辭典』 제7권(동경: 대동출판사, 1934; 1965; 1981), p.297ab.
25 石井公成, 앞의 책, p.289.

송이 없는 것이다. 여래는 무쟁無諍이다. 그러므로 부처를 무상사라고 부른다."[26]

원효는 상사, 중사, 하사 중에서 중간 이하의 인물은 물론이고, 상사조차도 '쟁송' 즉 시비곡절을 면하지 못한다고 보았다. 그는 부처만이 다툼에서 벗어날 수 있기에 '무상사'라고 한다고 하였다.

『도덕경』에서 "상사는 도를 열면 힘써 이를 행한다."라고 했다. 하지만 원효는 '무상사'인 부처를 『도덕경』의 상사보다 상위에 자리매김하고 있다. 이러한 예는 원효 이외에 어떤 주석가도 이렇게 본 이는 없다. 그러니까 원효는 최상의 상사를 쟁송에서 벗어난 무상사 즉 부처라고 보았다.

이처럼 부처를 '무쟁의 사士'로 규정하는 이상 부처에 이르는 길은 '쟁송'에서 멀어지는 길이 아니면 안 될 것이다. 원효가 구한 것은 대립을 떠난 진실의 세계를 나타내면서 동시에 다양한 이설을 모순 없이 설명할 수 있는 사상이었을 것이다. 그러한 사상을 모색하기 시작했을 무렵 큰 존재로 다가왔던 것이 『기신론』이었다.[27] 이 때문에 젊은 시절 원효의 기신학 인식에는 이미 회통 혹은 화쟁이라는 그의 학문적 화두가 들려 있었던 것으로 짐작된다.

---

26 元曉, 『菩薩瓔珞本業經疏』(『續藏』1-61-3, 258좌하).
27 石井公成, 앞의 책, p.289.

2. 체대 상대 용대를 믿는다는 것 – 인간의 가능성에 대한 이해

'대승' 즉 '진여'에 대한 믿음을 일으킨다는 『대승기신론』이라는 논서 이름은 기신과 대승이 둘이되 둘로 나뉠 수 없음을 보여 준다. 원효는 '대승을 해석함(言大乘)'과 '기신을 해석함(言起信)의' 분과를 통해 각각의 정의와 둘 사이의 관계와 만남에 대해 자세히 풀어내고 있다. 그는 '대승大乘' 즉 '모든 것에 두루 미침'이라는 것에 대해 경전(대방등대집경, 허공장경)과 논서(대법론, 현양성교론)에 의거해 7가지 위대함(大性)을 밝힌다.

또 원효는 믿음(信)이란 '반드시 그렇다고 여기는 말(決定謂爾之辭)'이며, 기신起信, 즉 '믿음을 일으킨다'는 말에 대해서는 '진리가 실제로 있다는 것을 믿는 것(信理實有, 體大)', '수행으로 그 진리를 증득할 수 있다는 것을 믿는 것(新修可得, 相大)', '수행으로 증득할 때 무한한 이로운 능력이 있다는 것을 믿는 것(信修得時有無窮德, 用大)'으로 설명해 낸다. 그는 "이 세 가지 믿음을 일으킬 수 있다면, 부처님의 가르침에 들어가 모든 이로운 능력을 일으켜 '(진리를 깨닫는 것을 막는) 일체의 장애(諸魔境)'에서 벗어나 (마침내) '최고의 경지(無上道)'에 도달할 수 있다."라고 하였다.

이처럼 이문일심에 맞물린 체·상·용 삼대에 대한 믿음을 일으킨다는 것은 곧 대승 즉 진여에 대한 깊은 신뢰뿐만 아니라 인간의 무한한 가능성에 대한 깊은 이해를 보여 주는 것이라고 할 수 있다. 마명은 『대승기신론』에서 인연분에 이어 입의분立義分에서 '대승'을 '대승의 현상(法)'과 '대승의 면모(義)'로 나누어 해명하고 있다.

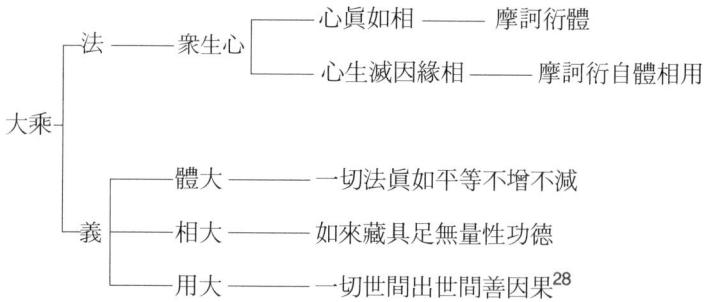

　마명은 입의분立義分을 '대승의 현상(法體)'과 '대승의 면모(名義)'에 관한 뜻으로 구분하여 대승의 현상에 중생심을, 대승의 면모에 체대, 상대, 용대의 삼대를 배대하여 해명하고 있다. 또 그는 여기에서 진여의 자체상自體相이란 용어를 사용한다. 마명은 일심을 심진여문과 심생멸문 두 측면에서 파악하며, 진여는 대승(마음)의 본체(大乘體)를 나타내고, 생멸문은 마음의 자체상용自體相用을 나타낸다고 말한다.

　원효는 『대승기신론별기』에서 "'마음이라는 현상(心法)'은 비록 하나이지만 두 가지 측면이 있다. '해맑고 깨끗한 참으로 그리함의 측면(眞如門)'에는 대승의 '(온전한) 본연(體)'이 있고, '(근본무지에 따라) 물들고 때 묻은 생하고 멸해감의 측면(生滅門)'에는 또한 '능력(相)과 작용(用)'이 있다."라고 말하였다. '대승의 면모(大乘義)'가 비록 다양하지만 '(온전한) 본연(體)'과 능력과 작용을 넘어서지 않는다. 그러므로 '하나처럼 통하는 마음(一心)'에 의거하여 '대승의 면모(大乘義)'를 드러내는 것이다."[29]라고 하였다.

28　馬鳴, 『大乘起信論』(『大正藏』 제32책, p.575하).
29　元曉, 『大乘起信論別記』(『한불전』 제1책, 678하).

　그런데 원효가 진여문에 체대를, 생멸문에 상대와 용대를 배대했던 『별기』와 달리 『소』에서는 진여문에 체대를, 생멸문에 체대와 상대와 용대를 배대한 것은 그의 인간 이해의 변화로 파악된다. 즉 상근기만이 성불할 수 있는 진여문에서가 아니라 하근기도 (근본무지에 따라) 생하고 멸하는 측면(生滅門)에서 성불할 수 있음을 해명한 것으로 짐작된다. 원효는 체·상·용 삼대의 이문 배대에 대한 그의 표현이 변화한 것에 대해 아래와 같이 설명하고 있다.

　원효는 『대승기신론소』에서 "'위대한 면모(大義)' 가운데 (온전한) 본연의 위대함(體大)은 진여문에 있고, 능력(相)과 작용(用) (이) 두 가지 위대함(二大)은 생멸문에 있다. 생멸문 안에 (대승) 자신의 (온전한) 본연이 있지만 단지 (근본무지에 따라 생하고 멸하는 측면 안의) '(온전한) 본연은 능력에 따르는 것(體從相)'이므로 따로 말하지 않은 것이다."[31] 라고 하였다.

　그는 "'마음이라는 현상(心法)'은 하나이고 '대승의 면모(大乘義)'는 넓은데, 어떤 까닭으로 다만 이 마음에 의거하여 '대승의 면모'를 드러낸

30　元曉, 『大乘起信論別記』(『한불전』 제1책, 678하).
31　元曉, 『大乘起信論疏』(『한불전』 제1책, 704상) 元曉撰, 『大乘起信論疏記會本』(『한불전』 제1책, 740중). "大義中, 體大者在眞如門, 相用二大在生滅門, 生滅門內亦有自體, 但以體從相, 故不別說也." 이 부분은 『大乘起信論別記』에는 없고 『기신론소』와 『소기회본』에만 보인다.

다는 것인가? 그러므로 (이런 의문을 드러내기 위해) "어째서인가?"라고 말했다. 아래에서 그 뜻을 해석하여 '마음이라는 현상(心法)'은 비록 하나이지만 '두 가지 측면(二門)'이 있다고 말하였다. 대승의 면모는 "'(온전한) 본연(體)'과 능력(相)과 작용(用) 이 세 가지를 넘어서지 않기에 '하나처럼 통하는 마음(一心)'에 의거하여 '대승의 면모'를 드러내는 것이다."[32]라고 하였다.

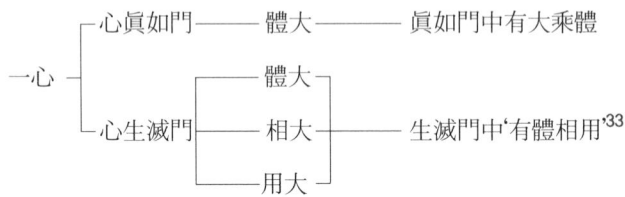

처음에 원효는 둘 사이의 유기적 관계를 고려하여 생멸문 내의 체를 '상에 종속된 체(體從相)'로 보았다. 하지만 『대승기신론소』에서는 생멸문 내에도 제대를 명확히 배대시켰다. 이것은 신여문과 긴밀한 관계를 맺고 있는 생멸문의 기능을 분명히 드러내기 위함으로 이해된다. 우리는 원효의 『별기』와 『소』를 함께 보면서 그의 인간 이해가 어떻게 변화되었는지를 볼 수 있다.

한편 원효의 영향을 크게 받은 법장은 "진여는 대승(마음)의 본체를 나타내지만 생멸심 안에는 체대와 상대와 용대가 갖추어져 있다(眞如門中示大乘體, 生滅門中具宗三大)."고 말한다. 법장은 진여문과 생멸문 사이의 독자적 행로를 염두에 두고 생멸문 내의 체를 '별도의 체'로 파

---

32 元曉, 『大乘起信論疏』(『한불전』 제1책, 704상).
33 元曉, 『大乘起信論疏』(『한불전』 제1책, 704상).

악한 것일까? 처음부터 그가 원효의 『별기』와 차별화를 시도한 것이 아니라 오히려 원효의 『소』로부터 영향을 받은 것은 아닐까? 법장 또한 원효와 마찬가지로 이 논서에 대한 주석으로서 『대승기신론의기별기』을 편찬해 내었다. 순서상으로 그는 『대승기신론의기』를 먼저 짓고 『대승기신론의기별기』를 나중에 지은 것으로 보인다. 아마도 이 과정에서 그는 원효의 『소』에서 영향을 받은 것으로 짐작된다. 만일 법장이 원효 『소』를 보면서도 『소』와 다른 이전 원효의 『별기』와의 차별화를 시도한 것이라면 이것은 진여와 생멸심의 관계에 대한 두 사람의 미묘한 차이로 볼 수 있을 것이다.

원효는 '유식과 여래장의 관계'에서는 범부의 마음 상태를 해명하는 '객진소염'에 더 치중하는 유식사상보다는 부처의 마음 상태를 보여 주는 '본성청정'에 입각하여 '객진소염'과의 통합을 시도하였다. 이것은 여래장이 여래와 범부의 차이성을 강조하기보다는 이 둘 사이의 동일성을 강조하기 때문이었다.[34] 반면 '여래장과 일심의 관계'에서는 '자성청정'과 '객진소염'을 통합하려는 여래장사상보다는 여래와 범부의 차이성을 강조하는 일심사상에 입각하고자 하였다. 이 때문에 원효는 일심과 본각 및 여래성과 여래장의 관계를 각기 해명한다.[35]

원효는 적멸과 일심, 일심과 여래장, 일각과 일심, 본각과 일각 등의 관계를 통해 적멸로서 일심과 여래장으로서 일심, 여래장과 아리야식을 별위別位로 보려고 하였다. 뿐만 아니라 여래장과 일심을 이위異位로 보려고 하였다. 이러한 구도는 우리의 마음의 이중구조인 진여문

---

34 高榮燮, 「분황 원효의 여래장 인식과 불성 이해」, 『열상고전연구』 제61집, 열상고전연구회, 2018.2, p.53.
35 高榮燮, 위의 글, p.59.

과 생멸문의 상이성을 해결하기 위해서였다. 원효는 무명과 함께 하고 있는 여래장과 그 생멸의 현실을 전개시키는 아리야식, 일각의 요의이자 일심의 본각인 여래장과 적멸로서 일심을 별도의 구도 속에서 보려고 하였다.[36]

이처럼 원효는 향상문의 차원에 서서 차별적 인간 이해보다는 평등적 인간 이해를 전제로 논의를 전개하고 있다. 그러면서도 일정한 단계에 오른 수행자를 위해서는 다시 차별적 인간 이해를 전제로 평등적 인간 이해로 이끌어 갔던 것으로 이해된다. 반면 법장은 향하문의 차원에서 처음부터 한결같이 차별적 인간 이해를 기반으로 바라보고자 했던 것으로 파악된다. 바로 이 지점이 두 사람 사이의 미묘한 차이가 아닐까 한다. 체·상·용 삼대 배대도 중층적으로 이해했던 원효와 단선적으로 인식했던 법장 두 사람의 차이에 근거한 것으로 파악된다.

그런데 마명은 『대승기신론』에서 '대승'을 '대승의 현상'과 '대승의 면모'로 구분하였다. 그런 뒤 그는 이들을 각기 중생심과 삼대에 배대하면서도 법신·보신·응(화)신에 배대시키지는 않았다. 한편 원효는 「기경계」에서 체용體用론에 입각하여 불보와 법보와 승보 등 삼보三寶에 대한 인식을 보여 주고 있다. 여기서 그는 법보와 관련된 '급피신체상及彼身體相'의 해석에서 법신과 보신과 응신 삼신三身에 대한 인식을 보여준다. 그리고 그는 앞의 게송에서 말한 법신과 이 구절의 '여래의 몸'을 보불報佛 즉 보신불(아미타불, 약사여래)이라고 해명함으로써 응화신은 석가모니불임을 암시하고 있다.

---

36 高榮燮, 앞의 글, p.60.

"이 (믿음의 의미) 중에 '진리가 실제로 있다는 것을 믿는다'는 것은 '(온전한) 본연의 위대함(體大)'를 믿는 것이다. (이것은) 모든 것이 (불변·독자의 실체·본질로서는) 얻을 수 없는 것을 믿는 것이기에 곧 실로 '평등한 현상세계(平等法界)'가 있음을 믿는 것이다. '(수행으로) 증득할 수 있다는 것을 믿는다'는 것은 '능력의 위대함(相大)'을 믿는 것이다. (수행으로) '(온전한) 본연의 이로운 능력(性功德)'을 갖추어 중생을 (그 이로움에) 물들게 하는 것이니, 곧 ('본연의 이로움'을 갖춘) 능력(相)으로 (중생을 그 이로움에) 물들게 하면 (그들이) 반드시 '근원(인 본연)으로 돌아가게 됨(歸源)'을 믿는 것이다. '(수행으로 증득할 때) 무한한 이로운 능력의 작용이 있음을 믿는다'는 것은 '작용의 위대함(用大)'을 믿는 것이다. (그 작용이) 하지 못하는 것이 없기 때문이다."[37]

원효는 '(온전한) 본연의 위대함(體大)'를 믿는 것은 모든 것이 (불변·독자의 실체·본질로서는) 얻을 수 없다는 것을 믿는 것이기에 곧 실로 '평등한 현상세계(平等法界)'가 있음을 믿는 것으로 보았다. 이것은 이 세계의 평등한 모습을 믿는 것이다. '능력의 위대함(相大)'을 믿는 것은 ('본연의 이로움'을 갖춘) 능력(相)으로 (중생을 그 이로움에) 물들게 하면 (그들이) 반드시 '근원(인 본연)으로 돌아가게 됨(歸源)'을 믿는 것이다. 이것은 중생의 근원인 본연으로 돌아감을 믿는 것이다. '작용의 위대함(用大)'을 믿는 것은 '(그 작용이) 하지 못함'이 없음을 믿는 것이다. 이것은 중생의 작용의 위대함을 믿는 것이다.

원효는 "부처님 가르침에 들어가 모든 '이로운 능력'을 일으켜 '(진리

---

37 元曉, 『大乘起信論疏』(『한불전』 제1책, 699하); 『大乘起信論疏記會本』(『한불전』 제1책, 734하).

를 깨닫는 것을 막는) 일체의 장애(諸魔境)'에서 벗어나 (마침내) '최고의 경지(無上道)'에 도달할 수 있다."38고 하였다.

이어 원효는 "믿음은 (모든) 수행의 토대이고 공덕을 낳는 어머니이니, 모든 '유익한 자질(善根)'을 늘려 나가고 모든 의혹을 소멸시켜 '최고의 경지(無上道)'를 개발하는 것을 드러낸다네. …… 믿음은 (진리를 깨닫는 것을 막는) 모든 장애(魔境)를 넘어서게 하고, '최고의 해탈 경지(無上解脫道)'가 나타나도록 한다네. (그러므로 믿음은) 모든 공덕의 파괴되지 않는 씨앗으로 '최고의 깨달음의 나무(無上菩提樹)'를 키워 내노라."라는 『화엄경』 게송을 원용하고 있다. 그리하여 그는 "믿음에는 이와 같이 '헤아릴 수 없이 많은 이로운 능력(無量功德)'이 있는데, 이 『대승기신론』에 의해 (이러한 믿는) 마음을 일으키기 때문에 '믿음을 일으킨다(起信)'고 하였다."39라고 덧붙이고 있다. 이처럼 원효는 마명의 논리를 따르면서 체대, 상대, 용대의 삼대를 믿는 인간의 무한한 가능성을 부각시키고 있다.

3. 중관학과 유식학의 종합 지양 – 『대승기신론별기』

원효는 젊은 시절에 『대승기신론』 본문(依文顯義 중 正立論體의 依章別解)의 5분 중 입의분과 해석분에 대해서만 주석을 하여 『대승기신론별

---

38 元曉, 『大乘起信論疏』(『한불전』 제1책, 699하); 『大乘起信論疏記會本』(『한불전』 제1책, 734하~735상).
39 元曉, 『大乘起信論疏』(『한불전』 제1책, 699하); 『大乘起信論疏記會本』(『한불전』 제1책, 734하~735상).

기』를 펴냈다. 여기에는 뒤의 인연분, 수행신심분, 권수이익분에 대한 설명은 거의 보이지 않는다. 이 때문에 원효는 이 저술에 대해 "간략히 가장 요긴한 벼리(綱領)만 거론해서 나 자신을 위해 기술했을 뿐이니 감히 세상에 널리 유통되기를(宣通) 바라지 않는다."[40]라고 하였다. 이러한 맥락에서 보면 그는 처음에는 『대승기신론』에 대한 본격적인 주석서를 쓸 생각은 없었던 듯하다.

이러한 말을 덧붙인 것은 아마도 당시 자신의 역량이나 여건이 성숙되지 않아서였을 것이다. 이 때문에 그는 당시 이 저술에 대해 자신이 지닌 문제에 집중했을 뿐이며 결과적으로 자신을 위해 강령만 적은 연구 노트로 여겼을 것이다. 이 저술은 그가 젊은 시절에 썼다는 점, 그 분량이 매우 소략하다는 점, 그리고 매우 겸손한 태도를 보이고 있다는 점 등의 특징이 있다. 하지만 그는 『대승기신론별기』의 어느 부분에서는 상세한 주석을 덧붙이고 있으며, 그의 특징적인 사상이 거의 대부분 담겨 있을 정도로 상당한 자신감도 보여 준다. 이 저술 속에서 사상적으로 주요한 문제를 다루고 있듯이 후기의 저작 중에서 '별기'를 참고하라고 지시까지 하고 있다.

이처럼 『대승기신론별기』는 젊은 시절 당시 자신의 사상적 고민을 해결하려다 만난 『대승기신론』에 대한 공부 노트임이 분명하다. 그 시절의 원효의 과제는 중관학과 유식학의 종합 지양에 겨냥되어 있었다. 현장의 역경 이래 생겨난 구역 유식과 신역 유식의 문제, 삼승과 일승의 대립, 공집과 유집의 갈등, 무성과 유성의 논쟁 등은 그의 역정 내내 화두처럼 다가왔을 것이다. 이 때문에 원효가 『대승기신론별기』 대

---

40 元曉, 『大乘起信論別記』 本(『大正藏』 제44책, 226중). "略擧綱領, 爲自而記耳, 不敢望宣通世."

의에서 밝히고 있는 것처럼 반야 중관학의 '왕이불편론' 즉 '깨뜨려 보내기만 하고 (두루) 허용하지 않는 논서'와 유가 유식학의 '여이불탈론' 즉 '드세워 주기만 하고 (두루) 탈취하지 않는 논서'의 성격만으로는 이러한 쟁론을 통섭할 수 없었다.

원효는 중관학의 '파이불립' 즉 '타파하기만 하고 수립하지 않는' 속성을 넘어서고, 유식학의 '입이불파' 즉 '정립하기만 하고 논파하지 않는' 속성을 넘어서서 기신학에서 '무불립이자견' 즉 '수립하지 아니함이 없으면서도 스스로 타파하고', '무불파이환허' 즉 '논파하지 아니함이 없으면서도 도리어 허용하여' '개합자재' 즉 '전개와 통합이 자유자재하고, '입파무애' 즉 '수립과 타파에 구애됨이 없는' 중도 지혜를 발견하였다. 이처럼 그는 중관학과 유식학의 종합 지양을 위한 일련의 과정 속에서 기신학을 만날 수 있었던 것이다.

IV. 원효는 일심의 지형도를 왜 그렸을까 – 원효의 기신학 주석서들

1. 종성과 계위의 상충 해소 – 『대승기신론일도장』

원효의 『대승기신론』 주석서는 8종 혹은 7종에 이른다. 그는 『기신론』을 자신의 철학적 기반으로 여겨 깊이 논구하였다. 동시에 이 논서 안의 개별적 주제에 대해서는 별도의 저술을 지었다.

원효는 『기신론소』와 『본업경소』에서 『일도장』에 대해 거론하고 있다. 그는 『기신론소』에서 『일도장一道章』이라 쓰고,⁴¹ 『본업경소』에서 『일도의一道義』라고 썼다.⁴² 현존하지 않는 『일도장』과 현존하는 『이장의』 모두가 일본 정창원正倉院 문서에서 『기신론일도장』, 『기신론이장장』이라고 불렸다는 사실에 의거해 보면 『일도장』과 『이장장』 모두 『대승기신론』의 주석서임이 분명하다.⁴³ 일본의 응연凝然은 『일도의』라고 했다. 여기에 의거해 추론해 보면 『기신론일도장』 또한 『대승기신론』 주석서임이 분명하며 현존하는 『이장의』의 인용 대목으로도 이 사실은 확인된다.

원효는 『대승기신론』과 사상적 연관을 지닌 경전들에 주석을 하고, 이어서 다시 이 논서의 주석에 몰두하고 있다. 이러한 사실은 『대승기신론소』가 젊은 시절의 『대승기신론별기』를 단순 확장한 것이 아니라는 사실과 이후 섭렵한 그의 불교 이해가 통섭되어 있다는 지점에서 확인된다. 원효의 『대승기신론일도장』은 현존하지 않지만 그의 다른 저술과 그와 동시대 혹은 이후 시대 균여와 응연 등 불학자들의 저술에 흩어져 있는 문장(逸文)을 살펴보면 이 저술은 『대승기신론』의 해석분을 구성하는 세 부분인 '현시정의顯示正義', '대치사집對治邪執', '분별발취도상分別發趣道相' 중 마지막의 '분별발취도상'에 의거해 종성⁴⁴과

---

41 元曉, 『大乘起信論疏』(『한불전』 제1책, p.724하).
42 元曉, 『本業經疏』(『한불전』 제1책, 730하).
43 石田茂作 編, 『寫經より見たる奈良朝佛敎の硏究』, 「奈良朝現在一切經目錄」(東洋文庫, 1930), p.126.
44 均如, 『釋華嚴敎分記圓通抄』 권3(『한불전』 제4책, p.315하). "曉師一道章云種: 性位者, 略有四句, 一定位限, 二出住體, 三明勢力, 四辨相狀. 位限者, 始取無始, 終除發心, 於其中間, 立爲種性."

계위[45]의 문제[46]를 해소하기 위한 저술[47]로 추정된다.

『대승기신론』에서 '분별발취도상'은 (마음을) 일으켜 (부처가 체득한) 깨달음을 향해 나아가는 양상을 나누어 구별함이라는 부분이다. 이 대목에 대한 원효의 개별 저작으로 추정되는 『대승기신론일도장』에서 '일도一道'라는 말은 '(마음을) 일으켜 (부처가 체득한) 깨달음을 향해 나아가는 양상을 나누어 구별한' 뒤에 다시 한 가지 길(一道)로 나아가는 방도에 대해 서술한 것이 아니었을까? 이 때문에 한 가지 길로 나아가기 위해 깨달음으로 나아가는 양상을 먼저 구별했던 것으로 보이기 때문이다.

원효는 『화엄경』 중의 "문수보살의 항상 그러한 법과 석가법왕의 오직 하나뿐인 법은 모두에 걸림이 없는 사람(一切無礙人)이 한 길로 생사를 넘어섰다네(一道出生死)."라는 게송에 주목하여 '일도'에 대해 이렇게 풀어내었다.

부처의 경지(佛地)에 이르면 두나(二)를 떠나시 오직 하나(一)이므로 그 하나를 '일도一道'라고 한다. 이와 같이 하나의 진리(一諦)는 잘 통하여

---

45 均如, 『釋華嚴教分記圓通抄』 권4(『한불전』 제4책, p.339상). "曉公一道章云: "上來所說四種善根, 於諸位中云何配當. ……所謂四正勤……所謂四如意足乃至第七, 爲得四無礙智故, ……所謂五善根, 止觀, 煖觀, 頂觀, 忍觀, 三界空第一觀已上."

46 均如, 『釋華嚴教分記圓通抄』 권4(『한불전』 제4책, p.339하). "曉公一道章云: 下品成就者, 是謂煖法, 中謂頂法, 上謂忍法. 是故當知, 煖法於惡趣等, 未決定離, 然若本來上品善根而趣入者, 始入下品順解脫分. 爾時便能不住惡趣, 本來中下而趣入者, 雖已趣入而未必然, 如瑜伽說已上."

47 石井公成, 『華嚴思想の硏究』(동경: 춘추사, 1996), 김천학 역, 『화엄사상의 연구』 (서울: 민족사, 2020), p.291.

막힘이 없고, 모든 부처의 깨달음(道)은 한결같아서 '하나의 길'이라고 일컫는다.[48]

이처럼 그는 부처의 경지에 이르면 '일제' 즉 하나의 진실한 이치는 잘 통하여 막힘이 없고, '일도' 즉 모든 부처의 길은 한결같기에 일도라고 하였다. 이렇게 본다면 『일도장』의 '일도' 또한 '잘 통하여 막힘이 없고' '한결같아서 하나의 길'이라는 의미라 할 수 있을 것이다.

이 저술에서 다루는 종성과 계위는 당시 불교계의 주요 사상이었던 유식학과 기신학의 주요 논제 중 하나였다. 종성의 문제는 오성각별설 즉 범부는 태어날 때부터 성문종성, 연각종성, 보살종성, 삼승부정성, 무성종성의 다섯 성품 중 하나로 태어난다는 오성차별의 담론과 끝내 중생은 부처와 동일한 성품을 지니고 있기에 성불한다는 일체(일성)개성의 담론으로 구분되어 왔다. 현장의 오성각별설과 진제의 일체개성설은 중생과 부처의 동일성과 차이성, 성불 가능성과 불가능성에 대한 담론이었다.

계위의 논제 또한 종성과 함께 범부와 이승관지, 법신보살과 보살 지진 등의 수행 차제를 볼 수 있는 주요한 주제였다. 특히 『대승기신론』이 보여 주고 있는 시각 사단四段, 즉 불각-상사각-수분각-구경각의 네 계위에 배대하는 사상四相, 즉 생상-주상-이상-멸상의 네 가지 양상을 배대하는 원효의 독자적 안목처럼 수행상에 도달하는 계위는 원효와 법장의 차이가 보여 주는 것처럼 주요한 담론의 하나였다.

---

48 元曉, 『本業經疏』(『한불전』 제1책, p.519하). "今至佛地, 離二唯一, 一謂一道. 如是一諦通泰無閡, 諸佛道同, 故名一道. 如經頌言, 文殊法常爾, 法王唯一法, 一切無礙人, 一道出生死."

이처럼 원효의 『일도장』이나 『이장의』 모두 구역 경론과 신역 경론의 주장 차이를 밝히고 이 둘을 회통하기 위해 지은 저작들이라는 점에서 그의 학문적 지향을 엿볼 수 있다. 모든 주장에는 차이가 있게 마련이며, 차이가 전제될 때 비로소 회통이 가능하기 때문이다. 『대승기신론일도장』은 원효가 당시 여러 불학자들의 종성과 계위의 차이를 밝힌 뒤에 이것을 다시 '일도一道' 즉 '한 가지 도리'로 통합해 간 문장으로 짐작된다.

2. 아리야식과 여래장의 통합 – 『대승기신론이장의』

『대승기신론별기』의 대의에서 중관학과 유식학의 종합 지양을 도모했던 원효는 『이장의』에 이르러서는 현료문과 은밀문의 구도를 통해 유식학의 아리야식과 기신학의 여래장을 통섭하고 있다. 『대승기신론이상의』는 원효의 번뇌론을 사세히 보여 주는 서작이나.

『이장의』는 정영 혜원의 『대승기신론의소』에서 "이장의 뜻은 헤아리기 어렵도다."라고 감탄하여 장대한 주석을 붙인 '번뇌애'와 '지애', 즉 번뇌장과 소지장의 문제를 상세히 논한 역작이다. 모두 다 『기신론』을 대표하는 구역 경론의 설과 신역 경론의 설과의 차이를 제시하고 이를 회통하려 했던 것이다.[49]

원효는 『대승기신론』의 주요한 문장인 "홀연히 염念이 일어남을 이름하여 무명이라 한다."라는 구절에 대해 자세한 주석을 붙이고 있다.

---

49 石井公成, 위의 책, p.291.

이것은 담연의 주석서나 정영의 주석서에서는 찾아볼 수 없는 대목이다. 그는 『이장의』에서 『영락본업경』의 "그 주지住地 전에는 다시 법이 일어남이 없기 때문에, 무시무명주지無始無明住地라고 한다."라는 문장을 인용한다. 그런 뒤에 그는 『기신론』의 '홀연염기忽然念起'를 들고, 이 두 문장은 "이것은 종으로 시절의 전후를 뜻하는 것이 아니며, 오직 횡으로 거침과 미세함의 연기를 논하는 것이다."라고 하였다.

여기서 주목되는 것은 '홀연'이라는 말은 시간적인 흐름 속에서 돌연히 발생함을 의미하는 것이 아니라, 연기의 구조가 그와 같이 되어 있어 시원始原을 물을 수 없음을 나타내고 있다고 해석하는 것이다.[50] 즉 '홀연', '뜻밖에', '갑자기'라는 말에는 현상세계가 연기의 구조로 이뤄져 있으므로 어느 시점이나 지점에서 시작되는 것이 아님을 의미하는 대목이다. 무명에 대한 이러한 해석은 『해동소』에서도 "『이장의』에서 널리 분별한 바와 같다."[51]고 미루고 있음을 통해 『이장의』에서의 자신의 해석에 대한 자긍심을 보여 주고 있다.

이처럼 일련의 저술을 통해 엿볼 수 있는 원효의 사상적 전환 과정은 당시의 사상적 대립을 화쟁하고 회통하는 과정에서 자연스럽게 확립된 것으로 이해된다. 그의 기신학은 『대승기신론별기』(私記), 『대승기신론일도장』, 『대승기신론이장의』에 이어 『대승기신론소』로 이어졌다. 이들 저작 사이에는 현존하지 않지만 아마도 『대승기신론종요』, 『대승기신론대기』, 『대승기신론요간』 등도 있었을 것이다. 원효는 현존하는 그의 기신학 관련 3종의 주석서 외에도 해당 구절에 대한 보다 구체적인 설명을 현존하는 『본업경소』(일부 존), 『무량수경종요』, 『열반경종요』

50　石井公成, 앞의 책, p.309.
51　元曉, 『二障義』(『大正藏』 제44책, 215상).

에 돌리고 있다.

원효는 『대승기신론별기』, 『대승기신론일도장』, 『대승기신론이장의』에 이어 다시 만년의 저작인 『대승기신론소』에서 일심의 두 측면인 적멸로서 일심(심진여문)과 여래장으로서 일심(심생멸문)의 구도로 다시 통합을 꾀한다. 이러한 일련의 사상적 통섭 과정은 원효 사상이 하나의 단계에 머물지 않았음을 보여 준다.

원효는 이후에도 유식학의 망식인 아뢰야식으로서 일심, 기신학의 적멸/여래장으로서 일심, 화엄학의 진심으로서 일심, 선법학의 본법으로서 일심의 지형을 심화하고 확장해 나갔기 때문이다.[52] 그러나 그의 이러한 사상적 심화와 확장을 아우르는 기호는 원심의 '일심'과 구심의 '일심지원'이라고 해야 할 것이다. 그는 '자성청정심으로서 일심지원' 혹은 '여래장'과 '아리야식으로서 일심'의 기호를 통해 구역과 신역을 아우르고 있기 때문이다.

원효는 『대승기신론소』에 이르러 이 논서에 대한 주석을 집대성한다. 그러면서도 좀더 자세한 설명은 『대승기신론별기』와 『대승기신론이장의』에 돌리고 있다. 이렇게 본다면 『대승기신론소』는 이 논서에 대한 그의 최종적인 완결태가 아니며 오히려 『별기』와 『이장의』가 그의 저작 지형에서 어떤 의미가 있는가를 잘 보여 주고 있다.

---

52 高榮燮, 「동아시아 불교의 보편성과 특수성」, 『문학 사학 철학』 제52·53집, 대발해동양학한국학연구원 한국불교사연구소, 2018 봄·여름, pp.84~118.

3. 심식 배대와 삼세육추설 제창[53] – 『대승기신론소』

원효는 마명의 『대승기신론소』를 해석하면서 『능가경』(4권, 10권)을 경증으로 적극 활용하고 있다. 그의 이러한 경증은 이 논서의 권위를 높이기 위한 것임과 동시에 이 논서가 이 경전의 주석 혹은 이 경전이 이 논서의 원천이었음을 짐작했기 때문이 아니었을까? 원효에게 『능가경』의 아리야식의 각의覺義와 불각의不覺義의 구도는 이 논서를 이해하는 데 주요한 활로를 열어 주었다.

마명은 이 논서에서 『능가경』의 종요를 총괄하여 아리야식이 지니고 있는 각의覺義, 즉 '깨달음의 면모'와 불각의不覺義, 즉 '깨닫지 못하는 면모'의 이의성을 적극적으로 끌어 오고 있다. 그는 각을 '심체가 망념을 여읜 것'으로 정의하고 있다.

> 깨달음의 면모(覺義)란 심체心體가 망념을 여읜 것을 말함이니, 망념을 여읜 상이란 허공계와 같아서 두루하지 않는 바가 없어 모든 현상세계가 하나처럼 통하는 양상(法界一相)이며 바로 여래의 평등한 법신이니 이 진리의 몸(法身)에 의하여 깨달음의 본연(本覺)이라고 말하는 것이다. 어째서 그러한가? 깨달음 본연의 면모(本覺義)란 비로소 깨달아 감(始覺)의 뜻에 대하여 말한 것이니 비로소 깨달아 감이란 바로 깨달음의 본연과 같기 때문이며, 비로소 깨달아 가는 면모(始覺義)는 깨달음의 본연(本覺)에 의하기 때문에 깨닫지 못함(不覺)이 있으며 깨닫지 못

---

[53] 이하의 논의는 高榮燮, 「분황 원효와 현수 법장의 기신학 이해」, 『불교철학』 제1집, 동국대학교 세계불교학연구소, 2017, pp.167~177을 참고하였다.

함에 의하므로 비로소 깨달아 감(始覺)이 있다고 말한다.[54]

여기서 알 수 있는 것은 본각과 시각은 불일不一이면서 불이不異의 관계로 있다는 사실이다. 본각이란 시각에 대하여 말한 것이며, 시각이란 본각에 의하기 때문에 불각이 있고, 불각에 의하기 때문에 시각이 있다. 이 때문에 본각과 시각은 같지는 않지만 다르지도 않다. 이처럼 본각과 시각과 불각의 삼각의 관계는 떨어질 수도 없고 섞일 수 없이 존재한다. 원효는 이러한 시각의 네 단계(四位)에 분별망상의 네 가지 양상(四相)을 아래와 같이 배대하고 있다.

그는 시각 사위의 구경각에 생상生相의 셋(業相, 轉相, 現相), 수분각에 주상住相의 넷(我痴, 我見, 我愛, 我慢), 상사각에 이상異相의 여섯(貪, 瞋, 癡, 慢, 疑, 見), 불각에 멸상滅相의 일곱(殺生, 偸盜, 邪淫, 妄語, 綺語, 惡口, 兩舌)을 배대한 뒤 생상은 제8식위, 주상은 제7식위, 이상은 생기식위에 각각 배속하고 있다.[55] 이러한 사위의 사상 배대 외에 또 하나 주목되는 지점은 원효의 구상설 즉 삼세육추설의 제창과 각 식위의 배대이다.

『대승기신론』에 대한 최초의 주석을 남기고 있는 지개智愷의 『대승기신론일심이문대의』(1권)에는 삼세상과 육추상에 대한 주석을 찾아볼 수 없다. 대신 수나라 담연의 『대승기신론의소』(상권 存)에서는 무명업상, 능견상, 경계상의 삼세상을 제8식이 아니라 제7식에 배대하고, 지상, 상속상, 집취상, 계명자상, 기업상, 업계고상의 육추를 전6식에 배대하고 있다. 이렇게 본다면 그는 삼세상을 제8식에 배대한다는 인식

---

54 馬鳴 造, 眞諦 譯, 『大乘起信論』(『大正藏』 제32책, p.576중).
55 馬鳴/元曉, 『大乘起信論疏記會本』(『한불전』 제1책 750상중).

이 처음부터 없었다는 사실을 알 수 있다.

그런데 담연의 『대승기신론의소』 하권이 전해지지 않는 이유를 "온전히 『해동소』와 같기 때문에 전(謄寫)하지 않았다."라고 하였다.[56] 그렇다면 원효의 『해동소』가 어느 때에 필사하는 과정 중 담연의 이름으로 전해진 것은 아니었을까? 한편 혜원은 무명업상과 능견상과 경계상과 지상과 상속상까지를 제7식에 배대하고, 집취상, 계명자상, 기업상, 업계고상을 전6식이라 하고 아리야식은 직식直識이라고 하였다.[57] 담연도 그렇지만 혜원은 제8식을 전연 언급하지 않고 있다.

이와 달리 원효는 무명업상, 능견상, 경계상의 삼세를 제8식이라 하고, 지상을 제7식이라 하고, 분별사식에 상속상, 집취상, 계명자상, 기업상을 생기식生起識과, 업계고상을 고과苦果 즉 생기식으로 인한 과보(所起果)라고 하여 배대하였다.[58]

원효가 삼세상을 제8식에 배대한 이래 법장도 원효의 설을 수용하여 제7식은 논하지 않고 제쳐두었다. 그리고 지상과 상속상을 세혹細惑으로 보아 법집이라 하고, 집취상과 계명자상을 추혹麤惑으로 보아 아집이라 하며, 기업상을 기업起業으로, 업계고상을 혹과惑果로 본 뒤

---

56 曇延, 『大乘起信論義疏』 卷上(『續藏經』 제71책, 4투). 이 판본의 상권 말미에는 "고야산高野山 묘서 율사妙瑞律師가 여의륜사如意輪寺에 머물던 어느 날 보고본寶庫本을 가지고 등사謄寫를 할 때였다. 상하 2권을 내(沙彌 行曉)가 청하여 수교讎校하려 했는데 '하권은 해동소海東疏와 같으므로 등사하지 않았다'고 하권 말미에 적혀 있었다."(天平 13년(741) 1월 2일 隅寺溫室院에서 등사를 마치다)라고 사문 쾌도快道가 적고 있다(安永8년(1779) 올해 6월 8일 轉寫의 직무(功)를 마치다).

57 高榮燮, 「원효의 三細六麤說과 퇴계의 四端七情論의 통로」, 『한국불교사연구』 제11호, 한국불교사학회 한국불교사연구소, 2017.6, p.92.

58 元曉, 『大乘起信論疏』(『大正藏』 제44책, p.212중). "初之一相, 是第七識, 此四相者, 在生起識, 後一相者, 彼所生果也."

육추를 분별사식에 배대하였다. 이처럼 법장은 원효의 삼세상의 관점을 답습하였고 『대승기신론별기』에서 원효가 보여 준 육추상을 분별사식에만 한정해 배대하였다.[59]

그런데 원효는 『대승기신론소』에서 종래의 육추상 배대를 수정하여 지상을 제7 말나식에 배대함으로써 심층의 삼세상과 표층의 육추상을 유기적으로 연결시키고자 하였다. 바로 이 점이 진과 속, 염과 정, 선과 불선의 관계를 유기적으로 파악하려 했던 원효의 심층 마음과 표층 의식 이해의 독자성이라고 할 수 있을 것이다.[60]

이처럼 원효는 삼세상에 무명업상, 능견상, 경계상을 배속하고 제8 (아리야)식위에 배대하고 있다. 이어 육추상의 첫 번째인 지상을 제7 (말나식)위에 배대하고, 육추상의 상속상, 집취상, 계명자상, 기업상, 업계고상을 제6 요별경식에 배대하고 있다. 그의 이러한 배대는 제8식위를 제외하는 이전의 담연과 혜원과 다른 것이며, 제8식위를 인정하면서도 제7식위를 제외하는 이후의 법장과도 구분되는 독자적인 주장이다. 여기에는 원효의 인간 이해와 세계 인식이 투영되어 있는 것으로 이해된다.

---

59 高榮燮, 「원효의 三細六麤說과 퇴계의 四端七情論의 통로」, p. 92.
60 高榮燮, 「원효의 三細六麤說과 퇴계의 四端七情論의 통로」, p. 92.

〈도표 1〉 마명의 『대승기신론』과 원효의 『대승기신론소』 식위識位 배대와 수행 계위[61]

心生滅識位	心生滅			生滅因緣		修行階位
	覺		不覺	生滅依因緣	所依因緣體相	
	始覺四位·四相		三細相·六麤相	五意·意識	六染心	
第8識位	究竟覺 (生相3)	業相	無明業相	業識	根本不相應染	菩薩地盡 (如來地)
		轉相	能見相	轉識	能見心不相應染	心自在地 (第9地)
		現相	境界相	現識	現色不相應染	色自在地 (第8地)
第7識位	隨分覺 (住相4)	我痴 我見 我愛 我慢	智相	智識	分別智相應染	無相方便地 (第7地)~具戒地(第6地~第2地)
第6識位 (相似覺) (不覺)	相似覺 (異相6)	貪	相續相	相續識	不斷相應染	淨心地 (初地~10住)
		瞋				
		癡	執取相	意識 (分別事識)	執相應染	信相應地 (10廻向~10信)
		慢	計名字相			
		疑	起業相			
		見				
	不覺 (滅相7)	殺生 偸盜 邪淫 妄語 奇語 惡口 兩舌	業繫苦相			

　〈도표 1〉은 일심의 심진여문과 생멸문의 구도 아래서 생멸문에서 심생멸과 생멸인연 및 수행 계위의 관계를 보여 주고 있다. 그리고 심생멸의 각과 불각에서 특히 불각의 상태에서 일어나는 미세념과 추분별상의 떨어질 수 없는 관계를 보여 주고 있다.

　다음에 '생멸의 인연'이라는 것은 이른바 중생이 심에 의하여 의意와

---

61 高榮燮, 앞의 글, 앞의 책, p.106.

의식意識이 전변하는 것이다. 이 뜻이 무엇인가? 아리야식에 의하여 무명이 있게 되어 불각이 일어나 볼 수 있고 나타날 수 있으며, 경계를 취하고 망념을 일으켜 서로 이어지기 때문에 '의'라고 말한다. 이 '의'에 다시 다섯 가지 이름(五意)이 있으니, 무엇이 다섯 가지인가? 첫째는 업식業識이니 무명의 힘에 의하여 불각심이 움직이기 때문이요, 둘째는 전식轉識이니 움직여진 마음에 의하여 능히 볼 수 있는 상이기 때문이요, 셋째는 현식現識이니 일체 경계를 나타낼 수 있기 때문이요, ……넷째는 지식智識이니 염정법을 분별하기 때문이요, 다섯째는 상속식相續識이니 망념이 상응하여 끊어지기 때문이다. ……다음에 의식意識이라고 말한 것은, 곧 이 상응식이 모든 범부의 집착함이 점점 깊어짐에 의하여 아我와 아소我所를 계탁하여 여러 가지 망집으로 대상(事)에 따라 인연하여 육진六塵을 분별하기 때문에 의식이라고 말한 것이며, 또한 분리식分離識, 분별사식分別事識이라고도 말한다.[62]

마명의 『대승기신론』에서는 심생멸싱의 긱의와 불긱의 이외에 생멸인연상에도 생멸의인연生滅依因緣과 소의인연체상所依因緣體相을 제시하고 있다. 생멸의인연에는 오의와 의식, 소의인연체상에는 육염심이 배속된다. 원효는 제8식위에 업식, 전식, 현식, 제7위에 지식, 제6(요별경)식위에 상속식과 의식을 배대하고 있다. 마찬가지로 육염심에는 제8식위에 근본불상응염, 능견심불상응염, 현색불상응염, 제7식위에 분별지상응염, 제6식위에 부단상응염, 집상응염을 배대하고 있다. 원효는 이러한 배대를 통해 오염을 탈각시켜 가는 자신의 수행 체계를

---

62 馬鳴, 『大乘起信論』, 眞諦 譯(『大正藏』 제32책, p.577중).

보여 주고 있다.

그런데 법장은 시각 사위의 사상 배대를 원효와 달리 배속한다. 이들의 불교관 즉 심식관은 이 심식 이해와 삼세 육추 식위 배대에서 영향관계를 비롯하여 상호 차이가 확연하게 드러난다.

원효가 생상을 하나, 주상을 네나, 이상을 여섯, 멸상을 일곱으로 배속한 것과 달리, 법장은 사상을 다시 생상의 하나(업상), 주상의 네나(전상·현상·지상·상속상), 이상의 두나(집취상·계명자상), 멸상의 하나(기업상)로 세분하였다.

법장은 생상에는 삼세 및 오의 가운데 첫째이며, 육염에서는 마지막에 해당하는 업상이고, 주상은 삼세 가운데 전상, 현상의 2상과 육추 가운데 지상, 상속상의 2상이 여기에 해당하며, 이상은 육추 가운데 집취상과 계명자상의 2상이고, 멸상은 육추 가운데 기업상이라고 하였다. 그리고 법장은 여기서 생상에 해당하는 업상과 주상 가운데의 전상과 현상을 모두 아리야식위에 배속하는 한편 지상과 상속상은 분별사식의 세분위에, 그리고 집취상과 계명자상은 분별사식의 추분위에 각각 배속함으로써 제7 말나식을 제외시키고 있다.[63]

여기에서 사상에 팔식을 낱낱이 배대하고 있는 원효와 달리 법장은 제7식위의 배대를 생략하고 있는 점이 주목된다.

---

63 法藏, 『大乘起信論義記』(『大正藏』 제44책, p.257중하).

<도표 2> 원효와 법장의 시각始覺 사위四位의 사상四相과 식위識位 배대

元曉				法藏			비고
始覺				始覺			
四位	四相		識位 배대	四位	四相		識位 배대
究竟覺	生相3	業相	제8 阿梨耶識	究竟覺	生相1	業相	제8 阿梨耶識
		轉相					
		現相					
隨分覺	住相4	我痴	제7 末那識	隨分覺	住相4	轉相	分別事識 (意識) 細分
		我見				現相	
		我愛				智相	
		我慢				相續相	
相似覺	異相6	貪	生起識	相似覺	異相2	執取相	分別事識 (意識) 麤分
		瞋					
		癡					
		慢				計名字相	
		疑					
		見					
不覺	滅相7	殺生		不覺	滅相1	起業相	
		偷盜					
		邪婬					
		妄語					
		奇語					
		惡口					
		兩舌					

또 시각 사위의 사상에 대한 배대의 숫자에서 원효와 법장은 확연히 구분된다. 그리고 사상에 대한 식위의 배대에서도 제8 아리야식에 업상(구경각)과 전상(수분각)과 현상(수분각)의 삼세상을 배대한 것은 상통하지만 제7 말나식을 제외시킨 것이나 지상과 상속상을 분별사식의 세분위에, 집취상과 계명자상을 분별사식의 추분위에 배속시킨 것이 원효와 차별된다. 이들 두 사람은 왜 이렇게 보았을까?

경계가 인연이 되어 여섯 가지의 추상(六麤)을 내니 곧 분별사식이다.

이것은 『능가경』에서 '경계의 바람이 움직이게 한 갖가지의 모든 식의 물결들(種種諸識浪等)'이라고 한 것과 같다.

질문: '삼세三細는 리야梨耶에 속하고, 육추六麤는 의식意識에 속한다고 하였으니, 어째서 말나식末那識을 말하지 않았는가?'

대답: '두 가지 뜻이 있다.

첫 번째의 뜻은 다음과 같다. 앞에서 이미 말한 리야는 말나와 반드시 붙어 있어 상응하기 때문에 따로 말하지 않았고, ……의식이 외경外境을 반연할 때에 반드시 안으로 말나를 염오근染汚根으로 삼아야 일어날 수 있고, 다음에 말하는 육추도 반드시 안으로 말나末那에 의지하기 때문에 또한 따로 말하지 않았다.

두 번째의 뜻은 나눌 수 없기 때문(不便)에 생략하여 그것(末那)를 말하지 않았다. 나눌 수 없는 모습(不便相)은 다음과 같다. 무명주지無明住地가 본정심本靜心을 움직여서 화합하게 하여 리야梨耶를 이루도록 하였는데, 말나는 이러한 뜻이 없기 때문에 앞의 삼세 중에서 생략하여 말하지 않았다. 또 외경이 사식事識을 이끌어 일으키는데, 말나末那는 외경을 반연한다는 뜻이 없기 때문에 육추 중에서도 생략하여 말하지 않았다. 또한 안을 계탁하여 아我라고 하는 것은 앞의 삼세에 속하고 바깥을 계탁하여 아소我所라고 여기는 것은 뒤의 육추에 속하므로 생략하여 논하지 않았다.[64]

원효는 육추상 중 지상을 제7 말나식에 배대하면서 "본식을 인연하여 헤아려서 아我로 삼고 소현경所現境을 인연하여 헤아려서 아소我所

---

64 法藏, 『大乘起信論義記』(『大正藏』 제44책, pp. 262하~263상).

로 삼는다."⁶⁵라고 하였다. 반면 법장은 이와 달리 제7 말나식을 제외시키고 언급조차 하지 않았다. 법장은 제7 말나식을 말하지 않은 이유를 두 가지로 들고 있다.

첫째는 리야는 말나와 붙어 있기 때문에 따로 말하지 않았다고 하였다. 또 의식이 외경外境을 반연할 때에 반드시 안으로 말나를 염오근染汚根으로 삼아야 일어날 수 있고, 다음에 말하는 육추도 반드시 안으로 말나末那에 의지하기 때문에 또한 따로 말하지 않았다고 분명히 말하고 있다. 이렇게 본다면 법장이 말나를 삼세상과 육추상 어디에도 배대하지 않은 이유를 알 수 있다.

둘째는 나눌 수 없기 때문(不便)에 생략하여 그것(末那)를 말하지 않았다고 하였다. 나눌 수 없는 모습(不便相)은 다음과 같다. 무명주지無明住地가 본정심本靜心을 움직여서 화합하게 하여 리야梨耶를 이루도록 하였는데, 말나는 이러한 뜻이 없기 때문에 앞의 삼세 중에서 생략하여 말하지 않았다. 또 말나는 바깥 경계를 인연한다는 뜻이 없기 때문에 육추 중에서 제외시켰나고 분명히 말하고 있다. 동시에 밀나는 '아'는 이미 삼세에 속하고, '아소'는 육추에 속하기에 따로 논하지 않았다고 말하고 있다.

따라서 법장은 사상의 식위 배대에서 제7 말나식을 말하지 않은 이유뿐만 아니라 삼세육추상의 배대에서도 전 시대의 담연, 혜원, 원효와의 차별적 배대를 잘 보여 주고 있다. 이러한 배대 속에는 법장의 인간 이해와 세계 인식이 투영되어 있다.

---

65 馬鳴/元曉, 『大乘起信論疏記會本』(『한불전』 제1책, p.757상). '其而言之, 緣於本識, 計以爲我, 緣所現境, 計爲我所."

〈도표 3〉 삼세三細상과 육추六麤상에 대한 동아시아 불학자들의 배대[66]

불학자	三細六麤相 配對		六麤相	識 혹은 分	諸識 配對
曇延[68]	三細	無明業相			第七識
		能見相			
		境界相			
	六麤		智 相		前六識
			相續相		
			執取相		
			計名字相		
			起業相		
			業繫苦相		
淨影慧遠[69]	三細	無明業相			第七識
		能見相			
		境界相			
	六麤	初二	智 相		
			相續相		
		後四	執取相		前六識
			計名字相		
			起業相		
			業繫苦相		
芬皇元曉[70]	三細	無明業相			本識(阿梨耶識) 現識(楞伽經)
		能見相			
		境界相			
	六麤[71]		智 相		第七末那識
			相續相	生氣識	分別事識
			執取相		
			計名字相		
			起業相		
			業繫苦相	所生果	
賢首法藏	三細	業 相		自體分	阿梨耶識 (第八識)
		見 相		見 分	
		境界相		相 分	
	六麤	智 相	初二	細惑(法執)	分別事識
		相續相			
		執取相	次二	麤惑(我執)	
		計名字相			
		起業相	業(起業)		
		業繫苦相	苦(惑果)		

---

66 高榮燮,「원효의 三細六麤說과 퇴계의 四端七情論의 통로」, p.92.

법장의 이러한 삼세육추상 배대는 유식적 인간 이해보다는 기신적 인간 이해의 기반 위에 서 있다. 즉 그의 이상적 인간상은 망식으로서 아리야식을 지닌 인간상이 아니라 진망화합식으로서 여래장을 지닌 인간상에 겨냥되어 있었다. 이처럼 그가 여래장을 지닌 인간상을 제시한 것은 궁극적으로는 진심으로서 화엄 일심을 지닌 인간상과 접목하려는 의도를 보여주는 것이라고 할 수 있다.

이와 달리 원효는 망식으로서 아리야식을 지닌 인간상은 아직 불완전한 인간상이며, 진식으로서 화엄 일심을 지닌 인간상은 이미 완성된 인간상으로서 더 이상 수행이 필요 없는 존재로 보았다.[71] 자신이 이미 부처라는 인식이 강하게 되면 더 이상 수행할 필요가 없게 되고, 동시

---

67 曇延, 『大乘起信論義疏』 卷上(『續藏經』 제71책, pp.547상~548하).
68 慧遠, 『大乘起信論義疏』 卷上之下(『大正藏』 제44책, pp.186상~187상).
69 馬鳴/元曉, 『大乘起信論/疏記會本』(『한불전』 제1책, p.756상). "此中先三相是微細, 猶在阿黎耶識位. 後六麤相, 是餘七識, 但望彼根本無明, 皆是所起之末, 通名枝末不覺也." 원효는 『大乘起信論別記』에서는 앞의 삼세상三細相은 미세해서 오히려 아리야식위阿黎耶識位에 있고, 뒤의 육추상六麤相은 나머지 칠식七識이다. 다만 저 근본무명根本無明과 비교한다면 모두 근본무명이 일으킨 지말枝末이기 때문에 통틀어 지말불각枝末不覺이라 한다고 하였다. 그리고 이후에 원효는 『大乘起信論疏』를 지으면서 육추상에 대한 인식이 변화하여 구체적으로 지상智相은 제7 말나식第七末那識에, 나머지 상속상相續相, 집취상執取相, 계명자상計名字相, 기업상起業相은 생기식生起識으로, 업계고상業繫苦相은 소기과所起果로서 분별사식分別事識에 배대한 것으로 짐작된다.
70 馬鳴/元曉, 『大乘起信論/疏記會本』(『한불전』 제1책, p.756하). "又此三但爲無明所動, 故在第八. 後六乃爲境界所動, 故在七識, 卽由是義, 故說七識一向生滅, 不同黎耶俱含二義也." 원효는 『대승기신론별기』의 이 대목에서 삼세상三細相은 제8식第八識에 있으며, 육추상六麤相은 7식七識에 있다고 하였다.
71 균여均如의 저술에 인용된 '본법일심本法一心'을 '균여가 원효의 논지를 해석한 것일 뿐'이라고만 볼 수는 없다. 균여는 많은 부분에서 원효의 논지를 수용하고 있으며 원효와 법장法藏과의 차별성을 밝힘으로써 자신의 입장을 분명히 하고 있기 때문이다.

에 자신은 도저히 부처가 될 수 없다는 인식이 강하게 되면 더 이상의 수행을 포기하게 될 것이다. 전자처럼 '자고지심自高之心' 즉 자신을 높이는 마음이 더하게 되면 수행을 하지 않게 되고, 후자처럼 '자굴지심自屈之心' 즉 자신을 낮추는 마음이 더하게 되어도 수행을 하지 않게 될 것이다.

그러면 어떻게 해야 교만상과 비굴상을 넘어서서 중도의 지혜로 이끌어 갈 수 있게 될까? 원효는 중도 지혜의 안목으로 두 측면의 사람들을 통섭해 나간다. 고려 균여의 저술에 인용된 문장에 의하면 그는 이러한 두 측면의 인간상을 통섭하기 위해 '본법 일심'의 인간상을 제시하고 있다.[72] 원효는 '적멸로서 일심을 지닌 인간(심진여문, 果)'이자 '진망화합식으로서 여래장을 지닌 인간(심생멸문, 因)', 수행을 완성한 존재로서의 이상적 인간과 수행할 것이 남아 있는 존재로서의 현실적 인간을 모두 아우른 '일심을 지닌 인간상' 즉 '본법 일심의 인간상(非因非果)'[73]을 수립한 것으로 이해된다.

이처럼 원효의 시각 사위의 사상 배대와 삼세육추상의 배대는 이러

---

[72] 均如, 『釋華嚴敎分記圓通鈔』 권제3(『한불전』 제4책, p.324하). "言有異者, 曉公意, 非因非果, 是本法一心, 章主(法藏)意, 非因非果, 是眞如門故, 有不同也. 何者, 章主意者, 眞如生滅外, 更無一心故, 非因非果, 是眞如門, 曉公意者, 眞如生滅外, 別立本法一心故, 非因非果者, 是本法一心也. 是故章主唯立二諦, 曉師卽三諦也." 원효의 저술을 다수 인용했던 균여는 법장의 설을 따르면서도 원효를 원용한 그의 입장을 보여 주고 있다. 이 구절에 의하면 법장은 '진여와 생멸 이외에 따로 일심이 없다(一心=眞如, 生滅)'는 이제설二諦說을 주장한 반면 원효는 '진여와 생멸 이외에 본법으로서 일심을 별립한다(一心, 眞如, 生滅)'는 삼제설三諦說을 주장하였다.

[73] 원효가 진여문(果)과 생멸문(因) 이외에 진여문(果)과 생멸문(因)이 아닌 비인비과 非因非果, 즉 본법본법으로서 일심을 시설한 것은 그가 구역유식舊譯唯識에 의거하여 제9 아마라식을 인정하고 있기 때문으로 이해된다.

한 그의 인간관을 잘 보여 주고 있다. 원효는 진여문의 적멸로서 일심과 생멸문의 여래장으로서 일심 바깥에 '본법으로서 일심'을 시설하여 일심지원 즉 구역 유식이 제시하는 제9 아마라식과의 상통성을 분명히 보여 주고 있다. 신라 둔륜의 『유가론기』에 인용된 부분이지만 그가 "자성청정심인 제9 아마라식의 본연/바탕(體)은 제8 아리야식과 같지만 이치/내용(義)은 다르다."[74]라고 한 것은 바로 이 부분과 상통한다. 원효는 자성청점심인 '본법으로서 일심의 바탕'은 '아리야식'과 같지만 '본법으로서 일심의 내용'은 '아마라식'과 통한다고 보았던 것이다.

V. 원효 기신학의 특징은 무엇인가 – 구상설 적용과 인명학 도입

원효의 기신학에는 여러 갈래의 지형과 특징이 있다. 논자는 그의 기신학 지형을 중관학과 유식학의 종합 지양, 종성과 계위의 상충 해소, 아리야식과 여래장의 통합, 구상설九相說의 적용과 인명학 도입의 측면 등으로 살펴 왔다. 이들 중에서도 가장 특징적인 것은 『기신론』의 삼세육추설에 대한 독자적 해명과 인명학의 도입이 아닐까 한다. 원효는 현존하는 『기신론』 주석서 중에서 처음으로 인명을 사용[75]하고

---

74 遁倫, 『瑜伽論記』(『한불전』 제2책, p.410중하). "新羅元曉法師云, 自性淸淨心, 名謂阿摩羅, 與第八阿賴耶識, 體同義別."
75 石井公成, 앞의 책, p.303.

있다. 그는 『대승기신론별기』에서 구상설九相說 즉 삼세三細인 무명업상·능견상·경계상과, 육추六麤인 지상·상속상·집취상·계명자상·기업상·업계고상을 해석하는 대목에서 인명의 논리를 원용하고 있다. 원효는 지상에 대해 "지상을 말하면 이것은 제7식이며, 추 가운데 첫 번째이다."라고 말한 뒤에 문답으로 해명하고 있다.

> 질문: 이 제7식이 단지 마음을 대상으로 할 뿐 아니라, 또한 경계도 대상으로 함을 어떻게 알 수 있는가.
> 대답: 이것에는 두 가지 증명이 있다. 첫째는 비량도리比量道理에 의하고, 둘째는 성언량聖言量에 의한다. 비량도리란, 이 의근은 반드시 의식과 똑같은 경계를 대상으로 한다. 이것은 종宗을 세운 것이다. 그 의식은 불공不共의 소의이기 때문이다. 이것은 인因을 분별한 것이다. 무릇 이 불공의 소의는 반드시 능의能依와 경계를 같이한다. 안근 등과 같다. 이것은 동품同品을 따라서 말한 것이다. 혹은 동일한 것을 대상으로 하지 않는다면 반드시 불공의 소의가 아니다. 차제멸次第滅과 같다. 의근 등은 멀리 떨어짐으로써 말하는 것이다. 이와 같은 주장문(宗)과 이유문(因)과 예시문(喩)에는 과실이 없다. 그러므로 알라. 의근도 또한 육진六塵을 대상으로 삼는다는 것을.[76]

원효는 『별기』를 지을 시점에서는 현장이 번역한 『성유식론』(659년 역출)을 보지 않았다. 그럼에도 불구하고 그는 "제7식은 통설과는 달리 심인 아리야식만을 대상으로 하여 작용하는 것이 아니라, 제7식을 불

---

76 元曉, 『大乘起信論別記』(『大正藏』 제44책, 234중).

공의 不共依로 삼는 의식과 마찬가지로 육진六塵도 대상으로 한다."77고 보았다. 즉 "능의能依인 의식이 '일체법'을 대상으로 하는 이상 소의所依인 제7식도 '일체법'을 대상으로 할 것"이라는 것이 그 이유였다. 이것은 능의인 의식에 대한 소의인 제7식의 활동 외연을 넓힌 것이었다.

나아가 원효는 '일체법'이라 하는 이상 자기 자신도 포함된다고 보고 자증분의 문제를 언급한 뒤에, 성교량으로서 7식(=7종식)이 경계에 의해 움직이게 된다고 설하는 『사권능가경』과 『십권능가경』을 인용하고 있다. 이로부터 알 수 있듯이 원효의 유식설은 『능가경』에 의존하는 면이 많다.78 이 때문에 원효의 사상적 기반을 유식학에 두려는 이들이 적지 않다. 하지만 원효의 사상적 지형을 전관하게 되면 그는 유식학을 넘어 기신학에 자신의 사상적 기반을 두고 있음을 알 수 있다.

또 원효는 경계에 의해 마음이 일어나고, 애愛와 불애不愛를 분별한다고 정의하는 『기신론』의 지상을 제7식에 배대하였다. 그는 신역 유식 중에서도 초기 단계에 속하는 『현양성교론』에서 "의식이란 이른바 아리야식의 종자로부터 생기는 것이다. 의근에 의해서 그것과 함께 작동하여 일체의 공共과 불공不共의 법을 대상으로 하며, 요별了別을 성性으로 한다."79라고 설한 것 등에 주목하여 의식의 소의인 의근도 일체법을 대상으로 한다고 설하고, 제7식을 『기신론』의 지상智相 쪽으로 억지로 끌어들인 것이다.80

신역 유식은 팔식설 중에서 제7식 해석은 『기신론』이 설한 지상智相

---

77 元曉, 『大乘起信論別記』(『大正藏』 제44책, 234하).
78 舟橋尙哉, 『初期唯識思想の硏究』(동경: 國書刊行會, 1976), pp.128~131); 石井公成, 앞의 책, p.304 재인용.
79 玄奘 譯, 『顯揚聖教論』(『大正藏』 제32책, 577상).
80 石井公成, 앞의 책, p.305.

작용 중 일부만 해명한 것에 지나지 않는다. 원효는 여러 경론의 이설을 회통하기 위해서 『이장의』에서 은밀문에 기신학의 여래장설을, 현료문에 유식학의 아뢰야식설을 배대하여 해명하고 있다.

이것은 번뇌론에서 단혹斷惑 문제를 구역과 신역의 주장을 원용하여 각각의 특징을 논하고 회통을 시도한 것이다. 이 때문에 은밀문에서는 인집과 법집의 이집인 번뇌애와 지애가 본말의 관계가 되어 서로 의지하고 서로 생성한다고 하였다. 반면 현료문에서 번뇌장과 소지장은 각기 내부에서 현행과 종자를 서로 생성한다고 설하지만 인집과 법집의 상호관계에 대해서는 설명이 미진했다. 이 때문에 원효는 이 점을 분명히 하기 위하여 신·구의 경론을 읽으면서 신역 유식과 『기신론』에 대한 이해가 깊어졌던 것으로 짐작된다.

원효는 『이장의』에서도 인명학을 도입하고 있다. 그는 여기에서도 제7식의 소연所緣 문제에 대해 기술하고 있다.

질문: 말나末那는 일체법을 대상으로 한다고 설하는 것은 무슨 도리로 증명할 수 있는가?
대답: 논리적 증명의 도리(證成道理)에는 대략 2종이 있다. 먼저는 비량을 세우고, 후에는 성언을 인용한다. 비량 중에 또한 2종이 있다. 첫째는 능입정能入正이고, 둘째는 능파사能破邪이다. 먼저 능입能入이란 제7 말나는 의식이 발생할 때에 반드시 같은 대상(境)과 함께한다. 불공의 소의이기 때문이다. 무릇 불공의 소의는 능의가 발생할 때에 반드시 대상을 같이한다. 마치 눈 등과 같이.[81]

---

81 元曉, 『二障義』(『大正藏』 제44책, 215상).

원효는 말나식이 반드시 의식과 소연을 같이하는 것은 아니라는 두 가지 비량을 소개한다. 그리고 이것들에는 결정상위決定相違의 과실이 있기 때문에 옳지 않다고 비판한다. 그런 뒤에 『사권능가경』을 인용하여 성언량으로서 제7식이 경계의 바람에 움직인다고 하였다. 여기서 주목되는 것은 논리적 증명의 도리에 대해 비량과 성언량만을 들고 현량을 언급하지 않았다는 점이다.

그런데 원효는 『이장의』에서 신인명의 현비이량설現比二量說을 채용하지 않는다. 이것은 성현의 가르침을 중시하는 중국의 학승이 성교량을 비량 안에 포함시켜 따로 설정하지 않는 신인명에 곤혹스러워 했다[82]는 사실과 변별된다. 하지만 원효는 신역과 구역을 회통하지 않으면 안 된다는 사정이 더해졌기 때문에 이와 같이 특수한 해석이 나온 것으로 보인다. 이러한 특이한 해석에 의해서 무리하게 제7식이 제8식만을 연으로 하는 것이 아니라는 명제를 증명한 것이다.[83]

이렇게 본다면 원효는 진나와 신인명설을 원용하면서도 그것을 자신이 안목 속에서 취사선택하여 철학적 논제를 해결하였음을 알 수 있다. 그 과정에서 일찍이 볼 수 없었던 독자적 해석이 제시되었던 것이다. 그리고 그러한 해석은 당시의 여러 인명학자들에게 타당하게 받아들여졌다. 그의 '구상설 적용'이나 '시각 사단의 사상四相 배대' 그리고 '인명학 도입' 등은 모두 그가 이 논서를 통해 '일심 철학'의 수립을 위한 노력이었다고 할 수 있을 것이다. 그것은 곧 범부 중생의 성불과 왕

---

82 武邑尙邦, 「シナ・日本の因明思想」, 『講座佛敎思想第二卷 認識論・論理學』(동경: 이상사, 1974), pp.311~333, 石井公成, 앞의 책, p.310 재인용. 법장 또한 『華嚴經探玄記』 권3(『大正藏』 제35, p.148중)에서 證成道理로서 比量과 現量만을 들고 있다.

83 石井公成, 앞의 책, p.311.

생을 위한 기획으로도 이해할 수 있다.

전 시대에 편찬된 『대승기신론』을 '뭇 경전의 심장을 하나로 관통하는 것'으로 파악한 것은 동아시아에서 원효가 처음이었다. 그는 "발심 수행을 중시하고, 그것이 『기신론』 해석에도 반영되어 있으며",[84] "실천을 중심으로 교리를 체계화하는 것이 『해동소』의 특색이다. 이러한 경향은 후년이 될수록 더욱 현저해졌다."[85]고 평가되었다. 이것은 「수행신심분」에서 지관을 해석할 때 『유가론』의 지관 설명을 원용한 뒤, 이것은 성문 지관법이지만 "이 법으로써 대승의 경계로 나아가면 곧 대승의 지관이 되기 때문에"[86]라고 말하며 지자의 『천태소지관』을 대폭 인용하면서 회통을 시도하고 있다.

또 「수행신심분」의 말미에 나오는 왕생정토의 문제에 대해서는 『무량수경요간』(양권무량수경종요)에 미루고 있지만, "아직 법신을 보지 못하였다고 왕생을 얻을 수 없는 것은 아니다."라고 하면서 이 논서의 진의가 진여법신을 관할 수 없는 범부의 왕생을 설하는 데에 있다[87]고 역설하였다. 이것은 원효의 정토관의 특징을 보여 주는 것이며 그의 정토관에서 『대승기신론』은 '부수적으로 정토를 밝히는(傍明淨土)' 것이 아니라 '직접적으로 정토를 밝히는(直明淨土)' 논서라고 할 수 있을 것이다.

따라서 원효에게 있어 『대승기신론』은 그의 일심 철학의 근간을 이루는 논서이며, 그의 현존하는 『대승기신론별기』와 『대승기신론이장

84　鎌田茂雄, 「新羅元曉の唯識思想」, 『伊藤眞誠·田中順照 兩敎授頌德記念佛敎學論文集』(동경: 동방출판, 1979), pp.355~364.
85　石井公成, 앞의 책, p.314.
86　元曉, 『大乘起信論疏』 권하(『大正藏』 제44책, p.222중).
87　元曉, 『大乘起信論疏』 권하(『大正藏』 제44책, p.225하).

의』 및 『대승기신론소』는 그의 일심으로 통섭해 가는 논서라고 할 수 있다. 중관학과 유식학의 종합 지양에서 아리야식과 여래장, 여래장과 일심, 여래장으로서 일심과 적멸로서 일심을 거쳐 본법 일심으로 나아간 그의 만년작인 『금강삼매경론』 또한 그가 완수하고자 기신학의 한 일심 철학을 끝까지 궁구한 저작이라 할 수 있을 것이다.

Ⅵ. 정리와 맺음

고타마 싯다르타는 생사윤회를 넘어 해탈 열반을 성취하였다. 그리하여 샤카무니 붓다는 깨침 혹은 깨달음을 향한 보다 의미 있고 좀더 가치 있는 삶의 길을 열어 주었다. 그의 제자들과 불학자들은 그 길을 걸어 나가면서 불교사상사를 새롭게 써 나갔다. 마명은 『대승기신론』으로 깨침 또는 깨달음을 향한 가치와 의미를 드높인 삶의 지형도를 그려내었다.

원효는 7세기 당시 동아시아 불교사상사에서 주요한 논제였던 구역과 신역의 문제, 성종과 상종의 대립, 공집과 유집의 갈등, 무성과 유성의 논쟁 등의 다양한 갈등을 해소하기 위해 여러 경론을 통해 회통의 근거를 구하기 위해 노력하였다. 이 과정에서 그는 대승불교의 종요서라고 평가받는 『대승기신론』을 만났다. 원효는 『대승기신론』의 심식설에서 각覺과 불각不覺의 화합의 속성을 원용하여 삼세 아리야식의 각의覺義와 불각의不覺義의 이의성二義性에 의해 유식학의 아리야식이 지니고 있는 연기의 주체로서의 막연한 잠재심潛在心을 넘어 기신학의 아리야식이 지니고 있는 미세한 삼세심三細心을 끊어야 깨달을 수 있음을 밝혀내었다.

원효는 진나와 신인명설을 원용하면서도 그것을 자신의 안목 속에서 취사선택하여 철학적 논제를 해결하였다. 그 과정에서 일찍이 볼 수 없었던 독자적 해석이 제시되었다. 그리고 그러한 해석은 당시의 여러 인명학자들에게 타당하게 받아들여졌다. 그의 '구상설 적용'이나 '시각 사단의 사상 배대' 그리고 '인명학 도입' 등은 모두 그가 이 논서를 통해 '일심 철학'의 수립을 위한 것으로 이해할 수 있다. 그것은 곧 범부 중생의 성불과 왕생을 위한 기획으로도 이해할 수 있다.

원효에게 있어 『대승기신론』은 그의 일심 철학의 근간을 이루는 논서이며, 현존하는 『대승기신론별기』와 『대승기신론이장의』 및 『대승기신론소』는 일심으로 통섭해 가는 그의 철학 논서들이라고 할 수 있다. 그는 이 논서들을 통해 중관학과 유식학의 종합 지양에서 아리야식과 여래장, 여래장과 일심, 여래장으로서 일심과 적멸로서 일심을 거쳐 본법 일심으로 나아갔다. 그의 만년작인 『금강삼매경론』 또한 그가 완수하고자 한 기신학의 일심 철학을 끝까지 궁구한 저작이라고 볼 수 있을 것이다.

11

분황 원효 『금강삼매경론』의 내용과 특징

Ⅰ. 문제와 구상 … 466
Ⅱ. 일심과 본각의 상의성과 역동성 … 469
   1. 『금강삼매경』의 편찬 주체와 『금강삼매경론』의 간행 … 469
   2. 『대승기신론』과 『금강삼매경』의 상관성 … 480
Ⅲ. 정설분 6품 및 제7품 「총지품」의 유기성有機性 … 484
   1. 금강과 삼매의 정의와 상호관계 … 484
   2. 정설분 6품의 구조와 풀이 및 「총지품」 … 489
   3. 「총지품」의 정설분 편제와 의미 … 502
Ⅳ. 반야 중관과 유가 유식의 일미적 통섭 … 504
   1. 일미관행의 요체와 십중법문의 종지 … 505
   2. 반야 중관과 유가 유식의 화회적 통섭 … 510
   3. 진제 유식의 구식설과 아마라식 … 515
   4. 일각, 시각 즉 본각의 관법 … 519
Ⅴ. 일심지원과 일심본각의 상호의존성 … 525
   1. 일심지원과 일심 … 525
   2. 일심본각과 일각 … 526
Ⅵ. 정리와 맺음 … 529

I. 문제와 구상

고타마 싯다르타(BCE. 624~544)는 '중도中道'의 발견을 통해 사캬무니 붓다로 탈바꿈하면서 인류 역사에 '깨침' 혹은 '깨달음'의 새로운 세계를 보여주었다. 그가 상대적 극단을 넘어서 보여준 중도행은 과거 현재 미래 삼세의 인과를 뛰어넘어 붓다로서 보여 준 영원한 대자유인의 삶이었다.

그는 붓다가 되기 이전의 인과는 붓다가 되어서도 받을 수밖에 없지만 한번 붓다가 되면 영원한 대자유의 삶을 살 수 있음을 보여 주었다. 그렇다면 붓다의 '깨침' 또는 '깨달음'은 무엇이며 붓다의 제자들은 어떻게 '깨침' 혹은 '깨달음'에 도달할 수 있을까?

싯다르타는 초선, 이신, 심신, 사신을 거쳐 초야初夜, 중야中夜, 후야後夜의 과정을 통해 무명이 사라지자 명지明智가 생겨났고, 어둠이 사라지자 빛이 생겨났다고 고백하고 있다. 즉 그는 "감각적 쾌락에 대한 욕망에 의한 번뇌(欲愛, kāmataṇhā)에서 마음이 해탈되었고, 존재에 의한 번뇌(有愛, bhataṇhā)에서 마음이 해탈되었고, 무명에 의한 번뇌(無明愛, avijjtaṇhā)에서 마음이 해탈되어 무명이 사라지고 명지가 생겨났고 어둠이 사라지자 빛이 생겨났지만 나의 안에서 생겨난 즐거운 느낌은 나의 마음을 사로잡지 않았다."고 고백하고 있다.

이어 그는 대화가 끝나면 언제나 항상 닦기 이전과 같은 '삼매의 인상'으로서 사념처 즉 네 가지 새김(念)의 토대가 되는 '공空'의 경지의 성취(空果等持, suññstaphalasamāpatti)를 닦는다¹고 언표하였다.² 이처럼 싯다르타는 출가 이후 알라라 깔라마와 웃따까 라마뿟따를 통해 무소유처, 비상비비상처 삼매를 완성한 후 고행 수행을 하였으며, 다시 선정 수행을 통해 초선, 2선, 3선, 4선을 거쳐 중도와 연기 즉 팔정도와 십이연기를 깨달았다.『초전법륜경』은 붓다가 중도 즉 팔정도와 사성제 즉 십이연기에 대해 설하였음을 알려 주고 있다.³

붓다의 깨침은 사성제와 십이연기로 알려져 있지만 이를 수렴하면 중도 연기로 집약된다. 붓다의 깨침인 중도는 불교사상사에서 고락苦樂, 단상斷常, 일이一異, 유무有無의 범주로 설명되어 왔으며 이들을 포괄하는 상위 개념을 삼론가는 속제중도와 진제중도를 아우르는 '이제합명중도' 또는 '불이중도'로, 분황 원효(617~686)는 속제, 진제, 속제중도, 진제중도를 아우르는 '중도일미中道一味'⁴ '중도일실中道一實' 혹은 '무이중도無二中道'⁵로 표현해 왔다. 원효는『대승기신론』의 일심이문의

---

1 Pps.II. 285. 전재성, 역,『쌋짜까에 대한 큰 경』(Mahāsaccakasutta, M1:237), pp.452~454; p.439의 주석 645) 참조; 대림 역, pp.183~186. 역자譯者는 싯다르타는 몸의 수행을 관찰하는 것은 위빠사나로, 마음의 수행을 멈추는 것은 사마타로 주석하고 있다. 이렇게 되면 신수심법身受心法의 사념처四念處를 적용하면 몸의 수행은 위빠사나로, 마음의 수행은 사마타로 보는 것이 된다. 여기에서 수受는 신身의 염처에, 법法은 심心의 염처에 속하는지 혹은 속하지 않는지 분명하지 않다.
2 하지만 붓다의 당시 수행이 현재의 위빠사나 수행인지 아닌지에 대해서는 이견이 없지 않다.
3 高榮燮,「깨침 혹은 깨달음이란 무엇인가?-고타마 싯다르타의 중도中道 연기緣起와 분황 원효의 일심一心 일각一覺-」,『불교철학』제4집, 동국대학교 세계불교학연구소, 2019. 4.
4 元曉,『金剛三昧經論』권중(『大正藏』제34책, p.987하;『한불전』제1책, p.645하). "案云, 三時不失中道一味, 卽是此觀守一之用, 此觀在於十行位也."
5 元曉,『金剛三昧經論』권하(『大正藏』제34책, p.965중; p.999상; p.999상;『한불전』제1책, p.11중; p.663하; p.663하). "于時不生取空之心, 不得已會無二中道, 同佛所入

구도 속에서 일심에 도달하기 위해 본각-불각-시각-시각이 곧 본각의 순서로 해명했으며, 『금강삼매경⁶론』의 일미관행과 십중법문의 구도 아래 일각에 도달하기 위해 시각-본각-불각의 순서로 설명했다.

원효의 『금강삼매경론』에서 '일미一味'는 시각과 본각이 하나의 맛인 '동일미同一味'이자 평등한 한 맛이며(平等一味) 일심과 본각이 같은 '일각미一覺味'로 언표된다. '일각一覺'은 시각과 본각이 본래 평등한 동일각同一覺이자 시각이 원만하면 곧 본각과 같아져서 본각과 시각이 둘이 없는 것이며, 모든 중생이 다 본래 깨달았기 때문에 동일본각同一本覺이자 일심과 본각을 하나로 아우르는 일본각一本覺으로 표현된다. 따라서 원효가 『대승기신론소』에서 보여 준 일심의 지형이 본각-불각-시각-시각이 곧 본각의 순서로 전개된다면 그가 『금강삼매경론』에서 보여 준 일각의 지형은 시각-본각-불각의 순서로 전개된다고 할 수 있다. 이런 점에서 원효는 전자의 이론적 체계와 후자의 실제적 방법을 통해 깨침 혹은 깨달음에 도달하는 유기적 상관성의 구조를 보여 주었다고 할 수 있다. 이미 많은 선행 연구에서 밝히고 있는 것처럼[7]

諸法實相"; "聞佛所說空有二門, 計有二法, 而無一實, 由此排發無二中道, 而未曾聞無二中道."

6 元曉, 『金剛三昧經論』 권하(『大正藏』 제34책, p.999중; 『한불전』 제1책, p.664상). "亦不依中住者, 雖離二邊, 不存中道一實而住, 卽離第一輪水之妄."

7 이기영, 「원효사상의 독창적 성격」(1975)·「원효의 여래장사상」(1978), 『원효사상연구』(I)(서울: 한국불교연구원, 1994); 고익진, 「원효사상의 실천원리-『금강삼매경론』의 一味觀行을 중심으로-」, 『숭산박길진박사화갑기념 한국불교사상사』(원광대출판국, 1975); 김영태, 「신라에서 이룩된 『금강삼매경』」, 『불교학보』 제25집, 동국대학교 불교문화연구소, 1988; 정순일, 「원효의 일미관행 연구-『금강삼매경론』을 중심으로」, 『여산유병덕박사화갑기념 한국철학종교사상사』(이리: 원광대학교 종교문제연구소, 1990); 佐藤繁樹, 「원효의 화쟁논리」, 동국대 대학원 박사논문, 1996; 김병환(원영), 「원효의 『금강삼매경론』 연구」, 동국대 대학원 박사논문, 1997; 남동신, 「신라 중대

『금강삼매경』[8]과 『금강삼매경론』은 반야 중관(空性)과 유가 유식(假有)의 일미적 통섭이라는 커다란 기획과 일미관행一味觀行과 십중법문十重法門의 구도 아래 일심과 본각, 시각과 본각이 둘이 아닌 일각이 되는 과정을 잘 보여 주고 있다. 이 글에서는 이『경』과 원효의『논』이 말하고자 하는 주요 내용과 특징에 대해 살펴보고자 한다.

II. 일심과 본각의 상의성과 역동성

1. 『금강삼매경』의 편찬 주체와 『금강삼매경론』의 간행

원효는 무수한 저술을 지었지만 그의 사상적 체계는 중만년작인

불교의 성립에 관한 연구-『금강삼매경』과 『금강삼매경론』의 분석을 중심으로-」, 『한국문화』 제21집, 서울대 한국문화연구소, 1998); 박태원, 「『금강삼매경』·『금강삼매경론』과 원효사상(I)」, 『원효학연구』 제5집, 원효학회/원효학연구원, 2000; 박태원, 「『금강삼매경』·『금강삼매경론』과 원효사상(II)」, 『원효학연구』 제6집, 원효학회/원효학연구원, 2001; 박태원, 「원효의 각사상 연구」, 『새한철학』 제34집, 새한철학회, 2003; 박태원, 「원효의『금강삼매경』6품 해석학」, 『철학논총』 제77집, 새한철학회, 2014; 박태원, 「원효의 선사상」, 『새한철학』 제68집, 새한철학회, 2012; 박태원, 「본각이란 무엇인가」, 『새한철학』 제93집, 새한철학회, 2018; 김영미, 「원효『금강삼매경론』의 무이중도 연구」, 동국대 대학원 박사논문, 2017; 최건업, 「분황 원효의 수행관 연구」, 동국대 대학원 박사논문, 2020.

8 원효의『금강삼매경론』(6권 혹은 3권, 存)에 이어 오대五代 남당南唐의 여산廬山 대림사大林寺 승둔僧遁 선사의『金剛三昧經注』(4권, 失), 명나라 원징圓澄 선사의『金剛三昧經註解』(4권, 存), 적진寂震 선사의『金剛三昧經通宗記』(10권, 存)이 간행되었다.

『대승기신론소』와 『금강삼매경론』에 집약되어 있다.[9] 그의 『대승기신론소』에서 집중하고 있는 일심의 두 가지 측면인 심진여문과 심생멸문의 구도 중 특히 심생멸문에서 보여 주는 각과 불각의 내용은 일심을 지닌 인간이 어떻게 깨칠 수 있는가에 대해 촘촘한 지형으로 그려 보여 주고 있다.

그런데 이러한 『기신론소』의 본각-불각-시각-시각이 곧 본각이라는 구조는 『삼매경론』에서는 시각-본각-불각의 구도 속에서 펼쳐지고 있다. 전자가 본각에서 시작하여 불각을 거쳐 시각과 시각이 곧 본각이라는 구조로 설명하고 있는 반면 후자는 시각에서 시작하여 본각을 거쳐 불각으로 이어지는 구조로 해명하고 있다는 점에서 차별화된다. 우선 '두 가지 깨달음을 원만히 통하게 하고 보살행을 나타내는' 『금강삼매경』의 성립 유래에 대해 살펴보기로 하자.

얼마 안 되어 왕의 부인이 머리에 악성 종기가 생겼는데 의사(醫工)도 효험을 보이지 못하였다. 왕과 왕자와 신하들이 어러 산천의 신령한 사당에 기도를 드리려 이르지 않은 곳이 없었다. 어떤 무당이 말하였다. "진실로 사람을 시켜 다른 나라에 보내어 약을 구해오게 하면 이 병은 나을 것입니다." 왕은 이내 사신을 선발하여 바다를 건너 당나라에 들어가서 그 의술을 구해오게 하였다. 그런데 남쪽 바다 가운데에서 갑자기 한 노인(一翁)이 파도에서 뛰쳐나와 배에 올라가서 사신을 데리고 바닷속으로 들어갔다. 그리고 궁전의 장엄함과 화려함을 보여

---

9 원효의 만년작의 하나인 『華嚴經疏』도 그의 이전 화엄 주석서를 집대성하여 확장한 것이지만 아쉽게도 「序文」과 「光明覺品疏」만 남아 있어 그의 사상적 지형을 온전히 추적하기에는 일정한 한계가 있다.

주고 용왕에게 알현시켰으니, 용왕의 이름은 검해鈐海였다. 용왕이 사신에게 말하였다. "너희 나라 왕비는 천제의 셋째 딸이다. 우리 용궁에 예전부터 『금강삼매경』이 있었는데 곧 두 가지 깨달음이 원만히 통하고(二覺圓通) 보살행을 나타내었다(示菩薩行). 이제 왕비의 병에 의탁하여 증상연增上緣을 삼아서 이 경전을 부쳐서 저 나라에 출현시켜 유포시키고자 할 따름이다." 이에 삼십 장쯤 되는(三十來紙) 중첩된 흩어진 경전(中畓散經)을 사신에게 주면서 다시 말하였다. "이 경전이 바다를 건너가는 도중에 마구니의 장난에 걸릴지도 모른다." 용왕이 칼을 가지고 사신의 장딴지를 찍어 그 속에 넣고서 밀랍으로 봉하여 약을 바르자 장단지가 예전과 같았다. 용왕이 말하였다. "대안 성자大安聖者로 하여금 차례를 매겨 꿰매게 하고(銓次縫綴), 원효 법사元曉法師를 청하여 주석을 지어 강론하게 하면(造疏講釋之) 왕비의 병이 낫는 것은 의심할 바가 없을 것이다. 가령 설산의 아가타 약阿伽陀藥의 효력도 이것보다 지나치지 않을 것이다." 용왕이 전송하여 해면에 나와서 드디어 배에 올라 귀국하였다.

때마침 왕이 듣고서 기뻐하여 곧 먼저 대안 성자를 불러 차례에 따라 묶게 하였다. 대안이라는 사람은 헤아리기 어려운 사람이었다. 형색과 차림새가 특이하였고 늘 저잣거리에서 동으로 만든 발우를 치며 "크게 편안하시오. 크게 편안하시오." 하고 외쳤기에 이 때문에 대안이라고 불렸다. 왕이 대안에게 명하자 대안이 말하였다. "경전만 가져오십시오. 왕의 궁궐에는 들어가고 싶지 않습니다." 대안이 경전을 얻고서 배열하여 여덟 품을 만들자 모두 부처님의 뜻에 부합하였다. 대안이 말하였다. "빨리 원효에게 가져다 주어 강론하게 하십시오, 다른 사람은 안 됩니다." 원효가 이 경전을 받은 것은 바로 본래 태어난 상주湘州(章

山, 현 慶山)에 있을 때였다. 원효가 사신에게 말하였다. "이 경전은 본각과 시각(의 두 가지 깨달음)을 종지로 삼고 있습니다(此經以本始二覺爲宗). 나를 위하여 소가 끄는 수레를 준비하여(爲我備角乘) 책상을 두 뿔 사이에 두고(將案几在兩覺之間) 붓과 벼루를 비치해 주십시오(置其筆硯)." 그리고 소가 끄는 수레에서 주석을 지어 다섯 권을 만들었다. 왕이 요청하여 날을 정해 황룡사에게 설법하기로 하였는데, 당시에 경박한 종도가 새로 지은 주석을 훔쳐 갔다. 이 사실을 왕에게 아뢰어 사흘을 연기하여 다시 써서 세 권을 만들었으니 이것을 『금강삼매경약소』라 한다. 왕과 신하, 승려와 속인에 이르기까지 법당을 구름처럼 에워싸자 원효가 이에 설법하자 위의가 있었으며, 얽힌 것을 풀어줌에 법칙으로 삼을 만하였으니, 칭찬하고 감탄하여 소리가 허공에 치솟았다. 원효가 다시 소리 높여 말하였다. "지난 옛날 백 개의 서까래를 고를 때에는 비록 내가 그 모임에 참예하지 못했지만, 오늘 아침 하나의 대들보를 놓는 곳에서는 나만이 할 수 있구나!" 당시에 모든 유명한 고덕들이 얼굴을 숙여 부끄러워하고 진심으로 참회하였나.[10]

당나라의 절도사였던 조광윤趙匡胤이 송나라를 건국하자 고구려의 후예로 알려진 국사 찬녕贊寧은 어명에 의해 관찬의 『송고승전』(30권)을 편찬(988)하였다. 그는 그 안에 몇몇 신라의 고승 전기를 수록하면서 「신라국 황룡사 사문 원효전」도 수록하였다. 찬녕은 「원효전」을 편찬하면서 고려 사신인 견송사들과 유학승 및 상인들을 통해 자료를 수집했을 것으로 짐작된다. 이 기록은 원효의 전기임에도 불구하고 여타

---

10 贊寧, 「新羅國 黃龍寺沙門 元曉傳」(『宋高僧傳』 권제4(『大正藏』 제50책 史傳部 2).

의 전기와 달리 주로 '본각과 시각을 종지로 삼고 있는' 『금강삼매경』과 원효의 『금강삼매경론』이 성립되는 과정에 대해 주로 기술하고 있다는 점에서 주목된다.

그런데 이 「원효전」의 『금강삼매경』 성립 이야기는 종래 한중일 삼국의 일부 연구자들에 의해 소홀히 취급되어 왔다. 황제의 어명御命에 의해, 나라의 국사國師에 의해 편찬된 『송고승전』이라는 점을 고려할 때 원효 관련 이야기와 경전의 성립 연기를 터무니없는 것으로 볼 수만은 없다. 종래에 이 경전의 성립[11]과 내용[12]에 대한[13] 다양한 선행 연

---

11 『金剛三昧經』(『大正藏』 제9책, pp.365하~374중). 이 경전의 이름은 양나라 승우 僧祐(445~518)의 『出三藏記集』에서 처음 거론되었다. 여기에 의하면 도안道安(312~385)의 『新集安公梁土異經錄』 제3집에 『금강삼매경』 1권이 기록되어 있다. 이에 대해 승우는 『금강삼매경』은 양나라 시대에 번역된 것이며 역자는 알려져 있지 않다(梁代失譯)고 하였다. 수나라 시대에 편집된 『法經錄』·『彦琮錄』·『歷代三寶記』, 그리고 당나라 시대의 『靜泰錄』·『內典錄』·『大周刊定錄』에는 현존하지 않는 경전이라고 적고 있다. 이후 중당中唐 시대의 사문 지승智昇은 『金剛三昧經』에 대해 개원 19년(730)의 『開元釋敎錄』 권4의 北涼失譯部(金剛三昧經二卷或一卷)와 권12의 現存錄(金剛三昧經二卷或一卷 北涼失譯 拾遺編入)에 2권 혹은 1권이라고 적고 있다. 지승智昇은 이전 경록에서 없어졌다고 적었던 『금강삼매경』이 새로 발견되어 습유경拾遺經으로서 현존한다고 보아 경록에 편입한 것이다.

12 水野弘元, 「菩提達磨の二入四行說と金剛三昧經」, 『駒澤大學研究紀要』 13, 1955, pp.33~57. 미즈노 고오겐은 이 경전에 포함되어 있는 다양한 내용들은 "남북조 시대에서 수나라 시대에 걸쳐 중국불교에서 문제로 삼던 것들을 망라하는 관점이 있다."라며 달마의 이입사행설二入四行說이 『금강삼매경』에 근거하고 있다는 기존의 통설을 부정하고, 현장의 『반야심경』 번역 이후에만 나타나는 네 가지 주문인 '대신주大神呪·대명주大明呪·무상명주無上明呪·무등등주無等等呪'가 이 경전에 언급되어 있다는 점과 『唯識三十頌』에서 사용하고 있는 제7식을 '말나末那'라고 적고 있다는 것에 근거하여 이 경전의 성립은 달마 대사 이후인 648년 이후에 중국에서 찬술된 것이어야 하며, 원효가 이것을 주석한 시기인 665년 전후로 보았다.

13 木村宣彰, 「金剛三昧經의 眞僞問題」, 『佛敎史學硏究』 18-2(佛敎史學會, 1976), pp.106~117. 기무라 센쇼는 이 경이 『열반경』이나 『법화경』 외 기타 경전을 얼마

구¹⁴가 있어 왔고, 일부 연구에서는 확정할 수 없는 주장¹⁵들¹⁶을 제기해 왔다.¹⁷ 하지만 이 전기 이외에 『금강삼매경』에 대한 기록이 드물고,

---

나 이용하고 있는지 얼마나 다양한 교리가 도입되어 있는지를 밝혔다. 아울러 그는 『송고승전』「원효전」 및 『삼국유사』「원효불기」조에 보이는 일화에 주목하여 이 경이 異說을 융합 회통하는 특색을 지닌 신라 불교계의 필요성에 근거하여 "신라의 대안이나 원효의 주변 인물에 의해서 저술되었다고 생각한다."고 적고 있다.

14 金煐泰, 「新羅에서 이룩된 金剛三昧經」, 『불교학보』 25, 동국대학교 불교문화연구원, 1988. 필자는 이 경의 제작연도는 648년~665년 사이에 이루어졌지만 『송고승전』에 나타난 경 출현의 연기설화는 중국 전래가 아니라 신라에서 처음 출현한 것을 의미하고 신라에서 유포된 사실을 설화한 것이라고 하였다. 그는 이 경전은 신라불교가 불교의 진수를 재결집한 진경이며, 작자는 신라 10성 중 대안大安·사복蛇福·혜공惠空 등 복수의 설을 취하고 있다. 대안 성자는 현행 『금강삼매경』의 「서품」 제1에서 「총지품」 제8에 이르기까지 제목과 차례를 정한 것으로 보았다.

15 R.E. Buswell, The Formation of Gh'an Ideology in China and Korea—The Vajra samadhi-Sutra, A Buddhist Apocryphon, Princeton University Press, 1989). 로버트 버스웰은 최치원崔致遠이 지은 비문碑文에 근거하여 법랑法朗은 선덕여왕 치세(632~646)에 도신道信의 문하에서 선禪을 수행한 적이 있으며, 그를 중국에서 신라에 처음으로 선을 전한 신라승이며, 그렇지 않을 경우라도 법랑과 같은 경력이 승려일 것으로 보아 법랑이 『금강삼매경』을 찬술한 시기는 676~685년이리고 보았다.

16 柳田聖山, 「金剛三昧經の研究―中國における頓悟思想のテキスト」, 『白蓮佛教論集』 3, 성철선사상연구원, 1993. 야나기다 세이잔은 미즈노 고오겐의 설에 대해 이의를 제기하면서 현장과 자은(규기)의 유식 법상종에 대항하는 여래장계의 사람들이 있었는데, 그 하나가 해동불교로서 이들은 『십지경론』계의 여래장에 전도되어 있었으며, 그 중심이 원효이고 또 원효에 의하여 『금강삼매경론』이 이루어졌다고 하였다. 그는 원효가 먼저 『금강삼매경론』을 저술하고, 여기에 대안이 여덟 품으로 구성하여 『금강삼매경』이 이루어졌다고 하였다.

17 石井公成, 「『金剛三昧經』の成立事情」, 『印度學佛教學研究』 46-2(일본: 인도학불교학회, 1998), pp.551~556. 이시이 코세이는 종래의 연구사를 개관하고, 미지모토와 기무라 이후의 근거가 부족하고 상상력에 의한 점이 많은 여러 연구자의 설을 비판했다. 그리고 이 경전은 승려에게도 존숭된 부대사傅大士와 같은 비승비속非僧非俗의 실천자를 이상적인 지경자持經者로 그리고 있기 때문에, 동산법문東山法門의 교설을 세상에 널리 전파하기 위해 작성된 선종 직계의 위경僞經이 아

이 전기가 『금강삼매경론』의 성립 과정을 비교적 자세히 기록하고 있는 점을 고려해 볼 때 우리는 이 전기의 기록을 중심으로 이 경전의 성격을 구명해 볼 수밖에 없다.

원효 당시 신라는 삼국의 쟁패를 위한 통일전쟁을 수행하면서 남북조와 수당 시대 이래의 불교를 적극적으로 받아들이고 있었다. 특히 인도 서역 유학을 마치고 돌아온 현장(602~664)의 귀국과 신역 경론의 번역은 종래의 경론에 대한 새로운 시선을 제기하였다. 또 보리달마의 동류(東流) 이래 막 번역된 교종 경론들과 편찬된 선종 어록들의 상통점과 상이점을 비롯하여 천태성구설과 화엄성기설의 대립, 구역과 신역 경론 상의 개념과 내용의 상이, 교종 강사와 선종 선사의 갈등, 출가 승려와 재가 장자의 문제 등이 제기되고 있었다. 실크로드를 통하는 상인과 견당사 및 유학승들을 통해 신속하게 불전들을 접한 신라 불교계 또한 이러한 영향권 속에서 자유롭지 못했다.

당시 신라는 삼국의 통합을 위해 고구려와 백제와 전쟁에 힘쓰고 있었다. 신라 불교계는 이러한 현실을 뒷받침하면서 구역 경론을 통해 불교를 신행하면서도 유학승들을 통해 신역 경론을 접하고 있었다. 정치계와 불교계는 나라가 당면하고 있는 정치적·사상적 과제들을 해결하기 위해 종래의 신라 불학이 이루어 낸 성취를 원용하여 새로운 경전을 편찬할 것을 요청받았다. 그 결과 시대정신과 역사의식에 투철한 몇몇 주역들이 종래의 교종과 선종 경론 및 새로운 신역 경론 등을 참

니라고 주장하였다. 그는 '여래장불如來藏佛', '보경普經 보법普法사상', '삼계교 모선사謀禪師→신라 원효→일본 교키'의 영향관계, '여래장해如來藏海', '사의보살四依菩薩', '형상불形像佛', '말법사상末法思想', '지장보살地藏菩薩의 높은 평가' 등과 같이 삼계교三階敎와 관련시킨 일부 선행 연구들에 대해서도 조목조목 전거를 들어 비판하였으며 그의 비판은 일정한 설득력을 얻고 있다.

고하여 『금강삼매경』을 찬술해 낸 것으로 이해된다.

원효 전기는 이 경전이 검해(창작)→대안(편집)→원효(주석)의 관계 속에서 이루어졌음을 시사해 주고 있다. 원효가 활발하게 활약했던 650년 전후 신라의 통치자는 진덕여왕(647~653)→무열왕(654~660)→문무왕(661~680) 대에 해당한다. 원효의 전기에 기술된 것처럼 경전 편찬의 주요 실마리가 되는 '왕비의 머리에 악성 종기가 생겼다'[18]는 기록을 검토해 보면 당시에 치유 받을 주체는 여러 정황상 무열왕의 왕비인 문명왕후로 모아진다. 그녀의 출자를 살펴보면 금관가야의 마지막 왕인 구형왕→김세종/김무력[19]→김서현으로 이어지고 있으며 진골로 편입된 금관가야계 김서현의 둘째딸이자 김유신의 둘째 여동생이다.

또 용왕 검해鈐海가 누구를 상징[20]하는지는 알 수 없으나 '검해'라는 말이 머금고 있는 것처럼 '빗장 지른 바다' 또는 '바다를 다스리는 이' 혹은 '바다의 달인'을 의미한다. 또한 『삼국유사』 「의해」 '이혜동진' 조목에 혜공惠空은 어릴 때 이름이 '우조憂助' 즉 '근심을 돕는다'는 것처럼 주인인 천진 공天眞公의 종기를 고쳐 목숨을 살렸다. 이치럼 그는 이럴

---

18 물론 왕비의 머리에 종기가 생겼다는 것은 중생의 머리에 갖은 분별로 인한 악성 종양의 번뇌가 생겼음을 상징한다고 볼 수도 있을 것이다.
19 『삼국사기』와 『삼국유사』는 금관가야金官伽倻의 마지막 왕인 구형왕仇衡王의 아들을 김세종金世宗(장남)과 김무력金武力(차남)으로 기술하고 있다. 구형왕이 신라에 투항해 신라 진골眞骨에 편입되면서 그의 아들들인 세종과 무력(→金舒玄→庾信/欽純) 또한 신라 진골로서 신라의 통일 전쟁에 참여하여 두각을 나타내었다.
20 불교 전통에서 『반야경』과 『화엄경』에도 용궁장래설龍宮將來說이 있으며, 여기서 용龍은 황제皇帝 혹은 왕王을 상징하므로 '용왕龍王'은 가야계 왕 혹은 왕족을 상징할 수도 있다. 왕비가 가야계 후손이므로 그녀의 병을 가야계 왕 혹은 왕족이 해소시켜 주는 것을 비유한 것으로 볼 수도 있을 것이다. 혜공이 가야계 출신으로서 나라가 망하자 신라 귀족 집안의 노비가 된 어머니의 아들이었는지는 알 수 없다.

때부터 종기 치료의 전문가였다. 그는 우물 속에 들어가 몇 달씩 나오지 않았으며 우물에서 나오거나 비가 와도 옷이 젖지 않고 흙도 묻지 않을 정도로 물에 대한 법력이 뛰어난 인물로 기술되어 있다. 혜공은 또 원효와 오어사의 오어지 물고기를 건져 먹고 법력 게임을 한 이로도 널리 알려져 있다.[21] 이로 미루어 본다면 혜공 또한 물이나 바다 또는 가야계와 연관된 인물로 이해할 수 있지 않을까?

나아가 용왕 검해를 바다 즉 용 토템을 믿는 가야계(금관가야/대가야 등)의 상징으로 볼 수 있다면 이 경전은 신라계와 가야계의 연합, 즉 신라 왕실의 정계와 그 방계로 편입된 가야계의 연합에 의해 성립된 경전을 의미하는 것은 아닐까 한다. 가야계 '왕비의 병'이 상징하는 정치적 문제 즉 가야계의 골품제 편입 문제 등 신라계 만으로는 해결할 수 없는 정치적 난제를 신라의 통치자는 불교계와 바다를 무대로 동아시아의 해상무역을 주도했던 가야계와의 연합으로 해결하려고 하였던 것은 아닐까? 그리고 신라 왕실은 이 문제를 해결하기 위해 검해(혜공)→대안→원효 등에게 의뢰한 것으로 추정된다.

이 때문에 경전의 출현은 신라가 삼국통일의 대업을 실현해 가는

---

21 一然, 『三國遺事』 제4권, 「義解」, '二惠同塵'. 혜공惠空은 항상 한적한 절에 있으면서 매양 미친 듯이 술에 취하여 삼태기를 짊어지고 거리를 돌아다니며 노래하고 춤추었으므로 사람들은 그를 부궤화상負簣和尙이라 하였고 그가 있는 절을 부개사夫蓋寺라 하였다. 만년에 항사사恒沙寺(吾魚寺)로 옮겨 머물렀을 때 원효는 여러 불경의 소疏를 짓다가 의심이 나면 혜공에게 가서 물었는데 가끔 농담을 하기도 했다고 한다. 이외에도 구참공 이야기, 선덕여왕-지귀이야기, 신인종 조사 명랑이야기 등 신령한 자취가 많았다고 전한다. 임종할 때는 공중에 높이 떠 있는 채로 입적했는데 사리가 부지기수로 많았다고 하였다. 일연一然은 일찍이 중국 남북조시대 불학의 기반을 다진 구삼론학舊三論學의 정초자 승조僧肇의 『肇論』을 보고 말하기를 "이것은 내가 옛날에 지은 것이다."라고 했으니 '승조 법사僧肇法師의 후신인 것을 알겠다'고 적고 있다.

과정 속에서 신라계와 가야계의 정치적 난제를 해결하기 위해 불교계까지 끌어들이며 보다 큰 그림을 그리려 했던 것을 상징하는 것으로 보인다. 이 경전은 성골과 진골 등의 골품귀족 출신 승려 중심의 왕실불교 만으로는 해결하지 못하는 것을 왕실(요석공주)과 인연을 맺었던 두품사족 출신의 원효를 매개로 하여 혜공-대안 등의 대중불교 혹은 서민불교 세력과의 연합을 통해 만들어 간 과정을 보여 준다. 바로 이런 점에서 보면 이 경전의 일련의 편찬 과정에는 혜공→대안→원효가 깊숙이 관련되어 있다고 볼 수 있지 않을까 한다.

이들은 당시 동아시아의 질서 속에서 신라 정치계가 안고 있는 과제 즉 신라계와 가야계의 갈등을 원광-안함-자장 등으로 대표되는 왕실불교와 혜공-대안-원효 등으로 대표되는 대중불교가 연합하여 천태성구설(空)과 화엄성기설(有)의 대립, 구역과 신역 경론의 개념과 내용의 상이, 교종과 선종의 갈등, 출가와 재가의 역할 문제 등을 해소하기 위해『금강삼매경』을 편찬한 것[22]은 아닐까 한다. 그리고『금강삼매경』의 편찬 과정에는『능기경』,『기신론』,『선문경』,『법왕경』,[23]『입구경』등이 긴밀하게 연결된 것으로 추정된다.[24]

---

22 박태원, 앞의 글, 앞의 책, p.363.
23 『법왕경』은『大唐內典錄』(664)에는 수록되어 있지 않고『大周刊定衆經目錄』(695) 권15 '위경목록僞經目錄'에『法王經』(T55, 473a)이라고 처음 수록되기 때문에 이 사이에 성립되었다고 추정된다.
24 沖本克己,「MNSURA ZOILI - 禪文獻의 計量語彙論的硏究의 시도」,『禪文化硏究紀要』19(禪文化硏究所, 1993); 沖本克己,『禪思想形性史의硏究』(京都: 花園大學國際禪學硏究所·硏究報告제5冊, 1997). 오키모토 가츠미는 컴퓨터 분석을 통해 선종과 관계가 깊은『수능엄경』,『원각경』,『법왕경法王經』,『금강삼매경』,『선문경禪門經』,『(위작)법구경』,『범망경』및 그것들에 영향을 준『기신론』과『능가경』에서 잘 쓰인 상위 50자를 추출하여 통계적으로 검토하면서 어떤 글자가 사용되는 경향이 있는지, 경향성에서 유사한 문헌이 어떤 것인지 조사하였다. 그 결과『기신

일본의 선학자인 오키모토 가츠미는 『금강삼매경』과 『법왕경』에 각각 한 번 사용된 '대승결정요의大乘決定了義'[25]라는 문자의 예는 흔히 쓰이는 표현처럼 보이지만, 동경대의 SAT와 대만의 C-BETA 검색에 의하면 『금강삼매경』, 『법왕경』보다 앞서는 용례는 없다고 하였다. 또 『금강삼매경』에는 이 표현이 사용되었기 때문에 『법왕경』은 『금강삼매경』이 아니라 『금강삼매경론』으로부터 표현을 빌렸을 가능성이 있으며, 그럴 경우 『법왕경』, 『금강삼매경』, 『금강삼매경론』의 전후 관계가 문제가 된다[26]고 하였다.

그런데 오키모토의 주장과 달리 '대승결정요의'란 용어는 『금강삼매경』에서 사용되고 있으며, 『금강삼매경론』에서는 '결정요의'를 쓰고 있다. 바로 이러한 점에서 『법왕경』이 『금강삼매경』의 '대승결정요의'를 빌렸을지언정 『금강삼매경론』의 '결정요의'에서 표현을 빌렸던 것으로 보이지 않는다. 하여튼 『금강삼매경』과 『법왕경』은 경전의 성립사에서 볼 때 긴밀한 관계 속에 있는 경전이라고 할 수 있을 것이다. 또 『금강

론』은 다른 텍스트와 공통성이 많고, 『능가경』은 거의 완벽하게 『금강삼매경』, 『법왕경』, 『법구경』을 포함하고 있으며, 『금강삼매경』은 『기신론』과 비슷한 수치를 보이지만 『법왕경』과 다르고, 『법왕경』은 『금강삼매경』과 유사성이 매우 높다는 결과를 도출했다. 이 결과로 보아 『금강삼매경』 편찬시에 『법왕경』을 참고했거나 『법왕경』을 편찬 시에 『금감삼매경』을 참고했을 가능성이 매우 크다고 할 수 있다. 石井公成, 「금강삼매경의 성립사정」, 『원효, 문헌과 사상의 신지평』(서울: 동국대출판부, 2020), pp.92~100 참조.

[25] 『金剛三昧經』 권하(『大正藏』 제9책, p.10상). 『경』에서는 '大乘決定了義'의 용어를 쓰고 있다. 현존 편집본 『금강삼매경론』(『大正藏』 제34책, p.1006중하)에서도 『경』에서는 '大乘決定了義', 『논』에서는 '決定了義'의 용어를 쓰고 있다. 하지만 오키모토 기츠미는 이것을 구분하지 않고 컴퓨터 분석에만 단순히 의존하다 보니 편집된 『금강삼매경론』의 '대승결정요의'를 『법왕경』이 빌렸다고 오해하고 있다.

[26] 石井公成, 위의 글, 위의 책, p.95 참조.

삼매경』은 『대승기신론』 이외에 처음으로 '본각'이란 말을 사용한 문헌이라는 점에서 『대승기신론』의 영향을 받고 있다고 할 수 있다. 무엇보다도 원효의 주석에서는 '본각'과 '일심'으로 대표되는 이들 『경』과 『논』 사이의 영향이 잘 드러나 있다.

2. 『대승기신론』과 『금강삼매경』의 상관성

원효는 많은 저술 중 『대승기신론』과 『금강삼매경』을 통해 자신의 사상을 집대성하고 있다. 그는 마명 보살이 지었다는 『대승기신론』의 일심-이문(心眞如門/心生滅門)-삼대-사신-오행-육자법문의 구조 아래 심진여문의 의언진여(여실공/여실불공, 始覺)와 이언진여(不覺) 및 심생멸문의 각과 불각의 구조를 원용하여 깨침 혹은 깨달음의 내용과 방법을 촘촘하게 구명하고 있다. 한편으로는 검해 용왕이 소개한 『금강삼매경』은 반야 중관의 이제설과 유가 유식 삼성설의 일미적 통섭의 기획 아래 일미관행과 육자법문으로 경의 종지를 밝힌 뒤 별도로 관행(觀行)을 드러내고 통틀어 의정疑情을 물리치고 있다.

특히 원효는 『기신론』의 본각-불각-시각-시각이 곧 본각이라는 구조를 원용하여 이론적 체계를 굳건히 한 뒤 『금강삼매경』의 시각-본각-불각의 구조를 원용하여 실천적 체계를 보여 주고 있다. 이러한 그의 구도는 그가 『기신론소』에서 보여 준 '상홍불법 하화중생'의 방향과 『금강삼매경론』에서 보여 준 '귀일심원 요익중생' 혹은 '일심지원 삼공지해'의 방향에 잘 부합한다. 이 때문에 원효에게 있어 『기신론』과 『삼매경』의 지위와 위상은 『기신론소』와 『금강삼매경론』의 주석을 통해 더욱더 구체화되고 있으며 그의 사상은 굳건하게 체계화되고 있다.

『금강삼매경』과 『금강삼매경론』의 동일한 사상적 지향점들에 대해 박태원은 크게 세 가지로 대별하고 있다. 첫째는 공空의 철학인 중관中觀과 마음의 철학인 유식唯識의 상이한 개성들을 통섭적으로 화쟁하려는 것이고, 둘째는 구세救世의 실천이 강조되는 대승선大乘禪 사상의 천명이며, 셋째는 대중에게 적극적으로 다가가는 진속불이眞俗不二의 원융圓融 불교를 천명하는 것이다. 그리고 이 세 지향을 펼쳐내는 근본원리는 '본각/시각을 중심으로 하는 깨달음(覺) 사상'이다.[27] 이러한 분류와 원리는 이 경전의 편찬 목적과 구성 내용으로 볼 때 타당한 지적이라 할 수 있다. 이 경전의 목적과 내용에서 논자가 주목하는 지점은 중관학의 이제설과 유식학의 삼성설의 일미적 통섭이다. 정설분의 6품 구조(觀行의 別顯)와 제7 총지품(疑情의 總遣)의 편입을 통해서도 짐작해 볼 수 있다.

이 경전은 반야 중관의 이제설과 유가 유식의 삼성설을 일미적으로 통섭하는 과정을 보여 주고 있다. 붓다가 대력 보살에게 삼공을 밝히는 대목에 대해 원효는 '공상도 공한 것'이며(진짜 금을 버려 장엄구를 만드는 것), '공공도 공한 것'이며(장엄구를 녹여 다시 금 항아리를 만드는 것), '소공도 공한 것'(이제를 녹여 일법계/일심을 나타낸 것)이라고 설하고 있다. 이 '삼공이제'를 원효의 삶에 배대하면 그는 속제 가운데에서 진제를 깨쳐 다시 속제로 돌아왔고, 다시 돌아온 속제 중도의 삶을 또다시 진제 중도의 삶으로 이끌어 나갔다. 그가 도달하고자 했던 '귀일심원'은 진제 중도에 상응하고, '요익중생'은 속제 중도에 상응한다. 그리고 그는 무

---

27 박태원, 『금강삼매경』·『금강삼매경론』과 원효사상(I)·(II), 『원효학연구』 제5집·제6집, 원효학회·원효학연구원, 2000·2001, p.362/p.300.

이중도의 삶을 제시하여 붓다의 삶을 사는 길을 열어 보였다.

원효는 처음 공의 문 안에서 버린 '속제'의 소집상所執相(변계소집성)과 두 번째 공 가운데에서 녹인 '속제'인 의타상依他相(의타기성), 처음 문 안에서 속제를 버려 나타난 진제(遣俗所顯之眞, 속제중도)와 두 번째 공 가운데에서 속제를 녹여 나타난 진제(融俗所顯之眞, 진제중도)를 오직 하나이자 둘이 없는 원성실성(唯一無二, 圓成實性)이라 하였다. 그리고 세 번째 공은 진제도 아니고 속제도 아니며, 다르지도 않고 같지도 않은 무이중도의 삶으로 보았다.

三空二諦	俗諦(遣俗諦) 眞諦(融俗諦, 空相) (소집상)　　(시각의 원성실성)
1. 空相亦空: 진짜 금을 벼려 장엄구를 만드는 것	俗諦中道(遣俗所顯之眞) (의타상)
2. 空空亦空: 장엄구를 녹여 다시 금 항아리를 만드는 것	眞諦中道(融俗所顯之眞) (본각의 원성실성)
3. 所空亦空: 이제를 녹여 일법계/일심을 나타낸 것	無二中道(非眞非俗無邊無中)

이처럼 원효는 '속제'(변계소집성)와 '진제'(空相, 시각의 원성실성)의 이제 구도에 다시 '속제 중도'(空相亦空, 의타기성)와 '진제 중도'(空空亦空, 본각의 원성실성)를 시설하고, 여기서 다시 나아가 비진비속무변무중(所空亦空, 非眞非俗無邊無中)의 중도인 '무이중도'로 나아가는 과정을 열어 보였다. 그가 속제의 소집상과 진제의 (시각의) 원성실성, 속제 중도의

의타기성, 진제 중도의 (본각의) 원성실성, 속제 중도와 진제 중도가 둘이 아닌 비진비속의 무이중도를 배대하고 있는 점[28]은 주목되고 있다.[29]

이것은 원효가 선禪사상을 각覺사상 내지 삼매三昧사상으로 종합하는 지점에서도 확인할 수 있다. 그는 『금강삼매경』의 성격을 '깨뜨리지 않는 것이 없기 때문에 금강삼매金剛三昧'라고 하고, '세우지 않는 것이 없기 때문에 섭대승경攝大乘經'이라 하며, '모든 뜻의 종지가 이 둘을 벗어나지 않기 때문에 무량의경(無量義經)'이라고 한다고 하였다. 원효가 이 경전을 유식사상에 상응하는 '섭대승경'이 아니라 반야사상에 상응하는 '금강삼매'로 규정한 것은 이 경전이 지니고 있는 복합성 때문이다.

그러면서 원효는 "우선 하나의 제목을 들어서 머리에 나타냈기 때문에 금강삼매경"이라 한다고 전제한다. 그리고 그는 이 경전의 이름인 '금강'과 '삼매'의 의미를 해석하고 구분하면서 삼매에 대한 인식을 보여주고 있다. 이처럼 원효가 경 이름인 금강과 삼매의 해석에 집중한 것은 이 경전의 성격을 대승선大乘禪을 담고 있는 경전으로 파악했기 때문이다. 그것은 그가 이 경전의 편찬 목적과 과정을 잘 알고 있었기에 이렇게 풀이했을 것으로 이해할 수 있다.

---

28 元曉, 『金剛三昧經論』 권중(『大正藏』 제34책, p.983하).
29 김영미, 앞의 논문, pp.270~274 참조.

Ⅲ. 정설분 6품 및 제7「총지품」의 유기성有機性

1. 금강과 삼매의 정의와 상호관계

원효는 경명인 '금강삼매'에 대한 자세한 설명을 통해 금강과 삼매에 대한 자신의 인식을 보여 주고 있다. 그가 이 경전이 속제와 진제의 이제설을 기반으로 한 반야 공관을 지닌 경전으로 파악하고 소집상과 의타상과 원성실성의 삼성설을 기반으로 하는 삼성관을 통해 해명하는 대목에서 확인할 수 있다. 그러면서도 그는 속제(소집상)→진제(空相, 본각의 원성실성)→속제 중도(空相亦空, 의타상)→진제 중도(空空亦空, 본각의 원성실성)→무이중도(所空亦空)로 이어지는 '비껴가는 논법'[30]을 통해 이 경의 의미와 가치를 극대화시키고 있다.

원효는 대승 선관을 담고 있는 이 경전이 중관의 이제설과 유식의 삼성설이 이렇게 접목되는지 잘 보여 주는 경전으로 파악하였다. 경전의 이름이 보여 주고 있는 것처럼 '금강'의 성질을 비유로 삼아 모든 '의혹'을 깨뜨리고, 모든 '선정'을 꿰뚫고자 하는 '삼매'로 일미관행을 실천해 나가는 지점에서도 확인할 수 있다.

'금강'이란 비유하여 일컫는 말이니, 굳건함과 단단함을 체성으로 삼고, 꿰뚫음과 깨뜨림을 공능으로 한다. '금강삼매'도 또한 그러하여 실제를 체성으로 삼고, 깨뜨리고 뚫는 것으로 공능을 삼는 것임을 알아

---

30 김영미, 앞의 글, 앞의 책. 그는 이것을 '비껴가는 논법'이라고 명명하였다.

야 한다. '실지와 형편을 체성으로 삼는다'는 것은 이치를 증득하고 근원을 궁구하기 때문이니, 아래의 글에서 '법을 증득하는 진실한 정定이다'라고 말한 것과 같다. '깨뜨리고 뚫는 것으로 공능을 삼는다'는 것에는 두 가지 뜻이 있다. 첫째는 모든 의혹을 깨뜨리는 것이고, 둘째는 모든 선정을 뚫는 것이다. '모든 의혹을 깨뜨린다'는 것은 설명을 제시하여 의심을 끊기 때문이니, 아래의 글에서 결정코 의혹과 후회를 끊는다고 말한 것과 같다. '모든 선정을 뚫는다'는 것은 이 선정이 모든 다른 삼매로 하여금 유용하게 하는 것이 마치 보배구슬을 뚫어 유용하게 하는 것과 같기 때문이다.[31]

여기서 금강이 굳건함과 단단함을 체성으로 한다는 것이 반야 중관의 측면이라면, 꿰뚫음과 깨뜨림을 공능으로 한다는 측면은 유가 유식의 측면으로 이해할 수 있다. 금강삼매의 '모든 의혹을 깨뜨리고', '모든 선정을 뚫는다'는 두 가지 공능은 정설분의 구조에 그대로 반영되어 있다. 6품에서 '관행을 별도로 드러내는 것'은 모든 선정을 뚫기 위한 것이며, 제7「총지품」에서 '의정疑情을 통틀어 버리는 것'은 모든 의혹을 깨뜨리기 위한 것이다. 이 때문에 관행을 별도로 드러내는 6품만 주목할 것이 아니라 의정을 통틀어 버리는 제7「총지품」도 함께 주목해야 한다. 관행을 별도로 드러내야 의정을 낱낱이 버릴 수 있으며, 의정을 통틀어 버려내야 관행을 통틀어 이룰 수 있기 때문이다.

저 '삼매'라는 명칭은 번역하면 정사正思라고 한다는 옛 논사의 말을

---

31 元曉,『金剛三昧經論』권중(『大正藏』제34책, p.962중).

인용하면서 '정사'에 대해 "정에 있을 때에 반연하는 경계에 대하여 자세하고 바르게 생각하고 살피기 때문이라고 풀이한다. 또 『유가사지론』에 의거하여 "삼마지三摩地란 반연하는 대상에 대하여 자세하고 바르게 관찰하는 심일경성心一境性이라고 하였다."[32]

원효는 '정'이란 고요함으로서, 하나의 경계에 고요히 머무는 것인데 어째서 자세하고 바르게 생각하고 살핀다고 말하고, 생각하고 살피는 작용이 심사尋伺인데 어째서 정을 생각하고 살피는 것(審正思察)이라고 말하였는가?라는 질문에 다음과 같이 답한다.

만일 하나의 경계를 지키는 것을 곧 정定이라고 한다면 혼침한 상태로 경계에 머무는 것도 곧 정이어야 할 것이다. 만일 바르게 생각하고 살피는 것(正思察)을 심사尋伺라고 한다면 그른 지혜로 추구하는 것은 심사가 아니어야 할 것이다.[33]

또 원효는 '심사尋伺' 즉 '바르게 생각하고 촘촘히 살피는 것'에 두 가지가 있음을 알아야 한다면서 다음과 같이 답한다.

만일 그르거나 바른 것에 다 통하는 의언분별意言分別을 생각하고 살피는 것이라고 한다면, 곧 이것은 심사尋伺로서 다만 분별하는 것이다. 만일 오직 반연하는 경계를 자세하고 바르게 분명히 아는 것만을 바르게 생각하고 살피는 것이라고 한다면 바르다는 것(正)은 정定의 작

---

32 元曉, 『金剛三昧經論』 권중(『大正藏』 제34책, p.962중).
33 元曉, 『金剛三昧經論』 권중(『大正藏』 제34책, p.962중).

용이니 심사가 아니다. 정定은 분별과 무분별에 다 통하는데, 자세하고 바르다는 점에서 저 심사와 구분된다.[34]

또 하나의 경계에 머무는 것에도 두 가지가 있다. 만일 하나의 경계에 머무는데도 혼미하고 어두워 자세히 살필 수 없다면 곧 이것은 혼침惛沉이며, 만일 하나의 경계에 머물러 있으면서 가라앉지도 들뜨지도 아니하여 자세하고 바르게 생각하고 살핀다면(審正思察) 이것은 정定이니, 생각하고 살피는 것으로써 저 혼침과 구별된다. 그러므로 머무는 것과 옮겨 다니는 것으로써 정定과 산란함(散)의 차별되는 상을 구별하지 않음을 알아야 할 것이다. 어째서인가? 빠르게 하는 변설은 비록 속히 옮겨지더라도 정이 있기 때문이고, 느리고 둔한 생각은 오래 경계에 머물더라도 이것은 산란함이기 때문이다.[35]

이제 이 금강삼매를 바르게 생각하고 살피는 것이라 함은 여기에 바름도 바르지 않음도 없고, 생각함도 생각하지 아닌 것도 없으나, 다만 분별하는 잘못된 생각과 구별하기 위한 것이며, 또 허공이 아무런 생각이 없는 것과도 같지 않기 때문에 억지로 정사正思라고 이름한 것일 뿐이다.[36]

이렇게 금강의 정의와 삼매의 정의에 대해 설명한 원효는 다시 '삼매' 즉 정定이 지닌 삼마희다, 삼마지, 삼마발제, 타연나, 사마타, 심일

---

34 元曉, 『金剛三昧經論』 권중(『大正藏』 제34책, p.962중).
35 元曉, 『金剛三昧經論』 권중(『大正藏』 제34책, p.962중).
36 元曉, 『金剛三昧經論』 권중(『大正藏』 제34책, p.962중).

경성, 정, 정사의 여덟 가지의 명칭을 해석해 나간다.

정定이라는 명칭에는 대략 여덟 가지가 있다. 첫째는 삼마희다三摩呬多라 하니 번역하면 등인等引이다. 혼침惛沉과 도거掉擧의 편벽됨을 멀리 떠났기 때문에 '등等'이라고 하며, 신통력 등의 여러 가지 공덕을 끌어내기 때문에 '인引'이라고 한다. 또 이 등인은 무회환희無悔歡喜와 안락이 이끄는 것이기 때문에 등인이라고 한다. 이 때문에 욕계의 정과는 같지 않다. 둘째는 삼마지三摩地라고 하니 번역하면 등지等持다. '등'의 뜻은 앞서와 같으니, 마음을 잘 제어하고 간직하여 치달리거나 흐트러지지 않게 하기 때문에 등지라고 한다. 또한 정과 혜가 평등하여 서로 떨어지지 않게 하기 때문에 등지라고 한다. 예전에는 삼마제三摩提라고 하였는데 이 또한 곧 등지等持다. 셋째는 삼마발제三摩鉢提라고 하니 번역하면 등지等至다. 등지等持하는 가운데 수승한 지위를 이룰 수 있기 때문에 등지等至라고 하는 것이다. 넷째는 타연나馱演那라고 하니 번역하면 정려精慮나. 이것은 매우 고요하게 생각하기 때문이며, 또 산란한 생각을 고요하게 가라앉히기 때문이다. 예전에는 선나 혹은 지아나라고 했으니 지방에 따라 말을 달리하나 똑같이 정려를 이르는 것이다.

다섯째는 사마타奢摩他라고 하니 번역하면 지止다. 마음으로 하여금 경계를 그치게 하기 때문에 '지止'라고 한다. 여섯째는 심일경성心一境性이라고 한다. 마음으로 하여금 경계에 전일하게 하는 성품이므로 심일경성이라고 하는데 예전에 일심一心이라고 한 것은 간략하게 말한 것이다. 일곱째는 정定이라고 하니 반연하는 대상을 살펴 정하기 때문에 정定이라고 한다. 여덟째는 정사正思라고 하니 그 뜻은 앞에서 말한

것과 같다.[37]

원효는 금강과 삼매의 정의와 삼매의 종류와 공능에 대한 설명을 통하여 이 경의 편찬 목적과 구성 내용 방향을 대승 선경으로 규정하고 있음을 보여 주고 있다. 특히 삼매에 대한 자세한 해명은 이 경의 제목에 부합하는 것이기도 하지만 한편으로는 이 경의 특징을 '삼매三昧' 즉 '정定'에 두고자 했기 때문이다. 여기서 '정'은 '선禪'과 '각覺'과 긴밀하게 상통한다. 그러면 이 경전의 본문에 해당하는 정설분의 구조에 대해 살펴보기로 하자.

2. 정설분 6품의 구조와 풀이 및 「총지품」-관행의 별현과 의심의 총견

이 경전은 전 3권 8품으로 구성되어 있다. 권1에는 대의의 서술, 경의 종지의 설명, 제목의 해석, 글의 뜻풀이의 분과와 서분 및 정설분의 「무상법품」까지, 권2에는 「무생행품」「본각리품」, 「일실제품」, 권3에는 「진성공품」, 「여래장품」과 「총지품」 및 유통분을 배대하고 있다. 이 중에서도 정설분은 관행을 별도로 나타내는 부분과 의심을 총괄해 버림으로 구성하고 있다.

'관행을 별도로 나타냄'에는 상이 없는 관을 밝히는 「무상법품」, 일어남이 없는 행위를 나타내는 「무생행품」, 본각에 의하여 중생을 이롭

---

[37] 元曉, 『金剛三昧經論』 권중(『大正藏』 제34책, p.962중하).

게 하는 「본각리품」, 허상으로부터 실제에 들어가는 「입실제품」, 일체의 행위가 진성의 공에서 나옴을 분별하는 「진성공품」, 한량없는 문이 여래장에 들어감을 나타내는 「여래장품」의 6품과 '의심을 총괄해 버림'에는 「총지품」을 배대하고 있다.

〈도표 1〉 정설분 전6품 및 제7 「총지품」의 유기적 구조

正說分	一門	二門		三門		六門	六分	六品
前六品 別顯觀行	一味	遣妄顯因	相生都泯是本覺利	遣相歸本	觀行始終	觀無相法 — 所觀之法 法謂一心如來藏體	明無相觀	1. 無相法品 解脫菩薩
						顯無生行 — 能觀之行 行謂六行無分別觀	顯無生行	2. 無生行品 心王菩薩
				從本起行	敎化本末	本覺利品 — 一心中之生滅門	依本利物	3. 本覺利品 無住菩薩
						明入實際 — 一心中之眞如門	從虛入實	4. 入實際品 大力菩薩
		顯眞成果	實際眞空是如來藏	雙顯歸起	攝因成果	明眞性空 — 雙見眞俗 不壞二諦	辨一切行 出眞性空	5. 眞性空品 舍利弗
						顯如來藏 — 遍收諸門 同示一味	顯無量門 入如來藏	6. 如來藏品 梵行長者
總持品 總遣疑情								7. 총지품 地藏菩薩

이 경전의 편찬 목적과 편집자의 구성 체계에 대해 원효는 '망상의 흐름을 돌이켜 근원으로 돌아가게 하기 위해서 모든 상을 깨뜨려 없애는 데에 겨냥되어 있다'고 보았다.

이 여섯 가지 품으로 관행을 두루 펼치니 그 까닭은 다음과 같다. 모든 망상妄想이 무시로부터 흘러 다니게 된 것은 다만 상相을 집착하여 분별하는 병 때문이다. 이제 그 흐름을 돌이켜 근원으로 돌아가게 하려면 먼저 모든 상을 깨뜨려야 한다.[38]

원효는 중생들이 형상形相에 집착하여 분별하는 병을 깨뜨리기 위해 힘쓰고 있다. 이것은 아비달마적 실체론에 붙들려 있는 이들을 위한 경계로 읽을 수 있다. 그는 이 경전의 정설분을 크게 ① 각 1품씩 6품을 풀이하는 구조 2가지, ② 2품으로 묶어 3문으로 6품을 풀이하는 구조 2가지, ③ 3품으로 묶어 2문으로 6품을 풀이하는 구조 2가지, ④ 총괄總括하여 일미一味 하나로 6품을 풀이하는 구조의 7가지로 분류하고 있다. 그러면서 원효는 6품의 유기적 관계를 설명하면서 일미로 해석하는 마지막의 총괄 유형은 6품 해석에 포함하지 않고 있다.

그러니까 원효는 6종의 6품을 각기 두 겹의 체계로 파악하고 있다. 이것은 실체론을 벗어나게 하려는 중관적 이제론으로 이해되며 동시에 비실체론에도 붙들리지 않게 하려는 유식적 삼성론으로 이해된다. 6품 각각의 두 겹은 '깨뜨리지 않음이 없는(無所不破)'의 금강삼매와 '드

---

38 元曉, 『金剛三昧經論』 권상(『한불전』 제1책, p.608하). "如是六門, 觀行周盡, 所以然者. 凡諸妄想, 無始流轉, 只由取相分別之患, 今欲反流歸源, 先須破見諸相."

세우지 않음이 없는(無所不立)' 섭대승경의 구조로 볼 수 있을 것이다. 그리고 금강삼매의 중관적 특성과 섭대승경의 유식적 특성을 아울러 마지막 7번째의 총괄 유형인 일미一味의 무량의경으로 통섭하고 있다.

① 각 1품씩 6품을 풀이하는 구조 1 ─ 유식적 삼성론의 체계

〈도표 1〉에서 보이는 것처럼 원효는 '명무상관(明無相觀)' 즉 '상이 없는 관을 밝히는' 「무상법품」을 시설한 이유에 대해 '상을 집착하여 분별하는 병' 때문이라 해명하고 있다.

모든 망상이 무시로부터 흘러 다니게 된 것은 다만 상을 집착하여 분별하는 병 때문이다. 이제 그 흐름을 돌이켜 근원으로 돌아가게 하려면 먼저 모든 상을 깨뜨려 없애야 하니, 이 때문에 처음에 무상법을 관찰해야 하는 법을 밝혔다.[39]

'상이 없는 관을 밝히는' 「무상법품」을 해탈 보살이 설한 이유에 대해 원효는 '현무생행顯無生行' 즉 '일어남이 없는 행위를 나타내는' 「무생행품」을 설하기 위해서라고 밝히고 있다.

비록 모든 상을 없애버렸더라도 관찰하는 마음이 남아 있다면, 관찰하는 마음이 오히려 일어나서 본각에 부합되지 못하므로 일어나는 마음

---

39 元曉, 『金剛三昧經論』 권상(『한불전』 제1책, p.608하). "凡諸妄想, 無始流轉, 只由取相分別之患, 今欲反流歸源, 先須破見諸相."

을 없애야 하니, 이 때문에 두 번째로 무생행을 나타내었다.[40]

'일어남이 없는 행위를 나타내는' 「무생행품」에서 심왕 보살이 등장한 이유에 대해 원효는 '의본리물依本利物' 즉 '본각에 의하여 중생을 이롭게 하는' 「본각리품」을 설하기 위해서라고 밝히고 있다.

행위가 이미 일어남이 없어서 이제 본각에 부합하며, 이것에 의하여 중생을 교화하여 본각의 이익을 얻게 하니 따라서 세 번째로 본각의 이익 문을 나타내었다.[41]

'본각에 의하여 중생을 이롭게 하는' 「본각리품」에서 무주 보살이 설한 이유에 대해 원효는 '종허입실從虛入實' 즉 '허상으로부터 실제에 들어가는' 「입실제품」을 설하기 위해서라고 밝히고 있다.

만일 본각에 의하여 중생을 이롭게 하면 중생이 곧 허상으로부터 실제에 들어갈 수 있으니, 이 때문에 네 번째로 실제에 들어감을 밝혔다.[42]

'허상으로부터 실제에 들어가는' 「입실제품」에서 대력 보살이 설한 이유에 대해 원효는 '변일체행辨一切行 출진성공出眞性空' 즉 '일체의 행

40　元曉, 『金剛三昧經論』 권상(『한불전』 제1책, p.608하). "誰遣諸相, 若存觀心, 觀心猶生, 不會本覺, 故泯生心, 所以第二, 顯無生行."
41　元曉, 『金剛三昧經論』 권상(『한불전』 제1책, p.608하). "行既無生, 方會本覺, 依此化物, 令得本利, 故第三明本覺利門."
42　元曉, 『金剛三昧經論』 권상(『한불전』 제1책, p.608하). "若依本覺, 以利衆生, 衆生卽能從虛入實, 所以第四明入實際."

위가 진성의 공에서 나옴을 분별하는'「진성공품」을 시설하기 위해서라고 밝히고 있다. 그리고 안의 수행과 밖의 교화를 대비하여 참된 자성으로부터 나와서 모두 진성의 공을 따르는 길로 이끌고 있다.

안으로의 수행은 곧 모양이 없고 일어남이 없으며, 밖으로의 교화는 곧 본각의 이익으로 실제에 들어가게 하니, 이러한 두 가지 이익으로 만 가지 행위를 구비하되 똑같이 참된 자성으로부터 나와서 모두 진성의 공을 따르니, 이 때문에 다섯 번째로 진성의 공을 밝혔다.[43]

'일체의 행위가 진성의 공에서 나옴을 분별하는'「진성공품」에서 사리불이 설한 이유에 대해 원효는 '현무량문顯無量門 입여래장入如來藏' 즉 '한량없는 문이 여래장에 들어감을 나타내는'「여래장품」을 설하기 위해서라고 밝히고 있다.

이 진성에 의하여 만 가지 행이 곧 갖추어져서 여래장 일미의 근원에 들어가니, 이 때문에 여섯 번째로 여래장을 나타내었다.[44]

'한량없는 문이 여래장에 들어감을 나타내는'「여래장품」에서 범행장자가 설한 이유에 대해 원효는 6품을 각기 풀이하는 구조를 시설한 것은 마음의 근원으로 돌아가는 방법을 제시하기 위해서라고 밝히고

---

43 元曉,『金剛三昧經論』권상(『한불전』제1책, p.608하). "內行卽無相無生, 外化卽本利入實, 如是二利, 以具萬行, 同出眞性, 皆順眞空, 是故第五明眞性空."
44 元曉,『金剛三昧經論』권상(『한불전』제1책, p.608하). "依此眞性, 萬行斯備, 入如來藏一味之源, 所以第六顯如來藏."

있다.

이미 마음의 근원에 돌아가면 곧 작위함이 없으며, 작위함이 없기 때문에 이루어지지 않는 것이 없으니, 따라서 육문을 설함으로써 대승을 포섭한 것이다.[45]

작위함이 없기에 이루어지지 않는 것이 없기에 이 때문에 육문을 설함으로써 대승을 포섭하려 하였다. 대승을 포섭하려 하는 것은 이 경전을 '섭대승경'의 유식적 삼성론으로 보는 관점과 상통한다. 이렇게 원효는 6품 각1품을 풀이하는 구조를 시설한 뒤에 다른 구조로 다시 6품 각1품을 다른 뜻으로(異意) 풀이하는 유형을 시설하고 있다.

② 각 1품씩 6품을 풀이하는 구조 2 — 중관적 이제론의 체계

〈도표 1〉에서 보이는 것처럼 원효가 앞의 6품 풀이와 다른 뜻(異意)으로 6품을 풀이하는 구조는 아래와 같다. 이것은 대승을 포섭하는 위의 '섭대승경'의 유식적 삼성론 체계와 다른 뜻으로 풀이한 것이다.

또 이 육품에는 다른 뜻이 있다. 초품은 관찰의 대상인 법을 제시하였으니, 법은 일심으로서 여래장의 본체를 말한다. 제2품은 관찰의 주체인 행위를 밝혔으니, 행위란 육행으로서 분별함이 없는 관찰을 말한다. 세 번째의 「본각리품」은 일심 속의 생멸문을 나타냈고, 네 번째의

---

[45] 元曉, 『金剛三昧經論』 권상(『한불전』 제1책, p.608하). "旣歸心源, 卽無所爲, 無所爲故, 無所不爲, 故說六門, 以攝大乘."

「입실제품」은 일심 속의 진여문을 나타낸다. 다섯 번째의 「진성공품」은 진여와 세속을 다 버렸으나 진제와 속제를 무너뜨리지 않는다. 여섯 번째의 「여래장품」은 모든 문을 두루 거두어 똑같이 일미임을 보인다.[46]

원효가 풀이한 위의 내용을 각 품별로 다시 정리해 보기로 하자. 초품 「무상법품」에서 원효는 '관무상법觀無相法' 즉 '상이 없는 관을 밝히는 것'을 '소관지법所觀之法' 즉 '관찰의 대상인 법을 제시'하였으니 '법은 일심으로서 여래장 본체를 말하는(法謂一心如來藏體)' 것으로 풀이하고 있다.

제2 「무생행품」에서 그는 '현무생행顯無生行' 즉 '일어남이 없는 행위를 밝히는 것'을 '능관지행能觀之行' 즉 '관찰의 주체인 행위'를 밝혔으니 '행위란 육행으로서 분별함이 없는 관을 말하는(行謂六行無分別觀)' 것으로 해명하고 있다.

원효는 제3 「본각리품」에서 '본각리품本覺利品' 즉 '본각에 의하여 중생을 이롭게 하는 것'을 '일심 속의 생멸문을 나타내는(一心中之生滅門)' 것으로 해석하고 있다. 이것은 '귀일심원 요익중생' 중에서 '요익중생'에 해당된다.

제4 「입실제품」에서 그는 '명입실제明入實際' 즉 '허상으로부터 실제에 들어가는 것'을 '일심 속의 진여문을 나타내는(一心中之眞如門)' 것으

---

46 元曉, 『金剛三昧經論』 권상(『한불전』 제1책, p.609상). "又此六品, 亦有異意. 謂初品示所觀之法, 法謂一心如來藏體. 第二品明能觀之行, 行謂六行無分別觀. 第三本覺利品, 顯一心中之生滅門, 第四入實際品, 顯一心中之眞如門. 第五眞性空品, 雙遣眞俗, 不壞二諦. 第六如來藏品, 遍修諸門, 同時一味, 以此二重六門, 攝大乘義周盡."

로 풀이하고 있다. 이것은 '귀일심원 요익중생' 중에서 '귀일심원'에 해당된다.

원효는 제5「진성공품」에서 '명진성공明眞性空' 즉 '진성의 공에서 나옴을 밝히는 것'을 '진여와 세속을 모두 버렸으나(雙遣眞俗) 이제는 무너뜨리지 않았다(不壞二諦)'고 해명하고 있다.

제6「여래장품」에서 그는 '현여래장顯如來藏' 즉 '헬 수 없는 문이 여래장에 들어감'을 '모든 문을 두루 거두어(遍收諸門) 동시에 똑같이 일미임을 보이는(同示一味)' 것으로 해석하고 있다.

원효는 이 경전을 주석하면서 중관의 이제도리와 유식의 삼성설을 원용하여 속제(변계소집성)-진제(시각의 원성실성)-속제 중도(의타기성)-진제 중도(본각의 원성실성)-무이중도의 다섯 단계의 과정을 시설하고 있으며, 무이중도를 드러내기 위해 중관의 이제설에 유식의 삼성설을 원용하고 있다.

이 대목에서도 원효는 6품을 각 1품씩 풀이하는 구조를 두 겹으로 중관과 유식의 체계 속에서 해명함으로써 논의를 보다 중층적으로 세분화하고 있다.

③ 2품씩 3문으로 6품을 풀이하는 구조 1 — 중관적 이제론의 체계

〈도표 1〉에서 보이는 것처럼 원효는 6품을 2품씩 3문으로 다시 풀이하고 있다.

또한 이 육품을 합하여 세 문이 되니, 앞의 두 품은 관행의 처음과 나중을 모두 포괄하였고, 다음 두 품은 교화의 근본과 지말이며, 나중의

두 문은 원인을 거두어 결과를 이루었다.[47]

원효는 '관행시종觀行始終' 즉 '관행의 처음과 나중을 모두 포괄하는' 「무상법품」과 「무생행품」, '교화본말敎化本末' 즉 '교화의 근본과 지말을 포괄하는' 「본각리품」과 「입실제품」, '섭인성과攝因成果' 즉 '원인을 거두어 결과를 이루는' 「진성공품」과 「여래장품」으로 분류하고 있다. 이렇게 시종, 본말, 인과의 범주로 분류한 원효는 또 다른 하나의 겹으로 6품을 2품씩 3문으로 풀이하는 구조를 시설하였다.

④ 2품씩 3문으로 6품을 풀이하는 구조 2 — 유식적 삼성론의 체계

〈도표 1〉에서 보이는 것처럼 원효는 6품을 2품씩 3문으로 거듭 풀이하고 있다.

또한 앞의 두 품은 상을 버리고 근본에 돌아가는 섯이고, 중산의 두 품은 근본으로부터 행위를 일으키는 것이며, 나중의 두 품은 (근본으로) 돌아감과 (근본으로부터) 일어남을 모두 나타내었다.[48]

원효는 '견상귀본遣相歸本' 즉 '망상을 버리고 근본으로 돌아가는' 「무상법품」과 「무생행품」, '종본기행從本起行' 즉 '근본으로부터 행위를

---

47 元曉,『金剛三昧經論』권상(『한불전』 제1책, p.609상). "又此六品, 合爲三門, 前二品, 攝觀行始終, 此二品者, 敎化本末, 其後二門, 攝因成果."
48 元曉,『金剛三昧經論』권상(『한불전』 제1책, p.609상). "又前二品, 遣相歸本, 中間二品, 從本起行, 後二品者, 雙顯歸起."

일으키는 「본각리품」과 「입실제품」, '쌍현귀기雙顯歸起' 즉 '근본으로 돌아감과 근본으로부터 일어남을 모두 나타내는' 「진성공품」과 「여래장품」으로 구분하고 있다.

이러한 분류에 대해 원효는 6품을 "이 두 종류의 세 문으로 대승을 모두 포괄하였다."[49]고 정리하고 있다. 이것 또한 대승을 포괄하고 있다는 점에서 '섭대승경'의 유식적 삼성론으로 보는 관점이다. 살펴본 것처럼 원효는 6품을 각1품씩 풀이하는 구조를 두 겹으로 해명함으로써 논의를 보다 중층적으로 세분화하고 있다.

⑤ 3품씩 2문으로 6품을 풀이하는 구조 1 — 중관적 이제론의 체계

〈도표 1〉에서 보이는 것처럼 원효는 다시 6품을 3품씩 2문으로 다시 풀이하고 있다.

또한 이 육품은 단지 두 문일 뿐이니, 상과 생을 모두 없애는 것은 본각의 이익이고, 실제와 진공은 여래장이다.[50]

원효는 '상생도민相生都泯' 즉 '상과 생을 모두 없애는' 「무상법품」과 「무생행품」은 「본각리품」의 '시본각리是本覺利' 즉 '본각의 이익이고', '실제진공' 즉 '실제와 진공實際眞空'의 「입실제품」과 「진성공품」은 「여래

---

49 元曉, 『金剛三昧經論』 권상(『한불전』 제1책, p.609상). "以此二三, 攝大乘盡."
50 元曉, 『金剛三昧經論』 권상(『한불전』 제1책, p.609상). "又此六品, 只是二門. 相生都泯, 是本覺利. 實際眞空, 是如來藏."

장품」의 '시여래장' 즉 '여래장이다(是如來藏)'로 분류하고 있다. 이것은 6품 중 전반부의 마지막인 「본각리품」과 후반부의 마지막인 「여래장품」을 중심으로 포섭하는 부분이다.

⑥ 3품씩 2문으로 6품을 풀이하는 구조 2 ─ 유식적 삼성론의 체계

또한 앞의 문은 허망함을 버리어 원인을 드러내는 것이고, 뒤의 문은 참됨을 드러내어 결과를 이룬 것이다.[51]

원효는 '견망현인遣妄顯因' 즉 '허망함을 버리어 원인을 드러내는' 「무상법품」·「무생행품」·「본각리품」, '현진성과顯眞成果' 즉 '참됨을 드러내어 결과를 이루는' 「입실제품」·「진성공품」·「여래장품」으로 분류하고 있다.

이러한 분류에 대해 원효는 "이러한 두 가지의 이문으로 또한 대승을 모두 포괄하였다."[52]고 매듭짓고 있다. 대승을 모두 포괄하였다는 이것 또한 이 경전을 '섭대승경'으로 보는 관점이다.

이렇게 6품을 각기 3가지 구조의 6가지 유형으로 구분한 원효는 마지막으로 이들 6가지 구조와 다른 또 하나의 구조에 대해 정리하고 있다.

또한 이 육품은 모두 일미一味다. 왜냐하면 상과 생은 자성이 없고, 본

51　元曉, 『金剛三昧經論』 권상(『한불전』 제1책, p.609상). "又前門者, 遣妄顯因. 其後門者, 顯眞成果."
52　元曉, 『金剛三昧經論』 권상(『한불전』 제1책, p.609상). "如是二二之門, 亦攝大乘周盡."

각은 근본이 없으며, 실제는 한계를 떠난 것이고, 진성 또한 공한 것이니, 무엇을 연유하여 여래장의 자성이 있겠는가? 이것은 아래의 「여래장품」 중에서 '이 식은 항상 적멸하며, 적멸한 것도 또한 적멸하다'고 말하고, 「총지품」에서 '칠식과 오식이 생기지 아니 하며, 팔식과 육식이 적멸하여 구상이 공허하다'고 말한 것과 같다. 이와 같이 얻을 것이 없는 일미가 바로 이 경의 종요다. 그러나 얻을 것이 없기 때문에 한량없는 뜻을 짓는 종지가 되는 것이다. 비록 일미이지만 여섯 가지 문을 전개하기 때문에 여섯 가지 부분에 의하여 글을 나누어 풀이하였다.[53]

원효가 정설분의 6품과 제7품 「총지품」을 풀이하는 구조 중 특히 6품의 구조를 촘촘히 구분한 이유는 이 경전이 지니고 있는 '금강삼매'의 중관적 특성과 '섭대승경'의 유식적 특성이 지닌 입체성과 구체성을 의식했기 때문으로 이해된다. 또 편찬 과정에도 참여한 것으로 추정되는 그는 이 경전의 편찬 목적과 간행 취지를 누구보다도 잘 알고 있었기 때문으로 짐작된다. 원효는 대승 선관을 지향하는 이 경전의 내용과 취지를 살리기 위해 6품의 구조를 유기적이고 상관적으로 해석하였다.

일심의 생멸문에 배대되는 「본각리품」과 일심의 진여문에 배대되는 「입실제품」을 중심으로 나머지 4품을 총섭하면서도 더 나아가 「본각리품」 1품에 나머지 5품을 총섭하고자 한 것도 이러한 의도에서였다. 이

---

53 元曉, 『金剛三昧經論』 권상(『한불전』 제1책, p.609상). "又此六品, 唯是一味. 所以然者, 相生無性, 本覺無本, 實際離諦, 眞性亦空, 何由得有如來藏性. 如下如來藏品中言, '是識常寂滅, 寂滅亦寂滅'. 總持品言, '七五不生, 八六寂滅, 九相空無.' 如是無所得之一味, 正爲此經之宗之要. 但以無所得, 故無所不得. 所以諸門無所不開, 故作無量義之宗也. 雖是一味而開六門, 故依六分科文而釋."

것은 '일각' 즉 시각과 본각, 등각(照寂慧)과 묘각(寂照慧)의 배대를 의식하면서 궁극적으로 시각과 본각이 하나 되는 동일본각同一本覺 즉 일본각一本覺으로 귀결시키고자 함이었다. 동시에 '일미' 즉 시각과 본각의 평등한 동일미同一味이자 일각미一覺味로 나아가고자 하였기 때문이다.

따라서 『금강삼매경론』에서 '일미一味'는 시각과 본각이 하나의 맛인 '동일미同一味'이자 평등한 한 맛이며(平等一味) 일심과 본각이 같은 '일각미一覺味'이다. '일각一覺'은 시각과 본각이 본래 평등한 동일각同一覺이자 시각이 원만하면 곧 본각과 같아져서 본각과 시각이 둘이 없는 것이며, 모든 중생이 똑같이 본래 깨달았기 때문에 동일본각同一本覺이자 일심과 본각을 하나로 아우르는 일본각一本覺이라 할 수 있다.

3. 「총지품」의 정설분 편제와 의미

징설분은 특이하게도 앞의 6품과 제7「총지품」으로 구성되어 있나. 앞의 6품은 관행을 별도로 드러내지만 뒤의「총지품」은 의정을 통틀어 없애버린다. 이 때문에 앞의 6품이 지니는 유기적 구조와 달리 제7「총지품」은 독립적으로 존재하는 듯이 보인다. 하지만 앞의 6품이 관행을 별도로 드러내려면 한편으로는「총지품」처럼 의정을 통틀어 결단해야만 한다.

원효는 서분의 서품과 달리 정설분의 6품은 여섯 갈래의 겹으로 자세히 해명하고 있다. 반면 제7의「총지품」은 '앞의 모든 품 중의 의심을 결단하여 중요한 뜻을 모두 지녀서 잊어버리지 않게 하는' 형식으로 풀이하고 있다.「총지품」은 유통분의 앞에 자리하면서도 정설분에 포함되어 있어서 유통분과는 그 성격을 달리한다. 설주도 지장 보살이다. 지장 보살은 6품의 해탈 보살, 심왕 보살, 무주 보살, 대력 보살, 사리자, 범행 장자와 달리 의심을 결단하는 역할을 한다.

지장보살은 '동체대비를 얻어서 일체 중생의 선근을 생장시켜 주는 것'이 마치 대지가 모든 초목을 생장시켜 주는 것이 같으며, '다라니로 모든 공덕을 지니고서 모든 이에게 베풀어 주되 다함이 없는 것'이 마치 큰 보배 창고에 보배가 다함이 없는 것과 같기에 지장地藏이라고 한다. 원효는 「총지품」 주석에서 모든 의혹을 결단하여 모든 믿음과 이해를 내고 모든 결단의 보배를 내어 법을 구하는 대중에게 베풀어 주니 뜻이 그 이름에 합당하기 때문에 청하여 물을 수 있다고 하였다.

> 처음 가운데 '칠七식과 오五식이 생겨나지 않는다'고 한 것은 두 가지 지말의 식(末識)이 공함을 합하여 밝힌 것이니, 항상 작용하는 식 중에서 제칠식이 지말이 되고, 항상 작용하지는 않는 중에 오식이 지말이 되는 것이다. '팔八식과 육六식이 적멸하다'고 한 것은 두 가지 본식 本識이 공적함을 합하여 밝힌 것이니, 항상 작용하는 식 중에서 제팔식이 근본(本)이 되고, 항상 작용하지는 않는 것 중에서 제육식이 근본(本)이 되는 것이다. 다음에 성性을 여의었음을 나타낸 것이니, '구식의 상(九相)이 공적하다'고 한 것은 제구식의 상相 또한 자성을 지키지 않기 때문이다. …… 일심一心은 이와 같이 상相을 버리고 성性을 여의어서 곧 무량한 공덕의 더미이니, 이와 같은 것을 '불가사의한 더미'라고 하였다.[54]

---

54 元曉, 『金剛三昧經論』 권상(『한불전』 제1책, p.670중하).

이 경전에서는 중관의 연기-무자성-공성의 공관과 유식의 소집상-의타상-진실성의 유관을 일미적으로 통섭하면서 본각 즉 아마라식을 원용하였다. 이것은 진제의 구식설을 원용하면서도 아마라식 즉 본각의 경지를 실체화시키지 않기 위해 진여의 경지를 '일미'라고 표현한 것이다. 그래서 9식의 상이 공적하다고 한 것은 제9식의 상 또한 자성을 고수하지 않는다는 것을 강조한다. 이 때문에 일심은 이와 같이 상을 벗어나고 성을 벗어나서 곧 무량한 공덕의 더미이므로 '불가사의 한 더미'라고 하였다.

따라서 정설분의 마지막에 자리한「총지품」에서는 앞의「무상법품」,「무생행품」,「본각리품」,「입실제품」,「진성공품」,「여래장품」의 여러 의심들을 총체적으로 모아 의심들을 결단하고 있다. 이 때문에「총지품」은 앞의 6품에 맞서며 정설분의 한 축을 균형 있게 형성하고 있다고 할 수 있다.

Ⅳ. 반야 중관과 유가 유식의 일미적 통섭

원효는 자신의 저술 이름에 '종요宗要'를 많이 붙였다. 현존하는 20여종의 저술 중 '종요'가 붙은 것은 6종 남짓 된다. 그는 '종요'를 '종宗'과 '요要'로 구분했으며, '종'이 '종지宗旨'를 가리킨다면, '요'는 요체要諦를 의미한다고 할 수 있다. 원효는『금강삼매경』을 '종합'해서는 일미관행一味觀行으로, '전개'해서는 십중법문十重法門으로 정리하고 있다.

그가 이 경의 주석서에 '종요'라고 붙이지는 않았지만 일미관행을 요체로 삼고, 십중법문을 종지로 삼은 것은 이 경의 종요를 적절히 뽑아낸 것이라 할 수 있다. 여기서 '일미관행의 요체'는 반야 중관에 상응시키고, '십중법문의 종지'는 유가 유식에 상응시켜 볼 수 있을 것이다.

1. 일미관행의 요체와 십중법문의 종지

1) 일미관행의 요체

원효는 『대승기신론』의 종요를 일심과 이문으로 체계화했다. 반면 이 경전의 요체는 종합해서 일미관행으로 집약하고 있다. 관觀의 경과 지, 행行의 인과 과, 과果의 오법 원만, 인因의 육행 구족, 지智의 본각과 시각, 경境의 진과 속 모두 사라짐, 모두 사라졌지만 멸하지 않으며, 두 가지로 깨달았지만 생긴 것이 없음에 대해 설명하고 있다.

(이 경의 종요를) 종합하여 말한다면 일미一味의 관행觀行이 요체가 된다. 관행이라는 것은, 관觀은 횡으로 논하는 것(橫論)으로서 경境과 지智에 통하고, 행行은 종으로 바라본 것(堅望)으로서 인因과 과果에 걸쳐 있다. 과果는 오법이 원만함을 말한 것이고, 인因은 육행이 잘 갖추어짐을 말하며, 지智는 곧 본각과 시각의 두 깨달음이고, 경境은 곧 진과 속이 없어진 것이다. 함께 없어졌지만 아주 없어진 것이 아니고, 두 가지로 깨달았지만 생긴 것이 없으니 무생의 행위(無生之行)는 그윽히 무상에 계합하고, 무상의 법(無相之法)은 본각의 이익을 순조롭게 이룬

다. 이익이 이미 본각의 이익으로서 얻음이 없기 때문에 실제를 움직이지 아니 하고, 제際가 이미 실제로서 자성을 떠났기 때문에 진제 또한 공허하다. 모든 부처와 여래가 여기에 간직되어 있으며, 모든 보살도 이 가운데에 따라 들어가니 이러한 것을 여래장에 들어간다고 한다. 이것이 육품의 대의다.[55]

주목되는 것은 정설분의 무생의 행위가 무상에 계합하고, 무상의 법이 본각의 이익을 순조롭게 이루며, 본각의 이익이 실제를 움직이지 않으며, 실제로서 자성을 떠난 진제가 공허하며, 모든 부처와 여래가 여기에 간직되어 있으며, 모든 보살도 여래장에 따라 들어간다는 것으로 이 6품을 대의 중심으로 축약하고 있다.

이 관觀의 문에서 처음의 신해信解로부터 등각等覺에 이르기까지 육행六行을 세운다. 육행이 만족될 때 아홉 가지 식이 전변하거나 현현하니, 무구식을 현현시켜 청정한 법계로 삼고, 나머지 팔식을 전변시켜 사지四智를 이루니, 오법五法이 이미 원만해져서 삼신三身이 이에 구비된다. 이러한 인과 과는 경과 지를 떠나지 아니하였으며, 경과 지는 둘이 아니라 오직 일미一味니, 이러한 일미一味의 관행觀行으로 이 경의 종지를 삼는다. 그러므로 대승의 법상이 포괄되지 않는 것이 없고, 헬 수 없는 뜻의 종요宗要가 여기에 들어가지 않음이 없으니, '이름이 헛되이 일컬어지지 않는다'는 것은 이것을 두고 하는 말이다. 일미의 관행을 종합적으로 논하여 대략 서술하면 이와 같다.[56]

---

55 元曉,『金剛三昧經論』권상(『한불전』제1책, p.604하;『대정장』제34책, p.961상).
56 元曉,『金剛三昧經論』권상(『한불전』제1책, p.604하;『대정장』제34책, p.961상).

여기서도 주목되는 것은 행行의 인과 과가 관觀의 경과 지를 떠나지 않으며, 경과 지는 둘이 아니라 오직 일미니 일미의 관행으로 이 경의 종지로 삼는다는 대목이다. 그리하여 원효는 대승의 법상의 포괄성과 헬 수 없는 뜻의 종요가 일미의 관행에 들지 않음이 없다고 하면서 이것이 이 경의 요체라고 하였다.

종합적인 면에서 본다면 이 경전의 요체는 일미관행 즉 관행에 있다. '관觀'이란 진과 속이 사라지고, 시각이 본각으로 자리한 것이며, '행行'이란 십신, 십주, 십행, 십회향, 십지, 등각의 여섯 단계 수행(六行)을 완수하여 무지와 번뇌로 들뜨던 인식 작용(八識)이 안정되어 성소작지, 묘관찰지, 평등성지, 대원경지의 네 가지 지혜와 청정한 법계의 오법이 원만히 이루어지는 것이다.

따라서 관觀의 문에서 십신, 십주, 십행, 십회향, 십지, 등각의 6행이 전개되고(行의 因), 그 결과 무지와 번뇌가 극복된 무구식인 9식의 진실한 경지와 팔식이 변하여 이룩되는 네 가지 지혜가 성취되어 오법(行의 果)이 원만해진다. 그리하여 '관'의 지와 경은 '행'의 인과 과와 하나가 되어 결국 관과 행이 일미로 모아지는 것이다.

2) 십중법문의 종지

원효는 이 경의 종지를 전개하여 열 가지 법문으로 펼치고 있다. 주목되는 것은 일문一門을 일심→일념→일실→일행→일승→일도→일각→일미를 깨닫는 것으로 설명하는 대목이다.

(이 경의 종요를) 전개하여 말한다면 열 가지 법문이 종지가 된다. '전

개해서 설명하면 열 가지의 법문이 종지가 된다'고 한 것은 일문으로 부터 점차 십문에까지 이르는 것을 말한다. 일문一門은 무엇인가? 일심一心 가운데 일념一念이 움직여 일실一實을 따라서 일행一行을 닦아 일승一乘에 들어서 일도一道에 머물러 일각一覺을 써서 일미一味를 깨닫는 것이다. 이문二門은 무엇인가? 이안二岸에 머무르지 아니하여 이중二衆을 버리고, 이아二我에 집착하지 않음으로써 이변二邊을 떠나며, 이공二空에 통달하여 이승二乘에 떨어지지 아니하고, 이제二諦를 함께 융합하여 이입二入에 어긋나지 않는 것이다. 삼문三門이란 스스로 삼불三佛에 귀의하여 삼계三界를 받으며, 삼대제三大諦를 좇아 삼해탈三解脫과 등각等覺의 삼지三地와 묘각妙覺의 삼신三身을 얻고, 삼공취三空聚에 들어가서 삼유심三有心을 없애는 것이다. 사문四門이란 사정근四正勤을 닦고 사신족四神足에 들어가며, 네 가지 큰 인연(四大緣)의 힘으로 사의四儀가 항상 예리하며, 사선四禪을 초월하여 네 가지 비방(四謗)을 멀리 떠나 사홍지四弘地 가운데서 사지四智가 흘러나오는 것이다. 오문五門이란 오음五陰에서 생겨나서 오십 악五十惡을 갖추었기 때문에 오근五根을 심고 오력五力을 길러 오공五空의 바다를 건너고 오등五等의 지위를 넘어서 오정법五淨法을 얻고 오도五道의 중생을 제도하는 것 등이다.[57]

일문의 일심·일념·일실·일행·일승·일도·일각·일미를 깨닫는 것으로 시작해, 이문의 이안·이중·이아·이변·이공·이승·이제·이입, 삼문의 삼불·삼계·삼대제·삼해탈·삼지·삼신·삼공취·삼유심,

---

57 元曉, 『金剛三昧經論』 권상(『한불전』 제1책, p.604하; 『대정장』 제34책, p.961상).

사문의 사정근·사신족·사대연·사의·사선·사방·사홍지·사지, 오문의 오음·오십악·오근·오력·오공·오등·오정법·오도의 중생까지 제도하기 위한 차제적 단계를 시설하고 있다.

육·칠·팔·구 등의 문은 어떤 것인가? 육도六度를 온전히 닦아서 육입六入을 영구히 제거하며, 칠각분七覺分을 행하여 칠의과七義果를 없애고, 팔식八識의 바다가 맑아지고, 구식九識의 흐름이 깨끗해지는 것이다. 처음 십신十信에서부터 십지十地에 이르기까지 백행이 만족하게 갖추어지고 만덕이 원만한 것이니, 이러한 여러 문이 이 경의 종지가 된다. 이것은 모두 경의 글에 있으니, 그 글이 나오는 곳에서 설명할 것이다. 그런데 이 뒤의 아홉 문은 모두 일문一門에 포함되고, 일문에 아홉 문이 있으니, 일미一味의 관행觀行을 벗어나지 않는다. 그러므로 전개하여도 하나에서 더 늘어나지 않고, 종합하여도 열에서 더 줄어들지 않으니, 늘어나지도 않고 줄어들지도 않는 것이 이 경의 종요다.[58]

여기서 주목되는 것은 일문 이후의 아홉 문이 모두 일문에 포함되고 일문에 아홉 문이 있으니 일미의 관행을 벗어나지 않는다는 지점이다. 따라서 이 경의 종요는 전개하여도 하나에서 더 늘어나지 않고, 종합하여도 열에서 더 줄어들지 않으니, 늘어나지도 않고 줄어들지도 않는다는 것이다. 이처럼 원효는 처음 십신에서부터 십지에 이르기까지 백행百行이 만족하게 갖추어지고 만덕萬德이 원만한 것이니 이러한 여러 문이 이 경의 종지宗旨라고 하고 있다.

---

58 元曉, 『金剛三昧經論』 권상(『한불전』 제1책, p.605상; 『대정장』 제34책, p.961상).

따라서 일문은 나머지 아홉 문의 종합이며 그것은 일관 즉 일미관행을 벗어나지 않는다는 것이다. 그리하여 십신에서 시작하여 십주, 십행, 십회향, 십지에 이르러 백행을 갖추고 만덕이 원만하게 된다는 것이다. 그 결과 전개하여도 하나에서 더 늘어나지 않고, 종합하여도 열에서 더 줄어들지 않아서 늘어나지도 줄어들지도 않는 것이 바로 이 경전의 종요宗要라고 하였다.

이처럼 원효는 이 경전의 '요체'로서의 일미관행과 '종지'로서의 십중법문을 통해 반야 중관과 유가 유식의 구도를 의식하면서 전개해 나가고 있다.

2. 반야 중관과 유가 유식의 화회적 통섭

원효는 당시 구역 경론에서 보이는 존재(의 현상)에 대한 부정적 관점을 보이는 중관과 그것에 대한 긍정직 관점을 보이는 유식의 내립을 해결하기 위해 새로운 문헌을 찾는 과정에서 『대승기신론』을 발견하였다. 이 때문에 원효는 초기작인 『대승기신론별기』의 대의문에서 이 논서가 중관의 존재에 대한 현상적 부정과 유식의 존재에 대한 현상적 긍정을 종합하는 저술임을 강하게 드러내었다.

『대승기신론』은 세우지 않은 바가 없으며 깨뜨리지 않은 바가 없다. 『중관론』과 『십이문론』 등과 같은 것은 모든 집착을 두루 깨뜨리고 또한 깨뜨린 것을 또 깨뜨리되 깨뜨리는 주체와 깨뜨려지는 대상을 다시 허락하지는 않으니, 이것을 '보내기는 하되 두루하지는 않은 논서'

라고 말한다. 『유가론』과 『섭대승론』 등은 깊고 얕음을 두루 세워 법문을 판별하되 자신이 세워 놓은 법을 녹여 보내지는 않으니, 이것을 '허락하기는 하지만 빼앗지는 않는 논서'라고 말한다. 지금 이 『대승기신론』은 지혜롭고 어질며 깊기도 하고 넓기도 하여, 세우지 않음이 없으되 스스로 보내 버리고 깨뜨리지 않음이 없으되 다시 허락한다. '다시 허락한다'는 것은 '저 보내 버리는 것이 보냄이 다하여 두루 세움'을 드려내며, '스스로 보내 버린다'는 것은 '이 허락하는 것이 허락함을 다하여 빼앗음'을 밝히니, 이것을 모든 논서의 조종이요 여러 다툼의 평주라고 일컫는다.[59]

이처럼 원효는 불교의 전모를 파악해 가면서 그의 인식이 심화되고 확장되었다. 그래서 그는 중년작인 『대승기신론이장의』와 『대승기신론일도장』 및 중만년작인 『대승기신론소』에서는 이 논서의 성격을 '파이불립破而不立'하는 중관의 부정과 '입이불파立而不破'하는 유식의 긍정이라는 단선적 시각을 배제하고 은밀문(여래장)의 소지장과 현료문(아리야식)의 번뇌장, 적멸로서의 일심과 여래장으로서 일심과 같이 일심의 층위를 중층적 면모로 파악하였다.[60]

이런 변화에 대해 박태원은 "원효는 중관과 유식의 대립적인 개성을 숙지하고 있었다. 모든 불교사상을 일미로 회통시키려는 원효는, 중관·유식의 공·유 대립을 화쟁적으로 종합하려는 의지를 품는다. 처음에 그는 이 공·유 대립의 화쟁적 종합이라는 사상적 과제를 기신

---

59 원효, 『대승기신론별기』(『한불전』 제1책, p.678상).
60 고영섭, 「분황 원효 『대승기신론소』의 내용과 특징」, 『불교철학』 제6집, 동국대학교 세계불교학연구소, 2020.4.

론 사상을 통해 해결할 수 있다고 생각하였다. 그러나 비록 그가 기신론을 일미적 불교 회통의 토대로 삼기는 하였지만, 기신론 사상의 내용 체계로 볼 때 중관과 유식을 등가적等價的으로 병립並立시키며 기신론 사상을 그 지양, 종합이라 말하는 것은 적절치 않다고 판단했을 것이다. 기신론은, 비록 중관적 논의를 흡수하고는 있지만, 기본적으로 유식사상의 맥락에서 나름대로의 독자적 개성을 추가로 확보해 나간 논서이기 때문이다. 그래서 『소』를 지을 때는 문제의 대의문 구절을 삭제하고 그 내용을 재구성하였다. 그러나 그의 『별기』 대의문에서 천명한 중관·유식의 지양, 종합 의지와 그 논리가 의미를 잃은 것은 아니었다. 단지 기신론 사상에 대한 평가에 적용하는 것이 부적절했을 뿐이었다. 공空·유有 대립의 화쟁에 대한 사상적 의지와 관점은 지속되었으며, 원효는 그 과제를 해결하였기에 더욱 적절한 문헌을 기다리고 있었다. 『별기』 대의문에서 천명하였던, 그러나 기신론 사상의 특성상 부적절할 천명이라 생각되어 기신론 주석에서는 더 이상 발전, 적용시킬 수 없었던 중관·유식의 화쟁적 종합 논리를 충분히 선개할 수 있는 문헌을 꾸준히 탐색하고 있었다. 『금강삼매경』이 바로 그 문헌이었을 것이다."[61]라고 추정하고 있다. 일찍이 박태원은 원효의 『대승기신론』 인식에 대한 종래의 선행 연구에서 '중관과 유식을 등가적으로 병립시키며 지양 종합한 것'이라고 한 것을 비판하고 기신론 사상을 유식사상이라고 비판하였다.[62]

그런데 근래에 들어와 박태원은 『금강삼매경』에 대한 원효의 인식은 『별기』 대의문에서 천명한 중관·유식의 지양, 종합 의지와 그 논리

---

61 박태원, 「『금강삼매경』·『금강삼매경론』의 원효사상(I)」, pp.368~369.
62 박태원, 『대승기신론사상연구(I)』(서울: 민족사, 1994), pp.167~170.

가 의미를 잃은 것은 아니었으며 단지 기신론 사상에 대한 평가에 적용하는 것이 부적절했을 뿐이라고 보고 있다. 공·유 대립의 화쟁에 대한 사상적 의지와 관점은 지속되었으며, 원효는 그 과제를 해결하기에 더욱 적절한 문헌을 기다리고 있었다고 보고 있다.

원효가 보여 준 일련의 사상적 전환과 성숙 과정에서 보면 박태원의 지적은 타당한 것이라고 할 수 있다. 다만 『금강삼매경』의 찬자가 검해(용왕)이거나 대중불교의 주역들이라는 점을 고려할 때 당시 신라 불교계의 동향도 그러했겠느냐는 좀더 구명해야 할 필요가 있다. 물론 원효의 초기작인 『대승기신론별기』에 투영된 중관과 유식의 대립 해소라는 문제의식처럼 당시 동아시아의 불교사상계 내지 신라 불교사상계에서 중관과 유식의 사상적 대립이 있었음을 유추해 볼 수는 있다.

또 원효가 『대승기신론이장의』과 『대승기신론일도장』을 거쳐 『대승기신론소』를 쓰면서 보여 준 은밀문(여래장)과 현료문(아리야식)의 시설, 적멸로서의 일심과 여래장으로서 일심, 그리고 화엄 진심으로서 일심(『화엄경소』), 본법으로서 일심(『금강삼매경론』)으로 변화해온 과정을 통해 확인할 수 있다. 나아가 중관과 유식의 사상적 대립의 해소라는 학문적 화두는 5~6세기 인도 중관파의 청변淸辯과 유식가의 호법護法 등의 사례에서 보듯이 대승 불학자들이 지속적으로 공유해 온 사상적 논점이라는 점에서 수용할 수 있다.

선남자여, 이 마음의 성상性相은 또한 아마륵阿摩勒 열매와도 같아서, 본래 스스로 생긴 것도 아니고, 다른 것으로부터 생긴 것도 아니며, 공동으로 생긴 것도 아니고, 인因으로 생긴 것도 아니며, 인 없이 생긴 것도 아니다. 어째서 그러한가? 연緣으로 변하는 것이기 때문이다. 그러나 연이 일어나도 생기는 것이 아니고, 연이 물러나도 없어지는 것이 아니다. 숨거나 드러남에 실체적 모습(相)이 없고, 뿌리의 이치는 적멸하여 있는 곳이 없어서 머무르는 곳을 보지 못하니 결정성決定性이기 때문이다. 이 결정성은 또한 같지도 않고 다르지도 않으며, 단절되는 것도 아니고 불변하는 것도 아니며, 들어가는 것도 아니고 나오는 것도 아니며, 생하는 것도 아니고 멸하는 것도 아니니, (有·無·亦有亦無·非有非無의) 사구 판단을 여의어 언어의 속성에 포착되지 않는다. 생겨남이 없는 심성도 이와 같은 것이니, 어떻게 생겨남과 생겨나지 않음, 인정함이 있음과 인정함이 없음을 말할 수 있겠는가?[63]

원효는 반야 중관의 이제설 즉 속제와 진제, 속제 중도와 진제중도 및 유가 유식의 삼성설 즉 변계소집성과 의타성과 원성실성을 원용하여 중관과 유식의 일미적 통섭을 도모하고 있다. 그는 변계소집된 속제와 시각의 원성실성인 진제를 의타기된 속제 중도와 본각의 원성실성인 진제 중도를 다시 무이중도로 통섭해 가고 있다.

경전은 붓다가 대력 보살에게 삼공을 밝히는 대목에서 '공상도 공한 것'(진짜금을 녹여 장신구를 만드는 것)이며, '공공도 공한 것'(장엄구를 녹여 다시 금덩어리를 만드는 것)이며, '소공도 공한 것'(이제를 녹여 일법계 즉 일심을 나타낸 것)이라고 설한다. 여기에 대해 원효는 처음 공의 문 안에서 버린 '속제'의 소집상所執相(변계소집성)과 두 번째 공 가운데에서 융합한 '속제'인 의타상依他相(의타기성), 또 처음 문 안에서 속제를 부정해서 나타난 진제(遣俗所顯之眞, 속제 중도)와 두 번째 공 가운데에서 속제

---

63 元曉, 『金剛三昧經論』(『한불전』 제1책, p.626상중).

를 융합하여 나타난 진제(融俗所顯之眞, 진제 중도)는 오직 하나이자 둘이 없는 원성실성(唯一無二, 圓成實性)이고 세 번째 공은 진제도 아니고 속제도 아니며, 다르지도 않고 같지도 않은 것이라고 보았다.

이처럼 원효가 '속제(변계소집성)'와 '진제(空相, 시각의 원성실성)'의 이제 구도에 다시 '속제 중도(空相亦空, 의타기성)'와 '진제 중도(空空亦空, 본각의 원성실성)'의 이제중도 나아가 비진비속무변무중(所空亦空, 非眞非俗 無邊無中)의 중도의인 '무이중도'로 나아가는 과정에서 속제의 소집상과 진제의 (시각의) 의타상, 속제 중도의 의타기성, 진제 중도의 (본각의) 원성실성, 속제 중도와 진제 중도가 둘이 아닌 비진비속의 원성실성을 배대하고 있는 점[64]은 주목되고 있다.[65]

존재의 현상에 대한 부정적 인식을 보여 주는 중관과 그것에 대한 긍정적 인식을 보여 주는 유식의 대립을 해소하기 위해 원효가 원용해 온 진제 유식의 구식설과 아마라식은 그의 학문적 화두가 『대승기신론 별기』 대의문에서 보여 준 중관과 유식의 지양 종합이라는 초기의 의단과 다르지 않았음을 시사하고 있다.

3. 진제 유식의 구식설과 아마라식─묘각위의 적조혜와 등각위의 조적혜

『금강삼매경』과 『금강삼매경론』은 편찬 의도에서도 드러나고 있듯이 원효는 연기─무자성─공성을 기반으로 존재(의 현상)에 대한 부정

---

[64] 元曉, 『金剛三昧經論』 권중(『大正藏』 제34책, p.983하).
[65] 김영미, 앞의 논문, pp.270~274 참조.

적 인식을 보여 주는 중관학과 번뇌를 지닌 의식을 번뇌를 지운 지혜로 전환시키는 유가 유식학을 일미적으로 통섭하고자 한다. 이를 위해 그는 존재의 실체성과 지속성에 집중하는 비담적 인식을 깨뜨리는 반야 중관학의 이제설과 인식의 왜곡성과 전도성을 전환하는 유가 유식학의 삼성설을 아우르려고 시도하고 있다.

우선 원효는 진제(~599)의 삼성설과 제9 아마라식설을 적극적으로 원용한다.[66] 이것은 원효가 이 경전을 진경으로 인식하고 있음을 강력하게 뒷받침하는 근거가 된다.

> 아마라란 제9식으로 진제 삼장의 구식九識의 뜻이다. 이 문장을 일으키는 것에 의거함은 저 문장에서 설하는 것과 같다.[67]

원효는 『대승기신론』의 "득견심성得見心性, 심즉상주心卽常住"라는 문구가 『금강삼매경』의 심상안태心常安泰라는 구절을 풀이한 것[68]이라고 하였다. 이것을 근기로 그는 『금강삼매경』이 『기신론』에 앞선 진경이라는 것을 조금도 의심하지 않았다. 그러나 그렇다고 해서 이 경전이 미즈노 고오겐처럼 중국에서 찬술된 것으로 볼 수는 없다.

원효는 자성의 공적함을 설명하는 대목에서 지혜의 작용을 등각과 묘각에 배대해 해명하고 있다. 그는 지혜의 작용이 등각위에 있을 때에는 '조적혜照寂慧'라고 하고, 묘각위에 이르면 '적조혜寂照慧'라고 풀

---

66 박태원, 「『금강삼매경』·『금강삼매경론』의 원효사상(I)」, p.374.
67 元曉, 『金剛三昧經論』(『한불전』 제1책, p.630하).
68 馬鳴, 『大乘起信論』(『大正藏』 제32책); 元曉, 『金剛三昧經論』(『한불전』 제1책, p.636중하). "案云得, 此中得見心性, 心卽常住, 卽釋此經, 心常安泰之句."

이하고 있다. 조적혜가 등각위의 보살이 중도의 관혜觀慧로 중도의 이체를 비추는 지혜라면, 보살이 불각위에서 중도의 체에 나아가 중도의 용을 일으켜 체용불이와 정혜평등한 지혜가 적조혜이다. 이처럼 생명의 움직이는 상을 아직 벗어나지 못한 등각위의 조적혜와 달리, 이미 제9식의 완전한 적정에 돌아간 묘각위의 적조혜는 다른 것이다.

이 때에 무주 보살이 부처님께 아뢰었다. "존자시여, 무슨 이익을 굴려서 중생의 모든 정식을 전변시켜 암마라唵摩羅에 들게 하나이까?" ……무주 보살이 여쭈었다. "'아마라식'에 들어가는 곳이 있고 그 곳에서 얻는 바가 있다면, 이것이 법을 얻는 것일 것입니다." ……"선남자여, 아마라라는 것도 또한 이와 같아서 본래 벗어났다는 상도 없고 지금 들어간 것도 아니다. 예전에는 미혹했기 때문에 없는 것이 아니고, 지금은 깨달았기 때문에 들어가는 것이 아니다."[69]

원효는 이미 구역 경론으로 자신의 불학 체계를 확고하게 세우고 있었다. 거기에다 현장 이래의 신역 경론을 통섭하여 신구 경론을 종합적으로 보고 있었다. 위의 경에서 보이는 아마라식은 구역 경론에 등장하는 주요 개념이다. 여기서 아마라식은 본각인 자성청정심이자 제9식을 가리킨다.

대력 보살大力菩薩이 말했다. "이와 같은 사람은 마땅히 계율을 지니지 않을 것이며, 사문에 대해서도 공경하지 않을 것입니다." 부처님께서

---

[69] 元曉, 『金剛三昧經論』(『한불전』 제1책, p.630하; 635상; 635하).

말씀하셨다. "계율을 설하는 자가 좋지 않은 교만이 있기 때문이고, 바다의 물결이 일렁이기 때문이다. 그러나 저와 같은 마음자리에서는 팔식八識의 바다가 잔잔하고 구식九識의 흐름이 깨끗하니, 바람이 움직이게 할 수 없어서 물결이 일어나지 않는다. 계율의 본성상 허공과 같은 사람은 칠식七識과 육식六識이 생기지 않아 모든 번뇌 망상이 그쳐 고요하며, 삼불三佛을 떠나지 않아서 보리심을 일으키고 세 가지 무상無相 가운데로 마음을 따라 그윽하게 들어가 삼보三寶를 깊이 공경하고 위의威儀를 잃지 않으니, 사문에 대해서 공경하지 않음이 없다. 보살이여, 저와 같은 인자仁者는 세간의 움직이는 법이나 움직이지 않는 법에 머물지 않고 삼공취三空聚에 들어가 삼유심三有心을 없앤다."[70]

원효는 구역 경론의 암마라식에 의거하여 제구식설을 종횡으로 활용하고 있다. 그렇지만 그는 신역 경론의 팔식론도 수용하면서 7식 및 6식에 대해서도 거론하고 있다. 『금강삼매경』이 아마라식뿐만 아니라 본각과 시각을 중심으로 일각과 일미관행에 의존하고 있듯이 일각과 일미는 모두 구역 경론과 친연성이 있는 개념들이다.

원효가 『금강삼매경』이 구식설을 취하고 있는 이유에 대해 박태원은 『금강삼매』 사상과 진제 유식의 구식설 및 『대승기신론』 사상과의 밀접한 친밀성과 구식설을 취해야 중관의 무적 부정에 대립하는 유식의 유적 긍정이 선명하게 부각되어 '중관·유식의 화쟁적 종합'이라는 사상적 의도를 구현하는 데 용이하다[71]는 점을 지적하고 있다. 필자도 타당한 지적으로 보고 있다.

---

70 元曉, 『金剛三昧經論』(『한불전』 제1책, p.648중).
71 박태원, 앞의 글, p.375.

이 경전의 찬자撰者가 진제 유식의 구식설에 기반하고 있으며 아마라식을 본각이라고 규정하고 있는 지점에서 『금강삼매경』과 『대승기신론』의 친연성을 엿볼 수 있다. 이들 경론이 부각시키고 있는 본각과 시각의 개념은 진제 번역의 『대승기신론』과 진제가 '번역 해설'한 『섭대승론』 모두에서 진제의 아마라식(구식) 사상과도 긴밀하게 연결[72]되어 있음에서 분명히 확인할 수 있다.

4. 일각, 시각 즉 본각의 관법

원효는 이 경전에서 일각 즉 시각과 본각, 등각과 묘각의 배대를 의식하면서 궁극적으로 시각과 본각이 하나되는 '동일본각同一本覺' 즉 일본각一本覺으로 귀결시키고자 하였다. 동시에 그는 일미一味, 즉 시각과 본각의 평등한 동일미同一味이자 일각미一覺味로 나아가고자 하였다. 일각은 시각 즉 본각의 관법이며 그것은 무상관으로 나타나고 있다. 그는 무상관에서 방편관과 정관의 구도를 통해 일각과 무이중도를 해명한다. 정관으로는 일각에 이르고, 방편관으로는 무이중도에 이른다.

심생멸이란 것은 여래장을 의지하기 때문에 생멸심이 있으니, 이를테면 불생불멸이 생멸과 더불어 화합하여 같은 것(一)도 아니고 다른 것(異)도 아님을 아리야식이라 한다. 이 식이 두 가지 뜻을 지녀 능히 일

---

[72] 高榮燮, 「분황 원효와 진제 삼장의 섭론학 이해」, 『불교철학』 제3집, 동국대학교 세계불교학연구소, 2018.10.

체법을 포섭하여 일체법을 생겨나게 하니, 어떤 것이 그 두 가지 뜻인가? 하나는 각의 뜻(覺義)이고, 다른 하나는 불각의 뜻(不覺義)이다.[73]

아리야식은 불생불멸이 생멸과 더불어 화합하여 같은 것도 아니고 다른 것도 아닌 것으로 규정된다. 이 때문에 아리야식은 여래장에 의지하는 생멸심이다.

시각의 뜻이라고 하는 것은, 본각을 의지하기 때문에 불각이 있고 불각을 의지하기 때문에 시각이 있다고 말한다.[74]

이 생멸심에는 시각의 뜻과 본각의 뜻이 있는데 이들은 불각에 서로 의지하고 있다. 이들은 본각에 의지하므로 불각이 있고 불각을 의지하므로 시각이 있다.

시각이라 하는 것은, 바로 이 심체心體가 무녕의 연을 따라 움직여서 망념을 일으키지만, 본각의 훈습의 힘 때문에 차츰 각의 작용이 있어 구경에 이르러서는 다시 본각과 같아지니, 이를 시각이라 말하는 것이다.[75]

여기서 시각은 본각의 훈습의 힘으로 생긴 각의 작용으로 끝내는 본각과 같아지는 것을 가리킨다.

---

73 馬鳴, 『大乘起信論』(『大正藏』 제32책).
74 馬鳴, 『大乘起信論』(『大正藏』 제32책).
75 元曉, 『大乘起信論別記』(『한불전』 제1책, p.638중).

이 가운데 대의는 시각은 불각을 기다리고(待) 불각은 본각을 기다리며 본각은 시각을 기다린다는 것을 밝히려는 것이다. 이미 서로 기다리는 것이기에 곧 자성이 없으니, 자성이 없는 것은 곧 각(覺)이 있지 않다. 각이 있지 않은 것은 서로 기다리기 때문인데, 서로 기다려서 이루어지는 것이니 곧 각이 없지도 않다. 각이 없지 않기 때문에 '각'이라고 말하는 것이지 자성이 있어서 각이라고 하는 것은 아니다.[76]

여기서 서로 기다린다(待)는 것은 서로 상대한다(待)는 것이다. 시각은 불각을, 불각은 본각을, 본각을 시각을 상대한다. 서로 상대하기 때문에 자성이 없고 자성이 없기에 각이 있지 않다. 하지만 각이 있지 않은 것은 서로 상대하기 때문이며 서로 상대하여 이루어지는 것이기에 각이 없지도 않다.

이 사상四相을 총괄하여 일념一念이라 하니 이 일념과 사상에 의하여 사위四位의 단계적인 내려감을 밝혔다. 본래 무명불각의 힘에 의하여 생상生相 등이 갖가지 몽념夢念을 일으켜 그 심원心源을 움직여 점차 멸상에 이르고, 오래도록 삼계에 잠들어 육취六趣에 유전하다가, 이제 본각의 부사의훈不思議熏으로 인하여 생사를 싫어하고 열반을 즐겨 찾는 마음을 일으켜 점점 본원으로 향하여 비로소 멸상 내지 생상을 그쳐 활짝 깨달아 자심自心이 본래 동요한 바가 없음을 깨달아 마쳐 이제는 고요한 바도 없이 본래 평등하여 일여一如의 자리에 머문다는 것을 밝히고자 하는 것이니, 『금광명경』에서 말한 하수河水를 건너는 비

---

76 元曉, 『大乘起信論疏』(『한불전』 제1책, p.708상).

유와 같다.[77]

무명불각의 힘에 의해 생상 등이 갖가지 몽념이 일어나듯이 일념과 사상은 상호 맞물려 진행된다. 이 사상 등의 갖가지 몽념에 의해 심원을 움직여 멸상에 이르게 되고 긴 세월 동안 삼계에 잠들고 육취에 유전한다. 하지만 언젠가 시절인연이 도래하면 본각의 부사의 훈습의 힘에 의하여 생사를 싫어하고 열반을 즐겨 찾는 마음을 일으켜 점차 본원을 향해 나아가 끝내는 일여(一如)의 자리에 머물게 된다.

본각이 있기 때문에 본래 불각이 없고, 불각이 없기 때문에 끝내 시각이 없는 것이며, 시각이 없기 때문에 본래 본각이 없다는 것을 알아야 한다. 본각이 없음에 이른 것은 그 근원이 본각에 있기 때문이고, 본각이 있는 것은 시각이 있기 때문이며, 시각이 있는 것은 불각이 있기 때문이고, 불각이 있는 것은 본각에 의하기 때문이다. (……) 이와 같이 계속해서 서로 의지하니, 곧 모든 것이 없는 것이 아니지만 있는 것도 아니며, 있는 것이 아니지만 없는 것도 아님을 나타내는 것임을 알아야 한다.[78]

본각과 불각과 시각은 서로 의지하므로 모두가 없는 것이 아니지만 있는 것도 아니고, 있는 것이 아니지만 없는 것도 아니다. 이러한 사실을 자각해야만 시각이 곧 본각임을 알 수 있게 된다. 여기서 본각–불각–시각의 상의상자相依相資와 상호의존相互依存의 관계를 알 수 있다.

77 元曉, 『大乘起信論疏』(『한불전』 제1책, p.709중).
78 元曉, 『大乘起信論別記』(『한불전』 제1책, p.683하~684상).

본각이란 것은 이 심성이 불각의 상을 여읜 것을 말한다. 이 각조覺照의 성질을 본각이라 하니, 이는 아래 글에서 '이른바 자체에 큰 지혜광명의 뜻이 있다'고 한 것과 같다.[79]

이처럼 원효는 심성이 불각의 상을 여읜 것을 본각이라 하고 이 깨달아 비추는(覺照)의 성질을 본각이라 한다.

이 (아리야)식이 두 가지의 뜻이 있어서 능히 일체법을 포섭하며 일체법을 일으키니, 어떤 것이 두 가지인가? 첫째는 각의 뜻이요, 둘째는 불각의 뜻이다. 각의 뜻이라고 하는 것은 심체가 망념을 여읜 것을 일컬음이다. 망념을 여읜 상은 허공계와 같아 두루 하지 않은 바가 없어서 법계일상法界一相이니 곧 이 여래의 평등한 법신이다. 이 법신을 의지하여 본각이라 설하는 것이다. 무슨 까닭인가? 본각의 뜻이란 것은 시각의 뜻에 대하여 설한 것인데, 시각은 곧 본각과 같기 때문이다. 시각의 뜻이란 것은 본각을 의지하기 때문에 불각이 있으며 불각을 의지하기 때문에 시각이 있다고 설하는 것이다.[80]

본각의 기준에서 보면 일각은 이미 구현된 모든 존재의 실체 없는 참모습을 드러내는 수행이라고 할 수 있다. 반면 시각의 기준에서 보면 일각은 아직 가려져 있는 존재의 참모습을 새롭게 밝혀 가는 수행이다. 이 때문에 일체의 모든 법은 오직 일심일 뿐이고 모든 중생은 하나인 본각(一本覺)이므로 이러한 뜻에서 일각一覺이라고 한 것이다. 결

---

79 大安 편집, 『金剛三昧經』 「本覺利品」(『한불전』 제1책, p.634중).
80 馬鳴, 『大乘起信論』(『大正藏』 제32책).

국 시각이 원만하면 곧 본각과 같아져서 본각과 시각이 둘이 없기 때문에 일각이라고 하는 것이다.

> (『경』) 선남자여, 다섯 계위는 일각으로서 본각의 이익으로부터 들어가니, 만일 중생을 교화하려면 그 본처本處를 따라야 한다.
> (『논』) 다섯 계위의 모든 행이 본각을 떠나지 아니하여 모두 본각의 이익을 좇아 이루어지지 아니함이 없으며 행을 이룰 때에 앞으로부터 뒤로 들어가기 때문에 '들어간다'고 하였다. '들어간다'는 것은 자신을 이롭게 하는 것이고(自利), '교화한다'는 것은 타인을 이롭게 하는 것이니(利他), 이와 같은 두 가지 행은 모두 본처를 따른 것이다.[81]

일각으로서 본각의 이익에 들어가는 까닭은 중생을 교화하기 위함이다. 중생을 교화하기 위해서는 그 본처를 따라야 한다. 이 때문에 자신을 이롭게 하는 자리와 타인을 이롭게 하는 이타의 두 가지 행은 모두 본처를 따른 것이다.

따라서 『금강삼매경론』에서 '일미一味'는 시각과 본각이 하나의 맛인 '동일미同一味'이자 평등한 한 맛(平等一味)이며 일심과 본각이 같은 '일각미一覺味'이다. '일각一覺'은 시각과 본각이 본래 평등한 동일각同一覺이자 시각이 원만하면 곧 본각과 같아져서 본각과 시각이 둘이 없는 것이며, 모든 중생이 똑같이 본래 깨달았기 때문에 동일본각同一本覺이자 일심과 본각을 하나로 아우르는 일본각一本覺이라 할 수 있다.

---

81 元曉, 『金剛三昧經論』 권상(『한불전』 제1책, pp.655하~656상)

Ⅴ. 일심지원과 일심본각의 상호의존성

1. 일심지원과 일심

원효는 『금강삼매경론』에서 일심지원을 사용하여 일심과 구분하고 있다. 일심지원은 마음의 한 점이며 이 한 점은 마음의 구심으로서 본각에 상응한다. 이 한 점이 원심으로서 뻗어 나가면 시각의 일심이 된다. 일심지원이 청정한 법계인 제9 아마라식인 본각이라면, 일심은 네 가지 지혜가 펼쳐내는 제8 아리야식인 시각이라고 할 수 있다.[82] 하지만 이들 모두가 일원상의 구심과 원심 즉 하나의 원상 속에서 이루어지기 때문에 구분하기는 쉽지 않다.

원효에게 있어 일심지원과 일심, 일심본각과 일각의 개념은 원효의 독자성을 보여주는 개념이다. 그는 구역 경론에 의해 이미 자기의 불교학 체계를 구축한 뒤 신역 경론까지 접하면서 신구 경론을 종합적으로 이해할 수 있었다. 일심지원은 묘각위의 적조혜와 본각에 상응시킬 수 있으며 일심은 등각위의 조적혜와 시각에 상응시킬 수 있을 것이다.

원효가 구현하려고 했던 '상홍불법 하화중생' 혹은 '귀일심원 요익중생'의 지향 또한 같은 맥락에서 볼 수 있다. 왼쪽으로는 법신 부처의 차원에서 말하면서도 오른쪽으로는 보신 부처의 차원에서 말하고자 하였다. 법신의 지위에서 보여 주는 본각의 결정성과 보신의 지위에서 보여주는 일심의 신해성도 같은 맥락에서 이해해 볼 수 있다. 일심은

---

[82] 高榮燮, 「일심지원 혹은 일심이란 무엇인가?-원효 깨침사상의 구심과 원심」, 『불교철학』 제2집, 동국대학교 세계불교학연구소, 2018. 4.

모든 것의 근거이기도 하지만 중생과 부처가 만나는 자리이다.

일심지원의 본각 부처가 중생과 만나기 위해서는 일심의 공간이 필요하다. 일심은 부처와 중생이 일미적으로 만나는 우주적 공간이며, 은밀문(여래장)과 현료문(아리야식)이 만날 수 있는 심의식의 공간이다. 일심은 중관의 이제설과 유식의 삼성설이 일미적으로 화회할 수 있는 마음의 공간이며, 적멸로서의 일심과 여래장으로서 일심, 화엄 진심으로서 일심, 본법으로서 일심이 만날 수 있는 지평이기 때문이다.

2. 일심본각과 일각

일심과 본각의 통섭인 일심본각은 다시 일각으로 축약된다. 일각은 시각이 곧 본각인 지점에서 확인되는 것이며 청정한 법계인 일각이 네 가지 지혜와 만나는 지점에서 시각이 곧 본각임을 확인하게 된다. 일각의 성스러운 힘과 네 가지 넓은 지혜의 경지가 만나는 지점이 곧 일체 중생의 본각의 이익이 되는 것이기 때문이다.

(『경』) 무주 보살이 말하였다. "여래께서 설하신 일각—覺의 성스러운 힘과 네 가지 넓은 지혜의 경지는 곧 일체 중생의 본각의 이익입니다. 왜냐하면 일체의 중생이 바로 이 몸 가운데 본래 원만하게 구족되어 있기 때문입니다.

(『논』) 시각이 원만하면 곧 본각과 같아져서 본각과 시각이 둘이 없기 때문에 '일각—覺'이라고 하였으며, 하지 않는 것이 없기 때문에 '성스러운 힘'이라 하였고, 일각—覺 안에 네 가지 큰 지혜를 갖추어 모든 공

덕을 지니기 때문에 '지혜의 경지'라고 하였으며, 이와 같은 네 가지 지혜가 일심一心의 양과 같아서 모두 두루하지 않음이 없기 때문에 '넓은 지혜'라고 하였다. 이와 같은 '일각'은 곧 법신이고 법신은 곧 중생의 본각이기 때문에 '바로 일체 중생의 본각의 이익'이라고 하였다. 본래 무량한 성덕性德을 갖추어 중생의 마음을 훈습하여 두 가지 업을 짓기 때문에 '본각의 이익'이라 한 것이다. 이 본각의 둘이 없는 뜻으로 말미암아 한 중생도 법신 밖으로 벗어남이 없기 때문에 '곧 이 몸 가운데 본래 원만하게 구족되어 있다'고 하였다.[83]

이 경전이 설하는 것처럼 일각은 모든 식을 전변시켜 아마라에 들어가게 한다. 시각이 곧 본각이라는 자각으로부터 일각이 실현되기 때문이다. 일각이 실현되는 순간 곧 아마라에 들어가 청정한 법계에 노닐게 되는 것이다. 이것이 곧 일심본각 즉 일각이라 할 수 있다.

(『경』) 부처님이 말씀하셨다. "모든 부처님과 여래는 항상 일각一覺으로써 모든 식을 전변시켜 아마라에 들어가게 한다. 어째서 그러한가? 모든 중생은 본각이니, 항상 일각으로써 모든 중생을 깨우쳐 저 중생들이 모두 본각을 얻게 하여 모든 정식情識이 공적하여 일어남이 없음을 깨닫게 하는 것이다. 왜냐하면 결정의 본성은 본래 움직임이 없기 때문이다."[84]

(『논』) 모든 중생이 똑같이 본각이기 때문에 일각一覺이라고 한 것이다. 모든 부처님은 이것을 체득하여 곧 널리 교화할 수 있기 때문에

---

83 元曉, 『金剛三昧經論』 권상(『한불전』 제1책, p.633중).
84 元曉, 『金剛三昧經論』 권상(『한불전』 제1책, p.630하)

'항상 …으로써'라고 하였고, 이 본각으로써 다른 사람을 깨닫게 하기 때문에 '항상 일각으로써 모든 중생을 깨닫게 한다'고 말하였다. '저 중생으로 하여금 모두 본각을 얻게 한다'는 것은 '교화 대상이 전변하여 들어간다'는 구절을 풀이한 것이니, 본각은 바로 아마라식이다. '본각을 얻는다'는 것은 '들어간다'는 뜻을 풀이한 것이니, 본각에 들어갈 때에 모든 여덟 가지 식이 본래 적멸임을 깨닫는다. (······) '모든 중생은 본각이다' 등은 본각의 本覺義이고, '모든 정식情識이 적멸하여 일어남이 없음을 깨달았다'는 것은 시각의 始覺義이니, 이것은 시각이 곧 본각과 같다는 것을 나타낸 것이다.[85]

여기서 일각은 일심과 본각을 하나로 아울렀기에 일본각一本覺이며, 일미와 같다는 의미에서 '일각미一覺味'이다. '일각'은 시각과 본각이 본래 평등한 동일각同一覺이고, 모든 중생이 똑같이 본래 깨달았기 때문에 동일본각同一本覺이다. 결국 시각이 곧 본각이라는 자각이 일각에 들게 하는 것이며 이것이 곧 일심본각 즉 일각이 실현되는 순간이다. 원효의 일심사상에 대응하는 일각사상은 일심지원과 일심본각에 상응하는 실천적 개념이다. 일각은 일미의 다른 표현이자 일본각과 일각미의 약칭이기 때문이다.

원효는 일심지원과 일심, 일심본각과 일각의 관계를 통해 부처와 중생이 만날 수 있고, 중생이 부처가 될 수 있는 길을 열어둔 것은 그가 이 경전의 편찬 취지와 의도를 가장 잘 파악한 것이라 할 수 있다. 원효의 주석을 인도에서 중국으로 건너온 번경 삼장이 '소'가 아니라

---

[85] 元曉, 『金剛三昧經論』 권상(『한불전』 제1책, p.631상)

'논'이라 한 것도 바로 '경론'의 집필 방향과 펼친 취지를 온전히 평가한 것이라고 할 수 있다.

Ⅵ. 정리와 맺음

지금까지 신라에서 성립한 『금강삼매경』에 대한 최초의 주석인 원효의 『금강삼매경론』의 주요 내용과 특징을 살펴보았다. 『금강삼매경』과 『금강삼매경론』은 반야 중관(空性)과 유가 유식(假有)의 일미적 통섭이라는 커다란 기획과 일미관행一味觀行과 십중법문十重法門의 구도 아래 일심과 본각, 시각과 본각이 둘이 아닌 일각이 되는 과정을 잘 보여주고 있다. 『금강삼매경』은 신라계와 가야계의 연합, 즉 신라 왕실의 정계와 그 방계로 편입된 가야계의 연합에 의해 성립된 경전으로 추정된다.

가야계 '왕비의 병'이 상징하는 정치적 문제 즉 가야계의 골품제 편입 문제 등 신라계만으로는 해결할 수 없는 정치적 난제를 신라의 통치자는 불교계와 바다를 무대로 동아시아의 해상무역을 주도했던 가야계와의 연합으로 해결하려 하였던 것으로 이해된다. 신라 왕실은 이 문제를 해결하기 위해 검해(혜공)→대안→원효 등에게 의뢰한 것으로 짐작된다. 원효는 대승 선관을 담고 있는 이 경전이 중관의 이제설과 유식의 삼성설이 어떻게 접목되는지 잘 보여 주는 경전으로 파악하였다.

이 경전의 이름이 담고 있는 것처럼 '금강'의 성질을 비유로 삼아 모든 '의혹'을 깨뜨리고, 모든 '선정'을 꿰뚫고자 하는 '삼매'로 중생이 부처되는 일미관행의 길을 열어 두고 있는 지점에서도 확인할 수 있다. 일심지원의 본각 부처가 중생과 만나기 위해서는 일심의 공간이 필요하다. 일심은 부처와 중생이 일미적으로 만나는 우주적 공간이며, 은밀문(여래장)과 현료문(아리야식)이 만날 수 있는 심의식의 공간이다. 일심은 중관과 유식이 일미적으로 화회할 수 있는 마음의 공간이며, 적멸로서의 일심과 여래장으로서 일심, 화엄 진심으로서 일심, 본법으로서 일심이 만날 수 있는 지평이다. 원효는 『금강삼매경』의 찬자撰者가 진제眞諦 유식의 구식설에 기반하면서 암마라식을 본각이라 규정하고 있는 점에 주목했다. 그는 일심의 지형이 본각-불각-시각-시각이 곧 본각의 순서로 전개되는 『대승기신론』과 일각의 지형이 시각-본각-불각의 순서로 전개되는 『금강삼매경』의 주석을 통해 깨침 혹은 깨달음에 도달하는 유기적 상관성의 구조를 보여 주었다.

 원효기 일심지원과 일심, 일심본각과 일각의 관계를 통해 부처와 중생이 만날 수 있고, 중생이 부처가 될 수 있는 길을 열어 둔 것은 이 경전의 편찬 취지와 의도를 가장 잘 파악한 것이라 할 수 있다. 원효의 주석을 인도에서 중국으로 건너온 번경 삼장이 '소疏'가 아니라 '논論'이라 한 것도 바로 '경론'의 취지와 방향을 온전히 평가한 것이라고 할 수 있다.

분황 원효 연구 논저 목록

- 원효 저술 편서 및 역서 … 532
- 원효 관련 단행본 … 536
- 원효 관련 논문 … 545
- 원효 관련 학위논문 … 591

원효 저술 편서 및 역서

원효/가은, 『(校訂國譯) 涅槃經宗要』, 부산: 원효사상실천승가회, 2004, 442면
원효/각성, 『金剛三昧經論 상』, 서울: 玄音社, 2006, 499면
원효/각성, 『金剛三昧經論 중』, 서울: 玄音社, 2010, 463면.
원효/각성, 『金剛三昧經論 하』, 서울: 玄音社, 2010, 353면.
원효/공파, 『대승기신론 해동소 : 혈맥기』 1-4, 서울: 운주사, 2019, 4책.
공파, 『대승기신론 해동소 : 혈맥기』, 서울: 운주사, 2020 380면
원효/권희재, 『법화경종요와 간추린 법화경』, 대구: 은명출판사, 2017, 499면.
원효/김성철, 『원효의 판비량론 기초 연구』, 서울: 지식산업사, 2003 464
원효/김성철, 『원효의 대승기신론 소·별기 대조』, 서울: 오타쿠, 2019, 181면.
원효/김영석·김천학·권인한·동국대학교 불교문화연구원 HK연구단, 『판비량론』의 신역주, 서울: 동국대학교출판문화원, 2021, 222면
원효/김호귀, 『(원효)涅槃經宗要』, 서울: 石蘭, 2005, 205면.
원효/김호귀, 『금강삼매경론』, 파주: 한국학술정보, 2010, 537면.
원효/김호귀, 『금강삼매경론』, 서울: 동국대학교출판부, 2019, 661면.
원효/미천, 『法華宗要』, 서울: 大韓佛敎法師會, 2002, 104면.
원효/박인성, 『중변분별론소』, 대전: 주민출판사, 2005, 259면.
원효/박인성·김성철·묘주, 『중변분별론소 제3권 판비량론해심밀경소서』, 서울: 동국대학교출판부, 2019, 282면.
박태원, 『(원효의) 십문화쟁론(十門和爭論) : 번역과 해설 그리고 화쟁의 철학』 서울: 세창출판사, 2013, 255면.
박태원, 원효의 『금강삼매경론』 읽기 : 선의 철학, 철학의 선[전자자료], 서울: 교보문고, 2014.
박태원, 원효의 『십문화쟁론(十門和諍論)』 : 번역과 해설 그리고 화쟁의 철학[전자책], 서울: YES24, 2016.

원효/박태원·강찬국·김준호·원효학 토대연구소, 『대승기신론 소·별기 상』, 서울: 세창출판사, 2019, 571면.

원효/박태원·강찬국·김준호·원효학 토대연구소, 『대승기신론 소·별기 하』, 서울: 세창출판사, 2019, 563면.

박태원·강찬국·원효학 토대연구소, 『금강삼매경론』, 서울: 세창출판사, 2020, 2책.

박태원·강찬국·김준호·원효학 토대연구소, 『열반종요』, 서울: 세창출판사, 2019, 526면.

박태원, 『원효의『금강삼매경론』읽기 : 선(禪)의 철학, 철학의 선(禪) : 큰글자 책』, 서울: 세창미디어, 2021, 200면.

원효/서정형, 『금강삼매경론』, 서울: 서울대학교 철학사상연구소, 2006, 94면.

원효/성재헌·이평래·김호성·한명숙·이정희, 『미륵상생경종요』, 서울: 동국대학교출판부, 2017, 415면.

원효/성재헌·이기운·최원섭·이정희, 『대혜도경종요』, 서울: 동국대학교출판부, 2017, 252면.

원효 /수진, 『(縮譯) 元曉全書』, 한정섭, 가평: 불교정신문화원, 2012, 822면.

원효/안성두·동국대학교 불교학술원, 『이장의』, 서울: 동국대학교출판부, 2019, 251면.

원효/연지해회 편집부, 『원효대사 정토법보』, 서울: 연지해회 서유, 2012, 383면.

원효/오형근, 『대승기신론소병별기』, 서울: 대승, 2013, 630면.

원효/원순, 『큰 믿음을 일으키는 글 : 大乘起信論 원효 소·별기』, 서울: 法供養, 2004, 554면.

원효/윤종갑, 원측·원효 스님의 반야심경 : 『불설반야바라밀다심경찬』과 『대혜도경종요』, 부산: 정인, 2013, 142면.

원효/은정희, 『이장의 = 二障義 = Treatise about two klesa』, 서울: 소명출판, 2004, 288면.

원효/은정희,『대승기신론소기회본』, 서울: 동국대학교출판부, 2017, 533면.

원효/은정희·김용환·김원명,『원효의 열반경종요』, 서울: 민족사, 2017, 496면.

원효/이평래,『열반종요』, 서울: 동국대학교출판부, 2017, 270면.

원효/정목,『都露阿彌陀佛』, 서울: 경서원, 2001, 1323면.

원효/정목,『원효의 새벽이 온다 : 무량수경 종요』, 서울: 경서원, 2002, 289면.

원효/정목,『무량수경종요 : 종교의 마지막 논서』, 서울: 자연과인문, 2009, 352면.

원효/정목,『아미타경소』, 서울: 자연과인문, 2011. 264면.

원효/정목,『(원효의) 무량수경종요 : 종교의 마지막 논서』, 서울: 비움과소통, 2015, 383면.

원효/정목,『원효의 보살계 : 보살계본지범요기』, 부산: 금샘, 2019, 206면.

원효/조수동,『열반종요』, 서울: 지식을만드는지식, 2009, 151면.

원효/조용길·정통규,『금강삼매경론 상』, 서울: 동국대학교출판부, 2002, 474면.

원효/조용길·정통규,『금강삼매경론 하』, 서울: 동국대학교출판부, 2002, 573면.

원효/진원·한명숙,『지범요기조람집』, 서울: 동국대학교출판부, 2019, 305면.

원효/최세창,『대승기신론 소·별기』, 서울: 운주사, 2016, 668면.

원효/최원섭·이정희,『본업경소 하권』, 서울: 동국대학교출판부, 2019, 362면

원효/하유진·강연경,『(원효의) 대승기신론 소·별기』, 파주: 웅진씽크빅, 2012, 124면.

원효/한명숙,『범망경보살계본사기 상권』, 서울: 동국대학교출판부, 2016, 268면.

원효/한명숙,『(집일)금광명경소』, 동국대학교 불교학술원, 서울: 동국대학교출판부, 2019, 630면.

한정섭,박미경,문도회『(신라왕후의 병을 고친) 金剛三昧經論』, [담양군]: 묵담·혜은 문도회; [가평군]: 불교통신교육원, 2019, 263면.

원효/해주·임상희·최원섭·박보람,『(정선) 원효』, 대한불교조계종 한국전통사상서 간행위원회, 서울: 대한불교조계종, 2009, 406면.

원효/혜봉,『유심안락도 : 정토와 극락왕생에 대한 원효대사의 명쾌한 법문』, 서

울: 운주사, 2015. 197면.

『대승기신론소 : 해동종 불교 철학의 기본원리』[전자책], 원효, 서울: 블루마운틴소프트, 2010, 전자책 1책.

『금강삼매경론 : 대승 불교 철학의 대표작이자 한국 불교의 고전』[전자책], 원효, 서울: 블루마운틴소프트, 2010, 전자책 1책.

원효/ Muller, A. Charles ; Nguyen, Cuong Tu,『Wŏnhyo's philosophy of mind』, Honolulu : University of Hawai'i Press, c2012 403면. 부산: 정인, 2013, 142면.

원효 관련 단행본

가노 가즈오·야마베 노부요시, 『불성·여래장사상의 형성 수용과 변용』, 금강대학교 불교문화연구소, 서울: 씨아이알, 2017, 334면.
강상원, 『元曉神話 論述誤謬 1,400年만에 밝힌다』, 서울: 朝鮮明倫館學術院, 2015, 791면.
강승환, 『(이야기) 원효사상』, 서울: 운주사, 2009, 268면.
강용원, 『인문과 한의학, 치료로 만나다 : 원효사상으로 어루만지는 이 시대의 아픔』, 서울: 미래를 소유한 사람들, 2014, 240면.
강정중, 『원효사상』, 서울: 佛教春秋社, 2001, 327면.
고영섭, 『원효탐색』, 서울: 연기사, 2001, 359면.
_____, 『한국불학사 : 신라시대편』, 서울: 연기사, 2005, 395면.
_____, 『원효』, 서울: 씽크하우스, 2008, 132면.
_____, 『원효탐색』, 서울: 연기사, 2010. 387면.
_____, 『나는 오늘도 길을 간다 : 원효, 한국 사상의 새벽』, 파주: 한길사, 2009, 286면.
_____, 『분황 원효 : 고영섭 교수의 원효 에세이』, 서울: 박문사, 2015, 405면.
_____, 『한국불교사탐구』, 서울: 박문사, 2015, 831면.
_____, 『한국사상사 : 불교사상편』, 서울: 씨아이알, 2016, 198면.
_____, 『불학과 불교학 : 인문학으로서 불교학 이야기』, 서울 씨아이알, 2016, 638면.
_____, 『분황 원효의 생애와 사상 : 일심(진여)의 신해성과 일심지원(본각)의 결정성을 중심으로』, 서울: 운주사, 2016, 459면.
_____, 『한국불교사궁구 1』, 서울: 씨아이알, 2019, 740면.
_____, 『한국불교사궁구 2』, 서울: 씨아이알, 2019, 803면.
고은진, 『(유식사상으로 보는) 원효의 번뇌론』, 제주: 한그루, 2021, 294면.

공파, 『발심수행장: 元曉思想-修行觀』, 서울: 불광출판사, 2016, 378면.

권오민·이병욱·김도공·김성철·배경아, 『원효, 불교사상의 벼리 : 원효사상의 새로운 성찰, 인도 및 중국 불교와의 만남』, 서울: 운주사, 2017, 333면.

국립경주박물관, 『원효대사』, 원효/이영훈·김상현·남동신·서산후·김승희·진정환·오영미·오세윤·유수, 서울: 국립중앙박물관문화재단, 2010, 229,24면.

국립중앙도서관, 『(길 위의 인문학) 원효가 해골물로 깨달은 것은 무엇인가』(연계강연), 조선일보.교보문고, 서울: 국립중앙도서관, 2013, 12면.

국제선도문화연구소, 『원효 페스티발 : 제3회 國際仙道컨퍼런스 論文集 = Wonhyo festival』, 서울: 덕수출판사, 2009, 167면.

국제원효학회, 『원효전서 영역 : 지구촌 시대적 의미와 번역상의 문제점 = English translation of complete works of Wonhyo : its significance and issues in the global era : proceedings of the 2nd international conference on Wonhyo studies』, 서울 : 國際元曉學會, 2002.

김광채·조준상, 『원효대사』, 고양: 한국파스퇴르, 2004, 76면.

김남희·우미영, 『원효 대사 = (The)great priest Wonhyo』, 부천: 교연아카데미, 2007, 121면.

김봉룡, 『금강산과 원효성역과 통일 그리고 한민족의 슬픈 판타지』, 부산: 빛남, 2001, 141면.

김상일, 『元曉의 判比量論 비교 연구 : 원효의 논리로 본 칸트의 이율배반론』, 서울: 지식산업사, 2004, 463면.

김원명, 『원효: 한국불교철학의 선구적 사상가』, 파주: 살림출판사, 2008, 95면.

_____, 『원효의 열반론』, 파주: 한국학술정보, 2008, 284면.

_____, 『원효의 열반론』[전자자료], 파주: 한국학술정보, 2008, 전자책 1책.

김종국, 『(나그네 그림자 따라 새벽길 떠나는) 원효 : 설화와 스토리텔링의 현장』, 대구: 풍경소리, 2014, 30면.

김임중,『(일본국보) 화엄연기연구 : 원효와 의상의 행적』, 서울: 보고사, 2015, 337면.

_____,『(일본국보) 화엄연기연구 : 원효와 의상의 행적』[전자책], 서울: YES24, 2017, 337면.

김임중·허경진,『화엄연기 원효회 의상회 : 일본 국보 그림으로 전하는 화엄종 조사전』, 서울 : 민속원, 2018, 287면.

김제란·정우열,『(한마음, 두 개의 문) 원효의 대승기신론 소·별기』, 한국철학사상연구회, 서울: 삼성출판사, 2007, 107면.

김종국·이동근·정호완,『삼성현 원효·설총·일연 스토리텔링 연구』, 경산: 대구대학교출판부, 2010, 84면.

김종욱,『원효와 하이데거의 대화 : 근본의 사유』, 서울: 동국대학교출판부, 2013, 390면.

_____,『원효와 하이데거의 대화 : 근본의 사유』[전자자료], 서울: 북큐브네트웍스, 2017. 전자책 1책.

김종의,『일심과 일미: 원효 스님의 삶과 사상』, 부산: 신지서원, 2003, 310면.

_____,『원효(元曉), 편견을 넘어서다』, 부산: 이경, 2012, 355면.

김한기,『웃는 해골: 원효는』, 서울: 띠앗, 2007, 157면.

김현아,『(해골로 깨달음을 얻은) 원효』, 파주: 프뢰벨미디어, 2009, 51면.

김형효,『원효의 대승철학』, 서울: 소나무, 2006, 504면.

김호기,『시대정신과 지식인: 원효에서 노무현까지』, 파주: 돌베개, 2012, 280면.

김훈,『元曉佛學思想研究』, 八尾: 大阪經濟法科大學出版部, 2002, 258면. 단국대학교매장문화재연구소,『平澤 元曉大師 悟道聖址 學術 調査 報告書』, 서울: 단국대학교출판부: 평택시, 2006, 126면.

등능성,『元曉의 淨土思想 硏究』, 서울 : 民族社, 2001, 385면.

_____,『신심의 발자취: 원효와 신란』, 京都: 본원사, 2004, 95면.

박경남,『원효처럼: 놓아버려라, 그래야 마음이 웃는다』[전자자료], 서울: 그린북아시아, 2018, 전자책 1책.

박민경·임진수,『원효: 한국의 사상가』, 서울: 교원, 2002, 85면.

박상주,『힘이 부족하면 배를 빌려 저 언덕에 이르라 : 원효 나를 찾아가는 여행』, 파주 : 이담Books, 2010, 235면.

_____,『힘이 부족하면 배를 빌려 저 언덕에 이르라: 원효 나를 찾아가는 여행』[전자자료], 파주: 이담북스, 2010, 전자책 1책.

_____,『원효 그의 삶과 사상』, 서울: 한국문화사, 2007, 258면.

_____,『원효수행십도』, 고양: 좋은땅, 2017, 164면.

박성배,『한국사상과 불교: 원효와 퇴계, 그리고 돈점논쟁』, 서울: 혜안, 2009, 547면.

박성희,『원효의 한마음과 무애상담』, 서울: 학지사, 2016, 217면.

박영호,『원효의 세계관으로 읽는 오감도 : 이상(李箱) 시 연구』, 대전: 다래헌, 2016, 287면.

박정진,『도올 金容沃 : 요한인가, 광자인가, 무당인가, 원효인가! 1』, 서울: 佛敎春秋社, 2001, 293면.

_____,『도올 金容沃 : 요한인가, 광자인가, 무당인가, 원효인가! 2』, 서울: 佛敎春秋社, 2001, 270면.

박찬국,『원효와 하이데거의 비교 연구 : 인간관을 중심으로』, 서울: 서강대학교 출판부, 2010, 360면.

_____,『쇼펜하우어와 원효』, 서울 : 세창, 2020 319면.

박태원,『원효와 의상의 통합 사상』, 울산: UUP, 2004, 184면.

_____,『원효사상 1』,『금강삼매경』·『금강삼매경론』과 원효 사상, 울산: 울산대학교출판부, 2005, 94면.

_____,『원효사상 2』, 원효의 화쟁(和諍) 사상, 울산: 울산대학교출판부, 2005, 85면.

_____,『원효사상연구』, 울산: UPP(울산대학교 출판부), 2011, 335면.

박태원,『원효 : 하나로 만나는 길을 열다』, 파주: 한길사, 2012, 379면.

_____,『원효의 화쟁철학 : 문 구분에 의한 통섭』, 서울: 세창출판사, 2017, 231면.

_____,『원효의 화쟁철학 : 문門 구분에 의한 통섭通攝』, 서울: 세창, 2020, 244면.

Buswell, Robert E,『동아시아 속 한국 불교사상가』, 김성철,고영섭,양웨이중,김천학,나카지마 시로,허우성, 서울: 동국대학교출판부, 2014, 217면.

불함문화사, 韓國佛敎學研究叢書 51-64, 元曉篇, 고양: 불함문화사, 2003, 14책.

불함문화사, 韓國思想論文選集, 272-279, 고양: 불함문화사, 2005.

불함문화사, 韓國佛敎學研究叢書, 古代佛敎思想2-5, 고양: 불함문화사, 2005.

불함문화사, 元曉의 和諍思想, 고양: 불함문화사, 2003, 442면.

불함문화사, 元曉 著述書, 고양: 불함문화사, 2003, 3책.

불함문화사, 元曉思想 一般, 고양: 불함문화사, 2003, 3책.

불함문화사, 元曉 關聯 資料 目錄 및 傳記類 檢討 고양: 불함문화사, 2003, 450면.

불함문화사, 元曉 著述에 대한 解題, 고양: 불함문화사, 2003, 459면.

불함문화사, 元曉 傳記類 檢討, 고양: 불함문화사, 2003, 459면.

불함문화사, 元曉의 淨土思想, 고양: 불함문화사, 2003, 485면.

불함문화사, 韓國漢文學論文選集 : 補遺篇, 고양: 불함문화사, 2002, 515면.

삼성현역사문화관『동아시아 불교와 원효대사의 위상 : 2017 원효대사 탄생 1400주년 기념 국제학술대회』, 경산: 삼성현역사문화관, 2017 300면.

서기남·박수로,『(만화) 원효 대승기신론소』, 파주: 주니어김영사, 2016, 195면.

서보혁·이도흠,『한국인의 평화사상 1, 원효에서 안중근까지』, 고양: 인간사랑, 2018. 418면.

서영애, 『신라 원효의 금강삼매경론 연구 : 한국 초기 선사상을 구명하기 위한 試論』, 서울: 민족사, 2007 885면.

서울대학교 철학사상연구소, 『마음과 철학 : 불교편』, 서울: 서울대학교출판문화원, 2013. 473면.

역사·인물편찬위원회, 『춤추는 광대처럼 : 원효』, 서울: 역사디딤돌, 2009, 157면.

석진화·고승학·김종욱, 『고향에서 만나는 원효대사 : 2017년 원효대사 탄생 1400주년의 기록』, 경산: 삼성현역사문화관, 2017, 133면.

성홍영, 『붓다여, 새벽의 깨침이어라 : 元曉聖師 發心修行章 小考』, 부산: 부다가야, 2010면

송재찬, 『원효·의상』, 파주: 파랑새, 2007 205면.

신오현, 『원효 철학 에세이』, 서울: 민음사, 2003, 416면.

심재영, 『元曉思想.2, 倫理觀』, 서울: 홍법원, 2002 522면.

영산대학교 한국학학술원, 『문화로 읽는 신라·고려시대 인물』, 영산대학교 한국학학술원, 서울: 다운샘, 2019, 355면.

유영소·정다이, 『(원효)백성 속으로 들어간 새벽 스님』, 서울: 자람누리, 2008, 46면.

_____, 『백성 속으로 들어간 새벽 스님 : 원효』, 서울: 그레이트Books(그레이트북스), 2015, 80면.

윤성지, 『니가 그렇게 왔더냐 : 자기 가락으로 자기의 춤을 춘 위대한 선각자 원효 이야기』, 대구: 해조음, 2013, 339면.

이관수·구들, 『원효 대사』, 고양: 한국삐아제, 한국퍼킨스, 2004, ?면.

이기영, 『원효사상연구 2』, 서울: 한국불교연구원, 2001, 583면.

_____, 『원효사상 : 세계관』, 서울: 뉴턴코리아, 2003, 120면.

_____, 원효사상, 서울 : 홍법원, 2003 110

이명수, 『(원효가 들려주는) 한마음 이야기』, 서울: 자음과모음, 2008, 183면.

이문영, 『협력형 통치: 원효·율곡·함석헌·김구를 중심으로 = Cooperative governance』, 파주: 열린책들, 2007, 692면.

이병학, 『역사 속의 원효와 『금강삼매경론』』, 서울: 혜안, 2017, 271면.

이슬기·한창수, 『원효 : 불교 대중화에 힘쓴 큰 스님』, 파주: 아이교육, 2003, 31면.

이윤옥, 『일본불교를 세운 고대 한국 승려들 : 일본 사서에 나타난 고구려, 백제, 신라 승들의 활동을 중심으로』, 서울: 운주사, 2020, 368면.

이종일, 『선현들, 사회복지를 말하다 : 해월·다산·퇴계·율곡·원효·다석·윤노빈의 사회복지사상』, 대구: 이문출판사, 2014, 339면.

_____, 선현들, 『사회복지를 말하다 : 해월·다산·퇴계·율곡·원효·다석·윤노빈의 사회복지사상』, 대구: 이문출판사, 2019, 337면.

임상호, 『같은 꿈을 꾼 영원한 동반자, 원효 對 의상』, 경산: 삼성현역사문화관, 2016, 111면.

장성재·김종옥·김종헌·장영은, 『원효 구도의 길』, 대구: 동국대학교 산학협력단, 2013, 286면.

전경숙·김태란, 『원효대사』, 서울: 교연아카데미, 2003, 1책.

전기철, 『원효 : 불교적 신비감과 사랑의 위대함 접목: 전기철 희곡집』, 서울: 황금알, 2018, 95면.

전상천·조형기, 『길에서, 원효를 만나다 : 1300년 전 원효의 꿈을 좇아 떠난 기행 에세이』, 파주: 형설라이프, 2012, 224면.

전용만, 『아미타 염불신앙의 역사와 원효의 정토사상』, 양산: 해동불교 원효선원 총본산, 2006, 207면.

전종식, 대승기신론연구회, 『(大乘起信論에 대한)元曉註釋의 批判的 硏究 상』, 서울: 예학, 2003, 147.

_____, 대승기신론연구회, 『(大乘起信論에 대한)元曉註釋의 批判的 硏究 하』, 서울: 예학, 2003, 149.

전호근, 『한국 철학사 : 원효부터 장일순까지 한국 지성사의 거장들을 만나다』, 서울: 메멘토, 2018, 880면.

_____, 『한국 철학사 : 원효부터 장일순까지 한국 지성사의 거장들을 만나다』 [전자책], 서울: 교보문고, 2016, 전자책 1책.

정병삼, 『高僧列傳 傳燈의 歷史』, 서울: 가산불교문화연구원, 2014, 319면.

정경, 『원효스님! 왜 그러셨어요! : 참선요가 정경스님의 수행담론』, 서울: 하남출판사, 2020, 164면.

정기웅·최종석 외 『新羅의 佛敎思想 2』, 고양: 불함문화사, 2001, 484면.

정목, 『한국인의 염불 수행과 원효스님』, 서울: 하늘북, 2006, 290면.

___, 『원효 성사』, 부산: 금샘, 2019, 229면.

정수일, 『춤추는 스님, 원효 대사』, 서울: 운주사, 2008, 188면.

정진원, 『삼국유사, 원효와 춤추다』, 서울: 조계종출판사, 2020, 216면.

정호완, 『삼성현의 꿈: 일연 설총 원효』, 대구: 유림출판사, 2014, 302면

_____, 『원효의 꿈: 정호완 교수의 역사 인물 이야기』, 서울: 한국문학방송, 2015, 214면.

조소앙·오형근, 『신라국 원효대사의 전기와 대승사상 = 新羅國 元曉大師 傳并序』, 서울: 대승, 2017, 259면.

조수동, 『삼성현의 생애와 사상 : 원효·설총·일연』, 대구: 이문북스: 이문출판사, 2019, 251면

최연식·김천학 외, 『원효, 문헌과 사상의 신지평』, 동국대학교 불교문화연구원 HK연구단, 서울: 동국대학교출판부, 2020, 625면.

최유진, 『원효연구』, 창원: 경남대학교출판부, 2020, 341면.

최현각, 『한국을 빛낸 선사들 : 현각 스님의 테마가 있는 법문』, 서울: 한걸음·더, 2011, 322면

Fukushi, Jinin, 『新羅元曉研究』, 東京: 大東出版社, 2004, 474면.

하일식·송재찬, 『원효·의상』, 파주: 파랑새어린이, 2004, 213면.

한국 문화체육관광부; 이동원, 『원효대사 순례길 사업계획(2010.7)』, 서울: 문화체육관광부, 2010, 253면.

한국불교사연구소, 『분황 원효 연구의 몇 가지 과제들 : 한국불교사연구소 제3차 집중세미나』, 서울: 한국불교사연구소, 2012, 92면.

한정섭, 『반야심경특강 : 신라 원효과(元曉科) 인도 달마송(達摩頌) 한국 우경강(友耕講)』, 가평: 불교대학교재편찬위원회, 불교통신교육원, 2010, 161면.

한국어읽기연구회, 『원효』, 서울: 학이시습, 2013, 116면.

한국정신문화연구원, 『한국문화와 역사인물 탐구: 원효·설총·일연』, 경산시; 조선일보사·한국교육방송공사, 성남: 한국정신문화연구원, 2001, 390면.

허인섭·박태원 외, 『新羅의 佛敎思想 3』, 고양: 불함문화사, 2001, 499면.

원효 관련 논문

강동균, 한보광, 「원효사상에 있어서의 사회복지론」, 『정토학연구』, 제7집, 한국정토학회, 2004년, 39-56면.

강명희, 「대승기신론에 나타난 생각[念]과 깨달음[覺]의 관계성」, 『불교학보』, 57호, 동국대학교 불교문화연구원, 2011, 63-85면.

＿＿＿, 「원효와 세친의 주석서에 나타난 일심의 여래장설」, 『불교철학』, 제3집, 동국대학교 세계불교학연구소, 2018, 5-41면.

강미영, 「서울의 원효 답사기행」, 『문학/사학/철학』, 제39집, 한국불교사연구소, 2014, 279-297면.

岡本一平, 「元曉撰〈判比量論〉の 三種の斷簡」, 『불교학보』, 89호, 동국대학교 불교문화연구원, 2019, 31-53면.

강은혜, 「원효(元曉) 설화에 나타난 풍류정신」, 『동남어문논집』, 제19집, 동남어문학회, 2005, 5-25면.

＿＿＿, 「인물 설화에서 살펴본 대구·경북의 문화원류 ―민족혼을 진작한 원효, 일연, 최제우의 설화를 중심으로―」, 『한민족어문학』, 제48집, 한민족어문학회, 2006, 35-72면.

강의숙, 「원효의 열반사상 ―『열반경종요』를 중심으로」, 『사회사상과 문화』, 제5집, 동양사회사상학회, 2002, 172-192면.

＿＿＿, 「원효의 자유 개념의 논리적 구조에 관한 고찰」, 『사회사상과 문화』, 제9집, 동양사회사상학회, 2004, 57-80면.

＿＿＿, 「원효의 공부론」, 『동서철학연구』, 제31집, 한국동서철학회, 2004, 229-248.

강찬국, 「원효의 모순 통섭 논리에서 나타나는 연기법의 의미」, 『불교학보』, 75호, 동국대학교 불교문화연구원, 2016, 131-149면.

강찬국, 「이생문(二生門)에 대한 원효의 이해에서 나타나는 깨달음의 위상」, 『불교철학』, 제2집, 동국대학교 세계불교학연구소, 2018, 133-156면.

_____, 「소승 37도품 수행에 관한 원효의 포용적 관점」, 『동양철학』, 51호, 한국동양철학회, 2019, 81-104면.

경산시 편집부, 「원효, 설총, 일연 3성현의 도시」, 『낙동강연구』, 17호, 부산발전연구원, 2010, 30-31면.

고승학, 「원효의 세간관 고찰 ―『열반종요』를 중심으로―」, 『선문화연구』, 제20집, 한국불교선리연구원, 2016, 101-131면.

고영섭, 「원효는 어떻게 이해되어 왔는가」, 『오늘의 동양사상』, 4호, 예문동양사상연구원, 2001, 173-187면.

_____, 「원효의 三昧論 : 一心과 三空의 긴장과 탄력」, 『원효학연구』, 제11집, 원효학회, 2006, 93-119면.

_____, 「"마음의 혁명" 혹은 "존재론적 혁명"으로 푼 원효의 대승철학 ―김형효 저『원효의 대승철학』(소나무, 2006)을 읽고―」, 『문학/사학/철학』, 제8호, 한국불교사연구소, 2007, 159-171면.

_____, 「元曉 一心의 神解性 분석」, 『불교학연구』, 제20집, 불교학연구회, 2008, 165-190면.

_____, 「원효의 통합사상 ―민족통일과 불교통합」, 『문학/사학/철학』, 제16집, 한국불교사연구소, 2009, 40-77면.

_____, 「분황 원효의 평화 인식 ―一心과 和諍과 無碍를 중심으로―」, 『한국불교학』, 제62집, 한국불교학회, 2012, 41-76면.

_____, 「분황 원효 저술의 서지학적 검토 ―교판(敎判) 인식(認識)과 학문(學問) 방법과의 관련을 중심으로―」, 『한국불교사연구』, 제2집, 한국불교사연구소, 2013, 4-50면.

_____, 「보조 지눌의 사상 형성에 영향을 끼친 고승 ―'보조전서' 안팎의 고승들을 중심으로―」, 『보조사상』, 제42집, 보조사상연구원, 2014, 13-57면.

고영섭, 「芬皇(분황) 元曉(원효) 本覺(본각)의 決定性(결정성) 탐구」, 『불교학보』, 67호, 동국대학교 불교문화연구원, 2014, 89-113면.

_____, 「芬皇 元曉의 和會論法 탐구 ―'門'과 '論'을 중심으로―」, 『한국불교학』, 제71집, 한국불교학회, 2014, 97-135면.

_____, 「한국불교의 전통과 원효불학(元曉佛學)의 고유성」, 『불교학보』, 69호, 동국대학교 불교문화연구원, 2014, 93-118면.

_____, [특집논문] 「화엄사상과 통합의 시대 ―분단과 분열의 시대에 화엄학의 의의― : 분단시대의 극복을 위한 원효의 화엄학적 조망」, 『동아시아불교문화』, 20호, 동아시아불교문화학회, 2014, 29-58면.

_____, [특집논문] 「분황 원효와 퇴계 이황의 만남과 대화 ―"귀원요생(歸源饒生)"과 "궁리거경(窮理居敬)"을 중심으로―」, 『한국불교사연구』, 제6집, 한국불교사연구소, 2015, 247-280면.

_____, 「원효의 염불관과 청화의 염불선」, 『불교학보』, 71호, 동국대학교 불교문화연구원, 2015, 137-163면.

_____, 「분황 원효의 『十門和諍論』과 『判比量論』의 내용과 사상사적 의의」, 『동악미술사학』, 19호, 동악미술사학회, 2016, 127-153면.

_____, 「철학으로서 불교철학의 지형과 방법」, 『한국불교학』, 제77집, 한국불교학회, 2016, 79-120면.

_____, 「원효의 삼세육추(三細六麤)설과 이황의 사단칠정(四端七情)론의 통로」, 『한국불교사연구』, 제11집, 한국불교사연구소, 2017, 70-117면.

_____, 「분황(芬皇) 원효(元曉)와 현수(賢首) 법장(法藏)의 기신학(起信學) 이해 ―심식설(心識說) 인식과 삼세(三細) 육추(六麤) 배대(配對)를 중심으로―」, 『불교철학』, 제1집, 동국대학교 세계불교학연구소, 2017, 141-187면.

_____, 「원효의 오도처와 화성 당항성」, 『신라문화』, 제50집, 동국대학교 신라문화연구소, 2017, 49-79면.

고영섭, 「분황 원효의 생애와 사상」, 『문학/사학/철학』, 제51집, 한국불교사연구소, 2017, 42-63면.

_____, 「분황(芬皇) 원효(元曉)의 일심사상(一心思想) ―기신학의 일심(一心)과 삼매론의 일미(一味)와 관련하여―」, 『선문화연구』, 제23집, 한국불교선리연구원, 2017, 107-152면.

_____, 「분황(芬皇) 원효(元曉)의 화쟁(和諍) 회통(會通) 인식」, 『불교학보』, 81호, 동국대학교 불교문화연구원, 2017, 59-92면.

_____, 「분황 원효의 여래장 인식과 불성 이해 ―원효가 한국불교에 미친 영향을 중심으로 ―」, 『열상고전연구』, 제61집, 열상고전연구회, 2018, 39-81면.

_____, 「일심지원 혹은 일심이란 무엇인가? ―분황 원효 깨침사상의 구심과 원심―」, 『불교철학』, 제2집, 동국대학교 세계불교학연구소, 2018, 95-132면.

_____, 「원통 균여의 현수 법장 사상 수용과 응용 ―교판론과 법계관을 중심으로―」, 『열상고전연구』, 제65집, 열상고전연구회, 2018, 353-389면.

_____, 「동아시아 불교의 부편성과 특수성 ―원효(元曉)이 유시(唯識)·기신(起信)·화엄(華嚴)·선법(禪法) 일심(一心) 인식을 중심으로―」, 『문학/사학/철학』, 제53호, 한국불교사연구소, 2018, 84-118면.

_____, 「분황(芬皇) 원효(元曉)와 삼장(三藏) 진제(眞諦)의 섭론학 이해 ―삼무성(三無性)론과 '아마라식(阿摩羅識)'관을 중심으로―」, 『불교철학』, 제3집, 동국대학교 세계불교학연구소, 2019, 43-92면.

_____, 「깨침 혹은 깨달음이란 무엇인가 ―고타마 싯다르타의 중도(中道) 연기(緣起)와 분황원효의 일심(一心) 일각(一覺)―」, 『불교철학』, 제4집, 동국대학교 세계불교학연구소, 2019, 77-150면.

_____, 「분황 원효와 문아 원측의 유식학 이해 ―불성론과 종성론을 중심으로―」, 『불교철학』, 제5집, 동국대학교 세계불교학연구소, 2019, 75-137면.

고영섭, 「분황 원효(芬皇元曉)와 경허 성우(鏡虛惺牛)의 구도 정신 ―원효 일심(一心)과 경허조심(照心)의 접점과 통로」, 『선문화연구』, 제26집, 한국불교선리연구원, 2019, 241-285면.

_____, 「분황 원효『대승기신론소』의 내용과 특징 ―『대승기신론별기』와 『대승기신론이장의』와 관련하여―」, 『불교철학』, 제6집, 동국대학교 세계불교학연구소, 2020, 39-98면.

_____, 「분황 원효『금강삼매경론』의 주요 내용과 특징 ―반야 중관(空性)의 이제설과 유가유식(假有)의 삼성설의 일미(一味)적 통섭(通攝) : 『기신론소』 '일심(一心)'과 『삼매경론』 '본각(本覺)'의 유기적 상관성을 중심으로―」, 『불교철학』, 제7집, 동국대학교 세계불교학연구소, 2020, 119-185면.

_____, 「분황 원효의 일심과 묘공 대행의 한마음」, 『한국불교학』, 제94집, 한국불교학회, 2020, 237-279면.

_____, 「분황(芬皇) 원효(元曉)와 자은(慈恩) 현장(玄奘)의 인명학 이해 ―현량(現量)과 비량(比量) 이해를 중심으로」, 『문학/사학/철학』, 제61호, 한국불교사연구소, 2020, 208-240면.

_____, 「돌아보다 ―원효 회고상을 보고」, 『시와세계』, 70호, 시와세계, 2020, 60-60면.

고운기, 「창작소재로서 원효 이야기의 재구성」, 『열상고전연구』, 제49집, 열상고전연구회, 2016, 135-168면.

_____, [기획의도] 「원효대사와 현대문화 기획의도」, 『열상고전연구』, 제61집, 열상고전연구회, 2018, 7-9면.

_____, 「동반자형 설화 속의 원효 ―해골바가지 사건의 새로운 해석을 중심으로―」, 『열상고전연구』, 제61집, 열상고전연구회, 2018, 11-38면.

고은진, 「원효의 대승 사상과 말나식 고찰 ―『대승기신론소』, 『별기』를 중심으로」, 『동서철학연구』, 97호, 한국동서철학회, 2020, 29-54면.

_____, 「원효 이장의 소지장(所知障)에 대한 유식적 고찰」, 『대동철학』, 제94집,

대동철학회, 2021, 1-30면.

고창수, 「원효대사가 시인에게 한 말」, 『문학/사학/철학』, 제3호, 한국불교사연구소, 2005, 1-7면.

곽근, 「이광수 역사소설 속의 신라 정신 ―원효대사를 중심으로」, 『동악어문학』, 제38집, 한국어문학연구학회, 2001, 423-442면.

권서용, 「원효와 법칭의 만남과 대화」, 『불교철학』, 제1집, 동국대학교 세계불교학연구소, 2017, 31-72면.

_____, 「앎[識]의 구조에 관한 논쟁 ―법칭과 원효를 중심으로―」, 『한국불교학』, 제87집, 한국불교학회, 2018, 111-145면.

_____, 「원효의 불확정[不定] 원리와 법칭의 선험적 원리에 관한 연구 ―원효의 『판비량론(判比量論)』 11절을 중심으로―」, 『동아시아불교문화』, 35호, 동아시아불교문화학회, 2018, 323-353면.

_____, 「원효와 화이트헤드사상의 접점에 관한 비교연구」, 『코기토』, 85호, 부산대학교인문학연구소, 2018, 7-34면.

권오민, 「원효교학과 아비달마 ―화쟁론을 중심으로」, 『동아시아불교문화』, 21호, 동아시아불교문화학회, 2015, 303-351면.

권옥희, 「마르보르발레단·장유경무용단·대구시립무용단·춤나눔―로미오와 줄리엣, 햄릿, 그리고 원효」, 『공연과 리뷰』, 67호, 현대미학사, 2015, 194-199면.

吉津宜英, 「『大乘起信論別記』の位置付け」, 『원효학연구』, 제10집, 원효학회, 2005, 5-24면.

김강녕, 「원효의 평화사상에 관한 연구」, 『민족사상』, 제6집, 한국민족사상학회, 2012, 49-95면.

김경집, 「원효의 구법행로와 오도처에 대한 재검토」, 『한마음연구』, 제2집, 대행선연구원, 2019, 35-77면.

김근배, 「원효 윤리의 공리주의적 '해석 가능성' 검토 ―헤어(R. M. Hare)의 '두 수

준 공리주의(Two-level Utilitarianism)'의 적용을 중심(中心)으로—」, 『한국불교학』, 제82집, 한국불교학회, 2017, 131-158면.

김기호, 「죽음 앞의 원효와 숭고의 서사, 「사복불언」」, 『국어국문학』, 195호, 국어국문학회, 2021, 103-132면.

김남윤, 「[인물바로보기 1] 원효 —무엇에도 얽매이지 않았던 인물」, 『내일을 여는 역사』, 제6집, 내일을 여는 역사, 2001, 155-162면. 김노연, 「원효의 대승적(大乘的)·창조적 '전인(Holistic)' 실천교육」, 『창조교육논총』, 제14집, 창조교육학회, 2012, 1-15면. 김덕원, 「원효와 의상의 여성관에 대한 고찰」, 『한국사학보』, 33호, 고려사학회, 2008, 43-72면.

김도공, 「원효의 지관수행론 : 『대승기신론소』를 중심으로」, 『종교교육학연구』, 제14집, 한국종교교육학회, 2002, 23-36면.

_____, 「원효의 화쟁사상 형성에 영향을 미친 장자 제물론의 영향」, 『보조사상』, 제24집, 보조사상연구원, 2005, 93-131면.

_____, 「화쟁 사상에서 본 원효의 차(茶)정신」, 『한국예다학』, 제2집, 원광대학교 한국예다학연구소, 2016, 65-75면.

김명희, 「원효 화쟁론의 해석학적 접근 : 종교대화원리를 중심으로」, 『원불교사상과 종교문화』, 제38집, 원광대학교 원불교사상연구원, 2008, 121-161면.

_____, 「교신과 조신의 대승적 믿음을 통해 본 종교간 대화의 해석학 —원효의 『대승기신론소·별기』를 중심으로—」, 『종교연구』, 제54집, 한국종교학회, 2009, 225-268면.

_____, 「종교 간의 대화를 위한 원효의 화쟁영성= 마태오 리치의 적응주의 및 에노미야 라쌀의 신비주의와의 비교분석을 통하여」, 『종교연구』, 제 76집, 한국종교학회, 2016, 1-50면.

김문선, 「세친의 『정토론』이 원효의 『아미타경소』에 미친 영향 —『정토론』 인용구절을 중심으로」, 『정토학연구』, 제34집, 한국정토학회, 2020, 165-199면.

김미영, 「원효의 『이장의』 연구에 대한 논평」, 『원효학연구』, 제8집, 원효학회, 2003, 194-195면.

_____, 「"원효학"의 형성과정 고찰 —20세기 화쟁담론을 중심으로」, 『국학연구』, 38호, 한국국학진흥원, 2019, 119-151면.

김방룡, 「원효와 지눌의 만남과 대화 —지눌에 끼친 원효의 영향을 중심으로—」, 『불교철학』, 제5집, 동국대학교 세계불교학연구소, 2019, 169-202면.

김범수, 「교토 고산사소장 원효화상 진영의 현상모사」, 『원불교사상과 종교문화』, 제47집, 원광대학교원불교사상연구원, 2011, 265-295면.

김병길, 「이광수의 역사소설 『元曉大師』는 어떻게 읽혔는가?」, 『춘원연구학보』, 12호, 춘원연구학회, 37-63면.

김복순, 「원효와 의상의 행적 비교 연구」, 『원효학연구』, 제8집, 원효학회, 2003, 67-87면.

김부룡(승원), 「원효(元曉)의 사교판(四敎判)과 일승사상(一乘思想)」, 『한국불교학』, 제28집, 한국불교학회, 2001, 217-247면.

_____, 「元曉의 普法說에 대한 考察」, 『중앙승가대학논문집』, 제10집, 중앙승가대학교, 2003, 275-289면.

김상록, 「불안과 훈습: 키에르 케고어와 원효 사이에 찾은 대화의 실마리」, 『철학사상』, 제74집, 서울대학교 철학사상연구소, 2019, 63-97면.

김상백, 「동작명상치료프로그램이 시설 청소년의 부적 정서에 미치는 효과 —원효 무애춤을 중심으로」, 『명상심리상담』, 제3집, 한국명상상담학회, 2009, 108-164면.

_____, 「원효 무애춤의 통합예술치료적 연구」, 『우리춤과 과학기술』, 제5집, 한양대학교우리춤연구소, 2009, 9-30면.

_____, 「무용/동작치료에 있어서 원효 무애춤의 효과성」, 『한국예술심리치료학회 학술대회』, 제2011집, 한국예술심리치료학회, 2011, 1-27면.

김상백·원상화·조정희, 「무용/동작치료에 있어서 원효 무애춤의 효과성」, 『한국예술심리치료학회 학술대회』, 제2011집, 한국예술심리치료학회, 2011, 28-58면.

김상현, 「원효(元曉)」, 『한국사시민강좌』, 제30집, 일조각, 2002, 23-35면.

_____, 「원효(元曉)의 무애행(無碍行)과 화쟁사상(和諍思想)의 현대적 의미」, 『전자불전』, 제11집, 동국대학교 전자불전문화콘텐츠연구소, 2009, 1-26면.

_____, 「동서문명(東西文明)의 소통(疏通)과 원효(元曉)의 화쟁사상(和諍思想) ―『문명의 충돌』 및 『통섭』의 문제를 중심으로―」, 『천태학연구』, 제11집, 천태불교문화연구원, 2008, 170-189면.김석근, 「화쟁(和諍)과 일심(一心)」, 『정치사상연구』, 제16집, 한국정치사상학회, 2010, 171-193면.

김선중·김기수, 「원효사상과 구조주의 관점에서의 법주사 건축 특성」, 『대한건축학회 학술발표대회 논문집』, 제37집, 대한건축학회, 2017, 331-334면.

_____, 「원효사상으로 본 법주사건축」, 『한국생태환경건축학회 학술발표대회 논문집』, 제17집, 한국생태환경건축학회, 2017, 108-109면.

김성룡, 「원효의 글쓰기에 나타난 텍스트적 주체의 문학 사상사적 의의」, 『시대와 철학』, 제14집 2호, 한국철학사상연구회, 2003, 409-432면.

김성순, 「한국불교 전적에 나타난 염불선의 계승과 발전」, 『보조사상』, 제59집, 보조사상연구원, 2021, 219-253면.

김성옥, 「자심분별에 대한 원효의 입장 ―『대승기신론소』·『별기』를 중심으로―」, 『한국불교학』, 제86집, 한국불교학회, 2018, 229-253면.

김성철, 「원효의 『판비량론』」, 『불교원전연구』, 2호, 동국대학교 불교문화연구원, 2001, 1-42면.

_____, 「원효의 『판비량론』 제9절에 대한 재검토」, 『한국불교학』, 제32집, 한국불교학회, 2002, 75-92면.

_____, 「원효 저 『판비량론』 제10절의 의미분석」, 『불교학보』, 39호, 동국대학교

불교문화연구원, 2002, 77-101면.

김성철, 「원효 저『판비량론』의 대승불설 논증 —勝軍의 대승불설 논증에 대한 玄奘의 비판과 元曉의 改作」,『불교학연구』, 제6집, 불교학연구회, 2003, 7-32면.

_____, 「원효 저 판비량론 散逸部 연구」,『한국불교학』, 제33집, 한국불교학회, 2003, 89-122면.

_____, 「원효의 논리사상」,『보조사상』, 제26집, 보조사상연구원, 2006, 283-319면.

_____, 「원효의 제7말나식관 —원효 초기 저술에 나타난 제7말나식의 인식대상 논증을 중심으로」,『불교학연구』, 제42집, 불교학연구회, 2015, 1-28면.

_____, 「원효의『인명입정리론』주석과 그 특징」,『불교학보』, 85호, 동국대학교 불교문화연구원, 2018, 33-59면.

_____, 「원효『기신론』주석서에 나타난『능가경』인용 양상」,『불교학리뷰』, 제25집, 금강대학교 불교문화연구소, 2019, 105-141면.

_____, 「원효의『인명입정리론기』에 대한 일본 학승 젠주(善珠)의 평가」,『불교학보』, 90호, 동국대학교 불교문화연구원, 2020, 57-84면.

김수정, 「원효의『이장의』성립 배경에 대한 일 고찰」,『불교연구』, 제39집, 한국불교연구원, 2013, 89-116면.

김순원, 「대행스님의 한마음과 원효의 일심(一心) 사상 비교 고찰」,『한국사상과 문화』, 제92집, 한국사상문화학회, 2018, 193-223면.

김시은, 「참관기 : 삶에서 마주쳐야 할 것들 —"원효와 퇴계에서 배우는 삶의 지혜" 수업을 듣고 나서—」,『문학/사학/철학』, 제5집, 한국불교사연구소, 2006, 182-188면.

김영미, 「원효의 대중 교화행」,『불교문화연구』, 제9집, 1호, 동국대학교 불교사회문화연구원, 2008, 313-341면.

_____, 「원효『금강삼매경론』의 무이중도 사상」,『불교문화연구』, 제16집, 1호,

동국대학교 불교사회문화연구원, 2016, 26-68면.

김영미, 「원효 화쟁사상에 대한 새로운 조망」, 『신라문화』, 제48집, 동국대학교 신라문화연구소, 2016, 127-150면.

_____, 「삼론학의 不二中道와 원효의 無二中道 고찰」, 『신라문화』, 제50집, 동국대학교 신라문화연구소, 2017, 27-48면.

_____, 「원효와 혜능의 깨달음과 선(禪)」, 『불교철학』, 제3집, 동국대학교 세계불교학연구소, 2018, 167-201면.

_____, 「如體如用의 觀으로 조망한 원효의 깨달음」, 『신라문화』, 제53집, 동국대학교 신라문화연구소, 2019, 85-109면.

_____, 「승랑의 유무상즉과 원효의 생멸상즉」, 『불교철학』, 제5집, 동국대학교 세계불교학연구소, 2019, 5-40면.

_____, 「원효와 혜능의 사바즉정토(娑婆卽淨土)」, 『동아시아불교문화』 40호, 동아시아불교문화학회, 2019, 303-334면.

_____, 「원효의 대승보살(大乘菩薩) 수행도 ―『기신론소』와 『금강삼매경론』을 중심으로―」, 『동아시아불교문화』, 43호, 동아시아불교문화학회, 2020, 269-300면.

_____, 「원효의 공(空)사상 ―『금강삼매경론』의 수공법(修空法)―」, 『한국불교학』, 제97집, 한국불교학회, 2021, 219-250면.

_____, 「삼론학의 삼종중도(三種中道)와 원효의 무이중도(無二中道) 비교연구」, 『동아시아불교문화』, 46호, 동아시아불교문화학회, 2021, 139-172면.

김영석, 「원효『판비량론』의 새로운 발굴」, 『불교학보』, 81집, 동국대학교 불교문화연구원, 2017, 93-115면.

김영일, 「원효의 불성론에 담긴 생태학적 의미」, 『한국불교학』, 제36집, 한국불교학회, 2004, 307-342면.

_____, 「원효 화쟁의 유형과 구조」, 『문학/사학/철학』, 제14호, 한국불교사연구소, 2008, 169-198면.

김영일, 「원효 화쟁의 판정과 방법」, 『문학/사학/철학』, 제15호, 한국불교사연구소, 2008, 169-197면.

____, 「元曉의 空有和諍論」, 『한국불교학』, 제64집, 한국불교학회, 2012, 219-241면.

____, 「불교와 다른 종교의 관계에 대한 원효의 입장」, 『보조사상』, Vol.40 No.- , 보조사상연구원, 2013, 14-49면.

____, 「원효의 정토사상에 담긴 화쟁의 정신」, 『정토학연구』, 제20집, 한국정토학회, 2013, 57-90면.

____, 「원효의 십문화쟁론 불성유무화쟁문 검토」, 『한국불교학』, 제66집, 한국불교학회, 2013, 195-221면

____, 「고익진의 한국불교사와 원효연구」, 『한국불교학』, 제69집, 한국불교학회, 2014, 71-98면.

____, 「원효의 미륵정토사상에 담긴 화쟁의 정신 ―『미륵상생경종요』를 중심으로―」, 『정토학연구』, 제21집, 한국정토학회, 2014, 37-69면.

____, 「원효의 불신화쟁론(佛身和諍論) ―보신불의 상주성과 무상성―」, 『대각사상』, 23호, 대각사상연구원, 2015 , 289-315면.

____, 「'금강삼매경'의 존삼수일설 ―원효의 '금강삼매경론'을 중심으로―」, 『대각사상』, 28호, 대각사상연구원, 2017, 299-326면.

____, 「도신과 원효의 수행관」, 『불교학보』, 84호, 동국대학교 불교문화연구원, 2018, 69-92면.

____, 「원효와 지눌의 돈점관 ―깨달음과 닦아 감을 중심으로―」, 『불교연구』, 제49집, 한국불교연구원, 2018, 103-131면.

____, 「원효의 『십문화쟁론』「종자화쟁문」 내용 추정」, 『불교학리뷰』, 제26집, 금강대학교 불교문화연구소, 2019, 159-183면.

____, 「원효의 화쟁방법 검토 ―최근 3인의 연구를 중심으로―」, 『불교학연구』, 제60집, 불교학연구회, 2019, 171-197면.

김영일, 「원효의 화쟁방법 연구 —'모두 옳다'고 판단한 경우를 중심으로—」, 『보조사상』, 제58집, 보조사상연구원, 2020, 9-42면.

_____, 「원효의 화쟁방법 —'옳기도 그르기도 하다'는 경우를 중심으로—」, 『불교연구』, 제54집, 한국불교연구원, 2021, 37-65면.

김영종, 「원효의 화쟁사상에 의한 노사분쟁의 조정」, 『원효학연구』 제7집, 원효학회, 228-261면.김영주, 「성철 법어 '산은 산이요 물은 물이다'에 대한 원효적 해석」, 『지역과 커뮤니케이션』, 제10집1호, 부산울산경남언론학회, 2006, 1-22면.

김영태, 「원효의 해심밀경관 : 현존 疏序를 통하여」, 『불교문화연구』, 제6집, 동국대학교 불교사회문화연구원, 2005, 121-137면.

김영필, 「원효와 야스퍼스의 진리관(신옥희)에 대한 논평」, 『원효학연구』, 제12집, 원효학회, 2007. 145-151면.

_____, 「원효의 자아론에 대한 서양철학적 이해 : E. 후설과 W. 제임스의 관점에서」, 『원효학연구』, 제11집, 원효학회, 2006, 177-211면

김용표, 「원효의 반야심경소와 효당의 복원해석학」, 『종교연구』, 제46집, 한국종교학회, 2007, 279-307면.

_____, 「동서종교사상의 화합과 회통 ; 원효의 화회(和會) 해석학을 통해 본 종교다원주의 —종교성의 공동기반과 심층적 대화원리—」, 『동서철학연구』, 제56집, 한국동서철학회, 2010, 23-57면.

김용환, 「원효의 화쟁회통 담론범례」, 『윤리교육연구』, 23호, 한국윤리교육학회, 2010, 91-110면.

김원명, 「元曉의 涅槃論 小考 : 元曉의 『涅槃宗要』에서 열반의 이름과 의미를 중심으로」, 『인문학연구』, 제9집, 한국외국어대학교 철학과문화연구소, 2005, 135-158면.

_____, 「元曉의 『涅槃宗要』大義文·因緣文 譯註(번역)」, 『인문학연구』, 제10집, 한국외국어대학교 철학문화연구소, 2005, 157-177면.

김원명, 「현대 문명 위기 극복을 위한 원효와 하이데거의 존재이해」, 『존재론연구』, 제15집, 한국하이데거학회, 2007, 353-380면.

_____, 「원효『기신론해동소』에 나타난 원음(圓音)의 현대적 이해에 관한 연구」, 『불교학연구』, 제19집, 불교학연구회, 2008, 119-149면.

_____, 「부처의 무기(無記)와 원효의 존재 이해」, 『철학과 문화』, 제17집, 한국외국어대학교 철학과문화연구소, 2008, 145-170면.

_____, 「원효철학에서 일심(一心)과 화쟁(和諍)의 관계」, 『철학과 문화』, 제18집, 한국외국어대학교 철학과문화연구소, 2008, 117-138면.

_____, 「원효의 화쟁 글쓰기」, 『철학논총』, 제2집 52호, 새한철학회, 2008, 3-26면

_____, 「원효의 비불교적 배경 시론(試論)」, 『철학논총』, 제58집, 새한철학회, 2009, 41-61면.

_____, 「고향과 말 -만해와 원효를 중심으로」, 『존재론연구』, 제24집, 한국하이데거학회, 2010, 155-173면.

_____, 「원효『열반경종요(涅槃經宗要)』에 나타난 일심(一心)」, 『존재론연구』, 제32집, 한국하이데거학회, 2013, 163-187면.

_____, 「원효 일심의 정의와 의미」, 『한국불교사연구』, 제2집, 한국불교사연구소, 2013, 87-124면.

_____, 「원효(元曉)『열반경종요(涅槃經宗要)』에 나타난 한중불교학(韓中佛敎學) 교류(交流)와 소통(疏通)」, 『한중인문학회 국제학술대회 2017』, 06호, 한중인문학회, 2017, 103-103면.

김원명·안효성, 「원효와 정조의 철학적 비교」, 『새한철학회 학술대회 발표논문집 2015』, 새한철학회, 2015, 471-83면.

김임중, 「원효의『금강삼매경론』연기설화 : 『화엄연기』 에마키를 중심으로」, 『연민학지』, 제21집, 연민학회, 2014, 229-277면.

_____, 「원효대사(元曉大師)와 명혜상인(明惠上人) : 고산사(高山寺) 관련자료를

중심으로」,『연민학지』, 제22집. 연민학회, 2014, 87-131면.

김임중, 「일본 화엄종조사 원효 : 화엄종조사로 호칭된 유래를 중심으로」,『연민학지』, 29집. 연민학회, 2018, 113-140면.

김정탁·이경열, 「원효의 화쟁사상 관점에서 본 현대 한국인의 의사소통관」,『한국언론학회 학술대회 발표논문집 2005집』, 한국언론학회, 2005, 379-392면.

_____, 「원효(元曉)의 의사소통관(意思疏通觀)」,『한국방송학보』, 제20집, 한국방송학회, 2006, 49-82면.

김정탁, 「장자 제물론(齊物論)의 관점에서 본 원효의 화쟁(和諍)사상 ―커뮤니케이션 갈등해소를 위한 방법론을 중심으로―」,『한국소통학회 학술대회 2015집』, 10호, 한국소통학회, 2015, 33-39면

김종욱, 「원효의 대승사상과 존재론적 혁명(김형효)에 대한 논평」,『원효학연구』, 제12집, 원효학회, 2007, 179-181면.

_____, 「현대 철학의 경향과 원효의 불교 사상」,『불교학보』, 제63집, 동국대학교 불교문화연구원, 2012, 281-308면.

_____, 「원효 사상의 존재론적 해명」,『철학사상』, 제48집, 서울대학교 철학사상연구소, 2013, 3-29면.

김종의, 「원효와 보살상」,『민족사상』, 제9집 3호, 한국민족사상학회, 2015, 85-117면.

김종인, 「원효 전기의 재구성 : 신화적 해석의 극복」,『대각사상』, 제4집, 대각사상연구원, 2001, 405-429면.

_____, 「체용과 원효의 화쟁」,『동양철학연구』, 제24집, 동양철학연구회, 2001, 5-29면.

_____, 「『法華宗要』에 나타난 元曉의『法華經』이해」,『정토학연구』, 제6집, 한국정토학회, 2003, 361-380면.

_____, 「원효 저술 번역의 현황과 과제」,『철학사상』, 제23호, 서울대학교 철학

사상연구소, 2006, 337-350면.

김주후, 「상호작용 관점에서 본 원효의 훈습론」, 『한국불교사연구』, 제1집, 한국불교사연구소, 2012, 169-205면.

김준호, 「원효의 『대승기신론소/별기』의 구문대조와 《신회본(新會本)》 편찬의 필요성 ―『대승기신론』 「입의분(立義分)」을 중심으로―」, 『한국불교학』, 제80집, 한국불교학회, 2016, 7-27면.

김지연, 「북미불교의 원효 인식과 이해」, 『불교학연구』, 제49집, 불교학연구회, 2016, 59-86면.

김창호, 「Wonhyo and Shakespeare: A Way of Intercommunication」, 『셰익스피어 비평』, 제49집, 4호, 한국셰익스피어학회, 2013, 843-862면.

김천학, 「종밀의 『대승기신론소』와 원효」, 『불교학보』, 제69집, 동국대학교 불교문화연구원, 2014, 61-90면.

_____, 「원효「광명각품소」의 해석상의 특징: 동아시아 화엄사상의 관점에서」, 『이화사학연구』, 제51호, 이화사학연구소, 2015, 1-31면.

_____, 「종밀에 미친 원효의 사상적 영향」, 『불교학보』, 제70집, 동국대학교 불교문화연구원, 2015, 41-62면.

_____, 「쇼묘지(稱名寺) 소장·가나자와(金澤)문고 관리 원효 『기신론별기』의 기초연구」, 『한국사상사학』, 제56집, 한국사상사학회, 2017, 245-276면.

_____, 「元曉『起信論別記·疏』의 전승 조사와 定本化 시도」, 『서지학연구』, 제73호, 한국서지학회, 2018, 157-178면.

_____, 「원효와 종밀의 사상적 동이 ―종밀의 원효문헌 인용을 중심으로―」, 『불교철학』, 제3집, 동국대학교 세계불교학연구소, 2018, 93-127면.

_____, 「원효〈판비량론〉의 발굴과 연구사 고찰」, 『불교학보』, 제89집, 동국대학교 불교문화연구원, 2019, 9-29면.

김태수, 「四句解釋에 관한 元曉 和諍論法의 특성 : 들뢰즈의 새로운 변증법과의 대비를 중심으로」, 『불교학리뷰』, 제22집, 금강대학교 불교문화연구소, 2017, 221-256면.

_____, 「원효의『涅槃宗要』에 나타난 보신의 상주론과 무상론의 화쟁방식」, 『동북아 문화연구』, 56호, 동북아시아문화학회, 2018, 23-43면.

_____, 「원효의『本業經疏』에 나타난 이제 중도설의 구조와 특성」, 『원불교사상과 종교문화』, 제77집, 원광대학교 원불교사상연구원, 2018, 291-320면.

_____, 「원효의 부정방식에 나타난 불교 논리학적 특성 : 명사부정과 타자부정(anyapoha)을 중심으로」, 『인문논총』, 제47집, 경남대학교 인문과학연구소, 2018, 69-95면.

_____, 「제법실상(諸法實相)에 대한 원효의 화쟁방식」, 『동아시아불교문화』, 35호, 동아시아 불교문화학회, 2018, 275-300면.

_____, 「『열반종요(涅槃宗要)』〈삼사문(三事門)〉의 불일불이(不一不異) 화쟁론 : 체상·총별·법신 유·무색론(法身有無色論)에 대한 원효의 논의를 중심으로」, 『동아시아불교문화』, 제36호, 동아시아불교문화학회, 2018, 163-192면.

김태오·김병희, 「원효 무애행의 교육적 함의」, 『동서철학연구』, 제34집, 한국동서철학회, 2004, 253-275면.

김헌선, 「21세기 총체적 사유의 발현 ―원효와 최한기의 사상계승을 중심으로―」, 『돈암어문학』, 14호, 돈암어문학회, 2001, 1-9면.

_____, 「원효 글쓰기의 통불교(通佛敎)적 독창성」, 『한국사상과 문화』, 제100집, 한국사상문화학회, 2019, 945-975면.

김현구, 「원효의 공성과 중도관에 대한 인도 중관학파적 리뷰 :『금강삼매경론』을 중심으로」, 『불교철학』, 제1집, 동국대학교 세계불교학연구소, 2017, 4-30면.

김현신, 「돌아보다 ―원효의 회고상을 보고―고영섭」, 『시와세계』, 71호, 시와세계, 2020, 244-245면.

김현희, 「원효의 정토사상과 무애의 아름다움」, 『민족미학』, 제10집, 민족미학회, 2011, 15-48면.

_____, 「元曉의 『判比量論』에서 '五識三相'의 개념」, 『한국불교학』, 제71집, 한국불교학회, 2014, 137-166면.

_____, 「元曉의 『判比量論』에서 '알라야識'의 의미」, 『한국불교학』, 제74집, 한국불교학회, 2015, 117-147면.

_____, 「원효의 정토사상에서 慧와 信의 의미 —『무량수경종요』를 중심으로—」, 『한국불교학』, 제82집, 한국불교학회, 2017, 99-129면.

_____, 「원효의 화엄적 시간관」, 『한국불교학』, 제97집, 한국불교학회, 2021, 251-284면.

김형효, 「元曉의 화쟁적 사유와 대승적 세상보기에 대한 이해」, 『한국학』, 제25집, 2호, 한국학중앙연구원, 2002, 107-148면.

_____, 「元曉의 大乘사상과 존재론적 혁명」, 『원효학연구』, 제12집, 원효학회, 2007, 153-177면.

_____, 「원효대사(元曉大師)의 화쟁(和諍)사상과 그 철학적 함의(含意)」, 『천태학연구』, 제10집, 천태불교문화연구원, 2007, 190-205면.

_____, 「구조/탈구조와 우리 : 원효, 레비-스트로스, 그리고 데리다」, 『기호학연구』, 제24집, 한국기호학회, 2008, 9-27면.

김호성, 「『원효와 일본불교에 대하여』를 읽고」, 『원효학연구』, 제8집, 원효학회, 2003, 189-190면.

_____, 「원효의 『미타증성게』와 보조지눌」, 『불교학연구』, 제49집, 불교학연구회, 2016, 1-29면.

_____, 「원효의 정토시와 대중교화의 관계 : 『미타증성게』와 『징성가』를 중심으로」, 『불교학보』, 86호, 동국대학교 불교문화연구원, 2019, 221-240면.

_____, 「원효의 미타증성게와 징성가는 같은 작품인가?」, 『불교연구』, 제50집, 한국불교연구원, 2019, 37-60면.

김호성, 「'소성거사 원효'의 왕생 가능성 ―『무량수경종요』와 관련하여―」, 『불교연구』, 제53집, 한국불교연구원, 2020, 9-40면.

_____, 「일본 정토불교와 관련해서 본 원효의 정토신앙 ―『삼국유사』 원효불기(元曉不羈)의 기사를 중심으로―」, 『불교학보』, 제90집, 동국대학교 불교문화연구원, 2020, 85-107면.

_____, 「원효의 정토사상과 범본『무량수경』 1 ―왕생자를 중심으로―」, 『인도철학』, 제60호, 인도철학회, 2020, 59-96면.

_____, 「원효 정토사상의 몇 가지 양상들 ―『불설아미타경소』 오역(誤譯) 사례를 중심으로―」, 『보조사상』, 제59집, 보조사상연구원, 2021, 109-146면.

_____, 「원효가 민중들에게 권유한 염불의 정체성 : 愛宕邦康의 「元曉撰『無量壽經宗要』硏究方法 改革論」 비판」, 『신라문화』, 제58집, 동국대학교 신라문화연구소, 2021, 333-355면.

김흥미, 「'승만경' 일승장에 대한 원효의 해설」, 『한국불교학』, 제80집, 한국불교학회, 2016, 29-58면.

김훈, 「중국불교에 있어서의 원효의 위상」, 『원효학연구』, 제10집, 원효학회, 81-107면.

남동신, 「원효의 계율사상」, 『한국사상사학』, 제17집, 한국사상사학회, 2001, 251-282면.

_____, 「원효와 의상의 행적 비교 연구에 대한 토론 요지」, 『원효학연구』, 제8집, 원효학회, 2003, 196-200면.

_____, 「원효의 기신론관과 일심사상」, 『한국사상사학』, 제22호, 한국사상사학회, 2004, 45-76면.

_____, 「동아시아불교와 원효의 화쟁사상」, 『원효학연구』, 제10집, 원효학회, 2005, 53-79면

남인현, 「이광수의 「원효대사」에 나타난 불교정신」, 『국제언어문학』, 국제언어문학회, 2004, 9호, 133-154면.

노채숙, 「원효의 교판 인식에 대한 연구」, 『천태학연구』, 제13집, 천태불교문화연구원, 2010, 370-423면.

류승주, 「一心, 如來藏, 阿梨耶識에 대한 元曉의 해석」, 『불교학보』, 제39집, 동국대학교 불교문화연구원, 2002, 83-106면.

_____, 「三細相과 第八識에 대한 元曉의 해석」, 『한국불교학』, 제33집, 한국불교학회, 2003, 145-163면.

_____, 「元曉 佛敎學에서 顯了門과 隱密門의 體系」, 『한국불교학』, 제38집, 한국불교학회, 2004, 59-80면.

_____, 「원효의 마음의 철학 —마음의 생성과 소멸—」, 『한국철학논집』, 제27호, 한국철학사연구회, 2009, 39-61면.

_____, 「마음을 통해 본 한국철학 : 원효의 마음의 철학 —마음의 생성과 소멸—」, 『한국 철학논집』, 27호, 한국철학사연구회, 2009, 39-61면.

류용범, 「원효(元曉)의 정토사상(淨土思想)에서 신관(信觀)에 대한 소고(小考)」, 『밀교학보』, 제12집, 위덕대학교 밀교문화연구원, 2011, 149-194면.

류제동, 「파나(fana)와 공(空) : 이슬람과 불교의 만남의 가능성에 관하여」, 『종교문화학보』, 제3집, 전남대학교 종교문화연구소, 2007, 79-107면.

_____, 「원효의 삶이 우리에게 주는 의미」, 『맘울림 : 깊고 넓고 맑은 삶을 위하여』, 제28집, 신앙인아카데미, 2010 , 90-100면.

명계환, 「서평 : 원효, 역동하는 절망과 희망 —고영섭의 『원효탐색』」, 『문학/사학/철학』, 제44호, 한국불교사연구소, 2015, 255-278면.

_____, 「원효(元曉) 무애무(無碍舞)와 구야(空也) 오도리넨부츠(踊念佛)의 비교(比較) 일고(一考)」, 『불교학보』, 93집, 동국대학교 불교문화연구원, 2020, 109-131면.

문광, 「원효한류와 불교퀴터제를 꿈꾸며 —'원효읽기'의 읽기 : 고영섭 교수의 『원효 한국 사상의 새벽-』」, 『문학/사학/철학』, 제3호, 한국불교사연구소, 2005, 84-101면.

문광, 「원효한류와 불교쿼터제를 꿈꾸며 '원효읽기'의 읽기 : 고영섭 교수의 『원효, 한국 사상의 새벽』」, 『석림』, 제40집, 동국대학교 석림회, 2006, 179-198면.

문명대, 「원효계 화엄종 본존불 문제와 삼화사 철노사나불상의 연구」, 『미술사학연구』, 제236집, 한국미술사학회, 2002, 69-96면.

문정필, 「양산지역의 불교건축에 나타난 원효사상 : 천성산 미타암을 중심으로」, 『지역사회학』, 제21집1호, 지역사회학회, 2020, 31-58면.

문진영, 「원효의 『본업경소』에 나타난 보살계위에 관한 연구」, 『한국불교학』, 제92집, 한국불교학회, 2019, 71-105면.

박광연, 「원효(元曉)의 일승관(一乘觀)과 사상사적 의미 ―『법화종요(法華宗要)』를 중심으로―」, 『한국사상사학』, 35호, 한국사상사학회, 2010, 99-128면.

_____, 「보살계 사상의 전개와 원효『菩薩戒本持犯要記』의 성격」, 『한국고대사연구』, 96호, 한국고대사학회, 2017, 83-112면.

박규태, 「〈17조헌법〉의 화(和)와 원효의 화쟁(和諍) ―한일문화비교의 인식론적 고찰―」, 『일본사상』, 38호, 한국일본사상사학회, 2020, 103-134면.

박균섭, 「원효와 히지리의 대중교화론」, 『교육철학』, 제42집, 한국교육철학회, 2010, 53-82면.

_____, 「이광수의 『원효대사』를 통해 본 전시동원체제와 식민교육의 성격」, 『교육문제연구』, 제26호, 고려대학교 교육문제연구소, 2013, 103-127면.

박기열, 「세친의 삼성과 원효의 각·불각의 논리적 구조 비교 ―『삼성론』과 『기신론소』를 중심으로―」, 『동아시아불교문화』, 35호, 동아시아불교문화학회, 2018, 301-322면.

_____, 「원효의 외도(tīrthaka) 비판에 관한 고찰 ―『기신론소기』 중 眞如自性 관련 四句 분석을 중심으로―」, 『인도철학』, 56호, 인도철학회, 2019, 37-70면.

박미선, 「義湘과 元曉의 관음신앙 비교」, 『한국고대사연구』, 60호, 한국고대사학회, 2010, 197-230면.

박범석, 「깨달음의 실천에 관한 종교교육적 탐구 —원효의 무애행을 중심으로—」, 『한국사상과 문화』, 제50집, 한국사상문화학회, 2009, 323-343면.

박병기, 「우리의 불교사상에 근거한 새로운 사회윤리의 모색 —원효와 만해에 관한 사회윤리학적 재인식을 중심으로」, 『가산학보』, 10호, 가산불교문화연구원, 2002, 81-100면.

_____, 「한국사상과 도덕교육 ; 삶의 의미를 지향하는 도덕교육 —원효의 깨달음[각(覺)]개념을 중심으로—」, 『한국초등도덕교육학회 학술대회2011집』, 한국초등도덕교육학회, 2011, 161-170면.

_____, 「한국불교에서 삶의 의미 문제와 인권(人權) —원효와 지눌의 깨달음[覺]개념을 중심으로—」, 『윤리교육연구』, 27호, 한국윤리교육학회, 2012, 203-221면.

박보람, 「원효와 의상의 만남과 헤어짐 —육상설(六相說)을 중심으로—」, 『불교철학』, 제5집, 동국대학교 세계불교학연구소, 2019, 139-167면.

박상주, 「『華嚴經文義要決問答』에 나오는 원효의 화엄학설」, 『구결연구』, 23호, 구결학회, 2009, 165-217면.

_____, 「원효 무애무의 교육적 소고(小考)」, 『교육철학』, 제45집, 한국교육철학회, 2011, 65-94면.

박성규, 「『원효의 대승기신론소·별기』 해제」, 『고전번역연구』, 제4집, 한국고전번역학회, 2013, 247-251면.

박성배, 「원효, 서양에 가다 그러나 아무도 그를 알아보는 사람이 없다」, 『원효학연구』, 제12집, 원효학회, 2007, 7-40면.

박성춘(여연), 「元曉의 彌勒淨土 上生의 信行觀 고찰 —『彌勒上生經宗要』를 중심으로—」, 『정토학연구』, 제21집, 한국정토학회, 2014, 9-36면.

박성희·이재용, 「원효와 무애상담 : 참나(眞我)를 만나 누리기」, 『한국불교상담학회지』, 제10집, 한국불교상담학회, 2017, 33-54면.

박영학, 「원효의 언어관 연구」, 『원불교사상과 종교문화』, 제42집, 원광대학교 원불교사상연구원, 2009, 197-227면.

박용주, 「원효의 외침에 응답하는 박찬국 =『원효와 하이데거의 비교 연구』」, 『한국민족문화』, 제56집, 부산대학교 한국민족문화연구소, 2015, 457-464면.

박재현, 「해석학적 문제를 중심으로 본 원효의 會通과 和諍」, 『불교학연구』, 제24집, 불교학연구회, 2009, 365-401면.

박정근, 「元曉思想 小考(其一)」, 『인문학연구』, 제92집, 한국외국어대학교 철학문화연구소, 2005, 1-22면.

_____, 「원효의 "고향" 이야기」, 『현대유럽철학연구』, 15호, 한국하이데거학회, 2007, 853-882면.

박진영, 「원효처럼 살아간다는 것 ―고영섭, 『분황 원효』(박문사, 2015)를 읽고―」, 『한국불교사연구』, 제13집, 2018, 한국불교사연구소, 166-187면.

박진홍, 「그 사람(其人) ―고영섭의 『나는 오늘도 길을 간다 : 원효, 한국 사상의 새벽』을 읽은 뒤의 소설적 상상력―」, 『문학/사학/철학』, 제50집, 한국불교사연구소, 2017, 147-166면.

박찬국, 「원효의 외침에 응답하는 박찬국 : 『원효와 하이데거의 비교 연구』」, (서울: 서강대학교출판부, 2010)

_____, 「쇼펜하우어와 불교의 인간이해의 비교연구 ―쇼펜하우어와 원효의 비교연구를 토대로―」, 『존재론 연구』, 제32집, 한국하이데거학회, 2013, 107-138면.

박태원, 「『金剛三昧經』·『金剛三昧經論』과 원효사상(2) : 大乘禪사상과 眞俗不二를 중심으로」, 『원효학연구』, 제6집, 원효학회, 2001, 299-327면.

_____, 「원효와 의상의 통합 사상」, 『철학논총』, 제2집, 28호, 새한철학회, 2002, 3-30면.

_____, 「원효의 각(覺)사상 연구」, 『철학논총』, 제34집, 4호, 새한철학회, 2003,

　　　　59-88면.

박태원, 「원효 화쟁사상의 보편 원리」, 『철학논총』, 제4집, 38호, 새한철학회, 2004, 23-53면.

_____, 「원효의 불이(不二) 사상 : 둘 아닌 존재 지평과 실천」, 『철학논총』, 제4집, 46호, 새한철학회, 2006, 153-173면.

_____, 「원효의 선(禪)사상 : 『금강삼매경론』을 중심으로」, 『철학논총』, 제68집, 2호, 새한철학회, 2012, 5-41면.

_____, [특집논문] 「선불교, 철학적으로 사유하다 : 원효 선관(禪觀)의 철학적 읽기」, 『동아시아불교문화』, 16호, 동아시아불교문화학회, 2013, 3-34면.

_____, 「원효의 화쟁 논법과 쟁론 치유」, 『불교학연구』, 제35집, 불교학연구회, 2013, 99-138면.

_____, 「화쟁사상을 둘러싼 쟁점 검토」, 『한국불교사연구』, 제2집, 한국불교사연구소, 2013, 125-170면.

_____, 「지적 이해와 원효의 선관(禪觀) ―'이해하기(觀)'와 체득하기(行)'」, 『불교학연구』, 제39집, 불교학연구회, 2013, 215-249면.

_____, 「원효의 『금강삼매경』6품 해석학」, 『철학논총』, 제77집, 3호, 새한철학회, 2014, 383-404면.

_____, 「자기이익 성취와 타자이익 기여의 결합 문제와 원효의 선(禪) ―자리/이타의 결합 조건과 선(禪)」, 『불교학연구, 제40호, 불교학연구회, 2014, 139-181면.

_____, 「원효 화쟁철학의 형성과 발전」, 『철학논총』, 제90집, 4호, 새한철학회, 2017, 239-262면.

_____, 「'깨달음 담론'의 구성을 위한 둘째 관문 원효의 일심一心과 깨달음의 의미」, 『불교철학』, 제4집, 동국대학교 세계불교학연구소, 2019, 5-76면.

_____, 「원효의 일심一心 ―본체론적 해석에 대한 비판과 대안―」, 『철학논총』,

제98집,4호, 새한철학회, 2019, 27-54면.

박태원, 「원효와 차이 통섭通攝의 철학 ―『금강삼매경론』을 중심으로―」, 『철학논총』, 제104집, 2호, 새한철학회, 2021, 391-440면.

방민호, 「이광수 장편소설『원효대사』를 어떻게 읽을 것인가」, 한국현대문학회 학술발표회자료집, 한국현대문학회, 2011, 2호, 84-101면.

방민화, 「김동리의 〈원왕생가(願往生歌)〉에 나타난 원효의 정토사상(淨土思想) 연구」,『문학과 종교』, 한국문학과종교학회, 2006. 제11권 2호, 105-122면.

방인, 「원효와 다산의 철학사상 비교 ―학문관·세계관·처세관을 중심으로」, 『한국불교사연구』, 제6집, 한국불교사연구소, 2015, 330-383면.

배경아, 「원효의 진리론 논증」,『동아시아불교문화』, 25호, 동아시아불교문화학회, 2016, 315-342면.

배금란, 「『삼국유사』「낙산이대성 관음 정취 조신(洛山二大聖 觀音 正趣 調信)」조(條)의 원효설화 분석」,『종교연구』, 제78집, 3호, 한국종교학회, 2018, 235-262면.

배상식, 「원효의 일심사상과 윤리관 : 금강삼매경론을 중심으로」,『초등교육연구논총』, 제24집,1호, 대구교육대학교 초등교육연구소, 2008, 1-15면.

배종대, 「원효(元曉)의 화쟁(和諍)사상과 형법이론」,『고려법학』, 81호, 고려대학교 법학연구원, 2016, 251-293면.

福士慈稔, 「元曉와「和諍」」,『원효학연구』, 제9집, 원효학회, 2004, 39-62면.

서대석, 「설화에 반영된 원효사상과 민중의식 : 〈元曉說話〉를 중심으로」,『국문학연구』, 제6집, 국문학회, 2001, 129-158면.

서영숙, 「서사민요 〈동국각시 노래〉와 '빨래' 서사의 상호텍스트적 고찰 : 〈원효전설〉, 〈장화왕후 전설〉, 〈제위보〉와의 비교를 중심으로」,『구비문학연구』, 제54호, 한국구비문학회, 2019, 5-38면

서영애, 「원효의 일심사상 연구」,『원효학연구』, 제6집, 원효학회, 2001, 205-

247면.

서재길, 「한국 영화 속에 나타난 원효 ―『신라성사원효』와 『원효대사』를 중심으로―」, 『열상고전연구』, 제61집, 열상고전연구회, 2018, 83-108면.

서철원, 「설화 속 원효 형상에 대한 이중적 시선의 의미」, 『고전문학연구』, 제46집, 한국고전문학회, 2014, 103-129면.

_____, 「원효의 게송(偈頌) 〈대승육정참회(大乘六情懺悔)〉의 표현 방식과 문학적 해석의 가능성」, 『한민족문화연구』, 제56집, 한민족문화학회, 2016, 7-41면.

석길암, 「원효(元曉) 『이장의(二障義)』의 사상사적 재고」, 『한국불교학』, 제28집, 한국불교학회, 2001, 379-400면.

_____, 「元曉의 十佛과 六相說에 대한 小考」, 『한국불교학』, 제31집, 한국불교학회, 2002, 199-228면.

_____, 「眞如・生滅 二門의 關係를 통해 본 元曉의 起信論觀」, 『불교학연구』, 제5집, 불교학연구회, 2002, 125-155면.

_____, 「吉藏의 三論敎學이 元曉에게 미친 영향」, 『불교학연구』, 제8집, 불교학연구회, 2004, 123-144면.

_____, 「법장 교학의 사상적 전개와 원효의 영향」, 『보조사상』, 제24집, 보조사상연구원, 2005, 41-92면.

_____, 「중국 선종사에 보이는 원효에 대한 認識의 변화 ―『金剛三昧經』및 『金剛三昧經論』과 관련하여―」, 『한국선학』, 제15집, 한국선학회, 2006, 365-396면.

_____, 「일심의 해석에 나타난 원효의 화엄적 관점」, 『불교학보』, 49호, 동국대학교 불교문화연구원, 2008, 169-191면.

_____, 「원효의 화쟁을 둘러싼 현대의 논의에 대한 시론적 고찰」, 『불교연구』, 제28집, 한국불교연구원, 2008, 199-215면.

_____, 「원효의 보법(普法), 사상적 연원과 의미」, 『보조사상』, 제32집, 보조사상

연구원, 2009, 1-34면.

석길암, 「한국(韓國) 화엄사상(華嚴思想)의 성립과 전개에 보이는 몇 가지 경향성(傾向性) ―지엄(智儼)과 원효(元曉), 지엄(智儼)과 의상(義湘)의 대비를 통해서―」, 『동아시아불교문화』, 13호, 동아시아불교문화학회, 2013, 3-29면.

_____, 「원효의 불교사상과 교육」, 『한국교육철학회 학술발표회 논문집 제2015』 4호, 한국교육철학회, 2015, 1-10면.

석창훈, 「원효 성사와 성 프란치스코의 종교 사상 비교 ―"무애행"과 "탁발"을 중심으로―」, 『인문과학연구』, 15호, 대구가톨릭대학교 인문과학연구소, 2011, 141-162면.

선효, 「현시대에 적합한 포교, '뮤지컬 원효'」, 『석림』, 제45집, 동국대학교 석림회, 2011, 360-365면.

손영산, 「『梵網經菩薩戒本私記卷上』元曉 진찬여부 논쟁에 관한 재고」, 『한국불교학』, 제56집, 한국불교학회, 2010, 195-225면.

손자영, 「분황(芬皇) 원효(元曉) 전기(傳記)의 서지학적(書誌學的) 고찰(考察)」, 『문학/사학/철학』, 제39집, 한국불교사연구소, 2014, 28-99면.

손지혜, 「近代期의 元曉 再發見者들 ―鄭晄震, 崔南善, 趙明基, 許永鎬를 중심으로―」, 『일본사상』, 28호, 한국일본사상사학회, 2015, 95-137면.

손현, 「동,서양적 사유의 대화가능성을 위한 방법론적모색 ―원효, 워즈워스, 미메시스」, 『유럽사회문화』, 16호, 연세대학교 유럽사회문화연구소, 2016, 154-182면.

송민영, 박영만, 「원효(元曉)의 한마음 교육사상과 J. Millerm의 홀리스틱 교육사상과의 대화 : 홀리스틱 영성교육을 향하여」, 『홀리스틱융합교육연구』, 제5집, 3호, 한국홀리스틱교육학회, 2001, 167-202면.

송현주, 「현대 종교상황에 비추어 본 원효의 삶과 사상」, 『한국불교사연구』, 제11집, 한국불교사연구소, 2017, 118-165면.

신병삼, 「원효대사 다장르 스토리뱅크」, 『전자불전』, 제12집, 동국대학교 전자불전연구소, 2010, 89-112면.

신복희, 「원효대사」, 『수필시대』, 제10집, 문예운동사, 2015, 254-256면.

신성현, 「원효의 보살계 이해」, 『한국불교학』, 제31집, 한국불교학회, 2002, 83-106면.

신오현, 「원효-불교-철학 : 선험-현상학적 해명」, 『원효학연구』, 제6집, 원효학회, 2001, 163-203면.

_____, 「현대철학의 한계와 원효의 화쟁논리」, 『철학연구』, 제78집, 대한철학회, 2001, 237-262면.

신옥희, 「원효와 야스퍼스의 진리관 : 비교철학적 접근」, 『원효학연구』, 제12집, 원효학회, 2007, 99-143면.

안성두, 「원효의 『二障義』〈顯了門〉에 나타난 해석상의 특징」, 『불교연구』, 제47집, 한국불교연구원, 2017, 125-157면.

안승대, 「원효의 화쟁사상과 화쟁교육론의 대안교육적 가능성」, 『동아인문학』, 제52호, 동아인문학회, 2020, 동 217-247면.

안영석, 「종교적 공존과 관용을 위한 시론 —원효와 최치원의 사상을 중심으로—」, 『유학연구』, 제46집, 충남대학교 유학연구소, 2019, 475-498면.

안옥선, 「원효사상에 있어서 인권의 기초이념」, 『범한철학』, 제26집, 범한철학회, 2002, 109-135면.

안효성,김원명, 「원효의 화쟁과 정조의 탕평 비교 연구」, 『한국철학논집,』 제45호, 한국철학사연구회, 2015, 9-35면.

양용선, 「원효의 『금강삼매경론』의 여래장 해석」, 『불교학보』, 제94집, 동국대학교 불교문화연구원, 2021, 179-202면.

양웨이종, 「元曉"和諍"論與宗密"圓融"說」, 『불교학보』, 60호, 동국대학교 불교문화연구원, 2011, 85-100면.

_____, 「원효(元曉)의 "화쟁론(和爭論)"과 종밀(宗密)의 "원융설(圓融說)"」, 『불

교학보』, 제60집, 동국대학교 불교문화연구원, 2011, 101-120면.

엄기표, 「신라 원효대사의 주요 사적과 오도처에 대한 시론」, 『한국고대사탐구』, 제4집, 한국고대사탐구학회, 2010, 179-223면.

엄진성, 「원효(元曉)의 일심이문(一心二門)과 주희(朱熹)의 심통성정(心統性情) 비교에 대한 논평문」, 『새한철학회 학술대회 발표논문집 2018』, 5호, 새한철학회, 2018, 62-64면.

여승민, 「원효 계율 사상의 도덕 교육적 함의 ―『보살계본지범요기(菩薩戒本持犯要記)』를 중심으로―」, 『윤리철학교육』, 제11집, 윤리철학교육학회, 2009, 126-151면.

열상고전연구회, [화보] 원효대사와 현대문화 학술발표회, 『열상고전연구』, 제61집, 열상고전연구회, 6-6면.

예문동양사상편집부, [부록] 「원효·의천·지눌에 관한 연구물 목록」, 『오늘의 동양사상』, 4호, 예문동양사상연구원, 2001, 355-407면.

오기성, 「원효 화쟁사상의 평화교육적 함의」, 『평화와 종교』, 제4호, 한국평화종교학회, 2017, 103-125면.

오대혁, 「원효설화와 스토리텔링」, 『전자불전』, 제11집, 동국대학교 전자불전연구소, 2009, 27-56면.

오장수, 「원효와 의상의 결투」, 『NICE』, 제39집 1호, 한국화학공학회, 2021, 68-70면.

오지연, 「천태 지의와 원효의 만남 ―일심삼관(一心三觀)을 중심으로―」, 『불교철학』, 제1집, 동국대학교 세계불교학연구소, 2017, 73-109면.

오희철·김원명, 「원효『열반경종요』에 나타나는 부처의 존재론적 이해 ―윌리엄슨(Williamson)의 분석 형이상학적 관점을 중심으로―」, 『한국불교학』, 제81집, 한국불교학회, 2017, 161-185면.

요르그 플라센, 「동아시아 불교의 화(和)사상 ―원효 저술의 독창성에 대한 재고―」, 『천태학연구』, 제10집, 천태불교문화연구원, 2007, 84-154면.

우종인, 「원효와 법장에서 아뢰야식의 문제」, 『남도문화연구』, 30호, 순천대학교 남도문화연구소, 2016, 153-176면.

원상화, 「무용/ 동작치료에 있어서 원효 무애춤의 효과성에 관한 토론」, 『한국예술심리치료학회 학술대회2014』, 추계호, 한국예술심리치료학회, 2014, 1-2면

원영만(정산), 「원효의 불교대중화 일고」, 『정토학연구』, 제10집, 한국정토학회, 2007, 385-428면.

유문무, 「원효 화쟁사상의 현대적 의의」, 『한국학논집』, 68호, 계명대학교 한국학연구원, 2017, 29-60면.

유석형, 「W. B. 예이츠의 시세계에 나타난 상징과 원효사상 비교연구」, 『한국예이츠 저널』, 제20집, 한국예이츠학회, 2003, 35-56면.

유승무, 신종화, 박수호, 「원효의 화쟁일심 사상과 한국 마음문화의 사상적 기원」, 『사회사상과 문화』, 제19집, 4호, 동양사회사상학회, 2016, 1-28면.

유용빈, 「원효의 이제설에 대한 고찰 ─삼론학의 수용과 극복을 중심으로─」, 『한국불교학』, 제58집, 한국불교학회, 2010, 247-280면.

윤기혁, 류강렬, 「원효의 무애행에 내재된 사회복지 가치」, 『사회사상과 문화』, 제23집, 3호, 동양사회사상학회, 2020, 117-147면.

윤상기, 「범어사 원효암 목조관음보살좌상의 복장전적 연구」, 『서지학연구』, 65호, 한국서지학회, 2016, 5-38면.

윤석효, 「원효(元曉), 의상(義湘)의 사상과 일연(一然)의 삶」, 『한성사학』, 제24집, 한성사학회, 2009, 3-34면.

윤용섭, 「기신론소를 통해본 원효의 교육관」, 『원효학연구』, 제7집, 원효학회, 2002, 262-286면.

윤종갑, 「원효 사상의 철학적 체계」, 『밀교학보』, 제7집, 위덕대학교 밀교문화연구원, 2005, 297-324면.

_____, 「용수 공사상의 한국적 변용과 전개 ─원효의 『금강삼매경론』을 중심으

로」, 『한국철학논집』, 제21호, 한국철학사연구회, 2007, 271-303면.

윤종갑, 「원효의 일심·화쟁사상과 통불교논의」, 『민족사상』, 제3집, 2호, 한국민족사상학회, 2009, 87-123면.

_____, 「「원효와 정조의 철학적 비교 ―화쟁과 탕평을 중심으로―」에 대한 논평」, 『새한철학회 학술대회 발표논문집』, 제2015, 4호, 새한철학회, 2015, 84-86면.

_____, 「고대 한국 불교에 있어 법과 정치 ―원효를 중심으로―」, 『불교학보』, 77집, 동국대학교 불교문화연구원, 2016, 173-195면.

율곡학회, 「알기 쉬운 우리 역사강좌 : 원효와 의상은 어떤 인물인가?」, 『밤나무골 이야기』, 제10집, (사)율곡연구원(구 사단법인 율곡학회), 2003, 48-54면.

은정희, 「원효의 윤리사상」, 『한국사상과 문화』, 제11집, 한국사상문화학회, 2001, 169-194면.

_____, 「원효의『二障義』연구」, 『원효학연구』, 제8집, 원효학회, 2003, 59-66면.

_____, 「원효(元曉)의 생애와 사상」, 『한국인물사연구』, 제4집, 한국인물사연구소, 2005, 159-178면.

_____, 「『원효의 대승기신론소·별기』」, 『고전번역연구』, 제4집, 한국고전번역학회, 2013, 253-292면.

이강옥, 「화쟁과 치유의 국어교육」, 『국어교육연구』, 75호, 국어교육학회, 2021, 291-316면.

이거룡, 「元曉와 Rāmānuja의 사상에서 一者와 多者의 문제」, 『한국불교학』, 제31집, 한국불교학회, 2002, 283-304면.

이경원, 「원효와 지눌의 심체론 비교 연구」, 『양명학』, 9호, 한국양명학회, 2003, 285-309면.

이규완, 「삼원적 사유구조 ―원효『기신론』주석과 이익의『사칠신편』을 중심으

　　　　로」, 『동아시아불교문화』, 37호, 동아시아불교문화학회, 2019, 295-346
　　　　면.
이규호, 「불교(佛敎)와 인권(人權) ―원효사상을 중심으로―」, 『한국교수불자연합
　　　　학회지』, 제26집, 사단법인 한국교수불자연합회, 2020, 45-57면.
이근용, 「원효의 화쟁회통(和諍會通)과 디지털네트워크시대의 소통」, 『동양문화
　　　　연구』, 제21집, 영산대학교 동양문화연구원, 2015, 281-312면.
　　　　, 「원효 화쟁 사상의 현실적 적용」, 『한국소통학회 학술대회 제2015』, 5호,
　　　　한국소통학회, 2015, 115-119면.
　　　　, 「「원효 화쟁사상의 현실적 적용과 의의」, 『한국소통학보』, 제28집, 한국
　　　　소통학회, 2015, 154-182면.
이기운, 「천태의 四一과 원효의 四法」, 『불교학연구』, 제11집, 불교학연구회,
　　　　2005, 5-30면.
　　　　, 「천태의 육근참회와 원효의 육정참회 ―천태의 법화삼매참의와 원효의
　　　　대승육정참회를 중심으로―」, 『동서 비교문학저널』, 15호, 한국동서비교
　　　　문학학회, 2006, 117-148면.
이도흠, 「원효의 화쟁사상과 생태이론의 비교철학적 연구」, 『돈암어문학』, 14호,
　　　　돈암어문학회, 2001, 11-33면.
　　　　, 「원효의 화쟁사상과 탈현대철학의 비교연구」, 『원효학연구』, 제6집, 원
　　　　효학회, 2001, 249-298면.
　　　　, 「자생적 변혁 이론의 모색: 원효와 마르크스의 종합」, 『문학과경계』, 제3
　　　　집,1호, 문학과경계사, 2003, 59-94면.
　　　　, 「원효의 언어관과 포스트모더니즘」, 『시와세계』, 2호, 시와세계, 2003,
　　　　31-40면.
　　　　, 「자생적 변혁 이론의 모색: 원효와 마르크스의 종합」, 『문학과경계』, 제3
　　　　집,1호, 문학과경계사, 2003, 59-94면.
　　　　, 「원효의 언어관과 포스트모더니즘」, 『시와세계』, 2호, 시와세계, 2003,

31-40면.

이도흠, 「포스트모더니즘 문예이론과 원효(元曉) 화쟁(和諍)의 비교 연구」, 『비교한국학Comparative Korean Studies』, 국제비교한국학회, 2004, 제12집, 1호, 137-166면.

_____, 「소쉬르 탄신 150주년 기념 학술논문집 : 소쉬르의 현재성과 탈현대성 ; 소쉬르, 하이데거, 원효의 언어관 비교 연구」, 『기호학연구』, 제21집, 한국기호학회, 2007, 217-253면.

_____, 「마음의 깨달음과 정치 참여의 화쟁: 원효와 맑스」, 『문화과학』, 64호, 문화과학사, 2010, 126-149면.

_____, 「교체설, 체용론과 원효의 언어관」, 『한국불교사연구』, 제2집, 한국불교사연구소, 2013, 51-86면.

이동근·정호완, 「『원효불기(元曉不羈)』의 문화콘텐츠적 탐색」, 『선도문화』, 제12집, 국제뇌교육종합대학원 국학연구원, 2012, 327-362면.

이만, 「신라 원효의 『勝鬘經疏』에 관한 연구 ―「一乘章 第五」를 중심으로―」, 『한국불교학』, 제44집, 한국불교학회, 2006, 5-38면.

이문영, 「통치 패러다임을 위한 원효, 율곡, 함석헌의 기여」, 『민족사상연구』, 제12집, 경기대학교민족문제연구소, 2004, 133-159면.

이병욱, 「원효 무애행(無碍行)의 이론적 근거 : 『보살계본지범요기(菩薩戒本持犯要記)』를 중심으로」, 『원효학연구』, 제6집, 원효학회, 2001, 329-363면.

_____, 「『대혜도경종요(大慧度經宗要)』에 나타난 원효의 화쟁사상」, 『원효학연구』, 제7집, 원효학회, 2002, 287-311면.

_____, 「천태의 사상과 원효의 사상의 공통점 연구」, 『선문화연구』, 제8집, 한국불교선리연구원, 2010, 195-225면.

_____, 「천태사상과 원효사상의 공통적 요소 : 무애행과 정토사상을 중심으로」, 『불교학연구』, 제42집, 불교학연구회, 2015, 29-58면.

이병학, 「원효의 대승보살계사상과 그 의미」, 『한국고대사연구』, 제24집, 한국고대사학회, 2001, 229-260면.

이병학, 「원효의 二覺圓通 사상과 그 사회적 의미」, 『한국고대사연구』, 44호, 한국고대사학회, 2006, 195-228면.

_____, 「원효의 '六品圓融'사상과 대중교화」, 『한국학논총』, 제34집, 국민대학교 한국학연구소, 2010, 353-389면.

이병혁, 「원효의 이문일심 사상과 라깡의 정신분석학의 구조적 상동성 연구」, 『현대정신분석』, 제10집, 1호, 한국현대정신분석학회, 2008, 171-190면.

이부키 아츠시, 「원효와 「금강삼매경」」, 『원효학연구』, 제11집, 원효학회, 2006, 57-91면.

이상민, 「『교적의(敎迹義)』 텍스트의 변천 연구(2) : 원측과 원효의 「중경교적의」 인용 태도를 중심으로」, 『불교학연구』, 제65집, 불교학연구회, 2020, 57-85면.

이상재, 「원효의 화쟁사상과 통일교육」, 『도덕윤리교육연구』, 제2집, 청람도덕윤리교육학회, 2003, 196-200면.

이상호, 「원효의 화쟁(和諍) 사상(思想)과 통일 정책」, 『중등교육연구』, 제27집, 경상대학교 중등교육연구소, 2015, 61-77면.

이수미, 「공유논쟁(空有論爭)을 통해 본원효(元曉)의 기신론관(起信論觀) 재고 : 법장(法藏)과의 비교를 중심으로」, 『한국사상사학』, 50호, 한국사상사학회, 2015, 217-254면.

_____, 「『金光明經』 三身說에 대한 元曉의 이해 ―慈恩基와 淨影慧遠과의 비교 고찰을 통하여―」, 『한국불교학』, 제82집, 한국불교학회, 2017, 7-34면.

_____, 「『대승기신론(大乘起信論)』의 알라야식에 대한 대현(大賢)의 이해 : 원효(元曉)와 법장(法藏)과의 비교」, 『동아시아불교문화』, 제32호, 동아시아불교문화학회, 2017, 101-129면.

_____, [원효 탄생 1400주년] 「보편성과 차별성의 공존」, 『지식의 지평』, 제23호.

대우재단, 2017, 1-9면.

이승하, 「한국 현대시에 나타난 '원효' 연구」, 『다문화콘텐츠연구』, 제2집, 중앙대학교 문화콘텐츠기술연구원, 2006, 29-49면.

＿＿＿, 「무애무 추는 원효」, 『(계간)시작』, 제9집, 4호, 천년의시작, 2010, 138-139면.

이승희, 「일본 교토 高山寺의 원효에마키(元曉繪卷)」, 『불교미술사학』, 제20집, 불교미술사학회, 2015, 169-172면.

이유진, 「분황 원효와 회암 주희 ―원효 사상에 입각한 화이론 비판 시도―」, 『한국불교사연구』, 제6집, 한국불교사연구소, 2015, 141-214면.

이은혜, 「창작 뮤지컬 인물 구현 연구- 뮤지컬 〈원효〉의 요석 공주 역할을 중심으로」, 『영상문화콘텐츠연구』, 제5집, 동국대학교 영상문화콘텐츠연구원, 2012, 209-230면.

＿＿＿, 「창작 뮤지컬 인물 구축 연구, 뮤지컬 원효의 요석 공주 역할을 중심으로」, 『한국콘텐츠학회 종합학술대회 논문집 제2012』, 5호, 한국콘텐츠학회, 2012, 23-124면.

이재수, 「불교문화콘텐츠를 활용한 문화관광 활성화 방안 ―원효대사 소재 콘텐츠를 중심으로―」, 『한국교수불자연합학회지』, 제16집, 1호, 사단법인 한국교수불자연합회, 2010, 69-98면.

이재수·이선수, 「인터랙티브 맵으로 만나는 원효로드」, 『전자불전』, 제11집, 동국대학교 전자불전연구소, 2009, 95-131면.

이정희, 「원효의 三性說을 통한 空有사상 종합」, 『한국불교학』, 제78집, 한국불교학회, 2016, 377-413면.

이종수, 「지리산권 원효설화의 특징과 문화사적 의미」, 『보조사상』, 제49집, 보조사상연구원, 2017, 325-350면.

이종철, 「선종 전래 이전의 신라의 선 ―『금강삼매경론』에 보이는 원효의 선학―」, 『한국선학』, 제2집, 한국선학회, 2001, 25-41면.

이주향, 「인간중심적인 대상적 차별을 넘어서 —니체의 헤라클레이토스와 원효의 일심을 비교하여」, 『니체연구』, 6호, 한국니체학회, 2004, 207-225면.

이죽내, 「원효의 일미사상의 분석심리학적 음미」, 『심성연구』, 제17집, 1호, 한국분석심리학회, 2002, 1-14면.

_____, 「원효의 지관(止觀)과 융의 상징적 이해」, 『심성연구』, 제23집, 2호, 한국분석심리학회, 2008, 81-92면.

이지형, 「원효의 『금강삼매경』 연구에 나타난 '깨침'과 '닦음'」, 『불교철학』, 제2집, 동국대학교 세계불교학연구소, 2018, 188-220면.

_____, 「이 시대의 원효는 누구인가 —고영섭의 『분황 원효』를 읽고—」, 『한국불교사연구』, 제9집, 한국불교사연구소, 2016, 162-203면.

이찬훈, 「입전수수(入廛垂手), 요익중생(饒益衆生)의 길 —원효의 계승과 불교 혁신의 길—」, 『동아시아불교문화』, 32호, 동아시아불교문화학회, 2017, 47-73면.

이창식, 안상경, 「〈경주 불교 문예의 재조명〉; 신라인 문화유산의 문화콘텐츠 개발 방아 —"원효전승"을 중심으로」, 『온지논총』, 23호, 온지학회, 2009, 7-41면.

이충환, 「원효의 『梵網經』 주석서와 天台智顗의 『菩薩戒義疏』의 비교연구」, 『한국불교학』, 제82집, 한국불교학회, 2017, 35-69면.

伊吹敦, 「元曉と『金剛三昧經』」, 『원효학연구』, 제11집, 원효학회, 2006, 25-56면.

이치형, 「원효 '인식론'의 교육학적 함의 : 「판비량론」 8절을 중심으로」, 『도덕교육연구』, 제24집, 2호, 한국도덕교육학회, 2012, 61-82면.

_____, 「원효의 유식학적 인식론 : 깨달음과 인식의 관련」, 『도덕교육연구』, 제30집, 2호, 한국도덕교육학회, 2018, 67-90면.

_____, 「칸토어 '무한(無限)'과의 비교를 통해 본 원효 '부정(不定)'의 교육학적 의

미」,『교육철학』, 제75집, 한국교육철학회, 2020, 35-56면.

이평래,「元曉聖師의 一心思想 :『大乘起信論』의 佛身說을 중심으로」,『원효학연구』, 제6집, 원효학회, 2001, 9-34면.

_____,「원효(元曉)의 천태지관(天台止觀)의 수용(受容)에 관하여」,『천태학연구』, 제6집, 천태불교문화연구원, 2004, 142-175면.

_____,「여래장을 중심으로 한 원효의 불교학」,『한국불교학』, 제43집, 한국불교학회, 2005, 1-35면.

이한길,「양양 불교설화 속에 보이는 원효와 의상의 역학관계」,『구비문학연구』, 23호, 한국구비문학회, 2006, 391-420면.

이한석,「능입과 소입으로 읽는『원효대사』」,『관악어문연구』, 제34집, 서울대학교 국어국문학과, 2009, 453-476면.

이향숙,「원효 일심의 철학적 성찰」,『원불교사상과 종교문화』, 제76집, 원광대학교 원불교사상연구원, 2018, 281-313면.

이혜영·김원명,「원효(元曉)의 일심이문(一心二門)과 주희(朱熹)의 심통성정(心統性情) 비교 연구」,『철학논총』, 제93집, 3호, 새한철학회, 2018, 303-325면.

_____,「원효(元曉)의 일심이문(一心二門)과 주희(朱熹)의 심통성정(心統性情) 비교」,『새한철학회 학술대회 발표논문집 제2018』, 5호, 새한철학회, 2018, 45-61면.

이효걸,「원효의 화쟁사상에 대한 재검토」,『불교학연구』, 제4호, 불교학연구회, 2002, 5-34면.

_____,「레비의 가상화와 원효의 화쟁사상」,『불교학연구』, 제27집, 불교학연구회, 2010, 557-601면.

이효기,「동아시아불교에 있어서 원효의 정토관의 특색」,『원효학연구』, 제10집, 원효학회, 2005, 109-169면.

이희재,「현대적 비전으로서의 원효 사상의 핵심적 원리에 관한 한 고찰(황용식)에 대한 논평」,『원효학연구』, 제12집, 원효학회, 2007, 95-98면.

이희정, 「부산 원효암 목조보살좌상과 조각승 性照」, 『미술사연구』, 30호, 미술사연구회, 2016, 73-94면.

임상목·이석환, 「원효 공사상의 본체론적 해석」, 『동서철학연구』, 96호, 한국동서철학회, 2020, 169-187면.

임종우, 「원효의 심식관 연구 ―『대승기신론소, 별기』를 중심으로―」, 『밀교학보』, 제17집, 위덕대학교 밀교문화연구원, 2016, 113-143면.

임태평, 「춘원의 『元曉大師』에 나타난 신라인의 삶의 방식과 교육」, 『교육연구』, 제3집, 2호, 동국대학교 교육연구소, 2018, 89-115면.

장경섭, [만화] 「원효를 기다리며」, 『황해문화』, 제52집, 새얼문화재단, 2006, 161-175면.

장동희, 「통일전략구상과 원효,의상의 통합사상」, 『정책과학연구』, 제15집, 단국대학교 정책과학연구소, 2005, 25-44면.

_____, 「21세기 한반도의 통일전략과 원효의 화쟁사상」, 『정책과학연구』, 제16집, 1호, 단국대학교 정책과학연구소, 2006, 57-76면.

장민석, 「현장의 유식비량에 대한 원효의 반론의 논리적 타당성 검토 ―원효의 『판비량론』을 중심으로―」, 『철학논구』, 제36집, 서울대학교 철학과, 2008, 93-120면.

장석영, 「『대혜도경종요』에 있어서의 원효의 교판관 연구」, 『불교철학』, 제2, 동국대학교 세계불교학연구소, 2018, 157-187면.

장승희, 「불교 지관(止觀) 명상의 윤리교육적 의미 ―『대승기신론』과 원효의 지관을 중심으로―」, 『윤리교육연구』, 50호, 한국윤리교육학회, 2018, 1-42면.

_____, 「불교명상과 윤리교육 : 『대승기신론』과 원효의 지관(止觀) 명상을 중심으로」, 『한국초등도덕교육학회 학술대회 제2018』, 한국초등도덕교육학회, 2018, 45-76면.

장휘옥, 「지(止)의 수행과 마장(魔障) 퇴치법 ―원효의 『대승기신론소』를 중심으로―」, 『천태학연구』, 제3집, 천태불교문화연구원, 2001, 362-395면.

전성기, 「파동수사학을 위한 원효의 화쟁론 고찰」, 『수사학』, 13호, 한국수사학회, 2010, 55-88면.

전준모, 「원효가 한국 역사에 미친 영향」, 『한국불교사연구』, 제11집, 한국불교사연구소, 2017, 37-69면.

_____, 「원효의 『대승기신론소(大乘起信論疏)』에 나타난 닦음과 깨침에 대한 고찰」, 『불교철학』, 제4집, 동국대학교 세계불교학연구소, 2019, 151-172면.

전헌, 「원효, 서양에 가다 그러나 아무도 그를 알아보는 사람이 없다에 대한 논평」, 『원효학연구』, 제12집, 원효학회, 2007, 41-46면.

정기선, 「불교학계의 집단지성들이 펼쳐나가는 불교학의 인문결사 —세계불교학연구소총서 『세계의 불교학 연구』를 읽고—」, 『한국불교사연구』, 제9집, 한국불교사연구소, 2016, 162-203면.

정상봉, 「원효(元曉) 화쟁사상(和諍思想)과 그 현대적 의의」, 『통일인문학』, 제53집, 건국대학교 인문학연구원, 2012, 201-222면.

정수연, 「무애희(無㝵戱)의 형성 맥락에 대한 소고(小考) —원효(元曉)의 무애희를 통해 본 고대 민중오락적 연희의 창조적 동기」, 『우리춤과 과학기술』, 제3집, 1호, 한양대학교 우리춤연구소, 2007, 123-151면.

정용미, 「원효의 淨土사상에 있어서 淨土往生의 논리와 수행체계」, 『동아시아불교문화』, 제6집, 동아시아불교문화학회, 2010, 191-237면.

정은희, 「『대승기신론』의 이장(二障)에 대한 원효와 혜원의 해석 비교」, 『동아시아불교문화』, 44호, 동아시아불교문화학회, 2020, 131-155면.

정진규·김원명, 「원효(元曉) 관점에서 본 트롤리 문제 해결 방안과 새로운 규범윤리학 이론모색」, 『동서철학연구』, 84호, 한국동서철학회, 2017, 215-236면.

정천구, 「원효의 『금강삼매경론』 연구」, 『민족사상』, 제6집, 1호, 한국민족사상학회, 2012, 9-47면.

_____, 「백성욱 박사의 삶과 수행 정신 —원효대사와의 비교를 중심으로—」,

『민족사상』, 제14집, 2호, 한국민족사상학회, 2020, 135-181면.

정현천·성상현, 「원효사상에 기반한 화쟁적 태도 측정도구 개발 연구」, 『조직과 인사관리연구』, 제42집, 3호, 한국인사관리학회, 2018, 97-133면.

정호완, 「원효의 화쟁과 소통」, 『한국소통학회 학술대회 제2013』, 2호, 한국소통학회, 2013, 6-8면.

정효구, 「한국문학에 그려진 원효(元曉)의 삶과 사상 —소설문학을 중심으로—」, 『한국불교사연구』, 제11집, 한국불교사연구소, 2017, 4-36면.

조기룡, 「원효 화쟁의 사회적 실현을 위한전제 조건 고찰 —노사갈등에 대한 화쟁적 이해를 중심으로—」, 『불교학연구』, 제43집, 불교학연구회, 2015, 183-215면.

조법종, 「이규보의 〈南行月日記〉에 나타난 고대사 사료검토 —普德, 元曉, 眞表 관련 기록을 중심으로—」, 『한국인물사연구』, 제13집, (사)한국인물사연구회, 2010, 267-305면.

조수동, 「원효의 미륵사상에 관한 연구」, 『원효학연구』, 제11집, 원효학회, 2006, 213-239면.

_____, 「원효의 불성이론과 화쟁」, 『철학논총』, 제58집, 4호, 새한철학회, 2009, 149-171면.

_____, 「원효의 교판론과 일승설」, 『동아시아불교문화』, 제5집, 동아시아불교문화학회, 2010, 205-232면.

_____, 「원효의 본각과 여래장」, 『동아시아불교문화』, 제10집, 동아시아불교문화학회, 2012, 113-143면.

조수동·최지숭, 「원효의 일미관행과 트랜스퍼스널」, 『철학연구』, 제102집, 대한철학회, 2007, 343-369면.

조순영·임재택, 「원효사상의 유아교육적 의미 탐색」, 『열린유아교육연구』, 제14집, 3호, 한국열린유아교육학회, 2009, 271-292면.

조승미, 「원효의 경전이해와 해석학과의 대화」, 『한국불교학』, 제31집, 한국불교학회, 2002, 345-371면.

조윤경, 「원효와 길장의 만남과 대화 ―『금강삼매경론』의 출입관과 삼론종의 출입관 사이의 연속성과 비연속성에 대하여―」, 『불교철학』, 제1집, 동국대학교 세계불교학연구소, 2017, 110-140면.

_____, 「원효와 혜균의 만남과 대화 ―원효의 화쟁·회통에 보이는 혜균의 변증법적 논리를 중심으로―」, 『불교철학』, 제5집, 동국대학교 세계불교학연구소, 2019, 41-74면.

조은수, 「차이와 갈등에 대한 철학적 성찰 : 세계화시대의 갈등과 대화 ; 원효에 있어서 진리의 존재론적 지위」, 『춘계학술대회 제2006. 한국철학회, 2006, 66-79면.

조은순, 「원효의 여인성불론과 그 의미」, 『한국불교학』, 제78집, 한국불교학회, 2016, 509-536면.

_____, 「원효의 二乘인식과 성불론 ―士계층을 중심으로―」, 『보조사상』, 제50집, 보조사상연구원, 2018, 1-40면.

조정희, 「무용/동작치료에 있어서 원효 무애춤의 효과성의 토론자료」, 『한국예술심리치료학회 학술대회 제2014』, 한국예술심리치료학회, 2014, 1-2면.

지혜경, 「동아시아 불교의 통합 담론 전개에서 원효의 역할 ―지의의 원융사상과 원효의 화쟁사상의 연속성과 불연속성―」, 『한국불교학』, 제82집, 한국불교학회, 2017, 71-97면.

진성규, 「조선시대 원효 인식」, 『중앙사론』, 제14집, 중앙대학교 중앙사학연구소, 2001, 1-22면.

_____, 「元曉佛敎에 있어서 唐城의 意味」, 『중앙사론』, 30호, 한국중앙사학회, 2009, 83-204면.

진지영, 「『대승육정참회』에 보이는 원효의 당시 참회문화 비평」, 『동아시아불교문화』, 30호, 동아시아불교문화학회, 2017, 279-298면.

차차석, 「원효의 화쟁 사상과 불교생태학의 실천적 대안」, 『보조사상』, 제28집, 보

조사상연구원, 2007, 293-326면

차차석, 「원효(元曉)의 『열반종요(涅槃宗要)』에 나타난 불성(佛性)의 개념(槪念)과 그 현대적(現代的) 의의(意義)」, 『한국교수불자연합학회지』, 제21집, 1호, 사단법인 한국교수불자연합회, 2015, 175-201면.

찰스뮬러·박상덕(도희), 「"이장(二障)"에 대한 설명을 위해 혜원에게 도움을 받은 원효」(번역), 『문학/사학/철학』, 제44호, 한국불교사연구소, 2015, 74-93면.

채상식, 「『원효성사의 일심사상』에 대한 논평」, 『원효학연구』, 제6집, 원효학회, 2001, 367-371면.

채인환, 「원효(元曉)의 사상과 설총(薛聰)의 업적」, 『어문연구』, 제29집, 4호, 한국어문교육연구회, 2001, 322-345면.

채한숙, 「무애무(無㝵舞) 재현 및 가상 무보(舞譜) 전망 —원효(元曉)의 『십문화쟁론十門和諍論』을 중심으로」, 『국학연구』, 20호, 한국국학진흥원, 2012, 51-84면.

_____, 「원효의 무애무에 내재된 기본사상」, 『퇴계학논집』, 14호, 영남퇴계학연구원, 2014, 191-214면.

채한숙·손지혜, 「元曉の無㝵舞と空也の踊躍念仏の関聯性について」, 『일본문화연구』, 제38집, 동아시아일본학회, 2011, 505-524면.

최민자, 「수운과 원효의 존재론적 통일사상」, 『동학학보』, 제6집, 동학학회, 2003, 251-323면.

최연식, 「원효의 화쟁사상의 논의방식과 사상사적 의미」, 『보조사상』, 제25집, 보조사상연구원, 2006, 405-461면.

_____, 「문초(文超)의 저술(著述)과 원효(元曉) 화엄사상(華嚴思想)의 관련성에 대한 검토」, 『한국사상사학』, 39호, 한국사상사학회, 2011, 1-26면.

_____, 「元曉『二障義』隱密門의 사상적 특징 —『大乘義章』煩惱說과의 비교를 중심으로 —」, 『동악미술사학』, 19호, 동악미술사학회, 2016, 103-

125면.

_____, 「원효의『대승기신론별기』 성립에 대한 새로운 이해」, 『불교학연구』, 제52집, 불교학연구회, 2017, 85-110면.

최엽, 「원효가 한국 예술에 미친 영향」, 『한국불교사연구』, 제11집, 한국불교사연구소, 2017, 66-205면.

최용운, 「분황 원효와 대혜 종고의 만남과 대화」, 『불교철학』, 제3집, 동국대학교 세계불교학연구소, 2018, 129-166면.

최원섭, 「불교 주제 구현을 위한 원효 캐릭터 비판」, 『불교학보』, 68호, 동국대학교 불교문화연구원, 2014, 345-366면.

최유진, 「원효의 열반관」, 『인문논총』, 제15, 영남대학교 인문과학연구소, 2002, 103-116면.

_____, 「종교다원주의와 원효의 화쟁」, 『철학논총』, 제31집, 1호, 새한철학회, 2003, 245-263면.

_____, 「원효의 불성에 대한 견해 —佛性의 體와 有無의 문제를 중심으로」, 『대동철학』, 제20집, 대동철학회, 2003, 161-174면.

_____, 「원효와 노자」, 『원효학연구』, 제9집, 원효학회, 2004, 115-135면.

_____, 「원효와 노장사상」, 『보조사상』, 제24집, 보조사상연구원, 2005, 133-160면.

_____, 「신라에 있어서 불교와 국가 —원효를 중심으로—」, 『한국불교학』, 제55집, 한국불교학회, 2009, 41-68면.

_____, 「원효의 평화사상」, 『한국불교학』, 제60집, 한국불교학회, 2011, 35-63면.

_____, 「원효의 계율관」, 『불교연구』, 제38, 한국불교연구원, 2013, 123-154면.

_____, 「원효의 거사불교」, 『가라문화』, 제25집, 경남대학교 가라문화연구소, 2013, 113-131면.

_____, 「원효의 화쟁과 사회통합」, 『한국교수불자연합학회지』, 제21집, 3호, 사

단법인 한국교수불자연합회, 2015 89-106면.
최유진, 「원효와 중국불교」, 『동아시아불교문화』, 36집, 동아시아불교문화학회, 2018, 83-107면.
최재목, [특집논문] 「원효와 왕양명의 사상적 문제의식과 그 유사성」, 『한국불교사연구』, 제6집, 『한국불교사연구소, 2015, 215-246면.
최재목·손지혜, 「원효의 〈무애무(無碍舞)〉연구를 위한 기초자료 조사」, 『남북문화예술연구』, 4호, 남북문화예술학회, 2009, 213-245면.
_____, 「일제강점기(日帝強占期)(1910~1945) 원효(元曉) 논의에 대한 예비적 고찰」, 『일본문화연구』, 제34집, 동아시아일본학회, 2010, 455-483면.
_____, 「원효와 왕양명의 장애론에 관한 비교」, 『양명학』, 28호, 한국양명학회, 2011, 67-107면.
최재목·손지혜·김은령, 「원효상(元曉像)의 현대적 재현 ―제석사의 탱화를 중심으로」, 『동북아문화연구』, 제1집, 25호, 동북아시아문화학회, 2010, 5-26면.
최지숭, 「원효의 불성사상」, 『원효학연구』, 제11집, 원효학회, 2006, 241-275면.
_____, 「원효의 一味觀行」, 『철학논총』, 제3집, 45호, 새한철학회, 2006, 5-38면.
하도겸, 「『三國遺事』塔象 皇龍寺丈六條의 초주 환희사와 원효」, 『한국사학사학보』, 31호, 한국사학사학회, 2015, 97-123면.
하정룡, 「원효의 골품에 대하여」, 『원효학연구』, 제8집, 원효학회, 2003, 39-58면.
_____, 「『宋高僧傳』 원효 관련기술의 성격」, 『원효학연구』, 제9집, 원효학회, 2004, 137-164면.
한명숙, 「원효 『梵網經菩薩戒本私記』의 진찬여부 논쟁에 대한 연구(1)」, 『불교연구』, 제42집, 한국불교연구원, 2015, 187-220면.

한명숙, 「원효『梵網經菩薩戒本私記』의 진찬여부 논쟁에 대한 연구(2)」, 『불교학보』, 75호, 동국대학교 불교문화연구원 2016, 151-176면.

_____, 「원효『金光明經疏』輯逸의 현황과 그에 대한 비판적 검토(Ⅰ)」, 『보조사상』, 제49집, 보조사상연구원, 2017, 259-288면.

_____, 「원효『金光明經疏』輯逸의 현황과 그에 대한 비판적 검토(Ⅱ)」, 『보조사상』, 제50집, 보조사상연구원, 2018, 117-144면.

_____, 「원효 저술에 대한 번역 현황과 그 연구사적 가치 고찰 : 불교학술원 간행『한글본 한국불교전서』100권의 의의와 연계하여」, 『불교학보』, 95호, 동국대학교 불교문화연구원, 2021, 33-56면.

한보광, 「원효의 淨土敎에 있어서 왕생의 문제」, 『원효학연구』, 제7집, 원효학회, 2002, 23-56면.

한보광·이재수, 「원효대사 다장르 스토리뱅크의 기획과 제작」, 『전자불전』, 제11집, 동국대학교 전자불전연구소, 2009, 57-93면.

한상우, 「원효와 베르그송의 '생명' 이해」, 『종교문화학보』, 제6집, 전남대학교 종교문화연구소, 2009, 129-161면.

한승옥, 「춘원 이광수의 〈원효대사〉 연구」, 『한중인문학연구』, 제9집, 한중인문학회, 2002, 55-77면.

_____, 「이광수 「원효대사」의 기문학적 특질 연구 —생태학적 특성을 중심으로」, 『국제어문』, 제28집, 국제어문학회, 2003, 237-263면.

한승훈, 「원효대사의 해골물 : 대중적 원효설화의 형성에 관한 고찰」, 『종교학연구』, 제36집, 한국종교학연구회, 2018, 25-48면.

한종만, 「원효는 37조도수행을 어떻게 보았는가 : 中邊分別論疏를 中心으로」, 『원효학연구』, 제8집, 원효학회, 2003, 160-188면.

한종민, 「『대승기신론』에 대한 원효의 화엄학적 이해」, 『원효학연구』, 제6집, 원효학회, 2001, 137-162면

한태식, 「정토학의 일심사상 : 원효 정토교의 일심과 여래장에 관한 문제」, 『원효

학연구』, 제6집, 원효학회, 2001, 85-106면.

허원기, 「원효와 일연의 삶과 그 문학적 거리」, 『동아시아고대학』, 59호, 동아시아고대학회, 2020, 147-178면.

홍기돈, 「장편소설에 나타난 원효 형상화의 수준과 과제」, 『우리문학연구』, 56호, 우리문학회, 2017, 619-660면.

홍윤기(서평자), 「정신적 진화, 그러나 아직은 두고 보아야 할 정치적 실천성」, 『황해문화』, 제91집, 새얼문화재단, 2016, 440-448면.

홍재덕, 「元曉大師의 悟道說話에 대한 硏究 : 『宗鏡錄』과 『宋高僧傳』과 『林間錄』의 記事를 中心으로」, 『대동문화연구』, 86호, 성균관대학교 대동문화연구원, 2014, 165-194면.

황용식, 「현대적 비전으로서의 원효 사상의 핵심적 원리에 관한 한 고찰」, 『원효학연구』, 제12집, 원효학회, 2007, 47-93면.

후지 요시나리, 「원효와 신란의 만남과 대화」, 『불교철학』, 제1집, 동국대학교 세계불교학연구소, 2017, 188-219면.

원효 관련 학위 논문

〈박사학위 논문〉

고은진, 「원효 二障義의 번뇌론에 대한 唯識學的 연구」(서울: 이화여자대학교 대학원, 2018), 박사학위논문.

김근배, 「元曉倫理思想에 관한 硏究 : 윤리학적 성격과 공리주의와의 비교를 中心으로」(서울: 동국대학교, 2017), 박사학위논문.

김도공, 「元曉의 修行體系 硏究 : 大乘起信論疏를 中心으로」(전라북도: 원광대학교 대학원, 2001), 박사학위논문.

김상백, 「동작명상치료프로그램이 시설청소년의 부적 정서와 대인관계에 미치는 효과 : 원효 무애춤을 중심으로」(서울: 동방대학원대학교, 2009), 박사학위논문.

김수정, 「元曉의 煩惱論 體系와 一乘的 解釋」(서울: 동국대학교, 2016), 박사학위논문.

김영미, 「원효 『금강삼매경론』의 無二中道 연구」(서울: 동국대학교, 2017), 박사학위논문.

김영일, 「元曉의 和諍論法 硏究 : 和諍의 實例를 中心으로」(서울: 동국대학교 대학원, 2008), 박사학위논문.

김원명, 「元曉 『涅槃經宗要』의 涅槃論 硏究」(서울: 한국외국어대학교 대학원, 2006), 박사학위논문.

김태수, 「원효의 화쟁논법 연구 : 사구(四句) 논리를 중심으로」(서울: 서울대학교 대학원, 2018), 박사학위논문.

김현희, 「원효의 淨土사상과 無礙의 미학」(경상남도: 경상대학교 대학원, 2019), 박사학위논문.

류승주, 「元曉의 唯識思想 硏究 : 心識論과 煩惱論을 중심으로」(서울: 동국대학교 대학원, 2002), 박사학위논문.

박영호, 「李箱의 연작시 〈烏瞰圖〉 연구 : 元曉의 세계관을 원용하여」(충청남도: 공주대학교 대학원, 2016), 박사학위논문.

박희서, 「元曉에 있어서 淨土思想 成立과 實現의 意義」(경상북도: 영남대학교 대학원, 2003), 박사학위논문.

福士慈稔, 「元曉著述이 韓·中·日 三國佛敎에 미친 影響」(전라북도: 원광대학교 대학원, 2001), 박사학위논문.

서강현진, 「원효의 통섭通攝철학으로 본 모더니즘 예술의 '차이 미학'」(울산광역시: 울산대학교 일반대학원, 2021), 박사학위논문.

석길암, 「元曉의 普法華嚴思想 硏究」(서울: 동국대학교 대학원, 2003), 박사학위논문.

신창옥, 「영화 치유와 원효의 화쟁철학 : 영화 〈돌아온다〉를 중심으로」(울산광역시: 울산대학교 일반대학원, 2021), 박사학위논문.

윤용섭, 「元曉의 心識轉變理論과 그 敎育的 意義」(경상북도: 경북대학교 대학원, 2006), 박사학위논문.

이경열, 「원효(元曉)의 의사소통관(意思疏通觀) : 화쟁론(和諍論)을 중심으로」(서울: 성균관대학교 대학원, 2006), 박사학위논문.

이병학, 「元曉의 《金剛三昧經論》思想 硏究」(서울: 국민대학교 대학원, 2009), 박사학위논문.

이정희, 「元曉의 實踐修行觀 硏究」(서울: 동국대학교 대학원, 2007), 박사학위논문.

이치형, 「원효 불교 수행론의 교육학적 해석 : 메타프락시스적 관점」(충청북도: 충북대학교, 2017), 박사학위논문.

임종우, 「元曉의 心識觀 硏究 : 『起信論別記』·『起信論疏』 중심으로」(경상북도: 위덕대학교 대학원, 2018), 박사학위논문.

정원용, 「元曉의 平和思想과 그 實現方案 硏究」(서울: 동국대학교 대학원, 2008), 박사학위논문.

정지원, 「원효 정토신앙의 배경과 구조에 관한 연구」(전라북도: 원광대학교 대학원,

2014), 박사학위논문.

조은순, 「元曉의 成佛論과 佛敎大衆化 연구」(서울: 中央大學校 大學院, 2020), 박사학위논문.

천병영, 「『大乘起信論疏·別記』에 나타난 元曉의 敎育思想」(경상남도: 경상대학교 대학원, 2004), 박사학위논문.

채한숙, 「元曉의 和諍思想에 依據한 無㝵舞의 現代的 再現 硏究」(경상북도, 영남대학교 대학원, 2012), 박사학위논문.

최건업, 「芬皇 元曉의 修行觀 硏究 : 一心과 一覺 思想에 의거하여」(서울: 동국대학교, 2020), 박사학위논문.

최지숭, 「元曉의 一味思想 硏究 :「金剛三昧經論」을 중심으로」(경상북도: 대구한의대학교 대학원, 2005), 박사학위논문.

〈석사학위 논문〉

고길환, 「원효 인간관의 비교 종교학적 고찰 : 에크하르트와의 비교를 중심으로」(울산광역시: 울산대학교 일반대학원, 2007), 석사학위논문.

김경섭, 「元曉의 和諍思想 硏究 : 宗校多元主義와의 關係를 中心으로」(울산광역시: 울산대학교 대학원, 2003), 석사학위논문.

김경애, 「[대승기신론]의 染心에 대한 硏究-원효의 해석을 중심으로」(경상북도: 안동대학교, 2010), 석사학위논문.

김난영, 「우울증상 치유경험에 대한 자서전적 내러티브 탐구 : 원효의『대승기신론 소·별기』공부모임을 중심으로」(서울: 동국대학교 대학원, 2017), 석사학위논문.

김병열, 「元曉의 和諍思想에 대한 연구」(서울: 한국외국어대학교 교육대학원, 2003), 석사학위논문.

김수현, 「元曉의 佛性觀 연구」(서울: 동국대학교 대학원, 2018), 석사학위논문.

김영석, 「元曉의 和諍思想의 適用에 關한 硏究」(서울: 동국대학교 대학원, 2010), 석사학위논문.

김은령, 「원효 설화의 연구」(경상북도: 영남대학교 대학원, 2012), 석사학위논문.

김은영, 「『涅槃宗要』의 和會思想 연구 : 宗敎多元主義的 含意와 관련하여」(서울: 동국대학교 대학원, 2009), 석사학위논문.

김정희, 「원효의 화쟁론에서 본 사회복지사상과 사회복지의 전개방향」(부산광역시: 부산대학교 대학원, 2003), 석사학위논문.

김재동, 「원효와 하이데거의 윤리관 비교 연구」(서울: 동국대학교 대학원, 2017), 석사학위논문.

김주후, 「원효 薰習論의 분석 : 상호작용의 과정과 의미를 중심으로」(서울: 동국대학교 대학원, 2012), 석사학위논문.

김회경, 「원효의 윤리 사상 연구」(울산광역시: 울산대학교 교육대학원, 2006), 석사학위논문.

남인현, 「이광수의 「원효대사」 연구」(서울: 동국대학교 교육대학원, 2003), 석사학위논문.

문철, 「元曉의 眞俗圓融無碍觀 硏究 : 大乘起信論疏. 別記를 中心으로」(전라북도: 원광대학교 대학원, 2001), 석사학위논문.

박민현, 「원효의 미륵사상에 관한 연구」(전라남도: 전남대학교 대학원, 2007), 석사학위논문.

박은진, 「원효의 화쟁사상 활용 모델에 관한 연구」(울산광역시: 울산대학교 교육대학원, 2006), 석사 학위논문.

박준호, 「원효 화쟁사상의 현대적 활용방안 연구 : 남북문제를 중심으로」(서울: 동국대학교 대학원, 2013), 석사학위논문.

박철용, 「芬皇 元曉의 『般若心經疏』 硏究 : 崔凡述의 『復元疏』와 圓測의 『贊』과의 비교를 중심으로」(서울: 동국대학교 대학원, 2016), 석사학위논문.

양성철, 「지론(地論) 사상의 맥락에서 본 원효(元曉)의 법계관(法界觀) 연구」(서울: 서울대학교 대학원, 2014), 석사학위논문.

서은자, 「元曉의 一心思想에 關한 硏究 : 大乘起信論疏를 中心으로」(제주자치시: 제주대학교 교육대학원, 2002), 석사학위논문.

서재홍, 「『無量壽經宗要』를 통한 元曉의 淨土思想」(부산광역시: 동아대학교 대학원, 2013), 석사학위논문.

손지혜, 「원효 무애사상의 예술적 구현 : 무애무를 중심으로」(경상북도: 영남대학교 대학원, 2010), 석사학위논문.

손효숙, 「원효의 커뮤니케이션사상 연구 : 화쟁론(和諍論)을 중심으로」(서울: 서강대학교 언론대학원, 2010), 석사학위논문.

신범식, 「원효 설화 연구」(경상북도: 경산대학교 대학원, 2001), 석사학위논문.

신영숙, 「원효의 교육사상에 근거한 도덕교사의 역할 탐구」(충청북도: 한국교원대학교 교육대학원, 2014), 석사학위논문.

여승민, 「원효 계율 사상의 도덕 교육적 함의」(충청북도: 한국교원대학교 대학원, 2009), 석사학위논문.

염준성, 「元曉의 和諍 思想에 나타난 關係論的 思惟에 關한 연구 :『金剛三昧經論』을 중심으로」(서울: 동국대학교 대학원, 2008), 석사학위논문.

오윤경, 「元曉의 淨土思想硏究 :『無量壽經鍾要』를 中心으로」(부산광역시: 동아대학교 대학원, 2002), 석사학위논문.

올스턴, 대인, 「원효『大乘起信論疏·別記』의 三大 槪念에 대한 연구」(서울: 서울大學校 大學院, 2004), 석사학위논문.

우종인, 「원효와 법장의 아뢰야식관 연구 : 대승기신론 소·별기와 대승기신론의기를 중심으로」(서울: 동국대학교 대학원, 2016), 석사학위논문.

유용빈, 「원효의 이제설 연구 : 삼론학의 계승과 극복을 중심으로」(서울: 서울대학교 대학원, 2010), 석사학위논문.

윤창영, 「元曉의 和諍思想 硏究」(광주광역시: 光州가톨릭大學校 大學院, 2001), 석

사학위논문.

이경원, 「元曉와 知訥의 心體論 比較 硏究」(서울: 동국대학교 대학원, 2002), 석사학위논문.

이길현, 「『금강삼매경론』의 원효의 수행론 연구: 육행(六行)의 단계적 수행에 대한 부정을 중심으로」(서울: 서울대학교 대학원, 2009), 석사학위논문.

이용수, 「元曉의 一心思想에 관한 硏究」(부산광역시: 동의대학교 교육대학원, 2002), 석사학위논문.

이유나, 「선(禪)의 관점에서 본 원효사상」(제주자치시: 제주대학교 대학원, 2013), 석사학위논문.

이인석(청동), 「芬皇 元曉의 一心淨土 思想 硏究: 『無量壽經宗要』를 중심으로」(서울: 동국대학교 대학원, 2019), 석사학위논문.

이지향, 「원효『금강삼매경론』의 大乘觀法 연구」(서울: 동국대학교 대학원, 2018), 석사학위논문.

이행숙(기현), 「원효형(型) 불교대중화 모델 연구」(경기도: 중앙승가대학교 대학원, 2012), 석사학위논문.

이혜숙, 「元曉의 一心思想에 대한 硏究」(경기도: 중앙승가대학교 대학원, 2008), 석사학위논문.

임상목, 「元曉 空思想의 體用的 理解: 『大乘起信論疏』와 『金剛三昧經論』을 중심으로」(서울: 동국대학교 대학원, 2015), 석사학위논문.

임종우, 「원효의 실천 수행관 연구: 『大乘起信論』의 修行原理를 中心으로」(경상북도: 위덕대학교 불교대학원, 2008), 석사학위논문.

장은진, 「元曉의 『無量壽經宗要』에 나타난 信의 硏究」(서울: 동국대학교 대학원, 2003), 석사학위논문.

정용미, 「元曉의 淨土思想: 淨土往生因을 中心으로」(부산광역시: 동의대학교 대학원, 2004), 석사학위논문.

정원용, 「元曉의 力動的 和會思想硏究: 金剛三昧經論을 중심으로」(서울: 동국

대학교 대학원, 2002), 석사학위논문.

전윤주,「원효의 정토사상에 관한 硏究 : 원효의 저작물에 드러난 往生因을 중심으로」(서울: 동국대학교 대학원, 2012), 석사학위논문.

정은희,「『大乘起信論』三細相의 識位 연구 : 曇延·慧遠·元曉의 해석을 중심으로」(서울: 서울시립대학교 일반대학원, 2014), 석사학위논문.

조아영,「원효(元曉)의 불신관(佛身觀) 연구 : 법화종요(法華宗要)·대승기신론소(大乘起信論疏)를 중심으로」(서울: 한국외국어대학교 대학원, 2017), 석사학위논문.

조현길,「원효의 불성론 연구 :『열반종요』에서 나타나는 삼론학의 영향을 중심으로」(서울: 동국대학교 대학원, 2018), 석사학위논문.

진동길,「원효의 화쟁사상을 통해 바라본 종교 간 대화 원리에 대한 연구」(인천광역시: 인천가톨릭대학교 대학원, 2008), 석사학위논문.

천명재,「원효의 화쟁사상을 통한 도덕교육 연구」(인천광역시: 인천대학교 교육대학원, 2012), 석사학위논문.

최건업,「『大乘起信論』의 止觀體系 연구 : 元曉의『大乘起信論 疏·別記』를 중심으로」(서울: 동국대학교 대학원, 2014), 석사학위논문.

최영삼,「『大乘起信論』의 如來藏緣起說 硏究 : 元曉의『起信論疏·別記』를 중심으로」(서울: 동국대학교 대학원, 2013), 석사학위논문.

최재영,「화쟁사상으로 바라본 원효의 정토사상」(대전광역시: 충남대학교 대학원, 2017), 석사학위논문.

최화정,「元曉傳記類에 대한 比較神話學的 硏究」(서울: 동국대학교 대학원, 2013), 석사학위논문.

한인규,「元曉의 和諍思想에 관한 硏究 : 一心과 하느님 나라」(부산광역시: 부산가톨릭대학교 대학원, 2004), 석사학위논문.

찾아보기

ㄱ

『가흥대장경』 403, 404
각의覺義 52, 53, 103, 443
감각적 욕망 35, 72
감각적 쾌락 14, 19, 23~25, 28, 29, 39, 77, 79, 466
감분불이龕墳不二 92, 128
객진번뇌 159, 164, 201
객진소염 168, 169, 171, 177, 197, 202, 207, 431
거사불교 95
격의불교格義佛敎 96
견당사 132, 133, 135~139, 152, 153, 155, 475
견등見登 191~194, 318, 383
결정성 217~220, 224, 232, 514
경계상境界相 70, 71, 83, 104, 444
계립령로 121, 122, 132~135, 137, 138, 142, 154
계명자상計名字相 70, 71, 74, 444

「고선사서당화상비문高仙寺誓幢和上碑文」 112, 117, 118, 285, 293
『고성교목록古聖敎目錄』 337
고인명古因明 356, 357
고타마 싯다르타 14~17, 22, 72, 83, 225, 226, 410, 466
고행 수행 16, 19
공비량共比量 357
공의 성취(空果等持) 29
관문關門 17
괴로움의 성스러운 진리(苦聖諦) 32, 33, 37
괴로움의 소멸로 인도하는 길의 성스러운 진리(道聖諦) 32~34, 37
괴로움의 소멸의 성스러운 진리(滅聖諦) 32, 33, 37
괴로움의 일어남의 성스러운 진리(集聖諦) 32, 33, 37
교상판석敎相判釋 96, 101, 108
교증敎證 357
교판敎判→교상판석
구경각究竟覺 205, 206

찾아보기······599

구상설九相說 456, 457, 460

굴실 돌방 무덤 143

근본불각根本不覺 78~82

『금강경』 15

금강삼매 484, 485, 491, 492

『금강삼매경』 50, 61, 63, 64, 121, 254, 480

『금강삼매경론』 50, 62, 73, 102, 121, 160, 217, 347, 479

기신론 사상 186, 385

기업상起業相 70, 71, 74, 83, 444

길장의 삼론학 91

깨달음 14, 17, 22, 50, 203, 204, 220, 226, 410, 466

깨침 14, 15, 17, 22, 50, 73, 203, 220, 226, 410, 466

ㄴ

남부 사단항로 145, 153

남양만 114, 115, 133, 136, 137, 147, 155

누진통 15, 48

『능가경』 50, 83, 205, 207, 209, 226, 254

능견상能見相 70, 71, 104, 444

ㄷ

다문多門 286, 287, 289, 290

다섯 가지 집착의 무더기 32

당은포 114, 115, 119, 122, 131~138, 146, 147, 148

당주계唐州界 114

당항성 91, 115, 119, 136, 141, 142, 146

당(항)진 114, 119, 134, 135, 137, 138

『대당서역기』 91

『대소승경율론소기목록』 337

대승결정요의大乘決定了義 479

『대승기신론』 50, 66, 75, 92, 128, 144, 170~172, 183, 186, 193, 194, 202, 243, 387, 414, 480

『대승기신론내의약탐기』 183, 184

『대승기신론소』 62, 73, 75, 102, 243, 347

『대혜도경종요』 98

도리道理(일반적 타당성) 106, 317, 321~323, 328

도선의 계율학 91
돈점오시頓漸五時 98
동티(動土) 92, 144
등주 132, 138, 144, 147, 149~151
따타가따 가르바tathāgata-garbha 161
땅막(龕) 15, 17, 50, 73, 77

ㅁ

「마하쌋짜까경」 22
말나식위 74, 80, 83
『맛지마 니까야』 22
매력魅力 18
명지明智 26, 28, 29, 34~36, 40, 73, 466
무덤(墳) 15, 17, 50, 73, 77
무리無理 321
무명업상無明業相 70, 71, 83, 104
무명에 의한 번뇌/갈애(無明愛) 28, 29, 80, 466
무아無我 158
무애無碍 94, 106, 108, 332, 333, 369
무애 실천 102

무쟁無諍 281, 282
무쟁삼매無諍三昧 281
믿음(信, saddhā) 22

ㅂ

반야 중관 485, 504, 510
『발심수행장』 89
백암 성총柏庵性聰 404, 405, 408
법안法眼 15, 35, 36
『법왕경』 479
『법집별행록절요병입사기』 195
변계소집(성) 332, 369, 482, 514, 515
『보성론』 161, 164, 169, 171
『보성론요간』 161, 171
『보성론종요』 161, 171
본각本覺 50~55, 59~61, 63~65, 68, 74, 78, 175~178, 205, 220, 325, 444, 468, 520
본성청정 168~171, 177, 197, 202, 207, 431
본유종자 318
부사의업상不思議業相 57~59
부석 의상浮石義湘 15, 90, 113, 134,

136

부인불교 95

분황 원효芬皇元曉 15~17, 62, 86, 108, 112, 134, 136, 159, 231, 237, 275, 332, 410, 467

분황사 107

분황종(해동종) 109, 195, 400, 401

불각不覺 50~55, 67~69, 71, 81, 173~176, 205, 206, 220, 249, 468, 520

불각의不覺義 52, 103, 443

불기佛紀 18

불성 180~183, 197, 201, 220, 240, 310, 314, 315

불이不二 17

비량比量(추론) 302, 334, 356~358, 369

빠세나디 꼬살라 왕 41, 42, 44

ㅅ

사구 분별 284

사방四謗 284

사종교판四種敎判 98

『산수과분육학승전』 126, 127

삼공지해 259, 266, 268, 269, 271

삼명三明 15

삼세상三細相 17, 66, 74, 80~83, 444

삼세육추상 71, 444, 454

삼승별교 99

삼승통교 99

상사각相似覺 56, 205, 206, 444

상속상相續相 70, 71, 74, 83, 444

상위결정相違決定 362, 366

상위의 담론(相違論) 284

『상윳따 니까야』 41, 43, 44

새김(念, sati) 20~25, 39

생멸문 68, 75, 179, 209, 213, 217, 232, 248, 256, 429

생멸심 51, 57, 248

선정 수행 16, 19

설총薛聰 93~95

성언량聖言量 457, 460

세계관 16

세계불교도우의회(WFB) 18

소성小姓 거사 94

손감의 극단 284

수분각隨分覺 56, 205, 206

수분교隨分敎 99

숙명통 15, 48

승군 비량 346, 363, 367, 368
승군勝軍 363, 364, 366
시각始覺 50~55, 60~65, 71, 74,
　175, 205, 325, 444, 468, 521
식연귀원지문 318, 320
신인명新因明 356, 357, 460
신해성 219, 220, 224, 232
신훈종자 318
심사尋伺 486
심생멸문 51, 52, 102, 171, 174,
　186, 193, 208, 213, 217, 243,
　246, 249, 254, 388, 390, 470
심일경성心一境性 486
심진여문 51, 52, 75, 102, 171, 174,
　185, 193, 194, 208, 209, 213,
　217, 243, 246, 249, 254, 388,
　390, 470
심체心體 52~54
심층 마음(三細) 93, 236, 240, 242,
　411
심심해탈 200
십문十門 286~288, 290, 347
『십문화쟁론』 102, 104, 275~277,
　285, 287, 343, 346, 347, 369
십중법문十重法門 254, 504, 505,
　507, 510

쌋짜까 19

ㅇ

아뢰야식 67, 171, 172, 182, 197,
　202, 219, 238~241, 332, 385
아리야식 50~53, 66~69, 80, 81,
　103, 104, 169, 171, 175, 176,
　179, 191, 207, 209, 220
아리야식위 74, 77, 104
아마라식 62, 63, 218, 251, 390,
　456, 518, 528
아무것도 없(게 느껴지)는 세계 21,
　30, 72
악기베싸나 19, 21, 23~28, 77
『안신사심론』 100
알라라 깔라마 19~21, 30, 72, 77,
　467
업계고상業繫苦相 70, 71, 74, 444
여래장 51, 52, 103, 158, 160~165,
　168, 171~178, 182, 183, 186,
　191, 197, 201, 220, 232, 332, 494
여래장사상 169, 171, 172, 184, 197
영명 연수永明延壽 125
예시문(喩) 357, 359, 361, 368

오성각별설 307, 316, 439
왕실불교 95
요석궁 93
요소 적취설 30
요의경了義經 99
욕망에 의한 번뇌/갈애(欲愛) 29, 32, 79, 466
우치의 담론(愚癡論) 285
웃따까 라마뿟따 30, 72, 77, 467
원돈지교圓頓之教 127
원만교圓滿教 99
원효(617~686)→분황 원효
「원효불기」 94, 113, 122, 123
「월광산원랑선사대보선광탑비」 130, 155
『유가사지론』 51
유가 유식 485, 504, 510
유식비량 346, 362, 363
유식사상 177, 182, 184, 186, 197
육경문학六經文學 95
육안 15
육추상六麤相 17, 66, 74, 80, 82, 444
윤회輪廻 158
은밀문 171, 207, 250, 254, 292, 389, 459, 511, 513
음기의 화신(鬼物) 92

의상義湘(625~702)→부석 의상
「의상전교」 123, 124
의생신意生身 48, 49
의타기성 332, 370, 482, 514, 515
이문二門 51, 508
이승二乘 15
이유문(因) 357, 359, 361, 368
이중 긍정 266, 268
이중 부정 266, 268
이증理證 357
이해理解 14
일각一覺 50~52, 61, 63~65, 78, 178, 325, 526, 527
일리一理(부분적 타당성) 106, 310, 317, 321, 322, 328
일문一門 508, 509
일미관행 254, 484, 504, 505, 510
일승만교 99, 100
일승분교 99, 100
일심一心 50, 81, 82, 102, 114, 144, 172~174, 177~179, 182, 186, 202, 203, 206~208, 224, 232, 244, 332, 508
일심본각 526, 527
일심(의) 철학 102, 170
일심이문 174, 184, 226, 249, 380,

388

일심지원一心之源 202, 203, 206~209, 217, 220, 224, 232, 268, 271

일체개성설 439

『임간록』 127~129

ㅈ

자성청정심 51, 159, 164, 168, 178, 201, 211, 233, 255, 442, 456

작인수과지문 318, 320

장미사과나무(閻浮樹) 23, 25

전변설 30

「전후소장사리」 124

「젊은이 경」 41

정定 488, 489

제일의공第一義空 180, 182

제일의제第一義諦 258

존재에 의한 번뇌/갈애(有愛) 28, 29, 32, 80, 466

존재하지 않는 것에 대한 갈애(無有愛) 32

종성성과지문 318, 320

종인생기지문 318, 320

좌계의 천태학 91

주장(pratijñā, 所立宗) 274, 310

주장문(宗) 357, 359, 361, 368

죽령로 132~134

중도 연기中道緣起 200, 410

중부 횡단항로 145, 146, 153

증익의 극단 284

지각하는 것도 아니고 지각하지 않는 것도 아닌 세계(非想非非想處) 21, 30

지관문止觀門 263

지말불각枝末不覺 78~82

지상智相 70, 71, 83, 444, 458

지상 지엄至相智儼 116

지엄의 화엄학 91

지정상智淨相 57, 58

지혜(慧, paññā) 20, 21, 22

직산稷山 130, 131

진나眞那 356~359

진리眞理(전체적 진리성) 106, 317, 321, 322, 328

진여문 68, 179, 209, 213, 217, 232, 248, 256, 429

집중(定, samādhi) 20~22

집취상執取相 70, 71, 74, 83, 444

ㅊ

찬녕贊寧 472
천안 15
천안통 15, 48
천태성구설 475, 478
체득體得 14
초개사初開寺 87
초발의보살初發意菩薩 56
『초장관문』 100
『초전법륜경』 16, 30, 31, 35, 39, 72, 467

ㅌ

태현太賢 187~191, 383, 398
통찰지 34~36

ㅍ

『판비량론』 100, 333, 343, 346, 356, 368, 369
팔식구식八識九識 논변 158
팔정도 32, 72, 73

평정 24
표층 의식(六麤) 93, 240, 242, 411

ㅎ

『한국불교찬술문헌목록』 337, 344
해동 불학 95
해동 유학 95
해문海門마을 120
현량(지각) 357, 358, 369
현료문 171, 207, 250, 292, 389, 459, 511, 513
『현양성교론』 310, 313, 458
현장玄奘 90, 100, 118, 119, 360, 362, 379, 475
현장의 유식학 91
혜원의 지론학 91
혜慧해탈 200
『화엄경소』 102
화엄성기설 475, 478
화쟁 277, 278, 282, 288, 292, 310, 329, 334, 345, 347, 370
화쟁국사 195, 197, 276, 334, 345, 370, 398
화쟁회통 172, 237, 332, 369

화회和會 108, 283, 292, 327, 332
화회게 283
화회 논법 102, 372
회쟁 279, 280
『회쟁론廻諍論』 278, 279

회통 108, 284, 329, 347, 350, 370
회통 논법(리) 284, 329
횡혈식 석실분 143
흙굴(土窟) 120